林焘先生（2003年）

国家出版基金资助项目

中国语音学史

林焘 主编

语文出版社

图书在版编目（CIP）数据

中国语音学史 / 林焘主编. — 北京 ：语文出版社，2009. 6（2015. 1重印）

ISBN 978-7-80241-127-2

Ⅰ. ①中… Ⅱ. ①林… Ⅲ. ①语音-汉语史 Ⅳ. ①H11

中国版本图书馆CIP数据核字（2009）第056993号

责任编辑 南保顺
装帧设计 李建章
出　　版 语文出版社
地　　址 北京市东城区朝阳门内南小街51号　100010
电子信箱 ywcbsywp@163.com
排　　版 河北新华第一印刷有限责任公司
印刷装订 河北新华第一印刷有限责任公司
发　　行 语文出版社　新华书店经销
规　　格 787mm × 1092mm
开　　本 1 / 16
印　　张 42.5
字　　数 653千字
插　　页 1
版　　次 2010年6月第1版
印　　次 2015年1月第2次印刷
印　　数 2,001-5,000
定　　价 58.00元

010-65253954（咨询） 010-65251033（购书） 010-65250075（印装质量）

目　录

序

在二十世纪以前，中国语音学史实际上只是一部传统音韵学的历史。从东汉末开始懂得反切的道理直到清末的一千七百年，传统音韵学取得了十分辉煌的成就，成为中国学术史上一株灿烂的奇葩。当时研究音韵学，或是为了认读字音，或是为了读通古籍，或是为了便于诗词曲的创作，甚至只是为了弘扬佛法，研究的对象主要也只局限于汉字的字音，从研究目的看，可以说只是一种辅助性的学问。到了二十世纪初，西方语音学理论和方法传入中国，才摆脱汉字的羁绊，开始从揭示汉语的语音特性入手研究汉语语音。一百年来经过两三代学者的艰苦努力，到二十世纪末，已经建立起了具有中国特色的现代语音学。音韵学也从以研究汉字字音为主转变为研究汉语语音的发展规律。这是中国语音学史上最重要的一次转折。在进入二十一世纪的今天，很有必要回顾一下一千八百年来传统音韵学的发展历程以及二十世纪向现代语音学转变的因由和成就，总结过去，展望未来，对今后中国语音学的发展方向无疑是有重要参考价值的。

这本《中国语音学史》根据中国语音学的历史发展轨迹为线索，综合各家论述，大致描绘出一千八百年来中国语音学发展的基本面貌。全书共十章，第一章“概述”部分由我执笔，其他按时间顺序分九章论述中国语音学史上各时期的重要成就，分别由六位作者执笔。全书最后由我审读修订。各章的风格和详略并不求统一，论点也并不强求一致，这样也许更有助于读者对比思考。

着手编写这部专史已是七年以前的事了。1997 年初，语文出版社原社长高文元和副总编顾士熙两君来访，希望我能主持编写一部中国语音学史，并希望能用一年多的时间编出来，作为 1998 年北京大学百年校庆的献礼。他们两位都是六十年代初北大中文系的毕业生，对母校有如此深厚的感情，很让我感动，但当时我已经早过古稀之年，无论是从年龄还是从学识看，都很难当此重任。本想推荐唐作藩、何九盈两兄，他们可能是更合适的人选，但他们两位当时为了完成老师的遗愿，正全力以赴地为《王力古汉语字典》定稿，不可能麻烦他们再接受这项任务。经他们建议，采取了目前这种集体编写的方式，参加编写的作者中有好几位当时都是北大中文系的青年教师和博士研究生，也都是他们推荐的。如果没有他们两位的大力支持和协助筹划，我是不可能承担起这项编写任务的。

按照原定计划，全书应该在1998年初完稿付印，大部分作者都按时完成，但也有作者由于种种原因把这项工作拖延了下来。这本书的编写历经这么长的时间，远非始料所能及，对当年能够按时交稿的作者和语文出版社，我只能表示深切的歉意。全书虽是集体创作，但最后由我审读修订，存在的缺点和错误，应该由我一个人负责。

林　焘

2004年1月于北京大学燕南园

第一章 概 述

两千年来，中国文化一直是在和外国文化冲撞融合的过程中不断发展的。最重要的有两次：一次是两千年前佛教文化的输入，另一次是近百年来西方文化的输入。这两次的冲撞和融合都对中国语音学的发展产生巨大的影响：第一次促进了中国语音学的形成，并长期影响着中国语音学发展的方向；第二次促使中国语音学摆脱传统羁绊，走上了现代化的道路。

一、从反切到四声

自从汉武帝罢黜百家、独尊儒术后，儒家著作被尊为经典，无论官学和私学，都以讲授儒家经典为主，有汉一代，经学大师层出不穷。当时传授经学，"训诂句读皆由口授，非若后世之书，音训备具，可视简而诵也。"（皮锡瑞《经学历史》131页，中华书局，1959）口授经书，最不能马虎的是音读。宋儒一般都轻视汉儒注疏，但朱熹有较持平的见解，他在《语孟集义序》中说："汉魏诸儒，正音读，通训诂，考制度，辨名物，其功博矣。"（《朱文公文集》卷75）朱熹把"正音读"放在了"汉魏诸儒"功劳的第一位，如果连字音都读不对，怎么能算是通经呢？尤其是在汉代以口授为主的时期，正音读就更加显得重要。

正音读最直接的办法是直音，用同音字说明该读什么音；找不到同音字，就用"读若""读如"的办法，找一个声音相近的字，至于声音怎样相近，是很难说清的，只能在口授时直接领会。直音和读若等注音方法的出现，说明古代学者开始重视语音现象，但还谈不上是语音研究。到东汉末年，出现了用"反切"注音的方法，懂得把字音分解开，才孕育出中国语音学的萌芽。

《颜氏家训·音辞篇》："孙叔然创《尔雅音义》，是汉末人独知反语，至于魏世，此事大行。"颜之推只是根据孙炎（字叔然）《尔雅音义》中用了反切证明汉末已有反切，并没有说反切一定是孙炎发明的；但是《经典释文·序录》中说"孙炎始为反语，魏朝以降渐繁"，陆德明比颜之推小十几岁，两人常有学术交往，他说的这两句话行文和上引颜文十分相似，但把反切的发明权完全落实到孙炎身上，显然是不正确的。清儒和章炳麟都曾经指出，比孙炎略早的服虔、应劭在注《汉书》时就已经用了反切（见章炳麟《国故论衡·音理篇》）。孙炎是郑玄的再传弟子，当时被尊为东州大儒，除《尔雅》外，还注释过《周易》《毛诗》《春秋三传》等多种经书（见《三国志·魏书·王肃传》），都没有流传下来，他在注释这些经书时是否也用了反切，已不可考。孙炎虽然不是反切的发明人，但像他这样的"大儒"能够多次使用反切注音，无疑对反切的流传起了很重要的作用。至于反切究竟是不是一个人发明的，今天已经很难考证清楚，但产生于东汉末年，则是毫无疑问的，而且和当时佛教传入中国这样的文化背景有密切的关系。

西汉末年佛教开始传入中国时，主要只是一些西域僧人来中国弘扬佛法，在宫廷和贵族间流行，很少有从事佛经翻译的。到了东汉末年，佛教在中国已经扎下根，并且得到很大的发展，佛教的影响已经从宫廷和贵族扩大到民间，这时期大量的佛经介绍到中国，形成了中国历史上第一个翻译佛经的高潮。当时有大批的古印度和西域僧人来到中国，以洛阳为中心，译出了大量的佛教经典，译经所根据的并不全是梵文，其中有不少是西域当地的语言。这些外国僧人来中国后都要学习汉语，有的还相当精通，桓帝建和元年（147）到洛阳的大月氏僧人支谶和第二年到洛阳的安息僧人安世高都是当时的高僧，也是对后世有很大影响的佛经翻译家。支谶译出大乘佛经多部，安世高译出小乘佛经多部，他们在译经时，一般都有汉族的佛教信徒协助，最著名的是汉族第一个僧人严佛调，他通晓梵文，协助过支谶和安世高，还曾经和安息僧人安玄合译《法镜经》。有的佛经甚至是三人合作翻译的，如《道行经》就是由印度僧人竺佛朔宣读梵文、支谶译成汉语、汉族洛阳人孟元士和张少安笔录下来的（见任继愈《中国佛教史》上卷 148—199 页，又见支谶译《般若道行品经·后记》)。在翻译过程中，外来僧人自然会和参与翻译的汉族人一起切磋译法，这实际上就是在进行汉外语言对比研究。

大量的佛经翻译使汉族人有机会比较深入地了解梵语和其他一些西域语言，汉语也第一次和外来语有了较全面的接触和比较。《世说新语·政事》："王丞相（导）拜扬州，宾客数百人，并加霑接，人人有说色……因过胡人前，弹指云：'兰阇，兰阇'，群胡同笑，四座并欢。"陈寅恪认为"兰阇"可能是梵语 ranj 的音译，有"欢悦"意（转引自周一良《魏晋南北朝史札记》118 页，中华书局，1981)。王导贵为丞相，也学说梵语，可见东晋初期梵语的影响就已经超出佛教徒的范围，在一般社会上也有了一定的影响。尤为重要的是，在翻译的佛经中出现的大量音译词和梵汉直接对音的咒语这时已经相当流行，这些外来音的引入使汉族人接触到和汉语完全不同的种种语音现象，认识到语音存在着对比关系，对中国语音学的发展显然起到了催化剂的作用。

沈括《梦溪笔谈》中说："切韵之学，本出于西域。汉人训字，止曰读如某字，未用反语。"（卷 15）稍后郑樵《通志·七音略》和陈振孙《直斋书录解题》也都有类似的说法，可见宋代人很清楚反切的发明和西域有密切的关系。到了清代，一些经学家对此持反对的态度，戴震批评郑樵、沈括"论古疏漏，惑于释氏一二谫劣之徒，……据其言以为言"(《戴震文集》卷 4)，钱大昕在讨论双声叠韵时认为："天下之口相似，古今之口亦相似也，岂古昔圣贤犹昧于兹，直待梵夹西来，方启千古之长夜哉!"（《潜研堂文集》卷 25）他们都没有提出任何实质性的证据来，这些话显然只不过是当时重华轻夷思想的一种表露而已，确实，如果没有"梵夹西来"，反切迟早也能够出现，"古昔圣贤"是能够根据汉语中双声叠韵和"不可为叵""之乎为诸"之类的语音现象悟出反切的道理的，但是应该承认，汉末大批西域僧人来华，翻译了大量的佛经，汉族人从佛经的翻译中第一次接触到拼音的方法，从而悟出汉字的字音可以进一步分解，是反切能够在汉末就产生的主要原因。

反切初起时被称为"反语"，它的作用也不仅限于给汉字注音，还可以用来作一种类似文字游戏的活动，那就是用反切的方法反复相切，形成一种隐语。这种反语在魏晋南北朝时期非常流行，梁武帝建同泰寺，对着寺南门开了个大门，命名为“大通门”，用的就是反语的方法：“同泰”切“大”，“泰同”切“通”。顾炎武《音学五书·音论》曾举出了许多类似的例子。反切注音方法的流行和反语的成为一时时尚，说明中国人这时已经能相当熟练地分解汉字音节，但作用也就只限于给汉字注音和编出隐语，并没有能从中归纳出系统性的内容。到南北朝齐梁（479—557）时期，发现了四声的分别，中国语音学才真正建立起来。

声调是汉语音节中的超音质成分，只能依附于音节中的音质成分元音和辅音而存在。一千多年以前，我们的祖先就能把声调从音节中提取出来，并且运用归纳的方法非常精确地归纳成“平、上、去、入”四类，这是个了不起的贡献，是中国语音学研究的一次质的飞跃。这个飞跃和当时佛教在中国的大发展有密切的关系。

魏晋南北朝时期战争频繁，社会动荡，为佛教在中国的传播提供了极为有利的环境。这时的佛教已经深入到社会各个阶层，从帝王到平民百姓，都有许多人信奉佛教。佛经翻译的规模和内容也大为扩大，从过去主要是民间翻译改变为由国家领导有组织地进行翻译，译经的人也由过去的以外国僧人为主改变为以汉族信徒为主，这说明当时的汉族人中已经有不少人精通梵文，例如诗人谢灵运不但笃信佛教，而且精通梵文，并曾经参加佛经的翻译工作。这时佛教文化融入中国传统文化的条件更加成熟，从思想、政治、经济、文学、美术到生活习惯无不受到佛教文化的影响，四声就是在这样的客观环境中被发现的。

隋刘善经《四声指归》可能是最早专门讨论四声的论著，收入唐代日本高僧遍照金刚《文镜秘府论》中，改名“四声论”，其中有两处提及四声的来源：

宋末以来，始有四声之目，沈氏乃著其谱，论云起自周颙。

李季节《音韵决疑·序》云：“平上去入，出行里间，沈约取以和声之，律吕相合。”

从这两段话可以了解到刘宋末年已经开始有“四声之目”，而且四声“出行里间”，是来自民间的，沈约、周颙主要是起了总结和推广的作用。刘宋末年约当公元470—479年，当时沈约已经三十岁左右，几年之后，诗坛上就形成了讲求声律的“永明体”。《南齐书·陆厥传》：“永明末，盛为文章，吴兴沈约、陈郡谢朓、琅琊王融以气类相推毂，汝南周颙善识声韵。约等文皆用宫商，以平上去入为四声，以此制韵，不可增减，世呼永明体。”沈约等人重视和推广四声，主要是为了加强诗歌的声律美，是为文学服务的，在客观上却为中国语音学史的发展作出了不可磨灭的贡献。

在永明体形成的同时，已经出现了一些专门研究四声的著作，《梁书·沈约传》：“（约）又撰《四声谱》，以为在昔词人累千载而不悟，而独得胸衿，穷其妙旨，自谓入神之作”；《南史·周颙传》：“（颙）转国子博士，兼著作如故。太学诸生慕其风，争事华辩。始著《四声切韵》行于时”；《南史·陆厥传》：“时（永明末）有王斌者，不知何许人，著《四声论》行于时。斌初为道人，博涉经籍，雅有才辩，善属文，能唱导而不修容仪”。沈约和周颙都是非常虔诚的佛教徒，和当时云集建康的高僧交往极密，王斌原本就是僧人（六朝时“道人”指僧人），而且“能唱导”，他们很可能是从佛教的“转读”和“梵呗”悟出四声的道理写成专著的。

最早提出四声的发现和佛教有密切关系的是陈寅恪。1934年陈寅恪发表《四声三问》（《清华学报》9卷2期）一文，认为四声的分别来源于印度《围陀·声明论》，《声明论》把转读经文时的声音高低分为三类，汉语除入声短促自成一类外，其余平、上、去三声“则其声响高低相互距离之间虽有分别，但应分别之为若干数之声，殊不易定。故中国文士依据及模拟当日转读佛经之声，分别定为平上去之三声。合入声共计之，适成四声”。但有一些学者并不同意这种见解。有的文章认为，《声明论》指的是语调高低，和汉语字调高低的性质完全不同，不能相互比拟。饶宗颐《印度波儞尼仙之围陀三声论略》一文考证，《声明论》诵经法所分的三声公元前在印度本土就已经失传，不可能到六朝时仍能在中国流行并用来比附汉语的四声（见饶宗颐《梵学集》79—92页，上海古籍出版社，1993）。

平上去入四声是对汉语声调客观的分类，反映了汉语声调的客观实际，不大可能是直接比附《声明论》诵经法的三类才分出平上去三声，然后再加上个入声。但在佛经转读和梵呗的影响下发现四声的特点，作出正确的归纳，则是完全合理的推断。南北朝时佛教已经深入民间，《魏书·释老志》描写当时佛教传播的盛况"今之僧寺，无处不有""梵唱屠音，连檐接响"，当时转读和梵呗在民间已是很寻常的事。梁慧皎《高僧传·经师》中提到当时善于转读的经师的情况："时有道朗、法忍、智欣、慧光，并无馀解，薄能转读；道朗捉调小缓，法忍好存击切，智欣善能侧调，慧光善飞声。"可见转读对声音高低抑扬的要求是很高的。转读和梵呗的音调本来都是根据梵文的语音特点安排的，用译成汉语的经文唱读，显然会有不少拗口的地方。《高僧传·经师总论》中曾相当准确地描述梵语和汉语的不同："自大教东流，乃译文者众，而传声盖寡。良由梵音重复，汉语单奇。若用梵音以咏汉语，则声繁而偈迫；若用汉曲以咏梵文，则韵短而辞长。"又曾论述转读时声音和文字的关系："转读之为懿，贵在声文两得。若惟声而不文，则道心无以得生；若惟文而不声，则俗情无以得入。"用汉语经文转读，如何做到"声文两得"，最重要的就是如何能使汉语字调的高低升降能和转读音调的高低升降相配合，唱读时不拗口，不出现现在传统戏曲也要避免的所谓"倒字"（传统戏曲把字的声调读错或唱错称为"倒字"），四声很可能就是在汉语译文字音的声调和转读的音调如何配合的实践中逐渐体会并总结出来的。

《四声三问》谈到四声何以产生于永明时期时说："南齐武帝永明七年（按：据《南齐书·竟陵文宣王传》当为五年）二月二十日竟陵王子良大集善声沙门于京邸，造经呗新声，实为当时考文审音之一大事。在此略前之时，建康之审音文士及善声沙门讨论研求必已甚众而且精。永明七年竟陵京邸之结集不过此新学说研求成绩之发表耳。"这样的推测极有见地。当时的五言诗已经逐渐脱离乐府成为不入乐的徒歌，正需要声律上有所规范，以竟陵王萧子良为中心所形成的文学集团聚集了一大批文人学士，经常在府邸举行各种文化活动，对当时的文化发展有重大影响，其中既有吟诗唱和、文献整理，也有"造经呗新声"之类的佛教活动。沈约是所谓"竟陵八友"之一，是这个集团的核心人物，他在当时的文坛和政坛上都处于领袖地位，又笃信佛教，和"善声沙门"讨论转读和梵呗的音调，从中探求汉语字调如何与音调配合，总结出平上去入四声，并进一步运用到五言诗的声律，就是很自然的事了。

由于文献不足，目前还很难对发现四声的原因作出非常明确的结论，但从上文的简要介绍可以看出，六朝时佛教转读和梵呗的广泛流传无疑是使汉族人认识到汉语声调的特点并分为平上去入四声的十分重要的因素。四声的发现促进了中国诗歌的发展，也促进了中国韵书的发展，使中国语音学史进入到一个新阶段。

二、韵书的锋出和《切韵》

东汉末年反切产生以前，中国只有根据汉字字形分类的字书，没有根据字音分类的韵书，许慎《说文解字》是秦汉两代字书的集大成者。有了反切，才有了韵书，从魏到隋的四百年间是韵书的大发展时期，陆法言《切韵》是这个时期韵书的集大成者。

反切出现不久，韵书就产生了。《隋书·经籍志》著录的魏李登《声类》是现在所知道的最早的韵书。唐封演《封氏闻见记》卷二称："魏时有李登者，撰《声类》十卷，凡一万一千五百二十字，以五声命字，不立诸部。"可见这时韵书的内容已相当完备。《魏书·江式传》谈到晋吕忱《字林》时说："忱弟静别放（仿）故左校令李登《声类》之法，作《韵集》五卷，宫商觪［角］徵羽各为一篇。"宫商角徵羽五声本来是专门用来标志音乐音阶的名称，后来和金木水火土五行一样，也可以作为事物分类的标记。李登《声类》和吕静《韵集》两书都早已亡佚，用来命名和分类的五声究竟何所指，今已不可考。在反切初兴时，编写的韵书就能根据声音高低把声调区分成五类的可能性是很小的，即使能做到，估计也可能是粗疏不可靠，因此没有能流传下来。

南北朝时期，中国处于分裂状态，战争频仍，人口大量流动迁徙，语言也处于流动不稳定的状态，北方和南方的方言在政治、经济、文化基本上处于分裂的状态下各自发展，南方方言以金陵话为中心，地位迅速提高，但从北方迁到南朝的士族仍旧始终保持说洛阳旧音的习惯，甚至影响到原来的江东士族，形成相当特殊的语言现象（参看陈寅恪《东晋南朝之吴语》，载《中央研究院历史语言研究所集刊》7本1分，1936；《从史实论切韵》，载《北京大学50周年纪念论文集》1948）。陆德明《经典释文·序录》谈到当时南北语言分歧的情况时说："方言差别，固自不同，河北江南，最为钜异。或失在浮清，或滞于沈浊。”韵书就是在南北方言“最为钜异”的时期发展起来的，据《隋书·经籍志》等古籍记载，这个时期出现的韵书不下几十种。《颜氏家训·音辞篇》在谈到反切在魏世大行之后，紧接着说“自兹厥后，音韵锋出，各有土风，递相非笑，指马之谕，未知孰是”，相当生动地描写出当时编写韵书混乱无序的状态。反切产生以后，韵书虽然得到很大发展，但在国家长期分裂、社会动荡不安的背景下，各家所编的韵书是不可能有比较统一的标准的。到了隋初，国家恢复一统，结束了近三百年的南北分裂局面，天下趋于太平，陆法言《切韵》在这时完成，可以说是应运而生的。

西晋灭亡，晋室东渡偏安江南，北方士族随着晋室南迁到江南，江南文化得到迅速发展，北方则是战争频仍，少数民族政权不断更替，文化相对滞后，和南方形成明显的文化差异。隋完成统一大业后，南北文化开始交融在一起，为灿烂的唐代文化高峰准备了条件。就在这个时期，陆法言等人总结过去各家韵书的得失，斟酌南北古今的差异，“捃选精切，除削疏缓”，编成一部具有十分完整语音系统的韵书，反映出隋唐时期汉语语音系统的全貌。书成之后，“时俗共重，以为典规”（见唐王仁昫《刊谬补缺切韵·序》），其他韵书由于不能符合时代的要求，很快就都被淘汰了。《切韵》前面所附陆法言写的《切韵·序》，相当详细地谈到编纂《切韵》的经过和《切韵》的性质，是研究中国语音学史非常重要的文献。

《切韵》完成于隋仁寿元年（601），是陆法言根据十几年前刘臻、颜之推等八位著名学者所拟定的提纲编写成的。隋开皇初年，刘臻、颜之推等八人夜宿陆法言家，当时陆法言只有二十来岁，这八位学者都是他的长辈，当晚“夜永酒阑，论及音韵……因论南北是非，古今通塞，欲更捃选精切，除削疏缓，颜外史、萧国子多所决定”。这本是一次即兴式的学术讨论，在讨论各地语音差异和各家韵书得失之后，以“我辈数人，定则定矣”的精神拟定出编纂韵书应该遵循的原则和提纲，由当时是后生晚辈的陆法言“烛下握笔，略记纲纪”。后来陆法言做了个小官，到隋开皇二十年（600）因他父亲陆爽获罪被罢了官，“屏居山野，交游阻隔，……遂取诸家音韵、古今字书，以前所记者，定为《切韵》五卷”，只用了一年的时间就完成了这样一部在中国语音学史上起了划时代作用的著作。

隋开皇初年在陆法言家的那次即兴式的学术讨论实际上是南方和北方文人学者的一次学术交流。《切韵·序》提到的八个人中，刘臻、颜之推、萧该是南方人，都曾仕于梁，卢思道、魏彦渊、李若、辛德源、薛道衡都生长在北方。这八个人都是陆法言父亲陆爽的朋友，但陆爽大约没有参加这次讨论，否则也应该列出他的名字。陆法言的祖先是鲜卑人，魏孝文帝推行汉化政策时才改姓陆，更是地道的北方人。可能这八位学者再加上陆法言，在评论诸家韵书得失的时候列举出了五部韵书：吕静《韵集》、夏侯咏（詠）《韵略》、阳休之《韵略》、李季节《音谱》、杜台卿《韵略》，并批评它们"各有乖互"。这五部韵书早已亡佚，编纂者基本上也都是北方人。最早的是晋代的吕静，任城（在今山东曲阜）人；其余四人都和《切韵》的时代较为接近。阳休之、李季节、杜台卿都是北人，都曾仕于北齐，夏侯咏（詠）（原序误作"该"）虽曾仕于南朝梁，但夏侯氏原来大都是谯郡人，在今安徽亳县，也属北方，可能是北人南渡到南方的（参看周祖谟《切韵的性质和它的音系基础》，载《语言学论丛》第五辑，1963）。这五部韵书所反映的应该是当时北方的语音系统。值得注意的是，在陆家的那次讨论会上反而是从南方来的"颜外史、萧国子多所决定"。

在这八人中，颜之推的学术地位和成就无疑最高，他出身南方高门士族，原仕于梁，二十几岁时被掳到北方，历仕北魏、北齐和北周，对当时南北文化和语言的差异有亲身的体会，晚年写成的《颜氏家训》充分反映出他在这方面的学识和见解。萧该是梁武帝萧衍的从孙，更是地地道道的南人，著有《文选音义》《汉书音义》，早佚，但由书名可知是一位精于音韵的学者。在总结以北方语音为主的五部韵书的得失时，他们两人"多所决定"，除了因为他们的学识渊博以外，更重要的恐怕是因为他们来自南方，熟悉南方语音的情况，这和南北朝时北方崇尚南朝文化的风气也不无关系。在他们"夜永酒阑，论及音韵"时，对当时韵书"各有乖互，江东取韵，与河北复殊"的现象深表不满，在讨论时特别尊重南方学者的意见，目的显然是希望能编出一部能够通行全国起正音作用的韵书，这种希望也正符合当时国家统一的要求。十几年后，陆法言根据他们拟定的原则和提纲"取诸家音韵、古今字书……剖析毫厘，分别黍累"，出色地完成了这项任务。

《颜氏家训·音辞篇》在谈到南北朝时编写的韵书“各有土风，递相非笑”之后说：“共以帝王都邑，参校方俗，考覈古今，为之折衷，榷而量之，独金陵与洛下耳。”这几句话应该能反映颜之推参与决定《切韵》编写原则时的思想，那就是南方应该以金陵话为中心，北方应该以洛阳话为中心。这也应该是当时参与编写的八个人共有的思想，否则就无法拟定出共同的编写原则。《切韵·序》中还记录下了这八位学者对当时各地方言的评论：“吴、楚则时伤轻浅，燕、赵则多涉重浊，秦、陇则去声为入，梁、益则平声似去。”这八位学者“夜永酒阑”对各地方言大发议论时必然有一个共同的正音标准，否则无法得出上引的共同结论。陈寅恪早已指出：“序文述各地方言之失，而独不及中原一区，则中原即洛阳及其近旁之语音，乃诸贤所视为正音者无疑。”（见《从史实论切韵》）《切韵》肯定是以中原音作为正音标准的，但除了当时洛阳及其近旁之语音以外，金陵士大夫阶层所说的洛阳旧音也同样被颜之推等人看成是正统的中原音的。

颜之推的祖先是随着晋室南渡的北方望族，他出生时距晋室东迁虽然已二百年，但仍像他祖先那样保持着南方士族特有的说洛阳旧音的习惯。他在《颜氏家训·音辞篇》里明确指出在他生活的时代南方士族所说的话和庶民仍旧有分别：“易服而与之谈，南方士庶，数言可辨；隔垣而听其语，北方朝野，终日难分。”在决定《切韵》的编写原则时，为了使《切韵》能够通行全国起到正音的作用，所依据的“金陵话”显然不会是南方庶民所说的土语，而是南方士族所说的“高雅”的话。这种话本是晋室南迁时北方士族带到南方去的，虽然经历二百多年，可能会受到当地方言即吴语的一些影响，但语音的基础仍旧是原来的洛阳话，必然仍旧包含不少洛阳旧音的特点。这正符合当时士大夫阶层的正音标准，颜之推和萧该都是来自南方的高门士族，最熟悉南方士族的语言，在讨论时他们两人“多所决定”，就是很自然的事了。

《切韵》以四声为纲，四声之下分列各韵，各韵之下分列同音字，用圆圈隔开，即所谓“小韵”，每个小韵下用反切注明这个小韵的读音，不同的小韵实际代表了不同的声母或韵母。《切韵》用这种编排方式十分完整地把中古汉语的语音系统描绘了出来，这真是个了不起的贡献。后世的韵书基本上都是以《切韵》的编排方式为基础的，一千多年来甚至连《切韵》所定的韵目名称“东、冬、江、支、微……”等等都没有多大的变化。

《切韵》把声调在汉语中的重要地位突现出来，奠定了汉语音节声韵调三分的基础，这也是一项十分重要的贡献。四声在江左初兴时，能掌握的人大约并不多，连文学造诣很深的梁武帝萧衍都弄不清四声的分别。《梁书·沈约传》：“帝问周舍（周颙之子）曰：何谓四声？舍曰：‘天子圣哲’是也。然帝竟不遵用。”刘善经《四声指归》有类似的记载：“梁王萧衍不知四声，尝从容谓中领军朱异曰：何者名为四声？异答云：‘天子万福’，即是四声。衍谓异：‘天子寿考’岂不是四声也。”刘善经接着评论说：“以萧主之博洽通识，而竟不能辨之。时人咸美朱异之能言，叹萧主之不悟。”但是，经过几十年的流传推广，不但在南方，就连和南方语音有较大差异的北方也明白四声的道理了。到颜之推等八人讨论音韵时，已经能从调值的角度比较方言的声调，发现“秦陇则去声为入，梁益则平声似去”，可见这时四声的概念至少在读书人中已经达到相当普及的程度。

《切韵·序》提到的五部韵书，晋吕静《韵集》最早，是仿李登《声类》分为宫商角徵羽五声的，可能和四声没有直接关系。其余四部和《切韵》的时代十分接近，《四声指归》中说：“齐仆射阳休之，当世之文匠也。乃以音有楚夏，韵有讹切，辞人代用，今古不同。遂辨其尤相涉者五十六韵，科以四声，名曰《韵略》。制作之士，咸取则焉。后生晚学，所赖多矣。”在《切韵》成书之前，看来阳休之《韵略》是影响较大而且能够起正音作用的韵书。值得注意的是，《韵略》已经能够“科以四声”，也就是已经能够按四声分类。阳休之在北魏末年曾南奔梁，东魏初年始返北方，他在梁时四声之说才兴起不久。他虽是北人，但学识渊博，可能很快就掌握了四声的分别，用到他后来所编写的《韵略》中，为《切韵》以四声为纲奠定了基础。《颜氏家训·音辞篇》批评“阳休之造《韵略》，殊为疏野”，恐怕只是指韵部的分合不当说的。

《切韵》各小韵下的反切应该是陆法言汇集各家韵书的反切整理修改成的，是反映汉语中古语音系统最翔实最完整的资料。唐封演《封氏闻见记》中说：“隋陆法言与颜魏诸公定南北音，撰为《切韵》，凡一万二千一百五十八字，以为文楷式，而先仙、山删之类分为别韵，属文之士共苦其苛细。国初许敬宗等详议，以其韵窄，奏合而用之，法言所谓'欲广文路，自可清浊皆通'者也。"《切韵》中的窄韵合用需要经过详议，还要上奏，可见《切韵》在唐初就已经被公认为诗赋用韵的标准。

唐代继承并完善了隋代的科举取士制度，唐高宗时加试杂文即诗赋，到唐玄宗时，诗赋更进一步成为录取的主要标准，《切韵》也就随着具有了官韵的性质。《切韵》原本收字少，释义也过于简略，可能是为了适应科举的需要，唐代不断有人对《切韵》加以增补或修订，其中影响较大的是王仁昫的《刊谬补缺切韵》和孙愐的《唐韵》。直到唐末，还有李舟编写的《切韵》，也是陆法言《切韵》的修订本。这些修订本都早已亡佚，近百年来在敦煌和故宫等地陆续发现一些《切韵》残卷和唐人写本，其中只有1947年故宫发现的王仁昫《刊谬补缺切韵》是完整的全本，基本保留了《切韵》的原貌。

陆法言在北方编成《切韵》的十几年前，陆德明在南方编成了《经典释文》，收录了大量六朝经师注音所用的反切，保存下一大批宝贵的六朝语音资料，也是中国语音学史上十分重要的著作。

《经典释文》共三十卷，内容是注释当时重要经典的经文和通行注文的音义，以注音为主，兼及释义和校勘。南北朝时，经学也分为南学和北学两派，泾渭分明，各有特色。陆德明是吴人，隋统一以前始终住在南方，他所收的反切基本上都是南方经师所传。当时经师注音，各有师承，有的可能用古音，有的可能用自己的方音，并没有统一的标准。陆德明采取兼容并包的办法，各种反切全部收录，一字之下往往收录好几条反切，在斟酌顺序时，"若典籍常用，会理合时，便即遵承，标之于首"(《经典释文·序录》)。所谓"典籍常用，会理合时"，应该是指不带有明显古音或方音成分、合乎当时读书人习惯的反切。经师注音，原本就是为读书用的，因此这些"标注于首"的反切应该能反映出当时南方的读书音，来源于南方士族所说的洛阳旧音。

《经典释文》所收录的反切是研究六朝语音十分重要的资料，现在还没有得到很好的整理研究。在隋完成统一大业、结束近三百年南北朝分裂局面的时候，陆法言在北方总结各家韵书经验编成了《切韵》；陆德明在南方总结六朝经师注音的经验编成了《经典释文》，都是在统一时代来临时具有总结意义的工作。这两部在中国语音学史上有重要地位的著作，一南一北，几乎同时出现，这在中国学术史上是很罕见的。

三、创自佛门的三十六字母

从反切到四声，从四声到《切韵》，经历了四百多年的时间，中国语音学终于逐步发展成熟。最明显的标志是已经能够分析归纳出相当完整的语音系统，声调和韵母都有了相当准确的分类，而且都有了固定的名称，“平、上、去、入”“东、冬、钟、江……”一直沿用了一千多年，直到今天还在使用。至于声母，则只蕴含在各韵内的小韵中。《广韵》卷首所附孙愐《唐韵·序》中说：“又纽其唇齿喉舌牙部件而次之。”序作于天宝十年（751），可见至少在唐中叶时已经注意到声母发音部位的不同，但并没有能专门对声母进行全面的归纳分类。这也许是因为当时的读书人读书需要懂得反切，写诗需要懂得四声和押韵，并没有详细了解声母类别的需要。把声母分为三十六字母并给出固定名称的是当时的佛教徒，由三十六字母引发出韵图，从而把中国语音学发展到等韵学阶段的也是佛教徒。在韵书发展成熟以后，发展中国语音学的主要动力已经不再是学识渊博的知识分子，而是熟悉梵汉语音对比的佛教徒。这是佛教传入中国后对中国语音学发展的又一重要贡献。

佛教从西汉末传入中国后，经过长期的发展，逐渐中国化，到唐代已经完全融入中国社会，并且形成了不同的宗派。各宗派的寺院遍布全国，信徒众多，佛经翻译和注释也大量增加。唐玄宗时，印度密教传入中国，经过善无畏、金刚智、不空“开元三大士”的传播推广，他们所创立的密宗成为唐中叶以后最有影响的佛教宗派之一。密宗创立之后在上层统治集团中十分流行，并且参与了当时的政治斗争，像不空就连续得到唐玄宗、肃宗和代宗三代帝王的信任：“胡僧不空，官至卿监，封国公，通籍禁中，势移公卿”（引自《旧唐书·王缙传》）。从不空在政治上的煊赫地位也可以看出密宗对当时社会影响之巨大。随着唐代国势的衰微，密宗的影响也逐渐减弱，到了唐末已基本消失。

密教信仰最突出的表现是重视真言咒语。密宗的经典里几乎没有一部没有咒语。唐中叶后密宗的影响遍及全国，念诵咒语消灾袪病成为一时风尚。大部分咒语都是没有意义的梵文字母组成的，在译经时只能用音同或音近的汉字对译，声音差别较大的就用造新字或加注释的办法来表示。信奉佛教的人认为，念诵咒语一定要发音正确才有效，郑樵《通志·六书略》里有这样几句话："今梵僧咒雨则雨应，咒龙则龙现，顷刻之间，随声变化。华僧虽学其声，而无验者，实声音之道有未至也。"这些话虽然十分荒唐可笑，但从中也可以看出佛教徒对梵文发音的重视。印度儿童学习梵文字母，字母拼音表前面一定要写上 Siddhim 这个词作为吉祥话，是"成就"的意思，一般译为"悉昙"，中国佛教徒就取"悉昙"两字作为梵文拼音表的名称。研究梵文字母拼音的学问就称为悉昙学。

早在三国两晋译经的初期，就已经存在梵文字母的音译问题。西晋竺法护译《光赞经》卷七《摩诃般若波罗蜜·观品》（286）中用"罗、波、遮、那"等汉字对译梵文字母的"ra, pa, ca, na"等等，可能是最早用汉字对译梵文字母的资料。到东晋时，法显译《佛说大般泥洹经》（417），卷五有"文字品"一节，经文认为"言语文字皆是佛说"，对五十个梵文字母逐个作出充满神秘色彩的解释，在译本中自然要对这五十个梵文字母都给出汉字的音译。十几年后，汉族僧人慧严、慧观和诗人谢灵运等重译经文，改名《大般涅槃经》，是中国佛教史上最有影响的经典之一，其中的"文字品"自然也受到佛教徒普遍重视，在学习梵文字母时体会出梵文字母的发音特点并加以描述就是很自然的事了。谢灵运就曾经和鸠摩罗什弟子慧睿讨论梵文读音问题，并且写成《十四音训叙》一书。该书早已亡佚，唐日本僧人安然所撰《悉昙藏》卷五收录有部分佚文，其中对梵文字母发音部位所作的分类，提到"舌根声、舌中声、近舌头声、舌头声、唇中声"等等，当时对梵文字母发音部位的描述可以说是已经相当准确了。（详见王邦维《谢灵运〈十四音训叙〉辑考》，《国学研究》第三卷，北京大学出版社，1995）

到了唐代密宗盛行时，大量的密宗经典包括其中的咒语被译成汉语，对梵文字母的学习和认识逐渐加深，悉昙学也随着盛行起来。从对梵文字母的分类和描述，逐渐扩展到对汉语声母的分类和描述。今本《玉篇》附有唐代僧人神珙“四声五音九弄反纽图”，内容晦涩难解，前面附有“五音声论”，把汉语声母按照发音部位分为五类，各列出八个汉字作为例字：

东方喉声　何我刚谔歌可康各

西方舌声　丁的定泥寧亭聽历

南方齿声　诗失之食止示胜识

北方唇声　邦庞剥雹北墨朋邈

中央牙声　更硬牙格行幸亨客

神珙事迹今已不可考，估计是唐中叶以后的僧人。“五音声论”是否为神珙所著，也尚无定论，所列出的四十个例字虽然还很不全面，但能把汉语声母分为“唇、舌、牙、齿、喉”五类，说明在悉昙学的启发下，对汉语声母的认识已经大大提高了一步，为汉语声母的进一步分类奠定了基础。

大约到晚唐，才对汉语声母有了较全面系统的分析，当时把汉语声母分成三十类，每类都给予了固定名称，即所谓的“三十字母”。三十字母起初可能只是在佛教徒间流传，创制情况和流传过程不见文献记载，今已无法了解。称为“字母”，显然是受悉昙学的影响，从梵文所用“字母”这个名称借用来的；用“帮、滂、並、明……”等固定汉字作为每一个字母的名称，则是和韵书用“东、冬、钟、江……”作为每一个韵母的名称办法相同。

在敦煌出土的文献中，有两件相当完整地保存了三十字母的声母系统，一件是唐写本《守温韵学残卷》，现存巴黎法国国家图书馆，只有残卷三截，其中一截完整列出三十字母，并按发音部位作出分类，原文如下：

南梁汉比丘守温述

唇音　不芳並明

舌音　端透定泥是舌头音

　　　知彻澄日是舌上音

牙音　见［君］溪群来疑等字是也（按：“君”显系原文衍字）

齿音　精清从是齿头音

　　　审穿禅照是正齿音

喉音　心邪晓是喉中音清

　　　匣喻影亦是喉中音浊

以上的分类虽然大类仍标明是五音“唇、舌、牙、齿、喉”，但实际上已分为七类，即“舌”再分为“舌头”“舌上”，“齿”再分为“齿头”“正齿”，已经完成了后世一直遵循的七音分类。此外，喉音分为“清”“浊”两类，说明已开始注意到发音方法。但是字母的归类和顺序还相当粗疏，例如，把“来”归入牙音，把“心”“邪”归入喉音以及“审穿禅照”的排列顺序，都显然是不正确的。

另一件是唐写本《归三十字母例》，现存英国伦敦不列颠博物馆，也列出三十字母，没有加以分类，但是每个字母下面都列出了四个例字，原文如下：

归三十字母例

端	透	定	泥	审	穿	禅	日	心	邪	照
丁	汀	亭	宁	升	称	乘	仍	修	〔因〕	周
当	汤	唐	囊	伤	昌	常	穰	〔根〕	祥	章
颠	〔光〕	田	年	申	嗔	神	忎	星	饧	征
〔故〕	添	甜	〔坫〕	深	觇	谌	任	宣	旋	专

精	清	从	喻	见	磎	群	疑	晓	匣	影
煎	千	前	〔巡〕	今	钦	琴	吟	馨	形	缨
将	枪	墙	羊	京	卿	擎	迎	呼	胡	乌
尖	佥	〔替〕	盐	犍	褰	蹇	〔音〕	欢	桓	剜
津	亲	秦	寅	居	祛	渠	魰	祆	贤	烟

知	彻	澄	来	不	芳	並	明
张	伥	长	良	边	偏	便	绵
〔象〕	忡	虫	隆	逋	铺	蒲	莫
〔负〕	柽	〔皇〕	冷	宾	缤	频	民
珍	〔缜〕	陈	邻	夫	敷	苻	无

（引自滨田耕作《东业考古学研究》315 页，1944 年再版本。原抄件直行自右向左，现改为自左向右。加方括号的例字是原文错字，罗常培在《敦煌写本守温韵学残卷跋》一文中曾一一加以校改，本书第三章《等韵学的产生和发展》一章所列“归三十字母例”的例字就是校改过的，参看本书第 103 页）

两个唐写本都把声母分为三十字母，所用代表字也完全相同，只是字母的顺序小有不同，这说明在晚唐时汉语声母的分类已相当成熟。《守温韵学残卷》在三十字母前写明是“南梁汉比丘守温述”，《归三十字母例》则无署名。守温事迹今已不可考，残卷署名中的“南梁汉比丘”几字究竟应如何解释，“南梁”究竟在何处，“汉”是指“华僧”还是当时的地名，目前还有不同的看法。在唐代末年，能够出现像三十字母这样完整的声母系统，说明汉语语音研究又向前推进了一大步。

宋郑樵《通志·艺文略》和王应麟《玉海》都著录有《守温三十六字母图》一卷，早已亡佚，但由书名可知三十字母至迟到宋代已扩展成为三十六字母，而且仍标明是守温所创。《通志·七音略》列出了这三十六字母的名称：

帮滂並明　非敷奉微

端透定泥　知彻澄娘

见溪群疑

精清从心邪　照穿床审禅

影晓匣喻

来日

三十六字母比三十字母多出“帮、滂、奉、微、床、娘”六个字母。罗常培《敦煌写本守温韵学残卷跋》一文中说：“盖守温初作字母，仅类聚《切韵》反切上字而参对梵、藏体文，於梵、藏有而华音无者固皆删汰，於华音有而梵、藏无者亦付阙如。……故守温三十字母虽定于唐末，而不能据此以证正齿音二等及轻唇音四母尚未分化。”（《中央研究院历史语言研究所集刊》三本二分，1931）从三十字母到三十六字母，很可能是守温后来根据“华音有而梵、藏无者”自己新增补进去六个字母，也可能是守温同时代的人增补进去的，今天已经很难考定。另有一种意见认为新增补的六个字母是从唐末到宋代语音发展分化的结果，则三十六字母所反映的就应该是宋代的声母系统了。

在敦煌唐写本三十字母出土之前，一般都认为三十六字母的创始人是守温。清钱大昕《十驾斋养新录》卷五“字母”条说：“三十六字母，唐以前未有言之者，相传出于僧守温，温亦唐末沙门也。”这几句话可以代表唐写本出土前的一般意见。唐写本出土后更得到了实证。但从宋代起就有人认为三十六字母并非守温所创，例如，南宋祝泌《皇极经世解起数诀》序中说："沙门神珙作九弄反纽罗纹侧纽，今无能传其三昧者。惟胡僧了义三十六字姆，流传无恙。"明代真空和尚《篇韵贯珠集》中的一首"溯字学源流歌"中说："大唐舍利置斯纲，外有根源定不妨，后有梁山温首座，添成六母合宫商。"祝泌认为三十六字母是胡僧了义所创；真空和尚则认为三十字母是唐僧舍利所创，守温只是增添了六个字母。以上不同传说，可能是出于讹传，也可能是由于流传的宗派和地域不同产生的。无论是哪一种传说，都肯定三十六字母是唐代僧人所创，是佛教徒的研究成果。

三十六字母相当完整地描写出唐宋时期声母系统的基本面貌，从宋元韵图直到现代汉语方言调查都沿用这三十六字母，是汉语语音学影响最广泛的声母系统。齐梁时期发现四声，形成完整的声调系统；隋初陆法言《切韵》总结前代韵书，形成完整的韵母系统；历经四百年的时间，到三十六字母出现，才和声调、韵母共同构建出唐宋时期相当完整的汉语语音系统。这是汉语语音学发展成熟的一个非常重要的标志，也为韵图的产生创造了条件。

四、从《广韵》到平水韵

公元960年宋王朝建立后，吸取唐代中叶以后藩镇割据的教训，采取崇文抑武的政策，重视科举取士，进一步完善唐代科举制度，形成了相当完整严密的科举制。为了配合科举制的需要，由朝廷组织人力对《切韵》进行大规模的修订。在宋开国后的前六十年，连续进行了三次大规模的修订，韵书随着科举制的完善逐渐成为朝廷的御用工具。

宋代对《切韵》的第一次修订是在宋太宗时，《通志·艺文志》录有"宋句中正等详定《雍熙广韵》一百卷"，是宋太宗雍熙年间修订的，可惜这长达一百卷的修订本没有能够流传下来。约二十年后，宋真宗时又再度进行大规模重修，在大中祥符元年（1008）完成，改名为《大宋重修广韵》，为了便于读书人翻检，当时还另编了一部《韵略》，是《广韵》的简缩本，今已亡佚。《广韵》和《韵略》编成后三十年，宋仁宗时又组织人力对这两部韵书进行了一次较大规模的补充修订，改名为《集韵》和《礼部韵略》。《集韵》和《广韵》的不同主要在收字增多、注释详细、反切用字也有较大改进，但在分韵和体例等方面并没有多大的变化，对后世的影响也远没有《广韵》大。

《广韵》所收反切和现存故宫所藏王仁昫《刊谬补缺切韵》中的反切大部分相同，可以明显地看出《广韵》和《切韵》之间的继承关系。《刊谬补缺切韵》共分195韵，《广韵》根据孙愐《唐韵》分为206韵，主要只是把“真、寒、歌”三韵四声共十一韵中的开口和合口分为两韵，并没有实质性的差别。下面是按四声分列的《广韵》206韵，外加方括号的是《刊谬补缺切韵》未分出的十一个韵目：

上平声	上声	去声	入声
一东	一董	一送	一屋
二冬	（字少附腫韵）	二宋	二沃
三钟	二腫	三用	三烛
四江	三讲	四绛	四觉
五支	四纸	五寘	
六脂	五旨	六至	
七之	六止	七志	
八微	七尾	八未	
九鱼	八语	九御	
十虞	九麌	十遇	
十一模	十姥	十一暮	
十二齐	十一荠	十二霁	
		十三祭	
		十四泰	
十三佳	十二蟹	十五卦	
十四皆	十三骇	十六怪	
		十七夬	
十五灰	十四贿	十八队	
十六咍	十五海	十九代	
		二十废	
十七真	十六轸	二十一震	五质
【十八谆	十七准	二十二稕	六术
十九臻	（字少附隐韵）	（字少附震韵）	七栉
二十文	十八吻	二十三问	八物

二十一欣	十九隐	二十四焮	九迄
二十二元	二十阮	二十五願	十月
二十三魂	二十一混	二十六慁	十一没
二十四痕	二十二很	二十七恨	（字少附没韵）
二十五寒	二十三旱	二十八翰	十二曷
【二十六桓	二十四缓	二十九换	十三末】
二十七删	二十五潸	三十谏	十四黠
二十八山	二十六产	三十一裥	十五鎋

下平声	上声	去声	入声
一先	二十七铣	三十二霰	十六屑
二仙	二十八獮	三十三線	十七薛
三萧	二十九篠	三十四啸	
四宵	三十小	三十五笑	
五肴	三十一巧	三十六效	
六豪	三十二晧	三十七号	
七歌	三十三哿	三十八箇	
【八戈	三十四果	三十九過】	
九麻	三十五马	四十祃	
十阳	三十六养	四十一漾	十八药
十一唐	三十七荡	四十二宕	十九铎
十二庚	三十八梗	四十三敬	二十陌
十三耕	三十九耿	四十四诤	二十一麦
十四清	四十静	四十五劲	二十二昔
十五青	四十一迥	四十六径	二十三锡
十六蒸	四十二拯	四十七证	二十四职
十七登	四十三等	四十八嶝	二十五德
十八尤	四十四有	四十九宥	
十九侯	四十五厚	五十候	
二十幽	四十六黝	五十一幼	
二十一侵	四十七寝	五十二沁	二十六缉
二十二覃	四十八感	五十三勘	二十七合
二十三谈	四十九敢	五十四阚	二十八盍
二十四盐	五十琰	五十五豔	二十九葉
二十五添	五十一忝	五十六㮇	三十帖

二十六咸	五十二豏	五十七陷	三十一洽
二十七衔	五十三槛	五十八鑑	三十二狎
二十八严	五十四俨	五十九酽	三十三业
二十九凡	五十五范	五十六梵	三十四乏

《广韵》四声韵目的排列顺序和现存的各种《切韵》残卷和全本也有所不同，据考证是来自唐末李舟《切韵》。《广韵》可以说是集陆法言《切韵》后各家修订本之大成；朝廷颁行以后，原来的各种《切韵》修订本失去了作用，就都逐渐失传了。虽然近百年来陆续发现了一些唐写本《切韵》残卷和全本，《广韵》仍旧是研究中国隋唐语音最常用的资料。

宋代开国即面对北方强敌辽国，虽然统一了全国，但和辽金的战争始终不断。到了南宋，广大北方地区为金所占领，南北分裂的局面又重新出现，南北文化差异又开始扩大，语音学也呈现出不同的发展趋势：北方着重在韵书的改革；南方则韵图兴起，也出现了研究古音的萌芽。

辽金建国后都非常重视吸收中原文化。辽在取得燕云十六州后就曾在汉人居住地区开科取士。金太宗时开始实行科举制，分经义、词赋两科，科举逐渐成为金朝入仕的主要途径。金海陵王时更进一步取消经义科，只试词赋，韵书在科举考试中的重要性也随着大大提高。金占领着包括今开封、西安、洛阳在内的广大中原地区，和南北朝时北方政权不断更替、战乱频仍不同，金占领的中原地区始终是统一的政权，社会也比较稳定，这十分有利于语言向统一的方向发展。经过近一百年的变化，以《切韵》为基础修订的《广韵》和《集韵》所代表的音系和已经迅速发展的北方方言的差距越来越大，为了适应当时社会的需要，在金中叶以后，陆续出现了几部具有改革精神的韵书。较早的是韩道昭编写的《五音集韵》（1212），以当时北方方言为依据，把《广韵》和《集韵》的206韵合并为160韵，并且吸收了当时已兴起的等韵学的成就，每个韵里的字都按照三十六字母排列，这在当时是一项很大胆的改革。稍后金末王文郁的《平水新刊韵略》（1229）和刘渊的《壬子新刊礼部韵略》（1252）又进一步把《广韵》和《集韵》的206韵分别合并为106韵和107韵。明清两代把106韵定为官韵，世称“平水韵”，成为近六百多年读书人作诗用韵的标准。直到今天，写旧体诗词，仍旧要遵循平水韵。

宋代最后一次大规模修订韵书编成《集韵》和《礼部韵略》是在宋仁宗宝元二年（1039）。当时科举制度的改革已经基本完成，《礼部韵略》从此成为科举必须遵循的官韵，后来曾经几次增字，都经过朝廷审批，要求是十分严格的。到了南宋，偏安东南，可能是当时东南一带方言和当时流行的韵书所代表的音系比较接近，并不像北方那样对韵书的改革有迫切的要求，因此二百多年韵书的体系基本未变。

南宋时期出现了古音研究的萌芽。早在六朝时期，经师们就已经发现先秦古音和当时的字音不尽相同，为了读先秦韵文时仍旧能够协韵，采取了"叶音"的办法，把当时已经不能协韵的韵脚字的读音改变，变得可以协韵，甚至不惜把字也给改换掉。最著名的例子是唐玄宗把《尚书·洪范》"无偏无颇，遵王之仪"中的"颇"改为"陂"以求协韵。自唐至宋的六百年，"叶音"一直是最常用的解释古今字音差别的方法。朱熹《诗集传》《楚辞集注》都曾经大量使用叶音的方法，至今仍在广泛流传。叶音能觉察出古音和今音有区别，这是对汉语语音认识的一大进步，但只是就字论字，毫无系统性可言，还不能说是已经具有语音学的意义。最早认识到古今音的区别有其系统性的是南宋的吴棫（约1100—1154）。他根据先秦韵文等资料对古音进行了较系统的研究，写出了一些专著，但流传至今的只有《韵补》一书。除吴棫外，南宋时还有程迥、郑庠也都对古音进行过较系统的研究，著作今均不传。吴棫等人能从韵的角度考察古今韵部的不同，虽然研究的内容相当庞杂，方法也很不周密，但已经超出只是就字论字的阶段，注意到语音的系统性，为古今音的对比研究探明了方向。

五、韵图的兴起

南宋时韵图的兴起把中国语音学推进到一个新的阶段。当时三十六字母早已在佛教徒中流传，佛教徒把三十六字母和已经基本固定的韵书体系结合起来，创制出韵图。在韵图产生之前，语音研究的重点在声韵调的辨析和分类，是离散的。韵图把声韵调聚合在一起，研究三者之间的配合关系，列成图表，进入语音结构的研究阶段。

早在字母产生初期，就已经初见韵图端倪。《守温韵学残卷》载有“四等重轻例”，已经提出“等”的概念，并且按四等分别列出平声8例，上声和去声各4例，入声10例，下面仅举平声为例：

高古豪反	交肴	娇宵	浇萧
观古桓反	关删	勬宣	涓先
楼落侯反	○	流尤	镠幽
裒薄侯反	○	浮尤	淲幽
担都甘反	鸽咸	霑盐	战添
丹多寒反	譠山	邅仙	颠先
呣亡侯反	○	谋尤	缪幽
齁呼侯反	○	休尤	烋幽

以上每行四字，分别表示一二三四等，字下有注，一等字是反切，二三四等是韵目。所列四等的分别和现存最早韵图《韵镜》完全相同，连所用例字也大部分相同，下面举出《韵镜》中相对应的各行作比较：

高	交	骄	骁
官	关	勬	涓
楼	○	刘	镠
裒	○	浮	彪
耽	詀	霑	髺
单	○	邅	颠
呣	○	谋	缪
齁	○	休	飍

上举“四等重轻例”之前，另有“定四等重轻兼辨声韵不和无字可切门”，以“高”“交”两字作为例证，指出“高”字“与归审穿禅照等字不和，若将审穿禅照中字为切，将‘高’字为韵，定无字可切”；“交”字“与归精清从心邪中字不和。若将精清从心邪中字为切，将‘交’字为韵，定无字可切”。在“声韵不和切字不得例”中更明确提出“类隔”的概念并举出例证，还特别提醒“恐人只以端知、透彻、定澄等字为类隔，迷于此理，故举例如上”。可见类隔在当时已经是相当常见的门法，所以才有必要提醒。在守温所处的唐末五代时期，已经具备了产生韵图的充足条件，《通志·艺文

略》和《玉海》所著录的《守温三十六字母图》很可能就已经具有韵图的规模了。

《通志·七音略》说："释氏以参禅为大悟，通音为小悟。"佛教徒为了达到通音的"小悟"境界，借鉴悉昙学，对汉语语音进行了相当细致的剖析，制成韵图。韵图成为佛教徒用来通音的重要手段。北宋的一百多年是韵图从萌芽逐渐走向成熟的时期。沈括《梦溪笔谈》卷十五中说："今切韵之法，先类其字，各归其母，唇音、舌音各八，牙音、喉音各四，齿音十，半齿半舌音二，凡三十六，分为五音，天下之声总于是矣；每声复有四等，谓清、次清、浊、平也，……皆得之自然，非人为之。"沈括显然是根据当时他所见到的北宋韵图写出这段文字的，说明到北宋中叶韵图已经颇具规模，只是"四等"的内容和后来的韵图很不相同。南宋郑樵《通志·艺文志》除收录了上文已经提到过的《守温三十六字母图》外，还收录有《声韵图》《归字图》《定清浊韵钤》《切韵内外转钤》《内外转归字》等五六种，都可能是韵图性质的，加上散见于当时其他著作中的，估计不下二十种，未见著录的肯定更多，只可惜今天都已散佚了。由于佛教宗派和地域的不同，这些韵图可能也像早期韵书那样"音韵锋出，各有土风"，但并没有出现像《切韵》那样集大成的权威著作；又由于初创时期主要只是在佛教徒间流传，在北宋时期并未能引起广泛的注意。北宋时邵雍的《皇极经世·声音唱和图》在形式上和韵图十分相似，但邵雍是用声母和韵母的拼合关系阐明天地阴阳交合道理的，和韵图的性质很不相同。

最早发现韵图重要价值的是郑樵（1104—1162），他在《通志·七音略》中说："臣初得《七音韵鉴》，一唱而三叹，胡僧有此妙义，而儒者未之闻。"从这几句话可以看出他初得韵图时的欣喜心情。郑樵以《七音韵鉴》为基础编成《七音略》，作为《通志》的一部分，从此韵图才广为"儒者"所知。在郑樵去世的前一年，张麟之以友人所授《指微韵镜》为底本刊行了《韵镜》，约五十年后又再度刊行，不久就流传到日本，国内反而长期失传，直到清末才又由日本重新传回中国。《韵镜》和《七音略》都是把《切韵》的各韵部合并成四十三图，按三十六字母排列字音，内容大同小异，显然是从同一种早期韵图演变来的。《韵镜》产生的时间可能略早一些，只是刊行不久在国内就已失传，《七音略》则因附于《通志》而长期受到重视，一直流传至今。两书的编排和内容都已相当精密，说明这时韵图的编写已经进入成熟阶段。

比《韵镜》和《七音略》略晚出的韵图流传至今的有《切韵指掌图》《四声等子》，两书的作者和成书时间现在都已不能确定。《切韵指掌图》旧题司马光著，实系伪托，现存最早刊本刊行于南宋绍定三年（1230），成书当在宋中叶之前。《四声等子》成书略晚一些，可能是南宋末年佛教徒所作。这两部韵图能够突破《切韵》音系的局限，在一定程度上反映出当时的实际语音，最大特点是把《切韵》206韵合并成二十图，《四声等子》更进一步并为十六摄，韵母系统得到合理的归类，直到今天，十六摄仍是最常用的《切韵》韵母分类方法。最近在日本发现的《卢宗迈切韵法》是南宋卢宗迈根据所见韵图编成的韵图使用方法，有卢所作序和跋，序作于淳熙六年（1179），略晚于《韵镜》《七音略》的刊行时间。卢所见韵图共分四十四图，以《集韵》为依据，与上述四种韵图似非同一来源，可惜已无法窥见其全貌。（详见鲁国尧《卢宗迈切韵法述评》，《鲁国尧自选集》，河南教育出版社，1994）

韵图在南宋兴起后一直延续到元代未衰，但流传至今的元代韵图只有刘鉴的《经史正音切韵指南》，简称《切韵指南》，成书于元至元二年（1336）。刘鉴在自序里说该书“与韩氏《五音集韵》互为体用”，可见已经摆脱了过去韵图所依据的《切韵》体系，而以具有改革精神的韩道昭《五音集韵》为基础，这是它革新的一面。《切韵指南》成书于元末，比《五音集韵》晚出一百多年，但并没有能反映出元代汉语语音所产生的急剧变化，而且韵图的编排和体例深受《四声等子》的影响，又有其守旧的一面。韵图发展到《切韵指南》后基本处于停滞状态，直到明代中叶才又恢复活力。

宋元韵图所依据的韵书都是以四声为纲，然后在四声之下分列各韵的。各声调之下的韵目数量并不相同，虽然韵书在排列韵目时已经考虑到各韵四声相承的关系，但体例上不可能把四声相承的关系显现出来。韵图改为以韵为纲，把韵合并为韵图，四声列在各图之内，韵母的四声相承关系一目了然。韵书各韵内小韵的排列是杂乱无章的，韵图中各小韵按图中地位分列，井然有序，层次分明。这是韵图十分重要的贡献。

韵书中的反切用字十分复杂，有了韵图，就可以根据反切所用上下字从韵图中找到被切字的读音。但是，由于历史音变和反切来源复杂等方面的原因，韵书中有不少反切上下字并不能准确反映出韵图时代被切字的读音。韵图作者对这种现象总结出一些条例，并且作了简要说明，这就是所谓“门法”。上文已经提到，在《守温韵学残卷》中已经出现了门法，到了宋元韵图时期，门法的内容逐渐增多：《四声等子》有门法九条，《切韵指南》所附《门法玉钥匙》增加到十三条，到了明代，释真空《直指玉钥匙门法》增加到二十条之多。门法的内容日趋烦琐，各韵图对门法的解释也不尽相同。有的解释文辞粗疏，晦涩难解，对韵图的传播和普及带来负面的影响。

宋元韵图的另一重要贡献是重视审音，从而大大提高了汉语语音学的审音水平。《韵镜》以七音和清浊给声母分类，七音分为“唇、舌、牙、齿、喉、半舌、半齿”；清浊分为“清、次清、浊、清浊（即‘次浊’）”，基本上符合今天对辅音发音部位和发音方法的分类。宋元韵图把韵母分为开合四等，实际上已经把韵母分解为更小的语音单位加以分类：区分开口和合口说明已能掌握圆唇元音的特性；分列四等说明已能分解出介音［i］，并且已能根据元音舌位的不同进行分类。入声韵和阳声韵相承也说明对韵尾的性质已有相当准确的认识。在八九百年前就已经有如此高的审音能力，确实是了不起的成就，把汉语语音研究提高到了一个新的水平。

韵图创自佛门，所用的一些专门词语如“内外转”“四等”“轻重”“门法”以及《四声等子》开始使用的“摄”等都借自佛教用语。用法上原无定则，借用时也难免有牵强附会之处；韵图来源不一，对这些专门词语的使用各有所偏，又都缺乏清晰明确的解释，给人一种神秘莫测、晦涩难通的感觉。“内转”和“外转”是韵图重要的分类，但究竟分别何在，直到今天，仍然没有能够得出令人满意的解释。“四等”的区分是韵图的一大贡献，但长期以来始终说不清四等究竟有什么区别，直到二十世纪，才从中古音的构拟中归纳出分等的根据。现在较通行的解释是：一等以后元音为韵腹，二等以低元音为韵腹，三等有介音［i］，四等以前元音［e］作韵腹。四等并不是根据同一个标准来分类的，在现代语音学产生之前，自然很难把其中的道理说清楚。

韵图从《守温韵学残卷》所反映的萌芽时期开始，经历了约二百年的时间，在佛教徒中代代相传，不断改进补充，才逐渐成熟起来，但当时主要还只是在佛教徒间流传，没有受到主流社会的重视。韵图本就晦涩难读，再加上传抄的讹误和有意无意的窜改，读通韵图就更加困难，自然也就更难得到广泛流传。从南宋初直到元末的二百多年，流传到今天的宋元韵图主要只有上文提到的《韵镜》《七音略》《切韵指掌图》《四声等子》《切韵指南》这五种，其余都早已湮没无闻了。在这五种中，除《七音略》因附于《通志》得以广泛流传外，其余四种直到清中叶还都相当罕见。明代中叶以后，韵图再度兴起，但和宋元韵图的性质已经很不相同了。

六、元代韵书的革新和《中原音韵》

十三世纪初，蒙古族在漠北崛起，1234 年灭金，统治了中国北方中原地区。经过近四十年统治集团内部的权力斗争，元世祖忽必烈牢固掌握政权，1271 年定国号为“元”，次年把金中都燕京改建为大都。1279 年灭南宋统一了中国，从此结束了自唐末五代以来长达五百年之久的南北分裂对峙的战乱局面，全国的政治文化中心也从此转移到今天的北京，为现代汉民族共同语普通话的形成准备了条件。

辽契丹族和金女真族在入主中国北方地区之前都已经和汉族人有长期的交往，已经受到汉文化相当深的影响。蒙古族则不同，在入主中原之前和汉族人的接触远没有契丹和女真多，受汉文化的影响也较浅，统一中国后，蒙汉两种文化产生激烈的冲撞，直接影响到语音学的发展方向。

元朝统一中国后，蒙古族统治者和被统治的广大汉族人交往，语言成为最主要的障碍。为了尽快扫除这层障碍，一方面要求蒙古人学习汉语，在元中叶恢复科举制度后，甚至规定蒙古人和色目人必须以汉文应试；另一方面强迫汉族人学习蒙语。这是汉语继南北朝时和梵语大量接触后又一次和外族语言的大规模接触，但这次接触的时间很短，一共不到一百年，而且是在政府的命令下强迫执行的，虽然接触的范围很广，并没有能产生深远的影响，但促进了汉语和外族语言的语音对比研究，为语音研究开拓了新的领域。

在入主中原以前，蒙古族所使用的文字相当紊乱。忽必烈在中统元年（1260）即大汗位，当年即命国师八思巴创制蒙古新字，即八思巴字，于至元六年（1269）正式颁行。八思巴字不只是用来拼写蒙古语，还要求能拼写汉语和其他民族的语言。蒙古统治者希望八思巴字能成为标写所统治的各民族语言的共同工具，以为这样就可以更直接更有效地掌握政权。这只不过是一种不切实际的空想而已。当时为了帮助蒙族人学汉语和汉族人学蒙语，编写了一些用八思巴字拼写汉语的读物。这些读物在元亡后完全失去了作用，很快就消失，能够流传下来的极少，现在所能见到的只有八思巴字对音的《百家姓》和《蒙古字韵》。《百家姓》是识字课本，每姓之上都有八思巴字注音，蒙族人可以用来识汉字，汉族人可以用来识八思巴字。《蒙古字韵》则是一部有八思巴字对音的韵书，是一部有很强改革精神的韵书。

《蒙古字韵》的作者和成书年代均已不可考。今只存元朱宗文校正本，已残缺，前有刘更和朱宗文序，均作于元至大元年（1308），距颁行八思巴字已三十多年。估计《蒙古字韵》是在八思巴字颁行后不久就已经开始编写，成书可能在十三世纪末叶。朱宗文在序中说他“详校各本误字，列于篇首，以俟大方笔削”。现存校正本篇首所列的有“各本通误字”“湖北本误”“浙东本误”三类，这说明在十四世纪初《蒙古字韵》已有各种版本在各地通行，可以算是当时的一种畅销书了。

《蒙古字韵》是中国第一部汉外对比字典，编写的目的是帮助汉族人学习八思巴字和蒙族人学习汉语，内容自然必须比较接近当时的口语，在编写时也就需要摆脱传统韵书体例的羁绊。全书以平水韵为基础，把平水韵的106韵合并成15韵部，韵部各小韵上有八思巴字注音，各小韵中的韵字按四声分列。《蒙古字韵》和传统韵书体例很不相同，主要表现在以下两方面：一是不再以四声为纲，改为以韵部为纲；二是入声韵不再独立，改为附于阴声韵下。这都是适应语音对比需要所进行的改革。《蒙古字韵》比周德清《中原音韵》早出约三十年，两书对传统韵书的改革精神基本上是一致的，只是《中原音韵》改革得更彻底，体例也更加完善周密。

差不多和《蒙古字韵》同时，黄公绍在福建编成《古今韵会》，也是一部具有改革精神的韵书，书前有刘辰翁序，作于元至元二十九年（1292），《古今韵会》成书当在此之前。由于原书卷帙浩繁，黄公绍的同乡友人熊忠删节改编成《古今韵会举要》，于元大德三年（1297）完成。《举要》一直流传至今，黄公绍所编原书则早已亡佚。

自从宋仁宗时编成《礼部韵略》以后，《礼部韵略》一直是科举应试的官韵。历经二百多年，经过官方和私人多次修改补充，其中如毛晃、毛居正父子增补的《增修互注礼部韵略》能够根据当时实际语音进行一些必要的修订，具有较高的价值，但也并没有能改动原书的体例。熊忠在《古今韵会举要》的序中说："一部《礼韵》遂如金科玉条，不敢一字轻易出入，中更名公巨儒，皆有科举之累，而焉得议其非。"正道出了当时读书人的心态。元初废科举，《礼部韵略》失去了它的权威性，读书人再也不把它当作"金科玉条"。这就为传统韵书的改革创造了条件。

顾名思义，《古今韵会举要》是具有汇集古今韵书的性质的，主要是根据当时的所谓"雅音"对从《切韵》传承下来的《礼部韵略》体系作必要的修正，并大量增加韵字和注释，全书重在训诂。征引详博，方法谨严，《四库全书提要》评论该书"所注文繁例杂，亦病榛芜。惟其援引浩博，足资考证，而一字一句必举所本，无臆断伪撰之处，较后来明人韵谱，则尚有典型焉"，是相当公允的评价。

《古今韵会举要》在语音学史上的贡献主要在于能够从当时的实际语音出发审音定韵，突破了传统韵书的框架。该书"凡例"中"韵例"第七条说："旧韵所载，考之七音，有一韵之字而分入数韵者，有数韵之字而并为一韵者。今每韵依《七音韵》，各以类聚。""旧韵"指以《礼部韵略》为代表的传统韵书，《七音韵》则可能是一部早已失传的韵图。《古今韵会举要》多次提到所谓"雅音"，而且往往用"雅音"和"旧韵"或"吴音"对比，认为"韵书始于江左，本是吴音"，目的是想根据"雅音"纠正所谓"吴音"之失。黄公绍和熊忠都是福建昭武（今邵武）人，他们所了解和依据的"雅音"估计可能是过去从中原流传到南方的读书音。

《古今韵会举要》依照平水韵把《礼部韵略》的206韵合并为107韵，但仍保存着206韵的韵目，各韵又依照《五音集韵》的体例以三十六字母和四等重新排列各韵中的小韵。这是在体例上对传统韵书所作的重要改革。更重要的改革是根据当时的"雅音"从韵母中进一步分出"字母韵"，分别在各韵中注明。有的一韵内分几个字母韵，如东韵分"公字母韵""弓字母韵""雄字母韵"；同一字母韵的字也可以分在几个韵，如"公字母韵"分在东韵、登韵、庚韵。这些字母韵有的反映出韵母等呼新的变化，如"居字母韵"和"孤字母韵"的分立反映出撮口呼和合口呼的分别正在形成；"鸡字母韵"和"羁字母韵"的分立反映出见系四等韵的"鸡"等已经有舌面化的倾向，三等韵的"羁"等则仍读舌根音。《古今韵会举要》共分出207个字母韵，对这些字母韵的性质进行剖析，可以更加清晰全面地了解宋元时期汉语语音变化的情况。

元朝统一中国后，奉行民族压迫政策，把被统治的人民分为蒙古人、色目人、汉人和南人四个等级，原来属于南宋统治下的南人最低贱。元初废除科举制度，到元中叶才恢复，但规模已远不能和唐宋时期相比，能够通过科举入仕的读书人非常之少，南人就更加困难。在这样的政策控制下，读书人的地位迅速下降，甚至被嘲为只比乞丐略高一些的所谓"九儒十丐"。于是有的读书人退隐山林，有的则混迹市井，流连勾栏，把才华贡献给刚刚兴起的戏剧事业，为中国戏剧史写下了光辉的一页。

元世祖忽必烈统一中国后改为采用"汉法"治理国家，全国社会经济迅速得到恢复。国家统一，交通顺畅，更加上改变了中国传统的重农抑商政策，商业得到迅速发展，促使城市日益繁荣，规模日益扩大，北方的大都和南方的杭州是当时发展最迅速的两个大城市。这时宋金时期已开始形成的戏剧也已经发展成熟，形成北方的杂剧和南方的南戏两种类型。杂剧和南戏都是由当地民间歌曲、音乐发展来的，具有浓郁的地方色彩，反映出当时南北方言的差异。杂剧以元大都为中心，南戏以杭州为中心，分别经常在北方和南方各城市和农村演出，拥有大量的观众。戏剧必须接近口语才能为观众所接受，杂剧和南戏所依据的语言必然分别是当时北方各地区和南方各地区能够通行的口语。

自金海陵王1153年迁都燕京，燕京的政治、经济地位迅速上升，北方方言的中心也随着从中原汴梁、洛阳一带向北转移到燕京。到元初虽然已经有一百多年，但这个转移过程还不能说是已经完成。当时人对所谓“中原音”的理解自然也就不尽相同，尤其是过去长期在南宋统治下的“南人”，对北方方言的了解本就不多，更难以分辨在这转移过程中北方方言内部的种种语音分歧，可能会把这些分歧统称之为中原音。元杂剧和散曲的发源地在元大都，元钟嗣成《录鬼簿》所列元杂剧早期作家共56人，其中17人的籍贯是大都，被誉为元杂剧著名作家中的关汉卿、王实甫、马致远三人都是大都人。元杂剧和散曲所依据的语音系统估计应该就是元大都话，元大都话随着元杂剧的盛行迅速得到普及。

元灭南宋后，大批北人涌入南方，势头是很猛烈的。至元十三年（1276）元军占领杭州，到至元二十年（1283）的七年时间，为躲避沉重赋税逃到南方的北方人口就达到15万户（见《元史·崔彧传》）。直到元末，北方人口南迁的势头始终没有减弱。大批的南迁北人把北方方言带到南方，土生土长的南方人也逐渐熟悉北方方言。杂剧和散曲也随着大批南下人口进入南方，很快就受到南方人的普遍欢迎，这在客观上也起到了推广元大都话的作用。到元中叶时，杂剧已经取代南戏成为南方观众最喜爱的剧种，被奉为“乐府正宗”。一大批南方籍作家也从事杂剧和散曲的创作，成为杂剧和散曲创作的一支重要力量。他们更需要熟练掌握这种以元大都话为中心的北方方言的特色。在这样的时代背景下，精于乐律的周德清编成了具有划时代意义的著作《中原音韵》。

周德清（1277—1365），江西高安人，是个社会地位不高的文人，但“工乐府，善音律”，对杂剧和散曲的创作有相当高的造诣。当时正是杂剧和散曲在南方盛行的时期，南方籍作家对北曲的音律和语言大都了解不深，用韵也出现不少混乱现象。周德清根据自身的体验，搜辑前人作品中的韵脚加以归纳总结，在47岁时编成《中原音韵》；又几经修订，到65岁时（1341）才正式刊行。刊行后受到戏曲家的广泛欢迎，成为北曲用韵的范本，“作北曲者守之，兢兢无敢出入”（见明王骥德《曲律》卷二“论韵第七”）。

《中原音韵》的最大贡献在于彻底摆脱了从《切韵》到平水韵的韵书传统，从当时北曲所反映的北方实际语音出发，用全新的体例相当准确完整地描写出元代以大都话为中心的北方方言语音系统，而且把这种语音系统作为正音的标准。周德清在《中原音韵》的“正语作词起例”中说：“惟我圣朝，兴自北方，五十余年，言语之间，必以中原之音为正。鼓舞歌颂，治世之音。”他还借别人之口批评一些固守传统韵书的人：“世之泥古非今、不达时变者众，呼吸之间动引《广韵》为证，宁甘受鴂舌之诮而不悔，亦不思混一日久，四海同音，上自缙绅讲论治道及国语翻译、国学教授言语，下至讼庭理民，莫非中原之音。”可见当时正在向元大都话转移的“中原之音”已经得到相当程度的普及。周德清是南方人，在中国南北分治约五百年又重新统一后不久，就能够认识到北音系统代表了全国统一后语音发展的方向，并全力去推广，这是十分了不起的事。

《中原音韵》最突出的改革是把齐梁以来历千年未变的平、上、去、入四声系统改为平声阴（阴平）、平声阳（阳平）、上声、去声，一般用“平分阴阳”“浊上归去”“入派三声”三句话来概括。“平分阴阳”“浊上归去”和全浊声母消失密切相关，“入派三声”和塞音韵尾消失密切相关，这些都是从隋唐到元代汉语语音系统最为重要的变化。《中原音韵》把这些变化如实地记录下来，为我们留下来极其宝贵的语音资料。

《中原音韵》韵谱是为北曲用韵编写的，并没有用反切注音，也不解释字义，全书根据北曲用韵把韵母分为十九个韵部：

一东钟	二江阳	三支思	四齐微
五鱼模	六皆来	七真文	八寒山
九桓欢	十先天	十一萧豪	十二歌戈
十三家麻	十四车遮	十五庚青	十六尤侯
十七侵寻	十八监咸	十九廉纖	

这十九个韵部是以《广韵》韵部为基础归纳合并成的，韵目虽然用两个字，但多数都是《广韵》韵目用过的字，连韵部的排列顺序和《广韵》也是大致相同的。在体例上，《中原音韵》打破韵书以四声为纲的传统，改为以韵部为纲，韵部之下按声调分为阴、阳、上、去四部分，同一声调的字再按同音字组成若干小韵。小韵反映出声母和介音的区别，不是根据北曲用韵所能归纳出来的，所以周德清在编写韵谱时必然考察过北方的实际语音。从北曲所反映的语音系统看，他所考察的实际语音和北曲所反映的语音系统并不完全相同。《中原音韵》把“出、国、北、客”等清入声字全部归入上声，而在

北曲中则分别归入平、上、去三声，和现代北京话基本一致。周德清在“正语作词起例”中说：“余尝于天下都会之所，闻人间通济之言”，他所考察的应该就是这种能在各地通行的“人间通济之言”。他心目中的“中原之音”的具体内容究竟如何，今天已经很难推定，但和当时元大都话应该已经十分接近。

周德清能完全摆脱传统韵书的束缚，创立起全新的韵书体例，为我们保存下极其宝贵丰富的语音资料。但是，这样一部在语音学史上有如此重要价值的著作，在过去只是被戏曲家奉为北曲用韵圭臬而已，并没有得到正统读书人的重视，甚至还被讽刺诋毁。例如，明代戏曲家王骥德虽然承认《中原音韵》对北曲用韵具有权威性的作用，但仍旧说：“德清浅士，韵中略疏数语，辄已文理不通。其所谓韵，不过杂采元前贤词曲，掇拾成编，非真有晰于五声七音之旨，辨于诸子百氏之奥也。”（《曲律》卷二“论韵第七”）清代大儒钱大昕在批评黄公绍《古今韵会》“囿于土音”时还特地加上一句：“然较周德清《中原音韵》之无知妄作，则有天渊之隔矣。”（《十驾斋养新录》卷五“字母诸家不同”条）直到二十世纪，在彻底摧毁旧的国学堡垒后，才发现周德清《中原音韵》的真正价值。陆法言《切韵》完成于隋统一中国后不久，周德清《中原音韵》完成于元统一中国后不久，都是在中国经历了几百年南北分裂局面后适应国家统一需要的语音学著作，分别反映出中古汉语和近古汉语语音系统的全貌，在中国语音学史上具有里程碑的作用。

和周德清编成《中原音韵》差不多同时，燕山卓从之在北方也编成了《中州乐府音韵类编》，又称《中州音韵》或《北腔韵类》，内容和《中原音韵》非常相似，两者的关系至今尚无定论。该书的影响远不及《中原音韵》，只有《中州音韵》的名称为后世曲韵书所袭用。

七、明代的沉寂和新探索

元代是汉语语音产生剧烈变化的时期，语音的变化促使语音学研究摆脱唐宋以来韵书和韵图的传统走向革新的道路。到了明代，汉语语音变化趋于缓慢，语音研究也随着进入低潮。明代初年基本上处于停滞状态，到明中叶才开始探索新的研究方向，取得一些研究成果。

总起来看，明代可以算是语音学史上成就最小的时代。

明代开国之初，推行君主独裁政治，杀戮功臣，制造大量文字狱，学术思想处于沉闷压抑的状态，语音学自然也不可能有重大的发展。明初最重要的语音学著作是奉敕修纂的《洪武正韵》。

《洪武正韵》是朱元璋即位后不久就命乐韶凤、宋濂等人开始编纂的，于洪武八年（1375）编成。明代于洪武三年（1370）开始设八股文取士的科举考试制度，编纂《洪武正韵》是想用来代替过去的官韵《礼部韵略》。宋濂在序中提到朱元璋“亲阅韵书，见其比类失伦，声音乖舛，召词臣谕之曰：韵学起于江左，殊失正音……卿等当广询通音韵者重刊定之”。显然朱元璋是希望《洪武正韵》能够成为一部起正音作用的韵书。《洪武正韵》凡例中说：“欲知何者为正声，五方之人皆能通解者，斯为正音也。”宋濂在序中说全书“壹以中原雅音为定”，可见《洪武正韵》的编者是以“五方之人皆能通解”的“中原雅音”作为正音的标准的。

《洪武正韵》以毛晃父子《增修互注礼部韵略》和黄公绍《古今韵会》作为修订旧韵的基础，在凡例中列举这两部韵书对韵部分合的意见后明确地说：“今并遵其说以为证据，其不及者补之，其及之而未精者以中原雅声正之。”毛晃父子和黄公绍都是根据当时实际语音对《礼部韵略》进行修订的，黄公绍还多次提到“雅音”，希望能用雅音纠正旧韵之失，目的和《洪武正韵》是一致的。他们所提到的“雅音”“中原雅音”或“中原雅声”是否指的是元末明初存在过的一部名为《中原雅音》的韵书呢？

《中原雅音》早已亡佚，明章黼《韵学集成》保存了其中一千多条音切和注释。从这些资料看，《中原雅音》和《中原音韵》的语音系统相当接近，和《洪武正韵》倒有相当大的差别。可见洪武正韵所汇的“壹以中原雅音为定”只是泛指，并非专指《中原雅音》这部韵书。所泛指的“中原雅音”很可能是过去从中原流传到南方的读书音，这种读书音在南方各地早已流传，不可避免要受到南方各地方言的影响。参与编写《洪武正韵》的共有十一人，其中答禄与权是蒙古人，原仕元，元亡后寓居河南，洪武六年才被荐任御史（见《明史》卷136），参加编写较晚，名次也排在最后。其余乐韶凤、宋濂等人都是南方人，而且以江浙人居多，他们对流传到南方的中原读书音应该是很熟悉的，这些读书音很可能就是他们编写《洪武正韵》的主要依据。

《洪武正韵》把韵部归并为二十二个，和《中原音韵》所分的十九韵部十分接近，基本上反映出当时中原一带方言韵部的分合情况，但保留了全浊声母和入声韵部，平声也不分阴阳，则反映了南方方言的特点。《洪武正韵》是奉敕编写的，编写态度应该说是相当严谨的，但所依据的所谓“中原雅音”本身就缺少明确的标准，自然很难真正起到正音的作用，也没有能在科举应试中代替过去的官韵《礼部韵略》，在语音学史上的地位就更远不能和《切韵》和《中原音韵》相比了。

元末明初，来源于北方的杂剧逐渐衰微，代之兴起的是明传奇。传奇是在宋元南戏的基础上吸收杂剧的一些特点发展起来的，仍以《中原音韵》作为用韵的标准。传奇发源于南方，作者多为南方人，语言和《中原音韵》有相当大的差距，于是出现了一些以《中原音韵》为基础编成的南北方言杂糅在一起的曲韵书。最早的是朱元璋第十六子戏曲家朱权在洪武三十一年（1398）编成的《琼林雅韵》，主要是把《中原音韵》平声分阴阳的特点取消，恢复到平声不分阴阳。从明初直到清代，不断有这类的曲韵书出现，多仍旧冠以《中州音韵》或《中州全韵》一类的名称。作者大都是江浙人，主要是在声调的分合或声母的清浊上反映一些吴语的特点，但一般都仍遵循《中原音韵》的韵部分类，甚至都还保留着已经消失了的“侵寻”“监咸”“廉纖”三类收-m的闭口韵。这类南北杂糅的曲韵书在语音学史上并没有起多大作用。

从明初到明中叶的一百多年，思想文化的控制一直相当严厉，严重妨碍学术的发展。流传至今有价值的语音学著作早期只有云南人兰茂在正统七年（1442）编写的《韵略易通》。这是一部指导童蒙学习的普及性韵书，因此只收常用字，为了便于查检，在体例上也有所改进。该书的声韵调系统和《中原音韵》基本一致，只是把《中原音韵》的疑母字归入影母，把“居鱼”韵分为“居鱼”“呼模”两韵，反映出当时北方官话的变化情况。该书流传较广的是用二十个字代表二十个声母编成的《早梅诗》：“东风破早梅，向暖一枝开，冰雪无人见，春从天上来。”

到十六世纪，较重要的有江苏昆山人王应电编写的《声韵会通》，成书于嘉靖十九年（1540），所记录的可能是以江苏昆山话为基础的吴方言。该书也把所归纳的二十八个声母编成了七句半通不通的四言诗。稍后有《戚参军八音字义便览》，相传是戚继光驻防福建时为教北方士兵学习福州话编写的，当在嘉靖41年（1563）戚继光驻防福建的五年中编成的，所记录的是当时的福州话，和今天的福州方言已经十分接近。该书把所归纳的福州话十五个声母编成五言诗，把三十六个韵母编成一首词，长期为当地读书人所传诵。十五声母又称“十五音”，在福建各地流传甚广。

在语音研究相当沉寂的这一百多年，出现了这样几部向方言领域探索新研究方向的韵书，是明清等韵学新发展的先驱，为我们保存下明中叶汉语方言的语音资料。上举三部韵书都费尽心思把声母或韵母编成便于人记忆的歌诀式诗词，这种面向社会实际和着重实用的精神也很值得称道，后世也多有仿效的。

明代到十七世纪时商业经济已经得到很大发展，城市繁荣，市场兴旺，市民阶层迅速兴起，但以皇帝为中心的统治集团则日趋腐化堕落，争权夺利的党争不断，放松了对思想文化的控制，国势日趋衰微，思想文化反而日趋活跃。王守仁提倡的“心学”成为当时的主导思想，引导人们重视“良知”，主张用批判的精神对待传统。戏曲小说等面向市民阶层的俗文学这时也早已蓬勃发展起来。在这种客观形势的影响下，语音研究也从沉寂变得活跃起来。在万历年间（1573—1620）表现得特别突出，三十几年时间内连续出现了好几部具有革新精神的等韵学著作，主要有桑绍良《青郊杂著》（1581）、李登《书文音义便考私编》（1587）、徐孝《重订司马温公等韵图经》（1602）、袁子让《字学元元》（1603）、无名氏《韵法直图》（1612 前）、吕坤《交泰韵》（1613）等。这些著作不再像宋元韵图那样以传统韵书作为研究对象，而是面向当时社会实际，把眼光朝向当时的实际语音，对传统的韵书和韵图作出了不同程度的改革。例如，放弃传统的“开合四等”分类，代之以符合当时实际语音的“四呼”；把收-m 的闭口韵并入收-n 的韵母等等，都是根据当时实际语音进行的改革。

但是，当时还没有形成一套大家公认的标准音系统。这些著作所根据的实际语音有的可能只是作者自己所了解的所谓“雅音”；有的可能是以自己的方音为主，所反映出的音系大都是古今并存、南北杂糅，其中只有徐孝《重订司马温公等韵图经》较为单纯，能反映出明末北京音系的基本面貌，是今天研究普通话语音史的重要资料。万历年间出现的这些著作把等韵学引导到一个全新的方向，成为明清等韵学的主流，一直影响到清末。清初樊腾凤《五方元音》(1664 前)起到普及等韵学的作用，赵绍箕《拙庵韵悟》(1674) 首先注意到儿化韵现象，都是较重要的著作。以后的等韵学著作虽然层出不穷，但以因袭模仿的居多，少有新意，学术价值大都不高。

万历年间语音研究出现新气象的另一个重要标志是对唐宋以来一直盛行的“叶音”进行了相当彻底的批判，代表人物是焦竑(1540—1620) 和陈第 (1541—1617)。焦竑在《焦氏笔乘》卷三中明确提出:“诗有古韵今韵。古韵久不传，学者于毛诗、离骚皆以今音读之，其有不合，则强为之音，曰此‘叶’也，余意不然……凡字皆无正呼，凡诗皆无正字，岂理也哉?”陈第受父亲影响，从少年时就反对“叶音”，六十多岁时才和焦竑见面，成为知己，这时陈第已经完成了他的《毛诗古音考》。他在序言里写下了下面这几句十分有名的论断:“盖时有古今，地有南北，字有更革，音有转移，亦势所必至，故以今之音读古之作，不免乖剌而不入，于是悉委之于‘叶’。”他批评叶音“患在是今非古，执字泥音，则支离日甚”。在他的《读诗拙言》里也说:“一郡之内，声有不同，系乎地者也；百年之中，语有递转，系乎时者也。”早在四百年前，陈第就能十分敏锐地认识到语音是发展变化的，而且能正确地指出语音发展变化的原因，这是极为难能可贵的。遗憾的是陈第并没有能根据他所提出的理论全面系统地研究古音，在他的《毛诗古音考》和《屈宋古音义》里，只是选择了五百多个字分别考证它们的古音，结论也不尽可信。但他所提出的语音发展理论则是中国语音学史上的一个里程碑，为清代古音学的蓬勃发展奠定了理论基础。

明中叶以后，西方文化随着天主教耶稣会传教士来华传教开始输入中国，在和中国文化接触时，首当其冲的是汉语和汉字。这些耶稣会传教士以拉丁字母为工具学汉语、识汉字，为汉语语音研究带来全新的视角。明万历初，意大利人利玛窦 (Matteo Ricci 1552—1610)

来华传教，万历二十八年（1600）到北京后广交名流，传播西方天文、数学、地理等学科的知识，为中西文化早期交流作出重要贡献。他编了一部《西字奇迹》，开拉丁字母拼写汉字之先河，现仅存四篇宣传基督教义的短文，收在《程氏墨苑》一书中。利玛窦来北京十年后去世，同年法国耶稣会传教士金尼阁（Nicolas Trigault 1577—1629）来华在杭州一带传教。他以利玛窦所创制的拼写方案为基础，修改补充，编成《西儒耳目资》一书，于天启六年（1626）在杭州刊行，向中国读者介绍了一套相当完整的拉丁字母拼写汉语的方案，在汉语拼音研究的漫长过程中起到筚路蓝缕的作用。书中还设"问答"专章，用一问一答的方式相当详细地比较汉字和西方文字以及中国传统音韵学和西方语音学的异同。《西儒耳目资》的刊行是西方文化对汉语语音研究产生影响的开始，拓宽了汉语语音研究的视野，受到当时中国知识界一些人的重视。

八、清代古音研究的辉煌

公元1644年，李自成率领的农民军攻占北京，明朝覆亡，清军入关，建立起满族统治的封建王朝。社会的大动荡和大变革震撼了每个人的心灵，一批有强烈民族意识的知识分子如黄宗羲、王夫之、顾炎武等人在身受国破家亡的痛苦中进行反思，认为明代盛行的宋明理学空谈心性、不务实际，是明朝覆亡的根本原因。他们全力提倡经世致用的实学，以改变明代空言心性的虚浮学风。在他们的带领下，学术思想发生了深刻的变化，语音研究也随着进入一个新的辉煌时期。

顾炎武（1613—1682），江苏昆山人，是把语音研究带进新的辉煌时期的引路人。在经世致用的思想指导下，顾炎武以朴实的学风探索语音学新的研究方向，明确提出"读九经自考文始，考文自知音始，以至诸子百家之书亦莫不然"（《音学五书》卷首"与友人书"），把"知音"看成是读通"九经"的根本。他用三十年时间写成《音学五书》，就是为了"知音"，把语音研究引向古音。《音学五书》包括《音论》《诗本音》《易音》《唐韵正》《古音表》五种。其中最重要的是《诗本音》，主要是考定《诗经》音韵，《古音表》则是对所考定的《诗经》音韵作出归纳。他在《音学五书·序》中说："天之未丧斯文，必有圣人复起，举今日之音，而还之淳古者。"

这说明顾炎武研究古音的最终目的就是想把“今日之音”还原到“淳古”时代，弄清楚“今日之音”在“淳古”时代是怎么读的。只就这点来看，顾炎武研究古音的目的和今天可以说是并没有本质性的区别。

顾炎武在考定《诗经》音韵时以《唐韵》（即《广韵》）作为研究的桥梁。他用《诗经》韵脚和《广韵》对比，根据《广韵》韵目把《诗经》时代的上古音分为十个韵部（下表只列出《广韵》平声韵目和没有平声相配的去声“祭、泰、夬、废”四韵）：

第一部　东冬钟江

第二部　支半脂之微齐佳皆灰咍尤半；祭泰夬废

第三部　鱼虞模麻半侯

第四部　真谆臻文殷元魂痕寒桓删山先仙

第五部　萧宵肴豪尤半幽

第六部　歌戈麻半支半

第七部　阳唐庚半

第八部　庚半耕清青

第九部　蒸登

第十部　侵覃谈盐添咸衔严凡

以上十部的分类奠定了古韵分部的基础，其中第六、七、八、九四部的分类基本符合上古音的实际情况，可以说是已成定论，其余六部则不断被后来的古韵学家修改补充。

顾炎武研究古音的最大贡献在于确立了“离析唐韵”的方法。他发现《广韵》中有一些韵在《诗经》里应该离析成两部分，分属两个韵部。例如《广韵》“支”韵中“为、吹、宜、皮”等字在《诗经》里并不和其他第二部的字押韵，而是和第六部的字押韵，这些字就应该归入第六部。“离析唐韵”能够通过《广韵》韵目的分合展现出《诗经》时代韵部的实际情况，为上古音研究创立了正确的方法。

《广韵》在元明两代已经湮没无闻，顾炎武曾感叹说：“今之《广韵》固宋时人所谓菟园之册，家传而户习者也。自刘渊韵行，而此书几乎不存。”（《音学五书》卷首“与友人书”）“离析唐韵”的方法恢复了《广韵》的历史地位，在清代古音研究取得辉煌成就的同时，也兴起了研究《广韵》的所谓“今音学”，这也是顾炎武的一大贡献。

在顾炎武逝世的前一年，康熙平定了三藩之乱，不久又收复了台湾。在完成国家大一统后，开始“偃武修文”，集中一大批学者编纂出《古今图书集成》《全唐诗》《康熙字典》《佩文韵府》等大部头著作。为了控制读书人的思想，开始用制造文字狱的办法恫慑读书人。到乾隆时，编纂完成旷世巨著《四库全书》，文字狱也达到高峰，望文生义，捕风捉影，罗织罪名，几乎每年都有因文字获罪的。读书人怀着惴惴不安的心情唯恐触碍朝廷，大多不关心当世之务，埋首于文字音韵训诂和古文献的整理，而这正符合朝廷编纂《四库全书》的要求。清初顾炎武等人所倡导的经世致用精神此时已不复存在，但所提倡的经史实学和朴实学风则得到继承和发展，成为当时学术思想的主流。古音研究就是这时期学术主流的一个重要方面。顾炎武完成《音学五书》约八十年后，在江永和他弟子戴震的带动下，兴起了古音研究的高潮。

江永（1681—1762），今江西婺源人，是当时声望很高的一位博学通儒。段玉裁赞誉他“精于《三礼》及步算、钟律、声韵、地名沿革，博综淹贯，岿然大师”（见《戴震文集》附录段玉裁《戴东原先生年谱》壬戌年条）。明末西方文化传入中国后，江永是较早受到西方文化影响的学者。他在天文、数学等方面的成就都得益于西方的研究方法，这也影响到他在语音方面的研究。江永对等韵、《广韵》和古音都有较深入的研究，在方法上着重于音理的探求，所著《音学辨微》《四声切韵表》以分析和阐述等韵的内容为主。在《音学辨微》“辨等列”条中能从元音开口度的大小对“四等”的区别提出“一等洪大，二等次大，三四皆细，而四尤细”的见解；在“辨七音”条中能对三十六字母的发音部位作出基本正确的描写，都是十分难能可贵的。所著《古韵标准》以分析《诗经》韵部为主，在该书的“例言”中江氏赞扬顾炎武研究古韵是“全度在胸，乃能上下考其同异，订其是非”，但又叹息顾炎武是“考古之功多，审音之功浅”。江氏本人精于等韵，能够从“审音”入手研究古音，他以顾炎武的十个韵部为基础，把顾氏第三部（鱼）中的侯韵和虞韵的一半归入第五部（萧），又把顾氏第四部（真）、第五部（萧）、第十部（侵）

都一分为二，这样就把《诗经》的韵部划分成十三个。划分的一个根据就是韵部“敛”和“侈”的不同。例如，江氏把顾氏的第四部中元、寒、桓、删、山、仙各韵以及先韵的一半划分出来独立成为一部，认为这个韵部的音“侈”；仍属顾氏第四部的真、谆、臻、文，殷、魂、痕各韵和先韵的另一半则是音“敛”。江氏认为，敛音“口敛而声细”，侈音“口侈而声大”，实际上就是元音开口度大小的分别。江氏对入声也有独到的见解，主张“数韵共一入”，顾炎武已经发现上古入声应该和阴声韵相配，江永更进一步认为入声既配合阴声韵，也配合阳声韵，他的入声韵实际上已经具有独立的性质。

戴震（1724—1777），安徽休宁人，十九岁时就师从江永，在天文、历算、史地、考据各方面都打下坚实的基础。三十二岁到北京，得交当时名士纪昀、钱大昕、王鸣盛等人，被誉为“天下奇才”，从此声名大著，以后不断在各地讲学编书，晚年奉召进京任《四库全书》纂修官。一生著作甚丰，兼及义理和考据，成为清代杰出思想家和乾嘉学派的领袖人物。戴震之所以重视考据，是为他一直深研的义理服务的。他曾明确提出：“故训明则古经明，古经明则贤人、圣人之理义明，而我心之所同然者，乃因之而明。”（引自《题惠定宇先生授经图》《戴震文集》卷11）戴震青年时期就曾经为江永参定《古韵标准》，但直到晚年才提出自己的古音见解。他五十岁时才写成《声韵考》，五十四岁去世前完成的《声类表》可以说是他和弟子段玉裁通信深入讨论上古韵部后的总结。戴震对上古音研究的最大贡献是把入声独立出来。江永的“数韵共一入”已经认为入声韵具有独立的性质，戴震更进一步认为入声韵应该独立成部。在他最后完成的《声类表》中把入声韵分为九个韵部，以入声韵部为枢纽，和阴声韵部、阳声韵部三分相配成九类二十五部，阴、阳、入三种韵部在“类”的统摄下井然有序。除九个入声韵部外，戴震给阴声韵和阳声韵共划分了十六个韵部。他把《广韵》中没有平声和上声相配的去声“祭、泰、夬、废”四韵独立出来单成一个韵部，又采纳了弟子段玉裁的研究成果，把顾炎武和江永的第二部划分为支、脂、之三个韵部，比江永的十三个韵部又多出三个韵部。

戴震的弟子段玉裁、王念孙和孔广森都对古音研究作出重要的贡献，其中以段玉裁的成就最大。他们的研究都是纯考据性质的，不再像戴震那样具有思想理论的意义了。

段玉裁（1735—1815），江苏金坛人，二十六岁入都会试，屡不中，得识钱大昕、姚鼐等学者，二十九岁始在京受业于戴震，从此师生论韵，直到戴震去世，长达十五年之久。三十六岁时授贵州玉屏县知县，后转任四川富顺等地知县，十年后称疾还乡。五十五岁再度入京，得识王念孙、王引之父子，相与切磋文字、音韵、训诂等学问，成为乾嘉学派中最具代表性的两家，世称“段王”。段玉裁一生著述甚多，他以三十多年精力完成的《说文解字注》是文字学研究的一个高峰。段玉裁十分重视音韵和文字、训诂的关系，年轻时就编成《诗经韵谱》《群经韵谱》，几经修订，于四十岁时写定《六书音均表》五卷，集中阐述他对古音分部的意见。卷一“今韵古分十七部表”是全书总纲，把顾炎武和江永的第二部一分为三：“支半佳/脂微齐皆灰/之哈尤半”，江永的第四部一分为二：“真臻先半/谆文殷魂痕”，江永的第六部也一分为二：“幽尤半萧半宵半肴半豪半/侯虞半”，比江永的十三部共多出四部。段氏主张古无去声，因此没有采纳戴震把去声韵“祭、泰、夬、废”独立成部的意见。段氏在研究方法上也有不少创新的地方，他认为《诗经》有一些韵例只是音近通押，并不属于同一韵部，是“古合韵”而非“古本音”，强调“不以本音蔑合韵，不以合韵惑本音”（见表四《诗经韵谱》），为错综复杂的上古押韵现象理出了头绪。顾炎武和江永都已经注意到谐声字对古韵分部的作用，但都只是举例性质的。段玉裁运用他丰富的文字学知识，编写出“古十七部谐声表”（《六书音均表》卷二），建立起全面运用谐声字考求上古韵部的方法。在韵部的排列上，段氏也改变了按《广韵》次序排列的方法，创造了“音近为邻”的排列方式，为后来的古韵学家所遵循。

王念孙（1744—1832），江苏高邮人，出身于官宦家庭，三十三岁举进士，任监察御史时曾因密疏弹劾和珅名震朝野。他自幼聪明好学，十三岁时父王安国聘请戴震为其业师，从此一生致力于文字、音韵、训诂的研究，所著《广雅疏证》《读书杂志》功力深厚，是乾嘉学派的代表作。王念孙对古韵分部也有深湛的研究，但未写成专著。他的古音见解散见于他写给李方伯和江有诰等人的书信中，另有《诗经群经楚辞韵谱》，生前也未刊行，收入罗振玉所辑《高邮王氏遗书》中。王念孙对古音研究的贡献主要在对入声韵的处理上，在他写给李方伯的信后面附有他自撰的“古韵二十一部表”。他考定这二十一部时并没有见到段玉裁的十七部，但所得结论基本上和段氏相同，只是他把去声韵“祭、泰、夬、废”和收-t和收-p的入声韵独立出来另立四部，因此共二十一部。

孔广森（1752—1786），山东曲阜人，孔子六十八代孙，受业于戴震和姚鼐，二十岁举进士，三十五岁即去世。孔氏短短一生治学甚勤，他精于《三礼》《公羊》和历算，也擅长骈文，但最主要的贡献在古音研究，所著《诗声类》把古韵分为十八部（孔氏称为“类”）。他认为古无入声，入声应属阴声韵，在他的十八部中，阴声韵和阳声韵各九部，按照对转关系两两相配。他所提出的阴阳对转理论揭示了古音中的一个重要现象：阴声韵和相配的阳声韵在谐声和押韵上都接触频繁，显示它们之间的声音关系比较密切。孔广森另一重要贡献是把冬韵字和东韵三等字从“东”部中分离出来，独立成“冬”部。段玉裁对此很赞赏，王念孙晚年也采纳了这意见，东冬分部已经成为古韵分部的定论。

江有诰（？—1851），安徽歙县人，是清代古音研究的集大成者。江氏一生淡泊名利，居乡治学，早年和外界很少有学术交往，在十分闭塞的条件下刻苦钻研古韵，学有所成后才先后向段玉裁、王念孙请教，几次书信交往讨论古韵，并曾去苏州拜见段玉裁请教古韵问题，成为段氏晚年弟子。江氏的古音研究成果见于所著《音学十书》，今只存七种，卷首“古韵廿一部总目”“古韵凡例”和“古韵总论”是全书总纲。江氏早期研究古韵时只读过顾炎武和江永的著作，凭自己刻苦钻研，把古韵分为二十部，后来又采纳孔广森东冬分部的意见把古韵分为二十一部：

1 之部　2 幽部　3 宵部　4 侯部　5 鱼部　6 歌部
7 支部　8 脂部　9 祭部　10 元部　11 文部　12 真部
13 耕部　14 阳部　15 东部　16 中部　17 蒸部　18 侵部
19 谈部　20 葉部　21 缉部

江氏把“之、支、脂”分为三部和段玉裁同，“祭”部独立和戴震同，“葉”“缉”两部独立和王念孙同。江氏完全是自学成才，事前并不了解这几位大师的研究成果，只凭他深厚的功力和勤奋的精神，以一人之力能够把古韵分部问题基本解决，是十分令人钦佩的。江氏对各阴声韵的入声字的归属也作了全面考查，纠正了段玉裁一些分配不当的地方。他对二十一部的排列次序也比段玉裁更加精确地体现了“音近为邻”的原则。

清代古音研究在清初顾炎武分古韵为十部后，过了约八十年才形成研究高潮。从江永的十三部到江有诰的二十一部，又用了约八十年的时间，达到相当完善的地步。四代师生，薪火相传，为中国语音学史写下了光辉的一页。

清儒古音研究的主要成就在古韵分部，对上古声母研究作出重要贡献的只有钱大昕一人。比戴震小四岁的钱大昕（1728—1804），江苏嘉定人，是清代很有成就的史学家，在经学、地理、金石、历算等方面都有很高的造诣。他成名早于戴震，但到四十三岁时“始读《说文》，研究声音、文字、训诂之源”（见钱氏自订年谱，《十驾斋养新录》卷首附，商务印书馆版，1957）。钱大昕对语音研究有广泛的兴趣，但并无专著，他的《潜研堂文集》卷十五和《十驾斋养新录》卷五集中了他研究语音的札记，从反切、韵书到字母、元代方音等都有所涉及。他最重要的贡献是开创了上古声母研究的方向，提出“古无轻唇音”和“古无舌上音”的见解。钱氏根据异文、声训、类隔反切和方音证实六朝以前轻唇音“非、敷、奉、微”读重唇音，舌上音“知、彻、澄”的古读和舌头音“端、透、定”相同，所举例证丰富，结论确凿，是上古声母研究的重要发现。

自从顾炎武为古韵分部确立“离析唐韵”的方法后，被元明两代冷落了近四百年的《广韵》又重新受到重视，江永的《四声切韵表》对《广韵》作了相当全面的分析，但主要是为他的古韵研究服务的，在研究方法上也完全没有能摆脱韵图的框架。直到1842年，陈澧写出《切韵考》，才寻求到客观正确分析《广韵》的方法。

陈澧（1810—1882），广东番禺人，道光十二年举人，任广州学海堂学长几十年，晚年主讲菊坡精舍，学识广博，治学不拘一派，也擅长诗文，著有《东塾读书记》等。陈澧在三十二岁时就写成《切韵考》六卷和《切韵考外编》三卷，创立了“反切系联法”，从《广韵》内部探求《切韵》的本来面貌。系联分同用、互用和递用。同用是几个反切共同用一个反切上字（或下字），互用是两个字互相作对方的反切上字（或下字），递用是三个以上反切的每个被切字依次作另外一个反切的上字（或下字）。凡是能系联在一起的就属于同一声类或韵类。陈澧用系联法对《广韵》全书的反切上下字进行系联，共为《广韵》反切上字系联出 40 个声类，为反切下字系联出 311 个韵类，和《切韵》音系的实际情况基本相符。系联法完全摆脱韵图和三十六字母的影响，对《广韵》的反切进行纯客观的系联和归纳，开创了全新的研究方法，是汉语语音研究的一个重要发展。陈澧的《切韵考》成书于道光二十二年（1842），正是鸦片战争结束签订屈辱的南京条约的年代，清王朝从此由盛而衰，清代的语音研究也从此结束了它近百年的辉煌时期。

九、走上现代化道路的重大转折

早在明中叶时，西方文化就已经随着一批耶稣会教士传入中国，带来了西方的宗教和一些先进的科学知识，在语音学方面有利玛窦和金尼阁等人为汉语创制的拼音文字，但那时只是一般的文化交流，对中国传统文化并没有产生很大影响。鸦片战争之后情况发生了根本性的变化，为了富国强民，学习西方、变革图强已经成为一股强有力的潮流。在这潮流的影响下，中国人开始调整自己，以适应西方传来的先进思想和方法，逐渐吸收甚至融合到自己固有的文化中去。语音研究的方向也随着产生了根本性的改变。乾嘉时期取得巨大成就的古音研究虽然后来有章炳麟（1869—1936）、黄侃（1886—1935）等人继承并有所发展，但由于完全脱离社会现实生活，已不再居于主流地位。新的研究方向在西方文化的影响下逐渐形成，最突出的特点是摆脱汉字羁绊，面向社会实际，逐步走上现代化的道路。这是中国语音学史上最重大的一次转折。最早受到新潮流影响的是清末的切音字和国语的推行。

在西方拼音文字和日本假名的影响下，中国南方一些较早接受新思想的人试图为汉语南方方言创制拼音字母，希望用“切音为字”的办法普及教育。1892 年，卢戆章为厦门音拟定的切音字课本《一目了然初阶》（中国切音新字厦腔）出版，这是最早的切音字方案。此后的二十年，有近三十种切音字方案陆续出版。早期切音字主要是拼写东南沿海闽广一带方言，后来也用来拼写官话，并且成为主流。

切音字虽然只流行了二十年，但流行范围较广，且切合实际，为注音字母的制定和国语的推行准备了条件。1902 年，京师大学堂总教习吴汝纶到日本考察学政，深受日本教育普及和国语（东京语）统一的影响，回国后建议学习日本的经验，在中国推行以北京话为标准的国语。1911 年清政府制定了《统一国语办法案》，还没有来得及实行，清政府就被推翻了。次年民国政府成立，决定在全国范围内推行国语，并于1913 年召开"读音统一会"，议定了汉字国定读音（国音）和注音字母，由于保守力量的反对和政局动荡不定，直到 1918 年才正式公布。注音字母的制定和国语的推行是中国语音学面向现代化、面向社会实际需要的开始。

随着西方文化在中国的影响逐步扩大，和中国传统文化的冲撞日趋激烈，当时维护旧文化的势力相当强大，最能反映中国传统文化特色的"国学"是旧文化的重要堡垒。中国传统的音韵学是"国学"的重要组成部分，但却能在五四以前比较早地接受西方文化的影响。这和注音字母的制定和国语的推行有密切的关系。1918 年，钱玄同在北京大学授课的讲义《文字学音篇》出版。这是中国第一部概论性的音韵学著作，其中用相当多的篇幅讲解注音字母，并且用音标作为标音工具。这说明中国传统音韵学也已经向现代化的方向转变，开始走上革新的道路。

1919 年爆发的五四运动彻底摧毁了旧文化堡垒，建立起了适应新时代要求的新文化。中国语音学也开始系统地接受西方先进的理论和方法，呈现出生气勃勃的崭新面貌。从五四运动到 1937 年抗日战争爆发这将近二十年的时间，是中国语音学走向现代化的重要历史时期。

五四运动的前一年，胡适发表了著名的《建设的革命文学》一文，提出"国语的文学，文学的国语"的口号，在社会上引起强烈的反响。五四以后国语的推行和席卷全国的白话文运动密切地结合在一起，形成了很有声势的国语运动。为了配合国语运动，出版了一些"国音学"的概论性著作，试图用西方语音学知识介绍"国音"的发音原理，其中以汪怡《新著国语发音学》（1924）影响较大。这些著作对西方语音学的一些基本概念大都只是一知半解，又没有能摆脱传统音韵学的影响，因此内容都有不少牵强附会和错误的地方，但能够适应潮流，突破传统音韵学的束缚，试图建立现代语音学，草创之功不可没。

五四运动后，在欧美留学的赵元任、刘复、林语堂等人相继回国，直接把西方的语言学理论和方法介绍到中国。当时西方语言学的主流正在从十九世纪的历史比较语言学向结构主义语言学过渡，和自然科学相结合的实验语音学也已经走出萌芽阶段。这些西方语言学理论和方法传到中国后，大大开阔了中国语言学家的视野。中国语言学从此彻底脱离了闭关自守的状态，开始运用西方先进的语言学理论和方法研究汉语，最先取得成就的就是语音学。刘复二十年代在法国留学时，用当时先进的语音仪器设备写成博士论文《汉语字声实验录》，对北京、南京等十二处方言的声调进行实验分析，1924 年改名《四声实验录》在国内出版。这是中国第一部用实验方法研究汉语语音的专著，由于客观条件的限制，分析结果虽然尚不够精密准确，但揭示出汉语声调的本质特性，为汉语声调研究指明了正确的方向。刘复回国后，在北京大学文科研究所创立了语音乐律实验室，开展实验语音学的研究工作。刘复还设计发明了声调推断尺，为推断声调调值提供了当时最准确、最方便的工具。不久，王力 1931 年在法国也用实验语音学的方法完成了博士论文《博白方音实验录》（法文），对广西博白方言的声母、韵母和声调进行了实验。

1928 年，中央研究院历史语言研究所成立，赵元任任语言组组长，确定以调查汉语方言和建立语音实验室为工作重点，把语音学的发展放在了首要的位置。从 1928 年到 1937 年，调查了广东、广西、安徽、江西、湖南、湖北等省约二百处方言。为了便于进行方言调查，赵元任在 1930 年创制了《方音调查表格》（例字表），把所收入的 3567 个例字按《切韵》系统排列成一张张韵图，不但便于归纳整理，也直接反映出古今语音演变的关系，直到今天调查汉语方言仍是以这个表格为基础。这时期发表的重要方言调查报告有陶燠民《闽音研究》（1930）、罗常培《厦门音系》（1931）等，这些方言调查报告为语音研究积累了方言语音资料，也加深了对汉语语音特性的认识。

赵元任在担任历史语言研究所语言组组长期间，以他超越常人的语言天赋和兼通文理的广博学识发表了一系列具有划时代意义的语音学论著。1928 年，赵元任的《现代吴语的研究》出版，这是第一部用现代的语言调查方法调查汉语方言的著作，是研究汉语方言开山之作。1929—1933 年，赵元任连续发表了《北平语调的研究》《汉语的字调和语调》（英文）等研究汉语语调的文章，对汉语语调的特性作出十分精辟的论述，为汉语语音开拓出新的研究领域。1930 年，赵元任在《一套标调的字母》（英文）一文中创制了五度制标调法，为描写记录声调调值设计出简捷准确的标记方法，目前已经成为国际上最通行的标记声调的手段。1934 年，赵元任发表了著名的《音位标音法的多能性》（英文）一文，以汉语、英语等语言为例，阐述音位的应用和理论，指出归纳音位系统时可以有多种选择，被国际公认为音位学创始时期的经典著作之一。在赵元任的带领下，汉语语音研究顺利地走上了现代化的道路，并且很快就达到了当时国际语音研究的先进水平。

瑞典汉学家高本汉（Bernhard J. Karlgren）1915—1926 年间完成了四卷巨著《中国音韵学研究》（法文），以《广韵》的反切和等韵图为基础，对比三十种汉语方言和日本译音等汉字读音，用当时西方盛行的历史比较语言学方法对汉语中古音进行了全面的构拟。在此基础上，高氏又进一步以清代古音研究成果为基础，对汉语上古音进行构拟，发表了一系列研究上古音的著作。赵元任、罗常培、李方桂 1931 年开始把《中国音韵学研究》译成中文，由丁声树校读，于 1940 年出版。译文对原书作了不少订正和补充，学术价值超过原书。高本汉的论著在中国引起了十分强烈的反响，中国语言学家在高度评价高氏成就的同时，也提出了不少批评和修改意见。林语堂《支脂之三部古读考》（1930）、罗常培《切韵鱼模的音值及其所据方音考》（1931），都是对高氏构拟音值的修订和补充。李方桂《切韵 â 的来源》（1931）对高氏构拟的批评引起了高本汉的辩难；李方桂又连续写出《东冬屋沃之上古音》（英文）（1932）和《论中国上古音 -*iwəng，*-iwək，*-iwəg》（英文）（1935）两篇文章答辩，展开了中外学者之间一场上古音韵母构拟的辩论。古音构拟方法的引进把过去的以研究汉字字音为主转变为以研究汉语语音发展规律为主，彻底改变了传统音韵学的面貌，很快就形成了一个崭新的音韵学研究高潮。在这高潮的推动下，近代音和等韵研究也有了很大发展。赵荫棠

《中原音韵研究》(1936) 是第一部对周德清《中原音韵》进行全面研究的专著；罗常培连续发表了《释重轻》(1932)、《通志七音略研究》(1935)、《释内外转》(1937) 等文章，对等韵中一向晦涩难懂的术语和图表给予了现代语音学的解释。1936 年，王力编写的《中国音韵学》出版（1956 年再版时改称《汉语音韵学》)，这部概论性著作扼要概述了 1936 年以前中国音韵学在现代化过程中所取得的成就，对音韵学的普及起过十分重要的作用。1937 年，王力发表了《上古韵母系统研究》，提出上古音韵部中的“脂”部可以进一步分为“脂、微”两部，这一见解为绝大多数音韵学家所接受。

从 1919 年五四运动开始到 1937 年抗日战争爆发，在这将近二十年的时间里，中国语言学以语音学为主流，相当顺利地接受了西方语言学理论和方法，取得了十分突出的成就，一些研究成果已经达到或接近于当时国际先进水平。正在有可能取得更加令人鼓舞的成就的时候，卢沟桥响起了日本侵略者的炮声，全民抗日战争开始，中国语言学蓬勃发展的势头受到严重阻碍，而其中又以语音学首当其冲，国语运动、方言调查和新建立起来的现代化语音实验室工作都因战争陷于停顿。

当时大部分语言学家随着高等院校和研究机构内迁到抗战的后方中国西南地区。经过一个时期的整顿，从 1940 年起恢复了汉语方言调查工作，过去很少为人注意的西南地区汉语方言和少数民族语言受到了重视，调查重点转移到四川和云南。这项调查工作直到抗日战争胜利后才结束。这时期发表的重要方言调查报告有赵元任《钟祥方言记》(1939)、罗常培《临川音系》(1941) 等。抗战前赵元任、丁声树等五人调查完成的《湖北方言调查报告》到 1948 年才正式出版，为地区性调查方言工作树立了典范。董同龢《华阳凉水井客家话记音》(1948) 从记录口语入手，根据口语材料分析出单字读音，再归纳出音系，为方言调查方法开辟了新的途径。一些语言学家深入西南少数民族地区，调查了壮侗、苗瑶、藏缅等语族的语言，积累了丰富的资料，出版了李方桂《龙州土语》(1940)、《莫话记略》(1943) 和罗常培《贡山俅语初探》(1942) 等专著，为少数民族语言研究开拓了道路，奠定了基础，也为语音研究积累了大批资料，丰富了语音研究的内容。这时期音韵学研究也取得了令人瞩目的进展，研究内容更趋于深入细密。《广韵》中的重纽现象开始受到重视，陆志韦（1939）、王静如（1940）先后在北平《燕京学报》上发表了讨论重纽的文章，董同龢、周法高 1945 年也在四川中央研究院历史语言研究所的专刊《六同别录》（石印本）上各自发表了专门研究《广韵》重纽的文章。董同龢《上古音韵表稿》（1944）和陆志韦《古音说略》（1947）这两部专著在这时期也先后在四川和北平出版，都是在高本汉的构拟基础上进行新的探索。董书列出的上古音表是当时最严整完备的上古音体系；陆书用统计学的方法分析构拟古音，为音韵学研究开辟了新的研究途径。陆志韦在 1946—1948 年的三年时间内还连续发表了《释中原音韵》《记兰茂韵略易通》《记五方元音》等九篇“古官话语音史”文章，赵荫棠也在 1941 年编写出《等韵源流》，这些论著的发表大大推动了近代汉语语音研究。

十、开始融入国际语音学大潮流

1949 年中华人民共和国成立后，次年就成立了中国科学院语言研究所（1977 年改属中国社会科学院），1954 年成立了中国文字改革委员会（1985 年改称“国家语言文字工作委员会”）。这两个机构的成立，标志着中国语言学将更加有领导、有计划地向现代化的方向前进。党和政府制定的文字改革、推广普通话和汉语规范化三大语文政策成为当时中国语言学发展的指针，面向社会实际需要成为中国语言学发展的新方向，这些变化对语音学产生了最直接、最深远的影响。

1955 年，中国文字改革委员会和教育部联合召开了全国文字改革会议，紧接着中国科学院语言研究所召开了现代汉语规范化问题学术会议，这两个会议对中国语言学的发展起了十分重要的促进作用。全国文字改革会议决定以“普通话”的名称代替过去使用的“国语”，在全国大力推广，并确定普通话的内容是“以北京语音为标准音，以北方话为基础方言，以典范的现代白话文著作为语法规范”，会议并建议早日拟定《汉语拼音方案》。现代汉语规范化学术会议全面讨论了现代汉语规范化问题，为了配合普通话的推广，建议在两年时间内完成汉语方言普查工作。两个会议之后，在中国文字改革委员会的领导下组织各方面的专家学者拟定《汉语拼音方案》，推广普通话迅速在全国形成热潮，汉语方言调查也开始进行。在拟定《汉语拼音方案》过程中曾经引发了对普通话音位的讨论，音位分析方法开始在国内受到重视，但当时的讨论主要是从实用目的出发的，并没有从理论的高度去认识。

《汉语拼音方案》经过两年多的试行和修改，1958 年由第一届全国人民代表大会第五次会议正式批准实施。方言普查工作也在同年基本完成，共调查了 1849 个市县的汉语方言。教育部和语言研究所联合举办了三期普通话语音训练班，培养了一批方言调查人员参加这项调查工作。在此期间，中国少数民族语言调查工作也在大力展开，1956 年成立了中国科学院少数民族语言研究所，举办了语言调查训练班，组成七个工作队共七百多人分赴全国各少数民族地区调查语言，到 1959 年共调查了四十二个民族的语言。这时期的汉语方言调查和少数民族语言调查都是以语音调查为主，范围之广，规模之大，都是空前的，积累了极其丰富的语音资料，培养了一批语音学人才。语音学得到向来所未有的普及。

二十世纪三四十年代形成的音韵学研究高潮到五十年代初仍有所延续。李荣《切韵音系》（1952）以四十年代新发现的唐写本《刊谬补缺切韵》为依据，对自高本汉以来各家构拟的《切韵》音值作了相当全面的考察，提出许多很有价值的修订意见，是对五十年代以前《切韵》研究的一次阶段性总结。1954 年，王力在北京大学开始讲授"汉语史"课程，所编讲义 1958 年以《汉语史稿》的名称分三册正式出版，上册第二章"语音的发展"以构拟的音值为主线，阐述从上古到现代汉语语音演变的过程，对已有各家构拟成果作出扼要性的总结和修订。罗常培、周祖谟《汉魏晋南北朝韵部演变研究》（第一分册）（1958）填补了从《诗经》到《切韵》之间韵部分合的空白。在此以后，中国政治运动频仍，极"左"思潮逐渐泛滥，在"厚古薄今""崇洋媚外"的批判声中，音韵学研究举步维艰，从西方引进的古音构拟方法受到批判，构拟研究工作基本停顿。为了做到"古为今用"，这时期配合汉语方言调查工作，出版了一些普及性的音韵学著作。五十年代末和六十年代初曾经在杂志上分别展开了《切韵》音系的性质和《中原音韵》的语音基础两次专题讨论，活跃了音韵学研究的学术气氛，拓宽了研究思路，也加深了对中古音和近古音的认识，尤为难得的是有不少年轻学者参加了这两次讨论。

方言研究在五十年代普查的基础上到六十年代有较大的提高。1959年语言研究所方言组对河北省昌黎方言进行了深入细致的调查，1960年编写成《昌黎方言志》一书出版，记音严格，分析精细，为方言调查树立了样板。袁家骅的《汉语方言概要》1960年出版。北京大学中文系语言学教研室于1962年出版了《汉语方音字汇》，用表格形式汇集汉语各主要方言读音的特点，虽然选材和调查还有不够精密之处，但内容全面，便于比较研究，受到国内外的重视。

已经中断了十几年的语音实验研究在这时期也得到了恢复和发展。1950年语言研究所成立时，原北京大学文科研究所语音乐律实验室并入语言研究所，组成语音实验研究小组，补充了研究人员，添置了仪器设备。当时的语音研究着重在普通话语音的生理和声学分析，1963年出版了周殿福、吴宗济合编的《普通话发音图谱》，1965年，研究小组用当时的先进仪器语图仪实验完成了《普通话语音实验录》五卷，未正式出版，其中的主要成果后来陆续在杂志上发表。当时语音识别与合成已经成为国际学术界关注的热点，中国科学院声学研究所在1961年完成了汉语十个元音的识别，具有开创性的意义。

1966年，爆发了震惊世界的"文化大革命"，中国文化受到严重摧残，知识分子受到残酷迫害，学术活动从1966年到1978年的十几年间处于完全停顿的状态。而在这时期，语音学正在国际上形成又一次新的发展高潮。电子计算机的迅速发展为语音研究提供了新的手段，实验语音学有了质的飞跃。这时期新形成的交叉学科如社会语言学、心理语言学、计算语言学等都和语音研究有密切的关系，大大拓宽了语音学的研究领域。海外新一代研究汉语的语言学家也正在崛起，在新兴的语言学理论和方法的指导下研究汉语，发表了许多思路开阔、见解新颖的音韵学和实验语音学论著。"文化大革命"以前，中国语音学和国际上的差距本来已经在逐步缩小，"文化大革命"的摧残又使这个差距迅速扩大，差距之大甚至超过三四十年代。

1978年以后，在改革开放政策的指引下，中国语音学和其他学科一样，获得了新的生命活力，知识分子也开始有了比较宽松自由的研究环境。一些老一辈语言学家在这期间先后逝世，他们为中国语言学的现代化付出了毕生的精力，直到晚年还发挥余热，为中国语言学的发展作出最后的贡献。在语音学方面主要有王力《汉语语音史》(1980) 和李方桂《上古音研究》(1971)。王力在《汉语语音史》中把他一生对汉语语音历史和现状的研究成果集中起来留给后人。李方桂《上古音研究》原在台湾出版，1980 年在大陆印行，短短的篇幅概括出近百年国内外上古音研究的成果，提出自己新颖而极具启发性的见解。李方桂于 1977 年出版的《台语比较手册》(英文) 是他一生研究台语的总结性著作，为原始台语构拟出相当完整的语音系统，对侗台语族比较研究具有重大的推动作用。

汉语方言调查研究工作在“文化大革命”后恢复得比较早，1979 年《方言》杂志创刊，1981 年成立了“汉语方言学会”，这两件事对方言研究起到了重要的促进和交流作用。方言调查也从一般性的语音描写逐步深化，对方言中的文白异读、连读变调、儿化音变等现象都有相当深入的调查分析报告发表。各地方言的调查点大大增加，调查方法也日趋精确细密，主要的大方言区如吴语、闽语、粤语(珠江三角洲)、晋语、赣语、湘语等都有相当全面的综合调查报告出版。台湾中央研究院历史语言研究所也把三四十年代在云南、四川和湖南调查的方言资料整理成三部调查报告出版。从方言内部各方言点的比较探求方言历史的研究也已经开始，取得显著成就的是“闽语”。中国社会科学院和澳大利亚人文科学院合编的《中国语言地图集》是中国第一部语言地图集，主要根据方言的语音特点划分方言区域，分区明确，层次分明，集中反映了当前汉语方言研究水平。这时期少数民族语言调查研究工作也取得丰硕的成果，1987 年出版了《中国少数民族语言简志丛书》57 本，共收入 59 种少数民族语言，对这些少数民族的语音、词汇和语法特点都作出了简明扼要的介绍，反映出中国少数民族语言研究的新水平。

音韵学这时也开始进入新的繁荣时期，发表的文章数量超过了前 80 年的总和，中青年音韵学家迅速成长。1980 年成立了“中国音韵学研究会”，1982 年台湾也成立了“声韵学会”，两岸的音韵学家不断交流，研究方法和研究领域都有新的突破。古音构拟又重新成为研究热点，在方法上比较重视亲属语言的比较和对音资料的运用，并且已经开始涉及周代以前远古汉语和所谓“原始汉语”的语音构拟问题，这是古音构拟的一个很重要的进展。历代诗文用韵研究是这时期音韵研究的另一个热点，从魏晋南北朝直到宋元时期的诗文，包括敦煌变文的用韵，都有学者进行钩稽分析归纳，为了解汉魏以后一千年来汉语韵部分合情况提供了翔实可靠的例证。

语音学现代化的重要标志实验语音学在“文化大革命”后得到了前所未有的大发展，中国社会科学院语言研究所、民族研究所、中国科学院声学研究所和北京大学等高等院校相继建立了现代化的语音实验室，培养出新型的语音学人才。八十年代语音实验研究的工作重点主要是分析普通话元音、辅音、声调、轻重音和语调等，从而深入一步认识汉语语音的特性，也为言语工程提供可靠的语音特性参量。这个时期，语言研究所和声学研究所都初步研制成功普通话语音合成系统，为今后语音合成工作打下了坚实的基础。1989 年出版的吴宗济、林茂灿主编的《实验语音学概要》相当全面系统地介绍了这个时期国内外实验语音学的研究成果。到了九十年代，语音实验研究进一步发展到协同发音和语流音变等方面的实验分析，少数民族语言研究也开始使用现代语音学的手段。语音识别和合成技术更有了明显的进步，识别工作已经从特定人转向非特定人、从孤立音段转向连续语流。合成语音的清晰度和自然度也都有了很大提高。语料库的建立和标记手段也已经开始，将为二十一世纪语音学的大发展准备下充足的条件。科学院心理研究所、一些医学研究所和公安部门也开始有一些研究人员从事语音研究工作，在语音感知、病理矫治和声纹识别等方面都取得了不少具有开创性意义的研究成果，语音学的跨学科研究正在形成。近二十年来，西方音系学的发展异常活跃，区别特征理论、生成音系学、自主音段音系学等学派都曾经风靡一时，一些音系学的新理论更形成了所谓“非线性音系学”。这些新理论经过中国语音学家的翻译不断介绍到中国，也不断有语音学家把这些理论和方法运用到汉语语音研究，取得可喜的成就，为汉语语音研究开拓了新的领域。2001 年，在中国语言学会下新成立了“语音学分会”，在中文信息学会下新成立了“语音信息分会”，中国声学学会在此之前已成立了“语言、听觉和音乐声学分会”，三个学会密切合作，推动各项科研活动。语音学和自然科学、工程技术的进一步结合，将能为国家的现代化发挥更直接的作用。

从二十世纪七十年代末，中国语音学就开始展开国际交流活动，二十多年来，不断有语音学家出国访问，也不断选送中青年学者到欧美各国学习。国际著名的语音学家也有不少曾经到中国来访问讲学，一些重要的国际性语音学会议都有国内的语音学家参加。国际语音科学会和国际语音协会都选举了中国语音学家担任理事。中国语音学已经走出国门，融入国际语音学的大潮流中了。

回顾近百年来中国语音学的发展过程，展望未来，完全可以充满信心。一百年来经过两三代语音学家的艰苦努力，已经奠定了相当坚实的现代化基础。目前中国语音学和国际上的先进水平仍然存在相当大的差距，有一些研究成果虽然已经达到或接近国际先进水平，但能在国际上产生影响的并不多，近年来积累的极其丰富的汉语方言和少数民族语言的语音资料和用实验语音学方法新揭示出来的汉语和少数民族语言的一些语音特性也还没有能在国际上受到应有的重视。今后必须进一步加强国际交流，在继续虚心学习国际上的先进经验的同时，尽量让国外的同行多了解中国语音学家所作的非常有价值的工作。二十一世纪必将给中国语音学的发展带来前所未有的机遇，也必将给中国语音学带来更加严峻的国际性挑战。抓住机遇，迎接挑战，使中国语音学成为国际上的一支语音学主力军，将是二十一世纪中国语音学家面临的光荣而艰巨的任务。

第二章 从反切到《切韵》

一、反切的产生和应用

秦始皇焚书，使先秦典籍遭到极大的破坏。汉兴以后开始对先秦古籍进行大规模的搜集和整理。由于时代相隔，语言文字发生了变化，加之秦火的破坏，造成汉人阅读先秦古籍的困难，于是古籍的注释工作也就应运而生了。

汉字不是表音文字，虽然形声字占了大部分，但是形声字声符表音的精确度比起拼音文字来还是要差许多，加上语音的变化，形声字表音的功能也逐渐开始衰退，因此，注明音读就成了注释工作中不可缺少的一部分。不过，汉代的注释家对音读的注意是随着注释工作的发展逐渐深入的。《颜氏家训·音辞》说：

> 逮郑玄注《六经》，高诱解《吕览》《淮南》，许慎造《说文》，刘熹制《释名》，始有譬况假借以证音字尔。

汉人注释中有“读若”“读如”“读为”“读曰”等术语，段玉裁认为“读若”、“读如”是注明音读的，“读为”、“读曰”是说明假借的。他说：

> 凡言读若者，皆拟其音也。凡传注言读为者，皆易其字也。注经必兼兹二者，故有读为，有读若。读为亦言读曰，读若亦言读如。字书但言其本字本音，故有读若，无读为也。①

然而事实上汉人注释，包括《说文》中用到“读若”“读如”时，并不一定是单纯注音，往往同时包含着训诂的意味。如：

①《说文解字注·示部》“禀”字条下。

《礼记·儒行》："竟信其志。"郑注："信，读如屈伸之伸，假借字也。"

《说文·辛部》："辛，读若愆。"

所以钱大昕说：

汉人言读若者，皆文字假借之例，不特寓其音，并可通其字。即以《说文》言之，"鄦读若许"。《诗》"不与我戍许"，《春秋》之"许田"、"许男"，许冲上书阙下，不必从邑、从無也。……以是推之，许氏书所云"读若"，云"读与同"，皆古书假借之例，假其音并假其义，音同而义亦随之，非后世譬况为音者可同日而语也。①

可见，汉人所谓"读若""读如"等基本上还是附属于训诂的，而并不是以注音为主要目的。后来，随着注释工作的发展，注音便渐渐开始脱离训诂而独立了。然而，早期附丽于训诂的注音方法，"外言内言，急言徐言，读若之类，益使人疑"②，并不能满足注音的需要。于是，直音、反切的方法便出现了。

直音是用同音字注音的方法，基本格式是：某$_{被释字}$音某$_{同音字}$。直音大约出现在东汉末年，服虔、应劭等人开始比较广泛地使用。服虔、应劭都为《汉书》做过"音义"，原书均已亡佚，但是在颜师古的《汉书注》中还保留了不少。服虔、应劭的"音义"多用"某音某"的格式。服注多是说明假借、破读、异体，或者是一种声训，如：

《高帝纪》："五月，汉王屯荥阳，萧何发关中老弱未傅者悉诣军。"注："服虔曰：傅，音附。……师古曰：傅，著也。言著名籍给公家徭役也。服音是。"

《赵充国辛庆忌传》："以七月二十二日击罕羌，入鲜水北句廉上，去酒泉八百里，去将军可千二百里。"注："服虔曰：句，音钩。师古曰：句廉，谓水岸曲而有廉稜也。"

《东方朔传》："以筦窥天，以蠡测海。"注："服虔曰：筦，音管。师古曰：筦，古管字。"

---

①《潜研堂文集·古同音假借说》，据《四部丛刊》本。

②《颜氏家训·音辞》，据《四部丛刊》本。

《高帝纪》："独骑与樊哙、靳强、滕公、纪成步从间道走军。"注："服虔曰：走，音奏。"

《武帝纪》："一夜三烛。"注："服虔曰：烛，音注。师古曰：烛谓照也，读如本字。"

只有少数是纯粹注音的：

《张骞李广利传》："有乘象国，名滇越，而蜀贾间出物者或至焉。"注："服虔曰：滇，音颠。"

《艺文志》："《别栩阳赋》五篇。"注："服虔曰：栩，音诩。"

《叙传》："文陻枣野，武作鄗歌。"注："服虔曰：陻，音因。"

应劭的注主要见于《地理志》，多是注明地名的特殊读音：

《地理志》："故且兰。"注："应劭曰：故且兰侯邑也。且，音苴。"

又："月氏道。"注："应劭曰：氏，音支。"

又："绎幕。"注："应劭曰：绎，音亦。"

可见直音的方法最初也还是带着训诂的色彩。直到反切注音出现以后，注音才真正脱离训诂而独立，直音也逐渐演变为一种纯粹的注音方法。直音的方法简单方便，所以直到反切注音流行以后，也并没有被淘汰。

反切，又称反语、反音，是用两个汉字拼出一个汉字读音的注音方法，其法取反切上字（简称切上字、上字）的声母和反切下字（简称切下字、下字）的韵母（包括声调）拼切而成，如：冬，都宗切。

作为注音方法的反切几乎是与直音同时出现的。景审《一切经音义序》："古来音反，多以旁纽而为双声，始自服虔，元无定旨。"①安然《悉昙藏》引武玄之《韵诠》："服虔始作反音。"颜师古《汉书注》中引了服虔、应劭的反切：

①傅定淼认为此句当读作："古来音反多以旁纽而为，双声始自服虔，元无定旨。"那么则是说服虔对反切上字的运用做了改进。参看《反切起源考·反切起源旧说质疑》，上海古籍出版社 2003 年版。

《扬雄传》注："服虔曰：踢音石臭反。"

《地理志》："罕幵。"注："应劭曰：音羌肩反。"

又："僰道。"注："应劭曰：故僰侯国也。音蒲北反。"

又："沓氏。"注："应劭曰：沓水也。音长答反。"

又："梓潼。""应劭曰：潼水所出，南入垫江。垫，音徒浃反。"

《颜氏家训·音辞》说："孙叔言（按：'言'当作'然'）创《尔雅音义》，是汉末人独知反语。至于魏世，此事大行。"孙炎，字叔然，三国魏人，与王肃同时，郑玄的再传弟子，时称"东州大儒"①。《隋书·经籍志》著录有孙炎注《尔雅》七卷，又有孙炎撰《尔雅音》二卷，今均已亡佚。陈澧《切韵考》卷六从《经典释文》中辑出孙炎反切五十二条。兹举《释诂》为例：

胎，大才反。箌，都耗反。昄，方满反。颜，五果反。

圮，房美反。寀，七代反。台，羊而反。揫，子由反。

汔，虚乞反。妥，他果反。肆，虚贵反。呬，许器反。

儴，如羊反。

可见，反切注音法是汉末的服虔、应劭等人率先使用，到了魏孙炎时已经开始流行。

直音和反切差不多同时出现在汉末，这是为了适应注音的需要。从前的譬况读如之法，并不是以注音为主要目的，而且不能清楚准确地注出读音，于是注家开始使用直音。直音简便，但是，"或无同音之字，则其法穷；虽有同音之字，而隐僻难识，则其法又穷。"② 于是反切注音的方法出现了。反切的方法弥补了从前各种注音法的不足，可以准确地给几乎每个汉字注音。

关于反切起源的问题，从宋代开始有学者主张是从"西域"传入，是受了梵文的影响。如陈振孙《直斋书录解题》卷三"韵补"条下说："反切之学自西域入中国，至齐梁间盛行。"而事实上早期翻译佛经都是以"胡僧"为主，汉人最多只是"笔受"，即将"胡僧"口译的经文笔录为汉文。所以当时汉人并没有真正接触到梵文，

---

①《三国志·魏书·王肃传》。

②《切韵考》卷六。

也就根本谈不上受梵文的启发而创造反切。①

明清以后，又有不少学者把反切的来源上推得非常古，如顾炎武说：

> 反切之语自汉以上即已有之。宋沈括谓古语已有二声合为一字者，如不可为叵，何不为盍，如是为尔，而已为耳，之乎为诸。郑樵谓慢声为二，急声为一。慢声为者焉，急声为旃；慢声为者与，急声为诸；慢声为而已，急声为耳；慢声为之矣，急声为只是也。愚尝考之经传，盖不止此。如《诗·墙有茨》传：茨，蒺藜也。蒺藜正切茨字。八月断壶，今人谓之胡芦……以此推之，反语不始于汉末矣。②

顾氏把合音与反切等同起来，这是不对的。合音的方式有好多种，并不都是像反切一样上字取声母，下字取韵母和声调。比如“何不为盍”，而“何不切”并不能得出“盍”的音。更重要的，合音和反切是性质完全不同的两样东西——合音是语言使用过程中自然发生的音变现象，而反切则是一种有意识的注音方法。

反切的直接来源是民间的“反语”。黄侃说：“反语者，反切之初步也。反切有规律，而反语则出入常语间耳。反切为常见字、易识字，而反语则由熟语组成，而自有其文字之本耳。故反切直出于反语，而反语则间生于双声、叠韵也。”③ 赵元任也说：“还许文字的反切是从反切语的暗示而来的呐。”④ 反语是一种秘密语，由两字反复颠倒切出另两字的读音，如晋武帝造清暑殿，“清暑切”为“楚”，“暑清切”为“声”。反切最初就称作“反语”，具体运用时称“某某反”，“反切”这个名称中还保留着“反”字，这些都暗示着反切注音与“反语”的关系。汉末注释家开始重视注音，从前的譬况读若之法并不能适应注音的需要，于是就开始采用直音法，而直音的方法也有局限，于是就仿照反语创造了反切的注音法。反语本来多是

①对于反切起于西域之说，刘静《反切起于佛教说辨析》(《陕西师大学报》第22卷第2期)、傅定淼《反切起源考·反切起源旧说质疑》等都做过比较详细的辩驳，可参看。

②《音学五书·音论下·反切之始》。

③《文字声韵训诂笔记·推求古本音之法》之八“反语对语”。

④《反切语八种》，《史语所集刊》第二本第三分。

"双反"，即如上文所举的"清暑"二字正反两次拼切成"楚声"。这种反语不适于用来注音，于是注释家就对反语加以改造，即只采用顺序的拼切，也就是所谓"正纽"。至于反语的来源，则如黄侃所言，与自然语言中双声叠韵联绵词和合音等现象有关。

关于"反切"二字的含义，从前有好多种解释，其中以毛晃《增修互注礼部韵略·条例》中的解释最为可取。毛氏说："音韵辗转相协谓之反，亦作翻；两字相摩以成声韵谓之切，其实一也。""反"是"反复"的意思。何九盈先生说："所谓'辗转相协'叫做反，就是作为反语的两个字有交互反复的作用，即反语中的两个字都可以担任反语的上字或下字。"① 如："东田"的反语"颠童"，"颠童"切"东"，"童颠"切"田"。"切"是"摩擦、接触"的意思。所谓"两字相摩以成声韵"，即江永所说的"切字者，合两音也"②，也就是把两个字音切合为一个字音。反切最初称"反"，是因为其源于反语，但是用来注音的反切只用正纽，所以"反"字已经名不符实，于是就用"切"字，表示是用两字切摩而成。《颜氏家训·音辞》说："徐仙民《毛诗音》反骤为在遘，《左传音》切椽为徒缘。"又说："河北切攻字为古琮。"可见当时已经开始用"切"字，③ 但是在一般的音义书中还惯用"反"字。唐代讳"反"字，于是又有用"翻"或"纽"的。如元度《九经字样》"盖"字注"公艾翻"、"公害翻"，"叏"字注"平表纽"。④ 宋以后则多惯用"切"字。

综上所述，汉末随着注释工作的发展，注音逐渐受到重视，脱离训诂而独立，这就需要有专门的注音方法，起先使用的直音法不能完全满足注音的需要，于是注释家仿照民间反语创造了反切。作为注音方法的反切是直接来源于反语，但是又不等同于反语：第一，二者的构造方式并不完全相同，反语多是双反，而反切只取正纽；第二，二者的性质不同，反语是一种秘密语或者文字游戏，而反切则是有意识

①何九盈《中国古代语言学史》，第79页。

②《四声切韵表·凡例》。

③王显先生认为"切"字用作反切术语当在公元800年以后，《颜氏家训》例可能是后人所改。见王显《〈切韵〉的命名和〈切韵〉的性质》，《中国语文》1961年4月号。

④是书序云："避以反言，但纽四声，定其音旨。"

的注音方法；第三，由于性质上的不同，二者的准确程度也不同，反切要求准确地拼出被释字的读音，而反语有时没有那么严格。

《崇文总目·小学类序》："孙炎始作字音，于是有音韵之学。"的确，反切的产生说明我国古代语言学家已经开始自觉地对汉字字音加以分析，标志着一个新兴学科——音韵学诞生了。

二、四声的发现

"四声"是指汉语"平""上""去""入"四个声调。声调是通过音高的变化（或伴有音长等其他非音质特征的变化）区别意义的手段，同一般语言里的重音不同，汉语的声调是一个音节之内音高的变化。从现有的材料来看，汉语在《诗经》时代已经有声调。虽然当时声调的种类与后世可能有所不同，调值更不得而知，但是汉语声调的性质在当时已经基本确立。

声调是语言在演变过程中自然发生的，每一个说这种语言的人都能够清楚地分辨不同声调的字音；但是，要把一种语言中的声调准确地归纳出来，却并不是一件容易的事情，即使在今天，如果没有受过专门的训练，这也是相当困难的。

东汉时已经出现了反切注音法，在使用反切时，反切下字反映被切字的韵母和声调，所以当时已经具备了把相同调类的字归纳在一起的可能，但是真正明确地归纳出汉语声调的类别是一直到南北朝时才实现的。

最早对汉语的声调进行归纳命名的是南北时的周颙、沈约等人，他们发现汉语有四个声调，并分别以"平""上""去""入"来命名。《南史·陆厥传》："时盛为文章，吴兴沈约、陈郡谢朓、琅邪王融，以气类相推毂。汝南周颙善识声韵。约等文皆用宫商，将平上去入四声，以此制韵，有平头、上尾、蜂腰、鹤膝。五字之中，音韵悉异，两句之内，角徵不同，不可增减，世呼为永明体。"《南史·周颙传》："（颙）始著《四声切韵》，行于时。"《梁书·沈约传》："（约）又撰《四声谱》，以为在昔词人累千载而不悟，而独得胸衿，穷其妙旨，自谓入神之作。"

周颙（？-485），南朝齐汝南安成（今河南平舆西南）人，字彦伦。沈约（441-513），南朝吴兴武康（今浙江德清）人，字休文，仕宋、齐、梁三代。《四声切韵》《四声谱》均已亡佚。日僧空海（774－835，法号遍照金刚，追封弘法大师）所撰《文镜秘府论》中有“调四声谱”，有学者认为即沈约的《四声谱》。[①] 该篇开头部分说：“诸家调四声谱，具例如左。”所以应该不只是一家之作，但是其中可能也包括沈约的《四声谱》。

“调四声谱”是教人如何分辨四声的。其基本方法是把四声相承的一组字归为一“纽。”“凡四字一纽。或六字总归一纽。”如：

皇晃璜　镬　禾祸和
滂旁傍　薄　婆泼紴
光广珖　郭　戈果过
荒恍侊　霍　和火货

这种纽字的安排是以双声叠韵为基础的，所以也顺带教人分辨双声叠韵。“四声纽字，配为双声叠韵如后”：

郎朗浪落　黎礼丽捩
刚㧉钢各　笄併计结
羊养恙药　夷以异逸
乡响向谑　奚篻咥缬
良两亮略　离逦詈栗
张长怅着　知倁智窒

四声相承和对双声叠韵的分析，是继反切之后，汉语语音学又一次重大的进步，对于后世韵书的编纂和等韵学的发展都产生了一定的影响。

“平上去入”这四个调类的名称大概最早是由周颙开始使用的。隋刘善经《四声论》说：“宋末以来，始有四声之目。沈氏乃著其谱论，云起自周颙。”[②] 又引北齐李节（即李季节）《音韵决疑·序》说：“平上去入，出行里间，沈约取以和声之，律吕相合。”在周、沈之前，民间或许已有四声之说，但是否已经使用了“平上去入”

①如王利器《文镜秘府论校注》引任学良说，见该书第23页注（5）。

②引自《文镜秘府论》，下文引《四声论》亦同。《隋书·经籍志》有刘善经《四声指归》一卷，《文学传》亦称其著《四声指归》一卷，行于世。所以一般认为《四声论》即《四声指归》。参看《文镜秘府论校注》第74—75页。

的名称则不得而知。但是无论如何，四声理论是由于周颙、沈约等人的总结和推广才得以流行的。

“平上去入”四个字是四声的代表字，就如同三十六字母是声母的代表字，206韵的韵目是韵的代表字一样。不过四声的名称或许与当时四个声调的调值有一定的关系。唐释处忠《元和韵谱》说：

> 平声者哀而安，上声者厉而举，去声者清而远，入声者直而促。①

日僧安然《悉昙藏》中也有类似的说法：

> 平声直低，有轻有重；上声直昂，有轻无重；去声稍引，无轻无重；入声径止，无内无外。

根据这些描述来推测：平声大概是个平调，上声大概是个升调，去声大概是个降调，入声大概是个促调。②那么，四声的命名可能是有描述调值上的用意的。不过，这种描述也只能是个大概，“去声”的“去”字含义并不十分明确，“入声”的“入”字就更不好理解。而且上引的材料都是唐代的，特别是《悉昙藏》，已经显示出当时的声调有依声母清浊的不同而分化的迹象，所以，这些描述能否代表齐梁时的情形也很难说。因此，四声的名称或许有描写调值的用意，但其具体含义还不是十分清楚。

四声的发现是内因和外因共同作用的结果。内因是汉语音韵学自身的发展，外因是佛教的传播。东汉末年反切注音法的出现标志着音韵学的产生，反切的运用说明音韵学家开始自觉地对汉字的字音加以分析，这个分析的过程自然也包含对声调的分析。如前文所说，反切下字包含着被切字声调的信息，能够准确地运用反切注音，也就具备了把相同调类的字归纳在一起的条件。那么，随着对汉字字音分析的深入，四声的发现也就成了历史的必然。

最早提出四声的发现与佛教有关的是陈寅恪，他在《四声三问》中说：③

---

①见《玉篇》所附神珙《四声五音九弄反纽图·序》。

②也有学者认为上声是高平调，参看《中国大百科全书》“语言·文字”卷“四声”条。

③《清华学报》1934年9卷2期。

> 所以适定为四声，而不为其它数之声者，以除本易分别，自为一类之入声，复分别其余之声为平上去三声。综合通计之，适为四声也。但其所以分别其余之声为三者，实依据及摹拟中国当日转读佛经之三声。而中国当日转读佛经之三声又出于印度古时声明论之三声也。……围陀声明论依其声之高低，分别为三：一曰 Udātta，二曰 Svarita，三曰 Anudātta。佛教输入中国，其教徒转读经典时，此三声之分别当亦随之输入。至当日佛教徒转读经典所分别之三声，是否即与中国之平上去三声切合，今日固难详知，然二者俱依声之高下分为三阶则相同无疑也。中国语之入声皆附有 k，p，t 等辅音之缀尾，可视为一特殊种类，而最易与其它之声分别。平上去则其声响高低相互距离之间虽有分别，但应分别之为若干数之声，殊不易定。故中国文士依据及摹拟当日转读佛经之声，分别定为平上去之三声。合入声共计之，适成四声。

佛经的“转读”虽然也与音高有关，但是恐怕与汉语的声调并不是一回事，因为汉语的声调是一个音节内的音高变化，而转读大概是一种重音，属于语调的范畴。所以不能确定“转读”是否与四声的发现有直接的关系。至于汉语声调数目之为四，则是汉语的客观实事，不可能是比附《声明论》的“三声”，再加上特殊的一类入声而来的。

虽然还不能确定佛经“转读”是否与四声的发现有直接的关系，但是佛教的传播、梵文的输入，使中国本土学者接触到与汉语汉字不同的语言文字，学习梵文的过程促使他们反观自己的语言，加深了对汉语语音的分析。正是这种外因的刺激加速了四声发现的过程。

周颙、沈约等人发现四声后，并没有得到普遍的认同，而且还曾经受到过一些非难。据《梁书·沈约传》载：“（梁武）帝问周舍曰：‘何谓四声？’舍曰：‘天子圣哲’是也。然帝竟不遵用。”刘善经《四声论》中也有类似的记载：“经数闻江表人士说：梁王萧衍不知四声，尝从容谓中领军朱异曰：‘何者名为四声？’异答云：‘天子万福即是四声。’衍谓异：‘天子寿考，岂不是四声也？’以萧主之博洽通识，而竟不能辨之。”

《四声论》又载：“魏定州甄思伯（名琛），一代伟人，以为沈氏

《四声谱》不依古典，妄自穿凿，乃取沈君少时文咏犯声处以诘难之。又云：‘若计四声为纽，则天下众声无不入纽，万声万纽，不可止为四也。’”据《魏书·甄琛传》，甄琛著有《磔四声》，已佚。但从书名来看大概是专门批评四声理论的。著名的文论家钟嵘在《诗品（下）》中也表达了对四声的不屑：“余谓文制本须讽读，不可蹇碍，但令清浊通流，口吻调利，斯为足矣。至平上去入，则余病未能，蜂腰鹤膝，闾里已具。”

可见，认识声调在当时并不是一件容易的事，即使是博学之士也未必能真正领悟。所以沈约等人才会撰写《四声谱》之类的著作来教人辨别四声。

在涉及声调问题的南北朝史料中，往往出现乐律中的“宫商角徵羽”等音阶的名称，如上文所引《南史·陆厥传》中便有“皆用宫商”、“角徵不同”这样的文字。沈约本人在与时人讨论四声时也使用这些音阶名，如《南史·陆厥传》引沈约《答陆厥书》说：“宫商之声有五，文字之别累万……”又如《文镜秘府论》引沈约《答甄公论》说：“经典史籍，唯有五声，而无四声。然则四声之用，何伤五声也。五声者，宫商角徵羽，上下相应，则乐声和矣……”

早期的韵书也是按五声分类的。唐代封演《封氏闻见记》中说：“魏时有李登，撰《声类》十卷，凡一万一千五百二十字，以五声命字，不立诸部。”《魏书·江式传》：“（吕）忱弟静别放故左校令李登《声类》之法，作《韵集》五卷，宫、商、龣（角）、徵、羽，各为一篇。”

那么，五声和四声的关系是怎样的呢？有学者认为在周颙、沈约等人将四声定名为“平上去入”之前，曾经有以“宫商角徵羽”指称四声的。陈寅恪《四声三问》说：“宫商角徵羽者，中国传统之理论也。……平上去入者，西域输入之技术也。”陈澧《切韵考》卷六中也说：“古无平上去入之名，借宫商角徵羽以名之。”又说：“古以四声分为宫商角徵羽，不知其分配若何。《宋书·范蔚宗传》云：‘别宫商，识清浊。’此但言宫商，犹后世之言平仄也。盖宫为平，商为仄欤？《谢灵运传》云：‘欲使宫羽相变，低昂舛节。’《隋书·潘徽传》云：‘李登《声类》、吕静《韵集》，始判清浊，才分宫羽。’此皆但言宫羽。盖宫为平，羽亦为仄欤？《南齐书·陆厥传》

云：‘前英已早识宫徵。’此但言宫徵，盖宫为平，徵为仄欤？……”

还有一种说法认为“宫商角徵羽”也是声调的代表字。《文镜秘府论·四声论》引李季节《音韵决疑·序》说：“窃谓宫商徵羽角，即四声也。羽，读如括羽之羽，亦之和同，以拉群音，无所不尽。”《文镜秘府论·调声》引唐元兢的说法：“声有五声，角徵宫商羽也。分于文字四声，平上去入也。宫商为平声，徵为上声，羽为去声，角为入声。”

声调的主要特征在于音高，因此沈约等人有时借用音阶的名称来指代四声，其用意大概是为了便于人们理解四声。从上引各种材料来看，在以音阶名指代四声时往往是任意抽举其中两字，所以五声的名称与四声并没有确定的对应关系，并不是四声的代表字，李季节等人以五声附会四声并没有可靠的依据。可以设想，如果“宫商角徵羽”与“平上去入”所指相同的话，古之学者又何必从西域输入此“技术”呢？如果“宫商角徵羽”就是“平上去入”的话，又怎么会“累千载而不悟”，而被沈约等少数人“独得胸衿”呢？如果“宫商角徵羽”就是“平上去入”的话，又怎么会有那么多的“博洽”之士不能理解四声呢？所以，五声与四声应当是完全不同的两样东西。

还有学者认为“宫商角徵羽”是指五个声调。王国维《五声说》云：“古音有五声，阳类一与阴类之平上去入四是也。说以世俗之语，则平声有二，上去入各一，是为五声。自三百篇以至汉初，此五声者大抵自相通叶，罕有出入。汉中叶以后，阳类之声，一部讹变而为上去，于是有阳声三、阴声四，而古之五声增而为七矣。然魏晋间撰韵书者，仍分为五声，盖犹并阳声之平上去为一，不敢以后世之音乱古音也。”①

上古汉语或者魏晋时汉语的某个方言有五个声调是完全可能的，但是还没有确凿的证据能够证明“宫商角徵羽”就是指五个调类。至于《声类》和《韵集》，其书早以亡佚，不能确知其编排的体例。按《闻见记》所说，《声类》为十卷，其分卷与五声或四声的关系难以确定。《韵集》虽然是五卷，但是否是依照声调分卷也很难说。《文镜秘府论·四声论》引李季节《音韵决疑·序》说：“吕静之撰

①《观堂集林》卷八。

《韵集》，分取无方。”据上文所引李季节的说法，他认为“宫商角徵羽”就是四声，而他又批评《韵集》“分取无方”，可见《韵集》所分的宫商角徵羽五卷应当不是按照四声划分的。

周颙、沈约等人虽然发现了四声，但是限于当时的条件，还不能做到对四声的调值做科学准确的描写。《文镜秘府论·四声论》引沈约《答甄公论》说：“昔周孔所以不论四声者，正以春为阳中，德泽不偏，即平声之象；夏草木茂盛，炎炽如火，即上声之象；秋霜凝木落，去根离本，即去声之象；冬天地闭藏，万物尽收，即入声之象。”沈约以四时之物象摹拟四声，叫人难以理解。真正科学地对调值进行描写是现代以后的事了。

三、韵书的产生

反切注音流行以后，各种“音义”类的著作也盛行起来。据谢启昆《小学考》，魏晋南北朝时期音义类著作有七十种。《颜氏家训·音辞》称：“自兹厥后，音韵锋出。”这里所说的“音韵”应该包括韵书和音义类著作两类，而且后者占大部分。

一般认为，最早的韵书是魏时李登所撰的《声类》。此书早已亡佚，只在《隋书·经籍志》和唐代封演的《封氏闻见记》等书中有简单的记载。《封氏闻见记》说：“魏时有李登，撰《声类》十卷，凡一万一千五百二十字，以五声命字，不立诸部。”说明此书不按部首编排，而是按字音编排。上一节已经讲了，当时还没有四声的名称，所谓“以五声命字”的“五声”，大概是“宫、商、角、徵、羽”，但是其确切的含义并不清楚，而且其书十卷，于五声如何分配也不得而知。学者多认为此书尚未划分出韵部，主要的依据是《封氏闻见记》中的“不立诸部”一句。但是何九盈先生指出，唐以前还没有用“部”来指称韵部的，“不立诸部”的“部”是指部首。①何先生又非常肯定地说此书已经分出韵部，主要的依据是《经典释文·尔雅音义》“蝗”字下注云：“《声类》《韵集》并以‘蝗’协庚韵。”其实这条材料只能说明二书“蝗”字与庚韵字归为一类，或者是使用了庚韵字作反切下字，并不足以证明《声类》已经分出韵

①何九盈《中国古代语言学史》，第120—121页。

部。目前还没有任何资料明确反映《声类》划分了韵部，从韵书产生和发展的过程来推测，草创之时不分韵部是完全可能的。从现有的资料来看，《声类》大概只是一种类集反切的著作，它是第一部按字音编排的工具书，可以看作是韵书的雏形，但还不是体例完备的韵书。

在李登《声类》之后有晋代吕静的《韵集》。《魏书·江式传》："（吕）忱弟静别放故左校令李登《声类》之法，作《韵集》五卷，宫、商、龣（角）、徵、羽，各为一篇。"而据《隋书·经籍志》，吕静《韵集》为六卷。《韵集》也已经亡佚，但是在王仁昫《刊谬补缺切韵》韵目下的小注当中记录了包括《韵集》在内的五家韵书分韵的异同，从中可以看出《韵集》分韵的大概。在现存的资料中，吕静《韵集》是最早的分韵编排的韵书，不过由于当时尚无四声之名，所以这部书也还不是以四声为纲来编排的。

除李登《声类》、吕静《韵集》以外，魏晋南北朝时期音韵类的著作还有：李槩《修续音韵决疑》、李槩《音谱》、王延《文字音》、无名氏《文章音韵》、王该《五音韵》、释静洪《韵英》、无名氏《字书音同异》、无名氏《叙同音义》、无名氏《杂字音》、无名氏《借字音》、无名氏《音书考原》、周研《声韵》、周彦伦《四声切韵》、沈约《四声》、王斌《四声论》、张谅《四声韵林》、刘善经《四声指归》、夏侯咏《四声韵略》、杨休之《韵略》、杜台卿《韵略》、无名氏《群玉典韵》、无名氏《纂韵钞》、潘徽《韵纂》。这些著作均已亡佚。

从《声类》"以五声命字"，到《韵集》划分韵部，四声理论出现以后，韵书的体例逐步发展为以四声为纲、分韵编排，然而，由于魏晋南北朝时期的韵书均已亡佚，对于这一时期韵书体例发展的详情只好付之阙如了。

陆法言《切韵序》中提到的前代韵书有五家：吕静《韵集》、夏侯咏《韵略》（当即《四声韵略》）、阳休之（即杨休之）《韵略》、李季节（即李槩）《音谱》、杜台卿《韵略》①，当是陆法言主要参考

①按《广韵》，还有周思言《音韵》，当即周研《声韵》，但《刊谬补缺切韵》目录中只提到五家，未提此书。

的韵书。王仁昫《刊谬补缺切韵》的目录中记录了《切韵》与五家韵书分韵的异同，可据以考订五家韵书分韵的概貌。下表是魏建功考订的诸家韵部：①

呂靜韻集	夏侯詠韻略	陽休之韻略	李季節音譜	杜臺卿韻略	陸法言切韻	王仁昫切韻
	東董送屋	＊＊＊＊	＊＊＊＊	＊＊＊＊	東董送屋	東董涷屋
冬　宋沃	冬　宋沃		＊　＊＊	＊　＊＊	冬　宋沃	冬　宋沃
鍾腫用燭	鍾腫用燭	鍾腫用燭	＊＊＊＊	＊＊＊＊	鍾腫用燭	鍾腫種燭
江講絳覺	江講絳覺	江講絳覺	＊＊＊＊	＊＊＊＊	江講絳覺	江講絳覺
						陽養樣藥
						唐蕩宕鐸
支紙寘	支紙寘？	支紙寘	支紙寘	支紙寘	支紙寘	支紙寘
脂旨至	脂旨至？	脂旨至	脂旨至	脂旨至	脂旨至	脂旨至
之止志	之止志	之止志	之止志	之止志	之止志	之止志
微尾未	微尾未	微尾未	微尾未	微尾未	微尾未	微尾未
	魚語御	魚語御	魚語御	魚語御	魚語御	魚語御
虞麌遇	虞麌遇	虞麌遇	虞麌遇	虞麌遇	虞麌遇	虞麌遇
模姥暮	模姥暮	模姥暮	模姥暮	模姥暮	模姥暮	模姥暮
					泰	泰
齊薺霽	齊薺霽	齊薺霽	齊薺霽	齊薺霽	齊薺霽	齊薺霽
祭	祭	祭	祭	祭	祭	祭
泰	泰	泰	泰	泰		
？？？	佳蟹卦	＊＊＊		＊＊＊	佳蟹卦	
？？？	皆駭	＊＊＊	皆駭怪	皆駭怪	皆駭怪	皆駭界
夬	夬	夬	夬	夬	夬	夬
						廢
灰賄隊	灰	＊＊＊		＊＊＊	灰賄隊	灰賄誨

①魏建功《古音系研究》中华书局 1996 年版，第 137—140 页。原书有个别错字，今已更正。

续表

呂靜韻集	夏侯詠韻略	陽休之韻略	李季節音譜	杜臺卿韻略	陸法言切韻	王仁昫切韻
哈海代	哈	＊＊＊	哈海代	＊＊＊	哈海代	臺待代
廢		＊	＊	＊	廢	
質	真軫震質	真軫震質	＊＊＊＊	真軫震質	真軫震質	真軫震質
文吻問	文吻問物	文吻問物	＊＊＊＊	文吻問物	物	
	臻		＊　＊		臻　櫛	臻　櫛
					文吻問	文吻問物
殷　迄	殷隱焮	殷隱焮	＊＊＊＊	殷隱焮	殷隱焮迄	斤謹靳訖
						登等磴德
元阮願月			＊＊＊＊		元阮願月	
魂混慁沒	魂混慁沒	魂混慁沒	＊＊＊＊	魂混慁沒	魂混慁沒	
痕佷恨	痕佷恨	痕佷恨	＊＊＊＊	痕佷恨	痕佷恨	
寒旱翰	寒旱翰	＊＊＊＊	＊＊＊＊	＊＊＊＊	寒旱翰	寒旱翰褐
末	末				末	
						黠
						魂混慁紇
						痕很恨
						先銑霰屑
						仙獮線薛
	删潸諫黠	＊＊＊＊		＊＊＊＊	删潸諫黠	删潸訕
？？？？	山產襇鎋		山產襇鎋	＊＊＊＊	山產襇鎋	山產襇鎋
先銑霰屑					先銑霰屑	
仙獮線薛	仙獮線薛	仙獮線薛	仙獮線薛	仙獮線薛	仙獮線薛	
						元阮願月
蕭篠嘯				蕭篠嘯	蕭篠嘯	蕭篠嘯
宵小笑	宵小笑	宵小笑	宵小笑	宵小笑	宵小笑	宵小笑
	肴巧效		＊＊＊	肴巧效	肴巧效	肴巧效
豪晧號	豪晧號	豪晧號	＊＊＊	豪晧號	豪晧號	豪晧號
						庚梗更隔
						耕耿諍
						清請凊
						冥茗暝覓
	歌哿箇	＊＊＊	＊＊＊	＊＊＊	歌哿箇	歌哿箇
						佳解懈
麻馬禡	麻馬禡	＊＊＊	＊＊＊	＊＊＊	麻馬禡	麻馬禡
						侵寢沁緝
					覃感勘	

续表

呂靜韻集	夏侯詠韻略	陽休之韻略	李季節音譜	杜臺卿韻略	陸法言切韻	王仁昫切韻
					談敢闞	
					陽養漾	
					唐蕩宕	
青迥	青迥徑	* * * *	青迥徑	青迥徑	錫	
勁昔	清靜勁昔	* * * *	昔	昔	昔	
諍麥	耕耿諍麥	* * * *			麥	
庚梗	庚梗 陌	* * * *	庚梗敬陌	庚梗敬陌	庚梗敬陌	
					耕耿諍	
					清勁靜	
					青迥徑	
						蒸拯證職
	尤有宥	* * *		尤有宥	尤有宥	尤有宥
侯厚候	侯厚候	* * *	侯厚候	侯厚候	侯厚候	侯厚候
幽黝幼	幽黝幼	* * *	* * *		幽黝幼	幽黝幼
					侵寑沁	
覃感勘合	覃感勘合	覃感勘合	覃感勘合	覃感勘合	合	
	談敢闞盍	* * * *	* * * *	* * * *	盍	
? ? ? ?	咸豏陷洽	* * * *		* * * *	洽	
銜檻鑑狎	檻銜鑑狎	* * * *	銜檻鑑狎	* * * *	狎	
		* * * *	* * * *	* * * *	鹽琰艷葉	鹽琰艷葉
? ? ? ?	添忝桥怗	* * * *	* * * *	* * * *	添忝桥怗	添忝桥怗
						覃禫醰沓
						談淡闞蹋
侵寑沁緝	侵寑沁緝	侵寑沁緝	侵寑沁緝	侵寑沁緝	緝	
	陽養漾藥	* * * *	* * * *		藥	
唐蕩宕鐸	唐蕩宕鐸	* * * *	* * * *	唐蕩宕鐸	鐸	
蒸拯證職	蒸拯證職	蒸拯證職	蒸拯證職	蒸拯證職	蒸拯證職	
登等嶝德	登等嶝德	登等嶝德	登等嶝德	登等嶝德	登等嶝德	
					咸豏陷	咸減陷洽
					銜檻鑑	銜檻鑑狎
						格
						昔
嚴广儼業	嚴广儼業	嚴广儼業	嚴广儼業	嚴广儼業	嚴　業	嚴广嚴業
凡范梵乏	凡范梵乏	凡范梵乏	凡范梵乏	凡范梵乏	凡范梵乏	凡范梵乏
凡百四十八韻	凡百七十三韻	凡百七十二韻	凡百六十三韻	凡百六十九韻	據王寫殘卷切韻及王仁昫韻目所注定百九十三韻	故宮本目次百九十五韻

（表中＊符，指不能决定有無之韻。）

四、《切韵》的成书与修订

魏晋南北朝时期虽然“音韵锋出”，但是“各有土风”。隋朝建立以后，随着政治统一的推进，文化上的统一势所必然，《切韵》就是在这样的背景下出现的。

《切韵》的作者陆法言，名“词”，以字行，临漳（今属河北）人，事迹略见于《隋书·陆爽传》和唐代苏鹗的《苏氏演义》。陆法言《切韵》一书在《隋书·经籍志》中没有著录。《旧唐书·经籍志》和《新唐书·艺文志》有“陆慈《切韵》五卷”。经王国维考证，陆慈就是陆词。

《切韵》的编撰宗旨和成书过程在陆法言的序文中已经做了交代，现将全文录于下①：

> 昔开皇初，有刘仪同（臻）、颜外史（之推）、卢武阳（思道）、李常侍（若）、萧国子（该）、辛咨议（德原）、薛吏部（道衡）、魏著作（彦渊）等八人，同诣法言门宿。夜永酒阑，论及音韵。以古今声调既自有别，诸家取舍亦复不同。吴楚则时伤轻浅，燕赵则多涉重浊；秦陇则去声为入，梁益则平声似去。又支（章移反）脂（旨夷反）、鱼（语居反）虞（遇俱反）共为不韵，先（苏前反）仙（相然反）、尤（于求反）侯（胡沟反）俱论是切。欲广文路，自可清浊皆通；若赏知音，即须轻重有异。吕静《韵集》、夏侯咏《韵略》、阳休之《韵略》、李季节《音谱》、杜台卿《韵略》等，各有乖互。江东取韵，与河北复殊。因论南北是非，古今通塞；欲更捃选精切，除削疏缓。颜外史、萧国子多所决定。魏著作谓法言曰：“向来论难，疑处悉尽。何为不随口记之？我辈数人，定则定矣。”法言即烛下握笔，略记纲纪。后博问英辩，殆得精华。于是更涉余学，兼从薄宦，十数年间，不遑修集。今返初服，私训诸弟，凡有文藻，即须声韵。屏居山野，交游阻绝，疑惑之所，质问无从。亡者则生死路殊，空怀可作之叹；存者则贵贱礼隔，以报绝交之旨。遂取

①现存各种版本的《切韵·序》文字上有出入，这里主要依据故宫博物院藏宋濂跋本王仁昫《刊谬补缺切韵》，个别文字参考其他版本校改，不再一一注明。

诸家音韵，古今字书，以前所记者定为《切韵》五卷。剖析毫厘，分别黍累。何烦泣玉，未可悬金。藏之名山，昔怪马迁之言大；持以盖酱，今叹扬雄之口吃。非是小子专辄，乃述群贤遗意；宁敢施行人世？直欲不出户庭。于时岁次辛酉大隋仁寿元年也。

从这篇序文中我们知道，隋开皇（581—589）初年，刘臻、颜之推等八人在陆法言家做客时谈论到音韵问题，认为当时的各种韵书都存在不足，于是想要制定一个规范。当时八人讨论了一个纲要（颜之推和萧该起主导作用），由陆法言执笔记录下来。十几年后，陆法言罢官在家，根据从前记录的纲要，并参考前人的韵书、字书，于仁寿元年（601）完成了韵书的编写，定名为《切韵》。

关于《切韵》书名的含义有不同的解释，较为可取的说法是："切"为切正，即正确规范的意思。①《切韵·序》中有"捃选精切"，"精切"也正是这个意思。八人讨论的初衷是要制定一个正音的规范，陆法言在《切韵·序》说到"非是小子专辄，乃述群贤遗意"，也流露出意欲取代从前的韵书。所以书名"切韵"二字是紧扣全书宗旨的。陆法言以"切韵"为书名或有所本。周颙曾作《四声切韵》，惜已亡佚，其书名用意也不得而知。隋刘善经《四声论》云："音有楚夏，韵有讹切。"②《文心雕龙·声律》："凡切韵之动，势若转圆；讹音之作，甚于枘方。""切韵"二字或许就是从这里来的。③

《切韵》一经行世，"时俗共重，以为典规"（王仁昫《刊谬补缺切韵·序》），很快就取代了前代的各家韵书，六朝韵书渐渐地都亡佚了。

然而"随珠尚颣，和璧仍瑕"（孙愐《唐韵·序》），《切韵》一书收字太少，训释也过于简单。因此，唐代陆续有人对《切韵》进行修订，据《广韵》书首所录，有长孙讷言笺注本、郭知玄拾遗绪正本、关亮增加字本、薛峋增加字本、王仁煦增加字本、祝尚丘增加

①见王显《〈切韵〉的命名和〈切韵〉的性质》，《中国语文》1961 年 4 月号。

②《文镜秘府论校注》，第 104 页。

③参看王显《〈切韵〉的命名和〈切韵〉的性质》。

字本、孙愐增加字本、严宝文增加字本、裴务齐增加字本、陈道固增加字本等。各种修订《切韵》的著作有的仍沿用《切韵》书名（如李舟《切韵》），有的则重新命名（如孙愐《唐韵》）。

唐代的各种《切韵》修订本当中影响较大的有王仁昫的《刊谬补缺切韵》、孙愐的《唐韵》和李舟的《切韵》。

王仁昫(《广韵》作“王仁煦”)，字德温，唐中宗时人。《刊谬补缺切韵》，一般称为《王韵》，大致完成于龙兴二年（706）。此书一度失传，直到二十世纪初以后才陆续发现三种唐写本。第一种是敦煌出土的残卷，现藏法国巴黎国家图书馆，编号 P2011，简称“王一”。第二种是故宫发现的，有项子京题跋，简称“王二”。《王二》也有残缺，而且韵目次序混乱，韵目名称也多有改变。据周祖谟考证，《王二》并不是王仁昫的原著，而是根据长孙讷言笺注本《切韵》和《王韵》以及其他韵书配合纂录而成的。第三种也是故宫发现的，有明代宋濂的题跋，简称“王三”，是一个完整的本子。

孙愐《唐韵》有两种，一种成书于开元年间，一种成书于天宝年间。开元本《唐韵》已经亡佚，据清代卞永誉《式古堂书画汇考》，全书共一百九十五韵，和《王韵》相同。天宝本现存残卷两种，一是蒋斧于清光绪末年在北京购得的唐写本，只存去入二声，去声起首和中间一部分又有缺佚。一是法国巴黎国家图书馆藏编号 P2018 的唐写本残卷。天宝本共二百零四韵，比《广韵》少“俨”“酽”二韵。王国维认为开元本和天宝本都是孙愐所作，前者是原本，后者是修订本。然而“俨”“酽”二韵在《王韵》中已经分出(即“广”“严$_{去}$”二韵)，开元本亦同，到天宝本却又不分，似乎说明二者并无传承关系。据《唐韵·序》，孙愐自己将书名定为《唐韵》，但是唐宋时又有将其书称为《切韵》(见《倭名钞》)、《广韵》(见辽希麟《续一切经音义》)、《广切韵》(见慧琳《一切经音义》)的，可见当时韵书的书名使用比较混乱。所以，这两种《唐韵》是否都是出自孙愐之手，现在还不能定论。《唐韵》在唐代影响很大，宋许观《东斋记事·礼部韵》说：“自唐孙愐始集为《唐韵》，诸书遂为之废。”①

①据《丛书集成初编》本。

李舟《切韵》也已经失传，然而此书在韵书发展史上的地位非常重要。据王国维考证，此书主要的功绩在于调整韵目的次序，使之更为严整：将蒸、登两韵置于青韵之后，与阳、唐、庚、耕、清、青等相次；将覃、谈两韵移至侵韵之后，与盐、添、咸、衔、严、(凡)[①] 等相连；调整入声韵的次序，使之与平、上、去三声韵目一一相配。这些都被《广韵》所采纳，因此王国维说李舟《切韵》"为宋韵之始祖"。[②]

唐代各种《切韵》的传本很多，王国维说："唐人盛为诗赋，韵书当家置一部，故陆孙之韵，当时写本当以万计。"[③] 但是各种传本体例不一，讹误的情况也比较严重。到了宋代，景德四年（1007）和大中祥符元年（1008）两次下诏，敕令由陈彭年（961—1017）、丘雍等人对《切韵》进行修订。大中祥符元年，书成，定名为《大宋重修广韵》，一般简称《广韵》。[④] 王应麟《玉海》卷四十五："景德四年十一月戊寅，崇文院校定《切韵》五卷，依九经例颁行。祥符元年六月五日改为《大宋重修广韵》。"可见最初还是沿用《切韵》旧名，后来才改称《大宋重修广韵》。《广韵》的注释较为繁琐，因此，元代又对其注释进行了删改。一般称宋代原本为繁本，元代删改后的为简本。

《广韵》是《切韵》系韵书的集大成者，也是第一部官修的韵书，对于韵书的编纂和音韵学的发展都产生了重要的影响。由于是官修韵书，具有权威性，《广韵》刊行以后，很快就取代了前代的韵书，陆法言《切韵》原本以及唐代的各种修订本渐渐都失传了，所以很长一段时间内学者们都把《切韵》《唐韵》和《广韵》当作是一回事，清人著作中提到的《切韵》《唐韵》（如顾炎武的《唐韵正》、陈澧的《切韵考》）实际上都是指《广韵》。直到20世纪以后才陆续发现了一些唐五代韵书的写本和刻本，这些写本和刻本大多残

①据王国维考证，李舟《切韵》平声少"凡"韵，但上声"范"韵、去声"梵"韵、入声"乏"（法）韵不少。

②王国维《李舟切韵考》，《观堂集林》卷八。

③王国维《书蒋氏藏唐写本唐韵后》，《观堂集林》卷八。

④一般认为《广韵》成书于大中祥符元年，但《四库全书总目》认为成书于大中祥符四年。

缺不全，只有上文提到的宋跋本《王韵》是完整的。[①] 这些材料的发现使我们对于《切韵》系韵书的发展有了更多的了解。

五、《切韵》的内容和体例

据《封氏闻见记》，《切韵》收字为12158。而《式古堂书画汇考》所录《唐韵·序》说："今加三千五百字，通旧为一万五千字。"[②] 那么，《切韵》原本收字当为11500。敦煌韵书残卷S2055长孙讷言序说："加字六百，用补阙遗。"王国维据此认为《封氏闻见记》所记字数是合并了长孙讷言增加的600字计算的，所以，《切韵》原本收字应该是11558。[③] 经过唐宋两代的修订，收字不断增加。张氏泽存堂本《广韵》书首记"凡二万六千一百九十四言"，而根据我们统计，泽存堂本《广韵》实际收字为25335，不计重文的话是19611字。

陆法言《切韵》原书注释非常简单，许多常用字索性没有注释。至王仁昫《刊谬补缺切韵》，对原无训解的一律加以补充。在增补训解方面，孙愐《唐韵》有了很大发展，其书释义往往旁征博引，对于名物制度都有详细的说解，甚至传说异闻也搜罗其中。释义的不断丰富，使得韵书的功能逐渐多样化。

从《切韵》到《广韵》，编排上虽然有些调整，但是总的体例并没有改变：

一、依四声分卷。平声字多，分作二卷，上、去、入各一卷，共五卷。

二、卷内分"韵"。相对于"小韵"，又可以称"大韵"。《广韵》自下平声"一先"起重新编号，而从《王三》等来看，平声韵目原本是一气通排的。而从敦煌写本《切韵》残卷来看，陆法言原本在韵目前或许并无序数，是后来才加上的。

---

①可参看《唐五代韵书集存》和关长龙《敦煌经部文献合集小学类韵书之属目录》(《南大语言学》第三编，商务印书馆2008年)。

②与《广韵》所载《唐韵·序》文字有异，一般认为《广韵》所载非孙愐原文。

③参看王国维《书巴黎国民图书馆所藏唐写本〈切韵〉后》，《观堂集林》卷八。

三、韵内按同音字分“小韵”（或称“纽”）。小韵首字下用反切注音①，并注明小韵的字数。如果某字有又音，则在该字下用直音或反切注明其又音。《切韵》原本和《广韵》在小韵首字下都是先列训解，再注反切，最后记一纽字数，而《王韵》则是先出反切。早期写本小韵之间没有标记，稍后则在小韵首字前加点作为标记，再后来则将点改作圈。

从《王三》目录的小注和敦煌写本《切韵》残卷 P2017 可知陆法言《切韵》原分 193 韵，平声“严”韵和入声“业”韵没有相配的上声和去声韵目，《王韵》增加了上声“广”韵和去声“严”韵，② 使得这四个韵四声完整。《切韵》“冬”韵没有相配的上声韵目，《王韵》在上声“肿”韵增加了“湩”小韵，注：“此是冬字上声。陆云冬无上声，何失甚。”但是仍然没有给它另立韵目。至天宝本《唐韵》，将平声“真”“谆”分立，“寒”“桓”分立，“歌”“戈”分立；上声“轸”“准”分立，“旱”“缓”分立，“哿”“果”分立；去声“震”“稕”分立，“翰”“换”分立，“箇”“过”分立；入声“质”“术”分立，“曷”“末”分立；韵目增至 204 个。加上《王韵》分出的“广”“严”，就形成了《广韵》的 206 韵。至于韵的次序，则是李舟《切韵》做了比较大的调整，使之更为合理，这一点在上一节已经讲了。另外，在《唐韵》以后，韵部似乎有越分越细的趋势，比如有的韵书将“仙”韵合口独立为“宣”韵，有的韵书将“齐”韵的“移”“臡”二字独立为“移”韵。这些都没有被《广韵》采纳。

下面将《切韵》《王韵》《广韵》的韵目列表，以资比较③：

---

①个别字无反切，如“拯”，注“蒸上声”。

②《王三》去声“五十六嚴”下小注：“鱼淹反，陆无此韵目，失。”而正文至“五十六梵”终，无“嚴”韵。

③《切韵》据 P2017，残缺处据《王韵》补，加括号以示区别；《王韵》据宋跋本，即《王三》；《广韵》据张氏泽存堂本。顺序依《广韵》。

	切韻	王韻	廣韻
上平聲	一東	一東	一東 獨用
	二冬	二冬	二冬 鍾同用
	三鍾	三鍾	三鍾
	四江	四江	四江 獨用
	五支	五支	五支 脂之同用
	六脂	六脂	六脂
	七之	七之	七之
	八微	八微	八微 獨用
	九魚	九魚	九魚 獨用
	十虞	十虞	十虞 模同用
	十一模	十一模	十一模
	十二齊	十二齊	十二齊 獨用
	十三佳	十三佳	十三佳 皆同用
	十四皆	十四皆	十四皆
	十五灰	十五灰	十五灰 咍同用
	十六咍	十六咍	十六咍
	十七真	十七真	十七真 諄臻同用
			十八諄
	十八臻	十八臻	十九臻
	十九文	十九文	二十文 欣同用
	二十殷	二十殷	二十一欣
	二十一元	二十一元	二十二元 魂痕同用
	二十二魂	二十二魂	二十三魂
	二十三痕	二十三痕	二十四痕
	二十四寒	二十四寒	二十五寒 桓同用
			二十六桓
	二十五刪	二十五刪	二十七刪 山同用
	二十六山	二十六山	二十八山

续表

	切韻	王韻	廣韻
下平聲	二十七先	二十七先	一先 仙同用
	二十八仙	二十八仙	二仙
	二十九蕭	二十九蕭	三蕭 宵同用
	三十宵	三十宵	四宵
	三十一肴	三十一肴	五肴 獨用
	三十二豪	三十二豪	六豪 獨用
	三十三歌	三十三歌	七歌 戈同用
			八戈
	三十四麻	三十四麻	九麻 獨用
	三十七陽	三十七陽	十陽 唐同用
	三十八唐	三十八唐	十一唐
	三十九庚	三十九庚	十二庚 耕清同用
	四十耕	四十耕	十三耕
	四十一清	四十一清	十四清
	四十二青	四十二青	十五青 獨用
	四十九蒸	四十九蒸	十六蒸 登同用
	五十登	五十登	十七登
	四十三尤	四十三尤	十八尤 侯幽同用
	四十四侯	四十四侯	十九侯
	四十五幽	四十五幽	二十幽
	四十六侵	四十六侵	二十一侵 獨用
	三十五覃	三十五覃	二十二覃 談同用
	三十六談	三十六談	二十三談
	四十七鹽	四十七鹽	二十四鹽 添同用
	四十八添	四十八添	二十五添
	五十一咸	五十一咸	二十六咸 銜同用
	五十二銜	五十二銜	二十七銜
	五十三嚴	五十三嚴	二十八嚴 凡同用
	五十四凡	五十四凡	二十九凡
上聲	一董	一董	一董 獨用
	二腫	二腫	二腫 獨用
	三講	三講	三講 獨用
	四紙	四紙	四紙 旨止同用
	五旨	五旨	五旨
	六止	六止	六止
	七尾	七尾	七尾 獨用
	八語	八語	八語 獨用
	九麌	九麌	九麌 姥同用

续表

	切韻	王韻	廣韻
上聲	十姥	十姥	十姥
	十一薺	十一薺	十一薺獨用
	十二蟹	十二蟹	十二蟹駭同用
	十三駭	十三駭	十三駭
	十四賄	十四賄	十四賄海同用
	十五海	十五海	十五海
	十六軫	十六軫	十六軫準同用
			十七準
	十七吻	十七吻	十八吻隱同用
	十八隱	十八隱	十九隱
	十九阮	十九阮	二十阮混很同用
	二十混	二十混	二十一混
	二十一佷	二十一佷	二十二很
	二十二旱	二十二旱	二十三旱緩同用
			二十四緩
	二十三潸	二十四潸	二十五潸產同用
	二十四產	二十三產	二十六產
	二十五銑	二十五銑	二十七銑獮同用
	二十六獮	二十六獮	二十八獮
	二十七篠	二十七篠	二十九篠小同用
	二十八小	二十八小	三十小
	二十九巧	二十九巧	三十一巧獨用
	三十晧	三十晧	三十二晧獨用
	三十一哿	三十一哿	三十三哿果同用
			三十四果
	三十二馬	三十二馬	三十五馬獨用
	三十五養	三十五養	三十六養蕩同用
	三十六蕩	三十六蕩	三十七蕩
	三十七梗	三十七梗	三十八梗耿靜同用
	三十八耿	三十八耿	三十九耿
	三十九靜	三十九靜	四十靜
	四十迥	四十迥	四十一迥獨用
	四十七拯	四十七拯	四十二拯等同用
	四十八等	四十八等	四十三等
	四十一有	四十一有	四十四有厚黝同用
	四十二厚	四十二厚	四十五厚
	四十三黝	四十三黝	四十六黝
	四十四寑	四十四寑	四十七寑獨用

续表

	切韻	王韻	廣韻
上聲	三十三感	三十三感	四十八感敢同用
	三十四敢	三十四敢	四十九敢
	四十五琰	四十五琰	五十琰忝儼同用
	四十六忝	四十六忝	五十一忝
		五十一广	五十二儼
	四十九豏	四十九豏	五十三豏檻范同用
	五十檻	五十檻	五十四檻
	五十一范	五十二范	五十五范
去聲	一送	一送	一送獨用
	二宋	二宋	二宋用同用
	三用	三用	三用
	四絳	四降	四絳獨用
	五寘	五寘	五寘至志同用
	六至	六至	六至
	七志	七志	七志
	八未	八未	八未獨用
	九御	九御	九御獨用
	十遇	十遇	十遇暮同用
	十一暮	十一暮	十一暮
	十三霽	十三霽	十二霽祭同用
	十四祭	十四祭	十三祭
	十二泰	十二泰	十四泰獨用
	十五卦	十五卦	十五卦怪夬同用
	十六怪	十六怪	十六怪
	十七夬	十七夬	十七夬
	十八隊	十八隊	十八隊代同用
	十九代	十九代	十九代
	二十廢	二十廢	二十廢獨用
	二十一震	二十一震	二十一震稕同用
			二十二稕
	二十二問	二十二問	二十三問獨用
	二十三焮	二十三焮	二十四焮獨用
	二十四願	二十四願	二十五願慁恨同用
	二十五慁	二十五慁	二十六慁
	二十六恨	二十六恨	二十七恨
	二十七翰	二十七翰	二十八翰換同用
			二十九換
	二十八諫	二十八諫	三十諫襉同用

续表

	切韻	王韻	廣韻
去聲	二十九裥	二十九裥	三十一裥
	三十霰	三十霰	三十二霰線同用
	三十一線	三十一線	三十三線
	三十二嘯	三十二嘯	三十四嘯笑同用
	三十三笑	三十三笑	三十五笑
	三十四效	三十四効	三十六效獨用
	三十五号	三十五号	三十七号獨用
	三十六箇	三十六箇	三十八箇過同用
			三十九過
	三十七禡	三十七禡	四十禡獨用
	四十漾	四十漾	四十一漾宕同用
	四十一宕	四十一宕	四十二宕
	四十二敬	四十二敬	四十三映諍勁同用
	四十三諍	四十三諍	四十四諍
	四十四勁	四十四勁	四十五勁
	四十五徑	四十五徑	四十六徑獨用
	五十二證	五十二證	四十七證嶝同用
	五十三嶝	五十三嶝	四十八嶝
	四十六宥	四十六宥	四十九宥候幼同用
	四十七候	四十七候	五十候
	四十八幼	四十八幼	五十一幼
	四十九沁	四十九沁	五十二沁獨用
	三十八勘	三十八勘	五十三勘闞同用
	三十九闞	三十九闞	五十四闞
	五十艷	五十豔	五十五豔㮇釅同用
	五十一㮇	五十一㮇	五十六㮇
		五十六嚴	五十七釅
	五十四陷	五十四陷	五十八陷鑑梵同用
	（五十五鑑）	五十五鑑	五十九鑑
	（五十七梵）	五十七梵	六十梵
入聲	一屋	一屋	一屋獨用
	二沃	二沃	二沃燭同用
	三燭	三燭	三燭
	四覺	四覺	四覺獨用
	五質	五質	五質術櫛同用
			六術
	六物	六物	七櫛
	七櫛	七櫛	八物獨用

续表

	切韻	王韻	廣韻
入聲	八迄	八迄	九迄 獨用
	九月	九月	十月 没同用
	十没	十没	十一没
	十一末	十一末	十二曷 末同用
			十三末
	十二黠	十二黠	十四黠 鎋同用
	十三鎋	十三鎋	十五鎋
	十四屑	十四屑	十六屑 薛同用
	十五薛	十五薛	十七薛
	（二十七藥）	二十七藥	十八藥 鐸同用
	（二十八鐸）	二十八鐸	十九鐸
	十九陌	十九陌	二十陌 麥昔同用
	十八麥	十八麥	二十一麥
	十七昔	十七昔	二十二昔
	十六錫	十六錫	二十三錫 獨用
	（二十九職）	二十九職	二十四職 德同用
	（三十德）	三十德	二十五德
	（二十六緝）	二十六緝	二十六緝 獨用
	二十合	二十合	二十七合 盍同用
	二十一盍	二十一盍	二十八盍
	（二十四葉）	二十四葉	二十九葉 帖同用
	（二十五怗）	二十五怗	三十帖
	（二十二洽）	二十二洽	三十一洽 狎同用
	（二十三狎）	二十三狎	三十二狎
	（三十一業）	三十一業	三十三業 乏同用
	（三十二乏）	三十二乏	三十四乏

除了韵目的数量和次序以外，《广韵》还改变了部分韵目名的用字，其主要原因是避宋讳，如："殷"改为"欣"，避宋宣祖讳；"敬"改为"映"，避宋翼祖讳。还有个别韵目字的改动原因不明，如"怗"改为"帖"。

此外，《广韵》还规定了某些韵可以"同用"（见上表）。据《封氏闻见记》说："隋陆法言与颜魏诸公定南北音，撰为《切韵》，以为文楷式，而先仙删山之类，分为别韵，属文之士共苦其苛细。国初许敬宗等详议，以其韵窄奏合而用之。法言所谓欲广文路，自可清浊皆通者也。"但是许敬宗究竟奏请哪些韵合用，现在无从知晓。目前所见的唐写本韵书中也没有见到有关同用的条例。而王应麟《玉海》卷四十五说：“景德四年，龙图待制戚纶等承诏详定考试声韵。纶等以殿中丞丘雍所定《切韵》同用独用例及新定条例参定。”从唐诗用韵来看，往往有跟《广韵》同用例不合者。所以，《广韵》中的同用例应该是宋代才规定的。

《切韵》原书不存，小韵的数目已经不得而知。《王三》的小韵数，李荣《切韵音系》统计为3617个，邵荣芬《切韵研究》统计为3603个。《广韵》的小韵据我们统计为3868个。

六、《切韵》音系的性质

从陆法言的《切韵·序》中我们知道，开皇初年八人讨论的目的是要制定一个正音的规范。但是，正音的标准是什么，它所依据的基础方言又是什么，在序中却没有明确指出。因此，关于《切韵》音系性质的问题长期以来一直存在着争议。这里我们根据相关资料，综合学者们的研究，对这个问题做些简单的讨论。

陈寅恪先生在《从史实论切韵》① 一文中提出，《切韵》的音系基础是东晋南渡以前的洛阳旧音：

> 陆法言之写定切韵，其主要取材之韵书，乃关东江左名流之著作，其决定原则之群贤，乃关东江左儒学文艺之人士。夫高齐邺都之文物人才，实承自太和迁都以后之洛阳，而东晋南朝金陵之衣冠礼乐，亦源自永嘉南渡以前之京邑（即洛阳），是切韵之语音系统，乃特与洛阳及其附近之地域有关，自易推见矣。又南方士族所操之音声，最为接近洛阳之旧；而切韵一书所遵用之原则，又多所取决于南方士族之颜萧，然则自史实言之，切韵所悬之标准音，乃东晋南渡以前，洛阳京畿旧音之系统，而非杨隋开皇仁寿之世长安都城行用之方言也。

周祖谟先生在《切韵的性质和它的音系基础》② 一文中提出《切韵》没有单一的方言基础，是一个综合南北雅言的读书音系统：

> 总起来说，切韵是根据刘臻、颜之推等八人论难的决定，并参考前代诸家音韵、古今字书编定而成的一部有正音意义的韵

①《岭南学报》1949年9卷2期，收入《金明馆丛稿初编》。

②《语言学论丛》第5辑，收入《问学集》。

书，它的语音系统是就金陵、邺下的雅言，参酌行用的读书音而定的。既不专主南，亦不专主北，所以并不能认为就是一个地点的方音的记录。

陈、周二位的意见其实并不完全对立。读书音也不可能是凭空而来的，而应该有一个客观的音系基础。同样主张“综合说”的王力先生就说:“《切韵》的语音系统是以一个方言的语音系统为基础（可能是洛阳话），同时照顾古音系统的混合物。”① 王先生的意见大体不错，需要稍做讨论的是作为这个音系基础的洛阳话的性质，再有就是“混合”的程度。

据《切韵·序》，颜之推是开皇论韵的主导之一，因此他在《颜氏家训·音辞》中的相关意见对于我们认识《切韵》的性质有着重要的意义。颜之推说：

> 自兹厥后，音韵锋出，各有土风，递相非笑，指马之谕，未知孰是。共以帝王都邑，参校方俗，考核古今，为之折衷。推而量之，独金陵与洛下耳。南方水土和柔，其音清举而切诣，失在浮浅，其辞多鄙俗。北方山川深厚，其音沉浊而鈋钝，得其质直，其辞多古语。然冠冕君子，南方为优；闾里小人，北方为愈。易服而与之谈，南方士庶，数言可辨；隔垣而听其语，北方朝野，终日难分。而南染吴越，北杂夷虏，皆有深弊，不可具论。其谬失轻微者，则南人以钱为涎，以石为射，以贱为羡，以是为舐；北人以庶为戍，以如为儒，以紫为姊，以洽为狎。如此之例，两失甚多。

在这段文字里，颜之推明确指出了他认为语音最正的两个地方——金陵和洛下。同时，他又告诉我们，北方（洛阳一带）贵族和庶民口音基本上一致，而南方（金陵一带）贵族和庶民口音却明显不同。这是因为南方土著的百姓说的是他们的土话，而士族说的是从北方带来的洛阳话。那么，其实这个问题已经很明朗了。颜之推心目中的正音大体上就是以洛阳旧音为基础的读书音，东晋南渡以后，这个读书音分成金陵和洛下两支，随着时间的推移和各自周边语言的影响，这两支又分别发生了一些变化，即所谓“南染吴越，北杂夷

①《中国语言学史》，《王力文集》第十二卷，第86页。

虏，皆有深弊”，而颜之推等比较保守的文人当中还保持着老派读书音。《颜氏家训·音辞》说：“吾家儿女，虽在孩稚，便渐督正之，一言讹替，以为己罪矣。”可见，颜之推的正音是可以验诸唇吻的，而绝非纸上空谈。

以上讨论的是颜之推心目中的正音。但是颜之推的正音与《切韵》音毕竟还不能完全等同起来。我们知道，八人讨论的“纲纪”是陆法言编定《切韵》的基础，但是这个“纲纪”的确切内容现在已经无从考索了。从编写韵书的角度来看，首要的工作是分韵，由此推想当时八人讨论的主要内容大概是韵部的分合。那么，《王三》目录下记录五家韵书分韵差异的小注应该主要是陆法言根据当年所记“纲纪”整理的。从《颜氏家训·音辞》中提到的一些“正音”来看，《切韵》基本上都采纳了，比如“鱼”“虞”分韵，“支”“脂”分韵。所以，陆法言大体上应该是接受颜之推的正音观念的，但是陆法言本人却未必像颜之推一样熟悉老派的读书音。虽然当时魏彦渊说：“向来论难，疑处悉尽。”但是，编写一部完备的韵书，逐字审定字音，其中所涉及的问题，又岂是一次讨论就能够全部解决的？所以陆法言在实际撰写时才会感叹“疑惑之所，质问无从”，于是便结合从前所记的纲纪，去参考各家的字书、韵书。从《王三》的小注来看，在各家分韵不同的地方，陆法言大体上是从分，在各家分韵出现交错的情况时，陆法言的办法非常耐人寻味。《王三》去声“二十五願”小注：“夏侯与慁别，与恨同，今并别。”“二十六慁”小注：“吕、李与恨同，今并别。”丁邦新先生对这两条小注做了图解[①]：

<table>
<tr><td>夏侯</td><td colspan="2">願</td><td>慁</td></tr>
<tr><td>吕李</td><td>願</td><td colspan="2">慁</td></tr>
<tr><td>切韻</td><td>願</td><td>恨</td><td>慁</td></tr>
</table>

我们来比较另外一张表：

<table>
<tr><td></td><td>张</td><td>章</td><td>将</td></tr>
<tr><td>北京</td><td colspan="2">tʂaŋ</td><td>tɕiaŋ</td></tr>
<tr><td>厦门</td><td>tiɔŋ</td><td colspan="2">tsiɔŋ</td></tr>
<tr><td>中古</td><td>ȶĭaŋ</td><td>tɕĭaŋ</td><td>tsĭaŋ</td></tr>
</table>

①丁邦新《重建汉语中古音系的一些想法》，《中国语文》1995年第6期。

没有哪个方言能够同时区分“张”“章”“将”三字的读音，但是通过比较，就会得出三字古音不同的结论。那么，陆法言分韵的办法实际上与历史比较法的精神是一致的，虽然说他还没有明确的历史比较法的观念，但他实际操作的结果却导致了《切韵》的分韵更加接近于古音。像“之脂支”三分、“东冬”二分、重韵、重纽等都能够在上古音中找到依据。因此，《切韵》所谓“综合”的部分也并非是简单杂凑，而是有着严密的系统性。

综上所述，《切韵》音系是一个以老派读书音为主、同时综合了部分古音音类的混合体。《切韵》音系的主体是以洛阳旧音为基础的老派读书音，这就决定了这个音系本身具有一定的存古性质，再加上陆法言分韵时采用的“比较法”，造成了《切韵》音系更大程度的存古。需要说明的是，所谓“存古”，并不是说《切韵》直接保存了古音，陆法言也并没有自觉的古音研究意识，但是他分类的方法客观上导致了《切韵》在音类上很大程度的存古，而这样分类的结果很可能是比实际的古音类别更多。比如，魏晋音“删”在寒部，“山”在“仙”部；隋唐音“删”“山”合为一部。① 这几部按照《切韵》从分的办法就会分成四类，因而分出的音类比古音和时音都要多。

魏晋音	寒部		仙部	
隋唐音	寒部	删部		仙部
切韵	寒韵	删韵	山韵	仙韵

正是由于这个原因，使得《切韵》的韵母系统极为复杂。尽管如此，由于有着客观的音系基础，并且综合的部分也是通过比较得出的系统严整的音类，所以《切韵》音系仍然是一个内部相当一致和严密的系统。

七、《切韵》的价值

《切韵》之前的韵书全部都已经失传了，《切韵》原本虽然也已经不存，但是通过现存的《切韵》及其各种修订本的残卷以及《王韵》《广韵》，我们基本能够看出《切韵》的编排体例。因此，《切

①参看王力《汉语语音史》卷上第三章“魏晋南北朝音系”和第四章“隋—中唐音系”。

韵》是目前可考见的最早的体例完备的韵书，它奠定了正统韵书的编写体例，是韵书发展史上重要的里程碑。同时，《切韵》也是最早的语音系统完整可考的韵书，在汉语语音史研究方面具有极其重要的价值。

从《切韵》到《广韵》，韵目从193增加到206。增加的13个韵当中，“谆准稕术桓缓换末戈果过”等11韵都是将原来的合口呼字独立所致，并没有增加新的音类；“俨”“酽”二韵是陆法言的疏漏，但也只是与“严”韵相配的上、去声韵，并没有增加新的韵母。所以，从《切韵》到《广韵》，韵目虽然增加了，但是音系并没有实质性的改变，《切韵》音系仍然保存在《王三》《广韵》当中，我们可以通过这些资料来研究《切韵》音系。

《切韵》对于汉语语音研究的意义主要体现在以下五个方面：

一、《切韵》提供了一个最早的可靠的汉语语音系统。在《切韵》之前，能够反映汉语语音的材料都缺乏系统性或准确性。比如《诗经》的押韵，反映的只是韵部的信息，还不能精确到韵母，而且本身是否全面地反映了韵部的信息也难以保证，因为有些“窄韵”或许根本没有出现，或许出现的次数很少，这些因素都会给考订韵部带来困难。而韵书则不同，因为它大体上包罗了全部字音，根据编排体例和反切就可以求出它的音类系统。

二、《切韵》是研究汉语中古音最直接的资料，也是不可替代的资料。尽管《切韵》的性质问题还没有完全解决，但是《切韵》音系内部是极其统一和严密的，即便它有综合的成分，也绝非是简单杂凑的。《切韵》所呈现的是一个最为直接、完备和准确的汉语中古音系统。历史比较法是研究语音史的重要方法，但是历史上的某些语音特征有可能在后代任何一个方言或亲属语言中都消失得无影无踪，这时历史比较法就无能为力了。而韵书则可能忠实地记录这些已经消失的原始语音特征，从而弥补历史比较法的不足。比如中古三、四等韵的差异，一、二等重韵的差异，在现代汉语方言中基本上找不到成系统的反映，有赖于《切韵》才得以保存。

三、《切韵》是上求古音、下推今音的枢纽。研究汉语上古音离不开《切韵》，因为时代久远，如果跳过《切韵》讲上古音，很多问题都很难讲清楚。另外，由于《切韵》具有一定程度的存古性质，也为上古音的研究提供了许多重要的信息。像“之”“支”“脂”“微”的分别，“覃”“谈”的分别等等，都能够为研究上古韵部提供线索。研究汉语近、现代语音同样离不开《切韵》，因为只有联系中古音，才能把汉语近代以后的语音发展全面、准确地揭示出来。比如，《中原音韵》中，“间”“肩”不同音，“交”“骄”不同音，“知”“支”不同音，这些都与中古来源有关，联系它们在《切韵》中的读音就可以把中间的语音发展变化解释清楚。

四、《切韵》对于研究汉语方言有特别重要的意义。现代汉语各个方言音系中的语音区别，大多能够在《切韵》中找到依据，这并不说明《切韵》综合了各个方言。从《切韵·序》《颜氏家训·音辞》和其他的资料来看，隋唐时期汉语是有方言差别的，虽然当时的方言和现代汉语方言之间的关系还不十分清楚，但是可以肯定，现代汉语各个方言并不全都是由《切韵》音系直接发展而来的。《切韵》音系之所以能够解释多数现代汉语方言，是因为《切韵》在音类的划分上高度的存古。王力先生说：“陆法言等人并没有进行实地的方言调查，他们谈及方音时，只凭笼统的印象；但是，他们照顾了古音系统，自然也就照顾了方音，因为方音正是从古音发展来的。”① 另外，韵书提供的只是音类系统，音类系统相同并不意味着相应的音值也相同，比如北京话和天津话都是“阴平、阳平、上声、去声”四个调类，各调类辖字也大致相同，但是具体的调值却并不相同。因此，在方言研究中参考《切韵》是必不可少的环节。《切韵》音系对于解释方言音系的历史演变，进行方言与方言之间、方言和古音之间音系的比较都有着至关重要的作用。

五、《切韵》系韵书是审订字音的重要依据。语音的演变是有规律的，在审订汉字字音时，根据《切韵》系韵书（最主要的是《广韵》《集韵》的注音），结合语音演变的规律，就可以给汉字定音。尤其是那些口语中已经不再使用的汉字，审订它们的读音必须参考韵书的注音。另外，有些汉字在口语中存在异读（按，指没有辨义作用的异读），从语言规范的角度给它们确定唯一的读音也需要参考韵书。

---

①《中国语言学史》，《王力文集》第十二卷，第86页。

八、《广韵》之后《切韵》系韵书的发展

纯粹增订《切韵》的工作，到《广韵》基本告一段落，但是对韵书的体例和内容等进行改革的工作却并没有结束。

（一）《集韵》

《广韵》刊行后不久，便有学者批评其“多用旧文，繁略失当”（《集韵·韵例》），于是又有丁度（990—1053）等人奉敕主持修撰了《集韵》，书成于宋宝元二年（1039）。

《集韵》分韵与《广韵》相同，仍然是206韵，但是在体例上和语音系统上都有不少改变。主要有以下几个方面：

一、将《广韵》五卷各析为二，共十卷。

二、改变了部分韵目用字和韵目次序。如：改“仙”为“僊”，改“肴”为“爻”；将“严”韵移至“咸”韵前。

三、对于同用、独用的规定与《广韵》不同。

四、调整小韵的排列次序。从《切韵》到《广韵》，在小韵的排列次序上都没有什么明确的规律，而《集韵》则是按照声母的发音部位将小韵分类安排，不过因为仍然延续《广韵》的办法，每韵建首之字均为韵目字，所以还不可能完全依照字母次序排列。①

五、部分小韵的归韵与《广韵》不同。如“因、寅、巾、银”等小韵《广韵》在“真”韵，《集韵》改收“谆”韵。

六、改良反切。主要有两个方面：一是将《广韵》中唇音和舌音的“类隔切”改为“音和切”。如：卑，《广韵》“府移切”，《集韵》“宾弥切”；贮，《广韵》“丁吕切”，《集韵》“展吕切”。再有就是改动反切上字的等、呼、调，使之与被切字相合。如：锺，《广韵》“职容切”，《集韵》“诸容切”。反切上字“诸”与被切字“锺”同为合口三等平声字。

七、收字大量增加。《集韵》号称收字53525字，不计异读实际收字三万多。《集韵》收录了大量的异体字和“古文”（按，大体属于战国文字，《集韵》中收录的是隶定形式），在文字学上有重要的价值。

---

①五代本韵书已经开始按声母排列小韵，这大概与等韵学的兴起有关。

八、收录大量异读字音。比如“娷”字，《广韵》“醋加切”、“苏禾切”二音，而《集韵》除此二音外，还有“村戈切”、“臧戈切”、“徂禾切”三音。《集韵》的又音可能与古音和方音有关，是研究汉语语音史的重要资料。不过，由于《集韵》在字头下没有注明又音，利用起来不甚方便。

九、适当删改注释。《广韵》的注释较为繁琐，《集韵》对于其中与训释关系不大的内容，尤其是姓氏、地理等方面的内容，做了大量的删改。

《集韵》虽然没有突破《广韵》的框架，但是在反切用字上的改动已经反映出不少当时读音的信息，因此对于研究宋代语音很有参考价值。比如唇音字反切上字的改动反映了轻重唇音的分化。又如船、禅两个声母的反切上字往往混用，甚至合并小韵。熟，《广韵》殊(禅母)六切，《集韵》神(船母)六切。墅，《广韵》承(禅母)与切；纾，《广韵》神(船母)与切；《集韵》合并在“墅”小韵，上与切。说明这两个声母当时已经合并。

《集韵》收录了很多《广韵》未收的字和字音，所以对于审定字音以及考查汉字现代读音的来源都有着非常重要的作用。

《集韵》虽然是官修韵书，但是篇幅过大，实用性不强，因此流传不广。直到清代，《集韵》才重新受到研究者的重视，但是在一般读书人当中却始终没有流行开来。

（二）《礼部韵略》

经过唐代的历次增订，韵书的内容日趋庞杂，这一方面增加了它的功能，另一方面又影响了它最基本的功能——选字押韵，于是宋代在修《广韵》的同时，还诏令戚纶等人摘录常用字，编成《韵略》，于景德四年（1007）颁行。此书已不传，详细情况不得而知。其后贾昌朝批评《韵略》“多无训释，疑混声，重叠字，举人误用”（《玉海》卷四十五），于是丁度等人修《集韵》的同时，还修订《韵略》，于景祐四年（1037）完成，更名为《礼部韵略》。

《礼部韵略》分韵以及同用独用例均与《集韵》相同，只收常用字，共9590字，注释也很简略。另外，凡有异体或异读的字，均在字外加圈作为标记。《礼部韵略》经过多次修订，原本已经不存，现在能看到的主要有两个修订本，一是《附释文互注礼部韵略》，一是

《增修互注礼部韵略》。①

《附释文互注礼部韵略》出现在宋淳熙（1174—1189）年间，所以又称《淳熙礼部韵略》，撰者不详。注释分为“官注”和“互注”两部分，先列官注，后列互注。互注是修订者增补的，前面标明“释云”。

《增修互注礼部韵略》，简称《增韵》，由毛晃、毛居正父子修订。修订工作主要有四个方面：增字、增圈、正字、改正注释。毛晃增字2655，增圈1691，毛居正又增加1402字。

（三）《五音集韵》

《切韵》音系是老派读书音综合了古音音类的混合体，所以从一开始就与口语脱节，读书人“苦其苛细”，于是唐代有许敬宗等人奏请合用，宋代《广韵》、《集韵》中则明确规定了同用的条例。至金代韩道昭编《五音集韵》，则开始对韵目进行归并。

《五音集韵》，全称《改并五音集韵》，初刊于金泰和八年（1208），崇庆元年（1212）又增补重刊。全书共十五卷，平声六卷，上、去、入各三卷。

《五音集韵》将《广韵》206韵归并为160韵，合并的情况如下（小字是合并的《广韵》韵目）：

平聲	上聲	去聲	入聲
脂 支之	旨 紙止	寘 至志	
皆 佳	駭 蟹	怪 卦夬	
真 臻			質 櫛
山 删	産 潸	諫 襇	鎋 黠
仙 先	獮 銑	線 霰	薛 屑
宵 蕭	小 篠	笑 嘯	
庚 耕	梗 耿	諍 敬	陌 麥
尤 幽	有 黝	宥 幼	
覃 談	感 敢	勘 闞	合 盍
鹽 添	琰 忝	豔 㮇	葉 帖
咸 銜	豏 檻	陷 鑑	洽 狎
凡 嚴	范 儼	梵 釅	乏 業

①日本真福寺藏有北宋元祐年间刊本《礼部韵略》。参看水谷诚《关于真福寺本〈礼部韵略〉》，《古汉语研究》2000年第4期。

此外，还有些归部转移的情况在目录中没有体现出来，比如“庚”韵三等并入“清”韵，“戈”韵三等并入“麻”韵。

《五音集韵》韵目的归并不是依照《广韵》《集韵》的同用例。据韩道升的序言，合并的标准是“开合无异，等第俱同”。对照实际合并的情况，该书合并的大致是同摄之内同等的重韵以及三、四等韵。① 这种归并在一定程度上反映了当时的实际语音。

除了合并韵目外，《五音集韵》另有同用独用的条例，也与《广韵》《集韵》不尽相同。

《五音集韵》在编排体例上也有两点重要的革新。第一，完全按照三十六字母的次序排列小韵，始“见”终“日”。第二，在小韵前标明字母和等第，同字母下如有开合或等第不同的小韵，只在第一个小韵前标注字母。比如“东”韵“公”小韵前标注“见一”，其后的“弓”小韵前标注“三”。据韩道升的序言，金皇统（1141—1149）年间，有个叫荆璞的人已经开始将三十六字母添加到韵书当中。

（四）“平水韵”

在韩道昭之后，金朝人王文郁编了一部《平水新刊韵略》（或称《新刊韵略》），刊于金正大六年（1229）。根据书前许古的序言，知道王文郁时任平水（今山西临汾）书籍，书名中“平水”当由此而来。这部书将《礼部韵略》规定同用的韵合并，并将上声“拯”“等”二韵并于“迥”韵，共106韵。

此书传本不多，国家图书馆和上海图书馆藏有清钞本。《续修四库全书》影印了上海图书馆藏的清钞本。从这个钞本来看，只是简单地将同用之韵加以合并，一韵之内如果包括《广韵》两个以上的韵，这些韵仍然相对独立，不相杂厕，并在原韵目字前加鱼尾符作为标记。小韵的次序也基本承袭《广韵》。

宋淳祐十二年（1252），江北平水人刘渊编过一部《壬子新刊礼部韵略》，也称《平水韵》。此书已经不传。熊忠《古今韵会举要》卷一韵目后的案语说：“近平水刘氏《壬子新刊韵》始并通用之类，以省重复。上平声十五韵，下平声十五韵，上声三十韵，去声三十

①通常以同摄之内重出的一、二等韵为重韵，这里将同摄重出的三等韵也算在内。

韵，入声一十七韵。”可知此书分107韵。

此外，金代张天锡编有《草书韵会》，也分106韵。

后世通行的“诗韵”都是沿用106韵的系统，通称“平水韵”，并不专指某部韵书。“平水韵”究竟因何得名，现在还难以定论。

以下将清钞本《新刊韵略》的韵目列表（小字是合并的《广韵》韵目）：

平聲	上聲	去聲	入聲
一東	一董	一送	一屋
二冬鍾	二腫	二宋用	二沃燭
三江	三講	三絳	三覺
四支脂之	四紙旨止	四寘至志	
五微	五尾	五未	
六魚	六語	六御	
七虞模	七麌姥	七遇暮	
八齊	八薺	八霽祭	
		九泰	
九佳皆	九蟹駭	十卦怪夬	
十灰咍	十賄海	十一隊代廢	
十一真諄臻	十一軫準	十二震稕	四質術櫛
二十文殷	十二吻隱	十三問焮	五物迄
十三元魂痕	十三阮混很	十四願慁恨	六月沒
十四寒桓	十四旱緩	十五翰換	七曷末
十五刪山	十五潸産	十六諫襇	八黠鎋
一先仙	十六銑獮	十七霰線	九屑薛
二蕭宵	十七篠小	十八嘯笑	
三肴	十八巧	十九效	
四豪	十九晧	二十号	
五歌戈	二十哿果	二十一箇過	
六麻	二十一馬	二十二禡	
七陽唐	二十二養蕩	二十三漾宕	十藥鐸
八庚耕清	二十三梗耿靜	二十四敬諍勁	十一陌麥昔
九青	二十四迥拯等	二十五徑證嶝	十二錫
十蒸登			十三職德
十一尤侯幽	二十五有厚黝	二十六宥候幼	
十二侵	二十六寑	二十七沁	十四緝
十三覃談	二十七感敢	二十八勘闞	十五合盍
十四鹽添嚴	二十八琰忝儼	二十九豔㮇釅	十六葉帖業
十五咸銜凡	二十九豏檻范	三十陷鑑梵	十七洽狎乏

以上所述的几种韵书都属于《切韵》系的韵书，因为：第一，它们在编排上还是沿用《切韵》的基本体例。第二，在音系上，有的韵书虽然结合时音稍有改变，但总的来说并没有超出《切韵》音系的框架。

“平水韵”只是机械地合并了同用的韵目，在音系上并没有任何实质性的改变。《五音集韵》则不同，合并韵目后，同时将其中声母、开合、等第全部相同的小韵加以归并，比如平声“脂”韵中，“支”“脂”“之”等字合并在“支”小韵，音章移切。此外，《五音集韵》还“离析”了某些《广韵》韵目，比如前文提到的将“庚”韵三等归入“清”韵，“戈”韵三等归入“麻”韵。这些都是结合实际语音进行的大胆改革。但是，《五音集韵》仍然没有跳出《切韵》的框架。宋金时期的北方语音与《切韵》音相比已经有了很大的差异，而《五音集韵》吸收的时音成分只是能够容纳在《切韵》框架之内的一小部分而已。到了元代，《古今韵会举要》在更大程度上进行了改革，但也没能彻底摆脱《切韵》的束缚，在韵书的编撰上真正突破《切韵》系韵书的束缚是到周德清的《中原音韵》才实现的。

主要参考文献

方孝岳、罗伟豪 1988《广韵研究》，中山大学出版社。

何九盈 2006《中国古代语言学史》（新增订本），北京大学出版社。

黄典诚 1994《〈切韵〉综合研究》，厦门大学出版社。

黄　侃 1983《文字声韵训诂笔记》，上海古籍出版社。

李　荣 1956《切韵音系》，科学出版社。

李恕豪 2003《中国古代语言学简史》，巴蜀书社。

龙庄伟 2006《切韵研究史稿》，河北教育出版社。

濮之珍 2002《中国语言学史》，新1版，上海古籍出版社。

邵荣芬 1986《切韵研究》，中国社会科学出版社。

王国维 1959《观堂集林》卷八，中华书局。

王　力 1981《中国语言学史》，山西人民出版社；1990《王力文集》第十二卷，山东教育出版社。

王　力 1985《汉语语音史》，中国社会科学出版社；1987《王力文集》第十卷，山东教育出版社。

王利器 1983《文镜秘府论校注》，中国社会科学出版社。

张世禄 1984《中国音韵学史》，上海书店。

赵　诚 1991《中国古代韵书》，中华书局。

赵振铎 2000《中国语言学史》，河北教育出版社。

周祖谟 1983《唐五代韵书集存》，中华书局。

第三章　等韵学的产生和发展

一、等韵学的性质及其产生背景

汉语音韵学发展到唐代，出现了等韵学这样一个分支学科。

等韵学是音韵学发展到一个新阶段的标志。它的特点在于对所有的音节成分都进行相当精细的分析，能够从发音部位和发音方法上确定辅音的性质（如五音、清浊），也能从元音的特点给韵母分类（如开合、四等），并以图表的形式来反映音节的组合规律，揭示汉语语音结构的系统性。它标志着古代中国人的审音能力有了一个大飞跃，达到前所未有的水平。

汉语音韵学从汉末的萌芽时期，经南北朝到隋代，一直在稳步发展着：用反切注音，表明人们能够把一个音节分成两部分；韵书的编纂，表明人们切分和归纳音节的能力又有所提高，能够把韵头跟韵腹韵尾分开；四声名义的确立，表明人们熟练地把握了非音质音位的功用。然而直到隋代，分析汉语语音的方法仍然很不完善，等韵学出来，弥补了这些方法上的欠缺。

等韵学的第一个成就是字母的归纳。南北朝时代分析声母的手段极为贫乏，只能通过举例来说明哪些字有“双声”关系，还不知道用什么符号代表一个特定的声母，更不会给声母分类。到了唐代，“字母”出现，找到了分析声母的有效办法，解决了困扰前人的重大难题。字母，是声母的代表字，如以“端”代表 t 声母，“透”代表 tʻ 声母，这就是把汉字用作音位（或音素）的标记符号。有了字母，一个音系里边有多少个声母，都可以列举出来，并且可以按照发音特征给声母分类，说明一个音的构成特点。如从发音部位上分了唇、舌、齿、牙、喉五音，从发音方法上分了全清、次清、全浊、次浊。一个字母在两种分类里的地位就反映了该声母的主要发音特征。

有了字母之后就产生了等韵图。等韵图是用汉字编排的音节表，是古代分析音系结构的最佳工具。编制等韵图的前提是能够分辨声母，能够区别韵类，因此等韵图的出现在字母之后。等韵图的基本原理是根据语音条件对汉字分类，通过分图、分格、分行，把具有共同音节成分的字分为若干类别。例如，按照韵尾和韵腹分图，一图里边按照四声分格，一格里边按照四等分行；同时竖行则按照声母分行。这样层层分类的结果，既能揭示出一个汉语音系的构成成分，也能显示声韵调的整体组合规律，还可以指示出一个字（音节）由哪些音素结合而成。这种功能是韵书所不具备的。就拿韵图出现以前最成熟的韵书《切韵》来说，作者陆法言的目标是“剖析毫厘、分别黍累”，可是实际上该书所分辨的音类并不够精细：四声各卷的分韵是以“韵腹+韵尾”这样两个音素组合成的一个单位来作标准的，没有把韵腹和韵尾分别开；只在反切中反映出双声关系，没有明确标示出有多少个声母以及哪些字有相同的声母；只在反切中反映出韵头的差别，没有说明哪些小韵属于同样的韵类、有同样的韵头。韵图一出，各层成分都可以区别清楚了。

在传统音韵学中，等韵学的外来影响色彩最浓厚，字母和等韵图的产生直接受到了梵文的启示，是参照梵文的拼音方法编制的。

先说字母的归纳和分类。佛经翻译家为了译经或其他需要，要学习梵文的拼音表，还要用汉字来对译梵文字母，比如唐玄应《一切经音义》卷二所录《大般涅槃经·文字品》的梵文字母：

毗声廿五字：	迦呿伽咺俄	舌根声
	遮车阇膳若	舌齿声
	吒咃茶咤拏	上颚声
	多他陀驮那	舌头声
	波颇婆婆摩	唇吻声
	虵逻罗缚奢沙娑呵	超　声

这种用汉字标记辅音的方式和对发音部位的分类方式，启发了中国的佛教徒，他们也用这种办法处理汉语的声母：根据双声关系归纳出声母系统，并用固定的汉字分别代表各个声母，再从发音方法和发

音部位给字母分类，就形成了汉语的字母系统。

等韵图的编制，也是从梵文的拼音方法学来的。印度古时有为初学者学习梵文而编写的练音表，叫做“悉昙”，其原理是把元音和辅音分别排定次序，按照固定次序将元音和辅音一一拼成音节，如：

ka，kā，ki，kī，ku，kū……

kya，kyā，kyi，kyī，kyu，kyū……

kra，krā，kri，krī，kru，krū……

从审音方面来讲，悉昙音简洁清晰，比起韵书来有显著的优点。精通音韵的僧人模仿悉昙的方法编成汉语的音节表，就成了等韵图。

关于等韵图的功用，有过不同的说法，有人说韵图是“练音表”，有人说韵图是“反切表”，有人说韵图是“韵书的纲领、韵书的简化物”，这些说法各自道出了韵图的一部分功能，合起来就比较全面了。“练音表”和“反切表”两种说法实质相同，因为通过等韵图可以了解声母跟韵母拼合成音节的道理，也就懂得了反切的原理。说韵图是韵书的简化物或者纲领，也是很合理的，因为韵图能够简要地把一部韵书的音系揭示出来，把比较隐蔽的语音内容做成直观的形式。后来，在不配合韵书的情况下，韵图也独立地表现完整的音系。

除了字母、韵图是仿效梵文拼音而创制，等韵学里还有不少术语也是搬用悉昙家的术语。

转：早期等韵图以“转”命名各图，这个概念来自《悉昙藏》：“前十七章于卅四体文字母次第为体，以一十二悉昙音韵次第为转”，这是讲悉昙的排列次序，在一行里用各元音轮流跟一个辅音拼合，在一章里用辅音轮流跟各元音拼合，“转”就是“轮转”的意思，即元音辅音轮流拼合的意思。等韵图上是一个声母自上而下地轮流跟各个韵类相拼，一个韵类自右至左轮流跟各个声母相拼，因此用“转”为标题。

内外：等韵图有“内外转”的分别，这对概念也见于《悉昙藏》，《悉昙藏》五引《玄义记》说：“其卅四字中，廿五字声从内出转至唇外”，“九字声从外还内”，前者说的是“比声”廿五字母的五类的排列，从舌根音到舌面音到舌尖音到唇音，由内到外；后者说的是“超声”九字（比《大般涅槃经·文字品》多出一字）的次序由外到内。但等韵学借用其名而改变其实，所使用的“内外转”概念跟声母次第无关，而是跟韵图包含的“等”有关。

摄：此字的意思比较直接，是“总括”“概括”的意思。《悉昙藏》和佛书都用此义，如《悉昙藏》二：“如真旦《韵铨》五十韵头，今于天竺悉昙十六韵头，悉皆摄尽”，《悉昙集记》：“上十五章所除当体两字重者皆摄此章”。等韵学在韵部、韵系之上归纳了更大的单位，一个单位包括着若干韵系，以“摄”命名显得合情合理。

总以上所谈，等韵学是在梵文悉昙的影响下建立的，但也是在中国本土的音韵学发展到一定水平的基础上才能建立，它是中外文化交流给传统音韵学带来的一项进步。

等韵学在唐代成立，但流传到现在的唐代等韵学作品只有守温三十字母。最初的等韵图是什么样子，人们不得其详。古籍著录有唐高宗时人武玄之所著《韵诠》，其“明义例”讲到四条凡例：“凡为韵之例四也，一则四声有定位，平上去入之例是也；二则正纽以相证，令上下自明，人忍仞日之例是也；三则旁通以取韵，使其声不误，春真人伦之例是也；四则虽有其声而无其字，则阙而不书，辰蜃眘之例是也。”可见该书具备了图表的规模，至少算得上等韵图的萌芽。我们今天所能见到的最早韵图《韵镜》，很可能是晚到北宋初年才编成的。

二、早期字母的流变

1. 字母系统的萌芽

在完备的字母系统产生之前，有一个萌芽阶段。今本《玉篇》附有“五音声论”，是唐代以前的作品。上边列了五行字，每行字都属于同一部位的声母，并且被区别为“五音”，这个五音一向被认为是字母的萌芽。

东方喉声　何我刚谔歌可康各
西方舌声　丁的定泥宁亭听历
南方齿声　诗失之食止示胜识
北方唇声　邦庞剥雹北墨朋邈
中央牙声　更硬牙格行幸亨客

这里所列的五音可以算是古代最早的声母分类，但极其粗疏。以后来的三十六字母的标准看，它有不少缺点。一是只为各个声母举出例字，而没有设定固定的代表字，而且每个声母的例字多寡不一，有的多，有的少，如“喉声”有三个见母字（刚、歌、各），两个溪母字（可、康），两个疑母字（我、谔），一个匣母字（何）；二是有的字母没有在表中出现，如喉音一组没有群母、晓母、影母的例字；三是每组内没有一定次序，不反映发音方法；四是分组不是单纯的发音部位标准，如“东方喉声”和“中央牙声”都是牙音和喉音，区别在于前者是一等字，后者是二等字。清代钱大昕《十驾斋养新录》说：“五音声论分喉牙舌齿唇五声，每各举八字为例，即字母之滥觞也。”清代陈澧《切韵考·外篇》说：“五音声论粗疏，实不足以为法，乃字母之椎轮耳。”五音声论的分类虽然很不完备、严密，但从发音部位对声母作出了初步分类，成为汉语字母的先声，是具有历史意义的。

2. 三十字母

现代所见到最早的较完备的字母系统是唐代的三十字母。敦煌出土文献中有两种三十字母的材料。其中一件是《守温韵学残卷》（现存巴黎法国国家图书馆），所列的字母是：

唇音	不芳並明
舌音	端透定泥是舌头音
	知彻澄日是舌上音
牙音	见溪群来疑等字是也
齿音	精清从是齿头音
	审穿禅照是正齿音
喉音	心邪晓是喉中音，清
	匣喻影亦是喉中音，浊

卷子的署名为“南梁汉比丘守温述”。南梁在今陕西汉中，“汉比丘”表明作者是华僧而非天竺僧或西域胡僧。可能这个字母系统是从陕西或西北其他方言归纳出来的。这个字母表对五音的归类还不十分合理。主要表现在：

来母误归牙音；

照、审次序颠倒；

心、邪、晓不应在同一组，心、邪应当在齿头音（一清一浊），晓才是喉音清；

影母不应当归入浊音。

另一件材料是《归三十字母例》（现存英国伦敦不列颠博物馆），无署名。它没有按照五音给字母分类，但是在各个字母之下列出例字：

端 丁当颠故　照 周章征专　匣 刑胡桓贤
透 汀汤天添　精 煎将尖津　影 缨乌剜烟
定 亭唐田甜　清 千枪佥亲　知 张衷贞珍
泥 宁囊年拈　从 前墙暂秦　彻 伥忡柽缜
审 升伤申深　喻 延羊盐寅　澄 长虫呈陈
穿 称昌瞋觇　见 今京犍居　来 良隆冷邻
禅 乘常神谌　溪 钦卿褰祛　不 边逋宾夫
日 仍穰忎任　群 琴擎寒渠　芳 偏铺缤敷
心 修相星宣　疑 吟迎言魰　並 便蒲频符
邪 囚祥饧旋　晓 馨呼欢祆　明 绵莫民无

《归三十字母例》字母的排列跟《残卷》不完全相同，它的主要贡献是举出了例字，从而可以了解字母的具体内容。

3. 三十六字母

三十六字母是音韵学史上影响最大的字母系统，它是以三十字母为基础，有所增加、有所调整而形成的。宋代沈括《梦溪笔谈》、张麟之《韵镜·序例》等都列有这个字母系统，《通志·七音略》以后的很多等韵图和韵书都使用这个系统，后来直到清末的许多音韵学者仍然把这个系统作为标准的字母系统。

历代韵图中三十六字母的排列方式不完全一致，下面的表以《韵镜》卷首的三十六字母表为基础，结合其他韵图的五音、清浊的分类方式重新编排，以显示其系统性；附上现代拟音，以表明其语音性质。

		全清	次清	全浊	次浊	全清	全浊
唇音：	重唇音	帮 p	滂 p‘	並 b	明 m		
	轻唇音	非 pf	敷 pf‘	奉 bv	微 ɱ		
舌音：	舌头音	端 t	透 t‘	定 d	泥 n		
	舌上音	知 ȶ	彻 ȶ‘	澄 ȡ	娘 ȵ		
牙音		见 k	溪 k‘	群 g	疑 ŋ		
齿音：	齿头音	精 ts	清 ts‘	从 dz		心 s	邪 z
	正齿音	照 tʃ	穿 tʃ‘	床 dʒ		审 ʃ	禅 ʒ
喉音		影 ø			喻 j	晓 x	匣 ɣ
半舌音					来 l		
半齿音					日 nʑ		

三十六字母分类的原则、方法跟三十字母基本上一致，都以五音来区别发音部位，也有唇、舌、牙、齿、喉、舌头、舌上、齿头、正齿的名称；所用的代表字也基本相同。

三十六字母不同于三十字母的地方主要有：一、增加了六个字母，唇音多出“非、敷、奉、微”（不考虑代表字的改变），舌上音多出“娘”母，正齿音多出“床”母；二、改进了分类方法，发音部位增加了半舌、半齿，五音成为七音；发音方法分清了清浊，三十字母只有喉音分清浊，三十六字母则七音都分清浊；三、变动了一部分字母的归属，跟《守温韵学残卷》比较，日母从舌上音改到半齿音，来母从牙音改到半舌音，心、邪二母从喉音改到齿头音，影母由浊改为清，邪母由清改为浊，审母和照母的位置也调整了。经过这样的改进，字母的归类更加合理，也更具有科学性。三十六字母严格地从发音部位和发音方法的标准给声母分类，能够准确地反映出声母的系统性，标志着古人对声母的研究达到了比较高的水平。

表中分类的名称，就是古代分析声母的主要术语，左栏是发音部位的分类，顶上一行是发音方法的分类。

发音部位分类的基本概念是“唇舌牙齿喉”，称作“五音”。“五音”是从乐律中移植过来的术语，因此等韵学里也把这五音跟音乐的五音挂钩，通常的对应方式是：喉音属宫，齿音属商，牙音属角，舌音属徵，唇音属羽。后来还跟五行、五方、五色、五脏联系，已经跟语音学的本义毫无关系了。

基本概念之外派生出更细的分类术语。

两个孤立的声母“来”“日”分别被称作“半舌音”和“半齿音”，附会到乐律的“半徵”和“半商”，和“五音”统称为“七音”。

唇音又分重唇音和轻唇音，舌音又分舌头音和舌上音，齿音又分齿头音和正齿音，早期等韵图没有把它们分列；晚期的等韵图把这些类一一分列，并把半舌音和半齿音合在一起，共分九类，称为“九音”。

“五音”“七音”“九音”的命名，都在数目上赋予神化音韵学的意味，五音附会五行，七音附会乐律，九音附会“纯阳之数”，没有多少实际意义。不过各组字母的分类总的看是比较精确的，能够从现代语音学的标准做出合理解释。

重唇音是现代语音学上的双唇音，轻唇音是现代语音学上的唇齿音。

舌头音是舌尖的塞音和鼻音；舌上音是部位靠后一些的塞音和鼻音，表中采用的拟音发音部位在舌面前，也有人构拟成舌尖后的ʈ、ʈ‘、ɖ、ɳ。

齿头音是舌尖前的塞擦音和擦音；正齿音是部位靠后的塞擦音和擦音，表中采用的拟音是舌叶音，也有人构拟成舌面前的tɕ、tɕ‘、dʑ、ɕ、ʑ或舌面后卷舌音tʂ、tʂ‘、dʐ、ʂ、ʐ。

牙音是舌根音。

喉音四母的部位不相同，晓母、匣母是舌根的擦音，影母是零声母（也有拟为喉塞音的），喻母是舌面前的半元音。

半舌音是舌尖边音，半齿音是舌面带摩擦性质的鼻音。

发音方法的术语比较贫乏，是把“清浊”这对概念再分“全、次”。全清是“第一个清”，“次清”是“第二个清”；“全浊”是“第一个浊”，“次浊”是“第二个浊”，次浊还被叫做“清浊”“不清不浊”“半清半浊”。具体说到发音方法，清音是声带不振动的辅音，浊音是声带振动的辅音；全清这一类里包含的是不送气的清塞音和塞擦音，次清包含的是送气的清塞音和塞擦音；全浊包含的是浊塞音和塞擦音，次浊包含的是鼻音、边音和半元音。至于擦音，过去的归类有分歧，一般分别算在全清和全浊，也有人单独给它们立“清”“浊”二类。

三十六字母的发明人是谁，至今仍无定论。郑樵《通志·艺文略》、王应麟《玉海》认为这个字母系统为守温所作，因此过去常被称为“守温三十六字母”。但是，也有人认为是了义所作：南宋末年祝泌《皇极经世起数诀》（1241）说：“惟胡僧了义三十六字母，流传无恙，虽极之遐远僻峤，亦能传习。”明代上官万里《皇极经世声音图注》：“自胡僧了义以三十六字为翻切母，夺造化之巧。司马公《指掌图》为四声等子，《蒙古韵》以一声该四声，皆不出了义区域。”

以上两种说法都没有提到三十字母。明代真空和尚的《篇韵贯珠集》有一首“溯字学源流歌”，认为三十字母是唐僧舍利所创，守温增加为三十六字母：

> 法言造韵野王篇，字母温公舍利传，
> 等子观音斯制造，五音呼翕是轩辕。
> 大唐舍利置斯纲，外有根源定不妨。
> 后有梁山温首座，添成六母合宫商。
> 轻中添出微与奉，重内增加帮追滂。
> 正齿音中床字是，舌音舌上却添娘。

这首歌所说的“温公”就是守温，梁山就是“南梁”。这里最值得注意的是三十字母跟三十六字母的差别，缺少的是“微奉帮滂床娘”六母，和敦煌出土的守温残卷一致。真空肯定没有见过敦煌卷子，可是他对三十字母的了解如此准确，可见明代还可能有记载着三十字母的书，但是这些书流传范围很小，也许仅在佛寺中流传，普通士大夫没有见到过。

自从二十世纪初叶发现了敦煌莫高窟所藏的《守温韵学残卷》以后，不少音韵学者都认为守温只是三十字母的创始人，三十六字母是后人增补而成的，称之为“宋人三十六字母”。但是也有人持不同的意见。邵荣芬《切韵研究》指出，三十字母的制作应在守温之前，因为三十字母只是题有“守温述”的敦煌写本《守温韵学残卷》的一部分，它与《残卷》其他内容有很多不一致的地方，如三十字母的唇音只有一组，但《残卷》讲“类隔”时就区分重唇音和轻唇音；

三十字母的正齿音也只有一组，但《残卷》讲门法时把正齿音区分出二等和三等。如果三十字母是守温所造，就不应该出现这么多的不一致。再进一步说，要彻底否定历代相传的“守温三十六字母”的说法还是不容易的。

三、早期的等韵图：《韵镜》和《通志·七音略》

现存最古老的等韵图是《韵镜》（又称《韵鉴》）和《通志·七音略》。这两种韵图的内容基本上相同，它们是从同一祖本演变而来。

《韵镜》为南宋张麟之所刊行，初刻在绍兴辛巳（1161）。张氏得到这部书时即不明其来历，他在晚年（1201）称：“《韵镜》之作妙矣夫！余年二十，始得此学字音，往昔相传，类曰洪韵，释子所撰也。有沙门神珙，号知音韵，尝著切韵图，载《玉篇》卷末，窃意是书作于此僧，世俗讹呼珙为洪尔，然又无所据。自是研究，今五十载，竟莫知原于谁。”他在序目之下加一条注：“旧以翼祖讳敬，故为韵鉴。今迁祧庙，复从本名。”可见该书在流传过程中曾经改名《韵鉴》。《七音略》是南宋郑樵所撰《通志》中的一卷，也是采录了一部现成的韵图，郑氏序言说：“七音之韵，起自西域，流入诸夏。梵僧欲以其教传之天下，故为此书。……华僧从而定之，以三十六为之母，重轻清浊不失其伦，天地万物之音备于此矣。”又说：“臣初得《七音韵鉴》，一唱而三叹，胡僧有此妙义，而儒者未之闻。”《七音韵鉴》应该就是张麟之说的《韵鉴》。张、郑两人都声明原本得自僧人，只是原作者是谁却无法考证了。现代学者对其祖本的创作时间有多种推测，有的说在隋代，有的说在唐代，有的说在五代或北宋初，可以肯定的是它不会晚于宋初。可能北宋时该书还只在佛门内流传，到南宋初，该书已经流传较广了，在张、郑所生活的时代，还有另外的版本，如张麟之提到的“历阳所刊《切韵心鉴》”，以及杨倓根据该刊本校订的《韵谱》。

《韵镜》和《七音略》都是分析《切韵》系韵书的，但不是完全从《切韵》或《广韵》的反切类别得到的音系，而是预先建立一个音系的框架，以七音清浊、三十六字母、开合、四等作为区别音类的基础，设定为一个固定的模式，再把《切韵》的音类纳入这个框架。这个模式跟《切韵》的语音内容并不完全吻合，有另外的语言根据。作者想把两个系统统一在一个体系内，遇到不少互相矛盾之处，为了兼顾双方，把体例搞得很复杂。总的说来，这两种韵图把韵书里没有分别清晰的音类给分开了，对后人理解《切韵》音系有很大帮助；它们的主要贡献是，通过四十三转的归纳，让人们了解到韵与韵之间的关系；设立字母，让人们懂得韵书里哪些小韵具有相同的声母；分了开合四等，划分出比韵更小的韵类。但它们也在一定程度上扭曲了《切韵》音系，又需要后人重新澄清。

1. 以四十三转归纳韵系

《切韵》系韵书四声分别排韵。在排列韵目次第的时候，已经考虑到四声相承的各韵位置的对应问题。但是各声调的韵数量不相等，不能使相对应的韵都分别处在同样的序号，四声相承的关系不容易看出来。《韵镜》《七音略》每张图上同时收四声韵字，一个韵系里韵母相同的韵类出现在同一图上①，而且在四声里占据同样的“等”，四声相承关系就可以看得很清楚，哪些舒声韵有相同的韵母，哪个入声韵配哪个阳声韵都可以一目了然。

韵图没有为《广韵》的六十一韵系编成六十一张图表，而加以合并，放在四十三张图上，称为四十三转。各图的容量不一致，有的一张图上只有一个韵系，有的一张图上安排了几个韵系。几个韵系合在一张图上时，必须具备两个条件：第一个条件是韵尾相同、韵腹相近，这种音近关系，有的是在《切韵》时代本来就接近，有的是到韵图时代才接近的，也有的在韵图时代已经变得同音了；第二个条件是在四等的分布上成互补态势，每韵自占一个等，互不冲突；如果韵母接近或者同音，但处于相同的等，仍须分在不同的图上。如东一等和冬一等、东三等和钟三等，在唐代已经分别合流了，但由于“等”的地位冲突，就不能合在一张图上。同一韵系里有开合两种韵母的，分置于二图，开口在一图，合口在一图。《韵镜》四十三转所包含的韵系如下：

①音韵学里把“四声相承”的几个韵合称为一个“韵系”。所谓四声相承，是韵母相同的平、上、去三个韵，如果是收鼻音韵尾的韵再加上收相同部位塞音韵尾的入声韵，成为一个大于韵的单位。例如平声东韵 uŋ、iuŋ，上声董韵 uŋ、(iuŋ 缺)，去声送韵 uŋ、iuŋ，入声屋韵 uk、iuk，即为一个韵系。

内转第一开：东系
内转第二合：冬钟系
外转第三开：江系
内转第四开：支系
内转第五合：支系
内转第六开：脂系
内转第七合：脂系
内转第八开：之系
内转第九开：微系、废韵
内转第十合：微系、废韵
内转第十一开：鱼系
内转第十二合：虞模系
外转第十三开：哈皆齐祭夬系
外转第十四合：灰皆齐祭夬系
外转第十五开：佳泰祭系
外转第十六合：佳泰祭系
外转第十七开：痕臻真系
外转第十八合：魂谆系
外转第十九开：欣系
外转第二十合：文系
外转第二十一开：山元仙系
外转第二十二合：山元仙系
外转第二十三开：寒删仙先系
外转第二十四合：桓删仙先系
外转第二十五开：豪肴宵萧系
外转第二十六开：宵（重纽四等）
内转第二十七开：歌系
内转第二十八合：戈系
内转第二十九开：麻系
内转第三十合：麻系
内转第三十一开：唐阳系
内转第三十二合：唐阳系

外转第三十三开：庚清系

外转第三十四合：庚清系

外转第三十五开：耕清青系

外转第三十六合：耕清青系

内转第三十七开：侯尤幽系

内转第三十八开：侵系

外转第三十九开：覃咸盐添系

外转第四十开：谈衔严盐（重纽四等）系

外转第四十一合：凡系

内转第四十二开：登蒸系

内转第四十三合：登蒸系

《韵镜》原来所注的开、合有错了的，今依现代学者的意见加以订正。《七音略》的归并方式和排列次序跟上列系统有些小的出入。

在这四十三张图中，开合俱全的韵系是：支、脂、微、废、泰、皆、佳、夬、祭、齐、山、删、元、仙、先、麻、阳、唐、庚、耕、清、青、登、蒸（只在入声职韵有合口）；只有开口的韵系是：东、江、之、鱼、咍、痕、臻、真、欣、寒、豪、肴、萧、宵、歌、侯、尤、幽、侵、覃、谈、咸、衔、盐、严、添；只有合口的韵系是：冬、钟、虞、模、灰、魂、谆、文、桓、戈、凡。其中东韵在韵图上标为开口，而有人认为应该是合口；凡韵在韵图上标为合口，但实际上具有开、合两类。

《韵镜》《七音略》把所列的四十三转分为“内转”和“外转”两大类，但是并没有对两类的分别作任何解释。比《韵镜》《七音略》稍晚的韵图《切韵指掌图》和《四声等子》都认为：“内转者，唇舌牙喉四音更无第二等字，唯齿音方具足；外转者，五音四等都具足。”这就是说，内转除了齿音以外没有二等字，外转则是五音四等俱全的。但是，因为列在内转各图齿音二等的都是庄组字，并不是真正的二等（详见下节），因此，内外转的分别实际上是内转没有真正的二等字，而外转则是四等俱全，有真正的二等字。近代音韵学家曾经从韵母特征上探讨过内外转的性质，但没有取得公认的可靠结论。

2. 以七音、清浊分析声母

《韵镜》和《七音略》对声母的分析方式，有两个特点：其一，以七音、清浊作为区别发音部位和发音方法的手段；其二，兼顾三十六字母和《切韵》的声母系统。

《韵镜》以七音和清浊给声母分类。在每一张韵图上，竖格和竖行是声母的分类。七音共分了六格，唇、舌、牙、齿、喉各占一格，半舌音、半齿音在同一格。同格里边再以发音方法分类。唇音、舌音、牙音各栏从右到左依次是清（全清）、次清、浊（全浊）、清浊（次浊）；齿音一栏是清（全清）、次清、浊（全浊）、清（全清）、浊（全浊）；喉音是清（全清）、清（全清）、浊（全浊）、清浊（次浊）；半舌、半齿各只有清浊（次浊）。

《七音略》直接用了三十六字母，没有七音、清浊的名目，而是用古代乐律中表示音阶的“宫、商、角、徵、羽”和“半徵”“半商”作为类名，实际上和《韵镜》的声母分类方式完全一致，都以七音清浊三十六字母作为声母的框架。但是，七音分清浊，在图上只能排出二十三行，如果让每个字母占一个竖行，应该有三十六行才容得下三十六字母，韵图作者又不肯改变七音分配的格局，于是就在唇音、舌音、齿音三类各安排两组字母：唇音包括重唇音和轻唇音，舌音包括舌头音和舌上音，齿音包括齿头音和正齿音。同一竖行里有了不同声母的字，就又须凭借“等”的不同来区别：重唇音“帮滂並明”在唇音的一、二、四等和开口三等，轻唇音“非敷奉微”在唇音的合口三等；舌头音“端透定泥”在舌音的一、四等，舌上音、“知彻澄娘”在舌音的二、三等；齿头音“精清从心邪”在齿音的一、四等，正齿音“照穿床审禅”在齿音的二、三等。这样就把三十六字母容纳进去了。

但是，《切韵》的声母系统和三十六字母并不完全一致，韵图作者要在这个框架内把《切韵》的声母系统也给分别出来，还需要有进一步的补充办法。两系统的不同主要在于唇音、正齿音和喉音。

《切韵》唇音只有一组，三十六字母分出了轻唇和重唇。因为轻重唇虽都在韵图的同一格内，但轻唇音只出现在合口三等，重唇音只出现在一、二、四等和开口三等，两者不存在矛盾。

正齿音在《切韵》分“庄、初、崇、生”和“章、昌、船、书、禅”两组声母，韵图上正齿音在二等和三等，把庄组分配在二等，章组分配在三等。因而，在齿音一格，从三十六字母说有精组和照组两组声母，从《切韵》音系说有精组、庄组和章组三组声母。

喉音里“喻”母包含《切韵》音系“于”“以”两个声母，韵图上以等位来区别“于”类和“以”类，于类占三等，以类占四等，互不混淆。

经过这样的安排，韵图上的声母分布就成以下格局（自上而下为一至四等，无字处以“—”表示）：

齿半	舌半	音　喉				音　齿					音　牙				音　舌				音　唇			
清浊	清浊	清浊	浊	清	清	浊	清	浊	次清	清	清浊	浊	次清	清	清浊	浊	次清	清	清浊	浊	次清	清
—	来	—	匣	晓	影	—	心	从	清	精	疑	—	溪	见	泥	定	透	端	明	並	滂	帮
—	来	—	匣	晓	影	俟	生	崇	初	庄	疑	—	溪	见	娘	澄	彻	知	明	並	滂	帮
日	来	于	—	晓	影	禅	书	船	昌	章	疑	群	溪	见	娘	澄	彻	知	微	奉	敷	非
—	来	以	匣	晓	影	邪	心	从	清	精	疑	—	溪	见	泥	定	透	端	明	並	滂	帮

（注：唇音的三等，只在合口图是轻唇音非敷奉微，在开口图仍是重唇音帮滂並明）

从上表所列格局可以看到各组声母所分布的等第：

四等俱全：见、溪、疑、影、晓、来；

出现于一、二、四等：帮、滂、並、明、匣；

出现一、四等：端、透、定、泥、精、清、从、心；

出现于二、三等：知、彻、澄、娘；

只出现于二等：庄、初、崇、生；

只出现于三等：群、章、昌、船、书、禅、于、日；

只出现于四等：邪、以。

分等的本来意义是按照韵母的性质给汉字分类。就一般情况来说，声母在韵图上所占的等，是由它们所拼的韵母决定的。如端组只拼一等、四等韵母，所以只占一、四等；知组只拼二、三等韵母，就只占二、三等；见组能够拼四个等的韵母，就占了四个等。但是，庄组、精组和以母的地位部分地是强制规定的：庄组能拼二等和三等韵母，三等部分也被放在二等；精组能拼一、三、四等，三等部分也被放在四等；邪、以只拼三等韵母，却全放在四等。这是韵图作者受七音格局的局限所造成的结果。直到清代还有人错误地以为四等是以声母为根据的，如江永说“辨等之法，须於字母辨之”（《音学辨微》八“辨等列”），这是只看到了一些表面现象。还是陈澧说的对：“等之云者，当主乎韵，不当主乎声”。

早期韵图上的声母排列方式有两个弊端：一是由于同一竖行列出的不止一个声母的字，给识别声母增加了困难；二是由于把部分三等字放到了四等和二等，打乱了分等的界限，给辨别韵母性质增加了困难。作者费尽心机，结果反而使韵图繁琐化，这是十分令人遗憾的。

3. 以开合、四等区分韵类

韵图以开口、合口、四等为标志所分出的韵类，是我们了解中古韵母性质的重要依据。

开口、合口的区别比较明显。韵图把同韵字分在两图，分别标注了“开”“合”字样，它们的对立就很清楚地显示出来了，有圆唇介音或韵腹的是合口，反之就是开口。《七音略》没有用“开合”的术语，而是用“轻重”来代替，分为“重中重”“重中轻”“轻中轻”“轻中重”，凡第一字为“轻”的，是合口呼；第一字为“重”的，是开口呼。

四等的性质，用现代语音学来解释，是从韵腹和韵头两方面为韵母分的类。一等韵由后元音［u］、［o］、［ɔ］、［ə］、［ɑ］、［ɒ］作韵腹，二等韵由低元音［a］、［æ］、［ɐ］作韵腹，四等韵由前元音［e］作韵腹。一、二、四等韵，都没有 i 作介音；三等韵跟其他等的区别在于它有 i 介音，而不在于韵腹。在三等韵里，各种元音的韵腹都可能出现。开口、合口各具四等，即有八个类别；但同一等里有好几个元音作韵腹，因此韵母系统是很复杂的。

韵图作者制定了四等的标准，如果一贯地施行下来，相同性质的韵类一律排在相同的等，韵图的体例就会简单许多，后人对等的认识也就少了许多分歧。然而，由于《切韵》的韵母系统十分复杂，韵图作者在排列韵类时，在某些情况下不得不违背自己的条件，把有些类的字放到了不该占据的位置上去。这种未按本身韵母性质排等位的字，出现于两种情况：一是三等韵里的齿音字和喉音喻母字；二是所谓“重纽”韵。

齿音字包含精、庄、章三组声母，韵图规定了精组占据一等和四等，庄组占据二等，章组占据三等。章组本身只拼三等韵母，放在三等是没问题的。庄、精组则不然。庄组既拼二等韵母，也拼三等韵母，三等字也被放到二等位置上，就跟它们的实际“身份”不符，是所谓“假二等”。精组声母所拼的韵母有一等、三等、四等，而且拼三等韵母的字数量很多，但同韵的三等地位被章组占据，应该在三等的精组字便统统被放到四等位置上，成为“假四等”。喉音喻母的“以”类，全部拼三等韵母，由于“于”类占了三等，“以”类就只好都放到四等，也是假四等。

有重纽的支、脂、祭、真、谆、仙、宵、侵、盐各韵，它们的唇音、牙音、喉音字，在开口和合口又各分出两类（侵、盐只出现在影母）；按反切所表现的韵母性质，所分出的两类都应该属于三等韵；但韵图上不能同时有两个三等，于是把其中一类放在三等，另一类放到了四等，后者被称作“重纽四等”。此外还有清韵唇牙喉音在韵图上也放在四等，幽韵也是如此，从反切用字看，它们的反切上字都是只用于三等的，应该属于三等，之所以被放在四等，是因为清与庚有重纽关系，幽与尤有重纽关系。它们也属于重纽四等。

总结起来，韵图上各韵系四等的安排如下：

一等上放的都是真正的一等韵，它们是：东（一等）、冬、模、泰、灰、咍、魂、痕、寒、桓、豪、歌、戈（一等）、唐、登、侯、覃、谈。

二等上有的是真正的二等韵，表现形式是唇舌牙齿喉都可以在二等有字，这样的韵系有江、佳、皆、夬、删、山、肴、麻（二等部分）、庚（二等部分）、耕、咸、衔；此外还有臻韵，它虽仅齿音有字，但独立成韵。有的是假二等韵，表现形式是仅有庄组声母字，没有其他声母的字，它们的实质为三等韵，这样的韵系有东、支、脂、之、鱼、虞、真、谆、阳、蒸（入声职韵字）、尤、侵。

三等上放的都是真正三等韵；其中同一韵类只放在三等的有微、废、文、欣、元、戈（三等）、庚（三等）、严、凡；同一韵类另有部分字放在二、四等的有东、钟、支、脂、之、鱼、虞、祭、真、谆、仙、宵、麻、阳、清、蒸、尤、侵、盐。

四等上有的是真正的四等韵，这样的韵系有齐、先、萧、青、添五个，它们被称作“纯四等韵”；有假四等和重纽四等的韵系有东、钟、支、脂、之、鱼、虞、祭、真、谆、仙、宵、麻、阳、清、蒸、尤、幽、侵、盐。

由于以上原因，在《广韵》属于同一个三等韵的字，会分别放到三等、二等、四等这三行里。比如鱼韵三等字，“居，九鱼切”、“鱼，语居切”、“徐，似鱼切”、“余，以诸切”、“初，楚居切”，反切下字明明是一个韵类，但韵图上把“居鱼”放在三等，“徐余”放在四等，“初”放在二等，并没有严格遵守以韵腹、韵头条件分等的规则。我们说从等韵图不能简易明了地读出《切韵》音系，这是重要原因。

尽管有这些体例上的欠缺，早期等韵图分析《切韵》音系的贡献毕竟很大。韵图作者的生活时代离开陆法言、颜之推时代还不远，凭口耳听辨比较容易找出《切韵》音类的差异所在，《切韵》一个韵里边小韵的排列是杂乱无章的，经过韵图作者条分缕析，使小韵成为秩序井然的层级系统。到现在，研究《切韵》音系还必须要参考他们的成果。

四、等韵图的发展

《韵镜》《七音略》这派等韵图的广泛流传，让许多人认识到这种图表是分析音系结构的优越工具，它对《切韵》音系的分析是卓有成效的，它也同样可以表现各种各样的语音系统。此后等韵学进入兴盛时期，南宋和金代，出现了许多新的韵图，《四声等子》和《切韵指掌图》是流传最广、影响最大的两种；元代则有《切韵指南》(全称《经史正音切韵指南》)；它们在等韵学里属于同一个系统，曾被清朝学者看作“等韵之正宗”。就音系而言，它们是折衷调和的产物，它们不像早期韵图那样把现成的韵书音系作为分析对象，也不是纯粹地把现实语音作为分析对象，而是参照现实语音对此前的韵图音系进行合并，既有保守的一方面，又有改良的一方面。它们都用三十六字母作为声母系统，都以开合四等作为分析韵类的框架，这是继承了早期韵图的特点，属于保守的一面；但是它们对韵系进行了大规模的合并，把原先的四十三张图合并为二十张或二十四张，合并之后就大大接近了当时的读音，这是改良的一面。同时代有比它们更富于革新精神的韵图，却未能有它们那样广泛流传的幸运。

等韵学也促进了韵书编纂方法的改进，自《五音集韵》以后，韵书的“等韵化”也成为主流。

下面简要介绍影响大或具有代表意义的几种著作。

1.《切韵指掌图》

本书原题司马光作，但据近人考证，实系伪托，作者真实情况尚无从了解。它的成书时间当在南宋淳熙三年（1176）至嘉泰三年（1203）之间。

本书把早期韵图的四十三图合并为二十图，没有“内外转”的名目。每一图上的一个韵类，往往包含了从前的两个或更多的韵类，可是还尽量保存旧有的韵目，所以有的一图四个等而列七八个韵目。二十图的内容如下（只列出平声和入声韵目）：

一　豪肴宵萧、铎觉药
二　东冬钟、屋沃烛
二　模鱼虞、沃屋烛
四　侯尤幽、德栉迄质
五　覃谈咸衔盐严凡添、合盍洽狎葉业帖乏
六　侵、缉
七　寒删山元仙先、曷黠鎋薛月屑
八　桓删山元仙先、末黠鎋薛月屑
九　痕臻真殷、德栉质迄
十　魂文谆真、没质物术
十一　歌戈麻、曷黠辖薛月屑
十二　戈麻、末黠鎋薛月屑
十三　唐阳、铎药觉
十四　唐江阳、铎觉药
十五　登庚耕清青、德陌麦职昔锡
十六　登庚耕蒸清青、德陌麦职昔锡
十七　咍皆佳泰夬、曷黠鎋
十八　支脂之齐祭、德栉质迄
十九　灰支脂微齐泰废祭、没术物质

二十　佳皆夬、鍇

把这二十图跟早期的四十三图对比，可以非常清楚地看出语音的某些重要变化。例如在十八图把原属于止摄开口三等的精组字（“兹紫恣雌此慈自思死笥词兕寺”等）放在一等地位，表明它们的韵母已经不是［i］而变成了［ɿ］，这是重要的音变现象；第十八、十九两图，把蟹摄开、合三、四等和合口一等并入止摄，也是实际语言变化的反映。早期韵图入声韵只跟阳声韵相配，在本图中入声字同时还跟阴声韵相配。例如“屋、禄”既配第二图的“翁、笼”，也配第三图的“乌、卢”。这意味着入声韵的塞音韵尾已经失去或弱化为［ʔ］，跟阳声韵的关系疏远了，而跟阴声韵的关系密切起来。由以上几点可见，本书对研究宋代语音有很重要的价值。

本书在体例上有所改进，主要是把三十六字母一字平排，字母的次序是牙音、舌头音、舌上音、重唇音、轻唇音、齿头音、正齿音、喉音、半舌、半齿。这种排列方式保证了同一竖行都是同一声母的字（正齿音二、三等可视为已经合流），较为简洁明了，不像早期韵图里边唇、舌、齿音几大类各自叠床架屋，把两三套声母挤在一起。

2.《四声等子》

本书作者佚名，它的产生时间大约在金代。

本书也把从前的四十三图合并为二十图，各图以十六摄为题目，并注内外转、重轻、开合。各图的顺序如下（只列平声和入声韵目）：

（1）通摄内一，重少轻多韵
东冬钟、屋沃烛（注曰：东冬钟相助）

（2）效摄外五，全重无轻韵
豪肴宵萧、铎觉药（韵目无萧，注曰：萧并入宵类）

（3）宕摄内五，阳唐重多轻少韵，江全重开口呼
唐江阳、铎觉药（注曰：内外混等，江阳借形）

（4）宕摄内五。唐江阳、铎觉药（合口）

（5）遇摄内三，重少轻多韵
模鱼虞、沃屋烛（注曰：鱼虞相助）

（6）流摄内六，全重无轻韵
侯尤幽、屋（韵目无幽，注曰：幽并入尤韵）

（7）蟹摄外二，轻重俱等，开口呼

哈皆齐泰祭、曷黠薛屑（注曰：佳并入皆韵）

（8）蟹摄外二，轻重俱等韵，合口呼

灰皆齐祭废、末黠月屑（注曰：祭废借用）

（9）止摄内二，重少轻多韵，开口呼

支脂之齐、职陌质昔锡。（按：韵目仅列脂旨至质）

（10）止摄内二，重少轻多韵，合口呼

支脂之微、栉质术物（按：韵目仅列脂旨至质微尾未物）

（11）臻摄外三，轻重俱等韵，开口呼

痕臻真欣、没栉质迄

（12）臻摄外三，轻重俱等韵，合口呼

魂文谆、没物术

（13）山摄外四，轻重俱等韵，开口呼

寒山删仙元先、曷鎋黠薛月屑（按：韵目无删元先黠月屑，注曰：删并山、先并入仙）

（14）山摄外四，轻重俱等韵，合口呼

桓山删元仙先、末鎋黠月薛屑（按：韵目无删仙先黠薛屑，注曰：删并山、仙元相助）

（15）果摄内四、假摄外六，重多轻少韵，开口呼

歌麻、铎鎋（注曰：内外混等）

（16）果摄内四、假摄外六，重多轻少韵，合口呼

戈麻、铎鎋（内外混等）

（17）曾摄内八、梗摄外八，重多轻少韵，启口呼（即开口呼）

登庚耕蒸清青、德陌麦职昔锡（按：韵目无耕清麦昔，注曰：内外混等、邻韵借用）

（18）曾摄内八、梗摄外八，重多轻少韵，合口呼

登庚耕清青、德陌麦昔锡（按：韵目无耕青麦锡。注曰：内外混等，邻韵借用）

（19）咸摄外八，重轻俱等韵

覃谈咸衔盐严凡添、合盍洽狎葉业乏帖。（按：韵目

仅列覃咸凡盐合洽乏葉。注曰：四等全并一十六韵）

（20）深摄内七，全重无轻韵

侵、缉

十六摄的名称最早见于本书，但是这个概念的产生实际上要早得多。张麟之在为《韵镜》所写的“调韵指微”中提到郑樵“作内外十六转图，以明胡僧立韵得经纬之全”，可见早期韵图已经隐隐约约地透露出十六摄的信息。《四声等子》虽然分了十六摄，但是分图并没有完全遵守十六摄，而是比十六摄更进了一步，把江摄、宕摄合在一起，把梗摄、曾摄合在一起，把果摄、假摄合在一起，称之为“内外混等”。这反映的是实际语言里的江宕合流、梗曾合流及果摄三等与假摄三等的合流。十六摄的序号和早期韵图各转的次序是一致的。内转各摄依次为通一、止二、遇三、果四、宕五、流六、深七、曾八，外转各摄依次为江一、蟹二、臻三、山四、效五、假六、梗七、咸八，这跟《四声等子》二十图的顺序差别很大。如果十六摄由《等子》作者所创，不应该出现这种自相矛盾的现象。

本书三十六字母的七音排列次序是牙、舌、唇、齿、喉、半舌、半齿，喉音把“影晓匣喻”改作“晓匣影喻”。它的韵图格式也不同于《韵镜》《七音略》，同图之内不是先分四声后分四等，而是先分四等后分四声，即四格各容一等，一格内的四行分别为平上去入四声。

3.《切韵指南》

《切韵指南》是元代刘鉴《经史正音切韵指南》的简称，成书于至元二年（1336）。它的韵图形式和语音系统都和《四声等子》相似，但是分二十四图。十六摄的排列又和《四声等子》很不相同，恢复到《广韵》的次第。各图顺序如下：

（1）通摄　内一　（合）

（2）江摄　外一　开合

（3）止摄　内二　开

（4）止摄　内二　合

（5）遇摄　内三　（合）

（6）蟹摄　外二　开

（7）蟹摄　外二　合

(8) 臻摄 外三 开

(9) 臻摄 外三 合

(10) 山摄 外四 开

(11) 山摄 外四 合

(12) 效摄 外五 (开)

(13) 果摄 内四 开

假摄 外六 开

(14) 果摄 内四 合

假摄 外六 合

(15) 宕摄 内五 开

(16) 宕摄 内五 合

(17) 曾摄 内六 开

(18) 曾摄 内六 合

(19) 梗摄 外七 开

(20) 梗摄 外七 合

(21) 流摄 内七 (开)

(22) 深摄 内八 (开)

(23) 咸摄 外八 (开)

(24) 咸摄 外八 (开合)

(注：上表所标“开合”外加括号者在原书标为“独韵”)

这二十四图比《四声等子》多出四图，是因为江摄与宕摄分开，江摄自成一图；梗摄与曾摄分开，各有开合两张图；咸摄“凡范梵乏”四韵另立一图。十六摄只有果摄、假摄仍然在同一图，其余的“内外混等”被取消了。

4.《七音韵》和《切韵法》

后代失传的宋元时代等韵图还有不少，有一些失传韵图可以从别的著作里考得大概情形，如《七音韵》。

《七音韵》是一种韵图，《古今韵会举要》多处引用它。据宁继福考证，它在1154年以前成书，它的音系由217个“字母韵”和36个字母构成。一个“字母韵”即为一个韵类，和以前的韵图分类都有出入；36个字母不是以前的三十六字母，有合并，也有分解。今列出它的字母：

见	溪	群	疑	鱼		
端	透	定	泥			
帮	滂	並	明			
非	敷	奉	微			
精	清	从			心	邪
知	彻	澄	娘		审	禅
影	晓	匣	喻			
幺		合				
			来			
			日			

这个字母系统跟等韵三十六字母的差别是：知组与照组合并，疑母分为疑、鱼二母，影母分为影、幺二母，匣母分为匣、合二母。由此可知，《七音韵》是别开生面的韵图，比《切韵指掌图》等更少保守性。

还有一种等韵书长期湮没无闻之后却于近年有幸被鲁国尧在日本发现，它就是《切韵法》。

《切韵法》，南宋卢宗迈著，1179 年前成书。它的主要内容是教人怎样使用等韵图和反切，但所配合的韵图未存。它的韵图有 44 面，把《集韵》作为收字的根据。图中也以三十六字母为声母系统，分 23 行，始于牙音见组而非重唇音帮组。它跟古籍著录中的杨中修《切韵类例》属于同一派韵图，虽然也没有脱离官韵系统，但不同于《韵镜》一派。

5. 等韵化的韵书

早期韵书只注意分四声和分韵，而不注意分析声母的条理和同韵之内韵类的类别，各韵里的小韵随意排列，杂乱无序。等韵图出现以后，后来的韵书作者发现声音的严密系统性可以从声母的类别、开合四等的排列上体现出来，就把这套方法运用到韵书的编纂当中，这样的韵书即“等韵化韵书”。这样的韵书以《五音集韵》为最早。

《五音集韵》原来是金代荆璞所作的韵书，成书时间在金熙宗皇统年间（1141—1149）；到金章宗时（1190—1208），韩道昭将该书修订成《改并五音集韵》，把 206 韵合并为 160 韵，并且“引诸经训，正诸讹舛，陈其字母，序其等第”。后来荆璞原书失传，人们就省称韩道昭的书为《五音集韵》。

《五音集韵》在编纂体例上的最大改进，是以九音三十六字母为序安排各韵里的韵字，以牙音为首，依次舌头、舌上、重唇、轻唇、齿头、正齿、喉音、半舌、半齿。每个小韵之前，注出所属等第。如平声一东韵：

见母　一等：公功红工……三等：弓躬宫……

溪母　一等：空箜崆……　三等：穹悺惸……

群母　一等：颀，　　　　三等：穷䆓藭……

疑母　一等：岘腢……

端母　一等：东苳鸫……

透母　一等：通蓪侗……

定母　一等：同仝童僮铜……

泥母　一等：齈秾莀……

…………

《五音集韵》是在等韵图影响下产生的新型韵书，它反过来又影响等韵图的编纂，《切韵指南》就是明显的例证。但是，就韵部和韵类说，《切韵指南》比《五音集韵》更加简化，进一步合并了不少的韵部，两者关系不像《韵镜》和《切韵》那样一致。

《五音集韵》之后，大多数新编纂的韵书都走上“等韵化”的道路，如元代的《古今韵会举要》、明代的《韵略易通》、《合并字学集韵》等。像《洪武正韵》那样沿袭古旧体例的韵书就很罕见了。

五、宋元等韵图的门法

宋元时期的等韵图和韵书的关系十分密切。当时人认为，韵图是为反切服务的，韵图不但可以用来练音，从而领悟声韵相拼的道理，更重要的是可以根据韵书上反切上下字从韵图上查找被切字。韵图的这后一种功能在当时很受重视。《韵镜》的卷首有所谓“归字例”，就是讲从韵图上查被切字的方法，开头部分说：“归释音字，一如检《礼部韵》。且如得‘芳弓反’，先就十阳韵求‘芳’字，知属唇音次清第三位，却归一东韵寻下‘弓’字，便就唇音次清第三位取之，乃知为‘丰’字。盖‘芳’字是同音之定位，‘弓’字是同韵之对映。归字之诀，大概如此。”从这段话可以了解到查被切字的基本方法是，先找到反切上下字在韵图的地位，被切字的声母地位（五音、清浊或三十六母）和反切上字相同，被切字的韵母地位（哪一图、哪一声调、哪一等）和反切下字相同，在反切下字所在的图上，竖行定在反切上字相同的位置，横行定在反切下字的同一行，横竖相交之处就是被切字。如果被切字没有在韵图上出现，就要找它的同音字，“归字例”也用实例作了说明：“祖红反归成骏字，虽《韵鉴》中有洪而无红，检反切之例，上下两字，或取同音，不必正体。”

以上只是查被切字的基本的方法。由于历史音变和反切来源复杂等原因，有很多反切是不能用这套方法查到被切字的，这些被切字或者不跟反切上字处在相同的声母地位，或者不跟反切下字处在相同的韵母地位。为了解决这种矛盾现象，宋元时期等韵图的作者补充了一些条例，对这些矛盾现象作出解释，这些条例就叫“等韵门法”。

“门法”的名称出现得很早，《守温韵学残卷》就有“定四等重轻兼辨声韵不和无字可切门”和“声韵不和切字不得例”，为门法之权舆；到了《四声等子》时期，韵图和韵书反切之间的不协调进一步加大，门法也就随着增多，《四声等子》已经有门法九条，《切韵指南》所附“门法玉钥匙”增加到十三条，门法的内容已基本完备。到了明代，释真空《直指玉钥匙门法》在总结前人门法的基础上把门法增加到二十条，但主要只是一些个别例外的零星补充。各家门法不但数目不同，所用名称也不完全相同，下面列出《切韵指南》十三条门法的名称供参考：

1. 音和
2. 类隔
3. 窠切
4. 轻重交互
5. 振救
6. 正音凭切
7. 精照互用
8. 寄韵凭切
9. 喻下凭切
10. 日寄凭切

11. 通广

12. 局狭

13. 内外

各家门法对每条门法的解释也不尽相同，下面从《切韵指南》举出五条，略加分析注释，从中可以大致了解门法的性质和作用。

> 音和者，谓切脚二字，上者为切，下者为韵。先将上字归知本母，于为韵等内本母下，便是所切之字。

音和是反切的通例，是门法最基本的类型，即可以凭借“归字例”所说的方法，根据反切上字（切）和反切下字（韵）在韵图上的位置找到被切字的反切。

> 类隔者，谓端等一四为切，韵逢二三，便切知等字。知等二三为切，韵逢一四，却切端等字。为种类阻隔而音不同也。故曰类隔。如都江切椿字，徒减切湛字之类是也。

此类反切反映的是南北朝以前舌头音和舌上音不分的现象。当时端组和知组属于相同的声母，反切上字互用是正常的；隋唐时其中的二、三等字变为舌上音知彻澄娘，一、四等仍然为舌头音端透定泥，成为两套声母，而韵书中尚有旧时韵书残余，在门法中称之为类隔。

> 窠切者，谓知等第三为切，逢精等、喻第四，并切第三。为不离知等本窠也，故曰窠切。如陟遥切朝字，直猷切俦字之类是也。

舌上音知组只有二等和三等字，当它们用四等地位上的精组字或喻母字作反切下字时，因为所用反切下字本身实际上是三等字，则被切字属三等。这是因为韵图的体例规定了精组、喻母只占一、四等，三等字一律放在四等，所以有这种被切字跟反切下字不同等的现象。

> 轻重交互者，谓帮等重唇音为切，韵逢有非等处，诸母第三便切轻唇字；非等轻唇为切，韵逢一二四等，皆切重唇字。故曰轻重交互。如匹尤切颫，芳杯切肧之类是也。

隋以前没有轻唇音，因此《切韵》中的反切不分轻重唇。到三十六字母时期，唇音里的一部分三等字变为轻唇，其余仍为重唇，这时人们再去看原来韵书里的反切，认为轻唇音和重唇音是异类互用的，于是门法作者称之为“轻重交互”。

> 振救者，谓不问轻重等第，但是精等字为切，韵逢诸母第三，

并切为四，是振救门。振者举也、整也，救者护也。为举其纲领，能整三四，救护精等之位也，故曰振救。如私兆切小字，详里切似字之类是也。

这是精组假四等字的反切。精组字作反切上字而反切下字为三等字时，被切字事实上也是三等字；但由于韵图体例规定了精组三等也必须放在四等，所以被切字跟反切下字的等不一致。

从以上的例子可以大致了解宋元时期兴起的等韵门法的基本面貌。总括而言，宋元时期韵图的体系框架跟韵书的音系不是同一个系统，于是出现许多抵牾之处；此外，由于反切的来源复杂和历史音变等原因，反切用字更不可能跟韵图保持一致。门法的作者总想把韵图跟反切统一起来，于是不得不对这些不一致的地方作出种种解释。但他们只讲其然而不讲其所以然（也许他们根本就不知其所以然），再加上文理不够顺畅，不易读通，门法便成为音韵学中令人疑惑莫知所以的一部分内容。清人方中履《古今释疑》说："所以立门法者，乃见孙愐切脚不合，而不敢议之，故强为此迁就之说。"陈澧《切韵考·外篇》卷三说："作门法者本欲补救等韵之病，而适足以显等韵之病。"他们的批评还是比较中肯的。到了明清时期，韵图应用的范围扩大，和韵书中反切的关系已经不那样密切，也就不再强调门法了。

主要参考文献

赵荫棠 1957《等韵源流》，商务印书馆。
张世禄 1938《中国音韵学史》，商务印书馆。
王　力 1956《汉语音韵学》，新版，中华书局。
周祖谟 1983《唐五代韵书集存》（下册），中华书局。
李新魁 1982《韵镜校证》，中华书局。
宁继福 1997《古今韵会举要及相关韵书》，中华书局。
　　　 1992《校订五音集韵》，中华书局。
罗常培 1931《守温韵学残卷后记》，《史语所集刊》3本2分。
　　　 1932《释重轻》，《史语所集刊》2本4分。
　　　 1933《释内外转》，《史语所集刊》4本2分。
　　　 1935《通志七音略研究》，《史语所集刊》5本4分。
赵荫棠 1934《切韵指掌图撰述年代考》，《辅仁学志》4卷2期。

俞　敏 1984《等韵溯源》,《音韵学研究》第一辑，中华书局。
薛凤生 1985《等韵学之原理与内外转之含义》,《语言研究》第1期。
唐作藩 1989《四声等子研究》,《语言文字学术论文集》，知识出版社。
竺家宁 1991《佛教传入与等韵学的兴起》,《国际佛学研究》创刊号（台北)。
鲁国尧 1994《卢宗迈切韵法述评》,《鲁国尧自选集》，河南教育出版社。

第四章 《中原音韵》和近代北音学

一、近代北音学产生和发展的背景

北音，就是历来作为汉民族共同语基础方言的北方话的语音。宋元以后，全国各方言的差距进一步拉大，北方话内部也存在次方言的分歧。按照现代汉语方言学的分区，占有全国人口百分之七十的“官话”方言语音都是北音，元明清时代对这一广大地区的活语言进行的研究，就是“近代北音学”，其成果形式是存世的韵书、等韵图等著作。北音学是汉语史上所分的“近代汉语”阶段的音韵学内部最重要的构成部分之一。

“近代汉语”阶段的汉民族共同语被称为“官话”，所谓官话，和二十世纪以后的“普通话”（“国语”）在性质上不能等同，那时没有形成严格的独一无二的“标准音”，不同地方的人，把附近的某城市或地域的语音系统看得较有权威性，那个地方的方言就叫“官话”。清代西方来华的传教士的记载中，有“北京官话”（北方官话）、“南京官话”（南方官话）、“成都官话”（西部官话）的分别。明朝的河南人把狭义的“中州音”看作标准音。在清末的记载中，广西人把桂林语音看作官话的标准音。我们所称“北音”的范围不以历史上有没有“官话”这个称谓来界定，史籍记载中可能没有得到“官话”称谓而今天属于官话方言区的次方言也属于北音。换句话说，对官话方言每个次方言的语音的研究都属于“北音学”的研究。

近代北音学的开端从元代算起。

元代出现了《中州乐府音韵类编》《中原音韵》《中原雅音》等

北曲韵书，反映北音的著作还有《蒙古字韵》《古今韵会举要》等，一时形成了韵书改革的一股潮流，汉语音韵学的局面为之焕然一新。这股韵书革新思潮的出现有其客观社会背景和文化背景。

一是社会的客观需求。语言本身的发展结果，需要通过书面方式（即韵书或等韵图）反映出来，在新的环境下服务于生活。隋唐以来，北方话口语的语音系统经过了五六百年的发展演变，已经形成了全新的面貌，跟守旧的书面语之间的差距越拉越大，隋唐时代形成的“官韵”系统，即《广韵》系统，远远脱离了日常生活，失去了现实的指导作用。那些折中于口语和官韵之间的著作，包括《五音集韵》《切韵指掌图》等，始终不能反映纯粹的口语。只有真正根据现实的活语言整理出来的韵书，才能够适应时代的改变，为现实服务，包括为方言分歧巨大的各地人们提供新的“正音”依据等。

二是传统政治道德意识的束缚有所松懈，文化行为获得某种程度上的自由。蒙古族统治者入主中原的前期和中期，不重视汉族传统文化的继承，他们还没有脱离游牧民族的习惯，在新占领地区实行武力统治，而轻视传统文化的约束作用。他们从1215年占领金中都（后改名燕京）以后，直到将近百年之后才恢复科举制度，在这一时期内，对于汉族知识分子而言，一方面受到压抑，在政治上的出路狭窄；另一方面因从前的传统道德、政治、文化意识方面的束缚宽松了许多，而有了较多的话语自由。于是具有革新精神的文人公开批判僵化的旧韵书体系，力图建立新的音韵体系来取代旧体系。

三是元杂剧的盛行，客观上推动了全国各地文人认识和掌握北音的需求。元曲先是在北方盛行，作者都是北方人，用的是北方的通俗语言，凭着口耳自然之音就可以合乎格律和韵辙。当这种文艺形式经过一个阶段的发展提高以后，格律也会严格起来；而且流布到各地以后，众多作者仍然趋向于遵守已经定型化的语言风格以及格律韵辙，但是由于方言的分歧，很多地方的作者不能凭借口耳之音达到这种目的，需要有专门的著作作为参考，曲韵书就应运而生了。

在这样的社会文化背景下，革新派的音韵学家创作出了全新面貌的北曲韵书（简称“曲韵书”），这派韵书的编写者的目的，一是为了标榜开始占据主导地位的新“正音”，即大都一带的语音；再者，也是更被看重的，是为了服务于杂剧和散曲的创作，即为了“作词”，具体而言是为了给杂剧和散曲的创作提供押韵用字的根据。曲韵的代表作是《中原音韵》，在这本书的前、后出现的还有其他一些韵书，有卓从之的《中州乐府音韵类编》和无名氏的《中原雅音》。具有改良意义的韵书还有《蒙古字韵》和《古今韵会举要》等。

元代曲韵书到明代以后仍然有很大影响，先后有一系列依据《音韵类编》《中原音韵》的框架改编的曲韵书，但是多数是朝着“雅化”（局部地迎合古音）和“南化”（掺杂南方吴语语音成分）的路子走。流传的曲韵书主要在戏曲界发挥影响，边缘化为音韵学的旁支。

明代前期和后期的学术风气有很大不同。前期的思想禁锢甚为严厉，官方提倡的理学占据绝对的统治和主导地位，“小学”颇为冷落，音韵学的著作很少。以北音学而言，官修的《洪武正韵》虽然声称“以中原雅音为定”，实际上是折衷南北的混合物。私家著述的《韵略易通》仍是元代北曲韵书的余绪。到了明代后期，学术风气变化极大，各文化领域都出现了张扬个性、标新立异乃至离经叛道的时尚，音韵学出现了空前繁荣的气象，主要成就在于等韵学和“时音”的研究，“古音学”也开始有一定程度的进展。这一时期的“时音”音系基本上都通过等韵学的手段来描写和记录，出现了大量辨析时音的著作，记录了不同地方的语音系统。

清代的音韵学研究更加发达，有三大主流：北音学、古音学和今音学。其中古音学的辉煌为前代无可比拟，今音学也多有突破，北音学延续晚明的风气而持续发展，著作也很丰富。虽然清代的官方学术中抬高古音学和今音学，贬抑“时音”，但是作为“便俗”的工具书，北音学著作在下层知识分子和民众中间仍形成不可阻遏的潮流，层出不穷，很多地方的音系以韵书、等韵图等著作形式记录下来了。

晚明到清代的北音学著作数量甚多，反映的方言语音范围很广，以北京、河北、山东、河南、江淮等地的韵书、韵图为大宗，西南官话和西北方言的著作较少。这些著作中，有的跟实际语音关系密切，可以看出方音色彩，基本上代表一时一地之音；由于时代先后不同，产生于同一基础方言的音系还可以反映出历时的差异；有的具有综合折衷的性质，或者是沿袭前代某一现成著作的模式，不是纯粹的现实实际音系。本章不把所有北音著作一一详列，只择要介绍其中的一部分，大体反映出这门学科的面貌。尤其是保存全浊声母的著作，虽然韵母系统也颇有反映时音之处，但这样的体系整个来说背离时音较远，尽管这类著作不少，但本章不再涉及。

明清时代的“时音”研究和等韵学是密不可分的。在传统学术中，属于审辨语音的技术性、方法性的内容被归为等韵学，因此我们把明清时期关于发音部位、发音方法以及表现语音分析成果的方式等内容放到下一章介绍，本章只介绍音系整理的成果，即若干种记录了不同音系的著作。

二、《中原音韵》时代的韵书改革思潮

《中原音韵》的作者周德清，字日湛，号挺斋，江西高安人。根据宁继福考证，他出生于1277年，卒于1365年，享年89岁。泰定甲子（1324）编成《中原音韵》一书，在公元1341年刊行。除去书前的自序和别人的序言，书的内容分两部分，前一部分是一部韵谱，包含完整的音系；后一部分是《正语作词起例》，内容杂乱。受到音韵学界重视的韵谱部分，大约是采自他人著作，不是周氏原创。

在诸家曲韵书当中，《中原音韵》在后代流传最广，影响最大。但它不是最早的曲韵书，在它之前，已经有同类型的韵书出现了。比较肯定的是卓从之的《中州音韵乐府类编》必在周书之前，此外无名氏的《中原雅音》一书也有可能早于周书。在《中原音韵》本书中还记录了一位无名氏宣扬韵学改革的言论。可以说，《中原音韵》时代一部分文人的韵学改革思潮，造就了曲韵书的系列。

燕山卓从之的《中州乐府音韵类编》收在杨朝英所编的《朝野新声太平乐府》（1351）的卷首。杨朝英转录的书，其成书时间总在更早一些的时候。陆志韦曾经以三条理由推论卓书决不在周书之后。其一：“在《中原音韵》刊行之后十多年，至少已经有一部钞本的卓书流传到四川。要是那书是根据《中原音韵》编订的，那么十来年之间，燕山卓氏先得读到高安周氏的书，然后费工夫修改，然后他的本子流行到西蜀。元朝怕没有这样容易的事。所以说不近情。”其二：“卓氏得了周氏的初稿么？从甲子到辛卯也不过二十七年。并且修改的地方很精确，不是一时可以下手的。并且成书之后，又得流传

到西蜀。我以为还是不近情。”其三：周书繁而卓书简，“按历代韵书演变的规则，除了像《礼部韵略》有意的删削《广韵》之类，通常总是后起的韵书字数较多。”陆氏的结论是“卓书决不出在周书之后”。（《陆志韦近代汉语音韵论集》，32—33页）三条理由当中，前两条不是特别有力的，因为不能排除偶然性，第三条实际上是最有说服力的。

另外一条明显的证据。明初宁献王朱权（1378—1448）作《琼林雅韵》，其音系框架也沿袭元代曲韵书，但作者自序称是修订卓氏《中州韵》而成，不提周德清：

> 于是有卓氏著为《中州韵》，世之词人歌客，莫不以为准绳久矣。予徐览之，卓氏虽工，然颇多舛误脱落。一日因琴书清暇，操翰濡墨，审音定韵，凡不切于用者去之，舛者正之，脱者增之，自成一家，题曰《琼林雅韵》。

朱权的生活时代上距卓、周不到百年，对于元代北曲韵书的沿革应比后人更为熟悉。朱权所著的《太和正音谱》里边，“词林须知”一章，前半部分“古之善歌者”基本上都是元代燕南芝庵的《唱论》中的内容，后半部分“乐府三百三十五章”是周氏《中原音韵》里边的内容，可见，朱权很熟悉元代的曲韵书和戏曲理论著作。他的《琼林雅韵》自序只提卓氏而不提周氏，表明他把卓从之看作曲韵书的原创作者，而不是周德清。

总之，卓书在前，周书在后，可成定论。周氏《中原音韵》的“韵谱”部分不出于自创。

关于无名氏的《中原雅音》，也有人认为在周德清的《中原音韵》之前成书，甚至认为周书是以前者为底本编写的。

明代吕坤《交泰韵》“凡例·辨五方”：“中原当南北之间，际清浊之会，故宋制《中原雅音》，合南北之儒，酌五方之声，而一折衷于中原。”

清初朴隐子《诗词通韵·例说》：“世传周德清《中原音韵》，本从《中原雅音》摘出，后人增广，改名《中州韵》者。”

此外，十六世纪初叶的朝鲜韵书《四声通解》“凡例”按照时间顺序列出几种参考书，把《中原雅音》放在《中原音韵》之前：“至于《韵会》《集韵》《中原雅音》《中原音韵》《韵学集成》，及古韵之音，则取其似或可从而著之，非必使之勉从也。”这个提法可能反映了明朝人的比较普遍的认识。在今天，至少我们还无法断定《中原雅音》一定在《中原音韵》之后。

二十世纪中国语言学界曾对《中原雅音》的著述时间引起争论，有人说元末明初，有人说在元初，有人说在宋代。从时间上说，明朝距离元代终究比今人要近一些，他们认为《中原雅音》在《中原音韵》之前，这个说法不应轻易否定。

尤其值得关注的是，在《中原音韵》本书中，还出现了一个无名的韵学改革者，对文人墨守《广韵》大肆抨击，并且有编写新韵书的蓝图。他的言论被周德清记录在“正语作词起例”的第20条和第22条内。以前的研究者也常常提到这两段话，却作为周德清本人的革新的语言观念来引述，实属误解。今不避繁复，摘录于下（诸版本文字有分歧，今依《中国古典戏剧论著集成》本）：

周氏起例第20条：

> 余尝于天下都会之所，闻人间通济之言：“世之泥古非今、不达时变者众，呼吸之间，动引《广韵》为证，宁受鴂舌之诮而不悔。亦不思混一日久，四海同音，上自缙绅讲论治道，及国语翻译，国学教授言语，下至讼庭理民，莫非中原之音。不尔，止依《广韵》呼吸，上去入声姑置未暇殚述，略举平声，如：‘靴’（许戈切）〔按：原书中双行小字今改在括号内单行，下同〕在戈韵，‘车邪遮嗟’却在麻韵，‘靴’不协‘车’，‘车’却协‘麻’；‘元暄鸳言褰焉’俱不协‘先’，却与‘魂痕’同押；‘烦翻’不协‘寒山’，亦与‘魂痕’同押。‘靴’与‘戈’、‘车’与‘麻’、‘元’与‘烦’、‘烦’与‘魂’，其音何以相着？‘佳’‘街’同音，与‘皆’同押，不协‘咍’；‘咍’却与‘灰’同押；‘灰’不协‘挥’，‘杯’不协‘碑’，‘梅’不协‘糜’，‘雷’不协‘羸’，必呼‘梅’为‘埋’，‘雷’为‘来’，方与‘咍’协。如此呼吸，非鴂舌而何？不独中原，尽使天下之人俱为闽海之音，可乎？切闻《大学》《中庸》，乃《礼记》中语，程子取为二经，定其阙疑，如‘在亲民’之‘亲’字，当作‘新’字之类是也。圣经尚然，况于韵

乎？合于四海同音，分豁而归并之。与坚守《广韵》方语之徒，转其喉舌，换其齿牙。使执而不变、迂阔庸腐之儒，皆为通儒；道听途说、轻浮市廛之子，悉为才子矣。”余曰：“若非诸贤公论如此，区区独力，何以争之？”

起例第22条：

泰定甲子秋，复闻前章余论：“四海之人，皆称‘父’（去声），‘母’（为‘姥’音）。《广韵》‘父’（扶雨切，上声），‘母’（在有韵），‘妇’（亦在有韵），‘卦’（古卖切）与‘怪’通，‘副富’（敷救切，在宥韵），‘道士’呼为‘讨死’之类，犹平声之所论也。入声以平声次第调之，互有可调之音。且以开口‘陌’以‘唐’内‘盲’，至‘德’以‘登’五韵，闭口‘缉’以‘侵’至‘乏’以‘凡’九韵，逐一字调平上去入，必须极力念之，悉如今之搬演南宋戏文唱念声腔。考自汉魏无制韵者。按南北朝史，南朝吴、晋、宋、齐、梁、陈，建都金陵；齐史沈约，字休文，吴兴人，将平上去入制韵，仕齐为太子中令，梁武时为尚书仆射。详约制韵之意，宁忍弱其本朝，而以敌国中原之音为正耶？不取所都之内通言，却以所生吴兴之音，盖其地邻东南海角，闽浙之音无疑，故有前病。且六朝所都，江淮之间，‘缉’至‘乏’俱无闭口，独浙有也。以此论之，止可施于约之乡里矣。又以史言之，约才如此，齐为史职，梁为大臣，孰不行其声韵也？历陈，陈亡流入中原，自隋至宋，国有中原，才爵如约者何限，惜无有以辨约之韵乃闽浙之音而制中原之韵者。呜呼！年年依样画葫芦耳。南宋都杭，吴兴与切邻，故其戏文如《乐昌分镜》等类，唱念呼吸，皆如约韵。昔陈之后庭花曲，未必无此声也。总亡国之音，奚足为明世法？惟我圣朝，兴自北方，五十余年，言语之间必以中原之音为正。鼓舞歌颂，治世之音。始自太保刘公、牧斋姚公、疏斋卢公辈，自成一家。今之所编，得非其意乎？彼之沈约不忍弱者，私意也；且一方之语，虽渠之南朝亦不可行，况四海乎？予生当混一之盛时，耻为亡国搬戏之呼吸，以中原为则，而又取四海同音而编之，实天下之公论也。”余曰：“晦庵有云：‘世无鲁连子，千载徒悲伤’，信矣。”

这两段话都是一个无名氏在宣讲自己的音学主张，周德清是个听众和附和者，并且赞扬“诸贤公论如此”。

在无名氏所谈的“人间通济之言”里边，我们所关注的有这样几个要点。

首先一点是反对传统的正音标准。他指斥墨守《广韵》标准的人为“泥古非今、不达时变”，反对“呼吸之间动引《广韵》为证”。甚至提出要改造那些人的语言，“转其喉舌，换其齿牙”。他的某些看法我们不必完全赞同，例如把《广韵》看作沈约制定的系统（这是曾经广为流行的错误认识，不必归咎这个无名氏），他把这个系统看作沈约的方音（这是从上一个认识上产生出来的，有其社会基础），说南戏唱念为“亡国之音”（这是政治上的偏见），所有这些，都是为了否定传统正音而提出，是作为反击守旧派的理论武器来使用的。

第二点是提倡新的正音观，即现实中的“中原之音”。在无名氏看来，这种跟传统正音对立的新的正音，是在元朝成立后确立其优势地位的：“惟我圣朝，兴自北方，五十余年，言语之间必以中原之音为正。”“混一日久，四海同音，上自缙绅讲论治道，及国语翻译，国学教授言语，下至讼庭理民，莫非中原之音。”这些话，是为了证明新的正音的合理性。

第三点，用实例批判《广韵》系统的不合时宜。前一段比较了平声若干字，指出它们应该跟哪些字相协，而《广韵》所规定的归韵或“同押”是错误的。后一段举了些上去声字的例字，指责《广韵》的归部不当。这位无名氏所认为正确的相协，跟《中原音韵》韵谱的归部完全一致。下面把他的举例列为一表，并跟《中原》相对比：

平声例字	无名氏所批评的《广韵》的规定	无名氏认为应该相协的字	《中原音韵》的归属
靴	在戈韵	车	“靴、车邪遮嗟”同在车遮韵
车邪遮嗟	在麻韵	靴	
元暄鸳言褰	与“魂痕”同押	先	“元暄鸳言褰、先”同在先天韵
烦翻	与“魂痕”同押	寒山	“烦翻、寒山”同在寒山韵
佳	与“街”同音	（未言）	“佳”在家麻，“街”在皆来
街	与“皆”同押，不协“哈”	皆哈	“街、皆哈”同在皆来韵
哈	与“灰”同押	皆街	皆来韵
灰杯梅雷	灰韵	挥碑縻羸	“灰”“挥”八字同在齐微韵
挥碑縻羸	微韵、支韵	灰杯梅雷	

上去声例字	无名氏所批评的《广韵》的规定	无名氏认为应该读的音	《中原音韵》的归属
父	上声	读去声	鱼模韵去声
母	在有韵	音“姥”	鱼模韵（“有”在尤侯韵）
妇	在有韵		鱼模韵去声
卦	古卖切、与“怪”通		“卦”在家麻韵，“卖怪”在皆来韵
副富	在宥韵		鱼模韵（“宥”在尤侯韵）
道士	上声		去声

还要注意，无名氏阐明了撰写新韵书的必要性，和自己的编纂计划："合于四海同音，分豁而归并之"。"予生当混一之盛时，耻为亡国搬戏之呼吸。以中原为则，而又取四海同音而编之，实天下之公论也。"他要以实际行动贯彻自己的主张，反对保守的旧正音，鼓吹新的正音。

这两段话很明确地告诉我们，那位无名氏有成熟的音韵革新思想并编写过北音韵书。无名氏的审音原则当然会体现在他自己的著作里。上面的比较已经表明，他所认为的合理读音，从类别上跟《中原音韵》是一致的；由此而猜想他所编定的音系跟《中原音韵》基本相同。换言之，他的音系也就是《中原音韵》韵谱音系。周德清在聆听此人宣讲时，表达了钦佩赞赏的态度。

还有其他一些证据，可以排除周德清自行编著《中原音韵》"韵谱"的可能性。

（1）"韵谱"有十分清楚的音类系统，确实反映了元代北方一个现实的语音系统。这样的韵谱，只有以活语言作为根据才能编制出来，也就是说，只有在对它的基础方言十分熟悉，又具备一定的音韵学知识的条件下，才能编写出这样的韵谱。但是，周德清在他的家乡江西是不具备这种语言环境的。能够提供周氏行踪的有三类材料：《高安县志》和《暇堂周氏宗谱》（参见宁继福《中原音韵表稿》卷首）；《中原音韵》里的序、后序和"正语作词起例"；周德清自己的其他作品如散曲。三类材料内，都没有周氏到过北方的任何线索。他的活动范围和交游范围局限在江西，他是在江西编写出《中原音韵》的。

（2）《中原音韵》"正语作词起例"的作用是发凡起例，应该是对韵谱部分的说明。然而，《中原音韵》的"起例"中存在着很多跟韵谱部分相互矛盾的地方，疑窦重重。（参看宁继福《中原音韵表稿》200—201页，耿振生 2003。）如果韵谱也是周德清自己所作，如果"起例"是针对韵谱而编，就不可能出现这样不可理解的矛盾。如果意识到现有的韵谱并非周德清所编时，这些矛盾就都能够解决。合理的解释是：周氏的"起例"所针对的对象不是现在《中原音韵》里的韵谱，而是另外一种东西。

我们的结论是：在元代的北方，韵书改革已经成为一种思潮，有数种同类的韵书先后出现，共同构成曲韵书系列。周德清编纂《中原音韵》时有条件获得一份书面上的蓝本，此书的韵谱并非他个人初创，有可能出自燕山卓从之之手。

三、《中原音韵》的音系

1.《中原音韵》韵谱是从现实口语中分析归纳出来的

《中原音韵》"韵谱"的体例和以往的韵书完全不同。它有以下几个特点：

第一，没有按照声调分卷，而是先划分韵部。它一共分十九个韵部，各以两个字作为韵目，如"东钟""江阳"等。现代人习惯于把此书的韵部称为"韵"，即"东钟韵""江阳韵"等。韵部的排列次序基本上和《广韵》保持一致，但因为从前的韵部到此时有分化和合流，所以次序不一致的地方也有好几处。每一韵部里边再按声调分为四部分：平声阴（阴平）、平声阳（阳平）、上声、去声。同一声调的字分出若干同音字组（小韵），其间用小圆圈隔开。同音字组的排列次序没有固定规则。

第二，各阴声韵部里收了古代入声字，分别归入阳平、上声、去声，但没有与古阴声韵字混同，还单独排出，标明"入声作平声""入声作上声""入声作去声"。

第三，不用反切注音，一般不注释字义。个别有直音或释义的字多是俗词语或是异音异义的多音字。

第四，收字以常用字为主，以适应押韵的需要为目的，不入韵的字不收。双声叠韵联绵字的前一字不收，只收后一字。

这个"韵谱"的音系真实地记载了一种作为新的正音标准的活生生的现实语言，代表了一种地位正在上升的、趋向于取得"正音"地位的北音系统，和传统雅言有极大差别。

过去曾有人说，《中原音韵》纯粹是靠归纳元曲的用韵编成的，这种说法是站不住的。因为《中原音韵》音系内部有很多重要内容单单从押韵是得不出来的。例如，用韵只反映哪些字属于同一韵部，而不能反映声母和介音的异同，但《中原音韵》韵谱划分了小韵即同音字组，这是靠声母和介音来区别的。再如，《中原》平声分阴平和阳平，但在曲韵的格律中平声是不分阴阳的。

该音系不仅不可能从归纳元曲而得出，也不可能单纯地依据音变规则从《广韵》音系推导出来。比如，《广韵》全浊声母字在《中原音韵》清化，并且分化为平声送气、仄声不送气，《广韵》的平声调分化为阴平和阳平，这都既不能凭借归纳元曲作品，也不能靠参照《广韵》而得来。不少字的归派不符合演变规律，属于例外变化，也不可能根据《广韵》推导出来。如船、禅两母的分混不定，如戈韵开合三等变到车遮韵，如侵韵、凡韵唇音声母字，没有归入收-m 韵尾的侵寻、监咸韵，而归入了收-n 韵尾的真文、寒山韵；如“恸”字本为定母去声，按演变规律该读不送气却读了送气。这个音系由原作者认真、细致、精确地分析了现实口语而归纳出来，是毫无疑问的。其特点则表明它的音系基础是以大都为中心的幽燕方言。

2.《中原音韵》的声母系统

根据同音字组的分析，《中原音韵》共有二十一个声母。今按照传统音韵学的习惯，从三十六字母里边选用声母代表字，再加上构拟的音值，把这二十一声母列如下表。

帮 p	滂 p‘	明 m	非 f	微 v
端 t	透 t‘	泥 n		来 l
照 tʂ	穿 tʂ‘		审 ʂ	日 ʐ
精 ts	清 ts‘		心 s	
见 k	溪 k‘	疑 ŋ	晓 x	影 ø

和三十六字母比较起来，《中原音韵》的声母有以下几项重大变化：

第一，全浊声母消失，原全浊声母字变成了清声母字。变化的结果是：

a. 塞音的並母、定母、群母比较整齐地分派到同部位的塞音清声母。平声读送气音，声母变成同部位的次清，但因为读阳平调，就不会跟读阴平的次清声母字同音；仄声字读不送气音，上声、去声跟全清声母的去声字往往合并在同一小韵里；入声字变成不送气音但是读阳平调。

b. 中古的几个塞擦音声母变化较为复杂。从母变成同部位的塞擦音清声母，也比较整齐；原来为塞音的澄母变成了跟正齿音相同的塞擦音清声母；床母的变化复杂一些，它和禅母相混，有的字变成了塞擦音清声母，有的字变成了擦音声母。

在平声送气、仄声不送气这一点上，塞擦音从、澄、床三母跟塞音大体一致。

从母：平声字读 tsʻ，同清母。仄声字读 ts，上声和去声字往往跟精母字合并在同一小韵。

澄母：平声字变成 tʂʻ，跟彻母和穿母合流。仄声字变成 tʂ，跟知母和照母合流。

床母和禅母：这两个声母从中古时代起在一些方言里边就界限不清，主要是床三和禅母相混。在《中原音韵》里边，两母各有一部分字变成塞擦音，另一部分字变成擦音。

读送气塞擦音 tʂʻ 的是平声字，跟澄母合流，音值同彻母和穿母，如"重虫（澄）崇（床）"同音，"床（床）幢（澄）"同音，"常裳（禅）长肠（澄）"同音，"陈尘（澄）臣辰晨宸（禅）"同音。

读不送气塞擦音 tʂ 的是仄声字，跟澄母仄声字合流，论音值则是合并到知母和照母："众（照）中（知）重（澄）"同音，"帐（知）丈仗（澄）障（照）"同音，"壮（照）状（床）撞（澄）"同音，"昼（知）咒（照）胄纣宙（澄）"同音。

床母和禅母变成擦音 ʂ 的那部分字，有平声也有仄声。平声字和入声字读阳平，不跟读阴平的审母字同音；上声和去声字大多跟审母去声字合并在同一小韵，如"尚上（禅）饷（审）"同音；"士示柿事（床）是氏市侍视（禅）试弑（审）"同音，"恕庶戍（审）树竖署（禅）"同音，"圣胜（审）乘剩（床）盛（禅）"同音。

变成 ʂ 的床母平声字有"神绳蛇"等，禅母平声字有"时埘匙谁殊佘"等。变成 ʂ 的床母入声字有"实食蚀赎术述秫舌"等，禅母入声字有"十什石拾淑孰熟塾属蜀杓芍涉"等。

c. 原来的擦音奉母、邪母、匣母的变化比较单纯，变成了同部位的清擦音声母。奉母变成 f，即非、敷两母合流后的音值。邪母变成 s，即变成了心母的音值。匣母变成 x，即变成了晓母的音值。清化以后，这些声母的原平声字和入声字读阳平调，不跟读阴平调的清声母同音；原上声字和去声字大多跟原清声母去声字合并在同一小韵。

第二，舌上音知、彻、澄跟正齿音的照、穿、床（部分）、禅（部分）合流，成为卷舌音声母 tʂ、tʂʻ。

第三，喻母的全部和疑母的大多数字并入影母，即变成了零声母。例如"倚椅（影）矣已以（喻）蚁舣（疑）"同音，"妪（影）谕裕（喻）御遇（疑）"同音；"误悟寤（疑）恶污（影）"同音，"语圄（疑）雨与羽字（喻）"同音。

有少数疑母字还独立构成小韵，与影母、喻母的小韵对立，这意味着 ŋ 声母还没有完全消失。例如：

江阳韵：仰（疑母）/养痒（喻母）鞅（影母）；

萧豪韵：傲奡鳌（疑母）/奥懊澳（影母）；虐疟（疑母）/药跃（喻母）约（影母）岳（疑母）。

3.《中原音韵》的韵母系统

和代表中古音的《广韵》音系相比较，《中原音韵》时代的韵母大大简化。从"发展"的眼光看，以合流为主，但也有分化，关系相当复杂。入声韵失落塞音韵尾，变到阴声韵也是重大变化。下面简要比较十九部和《广韵》系统的关系。

东钟：uŋ　iuŋ

本部字主要来自《广韵》东、冬、钟三韵：还有登、庚、耕、清、青诸韵的合口字"肱觥轰薨宏弘横泓倾兄荣永咏崩绷迸烹彭棚鹏瞢甍盲萌猛蜢艋孟"等，但这些字都兼收于庚青韵。

江阳：aŋ　iaŋ　uaŋ

本部字来自《广韵》江、阳、唐诸韵。

支思：ɿ　ʅ

本部字来自《广韵》止摄支、脂、之三韵开口字，声母都为齿头音精组、正齿音章组和庄组、半齿音日母、少量舌上音知组字。本部还有"涩瑟（音史）塞（音死）"三个入声字。本韵部的独立，意味着舌尖韵母的产生：在 ts 组声母后边的韵母是 ɿ，在 tʂ 组声母后边的韵母是 ʅ。

齐微：i　ei　uei

本部字来自《广韵》止摄支、脂、之、微开合口，蟹摄齐、祭、废开合口，蟹摄灰合口、泰合口；来自入声韵的字在《广韵》分属于质、迄、职、德、陌、昔、锡、缉诸韵。

鱼模：u　iu

本部字主要来自《广韵》鱼、虞、模三韵，还有侯韵、尤韵的一部分唇音字如“母牡亩某谋浮富妇负”等；来自入声韵的字在《广韵》分属于屋、沃、烛、没、物、术诸韵。屋、烛韵字大部在本部，另有一部分在尤侯韵，有些字是两韵重出的；同类字兼收于两部应是文白异读的关系，在鱼模韵的是读书音，在尤侯韵的是白话音。

皆来：ai　iai　uai

本部字来自《广韵》皆、咍、佳（部分）、夬、泰开口；来自入声韵的字在《广韵》分属于陌、麦和职开三的庄组字“侧仄色穑”等。

真文：ən　iən　uən　iuən

本部字来自《广韵》真、臻、谆、文、欣、痕、魂诸韵，以及侵韵的唇音字“品”。

寒山：an　ian　uan

本部字来自《广韵》寒、删、山和元韵轻唇音，以及咸摄凡韵的轻唇音“凡帆范犯泛”等。

桓欢：uɒn

本部字来自《广韵》桓韵。

先天：iɛn　iuɛn

本部字来自《广韵》先、仙、元诸韵。还有盐韵唇音字“贬”。

萧豪：ɒu　au　iau　iɛu

本部字来自《广韵》萧、宵、肴、豪诸韵；来自入声韵的字在《广韵》分属于觉、药、铎，它们兼收于歌戈韵。以今音推断，在本部的是白话音，在歌戈韵的是读书音。

歌戈：o　io　uo

本部字来自《广韵》歌、戈（合一）；来自入声韵的字在《广韵》分属于曷（牙喉音）、末、合（牙喉音）、盍（牙喉音）、铎、药、觉诸韵，其中铎、药、觉韵的字在本部属于读书音。

家麻：a　ia　ua

本部字来自《广韵》麻（开合二等）、佳（部分）；来自入声韵的字在《广韵》分属于黠、锗、狎、洽、曷（舌齿唇）、末（唇音）、合（舌齿唇）、盍（舌齿唇）、月（轻唇）、乏（轻唇）。

车遮：iɛ　iuɛ

本部字来自《广韵》麻（开三）、戈（开三合三）；来自入声韵的字在《广韵》分属于薛、屑、月、叶、业、帖，还有陌开二少数字"客额"等。

庚青：əŋ　iəŋ　uəŋ　iuəŋ

本部字来自《广韵》庚、耕、清、青、蒸、登诸韵。其中合口字和部分唇音字兼收于东钟韵，本部也收了冬韵的"疼"字。

尤侯：əu　iəu

本部字来自《广韵》尤、侯、幽诸韵；来自入声韵的字在《广韵》分属于屋、烛韵，在本部的读音应是白话音，和鱼模韵的读书音同源而异派。

侵寻：əm　iəm

本部字来自《广韵》侵韵。

监咸：am　iam

本部字来自《广韵》覃、谈、咸、衔诸韵。

廉纤：iɛm

本部字来自《广韵》盐、严、添诸韵。

4.《中原音韵》的声调系统

《中原音韵》的声调分阴平、阳平、上声、去声。在宋代以前，韵书、韵图、音注、诗歌用韵等"正统"的音韵学文献，一直沿用齐梁以来的平、上、去、入四声系统，历千年而未变。直到北曲韵书才破天荒第一次把这陈陈相因的习气扭转了，把实际口语的真正调类记录在韵书当中。

和传统四声比较，《中原音韵》声调的特点概括为"平分阴阳"、"浊上变去"、"入派三声"三句话。

"平分阴阳"是中古的平声分化为阴平、阳平两个调类，分化条件是中古声母的清浊：全清、次清声母的平声字读成了阴平，全浊、次浊声母的字读成了阳平。

“浊上变去”是中古全浊声母的上声字变成去声，多数情况下是跟原来的去声字合并在同一小韵内。

次浊声母并没有发生相同的改变，仍然读上声。

“入派三声”是从前的入声调消失了，原来的入声字分别变成了阳平、上声、去声字。分派也以中古声母的清浊为条件：全浊声母字变为阳平，次浊声母字和影母字变为去声，清声母字变为上声。

四、《中州乐府音韵类编》和《中原雅音》

1. 卓从之的《中州乐府音韵类编》

该书又有《中州音韵》《音韵类编》《北腔韵类》等简称，收在元人杨朝英所编《朝野新声太平乐府》(1351) 卷首，今所见为明刊本。以下简称《类编》。

和《中原音韵》韵谱相比，它的19韵部排列次序一致，韵目相同，只有三个韵目用了同音不同形的字或二字次序颠倒：《中原》的皆来、歌戈、侵寻，在《类编》作皆莱、哥戈、寻侵。各韵内小韵的排列次序大体一致（把《类编》的“阴阳”类分别对应到“平声阴”“平声阳”之后可得）。同音小韵内，各字出现的次序大多相同。

主要不同之处：

《中原》收字5869个，《类编》收字4121个（据宁继福《中原音韵表稿》第7页、第199页），《类编》的字数比《中原》少一千七百多个，《类编》有而《中原》没有的字只有四五十个。

《类编》比《中原》少173个小韵，陆志韦、宁继福等认为，这是由于明刊本脱漏严重，不是本来面貌。

《类编》在东钟等八韵内的一部分字下注“收”，其含义是这些字和所在韵部的其他字有不同的古音来源。如东钟韵的“公躬恭弓功工蚣宫供肱觵上二字收”，即是指“肱觵”二字不是《广韵》的东、冬、钟韵的字。《中原》没有这样的“收”字。

最重要的一点差别，是《中原》的平声分阴阳两类，而《类编》的平声分为阴、阳和“阴阳”三类。如东钟韵内，“东冬中忠松公工空翁宗崩”等是“阴”，“戎龙蒙农”等是“阳”，“通—同，冲—

重，邕一容，风—冯”等是“阴阳”。宁继福认为，卓书这样做是为了把平分阴阳的现象给别人讲清楚：“卓从之的‘阴阳’当然不是平声的第三调类。他为什么把《音韵》的平声阴平声阳两种不同声调的字分成三份呢？今天平声不分阴阳的方言区人学习普通话的一些方法给我们以启示。……为学习普通话的阴平与阳平，太原人想了一个方法：按声母划类，分别去辨似记忆。……‘三分法’和太原人的法子相似。”“三分平声者并非肆意标新立异扰乱‘中原之音’的声调系统，而是试图为人们提供一种认识、掌握平分阴阳的方法。”（《中原音韵表稿》，第198页）这一分析非常正确。以往的传统韵书里边平声都是一类，而且元代有的方言里平声也不分阴阳，《类编》的平声“阴阳”一类，就是把声母、韵母都相同的字列在一起，让人们直接对比，领悟到阴阳两种平声的区别。卓氏使用了这一颇具匠心的办法，足见他语音分析的高明。

卓氏《类编》和周氏《中原》之间的关系，或可类比于陆法言《切韵》和王仁昫《刊谬补缺切韵》之间的关系。卓氏是燕山人，在今北京市或邻近地带，《类编》和《中原》所共有的音系具有显著的幽燕方言特征，正是他审查现实语言的成果。

2. 无名氏的《中原雅音》

《中原雅音》是一部亡佚的韵书，曾有人断言这不是一部书名，但20世纪后期，有学者从明人章黼《韵学集成》、朱紫《同声千字文》、吉甫《辨音纂要》等著作中发现了大量引文，确证该书的存在，并研究出它的音系。

此书的详细体例、规模已经无从得知，从《韵学集成》所引的条目可以得到部分消息：书中有反切，有释义；既收常用字，也收俗字、僻字，可能原本规模较大。学者从《韵学集成》钩稽出它的材料有一千四百多条，并整理出了它的语音系统。

（1）声母

邵荣芬用反切比较的方法，整理出它的声母系统：

帮 p　滂 p‘　明 m　非 f　微 v

端 t　透 t‘　泥 n　来 l

精 ts　清 ts‘　心 s

照 $tʂ$　　穿 $tʂ'$　　审 $ʂ$　　日 $ʐ$

见 k　　溪 k'　　晓 x　　影 ø

这个声母系统的特点和《中原音韵》的声母差不多：古全浊声母清化，平声字归次清，仄声字归全清；舌上音知组跟正齿音照组合并；喻母、疑母也并入影母，但古疑母字是完全变到影母，不像《中原音韵》还有少数疑母字保持独立的声母；此外本书声母有一个比较独特之处：一部分疑母、影母开口呼的字产生了辅音声母 n，即合并到泥母里了，如“澳奥袄恶讴爱恩谙俺”等。

（2）韵母

关于该书分韵情况和所用韵目，曾有不同看法。

根据蒋希文的看法，“《中原雅音》的体例完全按照传统的韵书——《广韵》《集韵》分韵收字。”例如：粕，《中原雅音》收帮韵。迥，《中原雅音》收董韵。矿，《中原雅音》收董韵。戊，《中原雅音》收戊一字于暮韵。

邵荣芬认为：“《雅音》各韵的韵目是什么，则是一个比较难以确定的问题。”

李无未根据明代抄本韵书《辨音纂要》，判断《中原雅音》的韵目也和《中原音韵》相同，使用“齐微、歌戈、家麻、车遮”等两字韵目。

邵荣芬研究反切得出的结论是，该书的韵母系统和《中原音韵》大体一致，差别甚小。他以《广韵》韵目为 19 部命名，各韵部和《中原》对比如下：

东韵：相当于《中原》东钟韵，包括《广韵》东、冬、钟三韵的字和登、庚、耕、清、青各韵的合口字及唇音字；不同于《中原音韵》的是，本韵里来自登韵等几韵的字不在庚青韵重出。

庚韵：包含《广韵》庚、耕、清、青、蒸、登韵字，少了变到东韵那一部分。

阳韵：相当于《中原》江阳韵。

真韵：相当于《中原》真文韵。

寒韵：包含《广韵》寒韵、桓韵字。

山韵：包含《广韵》删、山和元韵轻唇音、凡韵轻唇音字。寒、山二韵的关系跟《中原音韵》桓欢、寒山二韵的关系很不相同。

先韵：相当于《中原》先天韵。

侵韵：相当于《中原》侵寻韵。

覃韵：相当于《中原》监咸韵。

盐韵：相当于《中原》廉纤韵。

支韵：相当于《中原》支思韵。

齐韵：相当于《中原》齐微韵。

皆韵：相当于《中原》皆来韵。

鱼韵：相当于《中原》鱼模韵。

尤韵：相当于《中原》尤侯韵。

萧韵：相当于《中原》萧豪韵。

歌韵：相当于《中原》歌戈韵。

麻韵：相当于《中原》家麻韵。

遮韵：相当于《中原》车遮韵。

《雅音》韵母系统跟《中原音韵》之间还有另外两点差别：覃韵、皆韵中来自中古开口二等牙喉音的字没有变成齐齿呼，而变成开口呼，合并到一等韵母里去了；中古山摄三四等入声薛、月、屑韵字不变撮口呼而变成齐齿呼。

（3）声调

邵荣芬认为，《中原雅音》只有三个调类：平声、上声、去声。但宁继福、李无未则认为实际上平声也分阴阳，跟《中原音韵》一致。

古入声分派到三声，是跟《中原音韵》一致的：全浊入声字变为平声，次浊入声字变为去声，清声母入声字变为上声。

《雅音》的音系跟《中原音韵》差别不大，但是也有明显不同于《中原》的特色，这说明它的基础方言和《中原》是不同的。邵荣芬推测它的基础方言可能在河北井陉一带地方。

五、元代至明初的其他北音韵书

在北曲韵书之外，保存至今的元代韵书《蒙古字韵》和《古今韵会举要》，也是审辨实际语音而编成的重要著作。这两种韵书的音系都有全浊声母，韵母也和曲韵书有明显差别。在明初，有官方奉敕编纂的《洪武正韵》，声称“一以中原雅音为定”，实际上是折衷性质的音系。兰茂的《韵略易通》虽然也有守旧的痕迹，但是其音系大体上和《中原音韵》一致。

1.《蒙古字韵》

这是用八思巴字给汉字注音的一种韵书，作者朱宗文，成书时间在1269—1292年之间（据宁继福《古今韵会举要及相关韵书》第159页）。

八思巴字是元世祖忽必烈“特命”国师八思巴仿照藏文而创制的一种拼音文字，意图在于用这种文字拼写广大疆域内不同民族的语言。在汉语区域内，出现过《蒙古韵编》《蒙古韵》《蒙古韵略》等，都已失传，只有朱宗文的这部书保存下来。

该书的体例是：分15个韵部；每个韵部内区分不同的韵类；每个韵类内按照一定的顺序区分同声母的字；同一声母的字自上而下分别平、上、去、入四声，即分出小韵；各字不加释义；同声母的四声韵字之上，用八思巴字标注汉语读音。全书收有8508个汉字，几乎完全来自金代王文郁的《新刊韵略》。

用拼音文字给汉字注音，依据的必定是当时某种实际语言的发音。根据二十世纪以来学者的研究，《蒙古字韵》的声母有35个或31个，全浊声母依旧存在；韵母有70个。入声韵已经没有独立的韵母，但是作为一个声调还存在。因为声母有全浊音，平声是否区分阴阳就不再必要，标注的调类只有一个平声。

2.《古今韵会举要》

元初黄公绍著《古今韵会》，卷帙浩繁，熊忠删改重订而成《古今韵会举要》（1297）。黄书早佚，而熊书得以流传并且有较大影响，后世多简称作《韵会》。

《韵会》包含双重音系。它的分韵框架采用刘渊的《壬子新刊礼部韵略》的107韵，各韵依照三十六字母次序分排小韵。这是表面上的一层音系。

书中所隐含着的第二个音系，依据的是一部已经失传的韵图，名为《七音韵》。

第二音系在韵母方面的体现方式是：把实际上韵母相同、声调相同的字归纳为一类，叫做“某字母韵”，分别在各韵注明。有的一韵之内分几个字母韵，如东韵分“公字母韵”、“弓字母韵”、“雄字母韵”；而不同的韵内也可以包含着同一个字母韵的，如东韵、登韵、庚韵都有“公字母韵”。每个“字母韵”相当于一个韵类，全书包括平声66个字母韵、上声61个字母韵、去声60个字母韵、入声29个字母韵，共216个韵类。中古入声韵的-p、-t、-k三种塞音韵尾的界限已经不存在了。

第二音系在声母方面的表现方式是：在每韵内各字下注宫商、清浊，有的注“音与某同”，以显示实际读音与传统韵书读音的不同，“音”即声母，从中得到的是另外一种声母系统。这第二套声母系统的特点有：舌上音知组跟正齿音照组合并，喻母和疑母字又重新组合，分为疑母（包含中古疑母一等、三等开口、喻三开口字）、鱼母（包含中古疑母二三等合口、喻三合口字）、喻母（包含中古疑母二四等开口、喻四全部字），匣母分为匣（包含中古匣母的细音字）、合（包含中古匣母的洪音字），影母分为影、幺二母（条件不明）。

3.《洪武正韵》

这是明太祖朱元璋下诏编纂的一部官韵。据该书序言所说，朱元璋不满意以前的官韵“起于江左、殊失正音”，所以组织一些文人编纂新的韵书以取而代之，并且要求“一以中原雅音为正”。但这里说的“中原雅音”未必是韵书《中原雅音》，而是当时的“官话”。

此书的通行本平、上、去三声各分22韵，入声10韵，共76韵。另有80韵的本子，未通行。76韵的平声韵目是：

一东、二支、三齐、四鱼、五模、六皆、七灰、八真、九寒、十删、十一先、十二萧、十三爻、十四歌、十五麻、十六遮、十七阳、十八庚、十九尤、二十侵、二十一覃、二十二盐

入声韵目是：

一屋、二质、三曷、四辖、五屑、六药、七陌、八缉、九合、十葉

书中没有标注字母，十五世纪的朝鲜学者已经考证它的声母系统有31个声母。中国近代学者通过系联反切上字，得出的结果也是31

个声母，其中有9个全浊声母。

该书的韵部系统虽然对《平水韵》大量合并，但是它的声母系统包含完整的全浊音，声调不分阴阳平，全浊上声仍在上声而不归去声，这个系统的折衷古今音的特点十分明显。

从《正韵》的音系看，它虽然也是以官话为主要依据的，但跟《中原音韵》《中原雅音》等书里的音系有很大出入，也跟江淮地区的官话音系不完全吻合。它在一定程度上有迁就传统及折中方言的倾向。

4.《韵略易通》

作者兰茂，字廷秀，号止庵，云南嵩明人（据张玉夹考证，兰氏本籍河南洛阳）。成书时间在正统壬戌年（1442）。凡例中声明此书"只以应用便俗字样收入"，只收常用字，既有注音也有释义。本书按照等韵学的分析方法精心安排小韵次序，条理清晰，便于循音查字，这比以前卓从之、周德清的韵书体例上进步了。

韵母系统分二十部，大体和《中原音韵》一致，表面上的差别只有鱼模韵分成居鱼、呼模二韵，但各部内容也有不同，最大的改变是入声字不归阴声韵，而附在阳声韵，这可能是为了在形式上遵守《洪武正韵》。韵目用字也仿照《中原音韵》以两字为名，但字面有改变，前一字用阴平字、后一字用阳平字；唯有廉纤韵例外。韵部排列顺序是阳声韵部在前、阴声韵部在后。二十部是：

东洪　江阳　真文　山寒　端桓　先全　庚晴　侵寻　缄咸　廉纤

支辞　西微　居鱼　呼模　皆来　萧豪　戈何　家麻　遮蛇　幽楼

声母上的特点是设立字母，这在体例上也优于曲韵书。本书的声母有20个，跟《中原音韵》声母的差别在于疑母字并入影母。书中用20个字母编成一首《早梅诗》：

东t　风f　破pʻ　早ts　梅m，向x　暖n　一ø　枝tʂ　开kʻ，

冰p　雪s　无v　人ʐ　见k，　春tʂʻ　从tsʻ　天tʻ　上ʂ　来l。

各韵部内都按照这20个字母的次序列字，每字母下再以"平上去入"区分小韵。

声调系统表面上分平、上、去、入四声，但平声中事实上把阴、阳分开了。在"平声"小韵，阴平字和阳平字中间有小圆圈隔

开，不是真正的同音字。例如东洪韵“风”字母下的平声字“风枫封丰峰蜂烽豐酆○冯逢缝”，前九个阴平字和后三个阳平字之间分隔开了。

六、明清时期记录北京音系的韵书和韵图

1.《等韵图经》和《合并字学集韵》

《等韵图经》是一种韵图，全称《重订司马温公等韵图经》；《合并字学集韵》是韵书，音系和《等韵图经》相同，二者互为表里。两书的编成时间在万历三十年（1602），跟作者的另外两种书《合并字学集篇》《四声领率谱》合刊在一起，总名《合并字学篇韵便览》。作者署名有两人，作“特进荣禄大夫柱国惠安伯永城张元善校刊、布衣居士金台徐孝合并”。张元善（1541—1609），祖籍河南永城，世居北京，袭爵惠安伯。徐孝自称“布衣居士”，是个下层文人，生卒年和生平事迹均不详。现代学者认为徐孝可能是张的门客，是这几种书的主要作者，张也在修撰过程中参与了意见。

两书的编纂是以刘鉴《切韵指南》、韩道昭《五音集韵》为蓝本，依照实际语音合并音类而成，所以《等韵图经》的体例类似《切韵指南》，《合并字学集韵》的体例类似《五音集韵》。

《等韵图经》分十三摄，每摄分开合两图，开口实际上包含开口呼跟齐齿呼，合口实际上包含合口呼跟撮口呼。祝摄只有合口独韵，一共有二十五图。每图横行分韵类，竖行分声母。声母的排列仿照《切韵指南》，齿头音和正齿音并排，重唇音和轻唇音并排，二十二母占十五竖行。横行分列为三格，称为“三等”，上等为洪音，下等为细音，中等只有正齿音“照穿审稔”四母。照组占中等，不是因为有单独的介音，而是因为精组字既有洪音，又有细音，读洪音的照组字需要让出上等的地位，就根据《切韵指南》精组占一四等、照组占二三等的方法，为照组字设一个中等。

《合并集韵》分十卷，按平、上、去、如（即阳平）四声排序，平、上、如各占两卷，去声四卷。四声各分二十五韵，分韵方法是把十三摄的开合各自成韵，跟《图经》的二十五图对等。每韵内上等

字在前，其次中等字，下等字在后。每类字的声母次第跟《图经》一致。作者似乎想极力多收字，里边的冷僻字很多，异体字和多音字数量也极多。

两书记录的是当时的北京语音系统，但是偏重于读书音，对白话音的反映不够充分。不过北京话的文白异读字范围比较小，主要在于入声字，所以这个音系能够让我们了解明末北京语音的基本状况。书中有些字看似不符合中古以来的演变规律，是例外变化的读音，大多与今北京读音一致。

（1）声母

《等韵图经》在形式上有二十二个声母，但其中三个声母是虚设的，可以说是“有音无字”，“有字之音”实际上只有十九个声母。十九声母的代表字和音值是：

帮 p	滂 pʻ	明 m	非 f
端 t	透 tʻ	泥 n	来 l
精 ts	清 tsʻ	心 s	
照 tʂ	穿 tʂʻ	审 ʂ	稔 ʐ
见 k	溪 kʻ	晓 x	影 ø

跟《中原音韵》时代相比，此时北京话声母的特点是零声母字大量增加，微母和残存的疑母都消失了，变到影母；日母的“儿而耳尔二贰”等字也失去辅音声母，变成了影母字，安置在“支”韵的开口呼一类（开口上等）。

（2）韵母

《等韵图经》分十三摄，即十三韵部，跟《中原音韵》相比有不小的变化。

通摄：由《中原》东钟韵与庚青韵合并而成。

止摄：来自《中原》支思韵全部字、齐微韵的 i 韵母字、鱼模韵的细音字（iu 变成了 y），增加了 ər 韵母，是由支思韵的日母字变来的，即“儿”类字。y 类韵母还有跟卷舌声母相拼的字，推测这类字的韵母还读作 ʮ。

祝摄：主要是《中原》鱼模韵的洪音字，另有少量 iu 韵母的字，如“育倏衄”等。

蟹摄：相当于《中原》韵皆来韵。

垒摄：来自《中原》齐微韵的洪音，即ei、uei两个韵母的字。

效摄：相当于《中原》萧豪韵。有一个uau韵母，主要是唇音字，也有几个其他声母的字。

果摄：相当于《中原》歌戈韵。

假摄：相当于《中原》家麻韵。

拙摄：包含《中原》车遮韵，另外还增加了齐微、皆来韵里的读ei、ai、iai韵母的古入声字。本部的韵母和《中原》时代有所不同：增加了开口呼ɛ和合口呼uɛ，分别是由齐齿呼iɛ、撮口呼iuɛ的卷舌声母变成的。

臻摄：由《中原》真文韵与侵寻韵合并而成，它们的合并是侵寻韵的韵尾m变成n的结果。

山摄：由《中原》寒山韵、桓欢韵、先天韵、监咸韵、廉纤韵共五个韵部合并而成。它们的合并，既由于主要元音的合并，也由于监咸、廉纤二韵的韵尾m变成n。

宕摄：相当于《中原》江阳韵。

流摄：相当于《中原》尤侯韵。合口呼的uəu只有唇音字。

《等韵图经》反映出的自《中原音韵》以后北京音韵母的重要变化有：

作韵腹的主要元音减少，所以东钟、庚青合并，寒山、桓欢、先天合并。

收-m韵尾的"闭口韵"消失，-m变成-n，加上主要元音的合流，所以《中原音韵》的监咸、廉纤与寒山、桓欢、先天合并成"山摄"，侵寻与真文合并成深摄。

iu变成y，鱼模韵的细音字改入止摄。

"儿而耳尔饵迩二贰"等字，在《中原音韵》属于支思韵、日母，读音为ʐʅ；在《等韵图经》中被放在止摄的影母开口呼位置，说明已经成为零声母的ər韵母字了。

在《中原音韵》时代有i、iu韵头的细音字，按照正常音变规律应该分别变为齐齿呼和撮口呼，但到了《等韵图经》中，有不少字变成了开口呼、合口呼。其中涉及字数最多的，是卷舌声母（知照系）的细音字全部成为洪音，以下各组字在《中原音韵》不同音，到了《合并字学集韵》成为同音字：

支枝之脂（支思）知蜘（齐微）

眵（支思）蚩痴（齐微）

榛臻（真文）真珍（真文）

衬龀（真文）趁（真文）

莘诜（真文）身申伸（真文）

争筝（庚青）征蒸（庚青）

撑铛（庚青）称秤（庚青）

生笙（庚青）声升（庚青）

此外精组、来母的一部分字按照音变规律应该成为撮口呼而实际上成了合口呼，如东钟韵的“踪纵从松嵩竦耸讼诵颂”等，真文韵的“遵皴隼笋、伦轮抡沦”等。

来自中古梗摄、曾摄入声的字，在《中原音韵》属于齐微、皆来韵洪音 ei、uei、ai、uai 的字，到《等韵图经》时代又产生了属于拙摄（相当于《中原音韵》车遮韵）的 ε、uε 的读音。例如：

读 ε 韵母的：德特忒劾核黑赫勒肋革格隔刻客克厄则责摘窄择泽塞册策测色宅贼

读 uε 韵母的：白伯百柏北帛拍魄迫墨陌脉国蝈馘帼或惑划获

这种读音不是从《中原音韵》的齐微、皆来韵的读音变化而来，而是新出现的读书音，与旧有的白话音同时共存。

（3）声调

《等韵图经》分“平、上、去、如”四个声调，平声即阴平，如声即阳平，四个调类跟《中原音韵》的阴、阳、上、去四声相同，主要的不同之处在于古入声字的归派。其中全浊入声字归阳平，次浊和影母入声字归去声，跟《中原音韵》是一致的；差别在于清声母的入声字，它们不是全部派入上声，而是大多数派入去声，也有一些字分别派入阴平、阳平、上声之中。如《等韵图经》里边，“秃擘黑搭萨掐发贴疖蝎撅”归阴平，“卒灼”归阳平，“窄给北得戳塔”归上声，“尺的必积出扑福足祝畜渴酌卓绰烁朔角却雀削榻察杀法革刻德忒则塞哲册色热国百拍拙啜说厥缺雪血”归去声。

《合并字学集韵》收字多，更能够说明问题。它收进大量的清声母入声字，几乎都在去声出现。一部分收在阴平、阳平、上声的字，也有去声读音。从所在的韵部看，那些两读字的去声一音都属于读书音，非去声一音都属于白话音。

2.《李氏音鉴》

作者李汝珍（约1760—1830），字松石，北京大兴人，成年后长期在江苏海州居住。该书成于1805年，内容较广，讲到音韵学多方面的知识，其中有一种韵图，分33字母，22韵部，阴阳上去入五个声调。作者声明他的韵图是“南北兼列”，实际上南音只是苏北话，北音只是北京话。根据现代学者的研究，这个音系其实是以北京音为主，加进了一些苏北方音特点（参见杨亦鸣1992）。书中有问答体的论述，具体指出了南音、北音的异同，把这些论述内容和等韵图结合起来分析，就能够得到当时的北京音系。

书中的字母分洪细，一个音位，如果既拼开合也拼齐撮，就设两个字母。这说明作者很在意洪音和细音的差别。若把洪音和细音合并，可以得到十九个声母，跟《等韵图经》相同。但是书中“南北方音论”一节说：“北音不分香厢、姜将、羌枪六母，南音不分商桑、张臧、长藏六母”，即北京话里读“香（晓母）湘（心母）”的声母都是ɕ，“姜（见母）将（精母）”的声母都是tɕ，“羌（溪母）枪（清母）”的声母都是tɕʻ。这说明当时的北京话已经不分“尖团音”，该音系共有22个声母，跟今天的北京话完全一样。

该书分韵的方式也比较独特，是把同韵基的开、齐合为一韵，合、撮合为一韵。二十二韵可以归纳成十几个韵部。

该韵图有五个声调。其中的入声，是根据“南音”设立的，不是北京话的读音。书中有“北音入声论”一节，用反切注出古入声字在北京话的读音，分派在阴阳上去四声内。

3.《音韵逢源》

作者裕恩，满族人。本书成书时间在道光庚子（1840）。书中的韵图是以满文给汉字注音的同音字表，其音系以北京音为基础，而又折中传统韵书。具体而言，它的声母系统不合乎北京音的地方较多，韵母系统大体上合乎北京音，也偶有乖离之处，声调则合乎北京音。

书中有二十一个声母，不仅比《等韵图经》多出了实际上不存在的微母、疑母，也不反映北京话新出现的尖团不分等现象。

韵母分十二摄，既有迎合满文十二字头的意思，也是继承明末以来北系韵图的分韵惯例。十二摄以地支命名，始于子而终于亥。每摄中的四呼和四声以八卦命名，四呼称为“四部”，合口呼叫乾部，开口呼叫坎部，齐齿呼叫艮部，撮口呼叫震部；阴平声称为巽，上声称为离，去声称为坤，阳平声称为兑。十二摄的次序是阳声韵在前，阴声韵在后。各摄的韵母如下：

子：	aŋ	iaŋ	uaŋ	
丑：	an	ian	uan	yan
寅：	əŋ	iəŋ	uəŋ	yəŋ
卯：	ən	iən	uən	yən
辰：	au	iau		
巳：	ai	iai	uai	
午：	əu	iəu		
未：	əi		uəi	
申：	ə		uə	yə
酉：		iɛ		yɛ
戌：	ɿ、ʅ	i	u	y
亥：	a	ia	ua	

韵图中把“儿”类字放在 əi 韵类，有两种可能性，其一或许是为了十二韵部的整齐，把这个字少的韵类“寄放”在较接近的韵类里；其二可能是满族人发 ər 音不太准确，发成 əi，在十八世纪的“子弟书”里，就有“儿”类字跟 əi 韵母的字互相押韵的作品。

声调系统也分阴、阳、上、去四声。入声字在四声的分派更接近现代北京话，和《等韵图经》有出入。

4.《拙庵韵悟》

作者赵绍箕，易水（今河北易县）人。书成于康熙甲寅（1674），二十世纪以前未有刻本，只有一个稿本保存在北京图书馆（今国家图书馆）。本书以审音精细、且首次在韵书中揭示儿化韵而备受称道，二十世纪以后颇受重视。作者似乎不是直接依据北京话归纳音系，但是书中的音系特点符合清代北京话读书音，可以认为北京周边地区的读书音系统和北京一致（至少在音类上是这样），该书也反映清初北京话读书音系统。

书中分析语音的步骤是由简及繁，由纲及目。有一套独特而详细的术语，编制了好几种韵图，有以介音为纲的“韵目图”，有以韵部为纲的“会声图”，有以韵尾为纲的“会韵图”。作者的动机，是分别突出不同层面上的语音单位，把语音结构分析得更透彻。揭示儿化韵的存在，是本书的重要贡献。

声母设二十二个，其中有圈起来的“苏、夫”两个虚设的声母，不统字，实际的声母有二十个，比《等韵图经》多一个微母。

声调有五个，叫做“天、平、上、去、入”。天声指阴平，平声指阳平。

介音系统分为六呼：合口（u）、撮唇（y）、开口（ø）、启唇（i）、齐齿（ʅ）、交牙（ɿ）。合、撮、开、启是通常所说的四呼。齐齿指知照系开口呼，交牙指精系开口呼，单独设为二类，是本书特有的两呼，其他韵学著作中未见。

“韵”有奇韵、偶韵、独韵、通韵诸名目。奇韵和独韵所指相同，就是“姑 u、格 ə、基 i、支 ʅ、咨 ɿ、居 y”六个单韵母。偶韵和奇韵相对，是从韵尾角度分析的，没有韵尾的六个韵母叫奇韵，有尾韵都能根据主元音而两两相配的，就是偶韵。偶韵的韵母可以有介音，就叫“通韵”；六个奇韵，除了“格”以外都不和介音拼合，叫“独韵”。“格”又兼有通韵的身份。各韵如下：

六独韵：

太极运腭：格 ə　基 i　姑 u　居 y　咨 ɿ　支 ʅ

十四通韵：

太阴逆鼻 ən	少阴逆鼻 an
少阳顺鼻 əŋ	太阳顺鼻 aŋ
太阴敛龈 əi	少阴敛龈 ai
少阳伸龈 əu	太阳伸龈 au
太阴抑嗓 ə	少阴抑嗓 ɛ
少阳扬嗓 o	太阳扬嗓 a
曲　　咽 ər	曲　　咽 ar

十四通韵有两个儿化韵，和其他韵的地位平等，说明这时儿化韵非常普遍。

七、《五方元音》和它影响下的韵书韵图

1.《五方元音》(附《元韵谱》)

《五方元音》是清代影响很大的北音著作，兼有韵书和韵图，相辅相成。作者樊腾凤，尧山县人（今属河北隆尧县）。据龙庄伟考证，樊氏生于明万历辛丑（1601），卒于清康熙三年（1664），此书的编纂时间必在康熙三年（1664）之前。作者本人只是一名生员，没有仕宦的经历，可能主要在故乡生活，主要依据本地方音编成此书。

这部书的音系基本上出自实际口语，但是收字和注释多采用兰茂《韵略易通》，在音学观念和韵图体制上受邵雍《皇极经世》、乔中和《元韵谱》的影响颇大。该书十二韵部的模式继承乔中和；以玄虚的数理观念来解释声、韵、调的数目，给声、韵、调的数目蒙上神秘色彩，溯其远源就是受邵雍的影响。

通俗性是本书一大特点。和《韵略易通》一样，书中收字以常见常用为原则，声母以常见器物、天象、动物命名，韵部以天、地、人、龙及兽、畜命名，很能说明作者的用心。这一点，曾被《四库提要》所讥，但也许正是由于这个原因，才使得这部书在有清一代广泛流传于民间而历久不衰。

本书实际有十九个声母，而设立二十个字母，如下表：

梆 p	匏 p‘	木 m	风 f
斗 t	土 t‘	鸟 n	雷 l
竹 tʂ	虫 tʂ‘	石 ʂ	日 ʐ
剪 ts	鹊 ts‘	系 s	云 ø（齐撮）
金 k	桥 k‘	火 x	蛙 ø（开合）

其中的云、蛙二母是零声母的两个变体，为了凑合理数，把一个零声母分成两个。本书“五声释”说：“如《指南》之三十六，并之止该十九；《韵谱》之七十六，四分之，亦止十九。而‘云’‘蛙’二母，相近而实相分，亦经纬所必至，理数不能无是，在同志者加意而已。”这十九声母和《等韵图经》的声母相同。

韵母系统归纳成十二韵部。作者把这个数目和“元会运世”“月

时”附会，声称是“天地元音”，不可更改。“十二韵释”说：“一元有十二会，一运有十二世，一岁有十二月，一日有十二时。日月一年有十二会，黄钟一年有十二律。韵亦十二，出于自然，增之不可，减之不可，谓非天地之元音亦不可。”实际上，也是因为现实的口语音系适合于归纳成十二韵部。在十二韵图中，各韵部内分上下四等以区别韵类，但四呼的排列没有统一的规则，哪一呼占哪一等不固定，比如有的图自上而下是“齐齿呼、合口呼、开口呼、撮口呼”为序，有的图自上而下是“合口呼、齐齿呼、开口呼、撮口呼”；多数情况下，每等内所列是同一呼的字，但也有不少异呼同等的情况。不过我们可以根据近代汉语的普遍特征，分析出开、齐、合、撮四种韵类。十二韵部共包括三十七个韵母：

韵部	开	齐	合	撮
天	an	ian	uan	yan
人	ən	iən	uən	yən
龙	əŋ	iəŋ	uəŋ	yəŋ
羊	aŋ	iaŋ	uaŋ	
牛	əu	iəu		
獒	au	iau		
虎		iu	u	
驼	o	io	uo	
蛇		iɛ		yɛ
马	a	ia	ua	
豺	ai	iai	uai	
地	ï	i	uei	y

上列韵母中 iu、io 两个韵母只有入声字，其他韵类里的入声字可以看作是单独的调类而不是独立的韵母。

在声韵配合关系上，竹虫石三母兼配洪音和细音，日母只拼细音，这种配合关系跟北京音不同，当系实际读音。根据《河北方言概况》一书，现在邢台一带有古知照系声母能够和齐齿、撮口呼相拼合。本书中把“而耳二”等字列为日母齐齿呼，与入声“日”字相配，其读音当为［ʐʅ］。

声调分上平（阴平）、下平（阳平）、上声、去声、入声。平分阴阳、浊上归去的规律和其他北方话一致，偶有一些不符合规律的例外，究竟是作者审音不精而致，还是方音现象，尚有待调查。陆志韦先生说本书中全浊上声不归去声，不符合实际情况，图中大多数古全浊上声字是归入去声的，如“善旱断近幸静上丈晃受户杜坐下亥在巨”等。

现在隆尧方言中没有入声调，但相邻的内丘县有的地方保存入声，看来隆尧方言中入声调消失比较晚，《五方元音》的入声是当时当地确实存在的调类。

总体上看，《五方元音》的音系和明末北京音系有明显差别，有冀南方言特色。

《五方元音》在清代流行范围广，有多个刻本，并出现过数种改订本：一种是年希尧改订本（1710），音系一仍樊氏之旧，不过在体例上有所改变，如把原书卷首的韵图分别安插在各韵之首，把原本韵图和韵书不一致处做了修改，使韵图上的代表字和韵书各纽的首字保持一致。此外韵类略有增删，入声字的归部稍有调整。另一种是赵培梓的改订本，题为《剔弊广增分韵五方元音》（1810年，有的版本题目是《增广剔弊五方元音》），对原书的改动较大。这部书把十二韵分为三卷，天、人、龙三韵为卷上，羊、牛、獒、虎四韵为卷中，驼、蛇、马、豺、地五韵为卷下。音系上有较大改动，把二十字母又分出传统三十六字母，分别韵类时顾及古代的四等，这些都体现复旧色彩。到清末，有山东女学者徐桂馨重编的《五方元音》，有内蒙古喀喇沁右旗贝子海山（号瀛洲）用蒙文译写加注的《蒙汉合璧五方元音》。可以说樊氏《五方元音》一书的影响与大清王朝共始终，直到“国语运动”时代。

继《五方元音》之后，清代还出现了一系列以十二韵部为分韵框架的北音著作。它们的声母或为二十，或为二十一，或为十九；声调多为阴阳上去入五声。各书的音系细节虽有出入，而它们受樊氏书影响的痕迹是明显的。以一种民间韵书而产生如此广泛的影响，是非常少见的。虽然樊书之前有乔中和的《元韵谱》，但是该书的音系过于附会数理，玄学色彩过重，且四呼系统打乱了实际语音而武断拼凑，不如樊书专以“便俗”为目标，乔氏书对后代的影响实际上不大。

此书产生于《五方元音》之前，《五方元音》的编纂受它影响。但它远不及后者影响深远。

《元韵谱》成书于万历辛亥年（1611）。作者乔中和，字还一，内丘人。这部书的声韵体系的基本结构体现时音特色，不受传统韵书韵图的束缚。书中处处以阴阳五行、象数律吕等无稽理论附会语音，有些地方歪曲了实际语言的真面目。

韵图上设立十九声母，但唇音中三个声母的位置实际包含五个声母：帮母一位，滂母和非母共居一位，微母和明母共居一位，后四母列字没有混杂，所以实有的声母是二十一个。十九母再按四呼分别"小母"，除去四个无字之音，共七十二小母。

韵母归纳为十二韵部，叫做十二佸，佸即括，义同"摄"。书中说："胡名佸？以一声而摄众声，以三百六十声而从一声，取会计之义。"

十二韵部的分韵法是本书的创举，恰好能概括近代北方话的韵母系统，后来经过《五方元音》的推广，成为一种定型，是清代北方话韵图最流行的分韵模式，后来的韵图所分韵类大同小异，主要是在ei、ɿ、ʅ、i、u、y几个韵母的归部上有差别。

各韵中以四呼分别韵类，以"柔律"指称合口呼，"柔吕"指称撮口呼，"刚律"指称开口呼，"刚吕"指称齐齿呼，统称"四响"。本书的毛病是每一佸一定要凑足"四响"，在实际语言中不存在的韵类也要填上字，这样就打乱了各佸中的真正韵类，有明显违反时音的地方。但是它的优点也不能抹杀，它的声母和韵部体系没有违离时音。

2.《三教经书文字根本》和《谐声韵学》

两书表里相配，前者是韵图，后者是韵书。

关于这部书的作者，《文字根本》卷首题了四个人名："阿摩利谛订集十二摄，司马温公订集二十一母，满洲胡文伯订集切音，汉人虞嗣订集谐声韵学。"这里提到的十二摄和二十一母，是本书的韵部数和声母数；"切音"据赵荫棠说是指书中的"梵身切"即切脚字。所列四位作者，"司马温公"当然是伪托，另外三人也无从考察。北京大学图书馆收藏一部《大藏字母九音等韵》，署名"清中天竺沙门阿摩利谛"，这种署名方式比较奇特，只可认为阿摩利谛为一僧人。据赵荫棠考证，本书刊行于康熙三十八年（1699）至四十一年（1702）之间。《谐声韵学》一书未见早期刻本，抄本共计十八册，原存于清内府，今北京故宫博物院图书馆有存目而无书，原本被转移到了台湾。上海市图书馆也收藏着一部《谐声韵学》，但不完全，十八卷中缺少五卷。

该书的音系包括二十一声母、十二摄、四"韵"、四声。

二十一声母和《元韵谱》相等：

见	群	疑		
端	透	娘	来	
帮	滂	明	奉	微
精	从	邪		
照	床	审	日	
影	晓			

十二摄即十二韵部，各部名称分别是：

尜 杰 罡 庚 及 高 该 裓 根 干 勾 革

四"韵"指的是四呼，名称和《康熙字典》卷首所附《字母切韵要法》一样，"开口正韵"即开口呼，"开口副韵"即齐齿呼，"合口正韵"即合口呼，"合口副韵"即撮口呼。

四声分别命名为"调、理、韵、音"即阳平、上声、去声、阴平，入声字派入四声当中。

3.《黄钟通韵》

作者都四德，字乾文，自署长白人。清代有些满族文士往往以"长白"署籍贯，都四德应是满族人，不过他的韵图音系带有东北方言的色彩，也许他确实是生活在东北地区。

《黄钟通韵》序于乾隆甲子年（1744），主要内容是讲乐律，并有一部韵图。作者认为人声和律吕有关系，并以满文为例解释语音如何具备五音六律，其实多穿凿附会之语。

声母共列了二十二个，如表：

喉属	歌	柯	呵	哦	
舌属	得	特	搦	勒	勒$_2$

齿属	知	痴	诗	日	
唇属	白	拍	默	佛	倭
牙属	赀	⿰朿页	思	$日_2$	

第二个勒母和第二个日母都是无字的虚位，有字的声母是二十个。哦母所统字有古影、疑母字，代表零声母。齿属的日母所统字为古日母和喻母字，可以假定它们有一个半元音性的声母 j，与现代东北方音相近，今东北话中，这类字和哦母的细音合流，是零声母的齐、撮两呼。

韵母分为十二韵部，每部内分四呼，开口呼叫“轻上”，齐齿呼叫“轻下”，合口呼叫“重上”，撮口呼叫“重下”。十二部如下表。

1. 黄钟律“咿”声	2. 蕤宾律“呜”声
3. 大吕律“唉”声	4. 应钟律“哀”声
5. 太簇律“哦”声	6. 无射律“阿”声
7. 夹钟律“喑”声	8. 南吕律“唵”声
9. 姑洗律“嘤”声	10. 夷则律“呹”声
11. 仲吕律“呕”声	12. 林钟律“嗷”声

韵母系统中有些特殊的韵母：唉声的韵基是 ei，这一韵的 iei 韵只有一个“尾”字，yei 韵只有一个“尉”字；呹声的撮口呼今拟作 iuang，含古阳韵合口三等的“犷诳匡眶旺”等字。

声调有阴、阳、上、去、入五声。书中说：“五方土音，惟南方有入声，北方无入声。”可知这个入声是书面上的东西。

4.《本韵一得》

作者龙为霖，自署巴郡人（重庆）；《四库提要》说他是成都人，恐误。《本韵一得》序于乾隆十五年（1750），主要部分是韵书。各韵之前有一部韵图。

声母设二十四个，其中有三个是根据华严字母设立的无字之音，有字的声母为二十一个。

十二韵是：公、孤、光、关、高、锅、乖、规、钩、居、瓜、昆。

韵内分四呼：合口呼叫太阳韵，撮口呼叫太阴韵，开口呼叫少阳韵，齐齿呼叫少阴韵。

五声为阴、阳、上、去、入。

5.《等韵精要》

作者贾存仁，字木斋，山西浮山县人。书序于乾隆四十年(1775)。

声母分二十五位，其中有三位完全无字，另外舌音第一位和喉音第一位所列的字全部重复，实有二十一母，也和《元韵谱》相同。

韵母分十二部，仿《五方元音》例，以动物为韵部命名：一狮、二马、三蛇、四驼、五牛、六獒、七豺、八龟、九龙、十羊、十一猿、十二麟。

声调分阴、阳、上、去、入五声。

6.《音韵六书指南》

作者崔鸿达，字儒英，河南温县人。该书于1843年刊印，书中的声母为二十个，与“早梅诗”相同。韵母分十二韵部，没有标目，如果以平声端母字作代表，分别是：当、丹、登、敦、刀、呆、兜、堆、多、遮、都、巴。声调为阴、阳、上、去、入五声。

7. 徐氏《切韵指南》

作者徐桂馨（1852—1899)，字明德，山东济宁人，一位罕见的女性音韵学作者。这部书是由樊腾凤和赵培梓的两种《五方元音》改订而成。

声母共二十个，有微母，同“早梅诗”。

韵母分十二韵，韵目和次序和樊书相同，惟y韵归虎韵而不归地韵。

四呼分属较有条理，不似樊书参错杂列。韵类归字有迁就古书的地方，如轻唇字全列在撮口呼，并有yang、yei两个韵母。

声调也分阴、阳、上、去、入五声。

八、河南、山东、江淮地区的时音著作

1. 河南的《青郊杂著》和《交泰韵》

(1)《青郊杂著》

作者桑绍良，字子遂，号会台，又自号青郊逸叟，濮州人（今河南范县濮城镇。《四库全书总目》谓桑氏为零陵人，误），其生活时代在明嘉靖万历之间。《青郊杂著》成书于万历辛巳年（1581）。

本书音系的构成比较特殊，它不单纯表现一个方言的共时音系，同时也不是参校各种方言、折中于中古韵书的综合性音系，而是由归纳时音和研究上古音两方面凑合而成的音系，因而可以把它剥离成两个部分来看。一部分是桑绍良按照他父亲桑溥的意见，以谐声字为依据，把江、阳两部分开，把闭口韵侵、覃与抵腭韵真、元分开，庚韵的合口呼字"横"类字不归东韵，把一部分非入声字当作入声字。另一部分是桑绍良自己的审音结果，反映当时口语的特色，和现代中原官话以及当时表现河南音的《交泰韵》差别不大，这是本书音系的主要部分。

本书共有二十个声母，和兰茂《韵略易通》早梅诗相同。作者又自作五言绝句"圣世诗"以包括这二十字母："国开王向德，天乃赉祯昌，仁寿增千岁，苞磐民弗忘。"二十声母依四呼再细分，得七十四"小母"，其中有字者六十七母，无字者七母，每个"小母"都有代表字，但是在《文韵考衷六声会编》韵图上，既没有列出小母，也没有用"圣世诗"代表声母，而仍用三十六字母中原有的代表字。二十声母如表：

喉音	见	溪	影	晓	
舌音	端	透	泥	来	
腭音	知	彻	日	审	
齿音	精	清		心	
唇音	帮	滂	明	非	微

这个声母系统有一个较突出的特点，中古的全浊声母字，不论平仄全部归次清。仄声字如：

群母归溪母：共局健跪悻掘极

定母归透母：洞独淡定荡铎钝

澄母归彻母：仲重撞浊鸩丈仗

崇母归彻母：泽状助骤俟乍寨

船母归彻母：郑直掷阵秩实神

从母归清母：暂杂贼静荐绝贱

並母归滂母：蚌並伴拔别白部

韵母系统分十八韵部。各部又划分四呼，书中叫四科，合口呼叫“重科”，撮口呼叫“次重科”，开口呼叫“轻科”，齐齿呼叫“极轻科”。十八部韵目为：

东　江　侵　覃　庚　阳　真　元　歌　麻　遮　皆

灰　支　模　鱼　尤　萧

本书整整齐齐地划分四科，虽然没有开齐合撮的名称，实际上却标志着汉语四呼分立格局的正式成立，它比李登《书文音义便考私编》及《韵法直图》的杂乱分呼要高明得多。这四呼与后代较显著的区别是唇音字归合口而不归开口，古三等知照系字归细音而不归洪音。

声调有六个，叫做“六级”，分别是沉平（阴平）、浮平（阳平）上、去、浅入（阳入）、深入（阴入）。入声分阴阳是一个特点，这与稍晚一些的《交泰韵》不谋而合，表明河南方言曾经历“入分阴阳”的时期，这是后代中原官话清入归阴平、浊入归阳平的前奏。

（2）《交泰韵》

作者吕坤，字叔简，一字心吾，宁陵人。成书时间在万历癸丑年（1613）。作者反对墨守等韵旧法，强调从现实语言中审辨音类，声称“妇人孺子皆吾师也”，其音系自然是反映口语的。作者又声言：“中原当南北之间，际清浊之会，故宋制《中原雅音》，合南北之儒，酌五方之声，而一折衷于中原，谓河洛不南不北，当天地之中，为声气之萃。”他的音系应较为真实地记录了中原官话的一个系统。

该书有二十声母：

见	溪	晓	影
端	透	泥	来
照	穿	审	日
精	清	心	

帮　　滂　　明

非　　微

古全浊声母的清化规律大致上和北京话相同，平声变送气音、仄声变不送气音，不像《青郊杂著》那样全浊变次清，但是也有一部分入声字变成了送气音，如“族集贼独牒着直”等。

韵母分二十一韵，没有《青郊杂著》的闭口韵，但有的韵分析更细。二十一韵包含的韵类如下：

1. 东韵：	翁类	雍类	
2. 真韵：	因类	恩类	
3. 文韵：	温类	氲类	
4. 寒韵：	安类	剜类	
5. 删韵：	庵类	弯类	
6. 先韵：	烟类	渊类	
7. 阳韵：	央类	佒类	汪类
8. 庚韵：	庚类	泓类	
9. 青韵：	英类		
10. 支韵：	私类	支类	
11. 齐韵：	衣类		
12. 鱼韵：	迂类		
13. 模韵：	乌类		
14. 皆韵：	哀类	挨类	歪类
15. 灰韵：	威类		
16. 萧韵：	夭类		
17. 豪韵：	懊类	交类	
18. 歌韵：	阿类	窝类	
19. 麻韵：	麻类	鸦类	挖类
20. 遮韵：	耶类	靴类	
21. 尤韵：	攸类	讴类	

这个韵母系统有两个地方有特色：（a）中古山咸摄的一等和二等分韵，合口一等归寒韵剜类，合口二等归删韵弯类，开口一等牙喉唇音归寒韵安类，一等舌齿音与二等字归删韵；（b）豪韵的齐齿呼包括古肴韵二等牙喉音字，这一类和萧韵齐齿呼（效摄三四等字）

对立。明末以后北方话的韵图只有本书音系有这两个特点。真韵、文韵之间是开口呼、齐齿呼与合口呼、撮口呼的区别，庚韵、青韵之间是开口呼、合口呼与齐齿呼的区别，这跟一般北音韵书归纳韵部的方式不同，也体现出作者审辨音值的细致。

本书有六个调类：阴平、阳平、上声、去声、阴入、阳入。吕坤强调“平入原有阴阳，上去原无阴阳”，并举实例驳斥那些反对的意见：“如东韵，烘喷烘熇、洪澒哄斛，‘烘红’者平之阴阳，‘熇斛’者入之阴阳，自当换字。”可见当时河南方言不仅存在入声，而且入分阴阳。

2. 山东地区的几种韵书韵图

明清时代产生于山东地区的时音韵书、韵图，有的带有显著的方音特征，有的则不是单纯立足于方音，今将其中数种书作简要介绍。

(1)《韵略汇通》

作者毕拱辰，莱州人。此书是改并兰茂《韵略易通》而成，成书时间为明崇祯壬午年（1642）。

声母二十个，沿用兰茂“早梅诗”二十字母。

韵部分十六个，把兰氏原书的侵寻、缄咸、廉纤并入了抵賸韵，把兰书的端桓韵并入了山寒韵，共减少了四个韵部。十六韵目是：东洪、江阳、真寻、庚晴、先全、山寒、支辞、灰微、居鱼、呼模、皆来、萧豪、戈何、家麻、遮蛇、幽楼。

声调分平、下平（阳平）、上、去、入五声。

(2)《韵助略集》

作者刘尔整，长山（今邹平）人。书成于清康熙己亥年(1719)。作者称该书是“取《韵略易通》之字，从《等音》规模，而颠倒改证之”。其音系框架沿袭马自援《等音》，扩展而成韵书，有二十一声母、十三韵部、阴阳上去入五声；四呼则以“宫商徵羽”为名，分别相当于合口呼、开口呼、齐齿呼、撮口呼。

(3)《万韵新书》

作者刘振统，据张鸿魁考证，其人为高苑（今属滨州高青县）人，书名原为《万韵书》，成书时间在乾隆六年（1741）。

声母有十九个，比“早梅诗”少一个微母(“无”母)。

韵母分十五部：

宫 刚 高 子 举 官 该 家 杰 孤 金 国 勾 吉 戈

声调有五个，次序是阴平、入声、去声、上声、阳平。

张鸿魁（2005）认为，该书的音系是作者方言音系的真实反映，“《万韵书》的声韵调类别划分，完全依据现实方音，没有受传统韵学的各种框架的束缚”（《明清山东韵书研究》，104 页）。

（4）《等韵简明指掌图》

作者张象津，字汉渡，山东新城（今桓台县）人，生活于清乾嘉时代，事迹不详。《等韵简明指掌图》一卷，收在作者的诗文集《白云山房集》之后，序于嘉庆乙亥年（1815）。

这部韵图是根据《康熙字典》卷首的《字母切韵要法》改编而成。韵图仍分十二图，形式和《要法》相似，但内容作了较大改动。原十二摄改成十一摄，把结摄、歌摄合为一个摄，但重列为第二图和第十二图，以保持原有十二图的格局。作者说：“十二天地之全数。”“声之全数固有十二矣，然取等韵读之，止得十一声，盖第二结摄与第十二歌摄不能分也。”以今胶东方言证之，此说不误。其他方面的改动，一是去掉重复的声母，把三十六字母改为十九母；二是把平声分成阴平和阳平；三是调整了入声字的分配，《要法》只有迦、结、裓、歌四摄有入声，本图的高、该、傀三摄也配了入声。

本图音系有几点明显的方音特征。其一，歌摄中的开口呼只有唇音字“坡抹”等，中古果摄其他字不论开合口都归入了合口呼；古假摄三等字“者车姐且些也、瘸靴”及相应入声字“结怯跌贴节泄、诀缺雪血”等字也成为歌摄的齐齿、撮口两类字。其二，“儿耳二”诸字归来母，即有 l 声母，既非零声母，也非日母。其三，入声字的归韵，“格刻得北迫墨责测、国拍麦画”分别归傀摄的开、合两呼。这些特点都跟山东方言有关。

（5）《切法指掌》

作者揆一辉，生平籍里未详，因此书是在山东看见的，音系的特征可以从胶东方言找到相同点，故推测作者为山东人。书序于道光十八年（1838）。本书卷首多抄袭或改编《字母切韵要法》的歌诀，而韵图的内容却和《要法》无多大关系。韵图的形式类似《韵法直图》，每一“韵”只含一个韵母，横分声母，纵分声调。

声母有十五个：见、溪、影，端、透、泥，帮、滂、明，精、清、心，晓、非、来。

韵母有三十六个“韵首”，可以归纳为十二个韵部：庚、冈、根、干、裓、该、钩、高、歌、加、结、饥。

声调为四个：平、上、去、入。这个入声实为阳平，其中有一半是阳平字，一半是入声字，而古代的入声字又散见于平（阴平）、上、去三声中。

它的音系有鲜明的方音特色：①古知照系全部和精系合并，并且能拼细音；②古日母字归零声母；③古入声字分派于阴、阳、上、去四声；④“北黑勒白拍麦”等字归歌韵开口呼；⑤“灭”字读作泥母；⑥“辨片面饭”等字归入阴声韵的皆韵；⑦“克德策”等字归裓韵开口呼。从已发现的特征看，本书的音系基础在胶东方言以内。

3. 江淮方言的几种韵图

本节所谈的几种韵图都带有江淮方言的语音特征。属于明代的著作有《书文音义便考私编》和《西儒耳目资》，其余几部书产生于清代。《私编》《耳目资》中泥、来二母没有相混，-n、-ng 两种韵尾也不合流。清代的几种韵图都不能区别 en、eng 两系韵母，泥、来两母混而为一。这几种韵书都有入声调。许多地方能区别古代山摄的一、二等合口韵，这几点是区别于华北官话的显著特征。

（1）《书文音义便考私编》和《西儒耳目资》

《书文音义便考私编》作者李登，字士龙，上元人（今南京市）。书成于 1587 年。书中的主要部分是类聚同音字表，对较生僻的字还有释义。

本书声母系统的特点是按平仄分两套，平声分清浊，共三十一母；仄声不分清浊，只有二十一母。书中“辨清浊”条说：“清浊者，如通与同，通清而同浊；荒与黄，荒清而黄浊，是也。……然惟平声不容不分清浊，仄声止用清母悉可该括，故并去十浊母，以从简便。”实际上平声的清浊是从声调的阴阳调值上分辨出来的，不是辅音的问题，仄声的二十一母就足以代表所有的声母音位，这二十一声母如下表所列：

喉　音：见　溪　疑　晓　影

唇齿半音：敷　微

唇　音：帮　滂　明

舌头音：端　透　泥　来

正齿音：照　穿　审　日

齿舌半音：精　清　心

本书韵母系统有舒声二十二韵，入声九韵。每韵中的韵类分别注有“呼”的名目，有的是从介音区别的，有的是从韵尾区分的，有的是从主元音区分的，这将在下章再谈，这里不再赘述。

舒声韵有二十二个韵部，韵目是：

一东　二支　三灰　四皆　五鱼　六模　七真　八谆　九文
十元　十一桓　十二寒　一先　二萧　三豪　四歌　五麻
六遮　七阳　八庚　九青　十尤

元、先两韵合起来等于《中原音韵》的先天韵，元韵为撮口，先韵为齐齿。

麻韵的古二等牙喉音“家加嘉牙涯虾”等字今南京音为齐齿呼ia，书中列为开口呼，与江淮方言的白话音相符。

入声分九韵：

一屋　二质　三術　四月　五屑　六药　七曷　八黠　九陌

除了有独立入声韵以外，这个系统和华北官话不同的地方有：寒韵合口与桓韵合口分韵，寒韵齐齿与先韵齐齿分韵，寒、桓、先三韵等于《中原音韵》的寒山、桓欢、先天三韵。

本书分平上去入四个调类，平声中分清浊，实质也是调类阴阳的问题，所以四声的形式隐含了五声的内容。

《西儒耳目资》的作者金尼阁（Nicolas Trigault，1577—1628），明末来华传教的天主教传教士，比利时人。这部书序于天启丙寅年（1626），以罗马字母为汉字标音，以等韵图的形式编排了音节表。这种按音类编排的韵图加上西文注音，给汉语语音研究引进了一种新鲜的方法。它的音系和李登《私编》十分近似。

声母辅音符号有二十个，叫“同鸣字父”，每一音又用一个汉字作为字母代表字，二十母不包括零声母，没有起首辅音的零声母字属于“自鸣字母”。这样本书实有二十一声母。从数量看和《私编》相同，但统字有一点差别：其中的 g（额母，音值应为 ŋ）包含影、疑母的开口呼和一部分合口呼字，不是单纯的古疑母字。“则 ts、测 tsh、色 s”三母中有少量庄系字，如“宅栅楚愁生省”等。

韵母系统比较复杂，作者力求辨音细致，有些音（主元音或介音），在当时别的著作中以及后代语音都属一类，本书中却分成两类，用不同的字母标注。例如，同一个齐齿介音，在某些条件下用 e 表示，在另外一些条件下用 i 表示；又如同一个合口介音，在某些条件下用 o 表示，在另外一些条件下用 u 表示。从音位学的标准看，是把组合关系中的不同变体形式标成了不同的音，应当予以合并。

书中共有五十种韵母符号，（包括复合韵母），分作 50 摄。有的符号还分出甚、次、中，共有五十七个韵母。所谓“甚、次、中”，就是把一个字母上或下加点，当成三个字母来用，代表不同的韵母。五十七韵母分成四类：第一类是单韵母，书中叫“自鸣一字元母”，共有五个字母，加上分出甚、次、中，实有九个韵母；第二类是二合韵母，书中叫“自鸣二字子母”，共有 22 个；第三类是三合韵母，书中叫“自鸣三字孙母”，共有 22 个；第四类是四合韵母，书中叫“自鸣四字曾孙母”，只有一类。

经过归并，五十七韵母实为四十九个；其中只有入声字的韵母有七个，舒声韵母四十一个。

声调分五类：清平（阴平）、浊平（阳平）、上、去、入。

（2）《五声反切正韵》

作者吴烺，安徽全椒人。本书序于乾隆癸未年（1763），书中韵图的音系包含十九声母、三十二韵、五声。

十九声母比《书文音义便考私编》的二十一母少影、微两母，都包含在一个“疑”母中。精、清、心三母中有一部分字来自古代照系。

所分三十二韵，每韵即一个韵母。这个韵母系统中，臻、深、梗、曾四摄合为一类，这是现代江淮方言的普遍现象。冈与干、光与关在现代全椒话没有区别，书中分别甚明，可能当时实有分别。歌、锅两韵现代全椒话部为 o，书中分立歌、锅两韵，但歌韵仅寥寥数字（“歌哿个可讹呵和”等，及一些入声字），古果摄开、合口字大都归锅韵。

声调分阴平、阳平、上声、去声、入声五个调类。

(3)《说音》

作者许桂林，字月南，江苏海州人。《说音》序于嘉庆丁卯年(1807)，主要内容是分析音理，没有完整的韵图，但是有几种关于声类韵类的图表，已构成一个声韵调系统的大纲。

十九母是：

喉音	昂	杭	冈	康
舌音	当	汤	朗	
齿音	张	昌	商	攘
	姜	羌	香	央
唇音	方	忙	旁	帮

昂母是零声母的洪音，央母是零声母的细音。

朗母包含了古泥来二母字，即不分n、l。

韵母分“十六音”即十六韵。其中的“而”韵注为“北音”，可知是er，本地没有这一音。除了这个er，其余的音类没有超出江淮方言的范围，并且和连云港方言基本相同。

(4)《等韵学》

作者许惠，字慧轩，安徽桐城人。书序于光绪四年(1878)。

本书分声母为三十八类，把不同的介音分开了，是所谓的“小母”，同一声母按洪细分成两类，只有公、冈两组是按开合分类，没有概括成一组洪音。这个声母系统的特点有：古见系字撮口呼与知照系合口细音合流为“中充胸雍”一组（今桐城方言为tʂ、tʂʻ ʂ、ʐ）；见系齐齿呼和精系齐齿呼合流为一类；一部分照系字（主要是照二系），归入“宗忽松”一类，和精组合流；古影疑母近代属开口呼的字单设一“昂”母。

合口介音只出现于牙喉音（k、kʻ、x），其余各组声母都没有合口呼；撮口介音只出现于“中”组，其余声母没有撮口呼。

十二韵部是：东 支 虞 灰 真 删 先 萧 歌 麻 阳 尤

五真韵包含臻、深、梗、曾四摄的阳声韵字，不分əŋ、ən是江淮方言特征。

六删韵有齐齿，撮口两呼，与七先韵对立，与今桐城方言一致。

九歌韵没有合口呼，古果摄开合口合流为一类，今音读o。

“而儿”一系字归歌韵，与今桐城音一致。

声调分阴、阳、上、去、入五声。

九、其他几种较有影响的北音著作

1.《切韵声原》

作者方以智，字密之，明末清初著名学者。《切韵声原》是方氏所著《通雅》的第五十卷，这一卷专论音韵，并有一部韵图，成书时间在崇祯十四年（1641）。

本书所定声母为二十一个，其中包含一个虚设的无字之音，实际的“有字之音”二十个，和“早梅诗”相同。

韵母系统分作十六部，其中包含“音”“淹”两个闭口韵。书中讲到：“侵盐覃凡，皆声将尽而闭，如今绍兴与江右为甚”，这就是说，闭口韵在很多地方都已消失，在浙江绍兴、江西诸地，闭口韵的 -m 韵尾还是保存着。

声调有五个，分别叫“开、承、转、纵、合”，又叫啌平、嗹平、上、去、入。“开”和“啌平”即阴平，“承”和“嗹平”即阳平。

本书中提出了“勿泥乡音”的主张，也和许多著作一样，以构筑超越于方言之上的“正音”音系为目的。作者编韵图时，至少参考了北方官话、江淮官话及江南一些方言，吸取不同方言的特点。

2.《等音》

作者马自援（？—1681），字盘什，陕西米脂人，出生在云南。

本书声母分二十一母：

见 溪 疑 端 透 泥 帮 滂 明 精 清

心 照 穿 审 晓 影 非 微 来 日

本书对韵母的分析是以呼为纲，计有五呼，分作五大类，冠以“宫商角徵羽”五音名目。五音各领十三韵，共有六十五韵，以一个韵母为一韵，但有些韵是虚设的无字之韵。五音当中，宫、商、徵、羽分别等于合口呼、开口呼、齐齿呼、撮口呼，四呼已足以概括介音系统，但作者拘泥“凡天下之事物得五而成”、“五者天地之大数，不可少者也”的观念，又把前人的“混呼”“闭口”算作一类，作为角音，以凑足五音之数。

若从韵部的角度来分，本书有十三韵部。沿用清代北音著作的惯例，以见母字作韵目，则有：冈、干、庚、根、高、该、钩、规、歌、国、孤、基（含"赀而居"）、瓜 迦。

关于这个音系的性质，书中有一个交代。《叙略》第三条说："是集惟用正音……欲知何者为正音，五方之人皆能通解者，斯为正音也。"这是套用《洪武正韵》的说法。究竟什么样的音才是"五方之人皆能通解者"呢？《十三韵说》说道："援自舞勺入塾，从事于雒源杨夫子之门，诵读之下，尝见唐《礼部韵略》（原注：即今沈约诗韵），退而自问曰：韵何为而有不同者乎？胡为乎遮奢等音而属于麻也？胡为乎歌麻两音而古可通用也？胡为乎庚之不通用于真也？胡为乎侵之自为一韵也？诸如此类，疑不胜指。及从事江右杨夫子而知侵之为闭口音也，从事嘉兴李夫子而知歌麻遮为吴越不分之音也。援籍本秦也，生于滇，受学于蜀越诸先生，足迹遍黔楚两粤，即羌僰异域，亦曾随家大人身历焉。至若燕韩赵魏吴闽齐鲁，则有游诸客皆东西南北人也，援日与交接，聆其语言而熟察之，乃知庚之与公同韵，而必不可通于真，此中州之正音也。其他所疑则随闻而释之。……又尝考《洪武正韵》，而知遮之必不同于麻也。乃以己见增'国'韵，统五声五百二十五位。援又审俱居二字之有轻重阴阳之分也，乃增'骨'韵。"根据以上的叙述，我们可以知道马氏所谓的"正音"是参用各种方言和书面材料组合起来的体系。马氏生于云南，长期在西南方言地区生活，所操方言是西南官话，接触过来自各地的人物并注意方音异同。据他的说法，当时西南官话里庚韵和真韵无区别，他是按北方话把庚韵合入东韵的，以江西话为依据而把闭口韵独立出来，俱、居两韵的区别是他自己所操西南方言的特点，遮、麻分韵则服从《洪武正韵》。这个韵母系统的综合折衷色彩比较明显。

声调分五类：平、上、去、入、全，平声等于阴平，全声等于阳平。

《等音》一书在清代是流传较广、有一定影响的著作。

3.《声位》

作者林本裕，字益长，辽宁盖州人，生长在云南。《声位》成书时间约在康熙四十七年（1708）前后。

此书是在马自援《等音》基础上改订而成，十三韵部、五呼、五调基本维持《等音》原有体系，主要改动有以下几方面：

1. 改二十一声母为二十四字母。实际的“有字之音”的声母是二十个，把马书中的影、疑两母合为一个“疑”母。作者说这二十字母“在中土之字已足用矣”，但“通之天下犹有未尽”，于是另外增加了四个无字之母，仿方以智《切韵声原》，增一个母；又仿华严字母，增两个二合字母“瑟吒”“诃婆”和一个三合字母“曷罗多”。

2. 用方以智“开承转纵合”五声替换马氏的“平、上、去、入、全”五个调名，并且把阳平声（承声）放到第二位。

3. 改变了马书的体例。《等音》以宫商角徵羽五音（介音）为纲，以五声（声调）为目。《声位》则以五声为纲，五音为目。具体到每一图的形式和内容，两书相差不远。

4. 改变了五音当中的“角音”的内容。《等音》的角音类含“姜、絅”两个混呼和有 i 介音的“兼、金”两个闭口呼，《声位》的角音去掉了这四类，填上新的内容：“甘、森”两个无介音的闭口韵和“觥、邹、而”等韵类。

从音系内容说，《声位》比起《等音》来没有多少实质性的改变。

主要参考文献

北京大学中文系 1989《汉语方音字汇》，语文出版社。

耿振生 1992《明清等韵学通论》，语文出版社。

黄灵燕 2008《清代官话罗马字著作音系研究》，北京大学博士论文。

合肥师范学院方言调查工作组 1962《安徽方言概况》（内部发行）。

江苏省和上海市方言调查指导组 1960《江苏省和上海市方言概况》，江苏人民出版社。

蒋希文 2005《汉语音韵方言论文集》，贵州人民出版社。

李无未 2005《音韵文献与音韵学史》，吉林文史出版社。

李新魁 1983《中原音韵音系研究》，中州书画社。
鲁国尧 1994《鲁国尧自选集》，河南教育出版社。
陆志韦 1988《陆志韦近代汉语音韵论集》，商务印书馆。
罗常培 1963《罗常培语言学论文选集》，中华书局。
罗常培、蔡美彪 2004《八思巴字与元代汉语》（增订本），中国社会科学出版社。
宁继福 1985《中原音韵表稿》，吉林文史出版社。
1997《古今韵会举要及相关韵书》，中华书局。
2003《洪武正韵研究》，上海辞书出版社。
钱曾怡 2001《山东方言研究》，齐鲁书社。
邵荣芬 1981《中原雅音研究》，山东人民出版社。
王　力 1981《中国语言学史》，山西人民出版社。
王硕荃 2002《古今韵会举要辨证》，河北教育出版社。
杨耐思 1981《中原音韵音系》，中国社会科学出版社。
2003《近代汉语音论》，商务印书馆。
杨亦鸣 1992《李氏音鉴音系研究》，陕西人民教育出版社。
照那斯图、杨耐思 1987《蒙古字韵校本》，民族出版社。
张启焕、陈天福、程仪 1993《河南方言研究》，河南大学出版社。
张鸿魁 2005《明清山东韵书研究》，齐鲁书社。
张树铮 2005《清代山东方言语音研究》，山东大学出版社。
张玉来 1999《韵略易通研究》，天津古籍出版社。
1994《韵略汇通音系研究》，山东教育出版社。
赵荫棠 1957《中原音韵研究》，商务印书馆。
1957《等韵源流》，商务印书馆。
竺家宁 1986《古今韵会举要的语音系统》，台湾学生书局。

第五章 明清时期的等韵学和今音学

一、明清时期音韵学的发展概况

明清时期的汉语音韵学总体上呈现多元化特色，并经历了多次转折，在许多方面都跟唐宋时期有重大的不同。明代的主要成就在于等韵学和时音的研究；清代则是全面开花。清朝学者把音韵学分为古音学（或称古韵学）、今音学（或称今韵学）和等韵学三个分支：以《诗经》等上古文献材料为对象来研究先秦两汉时代语音的学问是古音学，以唐宋韵书为中心来研究中古语音的学问是今音学，以图表形式表现历代音系、同时又对具体的发音现象和音节构成单位做系统研究的是等韵学，也有人把所有对现实语音——所谓“时音”——的研究都归入等韵学的范围。三者之间有密切关联，有时难于截然划分，清代官修的《四库全书总目》的“经部·小学类·韵书之属”有一段话：“案韵书为小学之一类，而一类之中又自分三类，曰今韵，曰古韵，曰等韵也。本自一家之学，至金而等韵合于今韵，至南宋而古韵亦合于今韵，至国朝而等韵又合于古韵，三类遂相牵而不能分。”

上古音的研究在明代谈不上什么重要成就。明代中叶的杨慎有几种著作，本质上没有脱离宋朝人的“通转”“叶音”的老路；其他一些人的音学著作也有涉及上古音的，大多是观念模糊内容肤浅。其中也偶然出现过一些有价值的见解，如十六世纪的桑溥就很明确地指出谐声字是研究古音的重要线索，但这种见解不多。到明朝末年，陈第、焦竑在理论上为古音学的发展作出了历史性贡献，他们批判了相沿已久的叶音说，提出了语言发展的历时观念，为清代古音学的建立奠定了理论上的基础。科学的古音学在清代才建立起来并得到充分的发展，成为中国语言学史上辉煌的一页。本书有专章讨论明清的古音学，这里就不再多谈。

明清人所谓的“今音”实际上包含着两部分内容，其一是关于平水韵的研究，其二是关于《广韵》音系的研究。平水韵在明清时代是科举取士的用韵标准，对读书人来说有真正的实用价值，可谓名副其实的“今韵”，但是这个音系并没有多少值得研究的内容，充斥书肆的各类版本的“诗韵”大都是供文人常备查检的工具书，有作者个人创意的是那些按照平水韵的106韵编排并采取等韵学的字母和开合四等区别韵类及小韵的韵书。这类著作数量不多，影响不大。流传稍广的有明代吕维祺《音韵日月灯》、清代汪烜《诗韵析》等；清代官修韵书《音韵阐微》在106韵的基础上分韵稍多，有112韵，也属于这一类。至于《广韵》的研究，只是到了清代才展开，在明代可以说是一片空白。有明一代，《广韵》基本上是湮没无闻的，大部分学者对它一无所知，因此我们就看到官至尚书、并编写了《音韵日月灯》的吕维祺竟然说出“上古元有二百六韵……沈约为一百六韵”的荒唐言论。就在社会上的影响而言，金代韩道昭的《五音集韵》超过《广韵》《集韵》。到清代，《广韵》的研究开始盛行，自江永至陈澧，不少人写出了有相当分量的著作。江永著《四声切韵表》，已经意识到《广韵》的反切上字的使用跟三十六字母有所不同，也意识到《广韵》反切下字所反映的韵类跟等韵图上所排列的韵类并不相同；到陈澧的《切韵考》，用他创造的反切系联法来系联《广韵》的反切上下字，得出四十声类、三百一十一韵类，破除了以前人们把等韵图的音类当作《广韵》音类的误解，这是中古音研究的重大突破。他们的著作一直作为音韵学的重要文献流传于世。

等韵学的牵涉面既广泛，内涵又相当复杂。它在明清时代的发展过程是丰富多彩的，也是曲折多变的。大致说来，可以把明朝立国之初（1368）到明中叶（以隆庆末年即1572年为界）作为前期，把万历初年（1573）到康熙末年（1722）作为中期，雍正以后（1723年到清王朝灭亡即1911年）为后期。各个时期都有显著的特点，而且跟时代的社会文化背景有关。

第一阶段将近二百年时间，是等韵学冷落、萧条的时期。此间出现的等韵学著作很少，严格意义上的等韵学专著——等韵图，似乎没有出现，只有一些用等韵学的方法编纂的韵书。为人们所熟识的有兰茂的《韵略易通》（1442）、章黼的《韵学集成》（1460）、王应电的《声韵会通》（1560）和毛曾、陶承学修订的《并音连声字学集要》（1561）等寥寥数种。有的学者，把所有属于近代音的著作都归入等韵学，认为明初朱元璋下令编纂的《洪武正韵》就是更早的等韵专书了，其实该书完全沿袭了《广韵》等古老韵书的体例，一韵之内小韵的排列杂然无序，没有达到《五音集韵》之类韵书的“等韵化”程度。

到了万历年间，形势为之骤然一变，等韵学出现了一个前所未有的繁荣局面。这一时期的特点是著作多，水平高，成就大。各家作者都表现出强烈的革新意识和自立门户的愿望，不肯因循古人。重要的作品有桑绍良《青郊杂著》（1581）、李登《书文音义便考私编》（1587）、徐孝《重订司马温公等韵图经》（1602）、无名氏《韵法直图》（1612 年前）、吕坤《交泰韵》（1613）等。这些著作在编纂体例上力图创新，正音标准摆脱了从前的框框，从实际口语中寻找根据，具有不同的方音色彩，而相互之间罕有雷同。

万历时代的等韵学学风一直延续到清朝的康熙末年，明清之际改朝换代的社会动荡对于等韵学有一些影响，但并没有中断。《西儒耳目资》《五方元音》等对后代产生过重大影响的著作就出现在明末，康熙年间有赵绍箕《拙庵韵悟》（1674）、马自援《等音》（1681 年前）、无名氏《三教经书文字根本》（1701 年前）、林本裕《声位》（1708 年前后）等，都是审音精细、反映实际语言的著作。

古音学的繁荣是清代音韵学的特色（本书有专章），等韵学和今音学也很发达。自雍正以后的近二百年时间内，等韵学著作的数量是相当可观的。粗略地说，此期间的等韵学可以分为“考古”和“审时”两个派别。“考古派”的注意力完全在于古代典籍的研究，所推崇的对象，有的是先秦古音（从音系对象说属于“古音学”），有的是唐宋韵书或韵图（从音系对象说属于“今音学”）。把等韵学的手段用在了研究中古韵书音系和上古音系，这是等韵学效用的扩大，也是等韵学进一步发展与加强的一个标志。这个时期的“审时派”，跟明末的学者有很显著的区别，就是大部分人似乎都没有了“自我作古”的胆子，而处处显现出一种亦步亦趋的心态，既想跟时音合拍，又不敢完全标新立异，他们实际上是采取另一种方式的守旧：把明末清初的几种影响大的作品当作范本，进行小心翼翼的修改，保留了以前某种书的音系框架，再掺进自己的东西，可以说是“旧瓶装新酒”。清末劳乃宣所主张的“通于今而不违乎古”的折中态度，正是很普遍的主流思想。比如明末樊腾风《五方元音》的十二韵部体系（应该说这种体系最早出自乔中和之手，但真正扩大影响却是由于樊书），在清代基本上成了北方官话区韵书的典范体系，在此基础上编出的韵书为数甚多；而以吴方言为基础的《韵法直图》则有数十家仿效者。能够解放思想自立一家之言的音韵学者也是有的，只是数量大不如前，成为主流之外的曲高和寡者。值得称道的是清代方言韵书的数量大为增加，超过了以前各个时代。

传统音韵学的余波一直延续到二十世纪三十年代，不过这时已经进入了现代语言学兴起并迅猛发展的历史性变革年代，现代音韵学开始建立，它吸取了传统音韵学的精华并将其作为自己的重要基础，而旧式的音韵学则不可能依照原先的样子存在下去了。

二、明清等韵学对音节构成单位的分析描写

明清时代语音分析的细密程度远远超过宋元时代，达到了古代语音学的巅峰，主要的审音成就都是等韵学家取得的，也有曲韵学家、古音学家的参与。

普通语音学的基本研究手段，是“切分——定性——分类”这一套程序，即首先把语流切分出更小的片段，直到音素为止；再从生理特征和物理特征确定每个音素的性质，并为之归类。然后才有组合功能的研究。切分单位是语音分析的基础，古代音韵学也不例外。就汉语来说，音节已经是天然的独立运用单位，可以凭听感直接感觉出来，需要音韵学家做的事情是分出音节下边的更小单位，即构成音节的每个音素。

等韵学家的审音方法和成果一般要通过两种方式表现出来，其一是用汉字作工具给音节下面的成分——声母、韵头、韵腹、韵尾、声调等命名，并通过语言的描述来说明各个语音成分的性质，如发音器官的动态、所发出的音色特征等；其二是通过汉字字群的分类和排列表格，显示出一个音节由哪些成分结合而成，和声韵调结合的规律，

这就是等韵图、字母表等的内容。明清著作中这类资料很丰富，从中可以看出古人对字音观察很仔细，尽管它们的叙述也有很多含混不清甚至错误的地方。

1. 音节的切分

中古时代的韵书如《切韵》等所表现出来的音节分析方式可以说是“四分法”，即“声调+声母+韵头+韵基”。这里所谓“韵基”指的是韵腹加韵尾①，韵书是把它们作为一个单位看待而未再分析。对于制作反切来说，或对于用韵检字来说，四分法也就够用了。到了唐宋等韵图，对音节的分析又进步了，达到了“五分法”，其标志在于“韵摄”“四等”诸概念的产生，说明韵图作者能够把韵腹跟韵尾分开来对待，有了更精密的辨别。但是，所谓四分法、五分法，只是我们从韵书和韵图的体例中归纳出来的，并没有见到古人在这方面的明确表述。到了明清时代，才有人从理论上将音段切分的规律加以说明。

明末曲韵家沈宠绥《度曲须知》第九“收音问答”一节提出了“字头、字腹、字尾”的概念，说：“凡敷衍一字，各有字头、字腹、字尾之音。”他所说的字头，包括了声母和介音，二者看作一个单位；字腹和字尾，从概念上说相当于韵腹和韵尾，但是他的书中却没有把两者分辨清楚，尤其是在讲“字腹”的时候往往把韵腹和韵尾都混在一起。例如他对《中原音韵》各部字腹的解释：

> 如东钟之腹，厥音为翁红；先天之腹，厥音为烟言；皆来之腹，厥音为哀还；尤侯之腹，厥音为侯欧；寒山桓欢之腹，厥音为安寒；馀即有音无字，未便描写。

沈氏对字尾的分辨很仔细，分出了“鼻音、抵腭、闭口、噫音、呜音、于音、有音无字”七类，并用这七种韵尾去区别《中原音韵》十九部：

> 东钟、江阳、庚清三韵，音收于鼻；真文、寒山、桓欢、先天四韵，音收于抵腭；廉纤、寻侵、监咸三韵，音收于闭口；齐

①“韵基”是美国俄亥俄州立大学薛凤生教授提出的术语，见于他的《北京音系解析》等论著中。

微、皆来二韵，以噫音收；萧豪、歌戈、尤侯与模，三韵有半，以呜音收；鱼之半韵以于音收；其余车遮、支思、家麻三韵，亦三收其音，但有音无字，未能绘之笔端耳。

沈宠绥把歌戈韵说成收呜音，可能是以他自己的家乡方言吴语为依据；而把模、鱼、车遮、支思、家麻以及齐微之半说成有尾韵，则是不妥当的。

清初赵绍箕分析音段的方式跟沈宠绥十分相似，他的《拙庵韵悟》也提出了三分法，但所用术语不同于沈氏。赵书以"呼、应、吸"这三个名称来分别代表字头、字腹、字尾。书中"十要"说：

呼者，声之发端也。凡吐字之始，先有一声为之发端，乃化声之机也。盖发动一声之响，与夫分别一韵之响者，呼声之功能也。……古名字头，余名为呼也。

应者，声之承转也。凡声发端之后，随有一声为之承转，乃生声之枢也。盖继续一声之响，与夫联合一韵之响者，应声之功能也。……古名字腹，余名为应也。

吸者，声之收煞也。凡声承转之后，即有一声为之收煞，乃成声之要也。盖完足一声之响，与夫吟咏一韵之响者，吸声之功能也。……古名字尾，余名为吸也。

从定义揣摩，赵氏说的"呼"好像是包括了声母和韵头两者在内，但书中其他地方又把这一术语专用于介音，因此我们可以认为这个词的用法不是单一的。"应"和"吸"从理论上是分别指韵腹和韵尾，但是赵氏犯了跟沈宠绥相同的毛病，即对韵腹和韵尾的区别不很清楚。他说的"应"实际上也是把韵尾包括在内的，书中的"应字提纲"部分，每一个韵部都有一个单独的"应字"，其性质和沈宠绥的"字腹"完全相同。"吸"也分为八类，称为"八吸"，也把无尾韵当成有尾韵，并没有比沈宠绥前进一步。"八应"和"八吸"完全是一一对应的，如下表所列：

八应	八吸
如呼	运腭
口舒	逆鼻
口展	顺鼻
口张	敛龈

口弛　伸龈

口放　抑嗓

口纵　扬嗓

口揭　曲咽

（语音内容见192页）

在沈宠绥三分法的基础上，清代贾存仁的《等韵精要》一书提出了四分法，把声调以外的音节成分分为四部分，从字头中分出介音来，称之为“字项”。他还认为分辨字项比分辨字腹、字尾更重要，说：

> 曲家尝言一字有头腹尾三音，其说似乎至精，及细审之，不唯一字实有头、项、腹、尾四音，而且腹、尾之音可以不辨，项音必不可以不辨。

这种四分法，以“字头”专指声母，“字项”专指韵头，“字腹”专指韵腹，“字尾”专指韵尾，如果加上声调，就是五分法。这从理论上达到了音节切分最精密的程度。而贾氏所言“腹尾之音可以不辨”，固然不可取，然而却跟以前的韵书传统吻合，也不能说完全没道理。

2. 声母的分析描写

我国古代等韵学分析声母，和现代普通语音学分析辅音一样，是从发音部位和发音方法两种角度着手。在声母表上，发音部位是一种坐标，发音方法是另一种坐标，两者很清楚地决定了一个声母音位的地位。中古时代的“三十六字母”和明清等韵学中的字母系统大部分都用这种方式。但在用语言描述的时候，有时候能够把两者分开来谈，也有时候则结合在一起来谈，都经过了自己的仔细观察、体会，虽然所用的表述方式在今天看来还不够准确，但各有一定的价值。

明末袁子让是维护三十六字母体系的，他的《字学元元》卷一有对传统五音各部位的说明：

> 牙音乃以舌迫龈上出之，虽舌亦与力，而用龈为多；
>
> 端透定泥出于舌头杪末处，知彻澄娘用于舌上中央处；
>
> 帮等须合唇而迫声以出，故谓之重；非等则开唇送声而出，故谓之轻；

精等五母出在两齿头相合处，而照等五母则在正齿之内，舌稍用事，故中有少似舌上音者；

喉音四母，晓匣重出为深喉，影喻轻出为浅喉；

来当在舌，似不干齿；日当在齿，似不干舌。

尽管这里有些措辞不够恰当，对舌上音和正齿音的辨别也实在勉强，但是袁子让分析五音的精确细致显然已经达到了前所未有的水平。我们所看到的更早时候（唐代至宋代）对声母的描述，不过是"宫，舌居中；商，口开张；角，舌缩却；徵，舌拄齿；羽，双吻聚"这样一些韵语，含义十分模糊，也许作者为了迁就押韵不得不舍弃表达需要的精确性，他们对五音部位的本质是否十分清楚，今天已经难于作出定论。

袁子让是拿自己的口耳之音去推断三十六字母的五音，更有不少的人则是直接分析时音，试举清代的莎彝尊和潘逢禧为例。莎氏《正音切韵指掌》的"字母口法"说：

见溪(按即［k］和［k‘］)，用两腮内大牙力读；

影晓（按即［ø］和［x］)，用喉气嘘嘘贯出读；

端透泥（按即［t］［t‘］和［n］)，用舌尖舔上腭读；

帮滂明（按即［p］［p‘］和［m］)，用上下两唇相拍读；

来日（按即［l］和［ʐ］)，用舌头微微卷上读；

照穿审（按即［tʂ］、［tʂ‘］和［ʂ］)，用舌头缩短贴紧上腭读；

精清心（按即［ts］、［ts‘］和［s］)，用舌尖松放顶出齿罅读；

非微（按即［f］和［v］)，用唇如轻轻吹火读。

潘氏《正音通俗表》"七音"条说：

凡读字之时，音甫出喉而腹微动者，喉音也；其出于喉而必隶于两旁牡齿间者，牙音也，亦曰腭音；其音由牙出而必悬舌向腭，使音从舌之两旁出者，正齿音也，亦曰卷舌音；其发音由正齿而必以舌抵面前正中之牡齿，使力从舌尖出，而以舌动为音者，舌音也；其以舌抵面前之牡齿，而必使其穿牙缝而出，力在齿头者，齿头音也；其音既出，而必以上齿紧扣下齿，而后发音者，轻唇音也；若以上下两唇相切成音者，则重唇音也。

以上二人对发音部位的描写可以说是已经相当细致入微，基本上达到现代语音学的水平。此外，还有一件十分值得注意的事，当时已经有人画出了声母发音部位的部位图，这就是清代汪烜《诗韵析》中的那张“五声次序图”：

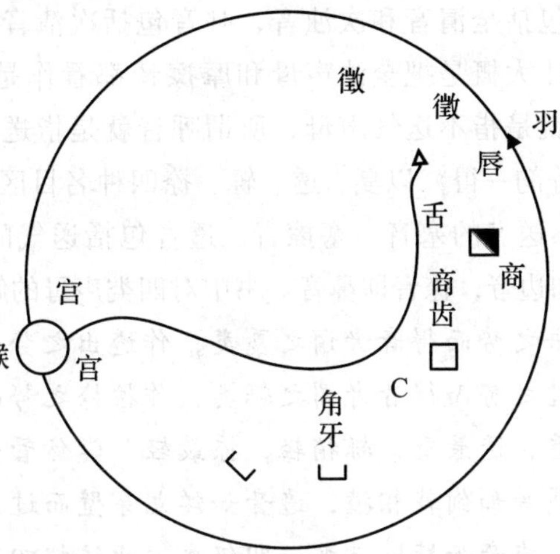

尽管我们今天看这张图是十分粗糙并且有不少错误，但在缺乏详细人体解剖学知识的古代，能够凭借自身的体会画出这样的图，应该说是相当了不起的。

以上是对声母发音部位研究。发音方法比发音部位更难于描写，虽然有相当多的人做过尝试，似乎都没有达到令人满意的结果，换句话说，都跟现代语音学的成就有很大距离。发音方法的分析主要表现在字母表的分类上，通过同一部位的几个字母的排列次序和命名把不同的发音方法区别开。在唐宋时代主要是分出清、次清、浊、次浊这样几个名目，明清时代在这方面并没有多少实质性的进步，只是所用的名称术语有所增加或改换。如桑绍良《青郊杂著》的“启、承、进、演、止”，方以智《切韵声原》的“初发声、送气声、忍收声”，赵绍箕《拙庵韵悟》的“伯、仲、叔、季”，胡垣《古今中外音韵通例》的“极重、次重、次轻、极轻”，都不过是一种次序代号。例如按照桑绍良的分类，同一发音部位的几个声母，第一个叫做“启”，第二个叫做“承”，第三个叫做“进”，第四个叫做“演”，第五个叫做“止”，其他人的分类依此类推，名称本身不能反映每个辅音在发音方法上的语音性质。这跟以五音为发音部位命名的客观效果是不相同的。不过，也有一些学者用描述的方法来说明声母的发音方法，取得一定的成就，如袁子让和劳乃宣。

袁子让《字学元元》以“呼吸”两个概念把字母分为两类，书中说：“凡音舒气而出者皆属于呼，饮气而入者皆属于吸。”从书中归类看，吸音包括全清音和次浊音，呼音包括次清音、全浊音和摩擦音。估计袁子让大概是把全浊声母和摩擦音都看作是送气音，那么，他所谓的吸音就是指不送气声母，所谓呼音就是指送气声母。

劳乃宣《等韵一得》以戛、透、轹、捺四种名目区别同一部位的辅音，戛音包括不送气的塞音、塞擦音，透音包括送气的塞音、塞擦音，轹音包括擦音和边音，捺音即鼻音。书中对四类声母的解释是：

> 作戛击之势而得音者谓之戛类，作透出之势而得音者谓之透类，作轹过之势而得音者谓之轹类，作按捺之势而得音者谓之捺类。戛稍重，透最重，轹稍轻，捺最轻。尝仿管子听五音之说以状之曰：戛音如剑戟相撞，透音如弹丸穿壁而过，轹音如轻车曳柴行于道，捺音如蜻蜓点水一即仍离，此统拟四类之状也。

由于不能用确切的术语把音色特征表述出来，劳乃宣用了譬喻的方式表达他的意思。比较而言，他的观察和分析是很细致的。

在等韵学中，对于声母的研究还有另外一项重要内容，即从有字之音中推导出无字之音。等韵学的声母分析方法是“平面坐标系”的图解式方法，分别用发音部位和发音方法作为纵、横坐标轴，把所有的声母排列为一个平面矩阵，每个字母的位置就决定了它的语音性质。一般情况下，声母不能把矩阵内的全部位置填满，总会留下一些空位。有的学者认为这些空位也代表着声母音位，属于“无字之音”，就为这些声母起出名称，与有字之音同等看待，使得整个系统更加整齐、均衡。比如在三十六字母中，塞音和塞擦音的清声母有送气（全清）和不送气（次清）的配对关系，而浊声母则只有全浊一类，没有送气与不送气的对立，有人就把浊声母也设为两行，其用意就在于补上空位，让浊声母和清声母平行。这种处理方式，是完全符合现代的“区别性特征”理论的，他们已经知道一个声母就是几个区别特征的组合，因而根据理论上的可能性推测出新的声母，体现了对语言规律性的深层认识。但是，等韵学家还有些不合乎实际的看法，往往以为在现有的声母表上填了空位就可以包括人类能够发出的全部声母，这说明他们的眼界受到时代背景和学术环境的限制。这种方式可以上溯到宋代邵雍的《皇极经世·声音唱和图》，到清代曾经很流行，如潘耒的《类音》声母系统的五十声母有十八个是虚设的，熊士伯《等切元声》四十二声母有十一个为虚设，江永和江有诰都在三十六字母之外增设十四母而成五十母的系统，劳乃宣则在三十六字母之外增加二十二母而有五十八母。下面试举劳乃宣的声母体系为例，其中的○就是所增的无字之音。

	轻唇音	重唇音	轻齿音	重齿音	轻舌音	重舌音	鼻音	喉音	
音戛 音透 音轹 音捺	○ 阿孚 阿夫 ○	巴 葩 ○ ○	帀 擦 萨 ○	查 叉 沙 ○	咤 侘 ○ ○	答 塔 ○ ○	嘎 喀 哈 ○	阿	清声
音戛 音透 音轹 音捺	○ ○ 阿符 阿无	拔 ○ ○ 嘛	杂 ○ (萨) ○	楂 ○ (沙) 髻	茶 ○ ○ 阿拿	达 ○ 拉 纳	噶 ○ (哈) 阿迎	(阿)	浊声

明清时代等韵学中的声母体系有一种影响颇大的分类方法，是把声母辅音与介音结合看成一个单位，按不同的“呼”分成“小母”。“大母”“小母”的名称是袁子让提出来的，其他人有别的叫法，如许桂林《说音》叫做“总母”“分母”。采用这种分类法有两种不同的方式，一种是区别开、齐、合、撮四呼，把一个声母音位分成四个小母，如桑绍良、袁子让、乔中和、华长忠等人的做法；另一种是只区别粗音（洪音，即开合二呼）和细音（齐撮二呼），如李汝珍的做法。

桑绍良的《青郊杂著》有二十个声母，根据四呼分了六十七个小母（无字之音不计在内），如见母［k］的开口呼为“甘”、齐齿呼为“坚”、合口呼为“工”、撮口呼为“居”。袁子让《字学元元》的“子母全编”把三十六字母分成一百一十九个小母，每个小母用了两个代表字，如见母的开口呼为“干艮”、合口呼为“官古”、齐齿呼为“巾己”、撮口呼为“君居”。乔中和的《元韵谱》把十九个大母分成七十二个小母，见母的合口呼为“光”、撮口呼为“倦”、开口呼为“庚”、齐齿呼为“见”。华长忠的《韵籁》干脆不归纳大母，直接给不同的呼设立小母，共有五十字母，并不告诉读者哪些小母可以合并为一个大母。

李汝珍只以洪细区分小母，不细分四呼，并且在小母之上也不归纳大母。他的《李氏音鉴》设三十三字母，编成一首《行香子》词："春满尧天，溪水清涟，嫩红飘，粉蝶惊眠。松峦空翠，鸥鸟盘翾。对酒陶然，便博个醉中仙。"字母与音位的关系应如下面所列：

	[k]	[k‘]	[x]	[ø]	[ts]	[ts‘]	[s]	[tʂ]	[tʂ‘]	[ʂ]	[ʐ]
洪音：	个	空	红	鸥	醉	翠	松	中	春	水	然
细音：	惊	溪	翾	尧	酒	清	仙				

	[t]	[t‘]	[n]	[l]	[p]	[p‘]	[m]	[f]
洪音：	对	陶	嫩	峦	博	盘	满	粉
细音：	蝶	天	鸟	涟	便	飘	眠	

表中的［tʂ］（中）、［tʂ‘］（春）、［ʂ］（水）、［ʐ］（然）、［f］（粉）五个声母只拼洪音不拼细音，所以各自只有一个字母。

3. 介音（韵头）的分析描写

中古时代等韵学把韵头和主要元音混合在一起作为划分"四等"的标准，由于标准不单一，使得"等"这个概念颇为复杂，甚至于令人感觉捉摸不定或者发生误解，如清代江永就把分等跟声母联系起来，说："辨等之法，须于字母辨之。"经过长期的复杂演变，韵母的四等到了近代汉语阶段成为四呼，等韵学家在分析韵母时能够把介音标准跟韵腹标准区分开，"四呼"成为由单纯的介音标准划分出的韵母类别。不过达到这一步也经过了一个过程。

元代《中原音韵》音系的零介音和韵头［i］、［u］、［iu］构成的介音格局已经奠定了四呼的基础，到明初《洪武正韵》和《韵略易通》把鱼、模分韵，反映了鱼韵由［iu］变成［y］的事实，现代学者认为介音［y］也在这个时候由［iu］变来，这是四呼正式形成的时代。明代前期的韵书还没有跳出为诗歌押韵服务的局限，在审音方面的精密程度有所欠缺。如兰茂的《韵略易通》（1442）按照介音给韵母分了类而未作进一步说明，章黼的《韵学集成》（1460）则把同一韵里边不同介音的韵类随意排列，没有固定的顺序。明确地把介音排出一定条理并且予以命名的著作当以桑绍良《青郊杂著》（1581）为最早，该书中还没有"开齐合撮"四呼的名称，而有了四呼的实际内容，并且以“四科”作为名称：开口呼叫做“轻科”，齐齿呼叫做“极轻科”，合口呼叫做“重科”，撮口呼叫做“次重科”。稍晚于桑绍良，有徐孝、袁子让、叶秉敬等人用“两呼两等”的形式区别四呼，用中古音韵学的术语来代表近代汉语的语音内容。他们把开口呼叫做“开口上等”，齐齿呼叫做“开口下等”，合口呼叫做“合口上等”，撮口呼叫做“合口下等”。以上这些人已经从系统上解决了四呼分类的问题，标志着韵母分析的精密化大大提高了一步。

开口呼、齐齿呼、合口呼、撮口呼这几种名目并用，始见于李登《书文音义便考私编》（1587）和无名氏《韵法直图》（1612年前）。这两部书比桑绍良的著作晚出，但在审辨介音系统方面还不如桑绍良精确，它们的引人注目之处在于创造了一套术语，而它们所分的“呼”却不是单纯从介音标准分的类别，有韵腹和韵尾的因素在内，因此分出的“呼”很多。

《书文音义便考私编》共分十呼：

（1）开口呼。有两种含义，其一是指零介音的音节，等于后代通常意义上的开口呼；其二和收［m］韵尾的闭口呼相对，指收［n］韵尾的古臻摄、山摄字。

（2）闭口呼。指收［m］韵尾的古深摄、咸摄字。

（3）合口呼。指有［u］作介音和韵腹的音节，等于后代通常意义上的合口呼。但其中包括古代流摄一等字(“勾楼兜偷”等)，似乎是因为［u］韵尾归到此类。

（4）撮口呼。指有［y］作介音和韵腹的音节，等于后代通常意义上的撮口呼。

（5）卷舌呼。指有［i］作介音和韵腹的音节，等于后代通常意义上的齐齿呼。

（6）抵齿呼。指精系和照系声母的开口呼音节，如“资此、支师”等。

（7）正齿呼。指精系和照系声母的齐齿呼音节，如“挤妻、知痴”等。

（8）开口卷舌呼。这一类包括古代山摄二等开口的牙喉音，近代读为齐齿呼的那些音节，如“艰间奸颜闲”等。

（9）闭口卷舌呼。这一类包括古代咸摄二等开口的牙喉音，近代读为齐齿呼的那些音节，如“监缄岩咸”等。

（10）开合。这一类包括古代山摄二等合口音节，如“关鳏顽还环”等。

很明显，这十种“呼”的划分标准是混杂的。开口呼（第一项意义）、合口呼、撮口呼和卷舌呼分别是以介音标准划分，但合口呼里边似乎又把［u］韵尾也算进去了。其他各类更不是单纯的介音标准。如“闭口呼”一类和开口呼的第二项意义，其实是为了从同一韵里边区别不同古音来源的字而设立。在该书的“真”“寒”“先”各韵，把来自古代深、咸摄的字叫做闭口呼，因为它们原先收［m］韵尾；把来自古代臻、山摄的字叫做开口呼，因为它们原先就是收［n］韵尾的；这一分类既是从韵尾标准而分，也可以认为是照顾古音来源而分，因为它们放在了同一韵，事实上已经合流了。此外的“抵齿呼”和“正齿呼”的标准要从声母和韵母两方面的因素来考虑才有答案；而“开口卷舌呼”“闭口卷舌呼”和“开合”类均只限于山摄、咸摄的二等字，可能作者认为这里边的二等字应该读开口呼才是常规，读成齐齿呼或合口呼是异常的变化，便为它们单独设立名目。

《韵法直图》的呼法名称跟《私编》有一些区别，但大类基本相同。两者对比关系如下：

《私编》	《直图》
开口呼 a	开口呼
开口呼 b	（无）
闭口呼	闭口呼
合口呼	合口呼
开合呼	合口呼
撮口呼	撮口呼
卷舌呼	齐齿呼
正齿呼	齐齿呼
抵齿呼	咬齿呼
开口卷舌呼	齐齿卷舌呼

闭口卷舌呼 ——— 齐齿卷舌而闭

（无）————— 混呼

（无）————— 舌向上呼

（无）————— 启唇呼

两书的分呼如此相似，不大可能是偶合，应有一个是首创、一个是仿效。根据《字汇》作者梅膺祚所称，他在1612年从新安发现《直图》，但今已无法确考其成书时间，我们还没有把握说它一定比《私编》晚出，但若说它比《私编》还早，则更无根据。从《私编》序中的口气看，李登首创的可能性大得多。

李登还对各呼的发音作了描写：

诸母所谓开者，开口呼也，呼毕而口开。闭者，闭口呼也，呼闭而口闭。卷谓卷舌，舌卷上腭而为声，因烟是也。抵谓抵齿，舌抵上齿而为声，之师是也。撮谓撮口呼，唇聚而出，娶遇是也。合谓合口呼，两颐内鼓，胡禄是也。正谓正齿，别于抵齿。为其同韵同母而有此分辨，不得不立此字。

清初朴隐子的《诗词通韵》（1685）更前进了一步，明确地把桑绍良"四科"的分类跟李登的开口呼、齐齿呼、合口呼、撮口呼四个名称结合起来，芟除了其他杂乱的名目，从此形成了汉语以四呼分指介音系统的传统。该书中对四呼的发音也作了描写：

开口呼舒颊引喉，音疏以达。

合口呼聚唇开吻，音深以宏。

齐齿呼交牙戛齿，音窒以敛。

撮口呼敛颐蹙唇，音奄而藏。

赵绍箕《拙庵韵悟》把介音分为六呼：合口、撮唇、开口、启齿、齐齿、交牙。其特出之处在于把［ɿ］、［ʅ］看作两种介音，以为精系开口呼都有［ɿ］介音，叫做"交牙呼"；以为照系开口呼都有［ʅ］介音，叫做"齐齿呼"。所谓"撮唇"即通常所说的撮口呼，所谓"启唇"即通常所说的齐齿呼。他对四呼发音也作了尽量细致的描写：

合口，口中合而口旁开，腮鼓，舌伸，上唇内却，下唇外舒，而口角作音也。

撮唇，唇中撮而唇旁合，腮缩，舌卷，上唇外舒，下唇内却，而唇尖作音也。

开口，口大开而角半开，舌尖下缩，喉中气郁，口势放松，而喉面作音也。

启唇，唇半开而角大开，舌尖前伸，喉中气舒，唇势收紧，而喉中作音也。

另外还有清代潘耒的《类音》也有对四呼很仔细的描述：

凡音皆自内而外，初出于喉，平舌舒唇，谓之开口；举舌对齿，声在舌腭之间谓之齐齿；敛唇而蓄之，声满颐辅之间，谓之合口；蹙唇而成声，谓之撮口。

清末劳乃宣则用单元音、零声母的汉字来说明四呼的特征："各部之开口皆阿、厄所生，各部之齐齿皆伊所生，各部之合口皆乌所生，各部之撮口皆俞所生。"劳氏的意思是说开口呼的特点是紧接声母之后的音素为"阿"[a]或者"厄"[ə]，齐齿呼的特点是紧接声母之后的音素为"伊"[i]，合口呼的特点是紧接声母之后的音素为"乌"[u]，撮口呼的特点是紧接声母之后的音素为"俞"[y]。对于介音系统作如此细致的分析描写，是明清等韵学的重要贡献，标志着汉语的语音分析提高到了一个新的水平。

4. 韵尾的分析描写

前面曾经讲到沈宠绥、赵绍箕等人关于"字尾""吸声"的一些概念，应该说他们的分辨已经具有一定的科学性了，只是可惜在一些类别上没有把韵腹跟韵尾的界限划分清楚。到了清代，沈氏的见解得到了继承与发扬，从而形成了所谓"曲韵六部"。六部说较早见于康熙年间毛先舒的《韵学通指》一书，其中"声韵统论"说：

一字之成，必有首、有腹、有尾。声者出声也，是字之首；音者度音也，是字之腹，字至成音而其字殆正矣；韵者收韵也，是字之尾，故曰馀韵。然三者之中，韵居其殿，而最为要。凡字之有韵，如水之趋海，其势始定；如画之点睛，其神始完。故古来律学之士，于声、于音固未尝置于弗讲，而唯审韵尤兢兢。所以沈约、孙愐而下，所著之书，即声音之理未尝弗贯，而专以"韵"名书也。然韵理精微而法烦苛，又古今诗骚词曲体制不同，因造损益，相沿亦异；拟为指示，益增眩惑。今余姑以唐人诗韵为准，而约以六条，简之有以统韵之繁，精之有以悉韵之变，标位明白，庶便通晓。

一曰穿鼻，二曰展辅，三曰敛唇，四曰抵腭，五曰直喉，六曰闭口。

穿鼻者，口中得字之后，其音必更穿鼻而出，作收韵也。东冬江阳庚青蒸七韵是也。

展辅者，口之两旁角为辅，凡字出口之后，必展开两辅，微如笑状，作收韵也。支微齐佳灰五韵是也。

敛唇者，口半启半闭，聚敛其唇，作收韵也。鱼虞萧肴豪尤六韵是也。

抵腭者，其字将终时，以舌抵着上腭，作收韵也。真文元寒删先六韵是也。

直喉者，收韵直如本音者也（按：对照前文，此"音"字须作韵腹理解）。歌麻二韵是也。

闭口者，却闭其口，作收韵也。侵覃盐咸四韵是也。

凡三十平声已尽于此，上去即可缘是推之。唯入声有异，余别著《唐人韵四声表》以钩稽之。斯理尽矣。

本段中所谓"字"，自然指的是音节；前一部分说的"韵"就是韵尾；后一部分说的"韵"指的是通常意义上的分类的韵。

六条中的穿鼻指［-ŋ］尾韵，展辅指［-i］尾韵和单韵母［i］，敛唇指［-u］尾韵和单韵母［u］、［y］，抵腭指［-n］尾韵，直喉指零韵尾并且韵腹不是［i］、［u］、［y］的韵母，闭口指［-m］尾韵。毛氏对于入声韵的分配，除了闭口韵的［-p］配合［-m］以外，其余的都配了阴声韵而不配合阳声韵，可见他分韵用平水韵，审音还是以时音为准。《唐人韵四声表》把十七个入声韵分为四类：

展辅：质、陌、职、物、月、屑、锡；

敛唇：药、沃、觉、屋；

直喉：曷、黠；

闭口：缉、合、叶、洽。

清代曲韵专书中的"六部"说，基本上来自毛氏的六条。不过因为毛氏的入声分配未能遵守中古韵尾［-k］、［-t］、［-p］三分的格局，后来有些人便重新给入声归类，把收［-t］的入声韵算作抵腭，跟［-n］尾韵一致；把收［-k］的入声韵算作直喉，跟［-ŋ］尾韵一致；只有收［-p］的闭口韵用不着改变名称。

劳乃宣《等韵一得》提出了一种通过连读变音检验六部韵尾的方法：以每部字的后边跟上一个“阿”字连读，看这个“阿”发生什么样的变读，就证明前音节确有什么韵尾。《等韵一得·补编》说：

> 试以六部之字各联“阿”字呼之，第一部（直喉）之字，如是阿、大阿、化阿、下阿、可阿、过阿，其“阿”字仍皆本音；第二部（展辅）之字，如来阿、戒阿、怪阿、背阿、对阿，其“阿”字即转为“鸦”音；第三部（敛唇）之字，如高阿、小阿、收阿、留阿，其“阿”字即转为“哇”音；第四部（穿鼻）之字，如上阿、光阿、香阿、成阿、行阿、中阿、用阿，其“阿”字即转为“额阿切”之音；第五部（抵腭）之字，如山阿、天阿、宽阿、圆阿、真阿、新阿、顺阿、匀阿，其“阿”字即转为“那”清平之音；第六部（闭口）之字，如淡阿、咸阿、深阿、阴阿，其“阿”字即转为“妈”清平之音。除第一部外，在某字收声之部，其“阿”字即转为某字发声之音，足见其收声之际，确有某字之音在内也。

能够借助于连读变音去说明韵尾的特点，可见劳乃宣审音能力是很高超的。

六部是综合近代方音与古音的分类方法。如果只是从近代北音出发，就没有闭口韵，无须分出六部。赵绍箕的《拙庵韵悟》以北方话实际读音为对象研究了韵尾，但分类更多，共分出八类，叫做“八吸”。他的缺点和沈宠绥相同，都把无尾韵也算作有尾韵，又多分好几类，实际上是以韵腹兼充韵尾，不如统归“直喉”一类更为合理；他的优点是增加了儿化韵尾，与其他韵尾并列，揭示了儿化音广泛存在的事实，在语音史研究上具有极重要的价值。他的“八吸”是：

运腭：［i］［ɿ］［ʅ］［u］［y］［ə］

逆鼻：［-n］

顺鼻：［-ŋ］

敛龈：［-i］

伸龈：[-u]

抑嗓：[-ə]、[-ɛ]

扬嗓：[-a]、[-o]

曲咽：[-ər]

八类当中，逆鼻、顺鼻、敛龈、伸龈四类是有真正韵尾的韵母；曲咽是为儿化韵设立的一类，为赵绍箕首创。运腭、抑嗓、扬嗓都是无尾韵，运腭与另两类的区别在于组合能力，单独作韵母而不可前加介音的都属于运腭，既可单独作韵母又能前加介音的就属于后二类，较前较高的元音为抑嗓，较后较低的元音为扬嗓。至于把［ə］音既归在运腭又归在抑嗓，是因为“运腭”一组音在赵绍箕的体系中还代表着“六呼”，［ə］是开口呼的代表音，所以需要重复出现。

5. 韵腹的分析描写

中古《切韵》等韵书没有切分韵腹和韵尾，而是把两者处理为一个单位，在按照四声分卷之后，接下来就把具有相同韵腹韵尾的字分为同一类，这样的类别就是“韵”；而对同一韵里边的字再分类时，就仅考虑声母和介音的不同而划分“小韵”（同音字组）。这种传统一直延续了很久，到明清时代仍然有影响，等韵学家对韵腹的分析、描写、解释总显得不如韵头和韵尾那么精确。这里也有一些客观上的原因：在复合韵母里边韵腹是一个与前后的音素紧密连接而发出的音，舌位或其他发音器官处在动态过程，相对来说不容易精确划界。尽管如此，等韵学家还是用不同的方法对韵腹进行了研究，作了描写及归类。

沈宠绥《度曲须知》引用过《正吴编》一段“出字总诀”，笼统地描摹《中原音韵》十九部的音色，跟韵腹有密切关系。表达方式似乎是模仿《玉篇》中的“五音之图”对宫商角徵羽五音的拟状，这是古人描述字音的一种特有形式，我们不应完全持否定态度。今抄录于下：

一东钟，舌居中；

二江阳，口开张；

三支思，露齿儿；

四齐微，嘻嘴皮；

五鱼模，撮口呼；

六皆来，扯口开；

七真文，鼻不吞；

八寒山，喉没拦；

九桓欢，口吐丸；

十先天，在舌端；

十一萧豪，音甚清高；

十二歌戈，莫混鱼模；

十三家麻，启口张牙；

十四车遮，口略开些；

十五庚青，鼻里出声；

十六尤侯，音出在喉；

十七寻侵，闭口真文；

十八监咸，闭口寒山；

十九廉纤，闭口先天。

其中"萧豪音甚清高"有些玄虚，"歌戈莫混鱼模"未涉及具体发音方法（这一条应是为了"正吴"，即纠正吴人方音而设），其他各条所讲大多具有某个侧面的实际意义。比如寒山、桓欢、先天三部的差别，"喉没拦"大概讲的是舌面平伸，主要元音应为低元音；"口吐丸"讲的是元音具有圆唇特点，"在舌端"讲的是主要元音部位偏前，这跟现代音韵学家的描写基本上是吻合的。而早先《玉篇》中的"五音之图"的"宫，舌居中；商，口开张；徵，舌拄齿；角，舌缩却；羽，开口聚"之类却不能够给人这样明确的印象。这是审音方法和表述方法的进步。

到清代，音韵学家分析主要元音的一项发明是"两分法"，这是从分布、组合的规律性认识主要元音性质的重要手段，也可以说是音位归纳方法的具体实践。所谓两分法，是把所有的复合韵母按照主要元音的开口度分为两个系列，开口度大的叫做"侈音"，开口度小的叫做"敛音"。这样分实际上是把所有复合韵母的主要元音归纳在两个音位，只是单元音韵母和无尾韵母需要另行安排。清初赵绍箕的《拙庵韵悟》中首先揭示了这一元音分配规律，该书把韵部分成"奇韵"和"偶韵"两类，奇韵是几个单韵母，偶韵是复合韵母，后者因为两两相配，所以取名为偶韵。奇韵也叫独韵，偶韵也叫通韵，取其一个元音贯通于若干韵母之意。在他那个时代，北方话的无尾韵母还需要分出［a］、［ə］、［ɛ］、［o］这样几个音位作韵腹，我们应该把他的体系里的元音分成三层。

奇韵：	［ə］	［i］	［u］	［y］	［ɿ］	［ʅ］
	格	基	姑	居	资	支

偶韵：无尾韵母：	格［ə］	耶［ɛ］
	歌［o］	阁［a］
有尾韵母：	根［ən］	甘［an］
	庚［əŋ］	冈［aŋ］
	革［əi］	该［ai］
	钩［əu］	高［au］
	格儿［ər］	阁儿［ar］

采取类似分部方法的还有李光地、江永、劳乃宣等人。李光地的《字音图说》分六部，各部都分作两行，实际标准是元音的敛、侈，另外还有“下声”一类，把不能整齐配列的两个韵母单独提出来，和其他韵母有所区别。

	敛音	侈音	下声
第一部	衣、乌、于	阿	耶、窝
（零韵尾）	［i］［u］［y］	［a］	［ɛ］［o］
第二部	威	歪	
（i 韵尾）	［əi］	［ai］	
第三部	欧	鏖	
（u 韵尾）	［əu］	［au］	
第四部	翁	汪	
（ŋ 韵尾）	［əŋ］	［aŋ］	
第五部	温	湾	
（n 韵尾）	［ən］	［an］	
第六部	阴	奄	
（m 韵尾）	［əm］	［am］	

劳乃宣的分部方式颇近似于李光地，只是名称有所不同，各韵部

的代表字用开口呼而不用合口呼。他所定的系统如下：

	阳声	阴声	下声
喉音一部	阿［a］	厄［ə］	馁［ï］、伊［i］、乌［u］、俞［y］
喉音二部	埃［ai］	额［əi］	
喉音三部	敖［au］	殴［əu］	
鼻音部	昂［aŋ］	鞥［əŋ］	
舌齿音部	安［an］	恩［ən］	
唇音部	谙［am］	音［əm］	

6. 声调的描写

从南北朝起，平上去入四声体系在韵书和诗文中沿用了近千年而没有什么变化，一直到了元代北曲韵书兴起，才有另外的声调体系记录到韵书里。明清等韵著作中的声调体系就多样化了，四声、五声、六声、八声，各种体系都有，“四声”不仅有沿袭传统的平上去入四声的，还有北方话的阴阳上去四声的。它们各自反映了不同方言的现实。在记录调类的同时，有些著作中还出现了调值的描写。

关于传统四声的调值描写，在唐人的著作里边就有些描述。如《元和韵谱》的“平声者哀而安，上声者厉而举，去声者清而远，入声者直而促”。《文镜秘府论》引录唐人《文笔式》的说法与上述基本相同。

明代释真空的《篇韵贯珠集》有一首描写调型的“讶四声”：

平声平道莫低昂，上声高呼猛烈强；

去声分明哀远道，入声短促急收藏。

这首诗后来收进《康熙字典》，人们对它还比较熟悉。从字面上理解，平声的调值是没有升降变化的平调，上声是高升调，去声的特点是比较长一些，入声的特点是短促。含义是大致清楚的，但很不精确，而且有含糊不清之处，比如平声是高平还是低平、中平？上声如何“高呼”？去声的高低是怎样的？只有入声的“短促急收藏”还算抓住了本质，但也不能让人具体地了解调值。让人感觉作者和唐代人一样，不是单纯地描写调值，而是被用作名称的“平上去入”四个字本身的含义所束缚，在字义上兜圈子。

清代中叶赵培梓《剔弊广增分韵五方元音》的“辨四声法”就更有些让人摸不着头脑：

平声，其音最响，又最顺口，其声如向前行；

上声，其音稍哑，又稍拗口，其音如向上行而稍短；

去声，其音更哑，又更拗口，其声如向后行而甚长；

入声，其音最烈，易于脱口，其声如向下落而短，最无馀音。

也许作者颇为这些措辞大费了一番心思，可惜我们难于根据“响、哑、烈、顺口、拗口、脱口”等等去复原实际调值。

在明朝末年，对声调的研究有两项重要的发明，一项是借用乐器测定声调的调值，另一项是用升降的线形符号作声调的标志。在这方面有贡献的是袁子让和来自西洋的传教士郭居静、利玛窦。

袁子让《字学元元》卷一曾详细记下他对声调的体验：

平者，优柔平中之谓，其声在不高不下之间；上者，上于平也，平已和矣，上于平则其声柔迟而近老；去者，有急行之义，其声急动则促矣；入者，从急入缓之义，其声次于上而近于平，此浊平所以类入也。大概平声铿锵，上声苍老，去声脆嫩，入声直朴。说者谓平声似钟，上声似鼓，去声似磬，入声似柷，其理近是。尝试以琴声验之，从中弦鼓，便作平声；从老弦舒迟者鼓，便作上声；从子弦急动者鼓，便作去声；从老弦中弦之间鼓，便作入声；岂非平中、上老、去嫩而入急乎？四声之分，当以此为定论矣。

袁氏对于四声的比拟不够明白，“铿锵、苍老、脆嫩、直朴”是主观的体验，以钟鼓磬柷的声音去比喻四声也缺少实际意义。然而以抚琴来调试声调确乎是一项难能可贵的创举，因为声调的根本特征就在于音节的高低升降和长短舒促，他的方法和结果未能得到普遍理解与接受，也许是由于还没有找出明白的表述方式的缘故。

明末来华的西洋传教士利玛窦、郭居静等人，创造了一套用罗马字母给汉字标注读音的方法，同时也使用了一种线条符号标注声调。他们测定声调运用了乐谱知识，郭居静精通音乐，测定声调主要是他的功劳。利玛窦、金尼阁等人的著作里用ˉ、ˆ、ˋ、ˊ、ˇ五种线条分别标志阴平、阳平、上、去、入五种调类。线条的形状并不代表调值的曲折升降形式，金尼阁曾经解释声调的区别，只提到高低，没有说到曲折：

> 清平无低无昂，在四声之中；其上其下每有二，最高曰去，次高曰入，最低曰浊，次低曰上。

中国学者也吸取了这套方法。如方以智用圆形和开口方向不同的半圆形作为声调的标志，他的符号是圆形○代表阴平，半圆形的◡代表阳平，（代表上声，）代表去声，⌒代表入声。清代林本裕也袭用了方氏的符号，并命名为"五冒"。

中国古代的音韵学家在分析语音时常常夹杂一些跟声音本无内在关系的玄虚概念，如阴阳、五行、四象、八卦、干支、律吕等，配合在声母、韵母、声调等各类语音单位上。如果追究这种现象产生的原因，恐怕既要联系到古人对语音系统性的神秘感，也要联系到古人的世界观。由于语音的结构有极严密的规律性，在聚合分布上整齐对称，在组合上也有很强的选择限制，而这些特点又处于隐蔽状态，只有经过专门的学习和研究才认识到，这就不免令古人感到惊奇，以为这里边包含着或体现了宇宙间的重要规律，所以就用他们认为代表天地间普遍性规律的一些概念附会到声音单位上。这样做却给音韵学蒙上一层神秘的面罩，增加了一些概念的混乱，让人感觉音韵学玄奥与艰深，后果是消极的。今天我们不应该对古人太过苛求，但在讲到学术本身时却应该持"祛妄"的态度，排除那些非科学的东西。

三、明清韵书韵图的体例与音系的记录

1. 韵书韵图体例的改进

明清时代等韵学的韵图编纂方法比以前有明显进步，主要表现在分类的层次性更加清楚，分类的标准明确而有条理，韵图的编纂方式也多样化了。

（1）分类层次的条理化

宋元等韵图给人的印象是晦涩难识，重要原因之一是分类时每一层往往不是采取单一的标准，而把两项或几项标准放在一起，因层次不清而含混难识。比如《韵镜》和《通志·七音略》的四十三转，可以看作在第一层上就分出了四十三个大类，但是这层分类的条件十

分复杂，有韵尾、韵腹和韵头的条件：同一转的字有共同的韵尾（塞音韵尾与相配的鼻音韵尾在一起），韵腹可能相同、也可能仅仅是相近而非相同，韵头有没有［u］也同时在这一层次上区别出来。而在声母的分类上，本来应该是一个竖行完全是声母相同的字，但是在舌音、齿音诸格，同一竖行却摆了不同声母的字。像这样复杂的分类条件，怎能让读者一看就懂？韵图作者在韵图编纂的基本原则之外，又加进了一些不必要的“技巧”，反而造成了宋元等韵图的重大缺陷。等韵学之所以被视为“绝学”，与等韵图的难于理解有不小的关系。尽管它们对于中古音的研究具有相当的重要性，这些缺陷却无可否认。

明清时期的音韵学者已经认识到早期韵书韵图的这种缺陷，并努力改进编纂体例，以克服其弊端，让韵书韵图相对容易理解。此时期的多数韵书已实现了“等韵化”，就像《五音集韵》那样，在编辑中采用了等韵图的原理，它们的改进意图显然可见。试以明代前期兰茂的《韵略易通》为例，它的体制明显比《广韵》以至《洪武正韵》优越。《韵略易通》采取的是四级分类法，各韵部的排列次序考虑了音理上的根据，每韵内的小韵排列又有固定的次序，其次序也是以发音关联为根据的。它的分类，第一层是分出韵部，是把韵基作为首级分类标准而不是把声调作为首级标准。全书共分二十韵部，收鼻音韵尾的阳声韵排在前边，无韵尾和元音韵尾的阴声韵放在后边。这种次序把相沿千年的《切韵》系韵书的次序改变了。第二层按照声母分类，共有二十个声母，用一首《早梅诗》二十字作代表：“东风破早梅，向暖一枝开，冰雪无人见，春从天上来。”每一韵里的字都依照这个次序排列。第三层是按照韵头分类，各个声母下边，继续以韵头的不同为划分字群。第四层按照声调分类，声母、韵头都相同的字，则以声调的平上去入为序分到小韵这一层，即分类的最后一层；声调系统表面上是平上去入，跟传统保持一致，其实平声里边还分了阴平和阳平，用小圆圈隔开，只是没有标明名称而已。这样的体例，不仅层次清晰，分类的标准明确，而且韵内列字井然有序，比起早期韵书的杂乱无章来要好多了。只是作者兰茂的思想解放还不够彻底，他仍然把入声字附在阳声韵部，或许是不敢背离《洪武正韵》太远的缘故。

等韵图的改进更普遍，改进的方向也是使层次更清晰、分类标准更明确。下面以清代流行范围较为广泛的《字母切韵要法》（附在《康熙字典》卷首）的“明显四声等韵图”为例。它的音系具有折中古今音的特点，但体例则堪为近代韵图的典范。它分图的第一层，是按韵基分了十二摄，每摄一图，共十二图。这里的“摄”，事实上就是韵部，是韵基相同的汉字组成的大类，跟宋元韵图的“摄”含义不同；同一摄的开口呼与合口呼都在一张图上，并未分开在两张图上。每图之内，横分四格，是按四呼分的类，不过名称不叫四呼，而叫开合正副四“韵”。自上而下，第一格“开口正韵”是开口呼，第二格“开口副韵”是齐齿呼，第三格“合口正韵”是合口呼，第四格“合口副韵”是撮口呼。每格内也排四个横行，自上而下分别是平声、上声、去声、入声。四呼是上位层次，四声是下位层次。竖格、竖行是声母的分类。每图划分九个竖格，区分“九音”，自右至左依次为牙音、舌头音、舌上音、重唇音、轻唇音、齿头音、正齿音、喉音、半舌半齿音；九格总共三十六个竖行，每行都是相同声母的字。（见后附图）

改进后的韵书韵图，优点是明显的。每一层分类都采取单一标准，层次分明，条理清晰，大大便利于读者。这在审音方法上，在用汉字表现语音分析成果的手段上都是一个不小的进步。

（2）韵图形式的多样化

明清等韵学的另一个突出特点是韵图形式的多样化，体现了不拘一格的创造性。下面介绍几种较常见的韵图编排形式。

①按韵部分图，把一个韵部的全部音节收在一章图上，各图内再以横格横行和竖格竖行区别介音、声调和声母。上述《字母切韵要法》的“明显四声等韵图”即为一个代表（见后附图）。此外如方以智《切韵声原》、都四德《黄钟通韵》、胡垣《古今中外音韵通例》的韵图，也都采用这种形式。

②跟上面一种稍微有些不同的，是把同一韵部的开口与合口分在两张图。这种形式直接继承了宋元等韵图的方法。由于近代汉语已经没有四等的区别，介音系统成为四呼，所以此类韵图的“开口”实际上包括的是开口呼和齐齿呼，“合口”实际上包括的是合口呼和撮口呼；在每一张图上分出上下二“等”以区分洪音和细音，于是便把四呼分开了；再从每呼区分声调。这种韵图有徐孝《重订司马温公等韵图经》及阿摩利谛、虞嗣等《三教经书文字根本》诸书。

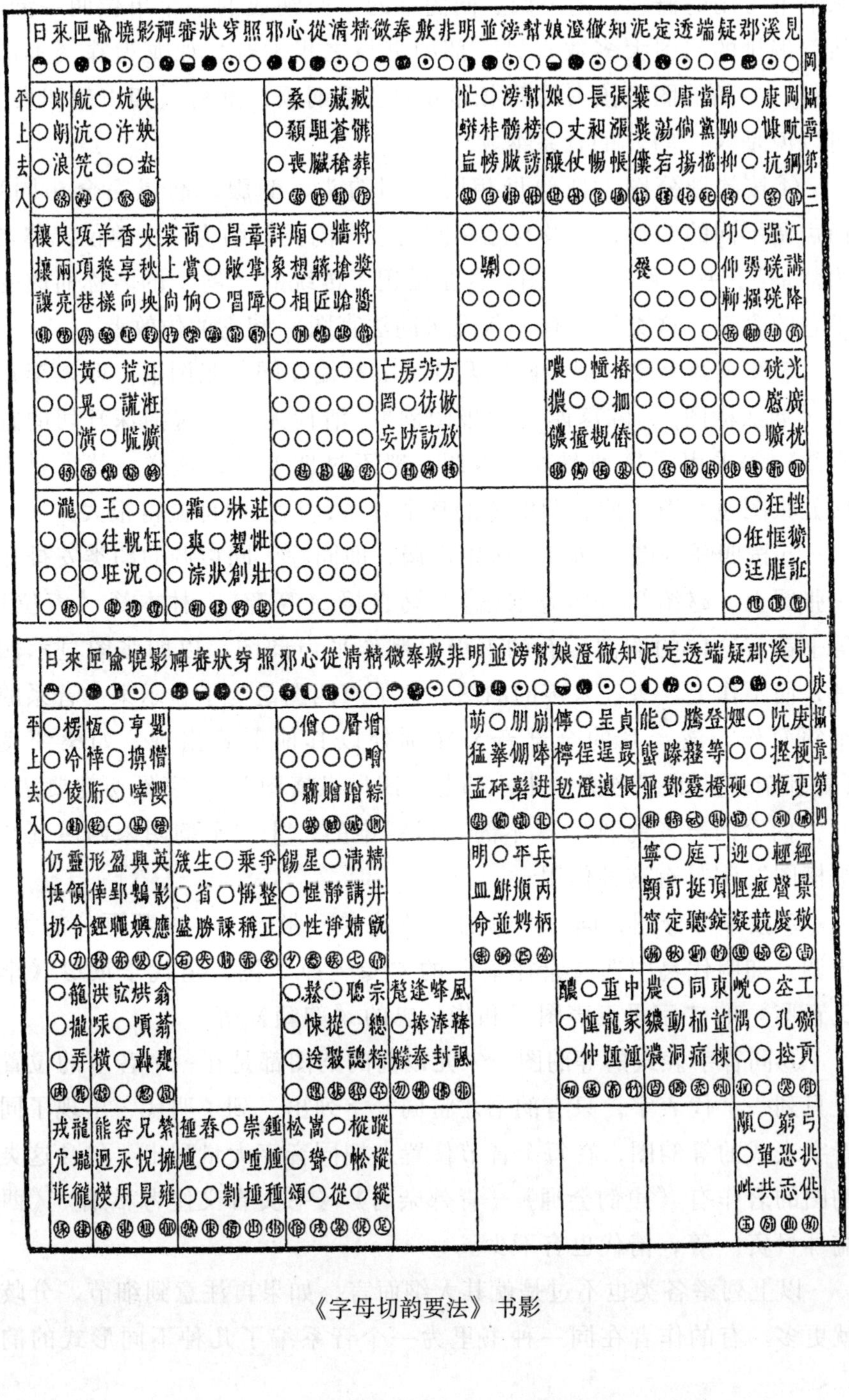

《字母切韵要法》书影

③按韵分图，每一韵编为一图。这里所说的“韵”，不是《韵法直图》一类著作中以一个韵母为一韵的那种单位，而是按照中古以来韵书习用的概念，同声调、同韵基的字归纳成的一个单位叫一韵。按韵编排的韵图大多数有另一部韵书与之相配合，如龙为霖《本韵一得》中的韵图是该书的韵书部分的音系纲领，洪榜《四声韵和表》可以说是《广韵》的音系纲领。

④按韵母分图。把韵母相同（即韵头、韵腹、韵尾完全相同）而声调不同的韵类，以及与之相配的入声韵类归纳为一个单位，称之为“韵”，每一韵编为一图。这是借用了传统的“韵”的名称而改变了它的含义。这类韵图有无名氏《韵法直图》和它的仿效者。

⑤按声调分图，把相同声调的音节都编在同一张图上。明末李嘉绍《韵法横图》、陈荩谟《皇极图韵》、清代无名氏《挹浰轩切韵宜有图》等采用了这种图式。声调一般不过四五类，这样，就需要用四五张图包罗声、韵、调俱全的整个音系，每张图都搞得很大。

⑥按四呼分图，同时也区别声调，即同呼、同声调的韵类安排在一张图上。赵绍箕《拙庵韵悟》、马自援《等音》、林本裕《声位》等书都有这样的韵图。有的书里只制作平声韵图，以四张图显示四呼，而不作上、去、入声的韵图。这平声四图是为了显示某一音系的纲领而作，该音系的全部音节在别处以其他形式出现。如桑绍良《青郊杂著》的“创立一十八部七十四母纵横图”、《字母切韵要法》的“内含四声音韵图”、《本韵一得》中的“十二平韵阴阳四声五音纵横图”都具有这种作用。

⑦按声母分图，同一声母的音节编在一张图上，内部再分韵类、声调。如明代葛中选《泰律篇》的“专气声”图，清代李汝珍《李氏音鉴》的“字母五声图”和华长忠的《韵籁》等。

⑧同音字表式的等韵图。宋元以前的韵图都是在一个音节的位置上只列一个代表字，只有韵书才将同音字列出。到了明代，出现了同音字表式的等韵图，在每个音节位置上把同音字大量列出。包含这类韵图的著作有《声韵会通》《青郊杂著》《书文音义便考私编》《西儒耳目资》等，清代也有不少。

以上列举各类也不过是就其大纲而言，如果再注意到细节，分歧就更多。有的作者在同一种书里为一个音系编了几种不同形式的韵图，为的是把语音的结构关系解释得更透彻，从不同的角度、以不同的手续来分辨字音。如明代葛中选的《泰律篇》和清代赵绍箕的《拙庵韵悟》就是这样做的。

韵图体制的多样化，也说明了音节内层级分类的次序并不是固定的。古人把汉语音节分解成声母、介音、韵基、声调四个成分，可以说是一种“四维体系”，每一个成分都可以作为上位的分类标准，也可以作为下位的分类标准。因为等韵图的功用不像韵书那样为检字押韵服务，所以也就无需把分韵放在突出地位上。韵图作者把哪一个标准放在第一层，往往表明他对这一成分的分析很重视，如有人特别看重四呼，认为是自己的发现，所以首先从四呼分图；有人特别看重声母，因为他归纳出了一套与众不同的声母系统，就首先从声母分图。所有这些，均能够从不同侧面反映这一时期语音研究的细密程度。

2. 等韵音系记录的广泛性

明清时期的等韵著作数量很多，音系取材广泛，包括了时音、中古音、上古音。其中的“时音”中的北音部分，在前一章有所介绍；关于中古音的部分，将在下一节谈；下面举例介绍一些南方方言音系和上古音的音系。

（1）南方方言音系

①《声韵会通》音系

《声韵会通》是一种同音字表式的等韵图，作者王应电，江苏昆山人。书成于公元1540年，是较早的一种吴音韵图。

声母系统：

本书有二十八个声母，以一首四言诗作为代表字：“乾坤清宁，日月昌明，天子圣哲，丞弼乂英，兵法是恤，礼教丕兴，同文等字，二十八声。”下面按照发音条理重新排列，加上拟音，从中看出它的方音特征。

英 ø

兴 h　　月 ɦ

教 k　　坤 kʻ　　乾 g　　乂 ŋ

子 ts　　清 tsʻ　　字 dz　　恤 s　　是 z

哲 tʂ　　昌 tʂʻ　　丞 dʐ　　圣 ʂ　　日 ʐ

等 t　　　天 t‘　　　同 d　　　宁 n　　　礼 l

法 f　　　　　　　　文 v

兵 p　　　丕 p‘　　　弼 b　　　明 m

这个声母系统的主要特色是：保存全浊声母；匣母和喻母合一（月母）；奉母和微母合一（文母）；床母禅母派入澄母和日母（丞母、日母）；知照系字分化出一部分变到了齿头音精组；有些泥母、娘母字跟疑母合并（乂母）。

韵母系统：

《会通》分四十五韵，每韵只有一个韵母，入声韵附于阳声韵，-p、-t、-k 三类韵尾没有合流。所用韵目多数是“月”母字即浊喉擦音字。下面只列出阴声韵和阳声韵母，所拟测的音值以现代昆山方音为主要依据，主要元音的拟测尽量符合原书的配列关系。

形［iəŋ］　　恒［əŋ］　　横［uəŋ］　　荧［yəŋ］

容［ioŋ］　　红［oŋ］

寅［iən］　　痕［ən］　　魂［uən］　　云［yən］

言［iɛn］　　寒［ɛn］　　桓［uɛn］　　玄［yɛn］

　　　　　　闲［an］　　还［uan］

淫［iəm］　　簪［əm］

盐［iɛm］　　含［ɛm］

咸［iam］　　谈［am］

阳［iaŋ］

降［iɑŋ］　　航［ɑŋ］　　王［uɑŋ］

兮［i］　　　资［ɿ］　　支［ʮ］　　馀［y］

　　　　　　禾［əɯ］

　　　　　　湖［əu］

耶［ie］　　　　　　　　　　　　　　靴［ye］

厓［io］　　遐［o］　　华［uo］

谐［ia］　　孩［a］　　怀［uai］

　　　　　　　　　　　回［uæ］

尤［iE］　　侯［E］

爻［iɒ］　　豪［ɒ］

这个韵母系统的主要特点有：（a）有收-m 韵尾的闭口韵；（b）

中古的山摄、咸摄里的一等韵与二等韵分在不同的韵部，但一等开口字有分化。大体而言，一等开口寒韵的牙喉音为一类，即上面的寒韵，主要元音跟三、四等相同；舌齿音则合并到二等韵，即上面的闲、还二韵；山摄一等合口字归桓韵。咸摄一等谈韵多数字和覃韵字为一类，归上面的含韵，主要元音跟三、四等相同；谈韵舌齿音的一部分合并到二等韵，即上面的谈、咸二韵。（c）中古三等元、凡韵里的轻唇音字变到二等字为主的“还”韵，这意味着收-m 的轻唇音字已经变成抵腭的-n 韵尾了。（d）中古宕摄字分化为两类，三等开口字自成一类，即上面的阳韵；一等字和三等合口字为一类，并且跟二等江韵合流，成为上面的降、航、王三韵。（e）合口呼韵母一般只限于牙喉音，舌齿音的开口字变成了开口呼。

声调系统：

《会通》分平上去入四声。现代吴音声调是比较复杂的，近代吴音的声调恐怕跟现代不会有大的差别，但有很多近代吴方言韵书不区别声调的阴阳。韵书作者不至于意识不到阴阳调类的差异，但由于吴方言较完整地保存着浊音声母，声调的阴阳跟声母的清浊总是结合在一起的，韵书中分了清浊，阴阳调类的区别也就同时分开了，韵书作者大概也就认为无须再设置一套标志阴阳声调的名目了。这种做法合乎音位学上的经济原则。

②《戚参军八音字义便览》音系

《戚参军八音字义便览》是一部等韵化韵书，相传是明代抗倭名将戚继光在驻防福州时为了教北方士兵学习福州话而编的，它的音系是明代福州音。

声母系统：

本书有十五个声母，编为一首五言诗：“柳边求气低，波他曾日时，莺蒙语出喜，打掌与君知。”前三句的十五字即十五个字母，一般把它们的读音拟测为如下形式：

柳［l］　边［p］　求［k］　气［k‘］　低［t］，
波［p‘］　他［t‘］　曾［ts］　日［n］　时［s］，
莺［ø］　蒙［m］　语［ŋ］　出［ts‘］　喜［x］。

韵母系统：

本书的韵母系统分三十六韵，称作“三十六字母”，用一首词概括韵目:“春花香，秋山开，嘉宾欢歌须金杯，孤灯光辉烧银缸。之东郊，过西桥，鸡声催初天，奇梅歪遮沟。”这个韵母系统跟现代福州方言的韵母系统十分接近，它们在现代福州话的读音如下：

春［uŋ］［uʔ］　花［ua］　香［yɔŋ］［yɔʔ］
秋［ieu］　山［aŋ］［aʔ］　开［ai］
嘉［a］［aʔ］　宾［iŋ］［iʔ］　欢［uaŋ］［uaʔ］
歌［ɔ］　须［y］　金（同宾）
杯［uei］　孤［u］　灯［eiŋ］［eiʔ］
光［uɔŋ］［uɔʔ］　辉［uei］　烧［ieu］
银［yŋ］［yʔ］　缸［ouŋ］［ouʔ］　之［i］
东［øyŋ］［øyʔ］　郊［au］　过［uɔ］［uɔʔ］
西［ɛ］　桥［yɔ］［yɔʔ］　鸡［ie］
声［iaŋ］［iaʔ］　催［øy］　初［œ］
天［ieŋ］［ieʔ］　奇［ia］［iaʔ］　梅（同杯）
歪［uai］　遮（同奇）　沟［eu］

清刻本有注:“内金同宾，梅同杯，遮同奇，实止三十三字母。”这条注释也许是后来的翻刻者加上去的，表明某些历时性的语音合流现象。除了所注的三韵，从上列韵母还可以看出，舒声韵里“杯”跟“辉”、“秋”跟“烧”到现代福州话也分别变得同音了；入声韵的合并更多，当是因为韵尾分别从［-p］、［-t］、［-k］变成［-ʔ］的缘故。

声调系统：

本书名义上分八个调类，平上去入各分“清”“浊”两类（即阴阳两类)，书名的“八音”即指此而言。但是浊上声是虚设调类，有其名而无所统之字，实际上只有七个声调。这跟现代福州话是一致的。

（2）上古音系

用等韵图的形式展示上古音系统，也是古音学研究方法的一个进步。这类韵图，一般是用中古等韵图的韵、开合、四等为条件把上古一个韵部内的字区分出不同的韵类，用三十六字母作为声母，排列成音节表。下面介绍其中两种。

①戴震（1724—1777）的《声类表》以韵图形式展示自己所定

的上古二十五韵部的音节。根据阴阳入相配的关系，二十五部分为九类，每类一卷，共九卷。前七类阴阳共入，后二类（闭口韵）只有阳入相配。

九类二十五部的名称和次第是：

阿　乌　垩
膺　噫　亿
翁　讴　屋
央　夭　约
婴　娃　厄
殷　衣　乙
安　霭　遏
音　　　邑
醃　　　谍

每卷内，以先阳声韵、后阴声韵的次序排列韵类，以中古等韵图的韵、开合、等第为条件，把同部内的不同韵类分开。本书所用术语跟等韵图不同：把一等韵类和二等韵类称作“内转”，里边还包含三等中的庄组字和轻唇音字；把三等（庄组和轻唇音除外）和四等称作“外转”；把“内转”中的一等字、“外转”中的三等字称作“重声”，把“内转”中的二等字、“外转”中的四等字称作“轻声”。庄组字全部在内转重声，知组字在内外转轻声；非微二母的字在内转轻声，敷奉二母的字在内转重声。

表中的音节划分实际上也是采用江永《四声切韵表》的声母体系，即以三十六字母为基础，再把庄、章分开，把喻三（于）、喻四（以）分开。同一个韵类的字按清、浊声母分别为两行，每行二十位。有的一个位置一个声母，有的一个位置两个声母，有的一个位置三个声母。把原书的竖行改成横行，可成为下面的格局：

<table>
<tr><td>见 溪 影 晓</td><td>端 透</td><td>庄
章
知　初
昌
彻　生
书</td><td>精 清 心</td><td>帮 滂 非
敷</td></tr>
<tr><td>群 于
以
微　匣</td><td>定 泥 来</td><td>崇
船
澄　日
娘　禅</td><td>从 疑 邪</td><td>并 明 奉</td></tr>
</table>

同位的不同声母在表内分别出现在不同的“等”，所以不会冲突。如庄母字在一等，章母字在三等，知母字在二、四等；非母字在二等，敷母字在一等。同位的几个不同声母，一般在近代汉语里已经合并成一个，如“庄章知”等。可见戴震的审音标准是在中古韵图的字母、开合、四等的基础上还把近代的时音作为依据，庄组字在一等，轻唇字在一、二等，尤其说明戴震的“审音”不完全是从中古等韵图出发的，有人认为，声母的二十位代表戴氏心目中的上古二十声母，这种想法从音节排列中看不出来。（见书影）

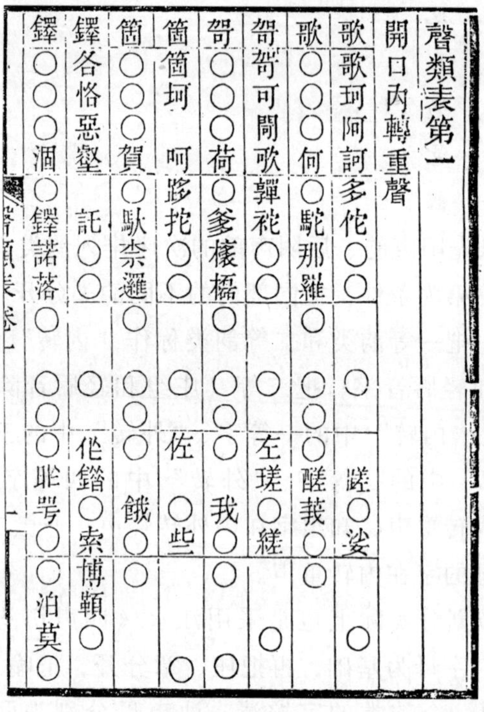

戴震《声类表》书影，渭南严氏孝义家塾刻本

②江有诰的《音学十书》有《入声表》，也是一种韵图。江氏主张上古的入声只配合阴声韵（闭口韵除外），入声字都归入阴声韵部。所以只作了阴声韵的图表，按照图上的四声相承关系，可以理解为入声字作为阴声韵部的一个声调而存在。表中只列了八个阴声韵部：之（职）、幽（觉）、宵（药）、侯（屋）、鱼（铎）、支（锡）、脂（质）、祭（月）。下面是其中一表的局部（宵部、侯部的尾部和鱼部开头部分）：

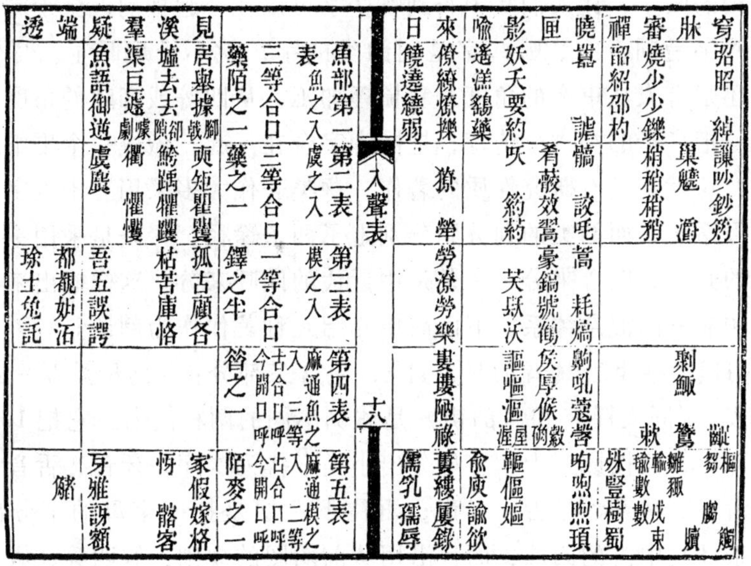

江有诰《入声表》书影，中华书局 1993 年影印《音韵学丛书》本

四、明清时期的今音学

本章开头曾经提到，明清人所说的“今韵”实际上有不同的内涵，一是平水韵音系，一是《广韵》音系。两者的影响范围和作用是大不相同的。在文学范畴和一般的读书人心目中，前者的地位很重要；而在音韵学的范畴里，后者更为重要。由于读书人的主要出路在于科举，他们不能不重视官韵，因此平水韵的势力笼罩了士大夫阶层。《红楼梦》里大观园的小姐结社作诗，还要先把“韵牌匣子”取出来拈韵，于此可知“诗韵”在文化生活中的重要性。而《广韵》音系只在研究古音时才用得着，在现实生活中和科举中没有实际效用，普通读书人也就不大关心它，能够对这个音系有所了解的人在文人里边是很少的。

但是，平水韵对于语音史研究的意义并不大，《广韵》在语音史上的地位却非常重要，以它为对象的著作虽然数量不多，都是在音韵学的范畴之内研究其音系，其中的重要著作在现代仍然受到相当的重视。

1. 关于平水韵音系的研究

平水韵的功用在于为诗歌押韵提供依据，因此，普通的“诗韵”

书只按韵归字，让人们从中查到哪些字可以在一起押韵，至于同韵之内哪些字是同音字、哪些字是同韵类的字，就不予理睬了。尽管如此，还是有人从审音的角度对它梳理加工，从四等或四呼的角度分出韵类，把声母的类别分清楚，把同音字合在一起，做成一个更细致的系统，这就是具有研究性质的著作。这类著作大多采用三十六字母作为声母系统，而韵类的划分则分别走了两条途径，一条是采用中古等韵图的开合、四等来分，一条是用近代的四呼来分。这样搞出来的都是非驴非马的混杂体系。下面简单介绍几种著作作为例证。

明代吕维祺著《音韵日月灯》，包含三部分：《韵母》是一部同音字表，《同文铎》和《韵钥》是体例不同的两种韵书。它把106韵分了开合，又按照三十六字母分出小类，排列次序是牙音、舌音、唇音、齿音、喉音、半舌、半齿；再往下一层是把同字母的字分出韵类，条件是中古的四等，而且沿用从前韵图的规则，假四等、假二等自成韵类，不跟三等合并，所以分类很多，共有314类。

清代李光地、王兰生奉敕编纂的《音韵阐微》也是以平水韵为基础的韵书，但有一些小的调整，分了112韵，多出欣、隐、焮、迄、拯、证六韵，声母仍用三十六字母，韵类按开合四等区分。卷首的等韵图保留假二等、假四等，分出的韵类多，共计331类。韵书内把假二等、假四等合并到三等，还合并了其他一些三、四等韵类，如先仙合并、萧宵合并，所分的韵类少，只有219类。

清代倪璐的《诗韵歌诀初步》，依照旧例把106韵分上平、下平、上、去、入五卷，也以三十六字母作为声母体系，声母的排列以五音作固定次序，各韵之内的韵类则以近代汉语的开、齐、合、撮四呼作为划分标准。

清代刘熙载《四音定切》，有一种同音字表式的等韵图，在106韵之内分开齐合撮四呼，名称有所不同，把开口呼叫做欸音，把齐齿呼叫做意音，把合口呼叫做乌音，把撮口呼叫做于音。声母仍为三十六字母。

2. 关于《广韵》音系的研究

到了清代，《广韵》开始引起学者的注意，并且随着经学的发达而日益受重视。《广韵》音系的研究，主要就是对它内部声母、韵类系统的仔细分辨。由于研究的目标和方法的不同可以分三派，前期的江永是把《广韵》音系当作一个研究古今音的参照标准来看待的，他对《广韵》音系本身有深刻的研究，但在著作中又结合了其他因素；中期的洪榜、庞大坤和后期的梁僧宝则主要还是沿用等韵学方法分析《广韵》的声类韵类；后期的陈澧具有独创精神，撇开等韵图的格局，从《广韵》自身的反切上下字入手总结出它的声类和韵类。陈澧的成就最高，贡献最大。

江永所著《四声切韵表》以《广韵》为主要根据，但他的目的不是单纯为了考证《广韵》音系，而是要分析出一个能够揭示古今演变规律的"基本韵类"，同时能够为研究上古音服务。表中以三十六字母作为声母系统，但是他已经看出《广韵》反切上字跟三十六字母是不一致的，指出："照穿床审四位之二等、三等不相假也，喻母三等、四等亦必有别。"由于他的学术思想有一定的保守因素，始终拘泥于三十六字母这个体系而不肯变通，声称："昔人传三十六字母，总括一切有字之音，不可增减，不可移易。凡欲增减移易者，皆妄作也。"所以并没有根据自己的重要发现去重新考察《广韵》的声类，而仍然按三十六字母分音节。书中的韵母系统以"类"为基本单位，把《广韵》的六十一韵系分为 104 类，每类包含平上去入四声。分类的条件有三条，一是开口合口，二是四等，三是上古音。一个韵系内，同呼、同等的字即属同类，中古韵图的假二等、假四等都合并到三等；重纽韵的四等也合并到三等。如果同呼同等而来自上古的不同韵部，就按古韵再分析为不同的类，比如"支"韵开口三等分别来自上古支部、歌部，则来自支部者为一类，来自三等者为一类。

入声韵类兼配阴声韵和阳声韵，叫做"数韵共一入"。这种配合关系不同于《广韵》音系入声只配阳声韵的格局，也不同于《四声等子》《切韵指掌图》的入声两配阴阳，后二书入声配阴声韵是根据宋以后的语音来决定，而《四声切韵表》的入声分配是以上古音为根据的，它的分配方式为后来的"阴阳对转"理论打下了基础。

江永的学术眼光很敏锐，对《广韵》很熟悉，看出了许多现象。如在声母方面，三十六字母的"照穿床审"二等与三等在《广韵》里本来就是两套声母，"喻"母的三等与四等在《广韵》里也分别是不同的声母，江永看到了反切用字的不相混淆（"不相假"），但由于思想上的保守而不肯改变三十六字母系统。韵图上的假二等、假四等的语音性质是三等，反切下字是同类，江永把它们归入三等，则是实事求是的态度。

洪榜的《四声韵和表》是纯粹为《广韵》一书编排的韵图，它按照《广韵》的次序，分上平、下平、上声、去声、入声五卷，每韵编成一图，206韵分206图，完整地收录了《广韵》全部音节，每个音节列各纽的第一个字。但字母、四等仍然未能完全摆脱旧式韵图的框框，如仍然采用三十六字母，韵类划分虽然遵从反切下字的使用情况，但在三等韵类内还要注明那些假二等字和假四等字为“二等”“四等”。江韵分开、合两呼，也许是遵守《切韵指南》的体例。

庞大坤的《等韵辑略》里边有一种韵图，按照四声相承关系把《广韵》六十一韵部编成六十一图，各图标明该韵部在等韵中所属的韵摄、内外转、广通、局狭等。每图内上层横排三十六字母，共占二十三位，形式跟刘鉴的《切韵指南》相同。四等、四声的排列方式也遵循《切韵指南》，假二等、假四等都独立于三等之外。各韵的次序大体与《广韵》保持一致，有个别的调整，如废韵移到代韵之前，咍、海、代移到灰、贿、队之前。图中列的代表字以《广韵》为主，又从《集韵》《玉篇》《类篇》《五音集韵》等书增入不少字，并因此而增添了一些韵类，如在三等的“之”韵部增加了四等字、在四等的“先”韵部增加了三等字、在三等的“侵”韵部增加了一等字，这样一来，它就不像《四声韵和表》那样单纯的《广韵》音系，而有一定程度的混杂性。清末梁僧宝的《四声韵谱》《切韵求蒙》性质近似于庞大坤的著作。

代表清代“今音学”最高成就的著作是陈澧的《切韵考》。

陈澧（1810—1882），字兰甫，广东番禺人。他的研究目标和研究方法跟以前各家都不相同，是最具有创造精神的今韵学家。他的目标不是单纯为《广韵》而研究《广韵》，而是想从《广韵》一书发现陆法言《切韵》的本来面目，所以研究对象是《广韵》，书名却叫做《切韵考》。他的研究方法，是完全摆脱对等韵图的依赖，抛开等韵图的条条框框，只从《广韵》内部寻找线索，通过系联反切上、下字而发现它的声类和韵类。他的研究工作分两步：第一步，先辨别出《广韵》书中有哪些字是唐以后的人增加的，把它们剔除；第二步是通过系联反切上下字得出声类和韵类。

《切韵》虽然久已失传，但《广韵》卷首还保存着陆法言的《切韵·序》、孙愐《唐韵·序》以及历代为《切韵》增加字的人名。陈澧认为，那些后人增加的字是可以辨认出来的，去掉这些字，能够大致上恢复陆法言书的原貌。他说："《切韵》虽亡，而存于《广韵》。""据《广韵》以考陆氏《切韵》，庶可得其大略也。""除其增加，校其讹异，虽不能复见陆氏之本，尚可得其体例。"他制定了一些辨别增加字的条件，例如，当一韵之末有一些冷僻字，很可能就是增加字；一韵内有两个小韵的反切上下字是同类的，在后边的一个小韵是增加字。自从二十世纪初发现了《切韵》《唐韵》残卷和写本，有了可以对比的根据，可以证明陈澧的辨别大多是准确的。

反切上下字的系联方法，客观依据是反切的基本原理"上字双声、下字叠韵"和反切用字的随意性。"双声""叠韵"是狭义的，反切上字跟被切字一定是声母相同的，为双声；反切下字跟被切字的韵母、声调一定是完全相同的，为叠韵。而像《切韵》《广韵》这样的早期韵书，对于反切上、下字的使用是随意的，不固定的，同一个声母用的反切上字可以有很多个，同一个韵类用的反切下字可以有很多个。哪些反切上字属于同一声母、哪些反切下字属于同一韵类，在书里处于隐蔽状态，不能一目了然。陈澧就是要从这些似乎杂乱的反切上下字中清理出一个系统。

陈澧的系联法分基本条例、分析条例和补充条例，声类和韵类的研究都用此方法。

（1）反切上字的系联

首先运用的是基本条例。陈澧说："切语上字与所切之字为双声，则切语上字同用者、互用者、递用者，声必同类也。"

同用的例子如："冬，都宗切；当，都郎切"，两个反切同用"都"作切上字，那么"冬、当"的声母必定属于同类。陈澧所说的"声类"相同就是声母相同。

互用的例子如："当，都郎切；都，当孤切"，二字互作对方的反切上字，它们的声母必定属于同类。

递用的例子如："冬，都宗切；都，当孤切"，"冬、都、当"依次相接用作反切上字，它们的声母必定属于同类。

运用基本条例，能够解决《广韵》中大部分反切上字的系联，把大多数上字恰当地归纳到一定的声类。

分析条例的运用是为了把不同的声类区别开，避免使不同声类的反切上字混淆到一起。陈澧说："《广韵》同音之字不分两切语，此必陆氏旧例也。其切语下字同类者，则其上字必不同类。"两个小韵的反切，如果已知它们的反切下字属于相同的韵类，那么它们的反切上字一定不属于相同的声类。比如："冬，都宗切；彤，徒冬切。"已知两个反切下字"冬、宗"韵类相同，那么反切上字"都、徒"一定是不同的声类。

补充条例的作用是把实际同类而不能够系联到一起的反切上字联系起来。陈澧说："切语上字既系联为同类矣，然有实同类而不能系联者，以其切语上字两两互用故也。如多、得、都、当四字，声本同类。多，得何切；得，多则切；都，当孤切；当，都郎切。多与得，都与当，两两互用，遂不能四字系联矣。今考《广韵》一字两音者，互注切语，其同一音之两切语，上二字声必同类。如一东，'涑，德红切，又都贡切'；一送，'涑，多贡切'。多贡、都贡同一音，则都、多二字实同一类也。今于切语上字不系联而实同类者，据此以定之。"由于反切上字使用的随意性，本来同类的字也有系联不到一起的时候，而多音字的一个读音也可能用了不同的反切上字，这为系联提供了辅助条件，成为补充条例。

陈澧系联了《广韵》的四百五十多个反切上字（排除了"增加字"），得到四十个声类，分清声二十一类，浊声十九类。他并没有给四十声类取代表字，只是把同声类的反切上字排在一起。后人以三十六字母为基础给这四十声类定出代表字，即：

清声	浊声
见、溪	群、疑
晓、影	匣、于、以
端、透	定、泥、来
知、彻	澄、娘
章、昌、书	船、禅、日
庄、初、山	崇
精、清、心	从、邪
帮、滂	並、明（微）
非、敷	奉

这个系联结果证明了《广韵》声母系统确实跟三十六字母有较大出

入。这四十声类跟三十六字母的主要差别是：

(a) 三十六字母的正齿音“照穿床审”四字母各分为二，在韵图上它们分别处在二等和三等地位，在《广韵》则是不同的两套声母，即“庄初崇生”和“章昌船书”。

(b) 三十六字母的喻母分为两类，在韵图中这两类分别处在三等和四等。现在通常把三等一类称为“于类”，四等一类称为“以类”。

(c) 三十六字母的微母并入了明母。

(d) 四十声类里边也有“非敷奉”三个声类，但是它们的内涵和三十六字母的非敷奉不一样。三十六字母的非敷奉是轻唇音，四十声类的非敷奉不仅包括了轻唇音，还有一部分重唇音。它们的反切上字是：

非类　方封分府甫/卑并鄙必彼兵笔畀陂

敷类　敷孚妃抚芳峰拂/披丕

奉类　房防缚附符苻扶冯浮父/平皮便毗婢

斜线左边的字属于三十六字母的轻唇音，斜线右边的字属于三十六字母的重唇音。陈澧把它们系联到一起，符合《广韵》反切的事实。

在陈澧之前，很多学者都没有意识到《广韵》声母跟三十六字母的不同，误以为三十六字母就是中古韵书的共同声母系统。江永已经发现了照系、喻母的问题，但他到了真理的边沿却没有跨过这一步。在陈澧之后，劳乃宣还称：“隋唐以来，反切无出三十六母外者。”“考诸《广韵》《集韵》，音切无不符合。”陈澧系联出的结果虽然没有成为定论，他的研究方法则意义重大。后人在陈澧四十声类的基础上又继续补充研究，得出了各不相同的结果，至今虽然仍然存在分歧意见，但那主要是由于《广韵》反切上字本身存在某些问题，需要另外的方法作为补充，不是单纯凭借系联法就能解决的。

(2) 反切下字的系联

陈澧系联反切下字的基本条例、分析条例跟反切上字的方法相同，只有补充条例不同。

基本条例是：“切语下字与所切之字为叠韵，则切语下字同用者、互用者、递用者，韵必同类也”。

同用的例子如“东，德红切”、“公，古红切”，同用“红”作切下字。

互用的例子如“公，古红切”、“红，户公切”，“红公”二字互用。

递用的例子如“东，德红切；红，户公切”，“东红公”三字递用。

分析条例的条件跟系联反切上字时正好相反。上字的分析条例以下字的同类为条件，下字的分析同类则以上字的同类为条件。一组相关的反切，如果上字同类，那么下字一定不同类。如：“公，古红切”、“弓，居戎切”，已知“古、居”同类，那么“红、戎”必不同类，否则“公、弓”就是同音字，不必把它们分成两个小韵了。

系联反切下字的补充条例比较勉强，似乎缺乏可靠性。陈澧说：“有实同类而不能系联者，以其切语下字两两互用故也。如朱、俱、无、夫四字，韵本同类，朱、章俱切，俱、举朱切，无、武夫切，夫、甫无切；朱与俱、无与夫，两两互用，遂不能四字系联矣。”陈氏提出的解决办法是参考同一韵部里其他韵有多少韵类，“今考平上去入四声相承者，其每韵分类亦多相承；切语下字既不系联，而相承之韵又分韵，乃据以定其分类；否则，虽不系联，实同类耳”。这个方法的问题在于，虽然多数相承的韵在分类上相等，可是并不能绝对化，以为每个韵部的韵类都是这样。就拿陈澧自己的系联结果看，有不少韵部的四声韵类也是不相等的，例如，东、送、屋各二类而上声董韵仅一类，戈韵二类而果、过各一类。这一条例从理论上和实践上都是靠不住的。那些实同类而不能系联的韵类，陈澧大概也用了其他方法才联系到一起，只是他不肯明白地说出来而已。

陈澧系联反切下字的结果，是为206韵分出了311个韵类，有的韵只有一个韵类，有的韵包含两个或三四个韵类。这些韵类跟等韵图上所排列的“等”是有出入的，主要区别在于，等韵图上排在二等、四等的某些韵类，其实跟三等是相同的一类，这是后人所谓的“假二等”和“假四等”。此前大部分懂得音韵学的人都误以为《七音略》等韵图的分类就是《广韵》的韵类，江永等人虽已经发现其间的不同，并且也把假二等、假四等合并到三等，但是没有讲出原因。陈澧则是用可信的方法和材料，提出了充分的证据。

陈澧的反切系联法在音韵学研究中开辟了一条新的研究途径，成为从文献中探索古音的重要手段。他的贡献不仅在于对《广韵》音系的声类、韵类系统的考证，还在于研究方法的创新。

主要参考文献

罗常培 1930《耶稣会士在音韵学上的贡献》，《史语所集刊》1本3分。

刘　复 1930《明沈宠绥在语音学上的贡献》，《国学季刊》2卷3期。

王　力 1935《类音研究》，《清华学报》110卷3期。

赵荫棠 1932《清初审音家赵绍箕及其贡献》，《辅仁学志》3卷2期。

1932《重订司马温公等韵图经述》，《北平晨报·学园》第380—381期。

1937《明清等韵之北音系统》，《辅仁学志》6卷1、2期合刊。

1936—1937《明清等韵之存浊系统》，《益世报·读书周刊》第73、78、83、84、85、86期连载。

1957《等韵源流》，商务印书馆。

许世瑛 1939《等韵一得研究》，《文学年报》5期。

陆志韦 1947《记徐孝重订司马温公等韵图经》，《燕京学报》32期。

1948《记三教经书文字根本》，《燕京学报》34期。

1948《记五方元音》，《燕京学报》34期。

未　迟 1957《劳乃宣的等韵一得》，《语言学论丛》第一辑。

唐作藩 2002《音韵学教程》，第三版，北京大学出版社。

何九盈 1985《诗词通韵述评》，《中国语文》第4期。

张世禄 1938《中国音韵学史》，商务印书馆。

李新魁 1983《汉语等韵学》，中华书局。

耿振生 1992《明清等韵学通论》，语文出版社。

第六章　清代古音研究

一、清代古音研究的渊源

古音，传统专指上古音，就是先秦时代的语音。两汉，特别是西汉，跟先秦时代的语音比较接近，跟魏晋以后的语音差别较大；所以两汉时代的语音也算上古音。不过，清儒所谓古音，是指先秦时代的语音；至于两汉，他们很少留意。我们叙述清代古音研究，就是叙述清儒先秦古音研究的发生和发展的历史，从而展示清代古音学家是怎样在中国语音学史上谱写光辉的一页的。

从汉代开始，先秦流传下来的儒家典籍逐步受到历代封建统治者的重视；汉代以后的语音跟先秦语音差别越来越大。历代经师在研究先秦典籍的过程中自然能认识到古今读音有变化这个基本的语言事实。例如《诗·豳风·东山》："有敦瓜苦，烝在栗薪。"郑玄笺："古者声栗、裂同也。"刘熙《释名·释车》："车，古者曰车，声如居，言行所以居人也。今曰车，声近舍，车，舍也，行者所处，若居舍也。"韦昭对"车"古今读法的看法跟刘熙不同；他的《辩释名》说："车，古皆音尺奢反，后汉以来始有居音。"从以上的引文可以看出，汉魏时代的人在训诂实践中已经悟出古今读音有不同；但往往只是就事论事，目的只是用来解决一些训诂问题，没有把先秦时代的语音作为一个系统来研究。汉魏时代离先秦不太远，那时的人还没有研究先秦古音的兴趣。

六朝人读先秦典籍，遇到读音不和谐的韵脚字，往往采用临时改读的办法，使整个韵脚字组的读音变得和谐。这就是"叶音"说。陆德明《经典释文》中就有不少叶音的例子，例如《诗·邶风·燕燕》："燕燕于飞，下上其音。之子于归，远送于南。瞻望弗及，实劳我心。"《经典释文·毛诗音义》："于南，如字。沈云：'协句宜乃林反。'今谓古人韵缓，不烦改字。"沈指沈重，梁末的学者，因为"南"跟"音""心"不押韵，所以他认为这里的"南"应读成乃林反。当"南"不处在这个位置上时，就不再注"协句"了。陆德明本人在这个问题上态度是不明确的，有时候他也采用叶韵说。例如《诗·召南·采蘋》："于以奠之？宗室牖下。谁其尸之？有齐季女。"《毛诗音义》："下，如字，协韵则音户。后皆放此。"有时候他认为古人押韵标准较宽，上面所引《诗·邶风·燕燕》陆氏音义中，"今谓古人韵缓，不烦改字"就反映了这种看法。叶音说也好，韵缓说也好，都有一个基本前提，那就是，周秦时代的语音跟六朝时代是一致的。只是叶音说主张，当同一韵脚字组中某字跟其他的押韵字依六朝读音来读不和谐时，就临时把这个字改读成六朝语音中的另外一个跟其他的押韵字读音和谐的音；而韵缓说主张，古人用韵宽缓，同一韵脚字组的所有字都可以按六朝的实际读音来读，不必临时改读。

叶音说在唐宋时代十分盛行。唐代，颜师古注《汉书》，李贤注《后汉书》，李善注《文选》，都采用了叶音说。六朝时代由叶音说发展到改字改训，到唐宋时代逐步盛行起来，最有名的例子就是唐玄宗把《尚书·洪范》"无偏无颇，遵王之义"的"颇"改为"陂"。唐玄宗开元十三年敕："……每读《尚书·洪范》，至'无偏无颇，遵王之义'，三复兹句，尝有所疑。据其下文，并皆协韵，惟'颇'一字，实则不伦。又《周易·泰卦》中'无平不陂'，《释文》云，'陂'字亦有'颇'音。'陂'之与'颇'，训诂无别。为'陂'则文亦会意，为'颇'则声不成文。……其《尚书·洪范》'无偏无颇'，字宜改为'陂'，庶使先儒之义，去彼膏肓；后学之徒，正其鱼鲁。"唐玄宗的改字，是以今例古的做法。他不知道，"颇"和"义"，古音韵部是完全相同的。

叶音说的代表是宋代朱熹（1130—1200）。他在《诗集传》和《楚辞集注》里都用了叶音说。例如《诗·周南·关雎》："参差荇菜，左右采之。窈窕淑女，琴瑟友之。"朱熹"采"下注："叶此礼反。"在"友"下注："叶羽已反。"朱熹几乎给每一韵脚字组中宋代读音不和谐的押韵字都注上叶音。叶音说的根本错误在于否认了语音是发展变化的基本事实，认为上古音跟中古音读音是一样的，从而也就否定了古韵分部。所谓叶音，无非是指某一字除正常读音之外由于韵脚和谐的需要而临时产生的读音。其实，这个临时读音在语言中不可能存在，是主观猜想的产物。事实上，叶音说者心目中的本来的读音在先秦是找不出来的，有些字甚至只有"叶音"一读。例如"京"字，《广韵》归庚韵。《诗经》入韵 11 次，大都是跟阳韵的字押韵，从来不跟庚韵的"苹""平""惊""生""笙""甡""甥"等字押韵。朱熹给这 11 次入韵的"京"都注成"叶居良反"；在他看来，"京"的古音跟他所处的南宋时代的读音是一样的，跟"惊""荆"同音，这是"京"本来的读音。朱熹不知道，"京"在先秦跟"惊""荆"是不同音的，他心目中"京"的先秦时代的本来读音是以今音范古音虚构出来的。由于朱熹缺乏对古音的科学认识，所以对哪些字入韵，哪些字不入韵，以及怎样入韵，有时弄得很混乱，有些字不入韵，却认为入韵，有些字是属不同的韵脚字组，却认为同一韵脚字组。由于叶音说是就事论事的处理方法，因此导致一个字有不同的叶音。同是一个"家"字，在《召南·行露》二章中注"叶音谷"，三章中注"叶各空反"，《小雅·采薇》中注"古乎反"；如果语言中的词或音节可以这样随意临时改读，听的人又怎能把握它的内容？叶音说显然是跟语言的本质相矛盾的。

朱熹的叶音可能是采用了他同时代的学者吴棫的一些说法。吴棫字才老，写有《书裨传》《诗补音》《论语指掌考异续解》《楚辞释音》《韵补》五书，今天传下来的只有《韵补》。宋陈振孙《直斋书录解题》和周密《齐东野语》中说，朱熹注《诗经》《楚辞》，采用了吴氏《诗补音》《楚辞释音》的叶音。可惜后二书已亡佚。今人张民权氏对《诗补音》作了辑佚工作，载于《宋代古音学与吴棫〈诗补音〉研究》一书，比照所辑《诗补音》资料和朱熹《诗集传》《楚辞集注》，知朱熹所作叶音基本上取自《诗补音》，但吴书重在古音的考证，而朱书重在《诗经》《楚辞》的叶音。

从现存的《韵补》一书看，吴棫著《韵补》和朱熹注《诗经》《楚辞》的旨趣大相径庭。朱熹用的是叶音说，《韵补》则主张古韵和今韵有所不同，所谓"韵补"，就是要补正今韵之不足的。认为古韵不同于今韵，就等于承认了先秦古韵的客观存在，这种认识是前人没有能达到的。

吴棫在《韵补》中利用韵文、声训、谐声字等材料来考求古音，但是他没有明确建立古韵学，往往是杂举一些与中古韵书归韵不合的一些特例做简单的归并；他的《韵补》只是用来补中古韵书的不足，所以结论是不可靠的。按《韵补》的分类和各韵目下的小注，吴氏的结论大体上可归纳为九个韵部，以平声为例：

1. 冬钟古通东，江古通阳或转入东
2. 脂之微齐灰古通支，佳皆咍古转声通支
3. 虞模古通鱼
4. 谆臻殷痕青蒸登侵古通真，文元魂古转声通真，庚耕清古通真或转入阳
5. 仙盐严古通先，寒桓删山古转声通先，覃咸衔古通删，谈古通覃，添古通盐，凡古通严
6. 宵肴豪古通萧
7. 戈古通歌，麻古转声通歌
8. 江唐古通阳，庚耕清青古通真或转入阳
9. 侯幽古通尤

吴氏用到“古通”“古转声通”“转入”等术语，是按宋代的语音定出来的，显然是违反历史主义的原则的。

宋代还有一位古音学家，叫郑庠。他写有《古音辨》一书，惜已亡佚。据宋元之间的人熊朋来《熊先生经说》卷二《易诗书古韵》载，郑庠分古韵为六部：

1. 支脂部　包括支脂之微齐佳皆灰咍九韵
2. 鱼模部　包括鱼虞模歌戈麻六韵
3. 尤侯部　包括萧宵肴豪尤侯幽七韵
4. 先仙部　包括真谆臻文欣元魂痕寒桓删山先仙十四韵
5. 阳唐部　包括东冬钟江阳唐庚耕清青蒸登十二韵
6. 侵部　包括侵覃谈盐添严咸衔凡九韵

郑庠跟吴棫一样，尽管认识到古韵不同今韵，但是还没有自觉地把古韵看作一个系统。

吴棫、郑庠都知道利用韵文材料求古韵，也都知道跟中古韵书作

比较。但是他们还没有建立起韵脚字系联法，也不懂得离析中古韵书。而且他们认为后代有些字保留了先秦古韵，并加以扩大化；往往把先秦到唐宋时代凡与《集韵》一类韵书不合的音都看作古音，以至材料时间界限不严。正因为吴、郑二氏没有建立起科学的研究古韵的方法，所以分韵虽宽，仍不免出韵。事实上，吴棫所分九部中，每一部所收的字除了各韵目下小字注的韵外，还都有其他部的字。

明代的学者开始用他们的研究成果反对"叶音说"。其中最值得称道的是清代古音学的理论先驱陈第。陈第（1541—1617），字季立，号一斋，福建连江人。生平著述宏富，古音学方面的著作有《毛诗古音考》《读诗拙言》《屈宋古音义》，其中《毛诗古音考》最为著名。在《毛诗古音考》中，既有细腻的考证，又有深入的理论探讨，从根本上推翻了"叶音说"，为清代古音学导夫先路。

《毛诗古音考》对《诗经》的入韵字作了全面研究，同时又以《楚辞》等其他韵文材料作佐证，只列出了陈第认为与今音不同的字共500个，用直音法（少数是反切）注上他所确定的古读，然后列出韵脚字来作证。证据分为"本证"和"旁证"。本证是指用来作证的《诗经》入韵字，旁证是指用来作证的《诗经》以外的先秦典籍和秦汉以下离《诗经》时代不远的入韵字。这就避免了取材芜杂的毛病，为清代古音学家确立了取材的标准和方法。

以《诗经》入韵字为本证，实际上摆脱了中古韵书的束缚，把《诗经》用韵看作一个系统，就从根本上推翻了"叶音说"，陈第对材料的解释和运用跟"叶音说"有根本的不同。第一，陈氏认为《诗经》是押韵的，韵脚字的和谐是以实际语音为基础的。"叶音说"虽然也承认《诗经》是押韵的；但是，由于持古今读音无变的观点，因此对凡依后代读音不叶的字只好临时改读，以求叶韵。陈第则认为后代读音不和谐的韵脚字，在先秦时代读音是和谐的；如果认为临时改读才和谐，那么就没有把《诗经》的诗看作是诗，而是看作"文"。后代人的诗是押韵的，《诗经》的诗也是押韵的，从士大夫到田野俚曲，诗歌的押韵都是以当时的口语为基础。第二，陈氏认为《诗经》中具体诗的作者所处的地域有不同，《诗经》所收的诗往往是不同作者创作的；而且其他的押韵材料跟《诗经》的用韵也往往相合。"叶音说"不能解释，为什么不同的先秦韵文，不同地域的韵文作者，以及同一地域的不同韵文作者在临时改读以求谐韵时都改读为同一个读音；陈第认为这正是“古音之证也”。第三，在韵脚字的系联上，陈氏认为应该充分体现先秦古韵的系统性。“叶音说”对韵脚字的系联，大多就事论事；同一个读音，有时在心目中的“本音”之外，注上好几个临时读音。陈第的主要贡献还不限于从根本上推翻了叶音说，而且他在全面系统研究古韵的基础上提出了“时有古今，地有南北，字有更革，音有转移”的高明见解，为清代古音学作了理论准备。可以说，陈第是清代古音学理论的奠基人。

陈第《毛诗古音考》的缺点有二：一是没有进行古韵分部，还没有意识到古韵分部的重要性；二是没有离析《唐韵》。陈第研究古韵时利用了《唐韵》，但是没有拿中古韵书作比较来探讨系统演变的规律。第二个缺点跟第一个缺点是联在一起的，因此材料比较零碎，没有揭示古今音的分合规律。

通过以上的叙述，我们可以明了，清代古音学发生、发展的内因已经具备，但是还需要外因来起“催化剂”作用。

二、清人研究古音的目的和方法

清代古音学发生、发展的“催化剂”就是当时的时代文化背景，可以分如下几个方面来叙述：一政治现实，二学术思潮，三科学方法的探求，四古韵研究与其他小学门类的互相影响。

清朝统治者以满族人的身份入主中原，开始了对中国近三百年的统治。满族人的入主中原，使得明清之际的学者痛定思痛，他们纷纷思考明朝覆灭的原因，不少学者都深恨当时的学风。宋明时代，理学一直占统治地位，到明末，一般学者“束书不观，游谈无根”，空谈明心见性的学问，形成一种腐朽颓废、空洞粗疏的学风。清代古音学的开山祖师顾炎武，处在明清际会的当口，国破家亡之恨、异族欺凌之辱，使他深深地愤慨明末的学风，以为明亡实由于此。在顾炎武看来，明末的空谈心性，是对礼制文化的反动；满族的入主中原，是对礼制文化的颠覆。要想明了儒家经典以经世致用，必须“考文”，“考文”必先“知音”。他在《答李子德书》中说：“愚以为读九经自考文始，考文自知音始。”正是这个意思。清代古音学这门学问是顾炎武开创的，在他看来，他的古音研究是适应了时代的需要。

清初的统治者对读书人采取了软硬两种办法。软的一法，是招纳降臣，以八股取士。康熙、雍正、乾隆三朝，又借编字书、丛书、类书的办法，吸引了大批读书人，在客观上促进了学术研究。硬的一法，就是大兴文字狱，特别是雍正、乾隆二朝，使不少读书人对现实政治噤若寒蝉。读书人的聪明才智就这样逐步被引导到明代已露端倪的考据学的路子上去。在古音研究方面，陈第已经奠定了理论基础，顾炎武又开创了古音学科学研究的路子，经过几代人的努力，古音学在清代古典考据学的园地里大放异彩。清人一扫宋明人明心见性的空疏学风，倡导并实践所谓朴学风格，他们不满足于浮泛地观察材料，而要在实践中摸索出整理材料的科学方法。在这方面，顾炎武开了个好头，继起者既得益于他的科学方法，又更加邃密。例如段玉裁是清代最杰出的文字学家，他能全面运用谐声字来帮助古韵分部和古韵归部；戴震精于等韵，注重在考古的基础上审音；他们都把古韵研究推向一个新的高度。钱大昕既熟悉经史，又精于字母之学，在古声母研究上开出一片园地。在探求真理上，清人能视学问为公器，相互诘难，运用不同的方法，从不同的角度反复验证已有的结论，是其是，非其非，后来居上。

传统的"小学"分为文字、音韵、训诂三科。清人能在音韵学方面作出极好的成绩，还在于他们对音韵学在这三科中的地位和关系有明确的认识。顾炎武认识到"读九经自考文始，考文自知音始"。戴震在《论韵书中字义答秦尚书》中说："字书主于训诂，韵书主于音声，然二者恒相因。……凡训诂之失传者，于此亦可因声而知义矣。"钱大昕给《六书音均表》所作的序中说："古人以音载义，后人区音与义而二之。音声之不通，而空言义理，吾未见其精于义也。此书（按：指《六书音均表》）出，将使海内说经之家奉为圭臬，而因文字音声以求训诂。古义之兴有日矣，讵独以存古音而已哉！"清代小学家把古音研究的作用看得这么重要，怎么不激励他们在古音研究上锐意进取呢？古音研究促进了字形、字义的研究；反过来，字形、字义的研究又给古音研究提供新方法、新课题，给古音研究向精深邃密发展以有力的推动。字形、字义、字音的结合研究形成了良性循环。（当然，清人音义结合的研究还有很大缺陷，这是应该指出的）段玉裁在《广雅疏证·序》中总结小学研究方法时说："小学有形、有音、有义。三者互相求，举一可得其二。”这是对清代小学实践的高度概括性的总结。

总之，清代古音学的发达，绝不是偶然的。我们也应该看到，清代古音研究，尽管成果累累，但是还没有从小学的附庸中摆脱出来。古音学是为古典考据学服务的，它的成就和局限都跟这一目的有关。

陈第在《毛诗古音考》中提出了“音有转移”的著名论断。顾炎武更从韵书的分韵、并韵的历史进一步做出论证。但顾氏的复古倾向很浓，他一方面接受语音有变化及古今音有不同的事实，一方面又认为今音不同古者是今音读错了，所以他要执五经三代之书正今音之讹，《音学五书·序》说：“天之未丧斯文，必有圣人复起，举今日之音，而还之淳古者。”顾氏希望后代的圣人起来，校正后代的误读，用他所谓“淳古”时代的读音来读经典。由此看来，顾炎武是带着复古的激情来研究古音的。

顾炎武之后的古音学家复古思想没有他这么浓，甚至有的可以说是没有复古思想。但是以古音研究为读经服务这一思想却没有改变。清人研究古音的主流是为了求古，求古也就是他们心目中的求正、求真。求古是为了读经的需要，研究古音是为了恢复上古的读音。经学的地位，在当时学者心目中是不能摇撼的。在他们看来，小学是经学的附庸，古音学又是小学的附庸。

清人古音研究，以古韵学的发端最早；古声调研究是伴随古韵研究展开的。古声母研究则晚于古韵学。他们研究古音用到的材料有韵文、谐声字、异文、异体字、反切出现以前的注音、声训、假借字、异读、方言、联绵字、韵书、韵图、反切、域外对音等。这些材料在考求古音音类方面的作用是不相同的，清儒在运用时重视的程度也不一样。方法的运用跟材料的使用有莫大的关系。在古韵学方面，清人用到的主要方法有三种，一是韵脚字系联法，二是离析《唐韵》法，三是谐声字求证法。

韵脚字系联法，有人形象地称为丝贯绳牵法，或丝贯绳引法。韵文中互相押韵的字主要元音和韵尾应该是相同的。有的字不只出现在某一个韵脚字组中，那么重复出现这些入韵字的所有韵脚字组的字，主要元音和韵尾都应该相同。韵脚字系联法，就是把互相押韵的不同的韵脚字组串成一个一个的押韵字集，从而得出一个一个的韵部。清人考订古韵，对入韵字的材料的主次有比较明确的认识，他们以《诗经》的入韵字为主，以其他先秦韵文的材料为辅，从而系联韵脚字。

古代的诗作者偶尔也会让主元音相近或者韵尾读音相近的不同韵部的字押韵。清人很早就懂得处理个别与一般，他们并不因不同韵部的一两个字的交叉而合成一个韵部，而是根据一般，仍然划分为不同的韵部。当然，清代学者也有没有处理好个别与一般关系的，早期的古韵学家有此弊病，是不可避免的；在韵部划分上，正确处理个别与一般，这是清代古音学家逐步形成的共识。

韵脚字系联法是建立在韵例的基础上的。《诗经》的韵例很复杂，哪些字入韵，哪些字不入韵，以及怎样入韵，清代古音学家的认识也是逐步加深的，有些韵脚字组的韵例容易确定，有的并不那么容易。一方面，确立古韵分部以确立入韵字为前提；另一方面，对于难以确定的韵例，又要以古韵分部的具体成果来判定。古韵分部的历史反映了古韵分部跟韵例研究的密切关系，清代古韵分部的日趋精密和对韵例认识的逐步加深是相辅相成的。

离析《唐韵》法，也就是离析《广韵》法，清人认为《广韵》音系就是《唐韵》音系，而《广韵》是清人所见到的最早的韵书。离析《唐韵》法，就是在使用韵脚字系联法的同时，看所系联各部的具体字属于《广韵》哪一韵，从而把《广韵》某些同一韵的字离析开来，分属上古不同的韵部。系统开展这项工作，是从顾炎武开始的，他的《音学五书》《诗本音》《易音》对他所定的韵脚字都注上《广韵》韵目。《古音表》中，对所定古音十部，都注明各部辖有《广韵》哪些韵以及哪些韵的一部分字，另外又收入或并入了《广韵》一些韵的零星的字。

宋人吴棫、郑庠研究古韵，立足点是站在今韵的立场上，做简单的古今比较，就今韵求其合，执今韵把个别字从甲韵搬到乙韵，甚至甲乙两韵兼收；顾炎武离析《唐韵》是建立在韵脚字系联法的基础上的，这就是把先秦古韵看作一个系统，以系统的眼光来看待古韵分部。明人陈第认识到先秦古韵自成一个系统，但是他没有明确地离析《唐韵》，所以材料比较零碎，没法考证出古今语音的分合规律。有人以为陈第已经从事了古韵分部的工作，那恐怕是拔高了古人。离析

《唐韵》法的具体成果不但能使人看出古今语音的分合规律，以简驭繁地掌握上古音，而且还可以从一些侧面来证明古韵分部的科学性。

谐声字求证法，就是利用形声字的声旁，把上古出现的字分派到上古各部中去。单纯根据形声字，不能求出古韵部类。谐声字求证法只有依靠韵脚字系联法得出的古韵部类才能发挥作用。上古的谐声字，离造字时代比较近，有些字就是韵文出现的时代造的。上古谐声字的主谐字和被谐字在造字时读音大多应该相同或相近。有些字在韵文中没有押上韵，但既然它们出现于上古，就一定受上古音系的制约。段玉裁是清代《说文》研究的翘楚，他明确地提出了“一声可谐万字，万字而必同部，同声必同部”的著名论断，虽然有些绝对化，但大多数谐声字的情况适合这一规律，所以段说一般为后起古韵学家所遵从。谐声字求证法，把许多古韵文中没有押上韵的字都归入了上古韵部，这是此法的最大的功用。此外，有些字尽管上古押了韵，但出现的次数少，跟别的韵脚字组不一定能系联上。谐声字求证法在这种情形下正可以弥补韵脚字系联法的不足。同样，谐声字求证法也从另外的角度证明了古韵分部的科学性。

清人上古声母研究的成绩远远赶不上韵部的研究。清人古声母研究方法，可以归纳为两点：一是文献考据法，一是合并字母法。

文献考据法，就是利用直接反映上古音的上古谐声字、异体字、异文、反切出现以前的注音、声训、假借字、联绵字等材料，看中古的各字母哪些在上古有交涉。文献考据法的研究成果，必须利用合并字母法来完成。合并字母法，就是在文献考据法得出的成果的基础上，把上古有交涉的中古各字母合并为上古的某字母。清人也利用后代的方言和域外对音材料去研究上古声母，但是研究的立足点还是在书面文献考据法上。

文献考据法和合并字母法的运用，都是钱大昕首创的。钱大昕以前的古音研究，集中在古韵。古韵学家在研究了古韵之后，常常给他们所研究过的具体字注上直音或反切，这些直音或反切就是他们心目中的所谓“古音”。注“古音”时不免要顾及声母。有时候，他们把有的中古轻唇字注上上古的重唇，例如顾炎武《诗本音》给《周南·关雎》“寤寐思服”的“服”注“古音蒲北反，与匐同”(《唐韵正》同)；或者把舌上音注上舌头音，例如《唐韵正》注宅加切的

"荼"的上古音为"音涂"。我们不能据此以为顾炎武等人已认识到古音轻唇归重唇，舌上归舌头。顾炎武所注的古声母是很零乱的。他之所以给"服"注音以蒲为声母，是因为韵母注了北字，北的韵母只拼重唇音；之所以给"荼"注音以定母字为声母，是因为涂的韵母只拼舌头音。江永《四声切韵表·凡例》中认为"昔人传三十六字母，总括一切有字之音，不可增减，不可移易"，他认为上古也是有三十六字母；但是他在该书《凡例》中又说："'福服'，今音轻唇，古音重唇。"可见给某些字的轻唇音注上重唇音，舌上音注成舌头音，并不能证明注音者认为古音轻唇读重唇，舌上读舌头。清人利用这两种方法研究上古声母，取得了不少富有参考价值的成果，有的成果已被普遍接受。

但是我们也不能过分夸大这两种古声母研究方法的功效。可以拿古韵学的材料和方法来作一个类比，今天的古韵分部，主要是建立在系联韵脚字这样一个基础上的，实际上是把上古的主元音和韵尾作为一个客观的共时系统来作归纳的。研究古声母却没有这样的有利条件，目前所用的文献考据法，材料本身太复杂，难以直接当作一个有机的共时系统来研究，字母合并法于是成为古声母研究的一个极其重要的方法。这是不得已而为之的。但是字母合并法有其天然的局限性，从中古到现代声母有分有合，从上古到中古也必然是这样，不可能只有合没有分。对比起来，清人上古韵部研究的成绩好多了，他们虽然没有处理好介音，但他们也能卓有成效地把中古的同音字处理为上古不同音。例如同是《广韵》庚韵"举卿切"的字，"惊荆"归耕部，"京"归阳部，"武兵切"的"明盟"归阳部，"鸣"归耕部，例子是不胜枚举的。归部不同，反映了中古声韵调全同的字，上古至少在韵母的主元音和韵尾上有所不同。结论是令人信服的。之所以令人信服，主要是用韵脚字系联法把上古的韵文互相押韵的字当作一个有机的共时系统来作客观归纳。研究上古声母没有这个有利条件。中古同音的字，没有哪一个清儒能从声母上找出上古不同音的证据来，这是受到了材料和方法上的局限。文献考据法和合并字母法所遇到的最大困难在于，由于材料的时空异质性，有可能把反映不同时空音系特点的古声母材料作为一个共时的系统来作客观归纳。

三、从顾炎武到江有诰的古音研究

（一）顾炎武的古音研究

顾炎武（1613—1682），江苏昆山人。小时名绛，后名继坤，又名圭年，明亡以后改名炎武，字宁人。学者称亭林先生。顾炎武生当明清之际，是所谓“天崩地解”的动荡混乱年代。他目睹了明末政治的腐朽，又亲历了满清的残酷屠杀。顾炎武青年时代即很有才学。三十二岁时，至南明做官，后愤于朝廷腐败而归家。四十五岁时离家北上，从此时起到去世，奔波于山东、河南、河北、山西、陕西各省，结识明朝遗民、退职的官吏以及一些地方官员，秘密进行了一些反清爱国的斗争。晚年定居华阴，还来往于山西、陕西。1682 年在山西曲沃访友时坠马而死。

顾炎武是明末清初著名的爱国主义思想家、社会活动家、清代朴学的开山祖师、文学家。清代的古音学就是他开创的。他写有《天下郡国利病书》《音学五书》《日知录》《韵补正》《九经误字》《石经考》《金石文字记》《左传杜解补正》等四十多种著作。这些著作，是他用了多年的学术心血撰成的，他写书的目的在于“明道”“救世”。

《音学五书》是顾炎武古音学的代表作。他在《与友人书》中说：“君子之为学，以明道也，以救世也。徒以诗文而已，所谓雕虫篆刻，亦何益哉！某自五十以后，笃志经史。其于音学，深有所得，今为五书，以续三百篇以来久绝之传。”又在《音学五书·后叙》中说：“予纂辑此书，几三十年。所过山川亭鄣，无日不以自随。凡五易稿，而手书者三矣。然久客荒壤，于古人之书，多所未见。日西方莫，遂以付之梓人。故已登版而刊改者犹至数四。”可见顾氏对《音学五书》是何等重视！

《音学五书》是《音论》《诗本音》《易音》《唐韵正》《古音表》五部著作的总称。

《音论》是探讨古音理论的，共三卷，十五篇，可以说是其他四部书的理论纲领。上卷的条目依次是“古曰音今曰韵”，考订“音”“韵”二字的异同，指出“二汉以上言音不言韵。周颙、沈约出，音降而为韵矣”。这其实指出了为什么把书命名为《音学五书》的理由。"韵书之始"，论证《广韵》由《唐韵》而来，《唐韵》承自陆法言《切韵》，音系是一样的，今传韵书以《广韵》为最古，所以研究古音以《广韵》为依据；《广韵》《唐韵》《切韵》音系来自沈约《四声谱》,《四声谱》又是继承李登《声类》、吕静《韵集》等韵书，"小有更定"。"唐宋韵谱异同"，列举《广韵》《礼部韵略》《韵会举要》诸韵书，比较其异同，是要据《广韵》分韵纠正"独用""合用"之失；据《广韵》分韵及"独用""合用"纠正《礼部韵略》之失；据《礼部韵略》正《韵会举要》并韵之失。指出《广韵》本于旧有韵书，兼存汉末以后的读音，可据以"推明秦汉以上之音"，"欲审古音，必从《唐韵》始"。

中卷的条目依次是"古人韵缓不烦改字"，指出古韵十部每一韵部的同声调的字上古不必分成不同的韵，因为古人用韵宽缓，故不必将其中某些韵改读，以迁就另外的韵，后人把同一部的同声调的字分成不同的韵，其实不必；有些韵该分别归入十部中不同的部，而后人反而合成一韵，其实该分；入声韵中，后人错讹很多，当改正。"古诗无叶音"，引用徐蒇、戴侗、陈第等人观点，证明先秦韵文没有临时改读的做法，批判叶音说；先秦韵文中偶尔有与正音不合的押韵（大致相当于段玉裁的合韵），这可能是方音的不同，虽可称为"叶音"，但数量仅"百中之一二"。"四声之始"，从韵文出发，进一步证明四声是周颙、沈约等人发现的，他们发现四声时"犹存古意"，但有阙漏；江左诸公通辞赋不通古经，于是产生"叶音之说"。"古人四声一贯"，以为古人实有四声，只是古人的诗是用来歌唱的，而歌唱时可以四声并用；上用作平，入用作去，但平不能用作上，去不能用作入，这是因为歌唱时要把字调拖长些，平声最长，上去次之，入声最短，短的声调要唱成长的声调，反之则不行。"入为闰声"，古人有入声，但入声字少，而且只有四部；入声是一种备用的声调，可以随时转用为其他声调。"近代入声之误"，以为韵书以入声韵配阳声韵是一种失误，古韵入声韵多配阴声韵；又韵书对入声韵的分韵多不合于古，也是一种失误。

下卷的条目依次是"六书转注之解"，列举唐至明代各家对转注的解释，为后一条目作铺垫。"先儒两声各义之说不尽然"，以为转注就是古人一字多读，不区别意义，只是"作诗之人随其迟疾轻重而用之”；后人拿一字多读区别意义，这是以训诂代替小学，以韵书代替古书，均不合于古。此条意在从一个侧面论证古人四声一贯的理论。“反切之始”，批评反切始于汉的说法，认为汉代以前的急言、缓言即是反切。“南北朝反语”，论证南北朝的反语多是双反，兼述其他特殊的反切。“反切之名”，考证古人注反切时用“反”“切”“翻”“纽”的意思是一样的，并讨论这些用字的沿革。“读若”，指出读若法应用早于反切；有的字也无法用反切注音，只好以调定音，这是继承了读若法。他讲这些注音法，其实是为他离析《唐韵》作理论准备。

《诗本音》专门讨论《诗经》的音韵，共十卷。抄录《诗经》经文，在韵脚下分别注出《广韵》的韵属。同一诗章有两个韵脚字组的，在其中一个韵脚字组的入韵字下加一“—”，表明加“—”的韵脚字为一组。复杂的韵脚，注上某字同某字押韵，另外的字同另外的某字押韵。语音有变化的韵脚，从多侧面举证它是入韵的，作较详细的注解；韵例较特殊者，有时也加注解。凡属四声一贯入韵者，在各诗章之后注明。顾炎武认为《诗本音》是五书中最重要的一部，他在《叙》中说：“故三百五篇，古人之音书也。”《后叙》中说：“然此书为三百篇而作也。”其他四书都是用来阐明证实《诗本音》的。

《易音》专门讨论《周易》的音韵，是《诗本音》的旁证材料，共三卷。体例跟《诗本音》差不多，但只节录用韵的文句，并且打乱和改变了《周易》原来的顺序。上卷讨论《彖辞》《爻辞》的音韵，中卷讨论《彖传》《象传》的音韵，下卷讨论《系辞》《文言》《说卦》《杂卦》的音韵。

《唐韵正》共二十卷，平声占七卷，上声占三卷，去声占三卷，入声占七卷。以《广韵》的韵目、韵字为纲。本书意在据古音匡正《广韵》的错误；顾炎武本想放到《诗本音》中去，但是证据太多，文字繁重，所以拿出来另编成一部书。

《唐韵正》所引材料十分丰富，有韵文、早期注音、声训、谐声字、异文、方言等；有不少字的考证还指出它是什么时候发生音变的。例如四江韵的“江”连同自己的证据和引用别人的证据就多达83个。再如四十三等的“等”，考订“等”古读“多改切”，也举了十几条证据。再如五支“罷”字考证说：“晋陆云《答兄诗》‘倾景儵坠夕不存罷’始与‘饑’为韵。”都是做了大量的材料工作才得出的结论。

《古音表》共二卷。这是在他系联先秦韵脚和离析《唐韵》的基础上，对先秦古音所作的总结。现在举平以赅上去；一些未列出韵目的散字也列出，入声另列，均加［ ］以志之：

1. 东部：东；冬；钟；江
2. 支部：支半［收入戈韵“蓑”入平，狝韵“狝”入上］［质］；脂［收入准韵“雑”，果韵“妥”，入平；并入轸韵“牝犛”，收入“敏”，准韵“准隼”，小韵“鴬”，入上］［术］；之［收入隐韵“卺”，狝韵“癣”，果韵“火”，入上；收入焮韵“近”，入去］［栉；昔半，收入陌韵“屐”；职］；微［物；迄］；齐［收入先韵“蠲”，仙韵“鲜”入平］［屑］；祭［薛，锡半］；佳［收入换韵“窜”］［月］；皆［没］；灰［曷］；哈［并入登韵“能”入平；并入等韵“等”入上］［末］；队［黠］；代［辖］；废［麦半；德］；尤半［收入厚韵“母拇畝晦”入上］［屋半］
3. 鱼部：鱼［屋半，收入锡韵“觌”］；虞［收入尤韵“邹鄹菆鄹驺郰”入平；并入荡韵“莽”入上；收入箇韵“箇”入去］［烛；觉半］；麻半［药半］；侯［收入讲韵“棓蚼”入上；收入讲韵“讲”入去］［铎半；陌，收入德韵“菩趦踣仆”；麦半；昔半］
4. 真部：真［并入脂韵“寅”，收入青韵“苓零令”，并入“獜鏻”，收入蒸韵“矜”，入平；收入映韵“命”入去］；谆；臻；文［收入微韵“挥煇晖狎翚”，并入真韵“贲”入平］；殷［收入微韵“旂圻蚚沂”入平］；元；魂；痕；寒；桓［收入歌韵“鼍”，戈韵“皤鄱”，并入“番”，入平］；删；山；先［收入齐韵“西”入平；并入荠韵“洗”，收入“洒”，收入贿韵“浼”，入上］；仙。
5. 萧部：萧［并入厚韵“谀”入上］［屋半］；宵［收入虞韵“殍”入上］［沃半］；肴［觉半］；豪［收入侯韵

"黴透"]［药半,收入麦韵"覈",并入"缴";铎半;锡半］;尤半［并入脂韵"馗艽頄",收入虞韵"孚莩郛桴",收入侯韵"裒捊",入平;收入厚韵"牡叟趣"入上;收入候韵"茂贸戊楙",收入烛韵"旭勖"入去］;幽

6. 歌部:歌［收入祃韵"化"入平,收入至韵"地"入去］;戈［并入旨韵"鰖"入上;收入霁韵"麗"入去］;麻半;支半

7. 阳部:阳［收入映韵"庆"入平;并入药韵"掠"入去］;唐［收入耕韵"萌氓甿",收入清韵"饧"入平;收入铎韵"彉"入去］;庚半

8. 耕部:庚半;耕;清;青

9. 蒸部:蒸［收入东韵"弓雄熊",并入"冯"字,入平;收入寑韵"朕"］;登［并入东韵"瞢",收入"薨梦"字,入平］

10. 侵部:侵［收入东韵"风枫"］［缉］;覃［合］;谈［盍］;盐［葉］;添［怗］;咸［洽］;衔［狎］;严［业］;凡［收入东韵"芃"入平;并入东韵"汎梵"入去］［乏］

离析后分归上古十部各韵的字,有的叫"某之半",有的则作为散字归入各韵。作为"某之半"的字,必须符合下列条件:一是平上去三声中,如果平声有半韵归入某部,相配的上去声也当有半韵归入某部,而且归入某部的半韵必须有两个或两个以上的小韵;否则只能作为散字"收入"或"并入"其他各韵。二是入声韵中,算作半韵者,必须有两个或两个以上的小韵;否则也只能作为散字"收入"或"并入"其他各韵。所谓"并入",是指《广韵》中有两个以上的读音的字,其中只有一个读音在上古是"正确"的,其他的读音应当削去,归并到上古的那一个"正确"读音中。例如"等"《广韵》有十五海、四十三等两个读音,十五海在上古是"正确"的读音,所以支部上声海韵下注:"并入等韵等字。"所谓"收入",是指有些字在《广韵》中有一个以上的读音,这些读音上古都不"正确",都应当削去,重新归并到上古的某部某韵中。例如"猕",《广

韵》只有狝韵一个读音，狝韵上古归真部，“狝”字上古归支部，所以后代归真部是归错了韵，支部纸韵下注：“收入狝韵狝字。”

后人把顾炎武赞誉为清代古音学的开山祖师，那是一点也不过分的。他的贡献主要有三点：创韵脚字系联法进行古韵分部，离析《唐韵》，入声配阴声。

古韵分部是古韵研究的基础工作，宋代吴棫、郑庠都对古韵进行分部，但是他们的分部不是建立在韵脚字的系联上的，往往只是杂举一些与中古韵书不合的韵文入韵的特例，作一些简单的归并，所以分韵虽宽，不免出韵。陈第的研究接触到了韵脚字系联法，但是往往以单字为单位，从系统中看单字的上古韵，而不是更进一步，有意识地把系统当中一个一个的单字串联起来，得出古韵的部类。顾炎武一方面继承发展陈第的研究方法，以《诗经》用韵为本证，以其他先秦韵文为旁证，既从系统当中看单字的古韵，又有意识地把单字串联起来；另一方面，又从吴棫的古韵分部中得到启发，看出上古韵是有部类的；又从中古韵书中悟出每个时代的用韵都是有部类的。中古押韵的部类，前人已编成了韵书；上古没有韵书，那就要替上古时人的押韵编出韵书。要编出这样的韵书，就要依靠上古的韵文，特别是《诗经》，所以顾炎武在《音学五书·叙》中说：“三百五篇，古人之音书也。”他在《唐韵正》卷十二“四十八证”下注：“夫音各有部，部各有本。”

当顾炎武从系统中看单字时，他也比陈第研究得精密。例如“明”字，《毛诗古音考》卷二为证明它古“音芒”，举了《诗经》本证 10 个，先秦至两汉的旁证 9 个，加上一则声训，共 20 个证据。顾炎武在《诗本音》卷三《齐风·鸡鸣》二章“明昌明光”的第一个“明”下注：“古音弥郎反。考‘明’字《诗》凡十六见，《书》二见，《易》十七见，《礼记》五见，《尔雅》一见，《楚辞》十见，并同。后人混入十二庚韵。”又在章尾注：“按‘鸣’‘明’二字，今人混为一音，不知鸣弥平反，明弥郎反，截然二音，而不可互读也。今若此诗用‘鸣’字（按指《鸡鸣》一章‘鸣盈鸣声’相押），则以‘盈’‘声’二字为韵，而他诗之用‘鸣’者，莫不以‘平’‘生’‘成’‘征’诸字从之；用‘明’字，则以‘昌’‘光’二字为韵，而他诗之用‘明’者，莫不以‘方’‘王’‘将’‘良’诸字从之，何其密也！谓三百五篇即古人之音书，岂不信夫！后之混为一音者，其亦未尝学《诗》耳矣。”在《唐韵正》卷五的“明”字条，为了证明“明”“古音谟郎反”，一共举了293个例证，并且考察“明”变成耕部的时间：举《素问》1例，指出“明”可认为不入韵，举《六韬》1例，跟耕部押，指出是“音之始变”，又举王褒《四子讲德论》以下迄东汉末共19个例证，证明“明”已完全变入耕部。前后用到的证明“明”的古韵及其演变的例证共达314个。他探求古韵，既有大量材料作铺垫，又有统计数字；揭示流变，也在大量材料的基础上作分析。由于顾炎武占有大量材料，所以大大有助于他的古韵分部，他所分的十部中，阴声韵、阳声韵的歌部、阳部、耕部、蒸部四部都已经被后人所接受，其他几部分得还不够细，只是初具规模而已。

离析《唐韵》，这也是顾炎武的主要功绩。宋吴棫、郑庠研究古韵，虽说懂得利用中古韵书，但他们基本是把中古韵书的每一韵都看成不可分割的整体单位来从事简单的归并工作。陈第在证明古诗无叶音时，只是有限地利用中古韵书。《切韵》系的重要韵书，他只是偶尔提到，如《毛诗古音考》提到《广韵》《集韵》各1次，而且是用来证古音的。陈第对中古韵书没有花很大的工夫，要是他花了很大的工夫，有的字就没有必要列出条目来考订古今音的不同了。

顾炎武的离析工作分两步走：第一步，离析俗韵（用黄公绍《韵会举要》的107韵）回到《唐韵》，即他所谓“齐一变至于鲁”；第二步，离析《唐韵》，回到古韵，即他所谓“鲁一变至于道”。

顾炎武的古音学得力于他的离析工作，《音学五书》离析工作的成就直到今天还是被大家所公认的。由他确立的歌、阳、耕、蒸四部都是离析《唐韵》得出来的，例如歌部有《唐韵》歌戈两韵，又麻韵半属鱼部，半属歌部；支韵半属支部，半属歌部。另外把旨至霁三韵归入支部，而把旨韵的“鰖”、至韵的“地”、霁韵的“麗”离析出来，归歌部。顾炎武做了大量的离析工作，这里不可能一一列举。

入声韵配阴声韵也是顾炎武开创的。他看到，在反映古韵的材料如韵文、经籍旧音、假借、异读、谐声等入声跟阴声关系密切，而跟阳声相远，于是认为入声不应该配阳声，而应该配阴声。他的入声有四部；质部，是支部的入声；屋部，是鱼部的入声；沃部，是萧部的入声；缉部，是侵部的入声。他的古韵十部中，阴声韵四部，只有歌部无入声；阳声韵六部，只有侵部有入声。

顾炎武古韵研究的局限性也是很明显的：

第一，他对于古韵研究有明显的复古思想。他一方面承认语音有变化，另一方面又以为今音发生变化，是后人读错了音，因此要据古韵纠正中古韵分韵之谬。

第二，他的古韵分部还比较粗疏。他的阴声韵、阳声韵的分部，只有四部得到后世公认，其他六部都经过后人做出进一步的划分；至于入声韵，还没有哪一部已经成为定论。作为古韵分部的开创人，分部还比较粗疏，是必然的。江永在《古韵标准·例言》中批评他"考古之功多，审音之功浅"，是十分正确的。

顾炎武对上古声调研究也作出很大贡献，他认为上古有平上去入四声，在《古人四声一贯》里说："四声之论，虽起于江左，然古人之诗已自有迟疾轻重之分，故平多韵平，仄多韵仄。"他的古音体系中，绝大多数字上古与中古同声调，只有少数字古今声调不同。例如"妥"，中古上声，上古平声；"化"，中古去声，上古平声；"朕"，中古上声，上古去声；"旭"，中古入声，上古去声。对先秦韵文中的异调相押现象，他的解释是："且夫古之为诗，主乎音者也；江左诸公之为诗，主乎文者也。文者一定而难移，音者无方而易转，夫不过喉舌之间，疾徐之顷而已，谐于音、顺于耳矣。故或平或仄，时措之宜而无所窒碍。"（《古人四声一贯》）这是说，古人的诗是供吟唱的，吟唱的过程中因"谐于音，顺于耳"的需要，声调临时发生改变。

在顾炎武看来，上古入声只是一个备用的声调。《入为闰声》说："《诗》三百篇中，亦往往用入声之字，其入与入为韵者，什之七；入与平上去为韵者，什之三。以其什之七，而知古人未尝无入声也；以其什之三，而知入声可转为三声也。故入声，声之闰也。"入声为什么能转为其他三声？顾炎武从音理上作了解释："平声音长，入声音短；平声字多，入声字少。长者多，短者少，此天地自然之理也。故入声之部，合之三声，但有其四。（原注：'见《古音表》。'）而五方之音，尚不能齐，必欲以配三声。"顾氏的入声可转为平上去三声，其实是转为阴声韵的平上去三声。

由此可见，古人四声通用，也就是“四声一贯”。但是，顾炎武指出，古人四声通用也是有规律的，唱诗的人把上声唱成平声，却不把平声唱成上声；把入声唱成去声，却不把去声唱成入声。道理何在？他在《古人四声一贯》中解释说：“歌之为言也，长言之也。平声最长，上去次之，入则诎然而止，无余音矣。凡歌者，贵其有余音也。以无余从有余，乐之伦也。”也就是说，平声字本来读得长一些，适合吟唱，上声短一些，不大适合吟唱，所以吟唱时上声临时变成了平声，平声不能临时唱成上声；入声唱成去声，去声不能唱成入声，道理也是这样。

凡此种种都表明，他认为字有定调，但在吟唱时可以临时改变其迟疾轻重长短，而不改变字义。《先儒两声各义之说不尽然》中说：“凡上去入之字各有二声或三声四声，可递转而上同，以至于平，古人谓之转注。其临文之用，或浮或切，在所不拘。”这跟顾炎武否定汉语有两声各义有关。他在《先儒两声各义之说不尽然》中，从“好、恶”等字在古书中使用的特例出发，否定上古乃至整个汉语史中用声调来区别意义的现象，认为那只是为了临文之用。

顾炎武从韵脚字的归纳出发，看出古代有声调，调数是四，并且尝试在理论上建立自己的古声调体系，这是他在声调研究上的贡献。但是他的古声调体系有严重的不足。第一，他以为声调不过是发音的迟疾轻重，声调的作用只在于唇吻的方便，这是忽视了声调作为辨义单位的重要性。第二，他认为上古诗歌主乎音，后代诗歌主乎文，并进而认定上古声调在韵脚字上可以临时改读，这是在声调问题上的叶音说。第三，他以有限的特例否定上古汉语有“两声各义”，这是片面的结论。经过后人的论证，“两声各义”在上古是大量出现的，顾炎武把这些现象都看成是不区别意义的临时读音，显然是不符合语言实际的。

顾炎武的古音体系虽然还不精密，但是他起到了开创清代古音学的作用，他的筚路蓝缕之功是不可磨灭的。

（二）江永的古音研究

江永（1681—1762），安徽徽州府婺源县（今属江西）人，字慎修。他读书好深思，特别擅长步算、钟律、音韵诸学。他既是自然科学家，又是音韵学家。一生勤奋治学，著述甚丰。他的著作有二十九种，二百一十九卷。在音韵学方面，有《古韵标准》《四声切韵表》《音学辨微》三部著作，都是在他七十七八岁时完成的。其中《古韵标准》专门讨论上古音，他的学生戴震也参加了定稿。《古韵标准》分为《例言》《诗韵举例》《平声》《上声》《去声》《入声》几个部分叙述他的古韵学体系。

《例言》部分可以说是江永古韵学体系的纲领。在《例言》里，江永首先论证古韵今韵有同有异以及研究古韵的方法标准，接着依次评论从吴棫到顾炎武各家研究古韵的得失，对古韵研究史作了简短回顾，然后谈离析《唐韵》的作用，指出顾炎武“悉用《唐韵》，最为有见”，并简要叙述了离析《唐韵》的体例，他所定古韵十三部跟顾氏十部的不同，指出陈第、顾炎武持古有四声之说是正确的。《例言》的后一半谈古叶音即本音，简要叙述《古韵标准》对古本音的处理。论证《广韵》证古的重要性，批评顾炎武执古韵以议今音之误，兼及《古韵标准》反映古今音分合情况的体例。最后谈古韵研究的目的和作用，指出研究古韵是为了“考古存古”，“非能使之复古也”；研究古韵是要揭示韵和韵之间的关系，“通其所可通”，同时又能证明今音跟古韵一脉相承，《广韵》并不只反映吴音。

《诗韵举例》认为，“不明体例，将有误读韵者，故先举此以发其例。自是而古韵可求，其非韵者亦不致强叶、误读矣”。他把《诗经》韵例中的连句韵、间句韵、一章一韵、一章易韵看作是常例；其余的韵例如隔韵、三句隔韵、四声通韵、三句见韵、四句见韵、五句见韵、隔数句遥韵等等都看作是变例，然后按平上去入四声分别讨论了他的古韵分部及归字情况。其中平上去各十三部，入声八部。每一声调占一卷，共四卷。平上去十三部所包括的《广韵》韵目（举平以赅上去）如下：

1. 东部：东、冬、钟、江
2. 支部：分支、脂、之、微、齐、佳、皆、灰、咍、分尤、分厚、祭、泰、夬、废
3. 鱼部：鱼、分虞、模、分麻
4. 真部：真、谆、臻、文、欣、魂、痕、分先
5. 元部：元、寒、桓、删、山、分先、仙、分线

6. 宵部：分萧、宵、分肴、分豪

7. 歌部：歌、戈、分麻、分支

8. 阳部：阳、唐、分庚

9. 耕部：分庚、耕、清、青

10. 蒸部：蒸、登

11. 侯部：分尤、侯、幽、分虞、分萧、分肴、分豪

12. 侵部：侵、分覃、分谈、分盐、分㮇

13. 谈部：分覃、分谈、分盐、添、严、咸、衔、凡、敢

入声韵包括的《广韵》韵目如下：

1. 屋部：屋、分沃、烛、分觉

2. 质部：质、术、栉、物、迄、没、分屑、分薛

3. 月部：月、曷、末、黠、辖、分屑、薛

4. 药部：药、铎、沃、分觉、分陌、分麦、分昔、分锡

5. 锡部：分麦、分昔、分锡

6. 职部：分麦、职、德

7. 缉部：缉、分合、分葉、分洽

8. 盍部：分合、盍、分葉、帖、业、分洽、狎、乏

各部列出所辖《广韵》韵目和《诗经》用字，有时也举其他韵文作旁证，平声诸部及上声第一部、入声第一部都列有“总论”栏，篇幅长短不一，主要讨论分部的界限、标准以及审音等方面的一些问题。各部中所说“分某韵”，指《广韵》某韵分隶古韵两部（个别是三部）。

江永在古韵学上的贡献主要有四点：首创结合等韵来研究古韵；入声兼配阴阳；区别弇侈；在顾炎武十部的基础之上多分出三部，其中鱼部、宵部、元部、侵部、谈部的划分成为定论。等韵学对汉语的音节的构成作了细微的区分，训练了人们审音的功夫。顾炎武不精等韵，给他的古韵研究带来不利影响，例如有些韵四声相配失当，既是对《广韵》四声相承的次序失考所致，又跟不明等韵有关，有的韵是不同等相配，有的是不同开合相配，更有的是等和开合都不配。难怪江永批评他：“离合处尚有未精，其分配入声多未当。此亦考古之功多，审音之功浅。”江永有意识地利用等韵学的知识来解决古韵研究中的问题，他的入声兼配阴阳这一贡献跟他通等韵有直接关系；另

一个贡献区别弇侈跟他通等韵学也有关系。

入声兼配阴阳这一贡献不仅给音类研究带来好处，也使后人的古音拟测有了依据。从直接反映上古语音的材料看，入声韵跟阴声韵的关系要密切一些，这一事实被顾炎武发现了，但是入声韵跟阳声韵也不是没有关系。即使从考古的角度看，也不能认为入声韵和阳声韵毫无关系。入声韵和阳声韵当然不能并为一部；但是，承认它们在分为不同韵部的基础上有一种相配合的关系总是可以的吧！顾炎武没有见及这一点，《音论》卷中《近代入声之误》中说："或曰：'平赢而入诎，固有三平而共一入者。'是殆不然。"江永为什么又承认数韵共一入呢？《四声切韵表·凡例》说："数韵共一入，非强不类者而混合之也，非审其音呼、别其等第，察其字音之转、偏旁之声、古音之通，而后定其为此韵之入，即同用一入，而表中所列之字亦有不同。盖各有脉络，不容混紊。"可见他是据审音和考古相结合看出"数韵共一入"的。从考古讲，阳声韵和入声韵、阳声和阴声韵也有关涉，只是用例较少。从审音讲，阳声韵和入声韵、阳声韵和阴声韵是明显有关的，这里举江永是怎样审出歌月元的"数韵共一入"的：

> 曷一等开口呼，为寒旱翰之入；末一等合口呼，为桓缓换之入。而曷又为歌哿箇之入；末又为戈果过之入。曷末又同为泰韵之入。皆音呼、等列同，得以相转也。

江永认为入声是数韵共一入的枢纽，既配阴声，又配阳声，以此来揭示语音的系统性。在江永古韵学中入声有较大独立性。

区别弇侈来研究古韵分部，这也是江永的首创。所谓"弇"（又叫"敛"），是指发音时口腔开度小，也就是［ə］系统；所谓"侈"，是指发音时口腔开度较大，也就是［a］系统。不难看出，区分弇侈来研究古韵分部，也跟江永精于等韵有关。《四声切韵表·凡例》："音韵有四等，一等洪大，二等次大，三四皆细，而四尤细。"尽管江氏区别弇侈并不仅仅是就等来说的；但是据这一段话可以推定，口敛、口侈是从他对等的看法中悟出来的。为什么能从区分弇侈中研究古韵分部呢？《古韵标准·例言》开头就给我们提供了答案："人灵万物，情动声宣，声成文谓之音。错综纵横，四七经纬，由是侈弇异呼，鸿杀异等，清浊异位，开发收闭异类，喉牙齿舌唇辗转多变，悉具众音。"原来他认为人类语音中必然是有弇有侈，来显示读音的差别，所以可以根据弇侈之别来研究古韵分部。江永的古韵分部，真元分立，宵侯分立，侵谈分立，都是结合弇侈的理论来进行的，充分体现了他审音的功夫。

江永还有一个贡献，就是在顾炎武十部的基础上多出了三部，其中鱼部、宵部、元部、侵部、谈部的划分成为定论。下面以真元分立为例，顾炎武真部包括《广韵》所有收［-n］尾的韵，江永分为真元两部，真部包括真谆臻文欣魂痕诸韵，元部包括元寒桓删山诸韵。他把先韵一分为二，“先千天坚贤田阗年颠巅渊玄”等字归真部，“肩前戋笺豣趼燕莲妍研骈鹃涓边笾县”归元部。

顾炎武所分入声四部，侵部的入声分得不细，凡收［-p］尾的都是一部，江永分为缉盍两部。顾氏支部、鱼部、萧部的入声分得很乱。江永从顾氏的支部入声中分出一个职部、一个锡部，这都是收［-k］尾的韵部；又从顾氏支部入声中另一些字，分出一个质部和一个月部。江氏的入声分部比起顾氏又要细密得多。此外，顾氏鱼部入声实为铎屋两部，萧部入声实为觉药两部；江氏把屋部觉部合并为一个屋部，把铎部药部合并为一个药部。表面看来，江氏的处理还欠周密，但他的一分一合，正显示了屋觉药铎四部的独立性，启发后人对入声各部做更细的分类。

今天看起来，江永古韵研究的分部还不够精细，有些韵部还没有分出。有些韵四声相配也有错误，原因也在于他的古韵分部还不精密，有的韵部，入声分了，相配的阴声却没有分；有的韵部，阴声分了，相配的入声却没有分。加上江永又拘泥于今音和等韵，每个舒声的平上去都要给配上一个等呼相同的入声，自然会出现漏洞。

江永在上古声调方面，从总的体系来看，是持古有平上去入四声的见解的。他认为，古有四声，只是江左文人才发现了这种事实。《古韵标准·例言》：“四声虽起江左，案之实有四声，不容增减，此后人补前人未备之一端。”他看出上古韵文中，各种声调自押的占绝大多数，不同声调互押的占少数。这当然是用中古声调的格局跟上古不同韵脚字组对比得出的结论。从中古声调格局看上古声调，有两种情况。一种是，从中古声调看，同一韵脚字组的字是不同调而互押，但上古却是同调相押，或大部分字是同调相押；这是因为有些字古属甲部，中古属乙部。《古韵标准》中，这类古今声调不同的字约50

个。另一种是，同一韵脚字组的字古今声调都相同，同一韵脚字组的字在上古可以异调相押。《例言》中说："亦有一章两声或三四声者，随其声讽诵咏歌，亦有谐适，不必皆出一声。如后人诗余歌曲，正以杂用四声为节奏，《诗》韵何独不然?"可见江永是从后人词曲用韵中感悟到"四声通韵"的，后世词曲四声杂用既然是和谐的，由此可以推测上古也可以四声杂用。他认为自己的古声调系统是继承了陈第和顾炎武的"古有四声"。但是他又批评陈第在有些地方"又仍泥一声"，不能自始至终贯彻四声通押的主张；也反对顾炎武"四声一贯""入为闰声"的理论。所以江永古声调系统中，字有本调，不能临时变读；入声不是闰声，不能转成平上去声。

江永在声调研究上的贡献有三点：一是否定了顾炎武的"四声一贯"说和"入为闰声"说，为后继者进一步探讨上古声调打下了基础。江永之后，戴震、段玉裁、孔广森、江有诰、王念孙等人都没有接受顾氏的这两个学说，其廓清之功不能不归于江永。二是已认识到入声跟去声相近，而跟其他声调相远。江永在去声十三部"总论"中明确指出："入声与去声最近，《诗》多通为韵。与上声韵者间有之；与平声韵者少，以其远而不谐也。韵虽通，而入声自如其本音。顾氏于入声皆转为平、为上、为去，大谬！今亦不必细辨也。"这一见解启发了后人对去入二声和古韵分部的看法。三是承认古有异读。他的《古韵标准》没有明确否认先儒的两声各义，而且还明确地注明某些字有异读，甚至有辨义的异读。这说明江永对顾炎武的"先儒两声各义之说不尽然"的观点是并不同意的。

江永的古声调学说自然有一定的局限性。他认为古韵四声可以通押，这在原则上不算错，但是要由事实来检验。他提出的证据是旁证，采用的是类比论证的方法，认为"如后人诗余歌曲，正以杂用四声为节奏，《诗》韵何独不然"。以词曲的用韵去推导先秦的用韵，说服力是不够强的。反观近体诗及近体诗出现以前的用韵（特别是六朝的用韵），四声分押的趋势很明显，这种用韵趋势不可能是一朝一夕形成的，其来有渐。要证明先秦诗韵是否四声杂用，必须研究先秦用韵的事实，应该从声调体系上来进行研究。后来的段玉裁、孔广森、王念孙等人都没有接受江氏的这一看法，他们把大量的字处理成上古和中古不同调，把江氏视作四声杂用的韵脚字组处理成同调相押，这样处理正说明他们对江氏四声杂用的立论依据持怀疑甚至否定的态度。江永虽然没有接受顾炎武否定古有一字异读和“先儒两声各义之说不尽然”的观点，但是他并没有提出自己的鲜明看法，也没有进行充分论证，充其量只不过是对顾说持怀疑态度。正因为他对顾说没有作有力的否定，所以后来段玉裁、孔广森等人仍旧接受了顾说，而没有接受他的看法。

江永在顾炎武之后把清代古音学大大向前推进了一步，他的成就是巨大的。他之所以能取得这样的成就，跟他有科学头脑有关。江永是我国古代杰出的自然科学家，对天文、舆地、历法、算术、吕律都有精密的研究，晚年写出《古韵标准》，自然水到渠成。他写《古韵标准》，还得力于他跟弟子的相互切磋。《例言》说：“复与同志戴震东原商定《古韵标准》四卷，《诗韵举例》一卷，于韵学不无小补焉。”平声第四部总论说：“‘天田年贤颠千玄’等字，两汉人用之皆如古音，至晋初犹未变，不知何时始变为今音，遂与‘前笺肩妍’等字合为一部。……戴东原有志补之，储书未多，俟诸异日。海内好古博学之士有能继亭林起者，予日望之。”段玉裁《戴东原先生年谱》说：“先生丙申与玉裁《论韵书》云：‘江先生撰《古韵标准》时，曾代为举“鶆”“鰥”二字，辨论其偏旁得声，江先生喜而采用之。’”这种互相切磋、虚己纳人的治学风格，是值得后人学习的。

根据张民权《清代前期古音学研究》一书的考证，万光泰（1712—1750）有韵学著作《转注绪言》《汉音存正》《遂初堂〈类音〉辨》《古韵原本》《古音表考正》《沈氏四声谱考正》《经韵谐声》等。其中，《古音表考正》在顾炎武古音十部的基础上，分为十九部，每部列谐声偏旁字，然后再以经韵谐声证明之。本书作于乾隆十三年（1748），比江永的古韵分部还早。但只有抄本，未刊行。这里不详细叙述。

（三）段玉裁的古音研究

段玉裁（1735—1815），江苏金坛县人，字若膺，号懋堂，曾字乔林、淳甫，又号砚北居士、长塘湖居士、侨吴老人等。出生于书香家庭，年幼时即聪颖过人，十三岁时已能背诵《诗经》《尚书》《周易》《周礼》《礼记》，乾隆二十五年中举，后铨授贵州玉屏知县，历任四川富顺、南溪、巫山等县知县。晚年侨居苏州至去世，享年八十一岁。

段玉裁是清代著名的经学家、小学家，清代大学问家戴震的弟子。他生当乾嘉朴学鼎盛之际，交游多为一时俊彦，如钱大昕、王念孙、刘台拱、邵晋涵、程瑶田、阮元、卢文弨、黄丕烈等，洵有切磋之益。段玉裁治学继承了戴震的风格，讲方法，重发明，从而把乾嘉学术推进到了一个新的高度。

段玉裁生平著述甚丰，除了《六书音均表》，还有《诗经小学》《毛诗故训传定本小笺》《古文尚书撰异》《周礼汉读考》《说文解字读》《汲古阁说文订》《说文解字注》《经韵楼集》《仪礼汉读考》《春秋左传古经》等。其中《说文解字注》达到了清代古文字学研究的高峰；《六书音均表》在顾炎武、江永的基础上把古音的研究又大大向前推进了一步。

《六书音均表》分五表：《今韵古分十七部表》《古十七部谐声表》《古十七部合用类分表》《诗经韵分十七部表》《群经韵分十七部表》。《今韵古分十七部表》讲他所分的十七部古韵跟《广韵》的对应。段玉裁接受顾炎武的意见，认为研究古韵应利用《广韵》，不宜利用平水韵；在总结了前人古韵分部历史后，提出了他的分部主张。他所分的古韵十七部如下（举平以赅上去）：

1. 之部：之咍；职德
2. 宵部：萧宵肴豪
3. 幽部：尤幽；屋沃烛觉
4. 侯部：侯
5. 鱼部：鱼虞模；药铎
6. 蒸部：蒸登
7. 侵部：侵盐添；缉葉怗
8. 谈部：覃谈咸衔严凡；合盍洽狎业乏
9. 东部：东冬钟江
10. 阳部：阳唐
11. 耕部：庚耕清青
12. 真部：真臻先；质栉屑
13. 文部：谆文欣魂痕

14. 元部：元寒桓删山仙

15. 脂部：脂微齐皆灰祭泰夬废；术物迄月没曷末黠辖薛

16. 支部：支佳；陌麦昔锡

17. 歌部：歌戈麻

段氏在分节叙述所分各部的理由后，在“古十七部本音说”中，提出“本音”和“音转”的概念，认为“凡一字而古今异部，以古音为本音，以今音为音转”，这一节的论述实际上是对前面所列的古音十七部表的理论说明。前面的表中，段氏在某一部里没有说收入某韵之半或说分某韵，正是贯彻了他的古本音理论。“古十七部音变说”是承音转说提出的理论，因为音转不能产生一个新韵；而上古同部的字往往包括《广韵》一个以上的韵，所以又提出“正音”和“变音”这对概念，以为“古有正而无变”、“音之敛侈必适中，过敛而音变矣，过侈而音变矣”，原来的正音后来就成了“变音”，韵和韵之间读音就产生了差别。“古四声说”提出周秦汉初之文只有平上入三声，没有去声，中古的去声上古分隶平上入三声，到魏晋时代由平上入三声中分派一些字出来，合并成一个去声。“古音韵至谐说”从他的音转、音变和古声调理论出发，证明古韵至谐，进一步否定叶韵说。“古音义说”指出古“字义不随音分别”，后人两声各义说是“拘牵琐碎，未可以语古音古义”。“古谐声说”提出“同声必同部”的主张，并指出这一主张在古音研究中的意义。“古假借必同部说”提出凡假借“必取诸同部”，研究假借一定要懂古音。“古转注同部说”，认为古人释义，注释的词语和被释词“多取诸同部”。

《古十七部谐声表》根据“同谐声者必同部”的观点，详列古十七部各部的主谐字。

《古十七部合用类分表》讲古韵十七部部际的关系，认为懂得了古韵部部际关系，对于了解古韵分合的规律、音韵的转移、求假借转注、认识方音都有重要作用。他根据各韵音值的远近，分为六大类，每类包括一个以上音值互相接近的各部，类和类之间也按音值远近排列。

《诗经韵分十七部表》以部为纲，把《诗经》的各个韵脚字组依次归入各部，使读者能一目了然地看出各部所辖《诗经》的所有韵脚字组。《群经韵分十七部表》体例同《诗经韵分十七部表》。

段玉裁在古韵学上的贡献，主要有四点：分出了支之脂、侯幽、真文诸部；尝试按音值的远近来排列韵部；建立了“同声必同部”的理论；平入分配比较妥当。

顾炎武、江永都没有把支脂之三部分开。段玉裁后出转精，他分出的第一部是之部，第十五部是脂部，第十六部是支部。《今韵古分十七部表》“第一部第十五部第十六部分用说”一节举出了他分部的理由。他的之部有之咍二韵，脂部有脂微齐皆灰祭泰夬废诸韵，支部有支佳二韵。之支脂三分，主要是从韵脚字看出来的，同时也体现了他版本校勘的功夫。从韵脚字看，“试取《诗经韵表》第一部、第十五部、第十六部观之，其分用乃截然。且自三百篇外，凡群经有韵之文，及楚骚、诸子、秦汉、六朝词章所用，皆分别谨严，随举一章数句，无不可证”。《广韵》把支脂之分开，古韵文押韵跟《广韵》有如此严格的对应关系，分部相押，即使相邻使用也各依其部，尤其是长韵脚字组也分部相押，不杂他部一字，支脂之上古为三部，确是段玉裁的重要贡献。

段玉裁在舒声韵里，还把江永的真部分成真文两部，真部包括江氏真臻先三韵的部分字，文部包括江氏谆文欣魂痕五韵及臻真先的少部分字；真文两部都被后人所接受。段玉裁还把江永从顾炎武鱼部中分出来的一些字独立成一个侯部，把江氏从顾氏萧部中分出来的一些字独立成一个幽部，他所分的侯幽二部也为后人所接受。

段玉裁的第二个贡献是尝试按音值的远近来排列韵部。他把古韵十七部分为六大类：之部是第一类；宵幽侯鱼音近，是第二类；蒸侵谈音近，是第三类；东阳耕音近，是第四类；真文元音近，是第五类；脂支歌音近，是第六类。六类之间的排列也有讲究：宵部近之部，所以第二类排在第一类后；蒸部也是音近之部，所以第三类也应排在第一类后，只因第二类被宵幽侯鱼四部组成的一类占据，只好退居第三；东部跟第二类第三类音近，所以把第四类排在第三类之后；真部跟耕部音近，所以第五类排在第四类之后；脂部音近文元二部，所以第六类排在第五类之后。每一类所包括的各部也是按音值的远近排列的。例如第二类，宵部音近之部，所以紧排在第一类之部之后；幽部音近宵部，所以紧排在宵部之后；侯部音近幽部，所以紧排在幽部之后；鱼部音近侯部，所以紧排在侯部之后。

段玉裁是怎样知道各部音值的远近并依据来排各部的次序的?《古十七部合用类分表》说:“《易·大传》曰:‘方以类聚,物以群分’,是之谓矣。学者诚以是求之,可以观古音分合之理,可以求今韵转移不同之故,可以综古经传假借转注之用,可以通五方言语清浊轻重之不齐。”这是讲他的排序对于求古证古的作用的,也可据此了解到段氏是据合韵、音转、假借、转注、方言的变转来求各部之间音值的远近的,从“古合韵说”到“六书说”主要就是用来证明他的排序的。段又把十七部分成六大类,拿今天我们古音拟测的眼光看来,也是非常合理的。可以设想,段玉裁分类时也有他假想的音值在里面。

顾炎武、江永都没有打乱《广韵》的排序,顾在《答李子德书》中说:“故吾之书一循《广韵》之次第,而不敢辄更。”段玉裁一反顾江的做法,依音值的远近来排韵部,他的老师戴震起先对此有疑虑,段于1775年《寄戴东原先生书》中解释说:“十七部次弟出于自然,非有穿凿,取弟三表细绎之可知也。之哈音与萧尤近,亦与蒸近;脂微齐皆灰音与谆文元寒近;支佳音与歌戈近,实韵理分劈之大耑。”戴震次年写了《答段若膺论韵》,接受了段按音值远近排韵部次序的做法,并且也从音值的远近来探讨,从戴震开始,以后的古音学家都接受段玉裁以音值远近排韵部次序的做法。

段玉裁在古韵学上的第三个贡献是提出了“同声必同部”的主张。前人早就注意利用谐声字来证古音,宋徐蒇在《韵补序》中曾利用谐声字来证明古韵文用韵是和谐的,吴棫、陈第等研究古音都利用这方面的材料。到了顾炎武,更是重视谐声字在验证古音中的作用,他有意识地把同一韵部的谐声字类聚在一起,例如《唐韵正》卷四八戈就把“皤鄱番”放在一块;还有意识地列出同一韵部的谐声字的主谐字,告诉人们可依此把未列字归入各部。例如《唐韵正》卷二谈到支韵字半归歌部时说:“凡从多、从为、从麻、从垂、从皮、从肴、从奇、从义、从罢、从离、从也、从差,从麗之属皆入此。”这种例子俯拾即是。江永《古韵标准》也继承了顾氏的方法,例如他在平声第三部(鱼部)谈到虞韵别分二支归鱼部侯部时说:“虞韵亦当以偏旁别之,凡从吴、从無、从巫、从于、从瞿、从夫、从甫、从夸、从具、从臾者,皆通鱼模,其从禺、从刍、从句、从区、从需、从须、从朱、从殳、从俞、从臾、从娄、从付、从音、从孚、从取、从厨、从求者，皆通侯尤。”

段玉裁是清代一流的古文字学家，他的古文字学研究和古音研究是相辅相成的，能够全面结合文字学的知识来研究古音，使他在古音理论上超过前人，“同谐声者必同部”，就是他最重要的贡献。《古十七部谐声表》说：

> 六书之有谐声，文字之所以日滋也。考周秦有韵之文，某声必在某部，至啧而不可乱。故视其偏旁以何字为声，而知其音在某部，易简而天下之理得也。许叔重作《说文解字》时未有反语，但云某声某声，即以为韵书可也。自音有变转，同一声而分散于各部各韵。如一“某声”，而“某”在厚韵，“媒腜”在灰韵；一“每声”，而“悔晦”在队韵，“敏”在轸韵，“晦痗”在厚韵之类，参差不齐，承学多疑之。要其始，则同谐声者必同部也。

段是在研究古韵各部谐声字的谐声情况之后提出“同谐声者必同部”的理论的。根据这一理论，段玉裁第一个在古韵部里详列各部的主谐字，制成谐声表。段氏全面利用谐声字来研究古韵，这个办法也被后人所继承。

段玉裁注意到，有少数谐声字主谐字和被谐字不能同归一部；但是它们必然读音相近。《古谐声偏旁分部互用说》指出：

> 谐声偏旁分别部居，如前表所列矣。间有不合者，如“裘”字求声，而在第一部；“朝”字舟声，而在第二部；“牡”字土声，而在第三部；“侮”字每声，而在第四部；……此类甚多，即合韵之理也。

段玉裁的谐声理论不仅对古音研究有极大的促进，就是对人们以简驭繁地掌握古音也有极大的实践意义。

段玉裁在平入的分配上也有贡献。在段玉裁之前，江永已持“数韵共一入”的观点，并且在《四声切韵表》中付诸实践，他的阴阳入声韵的相配，大体上是正确的。但是江氏的相配没有明确提出是反映古音的系统，他的异平同入说是就等韵学而言，既不专主今音，也不专主古音。段玉裁平入相配则只在于反映古音的阴阳入相配的体系，所以他在“异平同入说”之前加上一个“古”字。一方面他改造了顾炎武“入为闰声”的学说，另一方面他又明确了江永“数韵共一入”应用的范围（仅限于古音），把入声看成是相配的枢纽：“入为平委，平音十七，入音不能具也，故异平而同入。”

段玉裁在世时，古韵学就有了重大进展，孔广森的《诗声类》已经问世，江有诰也提出了他的古韵分类。江有诰1812年春天寄书给段，对段的某些韵部的划分提出商榷意见。段当年就写了《答江晋三论韵》，接受了孔、江（有诰）的一些古韵分部。他同意孔广森的观点，把东部再分为东冬两部，又接受孔广森、江有诰的观点，把幽部入声屋部分为屋觉两部；接受戴震、江有诰的观点，把脂部入声月部分为物月两部。这样一来，段玉裁晚年的古韵有十九部。

《六书音均表》有些韵部平入分配不妥当，晚年经过改订，以屋部配侯东二部，以觉部配幽冬二部，以物部配脂文二部，以月部配元部，都是正确的。但是直到晚年，段氏还有些相配不当的地方没有改正过来，例如，除了缉部盍部他归阳声韵外，其他入声韵全归阴声，只有质部他归阳声真部，不合他自己的系统。他写《答江晋三论韵》仍坚持不做改动。又如，段氏采戴、江之说，把物月分为两部，但是都搁在脂部，其他各部，每部的舒声只收入声一部，脂部收两部入声，一阴配二入，也不合他的古音系统。

上古汉语的声调研究到段玉裁，廓开了一个新的视域。陈第、顾炎武、江永鉴于古声调大多平上去入四声本调自叶，认为古有四声。江永还敏锐地观察到古“去入最近”。段玉裁则进一步认为“古无去声”，只有平上入三声。段氏所说的“古”在这里专指周秦两汉。他把早期声调发展到中古的四声分为三个阶段。周秦以前为一期，也叫做“古”，此期只有两个声调，平声和入声，上归平，去归入。周秦到两汉是一期，有三个声调：平上入，上声已从平声中分化出来，去声仍归入声。魏晋时代进入了新的一期，有平上去入四个声调，去声已完全从入声中分化出来。当然，中古的去声不全是由入声变来，有的是分别由平声、上声分化出来的。段氏不同意四声起于永明的说法，认为永明文章只是利用已产生的四声来形成文章的音乐美。

就现代的眼光看，古无去声在理论上完全可以成立。现代汉语不同于中古汉语的调类系统，为什么中古汉语的调类系统一定要同于上古的调类系统？段玉裁在《古四声说》中正是拿古韵和今韵不同来辅证他的古无去声说的：“古四声不同今韵，犹古本音不同今韵也。”段氏用来证明“古无去声”的材料有韵文：

考周秦汉初之文，有平上入而无去。洎乎魏晋，上入声多转而为去声，平声多转为仄声。于是乎四声大备，而与古不侔。有古平而今仄者，有古上入而今去者，细意搜寻，随在可得其条理。今学者读三百篇诸书，以今韵四声律古人，陆德明、吴棫皆指为协句，顾炎武之书亦云平仄通押，而不知古四声不同今，犹古本音部分异今也。明乎古本音不同今韵，又何惑乎古四声不同今韵哉！如戒之音亟，庆之音羌，亯饗之音香，至之音质，学者可以类求矣。

也有谐声字、转注、假借的证据：

古无去声之说，或以为怪，然非好学深思不能知也。不明乎古四声，则于古谐声不能通，如李阳冰校《说文》，于“臬”字曰：“自非声。”徐铉于“裔”字曰：“冏非声。”是也。于古假借、转注尤不能通，如“卒于毕郢”之郢，本程字之假借；“颠沛”之沛，本跋字之假借，而学者罕知，是也。

《古音韵至谐说》指出：“明乎古四声异今韵，则知平仄通押去入通押之说未为审矣。”反映他运用了韵文。《古谐声说》：“一声可谐万字，万字而必同部。同声必同部。明乎此，而部分、音变、平入之分配、四声之今古不同，皆可得矣。”反映他运用了谐声。此外，段氏还利用了其他的材料，例如一字异读、古今字等。

段玉裁认为周秦以前平上是一类，到周秦时代平上分成两类，也是用韵文材料作主要证据。《诗经》中平上有合用的，但以分用为主，段氏由此认为周秦以后韵文平上合用是周秦以前平上未分的遗存，平上分押则反映此时平上分化为两调的事实。周秦以前的韵文尽管很少，但根据段氏观察，其中平上合押的比例相当大，从谐声字看，段氏相信汉字是黄帝时史官仓颉、沮诵创造的，汉字中平上的交涉例子很多，造字时因平上未分，所以如此；有些字是后人造的，也有不少平上未分的例子，这是周秦以前平上未分的遗存。此外，上古的假借、古今字等等，也有不少平上未分的例子，都可以看成是周秦以前平上未分的遗存。

段玉裁认为魏晋以前去入是一类，到魏晋时代分成两类，除了发现谐声、假借、古今字、一字异读等材料都反映了去入之间的交涉之外，最主要的材料还是韵文。他认为，直到魏晋以后，还有不少韵文去声跟入声为韵，《古四声说》的小字注中所举去入交涉的韵文用例，除东汉班固外，全部是魏晋以后的例子，由此段氏推论说，“法言定韵之前，无去不可入；至法言定韵以后而谨守者，不知古四声矣。”

既然上声周秦以前归入平声，去声魏晋以前归入入声，那么上声是怎样从平声中分化出来，去声是怎样从入声中分化出来，《六书音均表》没有给予解释，但段氏晚年《答江晋三论韵》中这样说：

> 各韵有有平无入者，未有有入无平者。且去入与平上不合用，他部多有然者。……仆谓无入者，非无入也，与有入者同入也。入者，平之委也，源分而委合，此自然之理也。无上去者，非无上去也。古四声之道有二无四，二者，平入也。平稍扬之则为上，入稍重之则为去，故平上一类也，去入一类也。抑之扬之，舒之促之，顺逆交递而四声成。

原来段氏认为古人读某些平声时声调稍扬一点，后来演变成上声；读某些去声时声调读得稍微重一点，后来演变成去声。

下面列出段氏古韵十七部中的调类情况，括号内是指“与有入者同入”的韵部的入声：

1. 具有平上入的各部：之幽鱼脂
2. 具有平上（入）的各部：侯
3. 具有平入的各部：侵谈耕支真
4. 具有平（入）的各部：宵蒸东阳文元歌

有许多字，段的上古归调跟中古不同，例如：有的字中古上声，他归上古平声；有的字中古去声，他归上古平声。还有一些字归类不同，不再一一列举。

段玉裁的古声调系统的确令人耳目一新，但也存在着不足之处。首先他跟顾炎武一样，没有注意声调的辨义功能，把声调的区别仅仅归于抑扬、舒促。其次就研究的材料看，段氏没有注意到谐声、假借、古今字、一字异读作为研究声调的材料的复杂性。最重要的材料应该还是韵文和中古的声调系统。段氏处理时也有矛盾之处，他把同一韵脚字组的字归在同一声调之下，可证他认为凡是互相押韵的字一定声调相同。但是还应承认上古有少量的韵脚字组是异调相押。段氏拿他的声调学说跟古韵研究对比，发现上古有少量的韵脚字组是异部相押，他给处理成合韵。依段的体系同一韵脚字组必同调，合韵的办法动摇了他的这一基础。段氏的凡同韵脚字组必同调的观点跟他所持上古一字只有一个本音的观点是相矛盾的。

清代古韵学到了段玉裁达到了一个新的高峰。他勇于修正错误，直到年近八旬，还接受了比他年轻三十多岁的江有诰的学术见解，修改自己的古韵分部。修改后的古韵分部，几令后人无可增损。他所定的舒声韵后人只是多分出了一个微部；他所定的促声韵后人只是多分出了一个药部。古韵分部到段玉裁可以说基本上已成定局。

（四）戴震的古音研究

戴震（1724—1777），安徽徽州府休宁县隆阜（今属黄山市屯溪区隆阜乡）人，字慎修，因与其师江永同字，故专字东原。十九岁时始从师于江永，深为江永等人所赏识。三十二岁以后，经常来往于北京、扬州、保定、山西及家乡之间，与学界名士多有来往，三十九岁时中举；后六次会试均不第。四十九岁时寓居浙东，主讲金华书院，被召奉召进京，并于是年南归。五十岁时又主讲金华书院，同年奉召进京任《四库全书》纂修官，四年后积劳成疾，病逝于北京，年仅五十四岁。

戴震是清代小学的开创人之一，生平著述甚丰，涉及了几乎当时学问的各个领域。他共撰校书籍四五十种，现存的有二三十种，他对哲学社会科学及自然科学的研究，大多能站在学术前沿，作出不可磨灭的贡献。他还培养出了王念孙、段玉裁、孔广森等一流学者专家，都是清代乾嘉学派的代表人物。

戴震在音韵学上的代表著作有《声韵考》四卷，涉及古音、今音和等韵学，其中卷三《古音》定稿于1773年，分古韵为七类二十部。1776年在《答段若膺论韵》中分古韵为九类二十五部。1777年完成的《声类表》是临终前二十天用五天时间写成的。《声类表》根据他九类二十五部的古韵系统，以入声配阴阳，用韵图的形式反映出他的古音研究成果。

戴震从事古音研究的时间很早。1747年写《转语》，认为“人口始喉下，底唇末，按位以谱之，为声之大限五，小限各四，于是互相参伍，而声之用盖备”。这时他才二十四岁。江永写定《古韵标准》时戴替江氏的书作了参订，在他的《答段若膺论韵》中说：“今书内列十七部，仆之意第三、第四当并，第十二、第十三亦当并，惟第七、第八及第十四，江先生力辨其当分，仆曩者亦以为然，故江先生撰《古韵标准》时，曾代为举‘艱’‘鰥’二字，辨论其偏旁得声，江先生喜而采用之。”可见戴年轻时古音学的学术功底已不浅。他师从江永，从江氏那里学会了审音辨等的功夫。戴的学生段玉裁研究古韵是1760年以后才开始的，但不久就搞出了自己的古韵系统，1775年写定《六书音均表》。戴氏的古韵七类二十部和九类二十五部都是在受了段氏古韵分部的启发后提出来的。所以我们把戴震的古音学放到段玉裁之后来谈。

戴震1773年春天在浙东研究出的七类二十部的古韵体系是（据《声韵考》卷二《古音》）：

第一类

阳声真臻谆殷文痕魂先仙元删山寒桓

阴声脂微灰齐祭废皆夬泰（“开”分十六咍来属）

入声质栉术迄物没屑薛月黠辖曷末

第二类

阳声蒸登

阴声之咍尤（“荄”分十四皆，“杯”分十五灰来属）

入声职德（“服”分一屋来属）

第三类

阳声东冬钟江

阴声幽侯萧（“禺”分十虞来属）

入声屋烛（“笃”分二沃，“角”分四觉，“戚”分二十三锡来属）

第四类

阳声阳唐庚

阴声宵肴豪

入声药觉沃（“襮”分十九铎，“翟”分二十陌、二十一麦、二十三锡来属）

第五类

阳声清青庚

阴声支佳（“圭”分十二齐来属）

入声昔（改“脊”）锡麦（改“檗”）

第六类

阳声歌戈麻（“仪”分五支，“骊”分十三佳来属）

阴声鱼虞模（“家”分九麻来属）

入声铎陌（“若”分十八药来属）

第七类

阳声侵覃谈盐添咸衔严凡

入声缉合盍葉怗洽狎业乏

这个体系第一类阳声采用了顾炎武的真部，没采用江永的元部、段玉裁的文部真部；阴声采用了段的脂部；入声是把江永的质部和月部，或段的质部和月部合为一部。第二类阳声采用顾的蒸部，阴声采用段的之部，入声采用江的职部。第三类阳声采用顾的东部；阴声采用江的侯部，不取段的侯幽分立；入声采用江的屋部。第四类阳声采用顾的阳部，阴声采用江的宵部，入声是采用段的药部（即段宵部平声的中古入声字）。第五类阳声采用顾的耕部，阴声采用段的支部，入声采用江的锡部。第六类阳声采用顾的歌部，阴声采用江的鱼部，入声采用段的铎部。第七类阳声和入声都是采用顾的侵部和缉部，不采用江的侵谈分立、缉盍分立。就舒声韵说，他取了江永的侯部、宵部、鱼部，取了段的脂部、之部、支部，对江的真元分立、侵谈分立，段的真文分立、侯幽分立都没有采纳。就促声韵说，江月部独立，质物一部，段质部独立，月物合为一部，戴月质物合为一部；又采用江的职部、屋部、锡部，段的药部、铎部（药铎二部戴说是顾炎武分的），不采用江的缉盍分立。这个体系比江还少一部，比段少五部。

戴氏把古韵分为七类，每类都有一个入声韵部，他是把入声作为两两相配的枢纽，故入声是七类。这七类又可分为四组，第一类是收舌齿音，第二类到第五类是收鼻音，第六类是收喉音，第七类是收唇音。戴氏没有说到每一类可以分阴声、阳声、入声，阴声、阳声是我们后加上去的。

1776 年戴震写《答段若膺论韵》，也谈到他 1773 年在浙东的古韵分部。信中所说古韵二十部，除了没有提“祭泰夬废”四韵归属外，其他只是字面的不同：第二类阴声没有提尤韵，第三类阴声列尤侯幽，第四类阴声列萧宵肴豪；第四类阳声列阳唐，第五类阳声列庚耕清青；第三类入声列屋沃烛觉，第四类入声列药，第五类列陌麦昔锡，其实所反映的古韵分部相同。

据《答段若膺论韵》，戴震把他的古韵体系改为九类二十五部，如不列入声，则为十六部：

第一类

阿第一　歌戈麻

乌第二　鱼虞模

垩第三　铎

第二类

膺第四　蒸登

噫第五　之咍

億第六　职德

第三类

翁第七　东冬钟江

讴第八　尤侯幽

屋第九　屋沃烛觉

第四类

央第十　阳唐

夭第十一　萧宵肴豪

约第十二　药

第五类

婴第十三　庚耕清青

娃第十四　支佳

戹第十五　陌麦昔锡

第六类

殷第十六　真谆臻文欣魂痕

衣第十七　脂微齐皆灰

乙第十八　质术栉物迄没

第七类

安第十九　元寒桓删山先仙

霭第二十　祭泰夬废

遏第二十一　月曷末黠辖屑薛

第八类

音第二十二　侵

邑第二十三　缉

第九类

醃第二十四　覃谈盐添咸衔严凡

諜第二十五　合盍葉怗洽狎业乏

这九类又分为四组，第一类收喉音，第二类至第五类收鼻音，第六类至第七类收舌齿音，第八类到第九类收唇音。戴氏说："收喉音者，其音引喉；收鼻音者，其音引喉穿鼻；收舌齿音者，其音舒舌而冲齿；收唇音者，其音敛唇。"其中有些话是不大好体会和理解的。

戴氏晚年的二十五部，是接受了江永的真元分立，侵谈分立，祭部独立后确立的。江永的古韵分部，本经戴震参订。戴所分古韵二十部为什么不采用江的这两个主张？江的真元分立、侵谈分立的一个重要根据就是真部侵部"口敛而声细"，元部谈部"口侈而声大"。戴震则接受段玉裁的意见，认为元部上古读敛音，跟真部同；谈部上古也读敛音，跟侵部同。而且元部真部，谈部侵部有合押的情况，所以要分别合为一部。《声韵考》卷三《古音》：

> 余谓音之敛侈，有无庸苛求者，惟大限则宜区别。宵、肴、豪之异于侯、幽，犹阳、唐之异于东、冬、钟也。真以下十四韵，侵已下九韵，虽古音多敛，属真、侵，今音多侈，属先、覃，犹古音多敛，属支、脂，今音多侈，为佳、皆耳。顾氏用陆德明所谓"古人韵缓，不烦改字"，未为不可行。《小戎》之"群""錞""苑"，屈原赋《抽思》之"闻""患"，《悲回风》之"还""闻""及""雰""媛"，《远游》之"传""垠""然""存""先""门"，皆真已下不分。其入声《旄邱》之"葛""节""日"，《正月》之"结""厉""灭""威"，亦不分也。《泽陂》之"蕳""俨""枕"，《烝民》之"业""捷""及"，皆侵已下并入声不分。

戴氏晚年才把真元分开，侵谈分开 。他在《答段若膺论韵》中谈到他分开这四部的理由：

> 仆巳年分七类为二十部者，上年以呼等考之，真至仙、侵至凡，同呼而具有四等者二，脂微齐皆灰及祭泰夬废，亦同呼而具四等者二，仍分真已下十四韵，侵巳下九韵各为二；而脂微诸韵与之配者亦各为二。
>
> …………
>
> 仆以为考古宜心平，凡论一事，勿以人之见蔽我，勿以我之见自蔽。尝恐求之太过，强生区别，故宁用陆德明古人韵缓之说。后以殷衣乙及音邑五部字数过多，推之等韵他部，皆止于四等，此独得四等者二，故增安霭遏及醃諜五部。

原来戴震把真部分为殷安两部，把侵部分成音醃两部，把脂部分为衣霭两部，把缉部分成邑諜两部，把质部分成乙遏两部，是因为他看出原先的第一类阴阳入各韵和第七类阳入各韵的字数过多，而且各有两套一二三四等韵。其实这种分部不仅仅是据中古韵逆推和上古各部所属各韵的分等大势演绎出来的，而是建立在先秦韵文韵脚字系联的基础上。试看戴震据古韵二十五部所作的《声类表》，新分的各部都有一二三四等，如果按原二十部合并，不正说明原第一类阴阳入各韵和第七类阳入各韵都有两套一二三四等韵吗？

戴震在古音学上的第一个贡献是把祭部独立出来。顾江两家支脂之三部不分，祭部是支部的去声。段玉裁《今韵古分十七部表》对他的古韵十七部属韵都按平上去入的顺序排列，这是迁就《广韵》，他是持古无去声说的。祭泰夬废四韵段都归入了脂部的入声，他的脂部入声包括后人的物部和月部（后人的月部包括戴震的霭遏两部）。戴震起先把祭部归入脂部，是脂部的去声；后来他把祭部从脂部中独立出来。他看出，祭部跟月部从韵文上讲关系密切，而祭部跟脂部相远；戴持古有四声的观点，韵文中祭月相押，他认为是去入相押，所以祭月二部仍分开。戴震对他所立的祭部十分自信，在《答段若膺书》中说："仆更分祭泰夬废及月曷末黠辖薛，而后彼此相配，四声一贯，则仆所以补前人而整之就叙者。愿及大著未刻，或降心相从而参酌焉。"这段话，实际上对段玉裁的古音学说提出不同意见：认为脂祭应该分部，而且古是有去声的。如果段接受戴说，取祭部独立，则他的古声调学说的基础就动摇了。所以段玉裁始终没有接受他的老师戴震的意见。戴震把祭部独立出来，是经过了深思熟虑的。祭部《诗》韵中常常跟月部相押，跟脂部相押少，又戴氏取入声独立为部，也只能把祭月分开。后来的古音学家大都采取了戴氏祭部独立的见解。

戴震的另一个贡献是阴阳入三分、阴阳对转。顾炎武入声归入阴声（收唇音尾的韵除外）。江永、段玉裁的入声韵有较大独立性。江永入声兼配阴阳，并以入声作为相配的枢纽；但是江氏没有让入声韵跟阴声韵、阳声韵分庭抗礼，他的《古韵标准》入声八部，是从调的角度来分的，平上去三声各有十三部，入声韵部少，只有八部。段玉裁《今韵古分十七部表》入声除归入侵部、谈部、真部之外，其他五部都归入阴声韵。但是他的职部兼配之部萧部和蒸部，屋部兼配侯部幽部和东部，铎部兼配鱼部和阳部，月部兼配脂部和文部元部。有些当然是配错了，但从入可以兼配阴阳看，可以说段的入声已经有较大独立性，只是还没有独立成部。

真正把入声韵分离出来单独作为韵部，跟阴声韵、阳声韵三分天下有其一者是戴震。江永、段玉裁古韵系统中入声已有较大独立性，戴震把入声独立为部是顺理成章的事。戴氏看出，既然以入声为阴阳相配之枢纽，实际上就已经具备了独立为部的条件，不能仅凭考古把绝大多数入声并入阴声，入声跟阴声的交涉，可以看作是合韵。况且入声韵本身也可以连贯递转，由甲入声韵转为乙入声韵，如职德转屋、屋烛转觉、药转锡等等，这说明入声韵确实有其独立性。入声韵独立为部，这就是从韵尾的角度而不仅从声调的角度承认了入声和阴声、阳声在构成古韵系统中的重要作用。唯有入声韵独立，才能彻底解决阴阳对转问题，也为后人的古音拟测提供了基本依据。顾炎武入声韵只有四部，江永、段玉裁各八部。戴震有九部，他把古韵分为九类，刚好每一类各有入声韵一部来配其他的阴声韵和阳声韵。

戴震的古音研究也有保守的一面，主要表现在他不同意段玉裁的侯幽分部和真文分部。段玉裁把江永的侯部分为侯幽二部，这是十分正确的，但戴震认为不能成立，段玉裁把屋部兼配东部和幽部侯部，戴震认为，如果入声兼配一阴一阳，则侯幽只能并为一部。其实像孔广森那样把屋部再分为屋觉二部，把东部再分为东冬二部，让屋部兼配侯部东部，让觉部兼配幽部冬部，问题就解决了。戴氏不能见及于此，深可惋惜。段玉裁把江永的真部分为真文两部，本来也是无懈可击的，但戴震也认为不能成立，主要是因为段氏把质部配真部耕部，把物部配脂部和文部元部。戴氏把段的物部分为物月两部（即遏部，乙部的一半），遏部跟安部和霭部相配。如果让物部独立，真文分部，根据一入配一阴一阳的原则，物部和文部就都没有相配的阴声韵，所以他把段氏的质部和物部中分出来的部分字合并为一个乙部，把段的真部和文部合并为一个殷部，其实如果像王力先生那样把脂部再分为脂微两部，让物部兼配微部和文部，让质部兼配脂部和真部，问题就解决了。

戴震的阴阳入相配也有不尽妥当的地方，最突出的是以垩部兼配阿部和乌部。在他的相配系统中，除了第八类邑部配音部，第九类諜部配醃部是阳入相配外，其余六类都入声兼配一阴一阳，唯有第一类是一入配二阴；其他八类每类都有一个阳声韵部，唯有第一类没有阳声韵部，这是自乱体例。为了证明兼配的合理性，戴震找出了一些玄虚的理论来为自己辩护："陆氏所分有入声及无入声之韵截然不同，惟歌戈麻与有入者同，与无入者异。"为什么歌戈麻与有入者（按：即阳声韵。）同？戴氏说："仆审其音，有入者如气之阳，如物之雄，如衣之表；无入者如气之阴，如物之雌，如衣之里。又平上去三声近乎气之阳、物之雄、衣之表，入声近乎气之阴、物之雌、衣之里。故有入之入与无入之去近，从此得其阴阳、雌雄、表里之相配。"据此理论，阿部当然应该近于阳声韵，而跟入声韵的关系疏远些。戴氏又说："知皆有入声，而未知歌戈本与旧有入之韵近，因引喉而不激扬，昔人遂以其所定无入之韵例之。凡音声皆起于喉，故有以歌韵为声音之元者，其同于旧有入之韵，不同于旧无入之韵，明矣。"除此之外，戴震在音理上还发表过一些类似的空洞玄虚的意见，他的某些不十分高明的等韵学理以及对《广韵》某些韵的分韵"有意求其密，用意太过，强生轻重"的议论，对后来的古音研究曾经产生过十分消极的影响。

戴震对上古声调的研究没有什么独到之处，他认为古有四声，先秦韵文四声可以通押，跟江永的观点一致，但他对四声通押的解释不够正确。在《答段若膺论韵》中说："仆谓古人以音韵从其意言。帝舜歌'喜起熙'二上一平，音节自佳，若并读平声，'喜''熙'转嫌于积韵。”说“古人以音韵从其意言”是对的，但认为古人不同声调的字通押是为避免积韵则是错误的。事实上，古人本调自叶者占绝大多数，不能指斥为积韵。

戴震对古声母也有过研究，他曾提出过二十声位的说法，由于材料不够，我们还无法证明戴氏的二十声位是戴氏心目中上古的声母。清代古声母研究的开创人是钱大昕。

（五）钱大昕的古音研究

钱大昕（1728—1804），江苏嘉定人，字晓徵，一字及之，号辛楣，又号竹汀，出生在一个书香门第，二十六岁举进士，其后多次放外省主考官。三十五岁时任官修《音韵述微》编校。四十二岁时始读《说文》，研究文字、音韵、训诂之原，四十七岁时丁忧故里，不复入都供职，潜研学术，讲学三十年，直至逝世。

钱大昕青少年时代即负文名，他治学广博，经学、史学、小学、地理、金石、历算等方面，都有建树。主要著作有《潜研堂文集》《潜研堂诗集》《二十二史考异》《三史拾遗》《诸史拾遗》《元史氏族表》《元史艺文志》《四史朔闰表》《通鉴注辨正》《金石文跋尾》《金石文字目录》《十驾斋养新录》《声类》《恒言录》《风俗通义逸文》《三统术衍》《三统术钤》《疑年录》等。

钱大昕是清代古声母研究的开创者，他研究上古音并没有专著，研究成果散见于《潜研堂文集》和《十驾斋养新录》。《十驾斋养新录》卷五全是讨论音韵的，其中《舌音类隔之说不可信》《古无轻唇音》两文奠定了他在清代古音学史上的重要地位。

古无轻唇音之说，是钱大昕在古音学上的一大贡献。古人把唇音字分为重唇、轻唇两类，重唇音就是双唇音，轻唇音就是唇齿音。钱大昕认为，轻唇音是后起的，轻唇音在上古读成重唇音。顾炎武研究古韵，由俗韵回到《唐韵》，再由《唐韵》回到古韵；钱大昕论古无轻唇，也是由中古的材料进而悟到轻唇归重唇。《潜研堂文集》卷十五《答问十二》中说：

> 《广韵》平声五十七部，有轻唇者仅九部，去其无字者，仅二十余纽。

所谓二十余纽，是说只占二十几个小韵。钱氏是据轻唇声母跟韵的配合有很多空位看出它是后起的。他又说：

> 吕忱《字林》反"穮"为方遥，反"襮"为方沃，反"邶①"为方代。"穮""襮""邶"皆重唇，则"方"之为重唇可知也。忱，魏人，其时反切初行，正欲人之共晓，岂有故设"类隔"之例以惑人者乎？

吕忱《字林》中，被切字是重唇，却拿轻唇音作反切上字。他举的例子都是吕忱拿"方"字做反切上字的例子，由此悟到"方"字古读重唇音。钱氏又从《五音九弄反纽图》和《大般涅槃经》所列声母的发音部位的例字中，都只有重唇音，无轻唇音，悟到轻唇音是后起的：

> 神珙《五音九弄反纽图》有重唇，无轻唇。即《涅槃经》所列唇吻声，亦无轻唇。轻唇之名，大约出于齐梁之后，而陆法言《切韵》因之，相承至今。然非敷两母之卒无可分，亦可知其不出于自然矣。

钱大昕在《答问十二》中还举了古书异文和读若的二十七条例证，证明古人轻唇读重唇，基本上覆盖了东钟十韵（举平以赅上去入），只有废凡二韵没有举例。最能证明古音轻唇读重唇的，是《十驾斋养新录》卷九《古无轻唇音》一文，在这篇文章中，钱氏一共举了二百来个例证，证明东钟微虞文元阳尤凡（包括上去入声）九韵的唇齿音上古读成双唇音，只有去声废韵没有举例。钱氏的例证，从材料的性质上看，可以分为以下十三类：

1. 古书异文。例如：《诗》："凡民有丧，匍匐救之。"《檀弓》引《诗》作扶服，《家语》引作扶伏。又"诞实匍匐"，《释文》："本亦作扶服。"《左传》昭十三年："奉壶饮冰，以蒲伏焉。"《释文》："本又作匍匐。蒲，本亦作扶。"昭二十一年："扶伏而击之。"《释文》："本或作匍匐。"

2. 古人对读音的描述。例如：《汉书·天文志》："晷长为潦，短为旱，奢为扶。"郑氏云："扶当为蟠，齐鲁之间声如酺。酺、扶声近。蟠，止不行也。"

3. 同源声转字。例如："《广韵》'菢'"薄报切："鸟伏卵。"

---

①文案："邶"当作"邶"。

"伏"扶富切:"乌菢子。""伏""菢"互相训,声亦相转。

4. 旧直音。例如:"《汉书·宣帝纪》:'行幸萯阳宫。'李斐曰:'萯音倍。'"(按,李斐注"萯"讹作负)

5. 时音存古音。例如:"负"亦为老母之称。《汉书·高帝纪》:"常从王媪武负贳酒。"如淳曰:"俗谓老大母为负。"师古曰:"刘向《烈女传》:'魏曲沃负者,魏大夫如耳之母也。'此则古语谓老母为负耳。武负,武家之母也。"案,古称老妪为负,类似今称婆,皆重唇,非轻唇。

6. 古书通假。例如:"古读'拂'如弼。《孟子》:'入则无法家拂士。'《史记·夏本纪》:'女匡拂予。'"

7. 古声训。例如:"古读'茀'如蔽。《诗》:'翟茀以朝。'传:'茀,蔽也。'……'簟茀鱼服',笺:'茀之言蔽也。'"

8. 异读。例如:"古读'茀'如孛。……《论语》:'色勃如也。'《说文》两引,一作孛,一作艴。《广韵》十一没部艴'艴然不悦',蒲没切,此古音;又八物部艴'浅色',敷勿切,此齐梁以后之音。"

9. 旧反切。例如:"古读'繁'如鞶。《左传》成二年:'曲县繁缨以朝。'《释文》:'繁,步干反。'"

10. 古读若。例如:古读"藩"如播。《周礼·大司乐》:"播之以八音。"注:"故书播为藩。杜子春云:藩当为播,读后稷播百谷之播。"《尚书大传》:"播国率相行事。"郑注:"播读为藩。"

11. 谐声字。例如:"古读'文'如门。……《史记·鲁世家》平公子文公,《世本》作湣公。湣与闵同,闵亦从文声。"

12. 梵汉译音。例如:"古读'無'如模。……释氏书多用'南無'字,读如曩谟。梵书入中国,绎译多在东晋时,音犹近古。沙门守其旧音不改,所谓礼失而求诸野也。"

13. 古异体字。例如:"古读'無'如模。《说文》:'橆,或说规模字。'汉人规模字或作橅。"

除了上面的"5"和"12"外,其他的材料只能证明古轻唇重唇不分。但有了"5"和"12"这两类材料,古轻唇归重唇的结论就可靠了。梵汉译音材料,钱大昕只举了一例;方音材料和其他时音材料也举了一些,但不多,例如:

古读“附”如部。《左传》：“部娄无松柏。”《说文》引作附娄，云：“附娄，小土山也。”今人称培塿。

古读“文”如门。《水经注·汉水篇》，文水即门水也。今吴人呼蚊如门。

古读“復”如愎。……今人呼鳆鱼曰鲍鱼，此方音之存古者。

古音“晚”重唇，今吴语犹然。

十阳部，轻唇武方切十二字；十一唐部，重唇莫郎切十四字，其同者“芒、杗、䖟、邙、鄳”五字，今皆读重唇，无读轻唇者，并“铓、硭”两字，亦皆读重唇。吴音则“亡、忘、望”亦读重唇。北音又转为喻母。

《左传》桓五年：“曼伯为右拒。”《释文》：“曼音万。”隐元年：“无使滋曼。”亦音万。古有重唇，无轻唇，故曼、万同音。今吴中方音，千万之万如曼，此古音也。（见卷二“曼”字条）

古音轻唇归重唇，是很了不起的发现。但钱氏所用的材料和论证方法还有不够周密的地方。首先，他所举的例子，用来证明重唇音和轻唇音互用的例较多，直接证明轻唇音归重唇音的例子太少。其次，所举的例子有非母古读帮母、敷母古读滂母、奉母古读並母、微母古读明母的，也有敷母古读帮母、敷母古读並母、奉母古读帮母者。有的情况还更复杂。钱氏没有明白说出非母古读帮母、敷母古读滂母、奉母古读並母、微母古读明母；如果是这样归并，就应该进一步解释敷母古读帮母之类的原因。

古无舌上音之说，是钱大昕在古音学上另一个重要贡献。古人把舌音分为舌头音和舌上音两类，舌头音就是舌尖中音，舌上音就是舌面前音。《广韵》上平声、下平声、上声、去声四卷的每一卷后都附有“新添类隔今更音和切”一栏，上平声有八字，全是唇音类隔的例；下平声六字，有五字是唇音类隔的例，一字是舌音类隔的例；上声五字，有四字是唇音类隔的例，一字是舌音类隔的例；去声二字，全是唇音类隔的例。钱氏《古无轻唇音》一文证明轻唇音古归重唇，后人的“类隔”切，古人是音和切。《舌音类隔之说不可信》一文则证明舌上音古归舌头，后人的“类隔”切，古人也是音和切。钱大昕利用其扎实的研究功力，成功地从历史的角度解释了类隔产生的原因。他在《舌音类隔之说不可信》的末尾说："后儒不识古音，谓之类隔，非古人意也。""古人制反切，皆取音和。""但每韵类隔之音甚多，仅改此二十余字，其余置之不论，既昧于古音，而于今亦无当矣。"

《舌音类隔之说不可信》一文载于《十驾斋养新录》卷五，共举七十多个例证证明知彻澄三母古读端透定三母，只是没有提及三十六母中的泥娘二母。钱氏例证，依材料的性质可分为如下十一类：

1. 古书异文。例如："古读豬如都。……《书·禹贡》：'大野既豬。'《史记》作'既都'。'荥波既豬'，《周礼注》作'荥播既都'。"

2. 同源声转字。例如：《尔雅》："堂塗谓之陈。"《诗》："胡逝我陈。"传："堂塗也。"正义云："《尔雅》：'庙中路谓之唐，唐塗谓之陈。'"唐之与陈，庙庭之异名耳，其实一也。陈，田同音，故与唐、塗声相近。

3. 旧直音。例如："古音'直'如特。……《王制》：'天子犆礿。'注：'犆犹一也。'《释文》：'犆音特。'"

4. 古人对读音的描述。例如："古之'陟'如得。……《诗》：'陟其高山。'笺：'陟，登也。登、得声相近。'"

5. 古书通假。例如："古读'追'如堆。……枚乘《七发》：'踰岸出追。'李善注：'追，古堆字。'"

6. 古声训。例如："古音'中'如得。……《三仓》云：'中，得也。'（《史记索隐》）《史记·封禅书》：'康后与王不相中，'《周勃传》：'勃子胜之尚公主，不相中，'小司马皆训为得。《吕览》：'以中帝心。'注：'中犹得。'"

7. 异读。例如："古读'咮'如鬪。《诗》：'不濡其咮。'《释文》：'咮，陟救反，徐又都豆反。'"

8. 旧反切。例如："'姪、娣'本双声字。《公羊释文》：'姪，大结反。''娣，大计反。'此古音也。"

9. 古读若。例如："古读'涿'如獨。《周礼·壶涿氏》注：'故书涿为獨。杜子春云：獨读为濁其源之濁，音与涿相近。'"

10. 谐声字。例如："古读'秩'如豒。……凡从失之字，如跌、迭、瓞、蛈、诛，皆读舌音，则秩有迭音可信也。”

11. 古异体字。例如：“古读‘咮’如鬬。……《广韵》五十候部有噣字，或作咮，都豆切，与鬬同音。”

钱的舌上音归舌头之说，也是很了不起的发现，但在材料和论证方法上也是有不足之处的。首先，他用来证明舌上归舌头的证据，比论证古无轻唇音的证据少得多，这些证据都只能证明古舌上音和舌头音不分，不能证明古舌上归舌头。他没有能像“古无轻唇”那样举出清代方音存古的例子，但举出了一条中外对音材料：

> 古音“竹”如笃。……《汉书·西域传》：“无雷国北与捐毒接。”师古曰：“捐毒即身毒、天毒也。”《张骞传》：“吾贾人转市之身毒国。”邓展曰：“毒音督。”李奇曰：“一名天竺。”《后汉书·杜笃传》：“摧天督。”注：“即天竺国。”

然则“竺”“笃”“毒”“督”四文同音。这里虽用了梵汉对音材料，但是“天竺、捐毒、身毒、天毒、天督”实同异文。这跟论证古音轻唇归重唇所引的“南无”的“无”不同，因为后代沙门“无”仍读重唇。

其次，钱氏所举例子不限于知母古读端母、彻母古读透母、澄母古读定母，他还有知母古读定母的例。古书用例还有不少反映端组和知组清浊交涉、送气与不送气交涉的情况，那么知组各声母到底应该怎样各别地归入端组各声母？钱氏没有作进一步的研究。

钱大昕在古声母研究上还有一些主张。三十六字母中，照二和照三组混为一个照组，也就是所谓的正齿音。钱大昕在《舌音类隔之说不可信》一文论证了舌上归舌头之后又附带提到：“古人多舌音，后代多变为齿音，不独知彻澄三母为然也。”他的意思是说，正齿音在上古也读舌头音。钱氏时，人们还不知道正齿音当分为照二和照三两组声母，尽管钱氏所举的例子全是照三组跟舌音交涉的例，但这只是他严格的考据法得出的偶合照三归端的现象，因为客观上只是照三组跟舌音交涉。不讲音理，一味地归并古声母，正显示了古典考据法的弊端。

此外《十驾斋养新录》卷五《翻切古今不同》引《颜氏家训·音辞篇》对《字林》“音伸为辛”的议论后，又注：“古无心审之别。”只凭一个例子而论定古心审二母合一，实在没有什么说服力。

钱氏在卷五《字母》中还说："凡影母之字，引而长之则为喻母；晓母之字引长之稍浊，则为匣母；匣母三四等字轻读有似喻母者。古人于此四母不甚区别。"从考古的角度看，影晓匣喻确实有混用的。钱的意思是说，古人读这四母音值仍有不同，只是古人不太过分地强调其区别。从现代语言学的眼光看，影晓匣喻音值的区别到底是不同音位的对立，还是同一音位的变体，钱氏说得太含糊。如果是不同音位的对立，就不能说是"古人于此四母不甚区别"，至于四母之间的混用应作另外的解释。如果说是同一音位的变体，则又不能合理解释古今音变的条件。钱氏还没有能认识到喻母应分成喻三喻四两类，喻四跟舌音字有交涉。但是喻三跟匣母有交涉，从考古的立场上也能得到证明，钱氏不能见及于此，深可惋惜。例如《十驾斋养新录》卷一"荣怀"条："《秦誓》以'阢陧''荣怀'对文。阢陧双声，皆疑母；荣怀亦双声也。今人以'荣'属喻母，'怀'属匣母，未合于古。"这正是喻三和匣母的交涉。再如卷十六"双声"条，所引王融的双声诗，就是喻三和匣母互为双声的例。

钱大昕在古韵母和古声调研究方面没有什么贡献。在古韵研究上，他试图利用"音随义转"和"双声假借"一类的学说来解释一些先秦古韵的用韵特例，抛弃了韵，只从声母的方面解释问题，不符合数千年的用韵传统。钱氏一方面承认古人"音随义转"，另一方面又否认古有两声各义现象，使自己在理论上陷入矛盾。此外，钱氏又据他不怎么可靠的"同位变转"等理论写成《声类》一书，把音义研究引向了歧途。

清代古音研究，从顾炎武开始，一直是在韵部研究上作出成绩，古声母研究相形见绌，造成"叠韵易晓，双声难知"的局面。是钱大昕在古声母研究上开了先河，他的轻唇归重唇、舌上归舌头两论也成为不刊之论。

（六）孔广森的古音研究

孔广森（1752—1786），山东曲阜人，孔子六十八代孙，字众仲，一字㧑约，号顨轩。逝世时年仅三十四岁。

孔广森幼而聪慧，二十岁时举进士，选翰林院庶吉士，授检讨。他也是戴震的弟子，对经史训诂、六书九数，都能融会贯通；又曾受业于桐城派古文家姚鼐，兼工骈体。他一生淡泊名利，潜心著述，虽然只活了三十四岁，但涉猎颇广，著述不少，尤长于《春秋》《礼记》。经学方面著述有《春秋公羊通义》《大戴礼记补注》《经学卮言》《礼学卮言》，小学方面有《诗声类》《诗声分例》（附《诗声类》后），测算方面有《少广西负术》，此外还有《仪郑堂骈骊文》，都收入《顨轩孔氏所著书》内。孔广森对后世影响最大的是他的上古音研究。

《诗声类》是孔广森上古音研究的代表作，共十二卷，附《诗声分例》一卷。

卷一中的通论部分是全书的纲，他认为根据《唐韵》来探讨汉魏人的用韵，有一半相合，一半不相合；据汉魏人的用韵来探讨《诗经》用韵，又是合者半，不合者半。陆法言等人撰写《切韵》时，兼包古今以分韵；到了唐代把《切韵》很多韵都定为同用，“而声学始讹矣”，因此借助《唐韵》来探求古韵，必须用陆法言等人所分的韵，不能采用唐人定为同用的韵。接着孔氏谈到自己分部的概貌：

> 窃尝基于《唐韵》，阶于汉魏，跻稽于二雅、三颂、十五国之风，而绎之，而审之，而条分之，而类聚之，久而得之。有本韵，有通韵，有转韵。通韵聚为十二，取其收声之大同。本韵分为十八，乃又剖析于敛侈清浊、毫厘纤眇之际，曰元之属、耕之属、真之属、阳之属、东之属、冬之属、侵之属、蒸之属、谈之属，是为阳声者九；曰歌之属、支之属、脂之属、鱼之属、侯之属、幽之属、宵之属、之之属、合之属，是为阴声者九。此九部者，各以阴阳相配而可以对转。其用韵疏者，或耕与真通，支与脂通，蒸侵与冬通，之宵与幽通。然所谓通者，非可全部混淆，间有数字借谐而已。至于入声，则自缉合等闭口韵外，悉当分隶自支至之七部。

孔氏把古韵分为十八部，他认为这是上古韵的基本归属，所以叫“本韵”。“通韵”是指用韵较宽，甲阴声韵和乙阴声韵、甲阳声韵和乙阳声韵因为声音相近，所以出现甲韵有的字借为乙韵的现象。出现通韵的有：“耕与真通、支与脂通”等共六个部，十八部减去这六部，一共是十二部。孔氏还谈到他对上古声调的看法，即古入声归去声，这跟他古韵分部有密切关系。最后列出古韵十八部的表，如下：

原类第一	歌类第十
丁类第二（辰通用）	支类第十一（脂通用）
辰类第三	脂类第十二
阳类第四	鱼类第十三
东类第五	侯类第十四
冬类第六（绥蒸通用）	幽类第十五（宵之通用）
绥类第七	宵类第十六
蒸类第八	之类第十七
谈类第九	合类第十八

卷一的通论部分之后讨论阳声原类，卷二起依次讨论从阳声丁类到谈类的各部，卷七起讨论阴声歌类到合类的各部。凡属通韵的各韵部都放到同一卷，不属通韵的韵部独立为一卷。每部列出所包括的《广韵》韵目、见于《诗经》用韵的谐声字的主谐字以及《诗经》的入韵字。所定有通韵的韵部，都用一定篇幅加以讨论。

孔广森在古音学上有两大贡献：一是东冬分立，二是阴阳对转。

自从顾炎武把《广韵》东冬钟江四韵合并为一个东部之后，江永、段玉戴无不因之。戴震还在《答段若膺论韵》中认为《切韵》东冬二韵的区分是强生分别。孔广森通过对上古韵脚字的悉心研究，主张东冬钟江四韵应分隶为东冬两部，东韵的一半和钟江一起隶东部，东韵的另一半和冬一起隶冬部；从谐声偏旁看，东部包括从“东同丰充公工冢囱从龙容用封凶邕共送雙龙”的《诗经》入韵字，冬部包括从“冬眾宗中蟲戎宫农夅宋”的《诗经》入韵字。

《诗经》之外，孔氏又考察了上古其他的韵文，《礼记》《老子》《晏子春秋》《荀子》《国语》《说苑》《急就章》都有东部独用的例，《周易》东部自叶 17 次，《楚辞》自叶 13 次，《太玄经》自叶 25 次，尤其是《急就篇》“僮杠幢緫工筩同雙龙襱容凶”是长篇韵语，全是东部自叶，不杂冬部 1 字。《周易》冬部自叶 23 次；《楚辞》冬部自叶 7 次，仅 1 次是东冬合韵；《太玄经》冬部自叶 24 次。都证明上古东冬应分为两部。

孔氏还利用他“通韵”的理论旁证东冬分部的可靠性。他敏锐地观察到，东部不跟蒸绥二部“通韵”，而冬部多通蒸绥：

> 右类字（按：指冬部字）古音与东钟大殊，而与侵声最近，与蒸声稍远，故在《诗》《易》，则侵韵“阴临谌心深禽”、覃韵“骖”字、寝韵“饮”字、蒸韵“朋应”等字皆通协；在扬氏拟经，则蒸韵“升兴冯凌朋承”、侵韵“阴心深禁”皆通协。略举秦汉人文，冬蒸同用者，有若《劝学》“螣蛇无足而腾，鼫鼠五技而穷”，《汉书·叙传》“元之二王，孙后大宗，昭而不穆，大命更登”之类；冬侵同用者，《长门赋》尤多，而亦无出“中宫崇穷”之畛域。盖东为侯之阳声，冬为幽之阳声。今人之混冬于东，犹其并侯于幽也。蒸侵又之宵之阳声，故幽宵之三部同条、冬侵蒸三音共贯也。

东冬分部，是孔广森的一大发明，已成为定论。段玉裁读到《诗声类》后，很快就接受了，并且称赞“此孔氏卓识胜于前四人处”。后来江有诰、王念孙也都赞成东冬分部。

孔广森的古韵十八部都是一阴配一阳形成阴阳对转。他的韵部，有九个阴声韵，九个阳声韵，刚好全部相配，正如他自己在卷一中所说“此九部者，各以阴阳相配，而可以对转”。

阴阳对转理论的提出，跟孔氏古韵分部关系密切。段玉裁的古音十七部，阴声韵八部，阳声韵九部。孔把入声韵看作阴声，把段氏谈部的入声独立为一个合类，则阴声韵有九部；又把段的东部分为东冬两部，跟侯幽相配，把段的真文二部合并为一个辰部，跟脂部相配，阳声韵也成了九类。中古的入声韵，孔氏分别派入阴声各韵部。只有歌部没有中古入声韵。合部即江永独立分出的盍部，段玉裁作为谈部入声，孔氏独立为一个阴声韵部，跟谈部相配。

孔氏为了证明某阳声韵跟某阴声韵可以对转，用到的材料有：古书通假、异文、古读若、诗文用韵、同源互转字、谐声字、古直音、上古读阴声中古读阳声或上古读阳声中古读阴声的互转字、异读。试以卷十一论之蒸对转为例：

> 按之咍为蒸登之阴声，若“乃”之与“仍”；“疑”之与“凝”；“徵”训火音，则音祉；《上林赋》“葴持”韦昭云：持音懲；古书用“等”字率为多改反；“螣”字在登韵则为螣蛇之螣，在德韵则为螟螣之螣；“能”字四收于登韵、咍韵、等韵、代韵，《诗》则唯一与“又”协，一与“忌”协；《乐记》“人

不耐无乐”，注以为古书能字；“能”可以读耐，“滕”可以读滕，则“赠”亦可以读载，又何足为异？“曾”之言则也，“则”之言载也，此六书转注之道也。

孔广森把中古入声看成是上古读短言的去声变来的。他认为上古入声韵是读短言的去声，属阴声韵部；到了中古，韵书编者“遂取诸阴部去声之短言者，壹改为诸阳部之入声，是故入声者，阴阳互转之枢纽，而古今变迁之原委也”。（见卷十二）把入声看成是阴声互转之枢纽，孔氏是创造性地接受了江永“数韵共一入”和段玉裁“异平同入”的观点，也可能受了戴震的启发。但是孔广森的阴阳对转理论的提出，是经过了自己的考古实践得出的，他的阴阳相配、阴阳对转都比戴前进了一大步。

孔广森古韵研究也有保守的一面，例如：江永把缉盍二部分开，段玉裁、戴震均从之；孔氏仍沿用顾炎武说，合并为一个合部。段玉裁已将真文分为二部，孔氏仍采江永说，合并为一个辰部。在韵部相配上，孔氏也有未尽妥当之处。例如他认为绶宵相配，就比较牵强。他在卷十一宵部“兼入感韵一字”里把“惨”看作是绶宵通转的证据，又据“禫”或作“导”，《说文》“覃”有“导”及“沾”的异读，“道”又作“函”之类证绶宵通转，证据不够充分，说服力不强。

在上古声调方面，孔广森认为古无入声，他把入声归入去声，并认为上古去声有两类：一类上古调子读得短一些，中古归入声，一类上古调子读得长一些，中古仍是去声。其十八部声调系统如下表：

1. 原类：平上去	10. 歌类：平上去
2. 丁类：平上去	11. 支类：平上去（含短去）
3. 辰类：平上去	12. 脂类：平上去（含短去）
4. 阳类：平上去	13. 鱼类：平上去（含短去）
5. 东类：平上去	14. 侯类：平上去（含短去）
6. 冬类：平上去	15. 幽类：平上去（含短去）
7. 绶类：平上去	16. 宵类：平上去（含短去）
8. 蒸类：平上去	17. 之类：平上去（含短去）
9. 谈类：平上去	18. 合类：去（只含短去）

十八部中，冬蒸二部列《广韵》韵目有上声，但《诗经》中上

声没有入韵；合类只有短去。《诗声类》卷十二："但去声中自有长言短言两种读法，每同用而稍别畛域。后世韵书，遂取诸阴部去声之短言者，壹改为诸阳部之入声。"

孔广森把平上去分立，既是从上古韵文看出的，又是据《广韵》逆推的结果。先秦韵文的韵脚字组，有的从韵书看是本调自叶，有的是异调相叶。同调相叶，可以看出古有平上去声；对异调相叶现象，孔氏接受江永的说法，认为上古韵文跟后代词曲一样，可以异调相叶，但孔氏看出，异调相叶的情况在阴声韵里出现较少，在阳声韵里出现较多。卷三谈到古人平上去通押时说："取其依声成调，而不拘拘于平仄者也。"然后接着指出："然唯阳声诸部尽然。至于阴声诸部，亦颇有界限。"作为阴阳对转理论的创始人之一，这一观察是敏锐的。

孔氏为什么把入声归为去声？他在卷十二中说去入二声上古"每同用"，这是看出上古去入牵涉多；又说"稍别畛域"，这是看出上古去入还有分用的情况。他证明上古去入"每同用"，材料有韵文、谐声字、古注音、异文、声训，但是这些材料充其量只能证明去入关系密切，或去入合用，未足以证明入声归去。孔氏以入归去，主要是受顾炎武之后古音学家的影响。从顾炎武始，入声配阴声，江永进一步观察到"入声与去声最近"，段玉裁则更进一步把去声并入了入声和平声上声。顾炎武认为"入声，声之闰也"，把顾氏的这一理论再向前推进一步，就是取消入声。孔广森继承了顾炎武的这一理论，又接受了江永段玉裁去入最近的观点保留去声，取消入声。此外，孔氏囿于自己的方音，在他的家乡话中，当时已没有入声；再往前，元周德清的反映北方话音系的《中原音韵》也没有入声；再往前，孔氏把六朝经师（大多是北方南渡或南渡人的后裔）给去入异读的字注去声也作为古无入声之证。卷十："《小戎》'续'字，徐仙民辞屡反；《舜典》'赎'字，徐音树；《论语》'不至于谷'，公豆反；《考工记》'水属'，之树反；刘昌宗读给足之'足'，子喻反，约束之'束'，诗树反，犹皆北学，古音存于《释文》者如此。"

孔广森在声调研究上的贡献有两点：一，他发现，跟《广韵》比较，上古同一个韵脚字组中，平上去声在阴声韵中本调自叶的情况很多，在阳声韵中异调相叶的情况也多。这是很好的发现，基本符合事实。二，他又发现，上古去入二声既有合押者，也有分押者，这是对段玉裁古声调学说的发展。段氏只强调去入合押，不重视去入分押，不尽符合事实。孔氏既注意到去入分押的一面，所以尽管认为古无入声，把入归去，但变成入声和变成去声的上古去声仍有“长言”“短言”之别。

孔广森古无入声说实际上是不能成立的。他的立论主要是推衍前于他的古音学家的古声调研究的结论，但有的结论并不可靠。此外，孔氏又囿于自己的方音，只注意古人音注中对自己有用的材料。《中原音韵》和后代曲律中的入派三声以及他自己的方音，都是入声消失后的产物，不是自古相传不变的读音；至于拿六朝音注为例，孔氏只举于己有利的，对于于己不利的音注则不理会。段玉裁就不同意孔的古无入声说。《说文解字注》六篇上木部“杕”下注：“特计反。十五部。颜黄门云:‘《诗》河北本皆为夷狄之狄，读亦如字。此大误也。’按近人有误古无入声，兴于江左者，据黄门此条，则河北非无入声也。”北朝韵文也是去入分押的。孔氏古无入声说，是假定江左的入声后起，这种假定是认为入声是由阴声韵增生出来的，显然是不正确的。

（七）王念孙的古音研究

王念孙（1744—1832），江苏高邮人，字怀祖，号石臞，又写作石渠。

王念孙出生于一个书香门第，幼而聪明，十岁时读完十三经。十三岁时成为戴震的弟子，得到戴震的赏识。三十二岁举进士，以后回家乡潜心读书达四年。后入都在翰林院供职，参加四库全书馆的工作，又作了几任监察御史。嘉庆皇帝继位后，念孙曾密疏弹劾权臣大学士和珅，使和珅受到制裁，朝野轰动，称念孙为“朝阳鸣凤”。在监察御史任上，写成他一生的代表作《广雅疏证》。嘉庆年间出任直隶永定河道；嘉庆十五年，永定河水暴涨，曾受到处分。后随儿子王引之居家，继续著述，写成《读书杂志》，八十九岁时病死于北京。

王念孙古音研究的成果分别见于《与李方伯书》（载王引之《经义述闻》卷三十一），《王石臞先生来书》《石臞先生复书》（载江有诰《音学十书》)；又有《诗经群经楚辞韵谱》，见于罗振玉辑《高邮王氏遗书》；还有《韵谱》和《合韵谱》，未刊行。

据《王石臞先生来书》，王念孙很早就读到顾炎武《音学五书》，十分佩服。他二十二岁入都会试时，得到了一本江永的《古韵标准》，开始知道顾炎武古音体系犹有罅漏。回到高邮后，反复研究《诗经》用韵，又知江永的书也不尽善，于是据自己所得分古韵为二十一部，但时值官务繁忙，又对侵谈二部的分合“未能明审”，所以虽写成了专著，却未付梓。1789 年，段玉裁因事进京，段、王始得晤面，商订古音。段接受了王的屋觉分部，以屋配侯；又接受了王的物月分部。段玉裁之外，也有人了解王念孙的主张，但他们并不同意王氏的意见，王氏的专著因而仍未付梓。直到王氏读了江有诰《诗经韵读》之后，才有又遇知音之感。

王念孙《与李方伯书》写于何时，颇难考定。书后附有王念孙自撰的古韵二十一部韵表。据此韵表，可知王念孙古韵体系如下：

东第一	平上去
蒸第二	平上去
侵第三	平上
谈第四	平上去
阳第五	平上去
耕第六	平上去
真第七	平上去
谆第八	平上去
元第九	平上去
歌第十	平上去
支第十一	平上去入
至第十二	去入
脂第十三	平上去入
祭第十四	去入
盍第十五	入
缉第十六	入
之第十七	平上去入
鱼第十八	平上去入

侯第十九　　平上去入

幽第二十　　平上去入

宵第二十一　平上去入

王氏在这张表中，至部、祭部（都只有去入）和侯部入声都罗列了详细的字表，把《说文》中属于至祭两部和侯部入声的字都收进来，这表示至祭两部是他的创见。同一谐声的字都把主谐字放在前面，用大字写出，被谐声字用小字写在相应的主谐字之下。同一谐声的字，中古有的读去声，有的读入声，则以谐声偏旁为准，或全放在入声，或全放在去声。至于为什么有的中古去声上古归入声或中古入声上古归去声，显然跟王念孙对上古韵文入韵情况的看法有关。

王念孙分古韵为二十一部时，只读过《音学五书》和《古韵标准》。他的成果有不少跟段玉裁《六书音均表》同，那是暗合，他是到后来才读到《六书音均表》的，他跟段的十七部相同的韵部有：东蒸阳耕谆元歌支之鱼，共十部。段的入声韵全部归入阴声韵和阳声韵；如果撇开入声韵，王跟段相同的韵部还有侵谈侯幽宵五部；要是光算入声韵，王跟段相同的还有盍缉二部。《王石臞先生来书》中说他跟段的不同是"唯入声之分合及分配平上去"，"分配平上去"主要是声调问题，"入声之分合"主要是分部问题，表现在这几点：

1. 段氏把缉部并入侵部，把盍部并入谈部，王念孙把缉部和盍部分出，单独作为韵部，这比段多出两部，只有入声，无平上去声。

2. 段氏脂部包括至未霁祭泰怪夬队废九韵的中古去声字，又包括术物迄月没曷末黠辖薛十韵的中古去声字。王氏把祭泰夬废和月曷末黠辖薛分出，单立一个祭部，只有去入，无平上，比段氏多出一部。王又把段真部入声分出，作为一个至部，只有去入，无平上，又比段多出一部。

3. 段氏幽部入声包括屋沃烛觉四韵，屋沃烛觉又配侯部。王氏一分为二，侯幽二部各有自己的入声。如取入声独立，则为屋觉二部，跟孔广森不谋而合。

王念孙所分二十一部，绝大多数跟前人相同。后来他读了孔广森的《诗声类》，写信给江有诰，表示不赞同孔的东冬分部：

孔氏分东冬为二，念孙亦服其独见。然考《蓼萧》四章，皆每章一韵，而第四章之"冲冲""雝雝"既相对为文，则亦相承为韵。孔以“冲冲”韵“浓”，“雝雝”韵“同”，似属牵强。《旄丘》三章之“戎东同”，孔谓“戎”字不入韵，然“蒙戎”为叠韵，则“戎”之入韵明矣。《左传》作“尨茸”，亦与“公”“從”为韵也。又《易·彖传》《象传》合用者十条，而孔氏或以为非韵，或以为隔韵，皆属武断。又如《离骚》之“庸”“降”为韵。凡若此者，皆不可析为二类，故此部至今尚未分出。

江有诰接到王念孙的信后，于同年作《复王石臞先生书》，信中为孔说进行辩护：“东每与阳通，冬每与蒸侵合，此东冬之界限也。”次年王念孙写信给丁履恒：“弟向所酌定古韵，凡廿二部。”把原来的二十一部改为二十二部，可见他最终还是接受了孔广森的东冬分部。

最能代表王念孙的创见的，是他把段玉裁的脂部的去入二声一分为二，一部分字独立为一个祭部；脂部去入二声中剩下的字，如从“气、旡、胃、未、位、退、卒、尉、聿、弗、突、勿”等声的字，仍作为脂部的去入二声，这去入二声，其实就是后来物部字的雏形，只是王氏对至部和脂部去入二声的分野认识得还不细致。

王念孙在《与李方伯书》中说自己的古韵二十一部“皆以《九经》《楚辞》用韵之文为准，而不从《切韵》之例”。他的韵部中，只有入声的缉盍两部，就是“以《九经》《楚辞》用韵之文为准”而得出的结果，因为这些韵文中缉部和盍部跟侵谈二部没有合押的例子，所以他不把缉并入侵，把盍并入谈。只有去声和入声的只有至部和祭部。祭部比较特殊，直到中古祭泰夬废四韵仍旧没有相承的平上声韵。王氏所分的至部包括《广韵》去声至霁二韵和入声质栉黠屑薛等韵的一些字，去声至霁中古有相承的平上声字，入声质栉黠屑薛等韵中古有相承的阳声韵。这些情况跟支脂之鱼侯幽宵等部相同。在王念孙看来，支脂之鱼侯幽宵等部的去入声之所以不划分出来独立作为韵部，是因为它们在《九经》及《楚辞》中有跟平上合用的例子，而质部跟脂部的平上声不合用。其实，质部跟脂部是不是截然分用，问题并不那么简单，只是王氏对特殊用韵作了特殊处理罢了。例如《宾之初筵》二章“以洽百礼，百礼既至”，王氏以为两“礼”字为韵，“至”字不入韵，其实以‘礼至’为韵，脂质对转，是完全可以的。又如王氏把《载驰》三章的"济闷"看成是质术同用，"济"是术（也就是脂部）部，"闷"是质部，把"济"处理为脂部，"济闷"也是脂质对转。由此看来，支脂之鱼侯幽宵中跟入声谐声的去声字及入声字依王氏做法，也可独立出来作为韵部。这就是说，王念孙二十一部的系统性还不强。如果从脂部再分出一个微部，跟脂部的去入声相配，让脂部的另一部分字作至部的平上声，使脂微两部各有平上去声，古韵的系统性就强多了。

王念孙对古声调的看法是：古有平上去入四声。他在《与李方伯书》后草拟的古韵二十一部韵表中列了每一部所含四声的情况，并在信中说：

> 自东至歌之十部为一类，皆有平上去而无入；自支至宵之十一部为一类，或四声皆备，或有去。入而无平上，或有入而无平上去，而入声则十一部皆有之，正与前十类之无入者相反。

王氏的看法跟江有诰接近。江氏《音学十书·唐韵四声正》卷首所载王氏写给江有诰的信中说：

> 接奉手札，谓古人实有四声，特与后人不同，陆氏依当时之声误为分析，特撰《唐韵四声正》一书。与鄙见几如桴鼓相应，益不觉狂喜。顾氏四声一贯之说，念孙向不以为然，故所编古韵，如札内所举，"颡飨化信"等字，皆在平声；"偕茂"等字，皆在上声；"馆"字亦在去声。其他指不胜屈，大约与尊见相符。"至"字则上声不收，惟收去入，为小异耳。

（八）江有诰的古音研究

江有诰（？—1851），字晋三，号古愚，安徽歙县人。幼年入私塾读书，一生不屑于科举功名，"壹志古学，敝门著述，暑寒无间"，对于先秦古韵尤其留心。

江有诰先读了顾炎武《音学五书》、江永《古韵标准》，把江永的侯部分为侯幽二部；支部分为之支脂三部，又分出一个祭部；真部分为真文两部；再把缉部和葉部独立为部。共二十部。后来读了段玉裁《六书音均表》，发现自己的意见跟段有很多相合之处，更加自信。江有诰两次致信给段玉裁，商讨古音问题，段玉裁给他写了热情洋溢的回信，也对他的古韵分部提出自己的意见；并且告诉他，孔广森《诗声类》已把东部分为东冬二部，江有诰读了《诗声类》和段玉裁的回信后，很快吸收了孔广森的成果，把自己的古韵二十部改为二十一部。

江有诰在收到段玉裁回信后不久就赶到段玉裁侨居的苏州，执弟子礼，成为段的得意门生，跟段在苏州讨论古韵疑难问题。段玉裁的《说文》研究，也给江有诰很大的影响。《说文解字注》七篇上就是江有诰作的校对。

江有诰一生著述甚多，除《音学十书》外，还有《说文六书录》《说文分韵谱》《说文质疑》《说文更定部分》《说文系传订讹》《经典正字》《隶书纠谬》。1846 年家中失火，所藏书板及未刊稿全部焚毁。这时他已是晚年，双目失明，不能写书。由于火劫，《音学十书》也没有全部印出来。据葛其仁《江晋三先生传》称，《音学十书》有《诗经韵读》《群经韵读》《楚辞韵读》《先秦韵读》《汉魏韵读》《唐韵四声正》《谐声表》《入声表》《廿一部韵谱》《唐韵再正》共十书。葛氏的传记是江有诰去世的第二年作的应该可信。今天刊行的《音学十书》有《诗经韵读》《群经韵读》《楚辞韵读》《先秦韵读》《谐声表》《入声表》《唐韵四声正》七种，《汉魏韵读》《廿一部韵谱》《唐韵再正》可能已毁于火劫。

《音学十书》卷首有段玉裁《江氏音学序》、江有诰《寄段茂堂先生原书》、段玉裁《答江晋三论韵》、王念孙《王石臞先生来书》、江有诰《复王石臞先生书》、葛其仁《江晋三先生传》、王引之《王伯申先生来书》，以及江有诰的《古韵廿一部总目》《古韵凡例》《古韵总论》。

《古韵廿一部总目》纲领性地列出各部所括《广韵》韵属，以及顾、江、段各家分部的情形。《古韵凡例》叙述了江有诰对以前学者的批判继承以及《音学十书》的体例。《古韵总论》论述了古韵文的韵例以及对一些入韵特例的处理。《古韵廿一部总目》所包括的上古各部及中古韵属是：

1. 之部：平声之咍，上声止海，去声志代，入声职德。又灰贿队尤有宥屋三分之一。
2. 幽部：平声尤幽，上声有黝，去声宥幼。又萧肴豪篠巧皓啸效号之半，入声沃之半，屋觉锡三分之一。

3. 宵部：平声宵，上声小，去声笑。又萧肴豪篠巧皓啸效号之半，入声沃药铎之半，觉锡三分之一。

4. 侯部：平声侯，上声厚，去声候，入声烛。又虞麌遇之半，屋觉三分之一。

5. 鱼部：平声鱼模，上声语姥，去声御暮，入声陌。又虞麌遇麻马祃之半，入声药铎麦昔之半。

6. 歌部：平声歌戈，上声哿果，去声箇过。又麻马祃之半，支纸寘三分之一；无入声。

7. 支部：平声佳，上声蟹，去声卦。又齐荠霁之半，支纸寘三分之一，入声麦昔之半，锡三分之一。

8. 脂部：平声脂微皆灰，上声纸尾骇贿，去声至未怪对，入声质术栉物迄没屑。又齐荠霁暨黠之半，支纸寘三分之一。

9. 祭部：去声祭泰夬废，入声月曷末锗薛。又黠之半。无平上。

10. 元部：平声元寒桓山删仙，上声阮旱缓潸产狝，去声愿翰换谏裥線。又先铣霰三分之一。无入声。

11. 文部：平声文欣魂痕，上声吻隐混很，去声问焮慁恨。又真轸震三分之一，谆准稕之半。无入声。

12. 真部：平声真臻先，上声轸铣，去声震霰。又谆准稕之半。无入声。

13. 耕部：平声耕清青，上声耿静迥，去声诤劲径。又庚梗映之半。无入声。

14. 阳部：平声阳唐，上声养荡，去声漾宕。又庚梗映之半。无入声。

15. 东部：平声钟江，上声肿讲，去声用绛。又东送之半。无入声。

16. 中部：平声冬，去声宋。又东送之半。无上入。

17. 蒸部：平声蒸登，上声拯等，去声证嶝。无入声。

18. 侵部：平声侵覃，上声寝感，去声沁勘。又咸豏陷凡范梵之半。无入声。

19. 谈部：平声谈盐添严衔，上声敢琰忝俨槛，去声阚艳㮇酽鉴。又咸豏陷凡范梵之半。无入声。

20. 葉部：入声葉帖业狎乏。又盍洽之半。无平上去。

21. 缉部：入声缉合。又洽之半。无平上去。

五种《韵读》是先秦用韵材料的总汇。《诗经韵读》收录了《诗经》全部305首诗。《群经韵读》收录了《周易》《尚书》《仪礼》《考工记》《礼记》《论语》《孟子》《尔雅》的韵文部分（只有《周易》全收）。《楚辞韵读》只收屈原的作品；后附《宋赋韵读》收录宋玉的作品。《先秦韵读》收录了《国语》《老子》《管子》《孙武子》《晏子春秋》《家语》《庄子》《列子》《吴子》《山海经》《穆天子传》《逸周书》《六韬》《三略》《战国策》《墨子》《文子》《荀子》《韩非子》《吕氏春秋》《鹖冠子》《素问》《灵枢》《鬼谷子》《秦文》中的韵语部分。《韵读》的形式是把先秦韵文韵脚字出现的上下文都写出来，在韵脚字上作记号，同一韵脚字组用同样的记号，每个韵脚字组的最后一个入韵字下都注上古韵部，凡本部自押的，径直注上某部；凡属相邻两韵相押的，注上"通韵"；凡属隔部相押的，注上"合韵"。偶尔也注明是"借韵"，主要指隔两部以上相押的韵，或隔一部以上的阴声韵和阳声韵相押。《诗经韵读》随文注音较详；其他几种《韵读》随文注音较略，另在各书后编"古音总释"收集入韵字，并注出古读。

《谐声表》是仿段玉裁《古十七部谐声表》作的，并加以改进。表中把谐声字的主谐字分别列入古韵二十一部，只收第一谐声，共收声符1163个。每字都注上中古反切，有的还注了古读，这是为了方便初学者。

《入声表》是为了解决入声跟阴声韵相配的问题而作的。葉缉两部不跟阴声韵相配，所以不列；其他的入声韵全划归阴声韵，所以只列阴声韵，不列阳声韵。相配的情况是：

1. 之部：配职德，屋（部分）

2. 幽部：配屋锡觉沃（各一部分）

3. 宵部：配锡药觉沃铎（各一部分）

4. 侯部：配烛，屋觉（各一部分）

5. 鱼部：配药铎陌麦昔（各一部分）

6. 支部：配陌麦昔锡（各一部分）

7. 脂部：配质栉术迄物屑，黠（半）

8. 祭部：配月曷末辖薛，黠（半）

相配时注重等和开合的不同，纠正了江永《四声切韵表》中相配的一些错误。

《唐韵四声正》认为上古有平上去入四个声调，跟中古相同；但具体字的归调上古与中古不同。所以要用上古归调纠正中古之“误”。以平上去入为序，列出上古与中古归调不同的字，再以材料证明上古的归调。

《等韵丛说》是研究等韵学的，不是为研究上古音而作，书前有一段针对《切韵》而发的议论，执古音议《切韵》分合之疏，又以《切韵》议唐人独用同用之谬，也和上古音有一些关系。

江有诰可以说是清代古音学的集大成者，他兼擅考古与审音，考古之功不让段孔，审音之功比江永还胜一筹，他对古音学的贡献是巨大的。

在清代古音学家中，他对先秦韵文材料的掌握最全面，因而研究成果也最全面、最深入。他所编写的几部《韵读》当然会有少数遗漏，但是全面搜集先秦韵文材料并且一一列出来，是其他学者所没有做过的。他不仅列出韵脚字，而且把韵脚字出现的原文也列出，使读者更清楚地了解古人的韵例，更确切地知道古韵二十一部分立的证据。结合词义研究古音，是古音研究向纵深发展的一条坦途，古代的词义是出现在古人著述的上下文中的，江有诰收集的材料正能够便于后人结合词义研究入韵字。

在古韵分部上，江有诰的古音分部跟王念孙很相近，都是二十一部；后来王念孙接受东冬分部，成为二十二部。王念孙二十二部比江有诰多出的一部是至部。《王石臞先生来书》说：“足下谓质非真之入，是也；而合质于术，以承脂，则似有未安。”质即王念孙至部，但江有诰并没有接受王氏的意见。江氏的古音学完全是自学成才的，他开始时只看过顾炎武和江永的著作，就得出了古韵二十部的结论，比段玉裁还多三部；后来读了段氏的书，更坚定了自己古韵分二十部的信心。在比段玉裁多出的三部中，祭部是跟戴震、王念孙不谋而合，葉部和缉部是跟戴震、孔广森、王念孙不谋而合。在他分古韵为二十部时，并没有读过这三位学者的著作。江有诰和孔、王两家都是从考古的角度把各部分出的，戴是据阴阳入相配让祭葉缉三部分立的，分部的出发点并不相同。

江有诰入声配阴声比其他各家相配得更合理、更细致。江永《四声切韵表》入声也配阴声，也注意到了等和开合，但那时古韵分部还没有后来细致，江永的相配不免有误。江有诰的阴入相配，一方面继承江永配合正确的一面，另一方面又把江永误配之处改了过来。这显然得力于他的深厚的等韵学修养。段玉裁、孔广森"一于考古"，所以都没有像江有诰那样注意等和开合，作细致的分配。江有诰把某入声配某阴声，除了依据等韵知识外，还注意到一字两读、谐声偏旁、先秦韵文的押韵。他的《入声表》解决了阴声韵相配的问题，也解决了阴声韵和入声韵相配的问题。

江有诰的《谐声表》比段玉裁的《古十七部谐声表》做得精细。段玉裁只把古韵分成十七部；而且有少数字声符归部不一定妥当。江有诰从分部到归字都对段氏作了不少重要修正，他的谐声表比段玉裁的表更有参考价值。此外，江有诰对每个声符都注上了反切，更方便使用。

江有诰的古韵学也存在不足之处，主要是：一、脂微没有分部。王念孙认为脂部和至部不应合并，尽管有理由，但是系统性不强。江有诰在《复王石臞先生书》中反对脂至分立，理由之一是"《唐韵》去入二声分承平上，统系分明。今若割至霁与质栉屑别为一部，则脂齐无去入矣。二百六部中，有平去而无上入者有之，未有有平上而无去者也"。其实如果能从王氏脂部中分出部分字来另立一个微部，再把王氏的至部并入新分的脂部，成古韵二十三部，也是符合他的古韵体系的。可惜江氏当时没有看到这一点。二、注音有缺点。江有诰以为每个古韵部只有一个等呼，这个等呼又要与韵目的等呼相一致；又采用戴震、段玉裁"古音多敛""今音多侈"的见解，不必注音的字也都注上音，不但不必要，而且是错误的。三、反对阴阳对转。江有诰在《古韵凡例》中说："孔氏《诗声类》虽有补正三家之处，乃臆为阴阳九声之说，穿凿武断，功过相参。"由于江有诰反对阴阳相配、阴阳对转，所以在他的《入声表》中没有列阳声韵，留下缺憾。四、崇古倾向很浓。他在《古韵凡例》中说："戴氏谓古音多敛，今音多侈。兹悉取侈音而敛之，所以复古音也，亦以便人诵读也。”这就跟顾炎武的主张相似，比其他古音学家复古倾向浓。

江有诰是清代首屈一指的古音学家。他自学成才，注重培养自己考古和审音的学养，全面搜集分析古韵材料。在古韵分部上，他沿着顾炎武开创的道路前进；吸取顾、江、段古韵分部的具体方法而更加邃密。他的几部《韵读》录出先秦韵文的原文，主要吸收顾炎武的做法，也从江永那里获得了经验；“正韵”“通韵”“合韵”是发展段玉裁的见解；《廿一部谐声表》和依读音的远近排列古韵二十一部，也都是吸取段玉裁的长处；结合等呼来研究阴声韵和入声韵，则是吸收了江永的经验。诸如此类，都可以看出他的古音研究能够采诸家之长而弃其所短，使他的古音学体系能够集诸家之大成。段玉裁在《江氏音学序》中评价江有诰“于前人之说，皆择善而从，无所偏徇”。这是十分中肯的。

江有诰对上古声调的看法有一个发展过程。据《古韵凡例》，原来他是持“古无四声”说法的，他说：“古无四声，确不可易矣。”所以他的韵谱，“一依经文诠录，不分四声，庶见古韵庐山真面也”。但是他在韵读中又注上了声调，在他看来，这是为了使人读韵文和谐，古既无声调，所以注上声调也“无背于古”。

过了大约十来年，江有诰在《再寄王石臞先生书》中又坚信古有四声：“至今反复紬绎，始知古人实有四声。特古人所读之声与后人不同。”又说：“于此悟古无四声之说为拾人牙慧，而古人学与年俱进之说诚不诬也。”他的《唐韵四声正》一共分析了281个古今声调不同的字的上古声调归属，所用的材料以上古韵文为主，也用到谐声字、异文、通假字、声训，韵文之外的材料只是旁证。

江有诰起先不承认古有声调，后来认为古有四声，只是上古和中古具体字的归调有不同，不能执今以疑古。这在原则上是正确的。但是江的论证也有局限：一、他承认上古韵文以同调相押为主，有少数字可以异调相押。这既是从《广韵》具体字的调属和同一韵脚字组入韵字的比较得出的，又是根据他的古声调归类的结果推断出的。但是怎样判断某一韵脚字组是同调或异调相押，并没有告诉我们他的标准是什么。二、他对韵文中有些字的归调所根据的材料太少，有的字是否入韵也值得怀疑。例如他说“试”字古有上声一读，只用了两则材料，说服力不强。三、他的古声调系统中，有281个有异读的字，有的字还有三个声调。但是并没有把意义因素考虑在内，给人的印象是这281个字在上古是自由变读。江氏把上古大量的字看成是有不同声调的读音的，又没有结合字义研究声调，怎能不让人得出"字无定调"的印象？

王国维在《观堂集林》卷八《周代金石文韵读序》中说："古韵之学，自崑山顾氏，而婺源江氏，而休宁戴氏，而金坛段氏，而曲阜孔氏，而高邮王氏，而歙县江氏，作者不过七人，然古音廿二部之目，遂令后世无可增损。"的确，在古韵分部上，从顾炎武到江有诰大体上已经完成；后来的学者，只有严可均把冬部和侵部合并为一个侵部，王力先生把脂部分为脂微两部，可见后世的增损是有限的。

江有诰前后，从事古韵分部的，还有其他一些学者，下面举出几个。

严可均（1762—1843），字景文，号铁桥，浙江乌程人，有《说文声类》，分古韵为十六部，阴阳各八，两两相配。跟孔广森相比，是把孔的冬侵二部合并为侵部，把孔的谈合二部合并为谈部。经过合并，以幽侵对转，宵谈对转；其他对转一仍孔氏之旧。把冬部合并到侵部，是有一定的道理的。

朱骏声（1788—1858），字丰芑，江苏吴县人，有《说文通训定声》，分古韵为十八部，以《周易》的卦名为韵部的名称：丰（东冬），升（蒸），临（侵、缉），谦（谈、盍），颐（之、职），孚（幽、觉），小（宵、药），需（侯、屋），豫（鱼、铎），随（歌），解（支、锡），履（脂、质，微、物），泰（祭），乾（元），屯（文），坤（真），鼎（耕），壮（阳）。他又有"分部"这一术语，即入声韵部，有：习（缉），嗑（盍），革（职），复（觉），犖（药），剥（屋），泽（铎），益（锡），日（质），月（月）。分部不独立，除临谦二部外，都隶于各阴声韵下。这种处理办法，既显示分部具有一定的独立性，又表示它们和阴阳声的关系。如果把朱氏的十个分部独立起来，则有古韵二十八部。朱骏声有的韵部虽不列"分部"，但注明与某部分部同，这其实是阴阳入的相配：

1. 丰部（東冬）	6. 屯部（文）
剥部复部（屋觉）	日部月部（质月）

需部孚部（侯幽）	履部泰部（脂祭）
2. 升部（蒸）	7. 坤部（真）
革部（职）	日部（质）
颐部（之）	履部（脂）
3. 临部（侵）	8. 鼎部（耕）
习部（缉）	益部（锡）
4. 谦部（谈）	解部（支）
嗑部（盍）	9. 壮部（阳）
5. 乾部（元）	举部（药）
月部（月）	小部（宵）
泰部（祭）	10.泽部（铎）
	豫部（鱼）
	随部（歌）

朱骏声在古韵分部上没有什么独创，阴阳入的配合也有不妥之处。但是他的《说文通训定声》不按《说文》540部首排列，而是从《说文》所收字中分析出1137个声符，分别归入他的古韵十八部，再以声符统率该声符组成的字，极具参考价值。

夏炘（1789—1871），字心伯，安徽当涂人，有《诗古韵表二十二部集说》，集顾炎武、江永、段玉裁、王念孙、江有诰五家之说，而以王念孙、江有诰两家之说为主，分部同于王念孙晚年的二十二部，比江有诰多出至部。入声除葉缉二部外，另有九部放到阴声韵中。

夏燮（1799—1875），字谦甫，安徽当涂人，夏炘弟，有《述均》，分古韵为二十部。他对古声调有一段议论，从上古韵文押韵情况论证古有四声，很有说服力：

> 三百篇、群经有韵之文，四声具备，分用画然，如部分之有条而不紊。……古无四声，何以《小雅·楚茨》之二章、《鲁颂·闷宫》之三章连用至十一韵、十二韵皆平声？《小雅·六月》之六章、《甫田》之三章连用至七韵、九韵，《大雅·烝民》之五章六章、《鲁颂·闷宫》之二章合用至十韵、十一韵皆上声？《邶·柏舟》之二章、《魏·汾沮洳》之一章、《卫风·氓》之六章连用至四韵、五韵、七韵，以至《楚辞》之《惜往日》连用至十韵皆去声？《魏·伐檀》之二章、《商颂》之《那》、

《鲁颂·闷宫》之八章连用至六韵、八韵、九韵，以至《尚书·鸿范》之“六三德”以下连用至十四韵，《尔雅·释训》“穰穰福也”以下连用至十七韵皆入声？其可证者一也。《关雎》为《诗》之首篇，而四声具备：“鸠洲逑求”，平也；“得服侧”，入也；“采友”，上也；“芼乐”，去也。《小雅·洞酌》三章分平上去三韵。《召南·摽有梅》三章、《卫·有狐》三章、《王·采葛》三章、《郑·羔裘》三章、《齐·甫田》三章、《魏·汾沮洳》三章、《小雅·苑柳》三章分平去入三韵。《鄘·墙有茨》三章、《王·邱中有麻》三章、《魏·硕鼠》三章、《唐·山有枢》三章、《鸨羽》三章、《小雅·鸿雁》三章、《黄鸟》三章分平上入三韵。若古无四声，何以分章异用如此疆尔界，不相侵越？又有同用一韵而四声分章，同用一韵同在一章而四声分配较若画一。凡此诸类，不啻五色成文，八风从律。古无四声，何以有此？此其可证者又一也。

四、清代古音研究的余韵

（一）章炳麟的古音研究

章炳麟（1869—1936），浙江余杭人，又名绛，字枚叔，号太炎。幼从外祖读经，后虽学习科举文章，但一意治经。曾师从俞樾。青年时期即开始参加早期革命活动，曾两次流亡日本，结识孙中山，1903年春到上海继续宣传革命，被捕入狱，三年后出狱，孙中山派专使迎至日本，办《民报》，并给留日学生讲授国学。辛亥革命后回国，任中华民国联合会会长，兼机关报《大共和日报》社社长。1913年参与讨伐袁世凯，为袁禁锢。1916年袁死后获释，渐入颓唐，以讲学为业。1935年在苏州创设章氏国家讲习会，主编《制言》杂志。1936年逝世。

章炳麟既是革命家，又是思想家、学问家，生平著述甚丰，有《章氏丛书》《章氏丛书续编》《章氏丛书三编》行世。他关于古音的理论，主要见于《文始》和《国故论衡》，均收入《章氏丛书》。

章炳麟把古韵分为二十三部，分部情况如下：

第一类　歌泰寒类　　　　第六类　侯东类

阴声歌部甲

阴声泰部乙

阳声寒部丙

第二类　队脂谆类

阴声队部甲

阴声脂部乙

阳声谆部丙

第三类　至真类

阴声至部甲

阳声真部乙

第四类　支清类

阴声支部甲

阳声清部乙

第五类　鱼阳类

阴声鱼部甲

阳声阳部乙

阴声侯部甲

阳声东部乙

第七类　幽冬侵缉类

阴声幽部甲

阳声冬部乙

阳声侵部丙

阳声缉部丁

第八类　之蒸类

阴声之部甲

阳声蒸部乙

第九类　宵谈盍类

阴声宵部甲

阳声谈部乙

阳声盍部丙

上表是根据章氏的《文始》归纳出来的，中古的入声字，在表中除缉盍二部算阳声外，其他全派入阴声。缉盍之所以算阳声，章氏在《国故论衡·二十三部音准》中曾有说明："阳声有收唇收舌，故入声收唇者丽阳声，缉盍收唇也，舒为侵谈去声，其收唇如故，以是与侵谈同居。"除缉盍二部，其他各部都跟阴声韵的去声关系密切，"阴声皆收喉，故入声收喉者丽阴声"；缉盍二部收唇，所以算阳声。

这二十三部，每一类都是阴阳相配。一阳配一阴的有"真:至""青:支""阳:鱼""东:侯""蒸:之"；一阳配二阴的有"寒:歌:泰""谆:队:脂"；二阳配一阴的有"谈:盍:宵"；三阳配一阴的有"侵:冬:缉:幽"。这些相配的阴声韵和阳声韵之间形成阴阳对转关系。

章氏对古韵的研究集中反映在他所设计的《成均图》中，《成均图》对各韵部之间的关系，以图表的形式表明，另加上文字说明作更详尽的分析。这里列出《国故论衡》中的《成均图》及部分文字说明。

阴弇与阴弇为同列。

阳弇与阳弇为同列。

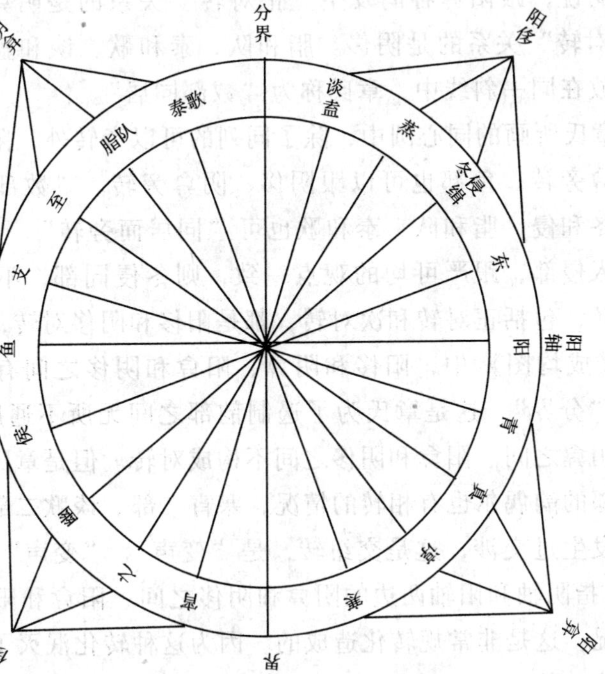

阴侈与阴侈为同列。

阳侈与阳侈为同列。

凡同列相比为近旁转。

凡同列相远为次旁转。

凡阴阳相对为正对转。

凡自旁转而成对转为次对转。

凡阴声阳声虽非对转，而以比邻相出入者，为交纽转。

凡隔轴声者不得转，然有间以轴声隔五相转者，为隔越转。

凡近旁转、次旁转、正对转、次对转为正声。

凡交纽转、隔越转为变声。

章炳麟的《成均图》把鱼阳两部列为轴音，鱼阴轴，阳阳轴，古韵二十三部分成阴声韵和阳声韵；鱼阳两部外，其他二十一部又分成侈音和弇音，于是有阴弇和阴侈、阳弇和阳侈。就阳声韵说，阳弇所属青真谆寒四部是上舌鼻音收尾，即收［-n］尾；阳侈所属谈蒸冬侵东五部都是撮唇鼻音收尾，即收［-m］尾，盍缉二部收[-p]尾。

就阴声韵说，跟阳弇各韵发生“正对转”关系的是阴弇，跟阳侈发生“正对转”关系的是阴侈。脂和队、泰和歌、谈和盍、冬侵和缉九韵都放在同一斜线中，章氏称为“数部同居”。

在章氏所画的同心圆中，除了同列的可以旁转外，阳部也可跟阳侈、阳弇旁转；鱼部也可以跟阴侈、阴弇旁转。“数部同居”的各部，如冬和侵、脂和队、泰和歌也可“同居而旁转”。（章氏晚年把冬部并入侵部，跟严可均的观点一致，则冬侵同部，不属旁转了。）至于对转，包括正对转和次对转，都是阳侈和阴侈对转，阳弇和阴弇对转。《成均图》中，阳侈和阴弇、阳弇和阴侈之间有一条竖线隔开，叫“分界”，这是章氏为了遏制韵部之间无所不通所作的努力，阳侈和阴弇之间、阳弇和阴侈之间不构成对转。但是章氏认为，分界两边相邻的韵偶尔也有相转的情况，寒宵二部、谈歌二部、盍泰二部分别都发生过交涉，这是交纽转，是“变声”。“变声”还包括“隔越转”，指阴轴和阳轴两边的阴弇和阴侈之间、阳弇和阳侈之间的相转的情况。这是非常规转化造成的。因为这种转化泯灭了鼻音摩那二音的界线。其实章氏的“变声”还包括交纽转、隔越转以外的一种韵部转化，如宵青、之真、幽谆、侯寒、支谈、至蒸、队缉、泰东，也是阴弇和阳侈、阳弇和阴侈的转化，均不属交纽转，是“幸而会合者”，当然是变声。后来章炳麟在《文始》中删去了“交纽转”“隔越转”二条，把“凡交纽转、隔越转为变声”这句话改为“凡双声相转，不在五转之例为变声”。

章炳麟在古韵分部上的另一个贡献是队部独立。起先，章氏定古韵为二十二部。他给刘师培写信说：

> 古韵分部，仆意取高邮王氏外，复采东冬分部之义。王故有二十一部，增冬部则二十二。清浊敛侈，不外是矣。

后来他从脂部析出队部，成二十三部。《文始》中说：

> 队脂相近，同居互转。若“聿出内术戾骨兀郁勿弗卒”诸声，谐韵则《诗》皆独用；而“自隹靁”或与脂同用。

可见他把“自隹靁”等声的字都算作队部平声。《文始》中还把“嵬隗鬼夔畏傀虺隤卉衰”诸字归入队部。章氏队部平上声字很少，去入声字也只是把王念孙脂部的去入声独立出来。由于队部平声字少，所以章氏后来说：“队异于脂，去入与平异也。”后来王力受他的启发，提出脂微分部，把章氏脂部中从“口回火水飞非”等得声的字分出来，跟章氏队部中平上去的字合并成一个微部。脂微分部已获公认，但章炳麟的启迪之功不可抹杀。

章炳麟的《成均图》是他在古韵分部的基础上，再利用其他材料得出的，目的是要用这张图谈文字的转注假借和孳乳的规律。他用到的材料，除了韵文、谐声字，还有通假字、古注、同源字、异文、方言字、联绵字、读若、异体字、音转字等等，甚至还参用了梵文。但是他所用的一些材料能否证明两韵部相通，是值得怀疑的。例如古注中，古人用乙字来注甲字，两字是同义词还是同源词，需要分辨；古书异文中，有的是同音字或音近字的关系，有的是同义词的关系，还有的连同音字和同义词都不是，这样的材料也需要认真分辨。王力在《汉语音韵学》中评价《成均图》时说：“人们往往不满意于章氏的《成均图》，因为他无所不通，无所不转，近于取巧的办法。……《成均图》与他的古韵分部的理论没有很大的关系，只表示某韵与某韵相近或相对而已。”

章炳麟分古声母为二十一个。《国故论衡·成均图》所列《纽目表》及说明如下：

喉音：见　溪　群　疑

牙音：晓　匣　影喻

舌音：端知　透彻　定澄　泥娘日　来

齿音：照精　穿清　床从　审心　禅邪

唇音：帮非　滂敷　並奉　明微

右纽目，其旁注者，古音所无。

章氏在古声母研究方面的一篇名作是载于《国故论衡》的《古音娘日二纽归泥说》。其论点是：“古音有舌头泥纽，其后支别，则舌上有娘纽，半舌半齿有日纽，于古皆泥纽也。”他所用到的材料，有谐声字，涅䘨都从日声，涅泥母，䘨娘母；有声训，《白虎通德论》《释名》都说：“男，任也。”男泥母，任日母；有异文，周赧王的赧，《史记·周本纪》作“赧”，《索隐》引《尚书中候》作“然”，赧泥母，然日母；有异体字，然又作𦼾，然日母，𦼾同，但𦼾的主谐字難泥母；有古音通假，《尚书·高宗肜日》“典祀无丰于昵”，昵借作禰，昵娘母，禰泥母；有古读，《淮南子·原道训》：

"行柔而刚，用弱而强。"高诱读而为能，而日母，能泥母；有同源字，柔弱耎音义相关，都在日母，而从弱得声的嫋泥母，从耎得声的稬煗媆都在泥母；有现代方音，武昌尼泥同音，尼娘母，泥泥母。从不同的角度论证娘日古归泥，很有说服力。

章炳麟说古音娘日归泥，这是很有价值的见解。就中古音说，泥母有一二四等，娘母只有三等，而且旧反切中有泥娘互切例，以娘归泥，是可以成立的。钱大昕在《舌音类隔之说不可信》一文中，所举例证都是非鼻音声母的字，泥娘交涉的，一例也没举，他只是原则性地说"古无舌头舌上之分"。不举泥娘交涉的例，终是个缺陷。章氏举出泥娘交涉的例，就弥补了这个缺陷。这是章氏在古声母研究上的一大贡献。至于他认为日母也归泥母，只能说是日母近泥母，因为章氏讲不出分化的条件；如果日母也归泥母，则跟泥母三等字（实即娘母）同音，后代就没有条件发展成为差别较大的两个音了。

章炳麟古二十一声母的缺点很明显：一、他在《纽目表》中以见组为喉音，以晓组为牙音，后来在《文始》中以见组为深喉音，以晓组为浅喉音，并不合语音实际情况，因为见纽的发音部位并不比影纽更"深"。二、他的《纽目表》中的"古音所无"的旁注字，除古无舌上、古无轻唇外，其他都不妥当：喻母应分两类，喻三归匣，喻四跟"牙音"或"浅喉音"没有关系。认为精组字为古所无也是不正确的，照组应分为两组，照二组跟精组关系密切，照三组跟端组关系密切。

（二）黄侃的古音研究

黄侃（1886—1935），湖北蕲春人，字季刚。二十岁东渡日本，参加同盟会，并拜章炳麟为师，学习经学，得章氏真传。辛亥革命以后，潜心学术，先后任北京大学、武昌高等师范学校、北京师范大学、东北大学、中央大学等校教授。1935年逝世。

黄侃是清代古音学的殿军。他的古音学的著作主要见于《黄侃论学杂著》；此外，还有《集韵声类表》等。他的弟子刘赜有《声韵学表解》，是阐述黄氏古音体系的著作。

黄侃分古韵为二十八部，内容如下：

阴声	入声	阳声
	屑（开细）	先（开合细）
灰（合洪）	没（合洪）	魂痕（开合洪）
歌戈（开合洪）	曷末（开合洪）	寒桓（开合洪）
齐（开合细）	锡（开合细）	青（开合细）
模（合洪）	铎（开合洪）	唐（开合洪）
侯（开洪）	屋（合洪）	东（合洪）
萧（开细）		
豪（开洪）	沃（合洪）	冬（合洪）
咍（开洪）	德（开合洪）	登（开合洪）
	合（洪）	覃（洪）
	帖（细）	添（细）

韵部的名称，都是选用一、四等的韵，黄侃认为这些韵都是古本韵。灰部即脂部（包括微部），歌戈部即歌部，齐部即支部，模部即鱼部，萧部即幽部，豪部即宵部，咍部即之部；屑部即质部，没部即物部，曷末部即月部，沃部即药部，德部即职部，合部即缉部，帖部即盍部；先部即真部，魂痕部文部，寒桓部即元部，青部即耕部，唐部即阳部，登部即蒸部，覃部即侵部，添部即谈部。

黄侃的古韵分部，较为全面地吸收了清儒的研究成果。跟他的老师章炳麟相比，他采用了章氏的二十三部，又从章氏的五个阴声韵部中分出五个入声韵部。他在《与人论治小学书》中把章氏支部分成齐锡两部，把章氏鱼部分成模铎两部，把章氏侯部分成侯屋两部，把章氏宵部分成豪沃两部，把章氏之部分成咍德两部，多出锡铎屋沃德五部，成二十八部。

黄氏在古韵研究上的最大贡献是阴阳入三分，入声独立。清代学者真正开始将入声独立、阴阳入三分的是戴震。但戴震的处理跟黄侃不一样：一、戴震认为古有去声，黄侃接受了段玉裁古无去声的观点，把大部分去声字并入入声，所以黄侃的入声韵部比戴震的范围要大。二、黄氏阴阳入的配合比戴氏要妥当：戴氏最大的失误在于以阿乌垩相配；黄氏以歌戈、曷末、寒桓相配，以模铎唐相配，都较戴氏合理。戴氏以央夭约相配；黄氏以模铎唐相配，豪沃冬相配，也较戴氏为妥。还有一些较为细致的地方，黄侃也大都改正了戴震的错误。

黄侃的阴阳入三分、入声独立之所以较戴震合理，那是因为他吸收了前人、特别是戴震以后古韵研究的成果。段玉裁把侯部分为侯幽二部，孔广森把东部分为东冬二部，段玉裁把真部分为真文两部，这些成果，有的是戴氏不愿接受，有的是他不可能接受的。戴氏之后，古韵分部又有新发展，入声韵之间的分野逐渐弄清了，入声韵的独立也成为趋势，收［-p］尾的缉盍二部早已分出独立，收［-t］尾的韵，泰部、队部、至部也都是去入韵，仅有收［-k］尾的韵没有从阴声韵中分出。黄侃看出了这种分部的趋势；他还看出，古韵学家派入阴声的入声韵，跟阴声韵押韵密切的往往是阴声韵中的去声，而不是平上声。这就启发黄侃将入声韵独立出来跟阴声韵、阳声韵并立。

黄侃在古韵分部上的缺点有三：一、是觉部没有独立，萧部没有入声；二、灰部没有分成两部；三、韵部中所注开合洪细缺乏确证，系统性不强。例如侯屋东相配，但侯是开口，屋东是合口；豪沃冬相配，豪是开口，沃冬是合口，都不妥当。这三个缺点，一、三都跟他的错误的音变理论有关，详见下文。

黄侃的古声母有十九类，也就是古音十九纽，如下：

喉音	影（喻为）	晓	匣	
牙音	见	溪（群）	疑	
舌音	端（知照）	透（彻穿）	定（澄神禅）	
	泥（娘日）	来		
齿音	精（庄）	清（初）	从（床）	心（疏邪）
唇音	帮（非）	滂（敷）	並（奉）	明（微）

黄氏的古音十九纽，吸收了清人的一些研究成果。《音略》说：

> 古声数之定，乃今日事。前者钱竹汀知古无轻唇，古无舌上；吾师章氏知古音娘、日二纽归泥。侃得陈氏书，始先明今字母照、穿数纽之有误；既已分析，因而进求古声，本之音理，稽之故籍之通假，无丝毫不合，遂定为十九。

黄侃在古声母研究上的最大贡献是照二组和照三组分归不同的古纽。他在陈澧《切韵考》分类的基础上，进一步把照二组归到古精系，照三组归到古端系，这是很有道理的，因为照二组和精组的关系很深，照三组一部分跟端组、知组关系很深，另一部分跟见组关系很深；相反，照二组跟端组、知组、见组关系很浅，照三组跟精组关系很浅。即使从现代语言学的立场看，黄氏照二归精、照三归端的观点也是很值得参考的。

黄侃古音十九纽的缺点在于主观地合并声母，有些声母合并后讲不出分化的条件。例如，他把喻母分为喻为两类，这是对的；但又把这两类都合并到影母。这样上古的影母怎样分化出《切韵》音系的影喻为三母，就找不出分化的条件。实际上，为母上古应并入匣母，喻母上古应属舌音，跟定母相似。此外如把群母归入溪母，把庄组分别并入精组，又把精组的邪母并入心母，同样也是没有找到中古分化的条件。还有一点不能忽视的是，黄侃把好几个《切韵》音系的浊声母字归入上古清声母，喻为并影，群并溪，邪并心，这就得假定中古以前的汉语有一种清音变浊的趋势。汉语自中古以后明显有一种浊音变清音的趋势，这种趋势跟黄侃设想的从上古到中古清音变浊音的趋势相反。为什么上古到中古、中古到近代有这种相反的音变趋势？黄侃并没有做出解释。

黄侃接受了段玉裁古无去声的意见，把一部分中古去声字派入上古入声，一部分中古去声字派入上古平声。段玉裁以为《诗经》时代以前平上是一类，到了《诗经》时代，上声才从平声中分化出来。黄侃进一步认为《诗经》时代上声也还没有从平声中分化出来，上声是两汉时期才从平声中分化出来的。他早在1920年所写的《声韵通例》中就说："凡声有轻、重，古声唯有二类：曰平，曰入。今声分四类：重于平曰上，轻于入曰去。""凡今四声字，读古二声，各从本音；本音为平，虽上、去、入，亦读平；本音为入，虽平、上、去，亦读入。"1931年又写成《诗音上作平证》一文，企图证明《诗经》中上声读平声。

《诗音上作平证》一文，一共举出132个韵脚字组，每一个韵脚字组的特点都是既有中古平声字，又有中古上声字；至于平声自叶或平声不跟上声相叶，上声自叶或上声不跟平声相押的韵脚字组，则不作为证据收进来。实际上黄侃所收的132个平上相叶的韵脚字组中，有百分之六十以上是不可靠的：有些是平声自叶，上声不入韵；有些是上声自叶，平声不入韵。清代不少古音大家都是这样看待这些韵脚的，但黄侃并不同意，又没有能够提出有力的证据来。有的韵脚字组是平上换韵，他处理为平上互叶；还有几个例子是平上相叶的，他却没有收进来。就《诗经》用韵来看，上古无疑有上声，如果上古只有平入两声，就必须能够提出后来平上分化的条件；入声收塞音尾，本来就有跟平声相区别的音素，设想上古只有平入二声，其实就是否认上古有声调，声调在上古的音节结构中，最多只是一种冗余音素；就汉语发展的趋势说，设想汉语在词的音节拉长的趋势下，单音节内部声调才逐步增多，这也是不可想象的。

我们应该把黄侃的古声韵系统是如何得出来的跟他的古本音理论区分开。在古音研究上，黄侃有一个著名的理论，那就是古本音说。黄氏在《音略》中说：

> 古声既变为今声，则古韵不得不变为今韵，以此二物相挟而变；故自来谈字母者，以不通古韵之故，往往不悟发声之由来；谈古韵者，以不憭古声之故，其分合又无的证。

《与人论治小学书》中又有这样三句话：

> 第一，当知四十一声类中，有本声，有变声。
>
> 第二，当知二百六韵中，但有本声，不杂变声者，为古本音；杂有变声者，其本声亦为变声所挟而变，是为变音。（按：此变音、本音皆指变韵、本韵）
>
> 第三，当知变音中之本声字，当改本音读之；其变声，当改为本声，而后以本音读之。

古本音学说，认为能出现在一、四等的十九个声母是本声，只能出现在二、三等的声母是变声；只能跟一、四等声母相拼的部分韵母是本韵，二、三等韵，或一、四等韵母中的部分韵是变韵。黄侃是想利用声韵配合规律使上古声母系统条理化，又想求出上古的韵母系统，说明古今音变化的规律。他为什么不取二、三等韵中的部分韵作为古本韵？那是因为被钱大昕、章炳麟归并掉的古声母都出现在二、三等，二、三等韵跟部分古声母（只出现在一、四等者）不能拼切。他为什么不只取一等韵的部分韵作为古本韵，把四等韵也作为变韵呢？因为古本声也在四等出现。其实还有深一层的原因，一是有的韵部如青部没有一等字，如果不把四等韵看成是古本韵，则这样的韵部找不出古本韵；二是有的韵部虽然有一等韵，但是这个一等韵部分字被其他韵部作为古本韵了，所以本部的古本韵只好到四等韵中去找。至于为什么不只取四等韵的部分字作古本韵，把一等韵作为变韵，道理也是这样。黄侃没有论证，以十九纽求古韵二十八部、由古韵二十八部求十九纽的理论根据是什么，为什么十九纽和二十八部辗转相求能得出古本音。这是十分关键的问题。就某些声母和韵母说，同一个声母本来可以跟不同的韵母相拼，同一个韵母也可以拼不同部位的声母。黄氏自己也承认，有些音声母不变，而韵母可以变化。为什么能跟十九纽相拼的韵一定是古本韵，二、三等韵一定是后来的变韵？为什么能跟一、四等韵相配的声母一定是古本纽，只跟二、三等韵相配的声母一定是后来的变纽？这些问题不研究清楚，由此产生的理论都将建立在沙丘之上。以古本纽证明古本韵，又以古本韵证明古本纽，在形式逻辑上是犯了循环论证的错误。古本纽、古本韵理论的实际运用，把大量的后代有分别的读音形式处理为上古的同音字，其结果是不能找出语音分化的条件。黄侃的古音十九纽、二十八部吸收了前人的研究成果，也有自己的具体考证，很有参考价值。但是，他的古本音理论却是不科学的。

（三）曾运乾的古音研究

曾运乾（1884—1945），湖南益阳人，字星笠。少好经学，辛亥革命后为长沙报章撰写评论文章，并开始研究古音学。1926 年后历任东北大学、中山大学和湖南大学教授。

在汉语音韵学方面，曾氏古声母和古韵部研究都有著述。四十年代初他在湖南大学《文史哲丛刊》卷一发表的《古本音齐部当分二部说》主张把黄侃的齐部分成衣威两部，也就是脂微两部，跟 1937 年王力发表的《上古韵母系统研究》主张相同，但具体字的归属不同。此外曾氏还有《音韵学讲义》，是经过整理后由中华书局于 1996 年出版的，这里不加评述。

曾运乾在古音学上的主要贡献是在古声母研究方面，1927 年发表的《喻母古读考》是其力作。曾氏此文吸收陈澧《切韵考》的研究成果，把三十六字母的喻母分成于母（喻三）和喻母（喻四）两母，通过古书的证据，证明“于母古隶牙声匣母，喻母古隶舌声定母”，“喻、于二母本非影母浊声”。

喻三（于母）归匣母，这是曾运乾在古声母研究上的一大贡献。在《喻母古读考》中，曾氏举出46个于母字读匣母的证据"先证喻母三等字古隶牙声匣母"。他用到的证据有异文，《韩非子》"自营为私"，《说文》引作"自环"；有同源字，《尔雅·释器》"好倍肉谓之瑗，肉好若一谓之环"中，瑗、环声义并相近；有异体字，《说文》中"院""寏"异体；有双声字，"荣怀"双声，荣古读匣母；有声训，《释名》"淮，围也"，则围古读匣母；有读若，《礼记·少仪》注"皇读如归往之往"，则往古读匣母；有异读，《说文》"楎读如纬，或如浑天之浑"，纬古读匣母；有假借，《周官经》"其经運十"注："運或为緷，当为煇。"则運古为匣母。

曾氏喻三归匣的结论是可以成立的。除了以上证据外，在《喻母古读考》中，曾氏还引用陆法言《切韵序》"先仙尤侯，俱论是切"一语证"匣于在当时同隶一纽者也"，也就是说直到《切韵》时代，匣和喻三还是同一声母。曾氏在发表于《东北大学季刊》第1期上的《切韵五声五十一纽考》中把三十六字母的匣母叫做"鸿声侈音"，把喻母的三等字作为匣母的"细声弇音"。喻三和匣出现的环境是互补的。

曾氏此文证喻三归匣，也有不足之处，他的材料只足以用来证明喻三和匣上古同属一个声母，还不足以证明喻三读成匣母。他所举的唯一的一个有较强说服力的证据就是《广韵》给"雄"注音"羽弓切"，《集韵》改成"胡弓切"，《七音略》《韵镜》都归匣母，可见"羽弓切"也是匣母，系"正读"，可惜这样的例子太少。

曾氏将喻四归入定母，也有很大的参考价值。在《喻母古读考》中，他举出53个喻四字跟舌头、舌上音相通的证据证明"喻母四等字古隶舌声定母"；这里，他接受了钱大昕古音舌上归舌头的观点，所以喻四跟舌上音交涉的例子也就是跟舌头音交涉的例子。但曾氏当时显然略去了喻四跟照系三等交涉的例子。后来在《读敖士英关于研究古音的一个商榷》一文中，他又讨论了喻四跟照三、来母、泥母、邪母、心母的交涉，仍然坚持喻四归定的看法。

《喻母古读考》用来证明喻四归定的例子有异文，《周易·涣》"匪夷所思"夷又写作弟；有异体字，《说文》鶇从夷声，其异体字鵜从弟声；有异读，《广韵》揄有度侯、徒口、羊朱、以周四切，可见定母和喻四相通；有谐声字，地从也声；有联绵字，铫弋是双声联绵字；有声训，《孟子》“泄泄犹沓沓也”；有同源字，引、申二字声近义通；有读若，《诗·山有枢》“他人是愉”笺“读曰偷”；有通假字，《仪礼·燕礼》“媵觚于宾”媵借作扬。

曾氏用来证明喻四归定的例证是丰富的，但是他只能证明喻四跟定母相通，还不能证明喻四古归定母。他所举的具体例证，以喻四跟定澄交涉的例证为多，跟端透彻相通的例为少，这是符合实际情况的。喻四跟舌上音相通的例子，因为古音舌上归舌头，所以仍是喻四跟舌头音相通；至于喻四跟端透彻相通的例子，那是清浊相通，不能因为这种相通而泯灭同部位各声母的界限，这体现了曾氏在审音上的识断。

但是《喻母古读考》没有解释喻四和照三组和来母、泥母、邪母等声母相通的现象，终是个缺陷。曾氏后来在《读敖士英关于研究古音的一个商榷》一文中认为，照三组古归舌音，所以喻四跟照三相通其实是喻四跟舌音相通；喻四和来、泥二母交涉，正是喻四读舌音的证据，因为来、泥古属舌音。这种解释都有些道理。他还据谐声系列论证喻四古读舌音，曾氏称为据“声类系统”推求古读，也很有道理。对于喻四和邪母的交涉，他认为喻四和邪母古代都是擦音（他所谓“轹音”），这就有欠说服力：晓匣也都是擦音，为什么很少跟喻四交涉呢？再说，就曾氏的例子，似乎他承认上古已有喻四和邪母相通的现象，可是他又认为喻四上古是送气（他所谓“透音”）浊音，邪母上古是清擦音，清擦音和浊送气音不同位。曾氏之说不就自相矛盾了吗？

从现代语言学的角度看，曾氏所举例证只能证明喻四跟定纽相近，不能证明喻四归定。因为澄母已归定纽，如果喻四归定，许多澄母三等字在上古就会跟喻四同音，后代就没有分化的条件了。我们说曾氏喻四归定有很大的参考价值，道理就在这里。

五、清人研究古音的贡献和局限

回顾清人古音研究的历史，可以看出，清人所作出的重大贡献主要表现在上古韵部系统的研究，其次是古声母和古声调的研究。下面分别加以叙述。

一、韵部研究。清人古韵研究，十分注意材料工作，他们以《诗经》用韵为主要材料，并辅以其他先秦古书的用韵材料，作韵脚字的系联工作，注意区分个别与一般，区分本部自押和合韵；不囫囵地和《广韵》进行对比，以古韵迁就《广韵》，而是据古韵来离析《广韵》，以离析《广韵》来为古韵分部服务；能以发展的眼光看待上古谐声字，认识到谐声时代跟《诗经》时代距离较近，从而利用谐声字来帮助古韵分部和归部，使人得以以简驭繁地掌握上古字的韵属。为了更有效地进行古韵分部，清人还尽量利用声训、假借、异文、旧读等材料。应该说，清人从事古韵分部，材料工作是非常扎实的。

古韵分部经过清人研究基本已成定局。从顾炎武的十部，到江永的十三部，段玉裁的十七部，孔广森的十八部，王念孙的二十一部和江有诰的二十一部，章炳麟的二十三部，共同特点是入声基本并入阴声。主张入声独立的有：戴震分为二十五部，黄侃分为二十八部。古韵分部的趋势是韵部越分越多；韵部越分越多还只是表面现象，其实质是古韵系统弄得越来越清楚了。

随着清人古韵分部工作的纵深发展，韵部和韵部之间的关系也看得越来越清楚了。这可以从两方面来看。一是从段玉裁开始，就尝试打破《广韵》韵次的格局，细致分析反映各韵部之间交涉关系的古代材料，按上古音各部之间读音的远近来排列韵部次序，以此来反映韵部之间的系统。二是阴声韵、入声韵、阳声韵的相配问题逐步得到了解决。顾炎武通过古韵文用韵的实际，把绝大多数入声韵并入阴声韵；江永从审音的角度让入声兼配阴阳；戴震把入声韵独立为部，主张阴阳入对转；孔广森把入声派入阴声，主张阴阳对转，其后的古音学家又经过充分论证，彻底解决了阴阳入对转问题。

二、声母研究。研究声母，比研究韵部要困难得多。系统反映上古声母类别的材料几乎没有，只能通过谐声偏旁和异文等材料进行，材料既复杂又零散，不能直接串联成声母的类别。

清人声母研究比韵部研究要晚得多，而且成就也小得多。比较深入地研究上古声母并取得很大成就的，首推钱大昕。钱大昕前后，也有人研究上古声母，但所达到的水平，只能说还仅仅相当于古韵部研究中的“叶音说”时期的水平。有的学者认为三十六字母是天经地义、不能改变；也有的学者试图寻找一种兼包古今方国的泛时声母系统。他们有时也把轻唇音注成重唇音，把舌上音注成舌头音，但也把重唇音注成轻唇音，把舌头音注成舌上音，如此等等，这是认为古音不同的声母可以变转，古声可以互通，可以合用。据说道光年间湖南新化的邹汉勋对古声母有一些创见，但是他的一些见解今天已无从得知具体内容。

在清人古声母研究中，钱大昕古无轻唇音、古无舌上音之说，章炳麟的娘母归泥母之说，曾运乾的喻三归匣之说可为定论。此外，章炳麟把日母并入泥母，黄侃把照二并于精组，把照三并入端组，曾运乾把喻四并入定母，都有很大的参考价值。清人在古声母研究上的贡献，也就仅限于此。至于上古到底有多少声母，至今也还没有定论。

三、声调研究。上古声调研究比韵部研究要困难一些。声调的数目虽然极其有限，但除韵文材料外，用异文、谐声、声训等材料研究古声调往往没有研究古韵部那么可靠。就是韵文材料，对研究古声调来说也有不少棘手的问题。

清人古声调研究的结论很不一致。主要有这样几种说法：一、古有四声说。具体内容还有不同：顾炎武认为古四声在上古诗章中可以临时变读，也就是古“四声一贯”。江永以为古四声在上古诗章中不同声调可以通押，读起来仍然是和谐的，同于明陈第的看法。江有诰、王念孙认为古四声在上古诗章中是同调相押，具体字上古声调跟中古归调不同；同一字跟不同声调的韵脚字组相押是古一字异调的表现，上古有一字异调的现象。二、古无去声说。这是段玉裁的主张，他把中古去声一分为二，一部分跟平上关系密切的，归入平上；一部分跟入声关系密切的，归入入声。三、古无声调说。这是江有诰早年的主张，后来他放弃了，成为古有四声的坚决维护者。这样，清代古音学大家没有一个人主张古无四声。四、古无入声说。这是孔广森的主张，他把入声归入去声，但去声有长去和短去两种，可见中古去入二声在孔氏古调系统中仍有分别。五、古只有平入二声说。这是黄侃的主张。他接受段玉裁的主张，把一部分去声归入入声；又把上声并入平声，把部分去声也归入平声。他还据谐声偏旁把少数入声字也归入平声。平声韵和入声韵在韵尾上已有区别，黄氏的主张其实是否定了古有声调，尽管他没有明白说出。六、古有五声说。这是王国维在《观堂集林》卷八《五声说》中提出的主张。他认为上古的阳声韵自成一个调类，可以称为平声，应理解为平上去入四声之外的另一个调类；阴声韵有平上去三声；入声韵自成一个入声调类。这显然是错误的，上古韵文中的阳声韵也同样有平上去三声的。

下面几点可以作为清人古声调研究的贡献：一、上古汉语是有声调的。二、上古汉语的去声范围比中古要小，中古阴声韵一部分去声在上古跟入声关系密切，一部分去声跟阴声韵关系密切，可以自成一个调类。三、上古汉语的平声范围比中古要大。四、上古汉语入声的范围比中古要大。

清人古音研究的局限主要表现在以下几个方面：

一、复古倾向严重。清人的古音研究是为小学服务的，而小学又是为经学服务的。他们研究古音用到中古的韵书，也用到中古兴起的等韵，但是韵书和等韵只是他们用来求古的手段，目的并不在于寻求语音变迁的历史。他们是要利用后代的资料来研究先秦的“正音”，所以遇到先秦古音跟后代的读音不合时，往往执先秦古音来议后代读音的“讹”“谬”。甚至要恢复三代以上的“正音”。这种是古非今的观念显然是违反历史原则的。

由于研究今音只是研究古音的手段，所以对今音的分析就比较粗疏，只重视分韵比较细密的《广韵》和反映《广韵》音系的韵图，对其他的后代语言资料不甚重视。《广韵》虽是承论“南北是非，古今通塞”的《切韵》来的，但《切韵》本身并不能完全反映六朝以前的旧读，而《切韵》音系未收的旧读极有可能比《切韵》音系更有助于寻求上古的“正音”。例如，旧读对寻求古声母十分有价值，可惜清人用得很少；“敏”字六朝有人注成阴声，比《广韵》注成阳声更近古。又如，只根据《广韵》研究上古韵脚字组，有的要看成异调相押，但从六朝旧读看则是同调相押。诸如此类的问题，都说明研究汉魏六朝的读音对研究上古音很有帮助。

由于是古非今，清人对音理的解释有许多唯心主义的东西。例如顾炎武“四声一贯”“入为闰声”说，机械地利用《广韵》，对“四声一贯”“入为闰声”的解释都是一些片面的看法。又如戴震为了解释他以阿兼配阴声乌、入声垩的合理性，用了一大堆玄虚含混的说法，使人莫明其妙。由于缺乏彻底的历史观，所以清人常常囿于清代的读音，对古代语音作不合历史的分合。例如《广韵》音系据韵图看是开合各四等，可是有人不理解，以为《广韵》音系分韵琐碎。有人干脆说《广韵》有些韵是“强生分别”；有人认为陆法言已经知道了古本音、古变音，从而分出陆氏时代口语中本不存在的韵，甚至还有人把中古韵也分成开齐合撮四呼。拿这样的分析结果去研究上古音，当然不能得出科学的结论来。

清人有一种普遍的倾向，就是认为古音皆正，《广韵》既有变音，也有古今毫不变化的“正音”。这也是违反历史主义的原则的。相对于远古时代汉语的读音来说，周秦时代的音也是变音，决不是古音皆正；相对于周秦时代来说，《广韵》的音都是变音，决不是有的是变音有的是正音。有些音《广韵》和上古音对应关系比较明显，有的不怎么明显。但是中古音系和上古音系是不同的，怎么能说《广韵》中有自古至今不变的正音呢?

二、音义结合的研究工作做得不够，例如清人合并古声母，把后代一些读音有分别的音处理为上古同音；把韵部的研究当成韵母研究，也把后代一些读音有分别的音处理为上古同音。既不合历史比较语言学的原则，同时也是没有充分注意语音的辨义功能。再如清人虽花工夫去研究上古声调，但是他们只是把调和调的区别看成是发音时的迟疾轻重短长，没有进一步地从辨义功能方面去研究。

三、重目验，不甚重视耳治。例如研究古声母，多注重从古书上去搜求证据，证明中古某声母上古读成某声母。结果是充其量只能证明某声母与某声母上古读音相同，不能证明甲声母必读乙声母。汉字有局限性，它最多只有证明音类的功能，没有证明音值的功能。如果重视耳治，利用语音发展不平衡的规律，调查后代不同方音中声母存古的现象，就能较为圆满地解决甲声母是否读乙声母的问题。再如清人古韵分部贡献很大，但是常常不知各部到底该怎么读；有时候他们心目中有假定的音值，那常常是设想某个韵或某两个韵是正读，按自己的口语中的实际语音来读，其他的韵的字往这个正读的读音靠。这实际上也是只重视文献考据的方法，忽视了从后代方言的比较中寻求韵部的读音，所谓“古音多敛”“古音多侈”，都是忽略了耳治的功夫。

四、古声母、韵母、声调的研究不平衡。清代古音学在古韵分部方面成就最大，声母、声调方面研究的成绩要差多了。就韵母来说，清人研究的成绩也是不平衡的，主元音和韵尾研究的成绩很大，而介音研究几乎谈不上有什么成绩，主要原因是上古韵文韵脚字只管主元音和韵尾，不管介音。由于对声母、介音、声调研究的成绩较差，所以清人对这三种语音成素分析的总趋势是归并，跟韵部研究的趋势相反。

由于古音研究的成果不平衡，反映在解释古音上，往往是主元音和韵尾的音类解释较准确，声母和介音则常常解释错，特别是介音的解释，多不能反映出读音不同的字的读音差别。"一声之转"就是在这种背景下出现的解释方法。"一声之转"是以读音相同或相近的字作为语音条件的，但是清儒在使用这种方法时有时只管声母，不管韵母；有时甚至连声母的发音部位相差很远的两个音节也看成是双声，这样使用"一声之转"的结果造成了无所不通、无所不转。另外还有一种偏向就是只管韵部，不管声母；有时甚至连韵部关系很浅的两个音节也看成是叠韵，结果也必然会形成无所不通的局面。两个音节读音相同或相近，一定得声母、韵母都相同或相近，片面强调任何一方，显然都是非常错误的。

清人古音研究的成就是巨大的，这在中国语音学史上是值得大书特书的；他们也有局限性，这主要是时代造成的。在他们之后的语言学家运用现代语言学的理论和方法批判继承他们的研究成果，把古音研究进一步推向了一个新的科学高度。

主要参考文献

陈　第《毛诗古音考》，渭南严氏刻本

陈复华、何九盈 1987《古韵通晓》，中国社会科学出版社。

戴　震《戴震全书》，黄山书社 1994 年 7 月至 1995 年 10 月。

段玉裁 1981《六书音均表》（附于《说文解字注》），影印本，上海古籍出版社

顾炎武 1982《音学五书》，影印本，中华书局。

郭锡良 1986《汉字古音手册》，北京大学出版社。

郭锡良、耿振生 1992《江有诰》，《中国古代语言学家评传》，山东教育出版社。

何九盈 1995《中国古代语言学史》，广东教育出版社。

黄　侃 1980《黄侃论学杂著》，上海古籍出版社。
江　永 1982《古韵标准》，影印本，中华书局；《四声切韵表》，渭南严氏刻本。
江有诰 1993《音学十书》，中华书局影印本。
孔广森 1983《诗声类》，中华书局影印本。
李葆嘉 1996《清代上古声纽研究史论》，台湾五南图书出版有限公司。
李思敬 1992 年，《钱大昕》《孔广森》，《中国古代语言学家评传》，山东教育出版社
罗常培 1984《周秦古音研究述略》，《罗常培纪念论文集》，商务印书馆。
罗常培、周祖谟 1958《汉魏晋南北朝韵部演变研究》（第一分册），科学出版社。
钱大昕 1983《十驾斋养新录》，复印本，上海书店；《潜研堂文集》，商务印书馆《四部丛刊》本。
邵荣芬 1992《陈第》，《中国古代语言学家评传》，山东教育出版社。
唐作藩 1982《上古音手册》，江苏人民出版社；1992《江永》，《中国古代语言学家评传》，山东教育出版社。
王国维 1959《五声说》，《观堂集林》，中华书局。
王　力 1980—1982《龙虫并雕斋文集》，中华书局；1956《汉语音韵学》，中华书局；1963《汉语音韵》，中华书局；1957《汉语史稿》（上），科学出版社；1980《诗经韵读》《楚辞韵读》，上海古籍出版社；1981《中国语言学史》，山西人民出版社；1985《汉语语音史》，中国社会科学出版社；1990《清代古音学》，《王力文集》（第十二卷），山东教育出版社；1982《同源字典》，商务印书馆。
王念孙 1993《王石臞先生来书》《石臞先生复书》，《音学十书》，中华书局影印本；1985《与李方伯书》，《经义述闻》，江苏古籍出版社影印。
王　显 1984《清代学者在古韵分部研究上的贡献》，《古汉语研

究论文集》（二），北京出版社；1992《顾炎武》，《中国古代语言学家评传》，山东教育出版社。

曾运乾 1996《音韵学讲义》，中华书局。

章炳麟《国故论衡》(上)、《文始》，《章氏丛书》，浙江图书馆《章氏丛书》本。

张民权 2005《宋代古音学与吴棫〈诗补音〉研究》，商务印书馆；2002《清代前期古音学研究》(上下)，北京广播学院出版社。

张世禄 1984《中国音韵学史》，影印本，上海书店。

赵振铎 1992《王念孙》，《中国古代语言学家评传》，山东教育出版社。

第七章　古代语音的拟测

一、古代语音拟测的时代文化背景

二十世纪以来，汉语音韵学的研究在批判继承前人优秀成果的基础上，无论是深度还是广度，都有了飞速发展，逐步利用科学的语言学理论，踏上了现代语言学研究的康庄大道。其中最明显的标志就是由音类的研究转向音值的拟测。这主要是受西方历史比较语言学的直接影响而产生的。

汉语音韵学中，今音学产生最早，等韵学次之，古音学到清代才出现。可惜的是，古代的学者没有科学的记音工具，也不可能进行全面的方言调查，他们往往用他们有限的方音知识去推测古代的语音。例如中古音开合各四等，后代语音简化了，逐步演化为开齐合撮四呼。于是章炳麟在《国故论衡·音理论》中，认为语音的开合洪细自古最多也只能有开齐合撮四呼，其实他是说不出开合各四等音值区别之所在。又如《切韵》206 韵到明清时代已无法辨别其中一些韵的音值区别，上古音中有些韵又属于同部，于是戴震在《答段若膺论韵》中认为陆法言等人定韵“有意求其密，用意太过，强生轻重”，“不足凭也”。上古韵部系统清人的研究已趋于结论一致，但他们常常以今律古，用后代的读音代替上古的音值。顾炎武在《音学五书》中给许多字注上了“古读”，希望人们据他的“古读”来读古音。怎么读？还是据后代的读音来读。段玉裁也是这样，他分出了古韵十七部，有些部他认为能读出古音来，这当然也是据后代的读音来读的；他所分出的支脂之三部后代读音混同了，他就没有办法据后代读音读出不同的音值来。清代人的古代语音研究取得了很大的成绩，但是随着研究的深入，他们在研究工作中暴露出的问题愈来愈多，语音学知识的欠缺，音系结构认识缺乏深度，语音演变研究的理论准备不足，等等，都是妨碍古代语音研究取得进步的绊脚石。古代语音的拟测就是在批判继承前人的研究成果的基础上产生的。

明清时代，西方资本主义国家迅速崛起，中国的封建制度逐步衰落。十九世纪中叶，西方列强以坚船利炮撞开了中国闭关自守的大门，中国处于丧权失地的危难境地，沦为半封建半殖民地的社会。一些先进的知识分子，走上了民族觉醒的道路。他们自幼都受了中国传统文化的训练，又转而学习西方的先进思想和科学技术，走上维新救国的道路。要维新，就是要学习西洋，这样才能挽救中华民族，这是当时许多先进知识分子的奋斗目标。辛亥革命结束了中国的封建专制制度，1919 年爆发了五四运动，白话文代替了文言文，从此汉语又走上了言文合一的康庄大道，中国学术迅速完成了由传统经学到现代科学的转变。传统的小学也摆脱了作为经学附庸的地位。音韵学是最先完成向现代语言学转变的学科之一，一个最显著的特点就是由音类的研究发展为音值的拟测。

这并不是说，明清两代的音韵学没有受到西方学术的影响。明代以来，就有西方传教士研究过中国的语言。比如比利时人金尼阁(Nicolas Trigault) 于明代写成的《西儒耳目资》就是研究明代音系的著作。明清的音韵学家对西方学术也并非漠不关心，顾炎武、江永、戴震都曾经接触过西方的学术著作，但对他们的影响最多也只是对科学思维的启发。但是直到鸦片战争之前，中国的知识分子对西方学术的认识是很不足的，接触也很少；十八世纪，西方语言学也还处于语文学占统治地位的时期，历史比较语言学还没有建立，能够影响中国传统语文学的内容实际上也少得可怜。

到了十九世纪以后，情况大为改观。欧洲的一些语言学家通过比较梵语、波斯语及其他欧洲语言，系统地研究了印欧语系及其语族的历史演变，也逐渐有人着手研究其他语系的语言，取得了一系列的成果。欧洲人在他们的语言研究中没有忽视语音的研究，西方近代科学的发展，也为语音的物理、生理分析提供了实验手段，大大促进了语音的研究，使人们对语音的发音和听感的了解更加真切。索绪尔的《普通语言学教程》出版以后，音位的研究飞速发展，大大利于对具体语言的音系结构的认识。

西方语言学理论对汉语音韵学的发展影响巨大，可以说，没有西方语言学理论，就没有二十世纪的汉语音韵学，汉语音韵学研究正是在西学东渐的时代文化背景下完成从传统语文学方法向现代语言学方法的转化的，研究领域扩大了，方法改进了，最明显的是两方面的变化，一是用音标来记音和求语音系统，一是现代方音的研究和中外对音、汉藏诸语言的研究。这两方面的变化都跟古代语音的拟测有直接的关系。

同一个汉字，不同时期、不同地域可以读成不同的音值，过去对古今读音差别很大的字往往是用汉字注上直音或反切，而这直音或反切是按注音时的实际音值来读的，显然不可能有具体的固定的音值。音标符号的读音是确定的，一个符号只有一个固定的音值，用来做拟测古代语音的工具，比汉字要方便得多；用来做探求语音系统的工具，也比汉字方便得多，它能给古音类研究的成果提供更为系统化的解释。传统的音韵学研究属于小学的一个分支，小学又是经学的附庸，不可能正视现代方音、中外对音、汉藏诸语言的研究。虽然偶尔也用这方面材料，也只是一鳞半爪，而且是为证古服务的，谈不上系统性，他们还不能认识到这些材料对古音拟测有极大的作用。

总之，古代语音的拟测是在西学东渐的时代文化背景下出现的，是对传统音韵学的继承和发展。近五十年来，我国的音韵学家对西方的现代语言学理论有了更全面的认识，古代语音的拟测工作又有新的发展，虽然有一段时间受到极左路线的干扰，但是我国的音韵学家能够坚持工作、排除干扰，在古代语音拟测的道路上不断前进。

二、早期拟音简介

清代的音韵学家只讲音类，不讲音值，他们没有找出寻求古代音值的科学方法。早期西方学者对古代汉语的语音则已有过一些拟测，但对中国语言学影响不大。高本汉于1922年在《通报》第二十一卷发表《答马斯贝啰（Maspero）论切韵之音》（有林语堂中译，载《语言学论丛》，原题为《The Reconstruction of Ancient Chinese》），文中简要地叙述了早期西方学者对古代汉语语音拟测的历史：

> 中国语言历史的研究，久为学者所忽略，于近年来乃引起一

般人不少的兴趣。最初有 Edkins, Volpicelli, kühnert 这几个人的探考，但不能称为专门之学，到了 1900 年 Schaank 在巴黎《通报》登一篇 Ancient Chinese Phonetics，总算是较有科学条理，较有价值的了。其后伯希和（Pelliot）于 1911—14 年内在《通报》及 Journal Asiatique 上刊登好几篇论文，马斯贝啰（Maspero）又于 1912 年在 BEFEO（即巴黎《远东专门学校学报》）上登载他的 Études sur la phonétique historique de la langue Annamite，这两位对于隋音都暂有假定；到此，这一门学术可算一大进步。再其后便是作者根据古语及今代方音比较的考证，著成 Études sur la phonologie Chinoise（三册，1915，16，19）透彻议论的一本书，书里头就有很详细关于《切韵》语音的构定。

高本汉《中国音韵学研究》问世以前的西方学者对中国古代音值的构测，总的来说是不成功的，但是已经逐步有了走向科学化的脉络。最初只是传教士和外交家做一点零星的考订，到了十九世纪末才有专家从事这项工作，但离历史比较语言学的要求还相距甚远。早期的构拟抛开反映古代音类的韵书和韵图，随便找一两处方音来求出“古语”；后来韵书和韵图逐渐受到重视，方言的材料也多起来了。有的西方学者提出应该尽可能多地用方音材料从事古音构拟，也有的西方学者开始重视中国历史上的音类材料，把这些材料作为构拟的起点。他们的构拟虽然都不够成功，但无疑为后来科学的古音拟测铺平了道路。

高本汉的《中国音韵学研究》还没有发表完，就在中国境内产生了影响。1923 年，前俄男爵钢和泰（B. von Staël-Holstein），《音译梵书与中国古音》一文，由胡适译成中文，发表在北京大学《国学季刊》第一卷第一号上。该文比较了高本汉的中古音构拟跟宋初来华高僧法天的梵文汉译本的一些词语的同异，对高氏的构拟作了充分肯定；进而提出构拟的材料范围：

研究各时代的汉字如何读法，有三个重要的材料来源。第一，中国各种方言里与日本安南朝鲜文里汉字读音的比较研究。第二，古字典（如《唐韵》之类）里用反切表示汉字的读法，古韵表可以考见韵母的分类。第三，中国字在外国文里的译音，与外国字在中国文里的译音。

在那些外国字的汉文译音之中，最应该特别注意的是梵文的密咒（Mantras）一类。

钢和泰最后说：

我很盼望中国学者将来能注重这一类的古音材料，把这些古译音研究出来，不但中国音韵沿革史可以得到许多旁证，欧洲研究印度史和中亚史的学者，也可以得益不少了。向来欧洲的学者已得了司马迁、法显、玄奘等人的极大帮助；如果中国学者能在这一方面再给他们一点帮助，他们更要感激了。

同年，汪荣宝在《国学季刊》第一卷第二号上发表《歌戈鱼虞模古读考》一文，认为：

夫古之声音既不可得而闻，而文字又不足以相印证，则欲解此疑问者，惟有从他国之记音文字中求其与中国古语有关者而取为旁证而已。其法有二：一则就外国古来传述之中国语而观其切音之如何，一则就中国古来音译之外国语而反求原语之发音，是也。

文章论证“唐宋以上，凡歌戈韵之字皆读 a 音，不读 o 音；魏晋以下，凡鱼虞模之字亦皆读 a 音，不读 u 音或 ü 音也”。他先论证“唐宋以上凡歌戈韵之字皆读 a”，用到的例证，汉语的外语译音有日本的汉音、阿拉伯译音，还有马可波罗的宋元地名译音；外语的汉语译音有梵文的汉译、中亚语的汉译、南洋群岛语言的汉译、越南日本朝鲜语的汉译等，用这些材料证明六朝至唐宋人读歌戈韵为 a 音。接着论证“汉魏之音虽鱼虞模之字亦读 a 音”，用到的例证，主要是外语的汉语译音；为了证实自己的结论，汪氏还用到“反证法”，“汉魏六朝译例，凡遇梵书 u 音缀字，系以尤侯韵字相对，或假屋沃为之，从无用鱼虞模韵者”，有不少梵文的词相邻的音节中既出现 u 又出现 a，u 都以鱼虞模以外的字对译，从不用鱼虞模对译。

汪荣宝的《歌戈鱼虞模古读考》是中国人的第一篇考证古音值的文章。他的结论和使用的材料不无可商之处，而且只研究主元音的音读，没有涉及介音及分化条件问题，带有传统考据法的影子。但是，这篇文章在语音学史上是有开创古音构拟之功的。

汪文发表后，在国内引起了大辩论。有的反对汪说，有的支持，有的对汪文进行补充和修正。汪文发表的当期，钱玄同就加上按语，其中说到：

> 鱼虞模部的读丫韵，似是只是战国到晋代的读音，宋齐以后不再读丫，这是汪君已经证明的了。我以为战国以前所谓西周和春秋的时候，鱼虞模部的字和歌戈部的字画然有别，不相通用，所以知道它们并不同韵。若那时的鱼虞模部读丫韵，则歌戈一定不读丫韵。至于汉代的韵文，则鱼虞模和歌戈往往通用。所以说那时它们都读丫韵，的确不错。

钱氏运用音类研究的成果修正汪氏的拟音，很有启发性。但是他说汉代韵文鱼虞模和歌戈"往往通用"，从而认为它们汉代都读丫(a)，则是错误的。据后人研究，汉代鱼虞模和歌戈不同部，不能认为它们在汉代都读a。

不久林玉（语）堂在《国学季刊》第一卷第三号发表《读汪荣宝〈歌戈鱼虞模古读考〉书后》，对汪氏的贡献作了正确评价，并根据历史比较语言学的一些原则对汪氏的结论作了批评订正，反映了古音拟测又向前迈进了一步：

> 按汪君结论的两句，理论上已经说不过去了。因为声音之变有公例，谓之"声例"——(Lautgesetz; sound law)，声例的作用是无例外的，若有宛似例外的东西，便是我们的"声例"构设尚未详密。所以一字的音变，就凡同音的字的音与之俱变，不变的便是其效力为他公例的效力所打消，此为语言学界普通所公认的。今据汪君所说，魏晋以上鱼部既与歌部相合（同为a)，何以魏晋以下，鱼歌的历史有不同呢？鱼歌之演化既异，岂不是其本来发音有不同吗？所以就使鱼部极与歌部相似，也绝对不能与歌部合一，否则其两部变迁的历史不可复析，这是理之最易明而常人所最易晓的。何况鱼部之音，汉魏以前既与歌戈有异，有《三百篇》为证，汉魏以后复与歌戈不同，有《切韵》为证，就汉魏时代之音不能与歌戈合一，理论上是最明白的。

二十年代中期围绕汪荣宝《歌戈鱼虞模古读考》所引起的辩论，是中国音韵学由音类研究走向音值拟测的一个标志。参加讨论的学者既有新派的音韵学家，也有像章炳麟这样的旧派音韵学家（章氏于1924年在《华国月刊》1卷5期发表《与汪旭初论阿字长短音书》)，这说明古代语音的拟测已引起了音韵学家们的比较广泛的兴趣。西方历史比较语言学理论不久就被系统地引进到中国，在汉语音韵学研究领域生根开花。

三、拟音的根据及方法

经过约二百年的探索，中外学者们曾尝试过不少方法来拟测古代的音值。这里结合汉语的特点，简单介绍几种拟测古代汉语语音的方法及其成立的依据。

（一）历史比较法。这是研究语言或方言的亲属关系，重建它们过去的历史最常用的研究方法。语言符号具有任意性，独立起源的各个语言应该是完全不同的，不可能从中找出大量系统而有规律的对应关系；如果语言符号之间表现出大量系统而有规律的对应关系，那么就可能是同一来源。语言符号的发展变化要受社会的制约，表现出发展的规律性。语言发展的规律又受到一定的时间、地域、条件的限制，这些限制使同一个要素在不同的方言或亲属语言里表现出不同的发展速度、不同的发展方向，因而在不同地区表现出差异。比较这种差异，找出原始形式，寻求发展脉络，这就是拟测古代语音和揭示语音发展变化规律的有效的方法。

运用历史比较法进行古音拟测，一般需要经过五道手续：

（1）以有关语言或方言的词或词素为基础，比较它们的语音和各种结构要素如词根、词缀和词尾。

（2）假定这些结构要素有共同来源。

（3）确立各个要素间的对应关系，确定同源成分，借以证明所提出的假设。

（4）确定各要素在年代上的相互关系，看其中哪个是较古老的，哪个是后来派生的。

（5）拟测原始形式，并尽可能用各种办法来检验拟测的可靠性。

从古代汉语发展到现代汉语，语音系统已经大大简化，古代有分别的语音形式有可能在现代任何方言里都已经没有分别，所以古音拟测一定要结合古人音类研究的成果，否则就会连古人本已分别开的音类都没有能分别开，哪里还谈得上拟测。高本汉在《中国音韵学研究·绪论》中说："要想一个古音的拟测能够成立，当然先得费好些工夫使它跟这个语言的历史上的旧材料结合。"这是抓住了问题的关键。上面所说的第四道手续，特别需要利用旧材料；其他几道手续，跟利用旧材料也有关系。

历史比较法所探讨的语言发展规律要受到一定的时间、地域、条件的限制，这里的条件指语音结构内部的条件。这是历史比较法的一条重要原则。按照这一原则，相同的语音在时间、地域、语音结构的内部条件相同的情况下，不可能有两种不同的演变。所以探讨语音发展的规律，应该分析语音结构的内部条件。

下面以汉语方言为例，看《广韵》的见母是怎样构拟出的。

例字	《广韵》	北京	武汉	扬州	苏州	温州	双峰	南昌	梅县	广州	福州
干	寒$_{\text{开一}}$	꜀kan	꜀kan	꜀kæ̃	꜀kø	꜀ky	꜀kæ̃	꜀kɔn	꜀kɔn	꜀kɔn	꜀kaŋ
间	山$_{\text{开二}}$	꜀tɕiɛn	꜀tɕiɛn$_{\text{文}}$ ꜀kan$_{\text{白}}$	꜀tɕiæ̃$_{\text{文}}$ ꜀kæ̃$_{\text{白}}$	꜀tɕiI$_{\text{文}}$ ꜀kE$_{\text{白}}$	꜀ka	꜀kæ̃	꜀kan	꜀kian	꜀kan	꜀kaŋ
建	元$_{\text{开三}}$	tɕiɛn꜄	tɕiɛn꜄	tɕiẽ꜄	tɕiI꜄	tɕi꜄	kĩ꜄	tɕiɛn꜄	kian꜄	kin꜄	kyɔŋ꜄
见	先$_{\text{开四}}$	tɕiɛn꜄	tɕiɛn꜄	tɕiẽ꜄	tɕiI꜄	tɕi꜄	kĩ꜄	tɕiɛn꜄	kian꜄	kin꜄	kieŋ꜄

从上表看，“干、间、建、见”在上面十个方言中意义相同，发音很近似，可以假定有共同来源。这个假定还必须用它们在发音上的对应规律来进一步坐实。这四字都是《广韵》见母字，说明在中古属于同一个声母。由上表可知这四个见母字今方言有的都读 k-，有的有 k-和 tɕ-两种读法，但语音条件不同，并没有都读成 tɕ-的。从理论上说，根据这四个字的读音来推断，中古见母可能读 k-，可能读 tɕ-，还可能读 k-和 tɕ-之外的另一种声母。只有这三种可能性。从文献材料看，古人把见母归入牙音，其实就是舌根音，这就说明把见母拟作 k-是比较合适的。更重要的是从音理上看，只有把见母拟作 k-才能合理地解释音变的条件。有许多方言，如梅县、广州、阳江、厦门、潮州、福州、建瓯等地古见母字从不读 tɕ-，而念成 k-，在有 k，tɕ 两种读法的方言里，tɕ-跟韵母相拼，仅限于齐撮二呼，如果以 k-为古老形式，以 tɕ-为派生形式，音理上就很好解释：-i 和-y 是舌面前元音，k-是舌根音，k-拼-i 或-y，受-i 或-y 的同化，舌面由后部向软腭靠拢变成由前部向硬腭靠拢，念成了 tɕ-。如果把 k-看成派生形式，音理上是很难讲通的，因此可以把中古时期的见母构拟为k-。

历史比较法是有缺点的。首先，它的适用范围有限，有的语言的旧质要素在现代语言或方言中已经消失净尽，要想根据这些语言或方言的现代状态进行重建，是不可能的。其次，如果不结合文献资料，构拟出的原始形式很难确定它们的确切的年代，有可能把不同时代的原始形式杂糅到同一个时代中；而且所确定的派生形式也难以找出分化的确切年代。还有一点，历史比较法只适合用来研究分化后各语言或方言的原始形式，但是语言变化是复杂的，既有分化也有融合，对于由原来彼此独立而后来融合的语言，历史比较法也是无能为力的。

（二）内部拟测法。又叫内部重建法，就是通过观察某种语言的后代结构模式，从语言结构的系统性着眼，利用异常的分布、空格、不规则的变化等探求语言的结构发展规律，构拟原始形式。

语言发展是渐变的，从一个共时系统发展到另一个共时系统，是通过新质要素的逐渐积累和旧质要素的逐渐衰亡来实现的。语言发展的不平衡不仅仅在地域上表现出来，即使是同一个地域，各构成部分的发展速度也是不平衡的。在某一时期的语言或方言里，常常可以看到新质、新结构要素和旧质、旧结构要素同时并存的现象，也就是在后代的共时系统中还留下有原来的共时系统可辨识的痕迹，找到这些痕迹就能推断出造成这些痕迹的原因。就语音演变说，语音演变引起的音位系统的变化会造成声韵调配合的不规则性，一种语言在某一阶段上的不规则的声韵调配合往往能反映出过去的规则性遭到了后来声韵调配合的破坏。仔细分析一种语言后代的共时音系和不规则的分布，就能找出哪些音位是原始的，哪些音位是后起的派生形式。

运用内部拟测法来构拟古音，要特别注意音系变化的条件。例如，我们拟测上古音，往往是以前人音类研究的成果为参照，看出中古音系分布的不平衡的。现在以支部字的构拟为例，看它的读音是怎么构拟出的。

根据前人研究，上古支部字包括《广韵》以下各韵（举平以赅上去）：

1. 佳韵开合口的字；中古拟音：ai，wai；

2. 支韵开合口的部分字；中古拟音：ĭe，ĭwe；

3. 齐韵开合口的部分字；中古拟音：iei，iwei；

这几韵的字上古属同一韵部，所以在上古时主元音和韵尾（如果有韵尾的话）应该相同。支部上古跟耕部相配，耕部主元音和韵尾拟成-eŋ，则支部上古主元音应拟成-e。《广韵》属于上古支韵的佳支齐三韵有对立，最明显的是各韵开合口的喉音字都有对立，而且在上古都已经出现，所以只能假定各韵在上古时的韵母都有所不同，才能揭示它们从上古到中古的分化条件。这只能在介音上想办法。

假定中古支韵部分字上古韵母是ĭe，ĭue，在中古只有三等开口和合口，一二四等的开合口留下了空格；佳韵只有二等开口和合口，正好填上支韵无二等开合口而留下的空格，于是可以拟为e，oe；齐韵只有四等开口和合口，正好填上支韵无四等开合口而留下的空格，于是可以拟为ie，iue。经过内部拟测，上古支部和中古的分化模式可能是：

e→ai（佳开口）

oe→wai（佳合口）

ĭe→ĭe（支开口）

ĭue→ĭwe（支合口）

ie→iei（齐开口）

iue→iwei（齐合口）

除了ĭe和ĭwe还遗存着原来的发音外，e，ie变成了复合元音ai和ei，只有三等韵维持原状。

内部拟测法可以弥补历史比较法的一些不足之处，但它的适用范围也有局限。在汉语中运用，更必须紧密结合文献，才有可能使我们的研究取得成果。

（三）利用译音材料。自秦汉以后，由于汉民族跟域内外民族的频繁交往，有大量的汉语词汇传入了别的语言，别的民族也有一些词传入了汉语。不同时期的借词可以为不同时期汉语的构拟提供佐证。构拟汉语可以利用的译音资料很多，主要有：

1. 梵汉对音，从东汉桓帝末年到宋元时代都有，以唐代为最盛；

2. 日译吴音，是六朝时期（公元五至六世纪）从我国东南部传到日本的读音；

3. 日译汉音，是南北朝至唐代（主要是公元七世纪）从我国中原地区传到日本的读音；

4. 朝鲜译音，以大约相当于唐代（约公元七世纪）传入朝鲜的读音为最重要；

5. 越南译音，又叫汉越语，汉代时（公元前二世纪到公元二世纪）第一次传入越南，唐代时（公元七世纪）再次传入越南；

6. 汉藏对音，既有汉文译成藏文的，也有藏文译成汉文的，以公元七至八世纪的译音最为重要；

7. 蒙汉对音，既有汉文译成蒙古文的，也有蒙古文译成汉文的，主要是公元十三世纪的译音材料。

中外学者从事汉语古代语的拟测时，很早就利用译音材料。外族语译汉语，或汉语译外族语，不免要受到各自语言音位结构的制约，往往只能做到读音近似，所以译音材料只能作次要证据，但其作用不能忽视。现在以歌韵为例，先看方言的读法①。

例字	北京	济南	太原	武汉	合肥	苏州	温州	双峰	南昌	福州	厦门	建瓯	扬州
多	꜀tuo ꜁tuo	꜀tuɤ	꜀tuɤ文 ꜀tɤ白	꜀to	꜀tʊ	꜀təu文 ꜀tɒ白	꜀təu	꜀tʊ	꜀tɔ	꜀tɔ	꜀to	꜀tɔ文 ꜀tuɛ白	꜀to
他	꜀tʻa	꜀tʻa	꜀tʻa	꜀tʻa	꜀tʻa	꜀tʻɒ	꜀tʻuɔ tʻa新	꜀tʻo	꜀tʻa	꜀tʻa	꜀tʻa	꜀tʻa	꜀tʻa
大大小	ta꜄	ta꜄	ta꜄文 tɤ白	ta꜄ tai꜄	ta꜄	dɒ꜅文 dəu꜅白	da꜅文 dəu꜅白	da꜅文 dʊ꜅白	tʻai꜅文 tʻɔ꜅白	tai꜅文 tuai꜅白	tai꜅文 tua꜅白	tuɛ꜅	ta꜄ tɛ꜄
罗	꜁luo	꜁luɤ	꜁luɤ文 lɤ白	꜁no	꜁lʊ	꜁ləu	꜁lə̣u	꜁lʊ	·lɔ꜄	꜁lɔ	꜁lo	·lɔ꜄	꜁lo
歌	꜀kɤ	꜀kɤ	꜀kɤ	꜀ko	꜀kʊ	꜀kəu	꜀ku	꜀kʊ	꜀kɔ	꜀kɔ	꜀ko文 ꜀kua白	꜀kɔ	kɤɯ
阿	꜀ɤ文 ꜀a白	꜀ŋɤ文 ꜀a白	꜀ɣɤ文 aʔ꜆白	꜀o文 ꜀a白	꜀ʊ文 ꜀a白	꜀əu文 aʔ꜆白	꜀u文 ꜀o文	꜀ʊ文 ꜀ŋo白	꜀ŋɔ文 ꜀ŋa白	꜀ɔ文 ꜀a白	꜀o文 ꜀a白	꜀ɔ文 ꜀a白	꜀o文 æʔ꜆白

由上表可知，歌韵（举平以赅上去）在现代方言里有 uo，a，ɤ，uɤ，o，ʊ，əu，ɒ，uɔ，u，ɔ，ai，uai，úa，uɛ，ɤɯ，æ 等读法，既有开口，又有合口。《广韵》中歌韵是开口，戈韵是合口，所以歌韵不能拟成合口。歌韵一定是一个极易变成合口的开口元音，这个元音应该在舌面元音的后低元音中，拟成 a 最合适。但上表中各方言歌韵字虽然有念 a 的，但不多，读 a 的方言也不是整个韵都读 a。再参考译音，可以看出译音全读 a：

①下表读音引自北京大学中国语言文学系语言学教研室编、王福堂修订《汉语方音字汇》（第二版重排版），语文出版社 2008 年版。

例字	多	拕	驼	罗	挪	左	磋	歌	可	蛾	何
朝鲜	ta	ta	t‘a	na	na	tɕa	tɕ‘a	ka	ka	a	ha
日本吴音	ta	ta	da	ra	na	sa	sa	ka	ka	ga	ga
日本汉音	ta	ta	ta	ra	da	sa	sa	ka	ka	ga	ka
越南	ta		da	la	ɳa	ta	t‘a	ka	k‘a	ŋa	ha

再比较几种译音的戈韵(举平以赅上去)：

例字	播	颇	婆	魔	朵	妥	惰	剉	座	锁	过	科	卧	火	祸	踒	骡
朝鲜	p‘a	p‘a	p‘a	ma	t‘a	t‘a	t‘a	tɕua	tɕua	sua	kua	kua	ua	hua	hua	ua	na
日本吴音	ha	ha	ba	ma	da	ta	da	sa	za	sa	kua	kua	gua	kua	gua	ua	ra
日本汉音	ha	ha	ha	ba	ta	ta	ta	sa	sa	sa	kua	kua	gua	kua	kua	ua	ra
越南	ba	fa	ba	ma	ɖua	t‘ua	ɖua	tua	tua	tua	kua	k‘ua	ŋua	hua	hua		lua

可证歌古是开口，戈是合口，分划不紊。梵文汉译也可证歌读音近 a，例如梵语 agada，汉译阿伽佗；梵语 amita，汉译阿弥陀；梵语 śita，汉译尸多、尸陀（下加点者为歌韵字）。

四、高本汉对古音拟测的贡献

高本汉（karlgren，klas Bernhard Johannes）（1889—1978），瑞典人。一生著述甚丰，对中国的历史和文学都做过研究，但是他对中国的影响主要限于汉语研究方面，尤其对汉语古音拟测做出很大贡献。

高本汉对汉语古代语音的拟测，既有专论，也散见于其他著作中。这里我们只简介对中国古音拟测起过重要作用的两部著作《中国音韵学研究》和《中上古汉语音韵纲要》。

《中国音韵学研究》(Études sur la phonologie chinoise）除《绪论》外，共有四卷，依次是《古代汉语》《现代方言的描写语音学》《历史上的研究》《方言字汇》，分四册出版，第一册出版于1915 年，第四册出版于 1926 年。1940 年，商务印书馆出版了赵元任、罗常培、李方桂合译的中文本《中国音韵学研究》，翻译过程中，遇见原著错误的地方，都征得原著者同意予以更正，高氏自己对原著的修正意见则按后来他发表的文章翻译插入原文，原先的意见则删去不译。译本实际上包括了赵元任、罗常培、李方桂三人的研究成果，以及丁声树先生反复校对的成果，反映出当时汉语音韵学研究的最高水平。

《中国音韵学研究》是用历史比较语言学的方法研究从《切韵》到现代汉语方言的语言系统演变的重要著作。高氏在该书的“绪论”

中提出研究汉语要“考清楚这个语言的历史”“考明白现代中国语言的各方面”，总结西方传教士和汉学家对汉语古音拟测和现代汉语各方音研究的得失，并确定了自己的研究目标：1. 把《切韵》音系拟测出来，以此来作系统的现代方言研究的起点；2. 对现代汉语方音作科学的描写；3. 用音韵学的研究指明现代方音是怎样从中古演变出来的。

《中上古汉语音韵纲要》(Compendium of Phonetics in Ancient and Archaic Chinese）原载 1954 年斯德哥尔摩出版的远东古物陈列馆《集刊》，国内有聂鸿音的中译本，1987 年由齐鲁书社出版。这部著作反映了高本汉后期对汉语中古音和上古音所作拟测的成果，共四个部分：引言部分，说明写作本书的目的“仅仅是要对中古、上古音系的构拟做一个总结”；第二部分讨论中古音系及其构拟，可以看做是《中国音韵学研究》的简编，但也有一些修正的地方；第三部分讨论上古音系及其构拟，分别拟构了上古的声母系统和韵母系统；最后一部分可以说是余论，就他的构拟对音位学的理论做了不遗余力的抨击。

高本汉是第一位利用比较语言学的方法全面科学地拟测汉语中古音的学者。《中国音韵学研究》的第一卷已涉及中古的音值；全面的拟测发表在 1916 年至 1919 年陆续出版的第三卷。

高本汉把反切系联为四十七声类，其中有十五个声类分别只见于三等韵，属 j 化声母。他的中古声母的音值系统（见文后附表）。

这里的“一二三四”都是指各声母在韵图里的“等”。高氏认为，一、二、四等是单纯声母，三等是 j 化声母。但是知彻澄的二等跟三等用同一套反切上字，所以知彻澄的二、三等没有单纯声母和 j 化声母的区别；根据现代方音，这三个字母原来都是 j 化声母，即 tj、t‘j、d‘j均拼二、三等。由反切上字还知道，归为同一声母的反切上字分组，一、二、四等为一组，三等另为一组，但端透定一、四等为一组，知彻澄二、三等为一组，这说明中古时知彻澄跟端透定之间并非单纯声母和 j 化声母之别，也就是说知彻澄已变成了不同的声母，拟作 ȶ、ȶ‘ 、ȡ。又古人虽然以端透定泥为舌头音，以知彻澄娘为舌上音，但泥娘两组反切上字分组的趋势不明显，所以《切韵》时代娘只是泥的 j 化，娘仍读泥，还没有分化为不同的声母。但到了高本汉

帮 p：一二四 p；三 pj	滂 p‘：一二四 p‘；三 p‘j	並 b‘：一二四 b‘；三 b‘j	明 m：一二四 m；三 mj			
端 t：一四 t	透 t‘：一四 t‘	定 d‘：一四 d‘	泥 n：一四 n	来 l：一二四 l；三 lj		
知 ȶ：二三 ȶ	彻 ȶ‘：二三 ȶ‘	澄 ȡ‘：二三 ȡ‘	二三 nj			
精 ts：一四 ts	清 ts‘：一四 ts‘	从 dz‘：一四 dz‘			心 s：一四 s	邪 z：四 z
照：二 tʂ；三 tɕ	穿：二 tʂ‘；三 tɕ‘	床：二 dʐ‘；三 dʑ‘	日 ȵʑ：三 ȵʑ		审：二 ʂ；三 ɕ	禅 ʑ：三 ʑ
见 k：一二四 k；三 kj	溪 k‘：一二四 k‘；三 k‘j	群 g‘：三 g‘j	疑 ŋ：一二四 ŋ；三 ŋj			
影 ʔ：一二四 ʔ；三 ʔj			喻 ○：四 ○；三 ○j		晓 x：一二四 x；三 xj	匣 ɣ：一二四 ɣ

高本汉中古声母音值系统

写《中上古汉语音韵纲要》时，观点有了变化，认为《切韵指掌图》以端组为舌头音，以知组为舌上音，不会是凭空捏造，说明两组声母在隋唐时代已经分化为不同的声母，所以娘母也拟为 ȵ，不再是 nj。

韵图把精组排在一、四等，照二组排在二等，照三组排在三等。照二组和照三组反切上字截然分开，照三组跟精组反切上字也截然分开；所以照二和照三是不同的声母，照三也不是单纯声母精组的 j 化。照二组韵图既排在二等，所以是单纯声母，分别拟作 tʂ、tʂʻ、dʐʻ、ʂ；照三既排在三等，所以是软的，腭化的声母，分别拟作 tɕ、tɕʻ、dʑʻ、ɕ、ʑ。

韵图把喻三放在三等，把喻四放在四等。喻三和喻四反切上字截然不紊。喻母是零声母，以元音起头。喻三既排在三等，所以是 j 化的，声母是 j；喻四既排在四等，所以是非 j 化的，即〇声母。

高本汉把《广韵》的反切下字系联为约二百九十类，分隶果止蟹咸深山臻梗宕效流遇通十三摄（咸深山臻梗宕通七摄有入声），他所拟测的韵母系统如下（以平赅上去入）：

		一等	二等	三等 α 类	三等 β 类	四等
果摄	开	歌 ɑ	麻 a	麻 ǐa	——	——
	合	戈 uɑ	麻 wa	戈 ǐwa	——	——
止摄	开	——	——	支 jiě	微 jěi	——
		——	——	脂 ji	——	——
		——	——	之 ji	——	——
	合	——	——	支 jwiě	微 jwěi	——
		——	——	脂 jwi	——	——
蟹摄	开	咍 ɑ̣i	皆 ại	祭 ǐɛi	废 ǐɐi	齐 iei
		泰 ɑi	佳 ai	——	——	——
		——	夬 ai	——	——	——
	合	灰 uɑ̣i	皆 wại	祭 ǐwɛi	废 ǐwɐi	齐 iwei
		泰 wɑi	佳 wai	——	——	——
			夬 wai	——	——	——
咸摄	开	覃 ɑ̣m	咸 ạm	盐 ǐɛm	严 ǐɐm	添 iem
		谈 ɑm	衔 am	——	——	——

	合	——	——	——	凡 ǐwɐm	——
深摄	开	——	——	侵 ǐəm	——	——
山摄	开	寒 ɑn	山 ạn	仙 ǐɛn	元 ǐɐn	先 ien
		——	删 an	——	——	——
	合	桓 uɑn	山 wạn	仙 ǐwɛn	元 ǐwɐn	先 iwen
		——	删 wan	——	——	——
臻摄	开	痕 ən	——	真 ǐěn	欣 ǐən	——
		——	——	臻 ǐæn	——	——
	合	魂 uən	——	谆 ǐuěn	文 ǐuən	——
		——	——	真 ǐwěn	——	——
梗摄	开	登 əŋ	耕 æŋ	蒸 ǐəŋ	——	青 ieŋ
		——	庚 ɐŋ	清 ǐɛŋ	庚 ǐɐŋ	——
	合	登 wəŋ	耕 wæŋ	职 ǐwək	——	青 iweŋ
		——	庚 wɐŋ	清 ǐwɛŋ	庚 ǐwɐŋ	——
宕摄	开	唐 ɑŋ	——	阳 ǐaŋ		
	合	唐 wɑŋ	江 wɔŋ	阳 ǐwaŋ	——	——
效摄	开	豪 ɑu	肴 au	宵 ǐɛu	——	萧 ieu
流摄	开	侯 ǒu	——	尤 ǐ ǒu	——	——
		——	——	幽 ǐěu	——	——
遇摄	合	模 uo	——	鱼 ǐwo	——	——
		——	——	虞 ǐu	——	——
通摄	合	东 uŋ	——	东 ǐuŋ	——	——
		冬 uoŋ	——	钟 ǐwoŋ	——	——

以上三等 α 的韵是指韵图三、四等的位置都有小韵的那些韵，也就是高本汉所说“有些韵在 j 化声母后头（三等）跟在纯声母（四等）的后头一样的可以出现”的韵；三等 β 的韵是指韵图全放在三等的韵，也就是高本汉所说“只有 j 化的声母（三等）”。

高氏拟音，开合分韵的韵，合口介音拟为 u，开合合韵的韵，合口介音拟为 w。三、四等韵都有 i 介音，三等的 i 介音是弱的辅音性的介音，四等的 i 介音是强的元音性的介音，为了区别这两种不同的 i 介音，就把三等的 i 介音写作 ǐ。合口三等，逢开合分韵者写作 ǐu，逢开合合韵者写作 ǐw；合口四等只见于开合合韵的韵，所以写作 iw。

同一摄里，同开合、同等的情况下，还存在着两个或三个不同的韵，这在三等里也有，如止摄支脂之微，臻摄的真臻、真谆，梗摄的蒸清，流摄的尤幽，通摄的东钟，遇摄的鱼虞；除了少数韵没有解决音值的区别，其他高氏都拟作不同的主元音。高氏注意到一、二等的重韵，一、二等里重韵相当多，高氏对这些重韵的构拟，除了耕庚二韵、东冬二韵的重韵认为是元音音质不同，夬韵和佳韵重韵的音值差别没有解决外，其他的重韵差别都是在一个韵的音值下边加一个黑点，另一个韵的主元音下边则不加。加·点的高氏认为是短元音，不加·点的是长元音。有的韵主元音上加了一个ˇ，表明是个短元音。

高氏一等的主元音有ɑ，ə，o，u四个，舌位偏后偏央；二等的主元音有a，æ，ɐ，ɔ几个，除ɔ外，舌位偏前偏央；三等的主元音有a，e，i，ɛ，ɐ，ə，o，u几个，舌位较高或者偏前；四等的主元音全是e，舌位偏前偏高。以山摄为例，一等是ɑ，二等是a，三等是ɛ或ɐ，四等是e，跟江永在《四声切韵表·凡例》中所说“音韵有四等，一等洪大，二等次大，三四皆细，而四尤细”的观点正相吻合。

高本汉对中古音研究的最大贡献就在于用历史比较语言学的方法全面地拟测了中古声母韵母的音值，阐述了中古音到现代汉语方言的演变规律。他的音值拟测基本上是成功的，后人只是在他拟测的基础之上修订得更加精密而已。

高本汉的中古音值构拟自然也是有缺陷的。首先，他对古代反映中古音类的资料掌握得很不全面。他所依据的反切不是整部《广韵》的反切，只是三千多个常用字的反切，而且所根据的不是《广韵》原书，而是《康熙字典》，是和《广韵》有出入的。对于韵图，他只重视《切韵指掌图》和《经史正音切韵指南》，《韵镜》和《七音略》只是稍带提及，其他类型的古书材料他更少涉及。材料上的局限限制了他的视野。其次，方言材料的运用也很不全面，详于北方而略于南方，南方的方言材料有不少还是间接引用别人的，并不可靠，这也影响了他的拟测。

高本汉还是第一位利用内部拟测法全面构拟汉语上古音的学者。早在1923年写《汉语分析字典》（Analytic Dictionary of Chinese and Sino-Japanese）时，高氏就已经注意到汉语上古音问题，绪论第三节讨论汉字谐声原则时从他所拟测的中古音出发分析谐声系列，认为主谐字和被谐字的声母、韵母的主元音和韵尾辅音三大要素读音大致相同或相近。1928 年，高本汉发表《上古中国音当中的一些问题》（Problems in Archaic Chinese，赵元任中译文载史语所《集刊》第一本第三分），1931 年发表的《藏语与汉语》（Tibetan and Chinese，唐虞中译文载《中法大学月刊》第四卷第三期），和后来发表的《诗经研究》（Shi-king Researches）、《老子韵考》（The Poetical Parts in Lao-Tsi）、《汉语中的词族》（Word Families in Chinese，张世禄中译本，1935 商务印书馆出版），都讨论了上古音的构拟。中国语言学家对高本汉构拟的上古元音系统不断提出诘难，并尝试构拟上古的元音系统。高本汉在和中国语言学家论辩的过程中也不断修改他所构拟上古的元音系统。根据 1954 年发表的《中上古汉语音韵纲要》，高本汉的上古单声母系统如下（×是据他的例字补进的）：

p	p‘	（b?）	b‘	m		
t	t‘	d	d‘	n		l
ts	ts‘	dz	dz‘		s	z
tʂ	tʂ‘		dʐ‘		ʂ	
ȶ	ȶ‘	ȡ	ȡ‘	ȵ	ɕ	
k	k‘	g	g‘	ŋ	×	ʔ

这里 p 后来变成中古帮母。p‘ 变成滂母。（b?）极少见，因此外加括号，还加上问号。b‘ 后来变成並母。m 后来变成明母。t 后来变成端知二母。t‘ 后来变成透彻二母。d 上古跟端知章几组声母谐声，后来失落声母变成喻四。d‘ 后来变成定澄二母。n 后来变成泥（娘）母。l 后来变成来母。ts 后来变成精母，拼真二等韵的照二。ts‘ 后来变成清母，拼真二等韵的穿二。dz 变成了邪母（dz- > z-）。dz‘ 变成了从母，拼真二等韵的床二。s 变成了心母，拼真二等韵的审二。z 上古跟邪母及整个 ts 组字谐声，后来失落声母变成喻四。tʂ 后来变成拼真三等韵的照二。tʂ‘ 后来变成拼真三等韵的穿二。dʐ‘ 后来变成拼真三等韵的床二。ʂ 后来变成拼真三等韵的审二。ȶ 后来变成照三。ȶ‘ 后来变成穿三。ȡ 后来变成了禅母（ȡ- > ʐ-）。ȡ‘ 后来变成了床三。ȵ 后来变成了日母。ɕ 后来变成了审三。k 后来变成了见母。k‘ 后来变成了溪母。g 后来变成了喻三（少数喻四）。g‘ 后来逢一二四

等变成匣母（g‘->ɣ-），逢三等变成了群母。ŋ后来变成了疑母。x后来变成了晓母。ʔ后来变成了影母。

高本汉看到中古来母在上古跟舌根音、唇音、舌尖音、舌面音有互谐现象，泥母、日母在上古跟舌尖音有互谐现象，明母在上古跟舌根音的晓母有互谐现象，认为这些互谐现象只有用复辅音声母才能合理地解释。但对怎样构拟复辅音声母，高氏颇有踌躇，高氏承认他对上古复辅音声母的构拟只是尝试性的，构拟的细节还不能确定。

高本汉在《中上古汉语音韵纲要》中把上古韵部分为三十五部，现在参照目前常用的韵部名称列出高本汉的三十五部（见后附表）。

表中加括号的韵部不包括在三十五部之内，是高本汉通过内部拟测法，又结合谐声字和上古韵文，推定上古应该有的韵部，但这三个韵部字数少，又不成系统，所以没有单独列为韵部：寘部附在至部，去部附在盍部，挚部附在缉部。

在古韵分部上，高本汉部分吸收了清代以来古韵学家的研究成果，他为他所分的上古三十五韵部构拟了223个韵母（不包括寘去挚三部）。他所构拟的韵尾可以分成五大类：一，鼻音韵尾-m，-n，-ŋ；二，清塞音韵尾-p，-t，-k；三，浊塞音韵尾-d，-g；四，舌尖浊音韵尾-r，只有亹脂二部；五，无韵尾的（在高氏系统中无元音韵尾），只有歌鱼侯三部。-m，-n，-ŋ到中古仍然读-m，-n，-ŋ；-p，-t，-k中古仍然读-p，-t，-k。-d，-r，-g后来失去辅音韵尾，变成中古的开尾韵；歌鱼侯三部中古也读开尾韵，跟上古同。介音的构拟，中古的开口也就是上古的开口，中古的合口也就是上古的合口；合口的介音一律写作w。

在主元音的构拟上，高氏把中古元音的等第推到上古，各等所含主元音的情形是：

一等　ɑ，ə，ǔ，o，ɔ，ʊ，u

二等　a，ǎ，æ，ě，ǒ，ʊ̇，ǔ，ɔ，u

三等　a，ǎ，ə，æ，ě，ǔ，o，ʊ，u，ɔ

四等　a，ə，e，o，ʊ

去其重复，主元音共有十四个。高本汉假定，上古音中，ə短而松；ǔ短而松，开口度较大，音色较亮，与ə和œ音值近，与u不大近似，所以上古可以跟ə主元音的韵押韵，可以跟u主元音的韵不押

寒部 ɑn;an,ăn;ĭan,ĭăn;ian wɑn;wan,wăn;ĭwan,ĭwăn;iwan	月部 ɑt;at,ăt;ĭat,ĭăt;iat wɑt;wat,wăt;ĭwat,ĭwăt;iwat	祭部 ɑd;ad,ăd;iad;ĭăd;iad wɑd;wad,wăd;ĭwad,ĭwăd	鼍部 ɑr;ăr;ĭar,ĭăr;iar wɑr;war;ĭwar,ĭwăr	歌部 ɑ;a;ĭa;ia wɑ;wa;wia
真部 ĭĕn;ien ĭwĕn;iwen	质部 ĭĕt,iet ĭwĕt,iwet	至部 ĭĕd;ied	（寘部 ĭĕr）	
文部 ən;æn;ĭən;iən wən;wæn;ĭwən,ĭwæn;iwən	没部 æt;ĭət;iət wət;wæt;ĭwət,ĭwæt;iwət	队部 əd;æd;ĭəd,ĭæd;iəd wəd;wæd;ĭwəd,ĭwæd;iwəd	脂部 ar;ær;ĭər,ĭær;iər wər;wær;ĭwər,ĭwær;iwər	
谈部 ɑm;am,ăm;ĭam,ĭăm;iam	盍部 ɑp;ap,ăp;ĭap,ĭăp;iap ĭwăp	（去部 ab;ĭab）		
侵部 əm;æm;ĭəm,ĭæm;iəm;ŭm;ĭŭm	缉部 əp;æp;ĭəp,ĭæp;iəp	（挚部 wəb;ĭəb）		
阳部 ɑŋ;ăŋ;ĭaŋ,ĭăŋ waŋ;wăŋ;ĭwaŋ,ĭwăŋ	铎部 ɑk;ăk;ĭak,ĭăk;iak wɑk;wăk;ĭwak	暮部 ɑg;ăg;ĭag,ĭăg wɑg;wăg;ĭwag		
耕部 ĕŋ;ĭĕŋ;ieŋ wĕŋ;ĭweŋ;iweŋ	锡部 ĕk;ĭĕk;iek wĕk;iwek	支部 ĕg;ĭĕg;ieg weg;ĭwĕg;iweg		
蒸部 əŋ;æŋ;ĭəŋ wəŋ;wæŋ;iŭŋ	职部 ək;æk;ĭək wək;wæk;ĭwək,ĭŭk;iwək	之部 əg;æg;ĭəg wəg;wæg;ĭwəg,ĭŭg		
	药部 ok,ɔk;ŏk;ĭok;iok	宵部 og;ŏg;ĭog,ĭŏg;iog		鱼部 o;ɔ;ĭo,ĭɔ wo;wɔ;ĭwo.
冬部 ʊŋ; ʊ̇ŋ;ĭʊŋ	觉部 ʊk; ʊ̇k;ĭʊk;iʊk	幽部 ʊg; ʊ̇g;ĭʊg;iʊg		侯部 u;ĭu
东部 uŋ;ŭŋ;ĭuŋ	屋部 uk;ŭk;ĭuk	奏部 ug;ŭg;ĭug		

高本汉上古韵三十五部表

韵；o 是长元音，ŏ 是短元音，o 较亮较开；ʊ 较暗、较窄、较合，比 o 更接近 u，ʊ̆是比 u 短的元音；a 是长元音，ă 是短元音；æ 是开而松的 ɛ，跟 ə 音值相近。

从上古韵部来看中古的韵，同一韵部都包含有多少不等的中古各韵或各韵的一部分字。把中古的等推到上古，同部同等的字有两种情况：一是上古同一部所辖中古的韵，同一等只有一个韵，例如东部一等只有东韵部分字，二等只有江韵部分字，三等只有钟韵字，于是把一等拟为 uŋ，二等拟为 ŭŋ，三等拟为 ĭuŋ。二是上古同一部所辖中古的韵，同一等包括中古不同的韵，高氏采取四种处理办法：（1）处理为长短音的不同，如寒部二等包括中古删韵和山韵的部分字，有对立，于是参照中古音值把删韵拟为 an，wan，把山韵部分字拟为 ăn，wăn；（2）处理为不同的音素，如之部三等合口包括中古脂尤二韵各一部分字，有对立，于是参照中古音值把脂部分字拟为 ĭwəg，把尤部分字拟为 ĭŭg；（3）采取填空档的办法，在各韵音节结构形成互补格局的情况下，把各韵的上古音值拟为同样的韵母，如文部三等开口包括中古欣韵和真臻二韵各一部字，欣韵只出现于舌根音和喉音声母之后，真韵部分字出现于唇音、舌面音、舌根音、喉音声母之后，臻韵部分字只出现于舌尖后音声母之后，于是把真韵分为两类，一类出现于唇音、舌面音声母之后，跟只有舌根音和喉音的欣韵互补，均拟为 ĭən，一类出现于舌根音和喉音声母之后，跟只有舌尖后音的臻韵部分字互补，均拟为 ĭæn；（4）对个别散字也归并到上古某一韵母中，处理为例外音变，如铎部二等除了包括中古陌韵，还有麦韵二等的"獲"字，就不另外替麦韵另拟一个韵母，而把"獲"从上古到中古的演变看成是不规则音变。

高本汉构拟上古各部的主元音，同一部绝大多数有好几个主元音；同一部只有一个主元音的情形反而少见。他构拟上古韵母体系，一方面要说明上古音到中古音的分化条件，一方面也不能完全置中古不同的韵或不同的韵的部分字在上古韵文中相押和在谐声字中互相谐声的事实于不顾，所以他得假定：同一韵部中主元音的音值并不一定完全相同而可以是近似的。他认为音值近似的主元音可以分成六组：

1. 寒月祭鼍歌谈盍阳铎暮十部主元音有 ɑ，a，ă 三个；

2. 真质至耕锡支六部主元音有 e，ĕ 两个；

3. 文没队脂侵缉蒸职之九部主元音有 ə，æ，ǔ 三个；

4. 药宵鱼三部主元音有 o，ŏ，ɔ 三个；

5. 冬觉幽三部主元音有 ʊ，ʊ̆两个；

6. 东屋奏侯四部主元音有 u，ŭ 两个。

高本汉的上古音构拟远没有他的中古音构拟来得成功。研究中古音，一方面有韵书和韵图这样的材料把中古的语音系统相当完整地表现出来，另一方面又有大量的现代方言材料可以利用，加上高氏受到严格的历史比较语言学的训练，所以他所构拟的中古音系统可以说是相当成功。可是研究上古音，情况就完全不同，清人对上古音的研究成果主要集中在古韵分部上，声母、声调的研究能够作为定论的成果还不多；即使是韵母系统，前人的研究其实只是得出了主元音和韵尾系统，至于介音系统，那也没有得到很好的研究。对一个外国人来说，要全面正确地吸收前人古韵分部的成果，已经很不容易，更何况要对上古音做出全面的构拟。虽然高氏的上古音构拟有严重的缺陷，但他的开创之功是不可没的。

高本汉之后，有不少中外学者对汉语古音拟测做出了贡献，限于篇幅，本文只介绍本国内有较大影响的一些学者的成就，从中或许可以看出我国学者在古音拟测方面的发展情况。

五、中古音的拟测

上文已经谈到，高本汉对中古音的拟测是比较成功的，但也存在着不少缺陷。我国学者对中古音的拟测，主要是修正高本汉的研究成果，大多是围绕下面的内容进行的：

1. 声母：全浊声母是否送气，有没有［j］化声母，有没有唇化声母，唇音字问题，知组、照二组的音值的问题，船禅二母的音值问题，喻三和喻四的音值问题，日母的音值问题。

2. 韵母：元音数量问题，重韵问题，重纽问题，介音问题。

3. 声调的调值问题。

诸家对中古音的拟测，有的只是集中在具体的几个语音单位的音值上，有的则是对中古音系全面拟音。下面摘要叙述有较大影响的几家：

（一）赵元任的中古音拟测

赵元任（1892—1982），江苏武进人，中国现代语言学的开拓者之一。1910年赴美留学，1918年获哈佛大学哲学博士学位。1919年6月至1920年夏任康奈尔大学讲师，担任物理课教学。1920年8月回国，到清华大学任教。1921年8月赴美在哈佛大学任教，1925年回国任清华大学国学研究院导师。1928年中央研究院历史语言研究所成立，应聘担任研究员兼语言组主任。1938年后定居美国，1982年病逝于美国。

赵元任在语言理论和汉语研究领域作出了一系列的杰出贡献。他在二十年代就在清华大学的讲义中介绍了高本汉的拟音，但没有公开发表。1930年史语所《集刊》第二本第二分，发表的王静如所译的高本汉《中国古音(切韵)之系统及其演变》一文中穿插发表了赵元任讲义的《广韵声纽表》和《广韵韵目表》，这可能是中国语言学界对高本汉中古音拟测成果的最早的系统的介绍。赵元任在跟高本汉的通信中，曾对高氏中古音的拟测提出商榷，1930年史语所《集刊》第一本第四分所附刘学濬译《关于臻栉韵的讨论》，就是赵元任和高本汉讨论臻栉二韵音值的两封信，高本汉在信中表示接受赵的批评意见。1931年起，赵元任和罗常培、李方桂合作，把高本汉的《中国音韵学研究》译成汉语，1940年出版后极大地推动了我国的汉语音韵学研究。

1941年，赵元任在哈佛大学的《亚洲研究杂志》（Harvard Journal of Asiatic Studies）第五卷发表《中古汉语内部的语音区别》(《Distinctive and Non-Distinctive Distinctions in Ancient Chinese》)，尝试运用音位的方法从多方面对高本汉的中古音构拟提出了批评。关于［j］化声母，赵元任认为：反切上字和反切下字有求同的趋势；反切上字之所以分为两组，可以用介音和谐说来解释，不必分［j］化与不［j］化声母。关于介音，赵元任指出：i总是出现在e前面，ĭ总是单独或在ĕ和其他元音前面出现，出现的环境是互补的，因此实际上只存在一个i音位。高本汉给中古拟了两个合口介音，一个是u，一个是w。赵元任指出：高氏拟音所依据的分韵和方言两个理由都有困难，在《切韵》残卷中，分韵和同韵的区别不一定存在；至于方言，近代则有种种演变，从音位分布的角度看，实际上只有一个u音位，它是元音性介音还是辅音性介音，主要元音还是韵尾，取决于它的语音环境。关于唇音声母，赵元任指出：在全部唇音字的反切中，开口和合口很少有对立，于是推断《切韵》时代唇音字没有开合口的对立，唇音字可谓开口合口两个范畴之外的第三个范畴。那么轻唇音是怎样从重唇音中分化出来的？赵元任的分析是：假如唇音字有一个高音i，后面跟着央元音或后元音，它常常与腭收缩的地位相联，于是就有一个下唇接触上齿的趋势，因而产生唇齿音。关于中古元音的数量，赵元任指出：高本汉的ɐ和ə的分布是互补的，ɐ在外转而ə在相应的内转，ɐ和ə是同一音位的内外转变体。

（二）罗常培的中古音拟测

罗常培（1899—1958），字莘田，号恬庵，满族，北京人，中国现代语言学的开拓者之一。1919年毕业于北京大学中文系，随后转入哲学系就读。历任中央研究院历史语言研究所研究员、北京大学、西南联合大学等校教授，四十年代曾在美国朴茂纳大学、加里福尼亚大学、耶鲁大学、密西根大学任教和从事学术活动。1948年回国，继续在北大任教授。1950年中国科学院语言研究所成立，担任第一任所长。1958年病逝。

罗常培在汉语和少数民族语言研究方面作出了一系列杰出的贡献。在《切韵》音系的音值拟测方面，发表了多篇很有分量的学术论文，对高本汉的中古音值构拟提出不少修正意见。

1931年，罗常培在史语所《集刊》第二本第三分发表《切韵鱼虞之音值及其所据方音考—高本汉切韵音读商榷之一》，研究《切韵》鱼虞分韵的根据及其音值。他从方言的角度来解释鱼虞分韵的根据，先从《颜氏家训·音辞篇》论证六朝时代北方话中鱼虞不分，再从晋代以后诗文用韵证明南方话，鱼虞两韵很少混用，“至少也可以断定六朝时候沿着太湖周围的吴语区域能够分辨鱼虞两韵的不同”，而北方话的用韵鱼虞不分，长江上游的江夏、浔阳、柴桑等地鱼虞同用，跟北方话相近。罗常培据此推断《切韵》分韵“是采取所谓‘最小公倍数的分类法’的”。他不完全同意高本汉鱼jĭwo、虞jĭu的构拟，认为鱼韵应拟为io，应据《韵镜》《七音略》拟为开口，而不应据《切韵指南》拟为合口；还有一点跟高氏不同的是，高氏以为日译吴音所依据的方言跟《切韵》所依据的不同，罗常培认为吴音鱼韵绝对不读 ou，只读 o，虞韵除牙、唇、来母、喻母部分字读 o，其余的字一律读 u，所以吴音也可以作鱼虞分辨的证据，在音值方面拟测的结论是："鱼韵属开口呼所以应当读作 io 音，虞韵属合口呼所以应当读作 iu 音。后代［y］音的演变是经过 io→iu→y 这样一个历程的。"

1931 年，罗常培又在史语所《集刊》第三本第一分发表《知彻澄娘音值考》，认为知彻澄娘的中古音值应当是舌尖后音 ʈ，ʈ'，ɖ（或 ɖ'），娘母因为《切韵》反切跟泥母不分，仍读 n；如果像高本汉那样把知彻澄拟为 ȶ，ȶ'，ȡ'，就不能解释 ȶ 后来为什么能转变成 tʂ。文章认为知彻澄三母和梵文的舌音相当，应读舌尖后音的塞音 ʈ，ʈ'，ɖ（或 ɖ'），其三等字后来或者因为 j 化而有接近腭音的倾向。至于娘，跟泥同声母读 n，接着就从梵文字母的译音，佛典译名的华梵对音，藏译梵音，现代方音，韵图的排列等五项证据来证明，罗常培论证知组音值为舌尖后音 ʈ 的最重要的材料是梵汉对音。但他的结论没有得到广泛接受，例如陆志韦在《古音说略》中认为梵文的汉译很复杂，有许多梵音没有拿知组字去对译，反而拿跟知组音值很远的字去对译，并且认为把知组拟为舌尖后音 ʈ 等并不能解释好它们到现代汉语的发展。

1939 年，罗常培在史语所《集刊》第八本第一分发表《经典释文和原本玉篇反切中的匣于两纽一跋葛毅卿喻三入匣再证》，赞同曾运乾等人喻三归匣的主张，并把喻三的音值构拟为 ɣj。他把《经典释文》的匣母整理为户类，喻三整理为于类，并指出"这两类虽然大体上自成系统，可是彼此间常有错综的关系"，也就是有不少户于相通的例。罗常培还注意到南齐王融和北周庾信《问疾封中录》的各一首双声字诗，大致地说，这两首诗都是把匣于当作双声。高本汉把匣母上古音拟为 g'，于母上古音拟为 g，则于母上古只有细音，没有洪音。如果采用高氏于母古读 g 的拟音，并且假定六朝已变为 j，就不能解释匣于双声现象；如果据高的拟音，g 在 ĭ 前跟 g'（即匣）同样变 ɣ，不易解释群母在 ĭ 前何以不变。罗常培认为直到公元五世纪末叶于纽还是读 ɣĭ；到六世纪末叶，ɣ 在 ĭ 音前已经 j 化，所以《经典释文》反切有分化趋势。他主张把《切韵》匣母拟作 ɣ，于母拟作 ɣj。现代吴语于母大部分跟匣母一样保持 h 音，闽语也有好些于母读 h 音的例，这也表明于纽曾读过 ɣ，罗常培的这一构拟，基本上得到公认。

1933年，罗常培发表《唐五代西北方音》，利用藏于敦煌石室的写本（1）汉藏对音《千字文》，（2）汉藏对音《大乘中宗见解》残卷，（3）藏文译音《金刚经》残卷，（4）藏文译音《阿弥陀经》残卷，（5）注音本《开蒙要训》等语言材料构拟了唐五代西北方音的声母、韵母系统，揭示了唐五代西北方言的一些重要语音特点，说明了从《切韵》到唐五代西北方言的演变规律。

（三）陆志韦的中古音拟测

陆志韦（1894—1970），浙江吴兴县人，1915年留学美国，毕业于芝加哥大学生物学部心理学系，获哲学博士学位。历任燕京大学校长，中国科学院语言研究所研究员。在汉语音韵学和语法学领域都作出了重要贡献。他的中古音拟测，对高本汉的音值作了很多修正，提出了很多值得重视的新见解。

1939年，陆志韦在《燕京学报》第二十六期发表《三四等与所谓“喻化”》，批评了高本汉的j化说，提出取消喻化声母，取消纯四等韵的i介音，并对三等韵的介音构拟提出新的假设。论文先批评高本汉j化说不仅自相矛盾，而且不合《广韵》声类。陆志韦在同年《燕京学报》第二十五期上发表的《证广韵五十一声类》一文中，把《广韵》声类分为甲乙两种，甲种用于宋人的三等，乙种大体用于一二等。在此基础上，他进一步探论这甲乙两种声类跟后来所分的四等的关系，发现“宋图中愈近乎隋唐音者，愈不合符今世所谓一四等同用切上字之说”，于是进一步得出结论：一二等和纯四等是用《广韵》的乙种字作切上字，纯三等和三四等合韵是用《广韵》的甲种字作切上字。高本汉以为三四等合韵中的四等字原与三等字同音，陆法言时都是j化，至宋代四等的字失去j化，跟纯四等同音，显然不合事实。与其说纯三等和三四等合韵的介音发生了变化，不如说纯四等的读音后来发生了变化。文章最后论证三四等合韵中有齿音字，精清从心可分为甲乙两种切上字；舌头舌上音有少数三四等合韵的字，但为唐以后的变音；喉牙唇音字中有为数不少的三四等合韵的字，必有读音上的分别，认为“三四等合韵之介音较长，而纯三等韵较短，合韵中重出之喉牙唇音其介音亦短。其详细构拟不敢尝试”。并提出纯四等韵《切韵》音系的纯四等韵不当构拟一介音i，先由《诗经》

用韵证纯四等跟三等韵有别，又由暹罗音证明三等有 i 介音，四等没有，祭仙等韵的元音是 iä，纯四等韵是 ε。

陆志韦取消 j 化声母，是很有见地的。从音位学角度看，高本汉所拟的 j 化音是多余的，因为即使去掉 j 化，高氏的中古音构拟体系仍然能把原来的语音对立区别开。至于陆氏提出的纯四等韵没有 i 介音等见解，还是有进一步研究的余地的。

1940 年，陆志韦在《燕京学报》第二十八期发表《试拟切韵声母之音值并论唐代长安语之声母》，在高本汉、马伯乐构拟的基础上，重新全面构拟《切韵》的声母，附带构拟唐代长安语的声母。他说：

> 夫所谓“构拟音值”者，盖欲据今日方言与别国译音以推求某时期汉字之音读也。西人之治汉学者擅为此等说，而有清一代，则凡言声韵，无不以经传异文为主。间或参以谐声通转，则以不谙整理古籍之方法，未得门径。窃谓探求音值自当以语音为准，自为西人所长而国人所短。然若据今论古，不上溯隋唐以前声类转变之源流，未免失之也浅。

中国现代语言学的古代汉语语音拟测正是取古人和西人所长，弃其所短而逐步发展的。

陆氏所构拟的《切韵》声母见后附表。

括号里的汉字是陆氏考证出来的五十一声类的代表字。这个系统跟高本汉或罗常培有几点不同：

1. 取消了高本汉的 j 化声母。

2. 把高本汉的浊送气音改为不送气音。

3. 属乙种切上字的“古”类是小舌音，甲种切上字的“居”类是软腭音。

4. 晓母呼类今方言有读 h 的，拟作 *x*。

5. 匣为明显的摩擦浊音，“于”类拟作ʁ。

6. “乌”“於”以元音起头，喻三四都拟为辅音起头，则影母可拟为元音起头。

7. 把禅母拟为 dʑ，床三拟作 ʑ。

8. 把高本汉给照二组构拟的 tʂ, tʂʻ, dʐʻ, ʂ分别改拟为 tʃ, tʃʻ, dʒ, ʃ。

9. 把知组拟为ȶ，ȶʻ，ȡ，同于高本汉的 ţ，ţʻ，ḑʻ，而不同意罗

影-(乌)-i(於)	帮 $p^{(w)}[p^{(w)}(i)]$(博方)	端 t(都)	知 ȶ(陟)		见 k(i)(居)q(古)
	滂 $p^{(w)}$‘[$p^{(w)}(i)$](普芳)	透 t‘(他)	彻 ȶ‘(丑)		溪 k‘(i)(去)q‘(苦)
	並 $b^{(w)}[b^{(w)}(i)]$(蒲符)	定 d(徒)	澄 ȡ(直)		群 g(i)(渠)
	明 $m^{(w)}[m^{(w)}(i)]$(明武)	泥 n[n(i)](奴女)			疑 ŋ(i)(鱼)N(五)
		来 l[l(i)](卢力)			
		精 ts[ts(i)](作子)	照二 tʃ(侧)	照三 tɕ(之)	
		清 ts‘[ts‘(i)](仓七)	穿二 tʃ‘(初)	穿三 tɕ‘(昌)	
		从 dz[dz(i)](昨疾)	床二 dʒ(士)	禅 dʑ(时)	
		心 s[s(i)](苏息)	审二 ʃ(所)	审三 ɕ(式)	晓 x(i)(许)x(呼)
		邪 z(i)(徐)		床三 ʑ(食)	喻三 ɣ(i)(于)ʁ(胡)
				喻四 j(以)	
				日 nʑ(而)	

陆志韦构拟《切韵》声母表

常培的ʈ，ʈʻ，ɖ（或ɖʻ）。认为罗氏用梵汉对音材料证知组为ʈ等不可信。

10. 唇音声母都拟成撮口势。高本汉已有这种观点。陆氏也认为，《切韵》以前的唇音无开合之分，后代一等与纯三等唇音《切韵》时代必有撮口，二等与纯四等不必有撮口。轻唇音的分化起于短 i。

1940 年，陆志韦还用英文写了《汉语的浊音声母》(《The Voiced Initials of the Chinese Language》)，由哈佛燕京学社出版，对高本汉所拟的浊送气声母提出了不同意见，主张把全浊声母拟成不送气音。

1947 年，陆志韦所写的《古音说略》作为《燕京学报》的专号二十一出版，分为“卷首《切韵》的音值”跟“《说文》音跟《诗》音”两大部分，分别全面系统地总结了陆氏中古音和上古音的研究成果。这里只介绍其中中古音的拟测。《古音说略》中所列出的《切韵》声母音值跟《试拟切韵声母之音值并论唐代长安语之声母》基本相同，只是写法更简便。所列《〈切韵〉的韵母表》对韵母的构拟如下：

（一）

东屋　uŋ、uk

　　　ɪuŋ、ɪuk

冬沃　　　woŋ、wok

钟烛　　　ɪwoŋ、ɪwok

（二）

江觉　ɔŋ、ɔk

（三）

支　ɪei　ɪwei

　　iei　iwei

脂　ɪěi（>ɪ）ɪwěi

　　iěi（>i）iwěi

之　i（ẹ̆）i（>i）

微　ɪəi　ɪwəi

（四）

鱼　io

虞　（ɪu）　ɪwo

模　（u）　wo

（五）

齐　ɛi　^{w}ɛi

佳　æi　^{w}æi

皆　ɐi　wɐi

灰　　wəi

哈　ɒi

　　iɒi

祭　ɪɛi　ɪwɛi

　　iɛi　iwɛi

泰　ɑi　wɑi

夬　ai（ɐi）　^{w}ai（wɐi）

废　ɪɐi　ɪwɐi

（六）

真（谆）质（术）

　　ɪěn、ɪět　ɪwěn、ɪwět

iĕn、iĕt　iwĕn、iwĕt

臻栉　ɪĕn、ɪĕt

殷文迄物　ɪən、ɪət　ɪwən、ɪwət

痕魂没　ən、ət　wən、wət

（七）

元月　iɐn、ɪɐt　ɪwɐn、ɪwɐt

寒（桓）曷（末）

ɒn（ɑn）wɒn（wɑn）

ɒt（ɑt）wɒt（wɑt）

删黠　ɐn、ɐt　wɐn、wɐt

山辖　an、at　ʷan、ʷat

先屑　ɛn、ɛt　ʷɛn、ʷɛt

仙薛　ɪɛn、ɪɛt　ɪwɛn、ɪwɛt

iɛn、iɛt　iwɛn、iwɛt

（八）

萧　ɛu

宵　ɪɛu

iɛu

肴　ɐu

豪　ɒu

（九）

歌（戈）　ɒ　wɒ

ɪɑ　（ɪwɑ?）

ɪwɒ

（十）

麻　a　ʷa

ia

（十一）

阳药　ɪɑŋ、ɪɑk　ɪwɑŋ、ɪwɑk

唐铎　ɒŋ、ɒk　wɒŋ、wɒk

（十二）

庚陌　aŋ、ak　ʷaŋ、ʷak

ɪæŋ、ɪæk　ɪwæŋ、ɪwæk（?）

耕麦　ɐŋ、ɐk　wɐŋ、wɐk

清昔　ɪwɛk

iɛŋ、iɛk　iwɛŋ、iwɛk

青锡　ɛŋ、ɛk　ʷɛŋ、ʷɛk

（十三）

蒸职　iĕŋ、iĕk　iwĕk

登德　əŋ、ək　wəŋ、wək

（十四）

尤　ɪəu

侯　əu

幽　iĕu

（十五）

侵缉　ɪĕm、ɪĕp

iĕm、iĕp

覃合　ɒm、ɒp

谈盍　ɑm、ɑp

盐葉　ɪɛm、ɪɛp

iɛm、iɛp

添帖　ɛm、ɛp

咸洽　ɐm、ɐp

衔狎　am、ap

严（凡）业（乏）

ɪɐm、ɪɐp

ɪwɐm（?）、ɪwɐp（?）

括号里的韵目都是根据早期《切韵》系韵书合并到前面一韵的（凡乏分别并入严业是依自己的考订，欣文和迄物的分别合并也是依自己的考订）。

对比高本汉的拟测，陆氏所构拟的系统主要有以下几个特色：

1. 纯四等韵没有 i 介音。三等韵的 i 介音有 I 和 i 两种，I 近乎高氏的ɪ̆，比 i 宽而后，可能是 ɨ 和 ɘ 中间的音也许更弘更后。

陆氏之所以给三等韵构拟两种 i 介音，是因为他比高本汉更多地注意到三四等韵的复杂性，陆氏把三四等韵分成四类：一是纯四等韵；二是纯三等韵；三是韵图同时排在二三四等的三等韵；四是三四等合韵，也就是有重纽的各韵。第四类被高本汉忽略了。陆氏采用王静如的意见，把重纽三等拟为 I，四等拟为 i，又凭切下字系联以及其他证据，把纯三等韵拟为 I；三等韵有的是 I，有的是 i，这得看声母情况而定：照三组跟精组三等、日、喻四是 i，知组和照二组以及来母三等是 I。

2. 合口介音不分 u 和 w 两种，一律写作 w。陆志韦不同意高本汉把合口介音分为 u 和 w 两种，主张只保留一个 w 介音，认为高氏据《广韵》强分 u 和 w，不合《切韵》原貌，而且高氏的 u 和 w 没有区分音位的作用（按高氏拟音只有真 ĭwĕn：谆 ĭuĕn 的 w 和 u 有区别作用，但陆氏据《切韵》残卷把真谆合并了）。

取消了 u 介音后，陆志韦给喉牙唇的声母拟了一个表示辅音的撮口势的小 w。小 w 只出现于喉牙唇音声母的一等字和介音 I 之前，后面可以出现开口，也可以出现合口，它本身只是“假合口”。

3. 高本汉把一些重韵处理为长短音的分别。陆氏取消了长短音，他的韵母表中有几个韵主元音上有∨号，见于脂真臻蒸侵诸韵，但这个∨不代表短音，而是指从 ə 变来的弱元音，部位比 ə 更前。

陆志韦是最早在高本汉之后全面构拟《切韵》音系的学者，反映了《切韵》音系研究已经深入了一步，他研究了被高本汉忽视的问题，批判了高氏的一些错误主张，有许多成果为人所接受，但是有些问题也还没有解决好，如“假合口”声母问题、重纽问题、纯四等韵有无介音问题等，都有待于继续探讨。

（四）王静如的中古音拟测

王静如（1903—1990），河北省深泽县人，毕业于清华大学国学研究所，曾留学欧洲，1936 年回国。解放后先后任中国科学院考古研究所研究员、中国社会科学院民族研究所研究员，主要研究西夏语言文字，在三、四十年代也从事古代汉语语音研究，1930 年在史语所《集刊》第一本第三分发表《跋高本汉的上古中国音当时的几个问题并论冬蒸两部》，讨论某些上古韵部的音值问题，在中古音构拟方面，王静如也有一些独到见解。

1941 年，王静如在《燕京学报》第二十九期发表《论开合口》一文，讨论中古的开合口的音值及相关问题。文章认为高本汉合口分强（u）弱（w），从音理、韵图源流、现代方音来看都是很有根据的，但是哪些韵母是强合口，哪些韵母是弱合口，高氏的分配多不合韵书和方音、韵谱，又有自相矛盾的地方，“合口强弱之鉴定，应以音理，方音，韵书以及韵图演变之迹为主，未可有所偏重”。王氏所拟强合口 u 介音的韵有魂文灰三韵，主元音都是 ə，韵尾都是-n，-t，-i；一等韵歌寒介音为 u，泰唐为 w；冬模独韵，主元音为 o，合口之势强。文章接着讨论，二四等合口与唇化牙喉音。高本汉把纯二等韵和纯四等韵拟为 w，王氏认为理由不充分。纯四等韵开口唇齿舌牙喉俱全；合口只有牙喉音有字，唇舌齿音无字。于是假定纯四等牙喉音的合口由唇化牙喉音蜕变而来，多出一套唇化声母，把四等字全改为开口，这套唇化牙喉音声母可写为 q，q‘，ʁ，x，N（$=k^{w}$，$k^{w‘}$，$ɣ^{w}$，x^{w}，$ŋ^{w}$）。文章在讨论三四等合韵重出之唇音时认为重纽三等在隋唐通语中是弱合口或假合口，四等是开口，因为从反切系联看，重纽三等多以合口的字为切下字，四等多以开口的字为切下字，从谐声字看也是如此，此外，日本译音和现代方言也都存在这种分别。

在讨论重出之喉牙音及腭介音时，把重纽三等的牙喉音拟为唇化声母，介音拟为 I，音色较后略弘；把四等的牙喉音拟为正腭音，介音拟为 i，音色极细而前，并从日本汉字译音、高丽译音、现代方言和谐声字各方面加以论证。在此基础上，王氏对其他非重纽三等韵的介音大都拟为 I；祭则唇音为 i，牙音为 I；清幽庚三为 i，又根据声韵结合关系及其他材料，把喻三拟为 ʁ，喻四拟为辅音 j，影母以纯元音起首。文章最后讨论轻唇音变及唇音之性质。认为古唇音是一种撮口唇音，重唇变轻唇的条件是：撮口唇音加后介音 I，又加中后元音。

《论开合口》一文对中古汉语开合口等问题作声韵结合的全面研究，音值拟测有一定的参考价值。但把中古汉语的牙喉音声母构拟为唇化和普通两套，证据似嫌不足，把声母发音拟成三种圆唇成分（如 p^{w}，$p^{(u)}$，pw），发音上很难分辨，人为痕迹明显，此外，拟音的手续上有从中古音分配不平衡去推测上古音之嫌，把一些后代不同性质的语音现象看成是同一语音现象造成的音变，也缺乏必要的解释。

1948 年，王静如在《燕京学报》第三十五期发表《论古汉语之腭介音》，吸收了陆志韦《古音说略》和赵元任《中古汉语内部的语音区别》的研究成果，在《论开合口》一文的基础上，进一步研究中古三四等韵的腭介音的音值。文章认为马伯乐、陆志韦提出纯四等韵无腭介音是对的，但陆志韦提出纯四等韵后来因仿效作用产生腭介音，却不能合理地找出被仿效的音，仿效作用之前需要有一个重要音变。这个音变不能假定为声母腭化而产生 i 介音，因为如果腭化产生 i 介音，那么拼纯四等韵的端组、精组也应变为知组、照组、而端精二组只增加了 i 介音，声母没有腭化的痕迹；而且唇音不易腭化，而帮组拼纯四等也产生了 i 介音。要解释纯四等韵有 i 介音，只有在主元音上想办法。于是把纯四等韵主元音拟为 ε，后来元音分裂为 eε，再变为 iε。eε 变为 iε，是对音近的 iε 起了仿效作用。只有合理地解释清楚纯四等韵由无 i 介音到有 i 介音的过程，才能彻底推翻高本汉中古纯四等韵有 i 介音的说法。文章接着讨论重纽小韵及宋韵图分等，认为腭介音有强弱之分，重纽腭介音有强（i）和弱（I）两类。并举出强弱腭介音在安南高丽日本译音及方音的证据以及强弱腭介音在反切下字的证据。文章并认为强弱腭介音可解除上古舌音谐声及齿音谐声之困难。承认古有强弱介音，就能把照三组也都全拟成 t 等，在 i 介音前中古变成照三组，在i̯介音前变成中古知组三等。

《论古汉语之腭介音》一文对中古汉语三四等韵的腭介音问题作了比较全面系统的研究，具有一定的参考价值，可惜对大量例外现象缺乏充分解释。

（五）董同龢的中古音拟测

董同龢（1910—1963），江苏如皋人，毕业于清华大学，曾任中央研究院历史语言研究所研究员，台湾大学教授。对汉语的历史和现状都有精深的研究。

1945 年，董同龢在《六同别录》（后又载史语所《集刊》）上发表《广韵重纽试释》，首先论述重纽现象代表了两种不同韵母的对立，具有系统性，韵图置于三等的喉牙唇音是一类，置于四等的喉牙唇音跟舌齿音是一类。他接受高本汉的说法，认为三四等韵有两个 i

介音：i̯和 i，而纯四等韵是介音 i，所以重纽两类的不同不可能是介音的不同；从上古音看，“倒可以确定他们当是主要元音的不同。因为各韵的两类都是分从上古不同的韵部来的”。但是很难确定主元音的不同在何处，“暂时，我只求在写法上让他们分开：使 1 类（指韵图排在四等的喉牙唇音及舌齿音）韵母尽可能保持高本汉原来的写法，仅在必要时取消他的一些［ᵛ］号；2 类韵母则一律加一个［ᵛ］号以资区别”。董氏主张要区别重纽的音值，把重纽三四等的分别看成是主元音的区别，有重要的参考价值，尽管他声明ᵥ号不一定代表元音的开和松，但是这样拟测实际上破坏了同一个韵只能有一个主元音的原则。他所占的重纽资料也还不全面，例如他认为尤韵没有重纽，但《方言》卷五：“其大者谓之甌。”郭璞音义：“甌，恶牟反，亦音憂。”两读均为影母尤韵字，只能解释为重纽的不同，这说明尤韵喉音是有重纽的。其他资料说明中古尤韵牙音见溪群也有重纽。

1948 年，董同龢发表《上古音韵表稿》（载史语所《集刊》第十八本，原文曾于 1944 年石印出版，1948 年发表时有修改），对高本汉的中古音构拟曾经做了不少修正。1954 年在台北出版《中国语音史》，1968 年台北广文书局出版了他的遗作《汉语音韵学》，对中古音做出了的全面构拟。下面简要介绍《汉语音韵学》中所构拟的中古音系。

董同龢所构拟的《切韵》音系的声母音值是：

		全清	次清	全浊	次浊	全清	全浊
唇音：		帮 p	滂 p‘	並 b‘	明 m		
舌音：	舌头	端 t	透 t‘	定 d‘	泥娘 n		
	舌上	知 ȶ	彻 ȶ‘	澄 ȡ‘			
齿音：	齿头	精 ts	清 ts‘	从 dz‘		心 s	邪 z
	正齿	照二 tʃ	穿二 tʃ‘	床二 dʒ‘		审二 ʃ	禅二 ʒ
		照三 tɕ	穿三 tɕ‘	床三 dʑ‘		审三 ɕ	禅 ʑ
牙音：		见 k	溪 k‘	群 g‘	疑 ŋ		
喉音：		影 ʔ	晓 x(h)	匣 ɣ(ɦ)	喻三 ɣ(j) 喻四〇		
半舌：					来 l		
半齿：					日 ȵ		

跟高本汉构拟的音值相比，董同龢的构拟有以下几点不同：

1. 把高氏照二、穿二、床二、审二的音值 ʈʂ，ʈʂʻ，ɖʐʻ，ʂ分别构拟为 tʃ、tʃʻ、dʒʻ、ʃ，跟陆志韦相同，是采纳了陆氏的意见，他又认为照二在一些现代方言中比较接近精系，所以拟为舌尖舌面混合音。

2. 分出了禅二，也就是俟母。在《广韵重纽试释》中董氏就不同意把禅二看做是床母字，因为《切韵》残卷、王仁煦《刊谬补缺切韵》等早期《切韵》系韵书平声之韵“茬：漦”和上声止韵“士：俟”对立，《切韵》残卷中这两组小韵的每一组之间也都不同反切，可以肯定“漦俟”绝非床二。到了《汉语音韵学》，董氏进一步处理为禅二，至于“士俟”同音，那应当是中古后期的变化。

3. 把高氏给日母拟的鼻塞擦音 nʑ 改为 ȵ。日母在字母为次浊，声调变化也跟明泥来等次浊声母同；它不可能是浊擦音，因为浊擦音是全浊，全浊现代多与去混。日母是鼻音，字母又是“半齿”，可以订为舌面鼻音，这也可以合理地解释从中古到现代方言的发展。

4. 认为把晓拟为 x 或 h，把匣拟为 ɣ 或 ɦ 均可。因为中古字母不能决定晓必是 x，匣必是 ɣ；据现代方言，这两个声母中古是 h 与 ɦ 或 x 与 ɣ 都是可能的。

5. 把喻三并到匣母，同于罗常培。为表明其特性，单独标写喻三时，把介音 j 附在 ɣ 后。

董同龢构拟的《切韵》音系韵母的音值是：

		一等	二等	三等甲	三等乙	三等丙	三等丁	四等
通摄		东 uŋ	—	—	—	东 juŋ	—	—
		冬 uoŋ	—	—	—	钟 juoŋ	—	—
江摄		—	江 ɔŋ	—	—	—	—	—
止摄	开	—	—	—	支 jĕ	—	支 je	—
	合	—	—	—	支 juĕ	—	支 jue	—
	开	—	—	—	脂 jĕi	—	脂 jei	—
	合	—	—	—	脂 juĕi	—	脂 juei	—
	开	—	—	—	—	之 i	—	—
	开	—	—	微 jəi	—	—	—	—
	合	—	—	微 juəi	—	—	—	—

遇摄	开	模 uo	—	—	—	鱼 jo	—	—
	合	—	—	—	—	虞 juo	—	—
蟹摄	开	咍 Ai	皆 ɐi	废 jɐi	—	—	—	齐 iɛi
	合	灰 uAi	皆 uɐi	废 juɐi	—	—	—	齐 juɛi
	开	泰 ɑi	佳 æi	—	祭 jæ̆i	—	祭 jæi	—
	合	泰 uɑi	佳 uæi	—	祭 juæ̆i	—	祭 juæi	—
	开	—	夬 ai	—	—	—	—	—
	合	—	夬 uai	—	—	—	—	—
臻摄	开	痕 ən	臻(j)en	欣 jən	—	—	—	—
	合	魂 uən	—	文 juən	—	—	—	—
	开	—	—	—	真 jĕn	—	真 jen	—
	合	—	—	—	谆 juĕn	—	谆 juen	—
山摄	开	寒 ɑn	删 an	元 jɐn	—	—	—	先 iɛn
	合	桓 uɑn	删 uan	元 juɐn	—	—	—	先 iuɛn
	开	—	山 æn	—	仙 jæ̆n	—	仙 jæn	—
	合	—	山 uæn	—	仙 juæ̆n	—	仙 juæn	—
效摄		豪 ɑu	肴 au	—	宵 jæ̆u	—	宵 jæu	萧 iɛu
果摄	开	歌 ɑ	—	—	—	歌 jɑ	—	—
	合	戈 uɑ	—	—	—	戈 juɑ	—	—
假摄	开	—	麻 a	—	—	麻 ja	—	—
	合	—	麻 ua	—	—	—	—	—
宕摄	开	唐 ɑŋ	—	—	—	阳 jɑŋ	—	—
	合	唐 uɑŋ	—	—	—	阳 juɑŋ	—	—
梗摄	开	—	庚 ɐŋ	—	—	庚 jɐŋ	清 jɛŋ	青 ieŋ
	合	—	庚 uɐŋ	—	—	庚 juɐŋ	清 juɛŋ	青 iueŋ
	开	—	耕 æŋ	—	—	—	—	—
	合	—	耕 uæŋ	—	—	—	—	—
曾摄	开	登 əŋ	—	—	—	—	蒸 jəŋ	—
	合	登 uəŋ	—	—	—	—	职 juək	—
流摄		侯 u				尤 ju	幽 jəu	—

咸摄	开	覃 Am	咸 ɐm	严 jɐm	—	盐 jæm	—	添 iɛm
		谈 ɑm	衔 am	—	—	—	—	—
	合	—	—	凡 juɐm	—	—	—	—
深摄		—	—	—	(侵 jĕm)	—	侵 jem	—

董氏把三等韵分成四种："三等甲"是纯三等而唇音后来变轻唇音的，主元音偏央；"三等乙"是纯三等韵而后来保持重唇的，其实就是重纽韵中喉牙唇音韵图置三等的，主元音近于甲类；"三等丙"是普通三等韵，主元音是普通三等元音；"三等丁"是喉牙唇音韵图置四等以及舌齿音的那一类韵母，还有清韵幽韵，主元音的性质或者与丙类一样。

董氏所构拟的中古韵母系统跟高本汉最大的不同是：

1. 分辨了重纽，但是重纽音值的区分还没有完全解决。

2. 取消了高氏元音分长短的办法，把重韵处理为元音音色的不同。跟陆志韦的办法相近，实际上董氏在《上古音韵表稿》中就已提出取消元音分长短的构拟办法。

3. 取消了高氏合口介音分强弱的办法，合口介音只保留一套，同于陆志韦。但陆氏拟作 w，董氏拟作 u。

4. 一些韵的分合不同。臻韵董氏以为可以并入真韵，韵书独立成韵，恐怕是介音 j 不显著的缘故。歌韵本无开口三等，董氏以为歌韵后来有开三，拟了一个 jɑ。盐韵的影母字有两套，韵图分置三四等，董氏把重见的一类暂时并入严韵。

5. 高本汉除了有 j 化声母外，还给三等韵拟一个介音 ĭ，董氏取消 j 化声母，给三等韵拟一个辅音性的 j，这个 j 舌位较高，中古时已使声母颚化。

董氏的拟音使中古音的构拟前进了一步，但也有不足之处。例如纯四等韵的主元音都拟作 ɛ，只有青韵是 e，反而把三等的清韵拟作 ɛ。三等韵只有清韵主元音是 ɛ。董同龢解释说："耕清青分居二三四等，而韵又不同，则拟为前元音 æ，ɛ，e（不能拟作 a，æ，ɛ；因为他们的变化不与山蟹诸摄同）。"理由似不够充足。

（六）周法高的中古音拟测

周法高（1915—1993），字子范，江苏东台人。1941 年毕业于北京大学文科研究所，获中国语言学硕士学位。历任中央研究院历史语言研究所研究员，后又任香港中文大学、台湾东海大学等校教授。在中古音研究方面有系统的音值拟测。

1945 年，周法高在《六同别录》（后又载史语所《集刊》）发表《广韵重纽的研究》《切韵鱼虞之音读及其流变》《说平仄》三篇涉及中古音拟测的论文。

《广韵重纽的研究》全面研究中古重纽韵的特点及分类，证明中古音中确实存在着重纽韵母语音上的区别，并尝试给有重纽区别的两类韵母拟测音值。跟董同龢一样，周氏也把重纽韵母的不同看成是主元音的差别，他把重纽韵母分成 AB 两类，定义是：

> 当切语下字分做二类（或者三类，按照各种标准合并成二类）的时候，B 类多出现于喉（影，喻$_{以}$，喻$_{云}$，晓），牙（见，溪，群，疑），唇（帮，滂，並，明），其喉，牙，唇音，在韵图(《韵镜》《七音略》）列于三等。A 类就没有这种限制；其喉，牙，唇音在韵图上列于四等。

他根据高本汉《中国音韵学研究》的《方言字汇》，再参考其他资料，把 A 类的主元音拟得开口度小一点，B 类的主元音拟得开口度大一点：支 A e̯ B ɛ̯，脂 A i B I，真（谆），A ĕ B ɛ̆，仙 A ɛ B æ，宵 A ɛ B æ，侵 A ĕ B e，盐 A ɛ B æ。如果祭韵需划分，则 A ɛ B æ。

《切韵鱼虞之音读及其流变》继罗常培《切韵鱼虞之音值及其所据方音考》之后提出新的拟测方案，探讨了鱼虞的流变。高本汉把鱼拟测为 ĭwo，虞是 ĭu，模是 uo，周氏从华梵对音、南北朝韵文和高丽、安南译音等方面证明高氏拟音不当，又根据上古音、方音、梵汉译音，认为鱼的主元音是 ɔ。又认为鱼是开口，不是合口，因此把鱼拟为 ĭo（实即 ĭɔ，因没有别的作 ĭo 的韵跟它对立，故写作 ĭo）。从高丽音、梵文译音、安南音、福州、汕头、广州、太谷等方音来说，都显示虞韵古代有 o 元音，故拟为 ĭwo。周氏还讨论了鱼虞二韵在现代方言的演变。周氏的拟音跟罗常培有所不同，罗氏只是取消高氏鱼韵的合口，拟作 io；虞韵周氏拟成 ĭwo，跟高本汉、罗常培都不同。

《说平仄》论证唐初甚或较早的时候汉语四声中平仄有长短的区别，四声的分别主要也许还是高低，不过长短的区别也不失为一个因素，平声音长，仄声音短。主要证据是唐初和尚翻译梵文时，用上去入翻译梵文的短音，用平声翻译梵文的长音。现代保存古入声的方言，入声都比较短促；现代方言虽以高低作为区别调类的主要因素，但是有些方言的调类（不计入声）也可以觉察出有长短的分别。

在《六同别录》中，周法高还发表《梵文ṭḍ的对音》（后又载史语所《集刊》外编第三种），重点研究用来母字对译梵文舌音的问题。把宋以前的译音分为三期：隋前是第一期，以鸠摩罗什为代表；唐初叶为第二期，以玄奘为代表；唐中叶至宋初为第三期，以不空为代表。来母字在早期译音中可以对译梵文ṭ，ṭh，ḍ，ḍh。梵文ṭ等相当于ʈ等，汉语没这一类音，所以除用知组对译外，还借用来母，因为来母的l音略有卷舌作用。

1948年，周法高在史语所《集刊》第十九本发表《古音中的三等韵兼论古音的写法》，在他本人的《广韵重纽的研究》的基础上，继续探讨了中古三等韵的音值，并且全面构拟了《切韵》音系的声母和韵母系统。

1968年，周法高在香港《中国文化研究所学报》第一卷发表《论切韵音》；1970年又在该刊第三卷第二期发表《论上古音和切韵音》。两篇文章都对《切韵》音系有详细的构拟，内容变化不大。下面列出《论切韵音》的构拟系统，周氏系统出现较晚，因此能够吸收前人的一些研究成果。

周法高的《〈切韵〉声母表》是：

	全清	次清	全浊	次浊	次浊	全清	全浊	次浊	次浊
唇音	帮 p	滂 p‘	並 b	明 m					
舌头音	端 t	透 t‘	定 d	泥 n	来 l				
舌上音	知 ṭ	彻 ṭ‘	澄 ḍ	娘 ṇ					
齿头音	精 ts	清 ts‘	从 dz			心 s	邪 z		
正齿音二等	照$_{庄}$tṣ	穿$_{初}$tṣ‘	床$_{崇}$dẓ			审$_{生}$ṣ			
正齿音三等	照$_{章}$tɕ	穿$_{昌}$tɕ‘	床$_{船}$dʑ	日 ȵ		审 ɕ	禅 ʑ		
牙音	见 k	溪 k‘	群 g	疑 ŋ		晓 x	匣 ɣ		
喉音	影 ʔ							喻$_{云}$j	喻$_{以}$O

表中知组、照二组都是齿上音，照三组和喻三都是前腭音。

周法高的《〈切韵〉韵母拟音表》是：

外转		内转	
	果假摄		遇摄
一等	歌 ɑ，戈 uɑ	一等	模 uo
二等	麻二 a，ua		
三等	戈三 iɑ，iuɑ；麻三 ia，iua	三等	鱼 io，虞 iuo
	蟹摄		止摄
一等	泰 ɑi，uɑi；咍 əi，灰 uəi		
二等	夬 ai，uai；佳 æi，uæi；皆 ɛi，uɛi		
三等	祭 B iai，iuai；祭 A iæi，iuæi；废 iɑi，iuɑi	三等	支 B ie，iue，支 A iɪ，iuɪ；脂 B iei，iuei，脂 A iɪi，iuɪi；之 i；微 iəi，iuəi
四等	齐 iɛi，iuɛi		
	效摄		流摄
一等	豪 ɑu	一等	侯 əu
二等	肴 au		
三等	宵 B iau，宵 A iæu	三等	幽 B ieu，幽 A iɪu，尤 iəu
四等	萧 iɛu		
	咸摄		深摄
一等	谈 ɑm，覃 əm		
二等	衔 am，咸 æm		
三等	盐 B iam，盐 A iæm 严 iɑm，凡 iuɑm	三等	侵 B iem，侵 A iɪm
四等	添 iɛm		
	山摄		臻摄
一等	寒 ɑn，桓 uɑn	一等	痕 ən，魂 uən
二等	山 an，uan；删 æn，uæn	二等	臻 ien
三等	仙 B ian，iuan，仙 A iæn，iuæn，元 iɑn，iuɑn	三等	真 B ien，iuen；真 A iɪn；谆 iuɪn；欣 iən，文 iuən
四等	先 iɛn，iuɛn		
	宕梗摄		曾摄
一等	唐 ɑŋ，uɑŋ	一等	登 əŋ

二等　庚二 aŋ，uaŋ；耕 æŋ，uæŋ

三等　庚三 iaŋ，iuaŋ；清 iæŋ，iuæŋ　　三等　蒸 ieŋ

阳 iɑŋ，iuɑŋ

四等　青 iɛŋ，iuɛŋ

江摄　　　　　　　　通摄

一等　东一 uŋ；冬 uoŋ

二等　江 ɔŋ

三等　东三 iuŋ；钟 iuoŋ

（七）李荣的中古音拟测

李荣（1920—2002），浙江温岭人，毕业于西南联合大学。中国社会科学院语言研究所研究员。他的《切韵音系》（科学出版社，1956 年）一书根据故宫博物院影印的唐写本《王仁昫刊谬补缺切韵》，全面深入地研究了《切韵》所代表的中古音系，对《切韵》音系重新作了全面构拟。

《切韵音系》的《切韵声母表》如下：

帮组	帮 p	滂 pʻ	並 b	明 m				
端组	端 t	透 tʻ	定 d	泥 n				来 l
知组	知 t̂	彻 t̂ʻ	澄 d̂					
精组	精 ts	清 tsʻ	从 dz		心 s	邪 z		
庄组	庄 tṣ	初 tṣʻ	崇 dẓ		生 ṣ	俟 ẓ		
章组	章 tś	昌 tśʻ	船 dź		书 ś	常 ź		
日组				日 ń				
见组	见 k	溪 kʻ	群 g	疑 ŋ	晓 x	匣 ɣ	影 ʔ	喻 O

这一声母系统对于高本汉有五点修正：

1. 取消了高氏的 j 化声母，把 j 化声母并入单纯声母。李荣认为，j 化说在方言里头没有根据。而且高本汉认为强的元音性的 i 介音前头的声母不 j 化，弱的辅音性的 ɪ 介音前头的声母反而能 j 化，是和音理矛盾的。高本汉主张 j 化所依据的反切是有限的，反切上字分组的趋势没有高氏所说的那么简单，如果全面研究整部韵书的反切，就能发现 j 化说根本无法解释反切上字分组的趋势。

2. 把并定澄从崇船群七个浊塞改为不送气。李荣把高本汉将上述七个声母拟为送气浊音的理由归结为五点，论证这些理由全是有问题的，又从梵文字母的汉字对音、龙州壮语汉语借字和广西瑶族唱的汉歌中证明这七个声母在中古是不送气的。

3. 把高本汉给日母拟的ńź改拟为 ń。从梵文字母对音看，唐代和尚善无畏译音（724）以前都用日母对 ña（ñ = ń），不空译音（771）以后才用娘字对译 ña，可见《切韵》日母是 ń。李荣把 j 化说否定掉，又从浙江温岭话证明 ni 和 ȵi 可以同时并存；反切中有时也有泥母和日母相混的现象；日母字的调类的演变跟明泥疑三母同，跟船常两母不同。更能证明日母为 ń。

4. 从崇母分出“俟，漦”两个小韵，独立为俟母，是跟崇母相配的浊摩擦音。俟母独立，跟董同龢的意见相同。董氏拟作 ʒ，李荣拟作 ẓ。

5. 知庄两组的发音部位可能同是舌叶音。他认为，高本汉把知组拟为舌面音ȶ（ = ȶ），是他当时认为二等韵有微弱的 i 介音，后来取消了，舌面音的说法便有困难。罗常培拟为卷舌音 ʈ，庄组拟为 tʂ，跟 i 介音拼合在部位上有困难。于是假定知庄两组发音部位近于舌叶音 ʃ，可避免知庄两组拟为舌面音和卷舌音两种说法的困难，也可以解释好梵汉对音现象。这样，庄组各母分别拟为 tʃ，tʃ‘，dʒ，ʃ，ʒ，跟陆志韦、董同龢所拟庄组发音部位同；知组三母则都拟为舌叶塞音，在通用的国际音标表中没有适当的符号。

《切韵音系》所构拟的韵母系统如下：

摄	一	二	子	丑	寅 A	寅 B	四
	开 口						
止			微 iəi	之 iə	支 ie 脂 i	支 je 脂 ji	
蟹	泰 âi 咍 ɐ̂i	夬 ai 佳 ä 皆 äi	废 iɐi	海 i ɐ̂i 齐 iei	祭 iäi	祭 jäi	齐 ei
臻	痕 ən		殷 iən		真 iĕn 臻 iĕn	真 jĕn	

续表

摄	一	二	子	丑	寅 A	寅 B	四
	合口						
山	寒ân	删 an 山 än	元 iɐn		仙 iän	仙 jän	先 en
果	歌â			歌 iâ			
假		麻 a		麻 ia			
宕	唐âŋ			阳 iaŋ			
曾	登 əŋ			蒸 iəŋ			
梗		庚 ɐŋ 耕 äŋ	庚 iɐŋ	清 iäŋ			青 eŋ
	独韵						
通	东 uŋ 冬 oŋ			东 iuŋ 钟 ioŋ			
江		江 åŋ					
遇	模 o			虞 io 鱼 iå			
效	豪 âu	肴 au			宵 iäu	宵 jäi	萧 eu
流	侯 u			尤 iu 幽 iĕu			
深					侵 iəm	侵 jəm	
咸	谈âm 覃ɐ̂m	衔 am 咸 ɐm	严 iɐm 凡 iuɐm		盐 iäm	盐 jäm	添 em
			微 iuəi		支 iue 脂 ui	支 jue 脂 jui	
	泰 uâi 灰 uɐ̂i	夬 uai 佳 uä 皆 uäi	废 iuɐi		祭 iuäi	祭 juäi	齐 uei
	魂 uən		文 iuən		真 iuĕn	真 juĕn	
	寒 uân	删 uan 山 uän	元 iuɐn		仙 iuän	仙 juän	先 uen
	歌 uâ			歌 iuâ			
		麻 ua					
	唐 uâŋ			阳 iuaŋ			
	登 uəŋ			职 iuək			
		庚 uɐŋ 耕 uäŋ	庚 iuɐŋ	清 iuäŋ			青 ueŋ

李荣把三等韵分成子丑寅三类："子类韵"的韵母所属字韵图全部排在三等；"丑类韵"的韵母所属字韵图有二十二个声母排在三等，但照二（庄）组排在二等，精组和喻四（羊）排在四等；"寅类韵"就是有重纽的韵。"寅类韵"分为两小类：A类包括所有的舌齿音和韵图放在四等的唇牙喉音，相当于丑类少俟匣（即喻三）两母，B类包括韵图放在三等的唇牙喉音，相当于子类。

《切韵音系》对韵母构拟作了如下的探讨：

1. 四等没有i介音；三等的i介音不必写作ĭ。李荣认为，如果假定一二四等全无i介音，四等主元音是e，三等有i介音，就可以把反切分组的趋势、声韵配合的情形，方言的音变都解释清楚。既然只有三等有i介音，就不必再写作ĭ。

2. 论证四等韵的主元音是e。这跟高本汉给四等韵拟的主元音是相同的，只是取消了高氏给四等拟的i介音。李荣指出，从东晋法显到唐地婆诃罗全都是用四等韵去对译梵文的e。

3. 独韵除严凡外，没有开合对立，所以没有合口介音，主元音可以是不圆唇元音，也可以是u等圆唇元音。李荣认为严凡的开合对立是可疑的。取消高本汉给独韵所拟的合口介音，不但能解释现代方言的演变，而且还能解释《切韵》音系声韵配合的情形。开合韵中，唇音字中的开合韵也是独韵，唇音字相配的开合口不分韵的字一律处理为开口。他也不同意高本汉把合口介音分为w和u，把合口都拟为u介音。

4. 认为重韵的区别是音质不同，不是长短音的不同；除哈佳两韵外，采纳了董同龢对一二等重韵的构拟。有重纽的各韵，只作类的区别，一类的介音写作i，另一类写作j。此外，根据上古韵部、六朝韵文、现代方言和梵汉译音等方面的资料对高本汉一些韵母的拟音都做了修正，就不一一列举了。

关于《切韵》音系的声调，李荣提出"四声三调说"，他列出的《切韵》音系调类跟韵母的关系如下表：

调类	没有辅音韵尾的韵母	收-m，-n，-ŋ的韵母	收-p，-t，-k的韵母
一	平	平	
二	上	上	
三	去	去	入

主要特点是认为去声和入声只有一个调位，乐调是一样的，只是

去声和入声韵尾不同，去声收浊音，入声收清音，认为这个假设可以帮助我们了解去声和入声在历史上的关系何以特别密切，其证据有安南译音，龙州壮语汉语借字、广西瑶歌和汉语方言中保存古音性质最多的粤语、闽语、吴语，这些材料中去声和入声的调值常常符合。

（八）李方桂的中古音拟测

李方桂（1902—1987），山西昔阳人。1928 年获美国芝加哥大学语言学博士学位。回国后任中央研究院历史语言研究所研究员。1946 年后长期定居美国。他是我国现代语言学的开拓者之一，在汉藏诸语言研究方面有一系列开创性贡献。《上古音研究》是他据在台北台湾大学 1968 年夏天的讲演稿整理而成的专著，1980 年商务印书馆出版了这部书，虽是讨论上古音的专著，也有他构拟的中古音系统。

《上古音研究》所列的中古声母系统如下：

帮 p	滂 ph	並 b	明 m		
端 t	透 th	定 d	泥 n		来 l
知 ṭ	彻 ṭh	澄 ḍ	娘 ṇ		
精 ts	清 tsh	從 dz		心 s	邪 z
照二 tṣ	穿二 tṣh	床二 dẓ		审二 ṣ	
照三 tś	穿三 tśh	床三 dź	日 ńź	审三 ś	禅 ź
见 k	溪 kh	群 g	疑 ng	晓 x	匣 ɣ
影 ·	喻三 j	喻四 ji			

这个系统对高本汉的系统有一些改造的地方：

1. 把高本汉的浊塞音和浊塞擦音声母都拟成是不送气的。

2. 不同意高本汉把知彻澄娘拟为舌面前塞音和舌面前鼻音的主张（即ȶ，ȶʻ，ȡ，ȵ），采用罗常培之说拟成卷舌音（即ʈ等）。

3. 认为《切韵》时代以前喻三也许可以归匣，但隋唐时代喻三已与匣母分离而近乎喻四了。暂时采取区分重纽三四等的办法区分喻三（j）和喻四（ji）。

《上古音研究》所列的中古韵母系统基本上采用了高本汉的系统而稍作调整，列表如下：

	一等	二等	三等（及重纽四等）	四等
果摄开	歌 â	麻 a	麻 ja，戈 jâ	—
合	戈 uâ	麻 wa	戈 juâ	—

遇摄	模 uo	—	鱼 jwo	—
	—	—	虞 ju	—
蟹摄开	咍 ậi	皆 ǎi	祭 jäi (jiäi)	齐 iei
合	灰 uậi	皆 wǎi	祭 jwäi (jwiäi)	齐 iwei
开	泰 âi	夬 ai	废 jɐi	—
合	泰 wâi	夬 wai	废 jwɐi	—
开	—	佳 aï	—	—
合	—	佳 waï	—	—
止摄开	—	—	支 jě (jiě)	—
合	—	—	支 jwě (jwiě)	—
开	—	—	脂 ji, i (i)	—
合	—	—	脂 jwi, wi (wi)	—
开	—	—	之 ï	—
开	—	—	微 jěi	—
合	—	—	微 jwěi	—
效摄	豪 âu	肴 au	宵 jäu (jiäu)	萧 ieu
流摄	侯 ə̂u	—	尤 jə̆u	—
	—	—	幽 jiə̆u	—
咸摄	谈 âm	衔 am	盐 jäm (jiäm)	添 iem
	覃 ậm	咸 ǎm	严 jɐm	—
	—	—	凡 jwɐm	—
深摄	—	—	侵 jəm (jiəm)	—
山摄开	寒 ân	删 an	仙 jän (jiän)	先 ien
合	桓 uân	删 wan	仙 jwän (jwiän)	先 iwen
开	—	山 ǎn	元 jɐn	—
合	—	山 wǎn	元 jwɐn	—
臻摄开	痕 ən	—	臻 jen	—
合	魂 uən	—	—	—
开	—	—	真 jěn (jiěn)	—
合	—	—	谆 juěn (juiěn)	—
开	—	—	欣 jən	—
合	—	—	文 juən	—
宕摄开	唐 âng	—	阳 jang	—
合	唐 wâng	—	阳 jwang	—
梗摄开	—	庚 ɐng	庚 jɐng	青 ieng
合	—	庚 wɐng	庚 jwɐng	青 iweng
开	—	耕 ɛng	清 jäng	—
合	—	耕 wɛng	清 jwäng	—

曾摄	开登 əng	—	蒸 jəng	—
	合登 wəng	—	职 jwək	—
通摄	东 ung	—	东 jung	—
	冬 uong	—	钟 jwong	—
江摄	—	江 ång	—	—

对高本汉韵母系统的调整主要有：

1. 有几个韵的音值高本汉没有解决，在写法上也没有分辨出来。脂之两韵高本汉都写作 i，李方桂为区别起见，把脂写作 i，之写作 ï；佳夬两韵高本汉都写作 ai，李方桂为区别起见，把夬写作 ai，把佳写作 aï。

2. 高本汉不区分三等韵的重纽部分，李方桂把放在三等的喉牙唇音拟成 j 介音，把放在四等的喉牙唇音写成 ji 介音（只有脂韵重纽四等写成 i 介音，因为三等已写成 ji 介音）。

3. 除了分辨重纽外，戈韵拟了一个开口三等 jâ；真韵的合口并入了谆韵重纽三等。高本汉《汉语分析字典》有戈韵三等，但写法跟麻三同。李方桂和其他中国学者一样把戈麻的开三在写法上分辨出来。

对中古的语音系统进行拟音的还有不少学者，除了王力的中古拟音将放到后面介绍外，限于篇幅，其他各家就不一一介绍了。

六、上古音的拟测

上古音拟测没有中古音拟测的成绩大，材料的限制是一个重要因素。上古的声母、主要元音、介音、韵尾和声调等语音成分的拟测都存在着不小的分歧，但是也有不少地方大家逐步有了趋于一致的结论。下面摘要加以叙述。

（一）林语堂的上古音拟测

林语堂（1895—1976），原名玉堂，福建龙溪人。1919 年起先后赴美国、德国研究语言学，获哈佛大学硕士、莱比锡大学博士学位。后曾在北京大学、北京女子师范大学、厦门大学等校任教。林氏是我国著名现代作家，他二三十年代曾研究上古音，对上古音拟测有一定的贡献。

1923 年，林语堂在《国学季刊》1 卷 3 期发表《读汪荣宝〈歌戈鱼虞模古读考〉书后》；1924 年 3 月 16 日在《晨报》副刊第五十六号发表《再论歌戈鱼虞模古读》。这两篇文章都是讨论歌戈鱼虞模的古读的，认为歌戈古读长 a，麻古读短 a，支古读 ia；鱼虞模古读开 o（＝ɔ:），都有一定的启发性，但论证还是比较粗疏的。

1924 年 12 月 1 日林语堂在《晨报六周年纪念增刊》发表《古有复辅音说》，这是国内第一篇论证古代有复辅音声母的论文。林语堂认为，研究古代有没有复辅音声母，途径大略可以分为四条：

> 第一，寻求今日俗语中所保存复辅音的遗迹，或寻求书中所载古时俗语之遗迹。第二，由字之读音或借用上推测。第三，由字之谐声现象研究，如 p，t，k 母与 l 母的字互相得声（如“路”以“各”得声而读如“路”）。第四，由印度支那系中的语言做比较的工夫，求能证实中原音声也有复辅音的材料。最可惜的就是，除去一条暹罗语中 klong（意为一卷，一圆筒）能证明中国语“孔—窟窿—孔寵”的关系以外，未能多引例证；此外如汉朝经音家直接的证据也是一条无有，但是汉朝实已太迟了，要听我们老祖宗说南蛮鴂舌的话，非远超周秦而上不可。

为了证明古有复辅音，林语堂对几个叠韵语作了较详尽的分析。例如“孔”有“窟笼”和“孔寵”“孔笼”等叠韵语。他认为音变程式是 klung > k‘-ulung > k‘unglung，先由单音歧分为双音，故 klung 最早。k‘u-lung 和 k‘unglung 哪一个是由 klung 直接歧分来的？林氏分析说，中国好用叠韵语，非叠韵语可以变成叠韵，而已成叠韵的似乎不容易把此重叠之韵失去，所以应是 k‘ulung > k‘unglung（窟笼 > 孔寵），而不是 k‘unglung > k‘ulung（孔寵 > 窟笼）。他解释说，不能认为凡是叠韵字都是从复辅音歧分来的。但是后代有叠韵语和非叠韵语同时并存的现象，甚至同一方言中就可以这样。林氏指出，同一韵变的转语可以同时并存，同一方言中“孔寵”和“窟笼”同时可以使用，不能拘泥于文字。

林语堂罗列的复辅音证据相当多，有古今俗语的关于 kl-（gl-）音的如，孔：窟笼；角：矻落；圈：窟挛；关于 pl-（bl-）音的如，笔：不律；貍：不来；风：孛缆；关于 tl-（dl-）音的如，团：突栾；螳：突郎；顶：滴顸。有读音及异文的，如“綦”有音来、音部二读；《左传》“公次于滑”《公羊传》《谷梁传》作“公次于郎”；《左传》《公羊传》“及齐师战于奚”《谷梁传》作“及齐师战于郎”，《春秋》诸传屡有一字代双音地名的，如郏：郏娄。有谐声字的，如，裸：果；路洛略赂：各；篮滥：监；隆：降；凉谅：京；懔廪：稟；陸：睦；戮廖寥：缪；龍：童。

林语堂对上古复辅音的研究还是初步的，他所列举的材料还不能证明上古汉语必然有复辅音；但是他提出研究古代复辅音的四条途径，以及古有 pl，tl，kl 一类的复辅音，得到了不少学者的赞同。我们须知，得到不少学者赞同的观点，不一定就是真理。

林语堂还有一些论及上古音值的文章。1930 年在史语所《集刊》二本二分发表的《支脂之三部古读考》，把之部的之咍分别拟为 ü 和 eü（ü = y）；脂部平声拟为 i，上声拟为 e；支韵来自歌部的拟为 ia，来自支部的拟为 iǎ，来自脂部的拟作 ie。他还批判了高本汉上古之部收 g 的主张。他 1933 年出版的论文集《语言学论丛》（开明书店）还载有《古音中已遗失的声母》，把喻四上古音拟为 j（即英文 June，July 的首音，也就是 dʒ），与庄组同类，但证据不够充分。《燕齐鲁卫阳声转变考》论证燕赵齐鲁寒入模（-an > -o），燕齐鲁卫中山仙入支，真入脂，谆文欣魂入微灰（iǎn > iǎ，iən > ɛ，uən > uɛ）。《左传真伪与上古方音》中也有上古音值的讨论。

（二）李方桂的上古音拟测

李方桂在上古音拟测方面作出了杰出贡献。他在三十年代发表过三篇讨论上古韵部拟测及其演变的论文，对高本汉上古韵部的拟音提出不同意见。

《切韵 â 的来源》于 1931 年发表于史语所《集刊》第三本第一分，文章通过《诗经》押韵和上古谐声字所反映出的韵部情况，跟高本汉所构拟的《切韵》韵母作比较，运用内部拟测法，为上古汉语部分韵部构拟了 â 和 ə 两个主元音，中古的 â 分别来自这两个主元音。文章首先论证上古有一个 â（ɑ）。《切韵》音系的 â，a，ä（ɛ），e（ẹ）元音的字在《诗经》中常常押韵，也互相谐声，这些字的主元音上古只能是 â，中古的 ä 和 e（分别只见于中古三等和四等）是受同化作用产生的，ǐa- > ǐä-，ia > ie。文章接着论证上古有一个 ə。《切韵》音系另一种 â 在《诗经》和谐声字中常常和含有 ə，i，u 的字交涉，不跟第一种 â 相混。这种 â 是从上古 ə 来的，印欧语中就有 ə 变 a 的例子；

《切韵》里有些韵还保留 ə，保留 ə 还是变 â 是有极清楚的规则的。在论证了《切韵》的 â 有两个来源之后，分别讨论了歌戈唐铎寒桓曷末谈盍泰豪（一部分）从上古 â 变来的 â 和咍灰（一部分）豪（一部分）覃合从上古 ə 变来的 â。最后列出上古 ə，â 音变总表。

李方桂在这篇文章中对高本汉《上古中国音当中的几个问题》和林语堂《支脂之三部古读考》两文的一些构拟提出商榷，提出："我觉得押韵的字他的主要元音是最重要的，韵尾还在其次。现在韵尾虽有些相似，元音差的太多，押韵是不可能。"这是符合汉语韵文用韵传统的理论。他给上古拟的 ə 给后人很大启发。

《东冬屋沃之上古音》（英文）于 1932 年发表在史语所《集刊》第三本第三分，对高本汉的一些拟测提出不同意见，希望能解决圆唇元音，特别是《切韵》东冬钟江屋沃烛觉等韵的上古音值问题。文章首先论证东部和冬部的古音值，认为东一和钟江上古同部，所以把它们的上古音分别拟为 ong，i̭ong，ɑ̊ng。高本汉把东一拟作 ong，东三拟作 iong，冬拟作 uong，钟拟作 iwong，这是把上古东冬二部搞混淆了。李氏又认为东三和冬上古同部，不跟江韵押韵，所以东三和冬上古音分别拟作i̭uəng，ung。高本汉把蒸部的东三拟为i̭ung，不妥当。因为蒸部的东三不同上古冬部押韵。文章接着讨论屋部和觉部的古音值，认为屋一和烛觉上古同部，跟东部有平行关系，跟屋三和沃不同部，所以把这三韵的上古音分别拟为 ok，i̭ok，ɑ̊k。沃和屋三是同一部，跟冬部有平行关系，所以这两韵的上古音分别拟为 uk，i̭uk。高本汉把沃屋一屋三烛的主元音都拟成 o，不能解释屋觉分部。在《切韵 â 的来源》一文中李氏把之部尤韵拟为开口的i̭əg，经过高氏批评，决定改拟为合口i̭uəg，之部合口三等因为轻重读的位置不同而发展成《切韵》的两个韵：-i̭úəg > -i̭uu > -i̭əu 尤，-i̭uə́g- > -i̭uəi > wi 脂。此外，高本汉不分幽宵两部，豪肴宵萧尤上古分别拟作-og，-ɑ̊g，-i̭ɑ̊g，-jɑ̊g，-i̭og，李氏认为段玉裁宵幽分部是正确的，应该把两部分开，幽部的拟音是：豪-ug > -âu，尤-i̭ug > -i̭əu，萧-iug > -ieu，肴-og > -au，宵部的拟音是：豪-ωg > -âu，肴-ɑ̊g > -au，宵-i̭ωg > -i̭äu，萧

-iωg > -ieu。这样上古一共有四种圆唇元音：u“高，后”；o“中高，后”；å“中低，后”；ω“低，后”。文章最后列出上古-ə，-o，-ɑ̊，-u，-ω，-â，-a，-ɒ 变成中古各韵的总结表。

李方桂的这篇文章引起了高本汉的批评。高氏在《汉语中的词族》中花了很大篇幅对李氏的构拟提出不同意见。1935 年，李方桂又在史语所《集刊》五本一分发表《论中国上古音的 * -iwəng，* -iwək，* -iwəg》（英文）一文，对高本汉的批评进行反批评，但也对原来的构拟作了点小修改：把原来的-i̯wək 和-i̯wəg 改为-i̯wə̆k 和-i̯wə̆k（ə̆比 ə 可能要弱而松），以此解释分化问题：如-i̯wəng > -i̯ung（弓）；-i̯wək > -i̯wək（域），-i̯wə̆k > -i̯uk（囿）；-iwəg > -wi（龟），-i̯wə̆g > -i̯əu（有）。文章还探讨了“家”一类字《诗经》跟-o，-io 押韵，而不跟-ɔ 押韵的问题，指出《诗经》中松元音和紧元音可以在一起押韵，如 ɑ:ɑ̆，o:ŏ，ɔ:ɔ̆，ə:ə̆，u:ŭ，e:ĕ，但是 o:ɔ，o:u，o:ə 等很少在一起押韵。

《上古音研究》最早发表在《清华学报》第九卷第一二期合刊（1971），商务印书馆 1980 年出版单行本。本书全面反映了李方桂对上古音所作的构拟。既吸收了这几十年来古音构拟的部分成果，又浓缩了他自己多少年来的研究心得，在国内外有很大反响。

《上古音研究》中讨论上古声母的部分是《上古声母》，《上古的介音》，后附的两篇文章《几个上古声母问题》《中国上古音声母问题》都是补充订正《上古音研究》的《上古声母》《上古的介音》构拟的文章。《上古声母》中的上古单声母系统如后附表。

《上古的介音》对上古复辅音声母的构拟作了尝试，构拟了三种类型的复辅音声母：

一、为上古音构拟了 r 和 j 两个介音，认为这两个介音对声母和元音都有影响：单声母后加上介音 r 或 j 的也可以算复辅音声母。但 r 和 j 既看作介音，所以辅音声母 + r 或 j 这类字也可以不算复辅音。

二、来母字跟舌根音及唇音互谐的例子中，后代读来母的，前面加上相应的舌根音或唇音的全浊音，gl-（ > l），bl-（ > l），例如“洛 glak > lâk”，“律 bljət > ljuət > ljuĕt”。后代读舌根音或唇音的，后面加上 l，kl-，khl-（ > k，kh-），pl-，phl-（ > p-，ph-）等，例如

	塞音			鼻音		通音	
	清	次清	浊	清	浊	清	浊
唇音	p(帮)	ph(滂)	b(並)	hm(与明母谐声的晓母)	m(明)		
舌尖音	t(端知照$_{\text{三}}$)	th(透彻穿$_{\text{三}}$)	d(定澄床$_{\text{三}}$禅)	hn(与泥娘日谐声的透彻审$_{\text{三}}$)	n(泥娘日)	hl(与来母谐声的透彻)	l(来) r(喻$_{\text{四}}$邪)
舌尖塞擦音	ts(精照$_{\text{二}}$)	tsh(清穿$_{\text{二}}$)	dz(从床$_{\text{二}}$)			s(心审$_{\text{二}}$)	
舌根音及	k(见开口)	kh(溪开口)	g(群匣开口)	hng(与疑母谐声的晓母开口)	ng(疑开口)		
喉音	·(影开口)					h(晓开口)	
圆唇舌根音	kw(见合口)	khw(溪合口)	gw(群合口喻$_{\text{三}}$)	hngw(与疑母谐声的晓母合口)	ngw(疑合口)		
及喉音	·w(影合口)					hw(晓合口)	

李方桂《上古声母》表

"吝 klək > kâk"，"泣 khljəp > khjəp"，"禀 pljiəmx > pjiəm > pjəm"，"品 phljiəmx > phjiəm > phjəm"。来母跟 m-，-ng 谐声的，一律写成 ml-，ngl-，如"吝 mljiənh > ljěn"，"验 ngljiamh > ngjäm"。但是凡舌根音、唇音、来母后代读二等的，l 一律改为 r。例如"埋 mrəg"，"剥 pruk"。

三、心母和审$_{二}$跟来母谐声者拟作 sl-，和鼻音声母谐声者拟作 sm-，sn-等，和舌尖塞音谐声者拟作 st-或 stj-，和舌根音谐声者拟作 sk-或 skj-，等等。

审$_{三}$则一分为三，跟泥娘日谐声的拟作 hnj-，跟舌尖塞音谐声的拟为 sthj-，跟舌根音也谐声，但审$_{三}$同部位的照$_{三}$穿$_{三}$床$_{三}$都跟舌根音谐声，所以把它们都看做是舌根塞音来的，只是前面有一个 s 音。

辅音前面的 s-都看做词头。

李方桂上古声母的拟测主要是利用谐声字。他的上古声母系统是建立在他所定的两条谐声原则的基础上的：

（一）上古发音部位相同的塞音可以互谐。

（a）舌根塞音可以互谐，也有与喉音（影及晓）互谐的例子，不常与鼻音（疑）谐。

（b）舌尖塞音互谐，不常跟鼻音（泥）谐。也不跟舌尖的塞擦音或擦音相谐。

（c）唇塞音互谐，不常跟鼻音（明）相谐。

（二）上古的舌尖塞擦音或擦音互谐，不跟舌尖塞音相谐。

怎样贯彻这两条原则，同时又能揭示上古声母到中古声母的分化条件？李方桂的办法有三个。一是利用介音。他给上古拟了 r 和 j 这两个介音。例如端组、知组、照$_{三}$组互谐，端组拟为 t 等；知组二等拟作 tr 等，三等拟作 trj 等；照$_{三}$组拟作 tj 等，照$_{三}$组禅母和床$_{三}$基本互补，都拟作 dj。二是在鼻音或边音中分清浊。例如晓母和明母谐声的，拟作 hm；透彻审$_{三}$跟泥娘日谐声的，拟作 hn，hnr，hnj 等等。三是给上古汉语拟复声母，已在上文中介绍。

《几个上古声母问题》一文从声韵配合的角度检验《上古声母》中的声母系统和《上古的介音》中的复声母系统，对原来的构拟作了一些调整。根据《几个上古声母问题》的拟测，从 s 词头来的字只有《切韵》齿音字 s-，tsh-（少数），dz-（少数），z-等母的字，变化规律是：st- > s-；sth- > tsh-；sd- > dz-；sdj- > zj-；sk- > s-，skw- > sw-（su-）；skh- > tsh-（?）；sg- > dz，sgj- > zj-；sgwj- > zjw-，等。

《上古音研究》中的韵部系统是：

韵部	入声	阴声	韵部	阳声
之部	ək	əg	蒸部	əng
幽部	əkw	əgw	中部	əngw
缉部	əp	（əb）	侵部	əm
微部	ət	əd（ər）	文部	ən
祭部	at	ad		
歌部		ar	元部	an
葉部	ap		谈部	am
鱼部	ak	ag	阳部	ang
宵部	akw	agw		
脂部	it	id	真部	in
佳部	ik	ig	耕部	ing
侯部	uk	ug	东部	ung

李方桂把阴声和入声合为一部，共分二十二部。韵母系统的构拟特色是：

1. 介音的构拟。上古有 r 和 j 两个介音。r 有中央化的作用，可使后面较高元音下降，使后面的低元音上升；j 能使后面的较低元音向上及向前移动，可算腭化或同化作用。分配到不同等第的韵就是，一四等没有介音；二等都有 r 介音；三等除了喻$_{四}$（r）之外，都有 j 介音。上古没有合口介音。

2. 韵尾的构拟。幽中宵三部各拟了一个圆唇舌根音韵尾（-gw，-ngw），阴声韵都拟成闭音节-b，-d，-g 等，认为"也许上古的音节的结构根本就是 CVC（辅音 + 元音 + 辅音），正如陆志韦的说法(1947)"。歌部拟为-r，因为歌部跟有舌尖韵尾的字关系很深，微部也有收-r 的字（如"火"）。李方桂对上古阴声韵是否有浊塞音韵尾也是有怀疑的，下文再介绍。

3. 元音的构拟。由于李方桂给上古汉语只构拟了 r 和 j 两个介音；又只给舌根音及喉音的合口拟了一套圆唇声母 kw，khw，gw，hngw，ngw，ˑw，hw，分等和开合问题就需要在元音构拟上想办法。李氏认为有些韵部在主元音之前还有元音，构成"元音 + 主元音"的结构，这个元音不算介音。凡四等韵主元音前都有 i 元音，这样四等跟别的等区别开。有的韵部在三等甚至在二等主元音（ə，a）前都有 i 元音，后代不变轻唇的三等韵 j 后有个 i，其他二三等主元音前设一个 i 多半是为区别同等的几个韵，也是为了解决分化条件问题。李氏还给祭歌元三部的合口的主元音 a 前拟了个 u 元音，这是对上古没有合口介音的理论的一种补偿。总起来说，李方桂给上古拟了四个元音：i，u，ə，a，复合元音有 iə，ia，ua。同一个韵部只有一个主要元音，比他三十年代的拟音贯彻得更彻底。

对于上古声调的构拟，李方桂的意见不很明确，认为《诗经》用韵大体是分调类的，也就是平上去入同调类的字相押，但也有不同调类的字相押的。既然古有声调，跟中古四声大体相合，“那么我们只要承认有一套鼻音韵尾跟一套塞音韵尾就够了，不必在塞音韵尾中分清浊”。尽管李氏给阴声韵拟了-b，-d，-g 等浊塞音韵尾，但他又说“但是这种辅音是否是真的浊音，我们实在没有什么很好的证据去解决他”，“现在我们既然承认上古有声调，那我们只需要标调类而不必分辨这种辅音是清是浊了”，“我们既然承认上古有四声，那么别的区别似乎是不重要的”。可以看出，李方桂对阴声韵收声和上古声调问题的看法，逐步跟王力的主张接近，反映了两位语言学大师对上古音的深刻认识。

《上古音研究》是上古音拟测的重要文献。李方桂在《上古音研究》是给一个韵部只构拟一个主要元音，改变了高本汉把韵部拟成韵摄的作法，这是他在上古音研究方面最重要的贡献。他早年提出“押韵的字他的主要元音是最重要的，韵尾还在其次”的观点，以及《上古音研究》中对阴声韵有真的浊塞音的观点的怀疑和对上古调类的区别是在辅音韵尾上的观点的怀疑，对今后的古音拟测都有极大的启发作用。美中不足的是，在他所构拟的系统中，还是把阴声韵尾拟成-b，-d，-r，-g，把上声拟作 x，去声拟作 h，尽管他告诫人们不要当真。

《上古音研究》建立了较为完密的上古音值系统，但是仍有一些没有能解决的问题，对文献的解释力也不强。首先，谐声字的主谐字和被谐字之间的关系十分复杂，我们还没有把握说李氏提出的谐声原则完全合乎语言事实和语言系统。其次，有的构拟人为性强，很难说有现实的可能性。例如他所构拟的 r 作用未免太大，既是声母又是介音，又有很强的央化作用。再如他拟了“k：kw，kh：khw，g：gw，hng：hngw，ng：ngw”等两套舌根音声母，不能有效地解释大家公认的双声兼叠韵联绵词“缱绻、间关、燕婉、睍睆、契阔、孑孓”等何以双声，又拟了“k：kw， g:gw，ng:ngw”这两套舌根音韵尾，区别实在太细微。再次，对合口采取不同的处理标准，给舌根音和喉音拟一套圆唇声母，一部分字的合口看成是后起的，一部分字处理为复合元音 ua，不承认上古有合口介音，证据似乎并不充足，也难使人掌握。要是联系上古文献，《上古音研究》构拟的不足之处更多，这里不再叙述了。

（三）董同龢的上古音拟测

高本汉之后，我国学者最先全面构拟上古音值的是董同龢。他的上古拟测系统见于《上古音韵表稿》（1945 年史语所单刊之二十一石印本，1948 年史语所《集刊》第十八本）、《中国语音史》（台北中国文化事业出版委员会，1954）和《汉语音韵学》（台北广文书局，1968）。

1938 年董同龢在史语所《集刊》第七本第四分发表《与高本汉先生商榷“自由押韵”说兼论上古楚方音特色》，对高本汉《老子韵考》中误联《老子》及其他一些上古文献并进而提出的《老子》韵文有所谓“自由押韵式”的理论提出批评，认为《老子》和《楚辞》押韵都是依据楚方言，并根据押韵情况对楚方言的东部阳部等做了初步拟测。赵彤《战国楚方言音系》中提出了不同的意见，值得参考。

下面介绍《上古音韵表稿》所拟的上古音值。先看声母。单声母系统见后附表。

跟高本汉构拟的上古声母比起来，董同龢对材料的掌握比高氏要全面细致：

1. 在唇音声母里，董氏拟了一个双唇清鼻音m̥。用这个清鼻音解决“每：悔”“黑：墨”等字明母和晓母的谐声关系。

2. 高本汉把照二组拼二等韵的并入精组，拼三等韵的独立为一组。董氏认为拼二三等韵的照二组古人没有分两类不同声母的痕迹，照二组所拼三等韵是由二等韵变来的，他采取填空档的办法把照二组所拼三等韵都填入二等韵。

3. 高本汉把中古邪母的 z 的上古音拟作 dz，董氏仍拟为 z。高氏把跟 ts 组谐声的喻四上古音拟为 z。董氏认为跟 ts 组谐声的喻四应跟同 t，t̂，t̂s组谐声的喻四同样看待。

4. 高本汉把照三组全部拟成舌面前音，董同龢拟为两组，一组是舌面前音t̂等，一组是舌面后音k̂等，舌面前音的一组跟端知两组上

唇音	p(帮)	p‘(滂)		b‘(並)	m(明)	m̥(与明母谐声的晓母)	
舌尖音	t(端知)	t‘(透彻)	d(与端知照三谐声的喻四)	d‘(定澄)	n(泥娘)		l(来)
舌尖前音	ts(精照$_{二}$)	ts‘(清穿$_{二}$)		dz‘(从床$_{二}$)		s(心审$_{二}$)	z(邪[禅$_{二}$])
舌面前音	t̂(照$_{三}$)	t̂‘(穿$_{三}$)		d̂‘(床$_{三}$)	ń(日)	ś(审$_{三}$)	ź(禅$_{三}$)
舌面后音	k̂(与牙音谐声的照$_{三}$)	k̂‘(与牙音谐声的穿$_{三}$)		ĝ‘(与牙音谐声的床$_{三}$)	gn(与牙音谐声的日母)	x́(与牙音谐声的审$_{三}$)	j(与牙音谐声的禅$_{三}$)
舌根音	k(见)	k‘(溪)	g(与牙音谐声的喻$_{四}$)	g‘(群)	ng(疑)	x(晓)	ɣ(匣喻$_{三}$)
喉音	·(影)						

董同龢《上古音韵表稿》单声母系统

古常常谐声，舌面后音的一组常跟舌根音字谐声，不跟任何舌尖音字发生关系。

5. 反对高本汉把跟舌根音谐声的喻$_{四}$和喻$_{三}$都拟作 g，指出高氏的构拟忽视了分化的条件。董氏把跟舌根音谐声的喻$_{四}$拟作 g，把喻$_{三}$归入匣母，拟作 ɣ。

董同龢也认为上古有复声母，对高本汉的复声母构拟提出补充修正意见：

1. 董氏注意到喻$_{四}$谐声有三种情况：（1）专与舌尖或舌面前音字谐声的，拟作 d；（2）专与舌根音谐声的，拟作 g；（3）既跟舌尖音又跟舌根音谐声的，很难用单声母 d 和 g 来解释，很可能显示古代有 gd 或 gz 之类的复声母，董氏认为最合理的办法是把喻$_{四}$假定为 g 和 d 之外，还得假定有复声母。如："羊 gd:姜 k:祥 gz""欲 gd:谷 k:俗 gz"。

2. 带 l 的复声母。高本汉在《汉语中的词族》中提出标写带 l 的复声母有三种可能的格式：A，各 klâk:洛 lâk；B，各 kâk:洛 klâk；C，各 klâk:洛 glâk。在《中日汉字形声论》中大量应用 C 式。董同龢认为，上古汉语 ABC 三式的复声母都可能存在，其中以 A 式的解释力最强。

3. k 系字和 t 系字，k 系字和 ts 系字，k 系字和 p 系字，p 系字中的鼻音和塞音，t 系字中的鼻音和塞音等等都有谐声的例子。如果不看作例外，也可认为上古有 kt，ks，kp，mp，nt 之类的复声母。

《上古音韵表稿》中的韵部系统是：

韵部	阴声	入声	韵部	阳声
之部	ə̂g，ə̣̂g，əg，ə̆g	ə̂k，ək，ə̆k	蒸部	ə̂ng，ə̣̂ng，əng，ə̆ng
幽部	ôg，og，ŏg	ôk，ok，ŏk	中部	ông，ong，ŏng
宵部	ɔ̂g，ɔg，ɔ̆g	ɔ̆k，ok		
侯部	ûg，ug	ûk，uk	东部	ûng，ung
鱼部	âg，ag，ăg	âk，ak，ăk	阳部	âng，ang，ăng
佳部	eg，	ek	耕部	eng，ĕng
歌部	â，a			
祭部	âd，ad，äd，ăd	ât，at，ät，ăt	元部	ân，an，än，ăn
微部	ə̂d，əd，ə̆d，ə̂r，ər	ə̂t，ət，ə̆t	文部	ə̂n，ən，ə̆n
脂部	ed，er	et	真部	en
葉部	（âb，ab）	âp，ap，ăp，ɐ̂p，ɐp	谈部	âm，am，ăm，ɐm，ɐ̂m
缉部	（ə̂b，əb）	ə̂p，əp	侵部	ə̂m，əm

上表把阴声韵和入声韵合并为一部，如果入声韵独立，则有三十

一部，董氏是取祭部独立，在古韵分部上，他吸收前人成果，比高本汉充分得多。

跟高本汉相比，董同龢韵部系统的特色是：

1. 介音的构拟。跟高本汉一样，他把上古合口介音写作 w（《汉语音韵学》改为 u），一般地说，董氏假定中古的开合跟上古相同。董氏和高氏对介音的处理大同小异。

2. 韵尾的构拟。除歌部外，董氏认为都有辅音韵尾。高本汉把鱼部阴声分为“家”“故”“路”三类，董氏证明，从谐声和押韵看，鱼部阴声根本不可能分出这三类，只有一类，董氏把鱼部阴声均拟为 g 尾。他又把脂微两部拟为 d 尾，又接受李方桂的意见，给这两部中古不以 i 收声的“火毁（微）爾（脂）”等少数几个字拟上 r 尾，以解决分化条件。高氏把歌部拆成收-r 尾和元音收尾的两部，董氏认为“非但没有使诗韵与谐声上的一些‘例外’得到较好的解释，反而增造了更多的新的例外”，所以他采用传统的分部，并把歌部全拟成开音尾。高本汉把侯部一拆为二，一类有韵尾辅音，一类没有。侯部不可能拆成两类，把侯部都拟成 g 尾。

3. 元音的构拟。董同龢说：“上古的韵部我们本可以当中古的韵摄看待。”因此同一韵部的字他往往拟上好几个主元音。这是很自然的，因为他没有想到给二等韵拟上一个介音，同时也受了高本汉的消极影响，把一些中古元音不同的韵在上古也拟为不同元音。他给上古拟了二十个主元音，比高本汉还多六个。董氏认为一等是关的元音，二等是开的元音。凡一等都加上^号，二等不加^号。二三四等可以同主要元音，因为它们可以根据有无 i 介音及有什么样的 i 介音分开。在一个韵部里，如果包含有同等同开合的两个韵，则把这两个韵的主元音拟成不同的松紧元音的对立。碰到有重纽的韵，重纽三四等仍拟成主元音松紧的对立和开关的对立，前者如“宵i̯ŏg：i̯og”，后者如“仙i̯an：i̯ăn”。

董同龢《上古音韵表稿》最大的价值是按照上古音韵系统全面地整理了东汉以前所出现的汉字的音系，这对于进一步地研究上古音值提供了很好的基础。董氏在叙论部分进一步通过谐声字补证王力的脂微分部，并依脂微分部拟测音值，很有参考价值。他对高本汉上古音拟测所作的批评大多是正确的。

但是总的来说，高本汉对董同龢的拟测消极影响很大。他在声母构拟方面，性质类似的谐声材料有的作为复声母构拟的证据，有的作为单声母构拟的证据。例如照$_{三}$谐牙音，作为上古有舌面后音的证据，k 系字跟端知相谐，又作为上古有复声母的证据。有的声母构拟缺乏系统性，例如上古清鼻音只有m̥一个，系统性不强。在主元音构拟方面，他把上古的韵部看成是韵摄，有的音值区分十分细微，例如之蒸部拟了ə̂，ə̣̂，ə，ə̆四个音位上有对立的主元音，并没有能把诗韵和谐声现象解释好，也没有充分考虑现实的可能性，在一个共时的音系中是不大可能有音值差别如此细微的对立的。他所构拟的主元音甚至比高本汉还多出六个主元音，达到二十个主元音，这在一个共时系统中也是不大可能存在的。在韵尾构拟方面，他所构拟的阴声韵只有歌部以元音结尾，其他的韵部都是辅音结尾；在辅音结尾的韵中，脂微两部一般都以-d 结尾，只有少数几个字拟成-r 尾。都显得系统性不强。

（四）陆志韦的上古音拟测

陆志韦 1940 年在《燕京学报》第 28 期发表《说文广韵中间声类转变的大势》，1946 年在同刊第 30 期发表《说文解字读若音订》，1947 年在同刊 33 期发表《楚辞韵释》，1948 年作为《燕京学报》专号之二十一出版《诗韵谱》，都涉及上古音值的构拟。陆志韦上古音构拟的代表作是《古音说略》。下面简介《古音说略》中的上古音值构拟。

陆志韦构拟古音值，重视使用统计法，统计《说文》谐声字和《广韵》又读等材料，得出数理上的概率关系，主张联系心理、生理、社会各方面拟测音值。这种研究方法在《古音说略》中有很充分的体现。对于上古声母的构拟，陆志韦认为谐声字中有方言的假借，主谐字和被谐字之间造字时声韵未必完全相同，单靠现存的材料，不可能重构周朝任何方言的系统，研究谐声字利用统计法，目的只在乎推求声母通转的大势。根据他的研究，《切韵》有二十一个声母是上古音本来就有的。陆志韦的上古声母构拟不在于整理出一个声母系统，而是在于寻求声母和声母之间的关系和声母通转的大势，所以很难以《古音说略》中归纳出一个声母的音值系统来。这里把他对上古声母的构拟列几条要点如下：

1. 上古有复辅音。复辅音的具体情况还不清楚。可以用 KL，

ŋL，TL，SL，PL（ml）当代表音。例如 Kl 可以代表 kl、kr、k'l、k'r、ɡl、ɡr。鼻音能转同部位或是邻近部位的破裂音跟破裂摩擦音，上古可能（至少有部分方言）鼻音声母读 mp、mb、nt、nd、ŋk、ŋɡ；谐声 n 通 s 的通转可以拟 ns。

2. 喉牙音跟舌齿音通转，k 类通 t 类，因为 k 是唇化音，唇化喉牙音可以转 t、t'、d。k 类通 ts 类，古方言偶尔出现，也许 k 类本通 t 类，而 ʦ 类从 t 类得声，是造字的疏忽，如确有 k 类通 ʦ 类的方言，那早已失传了，留下来的痕迹只有些 x、ɣ 通 s、z 的反切。

3. 喉牙音跟唇音也有通转，但舌齿音跟唇音不通转。这种通转不过是唇化牙喉音在方言的假借，或是同一个方言里的异读。但陆氏又认为 k 类通 p 类不必是唇化音。上古好像应当有一个双唇摩擦音，相当于 s 和 x；上古通 x 的唇音可以是 ɸ。

4. 上古 k 类跟 t 类两方面都可以颚化。ȶ > tç 比 k > tç 更普通。

5.《切韵》的 k、k'、ɡ、ŋ、x、ɣ、-、t、t'、d、n、l、ts、ts'、dz、s、z、p、p'、b、m 等 21 个音素（36 母）是上古音本来有的。其中 z 的摩擦性很微弱。

陆志韦在《古音说略》中对高本汉把喻$_{\text{三}}$拟成 g，为上古汉语拟成两套送气与不送气对立的音位、把上古和中古的全浊声母拟成送气音等都提出了批评，对高氏的谐声条例也作了纠正。陆氏还尝试从唇化、腭化、方言读音、糊涂的谐声等方面去解释声类通转现象，其中的某些观点还没有能引起人们的重视。

《古音说略》的上古韵部拟测如下：

韵部	阴声韵	入声韵	韵部	阳声韵
之部	əg、ɐŋ、ug(?)、ĕg	ək	蒸部	əŋ
幽部	ɯg	ɯk	中部	ɯŋ、(ɔŋ)
宵部	ʌg、ɘg(?)、ɔg	ʌk、ɘk(?)		
侯部	og	ok、ɔk	东部	oŋ、ɔŋ
鱼部	ɑg、ag	ɑk、ɐk、ak	阳部	ɑŋ、aŋ
支部	ɛg、æg	æk、ɛk	耕部	ɐŋ、æŋ、ɛŋ
祭部	ɑd、ad、ɐd	at、ɐt、at、ɛt	元部	ɑn、an、ɐn、ɛn
脂部	ĕd、ɐd、æd、ɛd	ĕt、ɛt	真部	ĕn、ɛn
	əd	ət	文部	ən
歌部	æd、ad、ɑd			
缉部		əp、ɛp(?)	侵部	əm、ɛp(?)
葉部		ɑp、ap、ɐp、ɛp	谈部	ɑm、am、ɐm、ɛm

跟高本汉相比，陆志韦的韵部系统的特色是：

1. 阴声韵全部带上韵尾辅音。高本汉歌鱼侯三部拟成开音尾，其余的阴声韵全拟成辅音尾；陆氏则进一步把歌部拟成 d 尾，鱼侯拟成 ɡ 尾，比高本汉的构拟系统性要强。高氏把歌脂二部各分出一部分字另立鼍脂二部，拟为 r 尾，遭到陆氏的强烈反对。陆氏看到了更多的-m、-n、-ŋ 通阴声的现象，所以对-r 的构拟很不满意。他认为，上古-b、-d、-ɡ 在某种方言很早就变成-b、-d、-ɡ（=-p、-t、-k），谐声上-d 通-t、-d＞-d 通-n，-d 加上鼻音就是-n。陆氏认为上古歌部应该是-d。

2. 介音的构拟。陆氏给合口字拟上 w 介音，同于高本汉。陆氏认为，一二四等无介音 i，三等有 i 和 ɪ 两种介音。i 和 ɪ 介音的作用有两种：一是用来区分重韵，例如职合口作 iwək，屋$_{三}$作 ɪwək；二是用来区分重纽，重纽三等是 ɪ，四等是 i；还有的韵没有重纽、重韵之别，有的是 ɪ，有的是 i。这都是把中古的 i 和 ɪ 介音上推到上古。

3. 主元音的构拟。在陆志韦的构拟系统中，一二四等既然无 i 介音，它们的区别只能被设想成主元音的不同。他一共拟了 ə，ɯ，o，ɑ，a，ɐ，u（?），ě，ɔ，ʌ，ɘ（?），ɛ，æ 等 13 个主元音。遇到重韵，除了上面所述用 i 和 ɪ 区别部分三等韵外，三等部分重韵拟为主元音的不同，例如阳部阳韵是 ɪaŋ，庚$_{三}$是 ɪæŋ。其他一等韵如之部咍 əɡ，侯 uɡ（?）；二等韵如元部山 an，删 ɐn，都拟成主元音的不同。陆氏主元音的构拟，去掉了高本汉长短松紧等附加符号，显然是一种进步。

陆氏既把阴声韵和入声韵的韵尾分别构拟为-b，-d，-ɡ 和-p，-t，-k，但又不能把-b，-d，-ɡ 看成短音，因为短音变不出平上去来，与此相应，-p，-t，-k 也不能拟为短音。陆氏认为这两套音都应该分长短，长音变成中古阴声韵，短音变成中古入声韵。古入声跟去声一定特别相像，既然声调和收声没有因果关系，入声为什么能保留到现代？是因为入声短促。为什么有的去声跟平上声通转，有的跟入声通转？陆氏设想，上古有长短两种去声，长去声跟平上声通转，短去声跟入声通转。陆氏认为短去声可以叫第五声。上古的第五声不限于祭泰夬废，但除这四个韵外，其他的第五声后来都跟真正的去声混了。

陆志韦的《古音说略》的长处在于用统计的方法分析了《说文》谐声字中被谐字和主谐字之间的关系，得出了不同音类之间相近或相远的一些正确结论，对高本汉上古音构拟的一些错误结论作了科学的批评，他的一些拟测也很有启发性，例如音近的字可以互相谐声，上古汉语不能有 r 尾，主元音的构拟不能设置长短松紧一类的附加号等等，都是很有见地的。

《古音说略》的不足在于过分看重统计法，强调方言的差异，其结果只重视声韵的流变，对声母的系统性和古韵的分部重视不够。谐声字的情况是复杂的，音韵材料中体现音类关系的材料毕竟有限，有时统计法难以发挥作用。承认古音有方言差异，但不能忽视声母和韵部系统研究的作用。陆氏把上古的阴声韵全拟成-b，-d，-g 收尾，并说把上古音全拟成-p、-t、-k，-b、-d、-g（或是-b、-d、-g），-m、-n、-ŋ 收尾，看起来是“就事论事，就材料下结论”，但证据似嫌不足。事实上中古阴声韵没有拟为上古-b、-d、-g 尾的必要，正如《古音说略》第四章所说：“上古音跟中古音之间要是没有改订音值的必要，我们得假定上古音就是中古音。”此外，陆氏认为同一韵部可以有不同的主元音，也是可以商榷的。根据陆氏的构拟，上古同一韵部可以出现几个音值不同的主元音；同一个主元音又可以在不同的韵部（指韵尾相同）押韵，例如他拟的主元音，ɔ 在中部可以叶 ɯ，在东部可以叶 o，在宵部可以叶 ʌ、ɘ；所拟的 ɐ，在耕部可以叶 æ，ɛ，在鱼部可以叶 ɑ，a，在之部可以叶 ə，u，ě，都令人难以置信。此外，陆氏用唇化、腭化解释声母的通转，推定-b，-d，-g 尾有部分字变为中古入声，都缺乏可信的证据。

（五）严学宭、周法高的上古音拟测

严学宭（1910—1991），江西分宜人，生前任中南民族学院教授。严氏于 1962 年在《江汉学报》第 6 期发表《上古汉语声母结构体系初探》，于 1963 年在《武汉大学学报》（人文科学版）第 2 期发表《上古汉语韵母结构体系初探》，都是拟测上古音的论著。1984 年在《音韵学研究》第 1 辑发表《周秦古音结构体系（稿）》，全面构拟上古的声韵母系统。单声母有 21 个。复声母很复杂，有二合、三合、四合的三种。二合可以分为两类。第一类由塞音、擦音、鼻音结合而成，如 pt，tdz，kt，ʔm；xp，ɣt，sd，zŋ；mp，nk，ŋn 等。第二类由塞音、塞擦音、擦音、鼻音跟边音结合而成，如 pl，tsl， sl，ŋl 等。第一类起首辅音读得轻而短，带有附属性质；第二类前后两个辅音发音强度和长短相仿，但后面的 l 带有附属性，颇似辅音性介音。三合辅音分为 pkt，mpt，xdts，ʔxk‘，spd，btl 等共六组，前五组基本辅音属末一个，最后一组 btl 等属第二个。四合辅音有 ɣkdl，xknd，xsnt‘，xsdl 四个。这个复辅音系统确实是够复杂的了。

严学宭分古韵为 31 部，韵部拟测的特色是：

1. 上古汉语没有介音。中古三等韵的 i 是由于三等韵声母发音部分靠后而产生腭化现象，于是声母和韵母之间出现两栖性的 j，再演变成元音性的 i。合口介音在周秦时代只出现在牙喉音后面，是从属于声母圆唇化的轻微的 w 音。

2. 上古汉语没有复合元音，给主元音拟测了 ə、i、e、a、o、ɔ、u 七系，之职蒸、缉侵、微术谆是 ə 系，脂质真是 i 系，支锡耕是 e 系，歌祭月元、盍谈、鱼铎阳是 a 系，幽沃冬是 o 系，宵药是 ɔ 系，侯屋东是 u 系。一等韵不加附加符号；二等韵都加上ˇ，表示松元音；三等韵都有两栖性的 j，主元音大多不加ˇ，当要区别为两类时，则一类不加ˇ一类加ˇ；四等在主元音底下加一小黑点 ·。元音长短松紧上古可押韵。

3. 韵尾的构拟。认为上古属“辅声 + 元音 + 辅音”的音节结构，阴声韵全以辅音结尾，即-d，-g。但微部有少数字可以-r 结尾；歌部有一个与-d 相当的浊音性的-l 尾。

周法高 1969 年在香港中文大学《中国文化研究所学报》第 2 卷第 1 期发表《论上古音》，是研究上古音拟测的文章；1970 年又在同刊第 3 卷第 2 期发表《论上古音和切韵音》，则是研究上古音和中古音的拟测。

《论上古音》的声母系统是：

p（帮）	p‘（滂）	b（並）	m（明）		
ts（精）	ts‘（清）	dz（从）		s（心）	z（邪）
tsr（庄）	ts‘r（初）	dzr（崇）		sr（山）	
t（端）	t‘（透）	d（定）	n（泥）		
tr（知）	t‘r（彻）	dr（澄）	nr（娘）		l（来）

tj（章）	t'j（昌）	zdj（船）	stj（书）	dj（禅）	nj（日）
k（见）	k'（溪）	g（群）	ng（疑）		
˙（影）		g（匣）	x（晓）		
		ɣ（云）		grj，rj（以）	

周氏把以纽跟舌根音通谐音，拟为 grj。《论上古音和切韵音》把邪母改拟为 r-，ɣr-，以母改拟为 r-，ɣr-。周氏也讨论到复辅音声母，其中有：（a）来纽和其他声母结合的复辅音，如 pl-，p'l-，bl-，ml-；（b）心纽，山纽和其他声母结合的复辅音，如sk'-，sng-，sn-，st'-，zd 等；（c）以纽和邪纽的 rj-，ɣr 也是复辅音；（d）喉牙音和舌齿音及唇音的谐声，可能证明上古有 tk-，t'k-，dg-，st'r-等复辅音，但和舌根音发生关系的舌音和正齿三等前面可能有喉塞音 ˙t-，˙t'-，˙d-，˙st'-；（e）鼻音和非鼻音的谐声，晓：明 xm（= m̥），泥娘日：舌上和正齿三等 tn-，t'n-，st'n-。如果拿复辅音的第二个成分来分析，则有：（1）用 l 作第二个成分的，（2）用 r 作第二个成分的，（3）s 作第一个成分的有 sr-，st'-，sd-，sn-，sk'-。

《论上古音》的介音有 r，ri（二等韵）、j、ji、i（三等韵）、e（四等韵）等六个介音，每一种介音都可加圆唇符号 w。主元音有 ə、a、e 三个。韵尾有 ɣ、k、ng、wɣ、wk、wng、r、t、n、p、m 十一个。韵部系统如下：

	ə	a	e
ɣ，k，ng	之职蒸	鱼铎阳	支锡耕
wɣ，wk，wng	幽觉中	宵药	侯屋东
r，t，n	微物文	祭月元	脂质真
p，m	缉侵	葉谈	
ø	歌		

阴声韵分别以 ɣ、wɣ、r、ø 结尾。

严学宭和周法高的构拟都有一些新的设想，都不失为一家之言。王力的上古音拟测，放到后面专节介绍，中外其他学者的上古音拟测，这里就不再一一介绍。

近百年来出土了大量的甲骨文和金文，给殷商时期的音系研究提供了翔实可靠的材料依据，郭锡良1988年在《北京大学学报》第6期发表《殷商时代音系初探》和1994年在《国学研究》第二卷发表《西周金文音系初探》，利用这些材料对当时的音系做了初步探索。国外也有一些学者在探索原始汉语的面貌，但还都没有形成较为一致的结论，更谈不到构拟的成果了。

近些年来，音韵学家对上古音到中古音之间一段时间的音系也作了一些研究，在韵部的分合上取得了较大的成就。1958年，科学出版社出版了罗常培、周祖谟合著的《汉魏晋南北朝韵部演变研究》（第一分册），全面研究了从周秦到西汉、从西汉到东汉的韵部分合历史，把西汉和东汉的韵部各分为27部。1975年，丁邦新在台湾《中央研究院历史语言研究所专刊》之六十五发表《魏晋音韵研究》（英文）分魏晋时期的韵部为37部，并构拟音值，介音有r和j两个；元音有i，ï，u，e，ə，o，a七个，双元音有ei，əi，əï，ou，au，ie，iə，ia，uo，ua，uə十一个，三合元音有iei，iəi，iou，iau，uei五个；辅音韵尾有-m，-n，-ng，-p，-t，-k，-d七个。

七、近代音的拟测

近代音，以《中原音韵》的音系为代表。近几十年来，近代音系研究蓬勃发表，大有与传统音韵学的“古音学”“今音学”“等韵学”并列的趋势。近代音音系的构拟也有了趋于一致的结论，但也还存在着一些分歧意见。

声母方面的分歧意见主要有：1. 中古的知组、照$_{二}$组、照$_{三}$组在《中原音韵》中是一组声母还是两组声母，其音值是什么，《中原音韵》是否有卷舌声母。2. 日母的音值是什么，是否出现了卷舌的ʐ。3. 中古的见组和晓匣等母是否要分为k和tɕ两套。4. ŋ声母是否还保留。5. 全浊声母是否有残存。6. 中古的微母的音值是唇齿浊音还是唇齿半元音。

韵母方面的分歧意见主要有：1. 入声有没有辅音韵尾，如果有，韵母数是多少。2. 萧豪韵有几类韵母。3. i介音是一个还是i̯和i两个。4. 是否出现了y元音。5. 齐微、真文、桓欢、歌戈、庚青、侵寻等韵主元音该怎么拟。6.《中原音韵》的小韵应该怎样归到各韵部的不同韵母中去。

声调方面的分歧意见很大，最主要的是《中原音韵》入声是否独立成调，如果不独立成调，跟阳平、上声、去声的关系怎样，阴平、阳平、上声、去声的音值如何。

《中原音韵》毕竟成书年代离现代比较近，而且反映的音系的地域比较确定，所以分歧意见究竟比上古音、中古音的拟测小多了，下面分别摘要介绍较有影响的几家：

（一）罗常培的近代音拟测

罗常培是我国现代语言学家中较早注意近代音研究的学者。1930年，他在史语所《集刊》第一本三分发表《耶稣会士在音韵学上的贡献》，研究了明万历天启之间汉语的语音系统。1959 年，科学出版社出版了罗常培和蔡美彪合著的《八思巴字和元代汉语》，则是探讨元代汉语语音的著作。

罗常培 1932 年在史语所《集刊》第二本三分上发表的《中原音韵声类考》，这是我国学者研究《中原音韵》声母系统的第一篇论文。文章分《中原音韵》为二十声类，其实就是二十个声母，所构拟的音值见后附表（括号之内的汉字是跟三十六字母所作的比较）。

《中原音韵声类考》只研究了声母的音值，没有研究韵母，也没有结合声韵配合关系进行研究，影响到结论，例如：没有注意到 ŋ 母在《中原音韵》中跟影喻有几个小韵有对立，知组、照组的探讨多从考据出发，但罗氏的结论大体上是可信的。

（二）赵荫棠的近代音拟测

赵荫棠（1893—1970），字憩之，河南巩县人，1926 年毕业于北京大学国学研究所，生前任西北师范学院教授。1936 年，商务印书馆出版了他所著《中原音韵研究》，首次全面构拟了《中原音韵》的声母和韵母系统。

赵荫棠所构拟的声母有 25 个，见后附表。

他的声母系统比罗常培多出五个声母：一、把罗常培的邕（O）母中的部分疑母字独立出来构拟为 ŋ、ɲ 母，因为赵氏认为有几个小韵 ŋ、ɲ：O，有对立。二、把罗常培的 k，k‘，x（ɪ空烘）析为 k，k，x 和 tɕ，tɕ‘，ɕ 两组声母。赵荫棠认为，根据周德清安排小韵的条例，可以推定“每调之内，同音之字不能重见”，进而可以推出部分

p 崩（帮、並去）	p‘ 烹（滂、並平）	m 蒙（明）	f 风（非敷奉）	v 亡（微）
t 东（端、定去）	t‘ 通（透、定平）	n 脓（泥娘）		l 龙（来）
ts 宗（精、从去）	ts‘ 惚（清、从平）		s 嵩（心邪）	
tʃ 钟（照知，床澄去）	tʃ‘ 充（穿彻、床澄禅平）		ʃ 双（审、禅去）	ʒ 戎（日）
kI（见、群去）	k‘ 空（溪、群平）		x 烘（晓匣）	O 邕（影喻疑）

罗常培构拟《中原音韵》二十声母表

p（帮並一至四等）	p‘（滂並一至四等）	m（明一至四等）	f（非敷奉三等）	v（微三等）
t（端定一四等）	t‘（透定一四等）	n（娘泥一二三四等及疑母之混合者）	l（来一至四等）	
ts（精从一四等，间及照）	ts‘（清从一四等，间及穿）		s（心邪一四等，间及审床）	
tʂ（知照床澄二三等）	tʂ‘（穿彻床澄禅二三等）		ʂ（审床禅二三等）	ʐ（日三等）
k（见群一二等，但二等有时用 c）	k‘（溪群一二等，但二等有时用 c‘）	ŋ（疑母一二等，但二等有时用 ȵ）	x（晓匣一二等，但二等有时用 ç）	o（影喻疑一至四等）
tɕ（见群三四等）	tɕ‘（溪群三四等）	ɲ（疑母三四等）	ɕ（晓匣三四等，间及喻）	

赵荫棠构拟《中原音韵》二十五声母表

见晓系字《中原音韵》可以读 tɕ，tɕ‘，ɕ。

罗常培把钟充双戎四母拟为舌叶音 tʃ，tʃ‘，ʃ，ʒ，赵荫棠拟为卷舌音 tʂ，tʂ‘，ʂ，ʐ。赵氏的理由是钟充双戎拼支思韵的 ʅ，所以应是卷舌音；但必须承认 tʂ，tʂ‘，ʂ，ʐ 可以拼 i 介音。赵氏认为知照两系二三等的分别在于元音或介音，不在声母上。为了表示 tʂ 等声母之后主元音或介音的细微差别，他在元音之上加上了过渡记号，i 介音以 ì 代，i 元音写作 ɪ；y 写作ỳ。

赵荫棠构拟的韵母有 51 个，如下：

东钟 ʊŋ，yŋ	萧豪 ɑʊ，aʊ，iaʊ，ʊɑʊ
江阳 ɑŋ，uɑŋ，aŋ，iaŋ，yaŋ，uaŋ	歌戈 o，uo，io
支思 ʅ，ʅ	家麻 a，ua，ia
齐微 ɪ，eɪ，ueɪ	车遮 iɛ，yɛ
鱼模 ʊ，y	庚青 eŋ，iŋ，uŋ，yŋ
皆来 ɑɪ，aɪ，uaɪ	尤侯 oʊ，ioʊ
真文 en，in，uen，yn	侵寻 em，im
寒山 ɑn，an，uan	监咸 ɑm，am，（iam）
桓欢 uœn	廉纤 iɛm
先天 iɛn，yɛn	

赵氏确定韵母，据他说是向《中原音韵》“韵字排列的关系上去参求”。小韵分配到韵母，是“以《切韵指南》及《韵法直图》为主要材料，更以其他诸家的改并与批评辅之。推本于南宋，沿流至万历，推求它的中间性”。例如《中原音韵》的东钟在《韵法直图》中属合口公韵和撮口弓韵。公韵包括等韵通摄一二等及三等知照组、非组，据此把这些字拟测为《中原音韵》的 uŋ（ʊŋ）；《韵法直图》弓韵“弓（一等）觥（二等）”与“公肱（均为一等）”《中原音韵》同小韵，则归 uŋ。《中原音韵》“穹芎（溪三）倾（溪四）”同小韵，则均读 yŋ；见溪群三等与一等混者，归 uŋ，跟一等对立而自成小韵者，归 yŋ。

赵荫棠把疑母部分字从零声母中分立出来单独作声母，这是他的一个贡献。在声母拟测方面，他最大的失误在于把中古见溪群疑拆成 k，k‘，ŋ，x 和 tɕ，tɕ‘，ɲ，ɕ 两套声母，他还把部分二等字拟为 c，c‘，ȵ，ç，更是没有任何根据。他的 tɕ 等本是为三四等字拟出的一套声母，事实证明，k 等后来之所以变成 tɕ 等，正是由 k 等拼细音 i，y 引起的，而赵氏的 tɕ，tɕ，ɕ，很多并不拼细音，例如“娇”拟作 tɕaʊ 等，显然是不合理的，赵氏还犯了割裂韵母的毛病。本来《中原音韵》中 k，k‘，ŋ，x 拼细音和零声母拼细音有平行关系，由于零声母中没法找出 tɕ 这样的声母，结果相同的韵母拼 tɕ 等时没有 i 介音，而拼零声母时有 i 介音。如萧豪韵平声阴“娇：趫：枭：邀”赵氏分别拟为“tɕaʊ：tɕ‘aʊ：ɕaʊ：iaʊ”。有时拟音也不一致，例如江阳韵上声“讲：强：仰：響：养”分别拟成“tɕaŋ：tɕ‘aŋ：ɲiaŋ：ɕaŋ：iaŋ”，都是自乱其例。

赵荫棠的韵母构拟也有很多可商之处。他构拟了 50 个韵母（ʅ、ɿ 这里算 1 个），所构拟的韵母太多，如江阳赵氏构拟了 6 个，实际只有 3 个；有的韵小韵的分配要作调整，例如鱼模韵去声的“数”小韵他拟成 sy，跟“絮”小韵读音相重，类似的需要调整的地方还有很多。赵氏认为《中原音韵》已有现代北方话的开齐合撮，也是不足为据的，《中原音韵》iu 和 u 同部，不能认为产生了撮口的 y 元音。此外，他所拟的元音ɪ和 i，ʊ 和 u，y 和 ẏ 都不存在对立关系，都应合并。由于他的语音学知识比较欠缺，所以才出现上述的种种问题。

对于《中原音韵》音系是否有入声，赵荫棠持否定的态度。周德清对入派三声的解释相当模糊，赵氏以为这是周德清为了躲避讥议才这样做的。他引陶宗仪《辍耕录》：“今中州之韵，入声似平声，又可作去声”，并指出：“陶氏与周氏差不多是同时人，他的话当然可信。”

（三）陆志韦的近代音拟测

四十年代中后期，陆志韦在《燕京学报》发表了一组研究近代汉语的语音的文章，都涉及近代音的拟测。1946 年，他发表《释中原音韵》《记邵雍皇极经世的“天声地音”》（均载 31 期）；1947 年发表《记兰茂韵略易通》《记徐孝重订司马温公等韵图经》（均载 32 期），《记毕拱宸韵略汇通》《金尼阁西儒耳目资所记的音》（均载 33 期）；1948 年发表《记五方元音》《记三教经书文字根本》《国语入声演变小注》（均载 34 期），都具有很高的参考价值。这里只介绍

《释中原音韵》的语言拟测。

《释中原音韵》所构拟的《中原音韵》的声母系统见后附表（括号里的汉字是陆氏所考定的中古五十一声类）。

共 24 个声母。陆氏构拟的特色是：

1. 把中古微母变来的字拟为 w。认为《中原音韵》的微母是半元音性、不是 f 的阳调，也不是真正的浊音 v。

2. 把罗常培的 tʃ，tʃʻ，ʃ 或赵荫棠的 tʂ，tʂʻ，ʂ 析为两组声母。这两组声母一般来自中古知组二三等，照组二三等。这些声母在支思韵全是卷舌音 tʂ，在其他韵母，有的读卷舌音 tʂ，有的读舌面音 tɕ。

3. 反对赵荫棠把中古牙喉音声母变来的字拟为 k 等和 tɕ 等两套，主张都拟为 k 等。

陆志韦所构拟的韵母系统如下：

东钟	ʊŋ,iʊŋ	萧豪	ɒʊ,ɐʊ,iɐʊ,iɛʊ [ɒ̣ɦ,iɒɦ]
江阳	ɒŋ,iɑŋ,uɒŋ	歌戈	ɔ,uɔ[ɔ̣ʔ,uɔ̣ʔ]
支思	ï[(ị̈ʔ)]	家麻	ɑ,iɑ,uɑ[ɑ̣ʔ,iɑ̣ʔ,uɑ̣ʔ]
齐微	i,ei,uei[iẹɥ,ẹɥ,uẹɥ]	车遮	iɛ,iuɛ[iɛ̣ʔ,iuɛ̣ʔ]
鱼模	u,iu[ụʔ,iụʔ]	庚青	əŋ,iŋ,uəŋ,iu(ə)ŋ
皆来	ai,iai,uai[ạɥ(iạɥ),uạɥ]	尤侯	əu,iəu[(iəụʔ)]
真文	ən,in,u(ə)n,iu(ə)n	侵寻	əm,im
寒山	an,uan,ian	监咸	am,iam
桓欢	uɔn	廉纤	iɛm
先天	iɛn,iuɛn		

方括弧［　］内的音标是陆志韦为入声韵所拟的音值，主元音下加-·表明是短音；韵尾有 ʔ，ɦ（也可作 w），ɥ（也可作 j），共 3 个。尤侯、支思二韵的入声陆氏不敢断定。皆来的 ạɥ 又可作 iạɥ。共有 18 个入声韵。

陆志韦把《中原音韵》韵母构拟的科学性提高到一个新的高度，他把《中原音韵》各韵的小韵跟《广韵》或是《通志·七音略》联系起来，又参照八思巴译音跟现代普通话确定韵母音值，分配小韵，比赵荫棠以《切韵指南》《韵法直图》为参考的做法可靠多了。陆氏给《中原音韵》拟了 46 个韵母（入声除外），陆氏对元音的拟测跟

p(博,蒲方符各部分)　　p‘(普,蒲芳符各部分)　　m(莫,武部分)　　f(方芳符各部分)　　w(武部分)

t(都,徒部分)　　t‘(他,徒部分)　　n(奴女)　　l(卢力)

ts(作子,昨疾各部分)　　ts‘(仓七,昨疾各部分)　　s(苏息徐)

tɕ(陟直之时各部分)　　tɕ‘(丑直昌时各部分)　　ɕ(式食各部分)

tʂ(支思韵陟直士之时各部分,侧)　　tʂ(支思韵丑直士昌时各部分,初)　　ʂ(所,支思韵式食各部分)　　ʐ(而)

k(古居,渠部分)　　k‘(苦去,渠部分)　　ŋ(五鱼各部分)　　x(呼胡许)　　—(乌於以于,五鱼各部分)

陆志韦构拟《中原音韵》声母表

赵荫棠的主要不同是：

1. 把赵氏所拟的撮口元音 y 改为 iu。

2. 把收入东钟韵的庚耕登字拟成 uəŋ，iu(ə)ŋ。

3. 庚青韵有些中古二等韵和三四等韵混为一小韵，赵氏分别注为 eŋ 和 iŋ，陆氏认为“只可以从明朝以后的官话韵书”拟音，也就是说不能凡二等都拟作 eŋ，应该是：后代读 eŋ 的拟作 eŋ，后代读 iŋ 的拟作 iŋ。

4. 寒山韵喉牙开口一二等重出。赵氏中古一等拟作 ɑn，二等拟作 an；陆氏一二等都拟作 an，山删喉牙开口拟作 ian，其他的拟作 an。

5. 桓欢赵氏拟作 uœn，陆氏认为是受吴音影响，吴音跟《中原音韵》不同，因此改拟作 uɔn。

6. 支思韵赵拟作 ʅ，ʅ，陆氏认为最妥当的办法是全拟作 ï，“这 ï 音是 ʅ，ʅ 跟 ɨ，ɘ 中间的一个音，还不是实在的舌尖音，不过借用 ï 符号而已”。

7. 取消赵氏的 I 元音，改为 i 元音。陆氏认为 I 元音证据不足，赵氏所拟的“知”tʂI，“支”tʂʅ 也不合音理。

8. 取消赵氏的 ʊ 元音，改为 u 和 ᴜ。

陆志韦认为《中原音韵》有入声，并举出《中原音韵》里的内证说明入声派入三声并不跟三声同音。为什么入声能派入三声？陆氏估计当时的清入声是高调短音，上声是升调，清入差不多是上声的尾巴，所以派上声，其他次浊跟去声调值近，全浊跟阳平调值近。陆氏以为《中原音韵》的基础方言有阴平、阳平、上、去、阴入、阳入六调，入声是短音，并有 ʔ，ɦ（w），ɥ（j）韵尾。

陆志韦取消赵荫棠给牙喉音细音所拟的 tɕ 等声母，给知组、照组拟了 tɕ 和 tʂ 等两套声母。给《中原音韵》音系构拟一套卷舌的 ʈʂ 等，十分必要，但陆氏所拟的 ʨ 等和 ʈʂ 等在《中原音韵》中并不对立，这个问题没有解决，对他的结论有一定的影响。另外，他给微母字拟的 w，证据似嫌不足，看来微母可以拟作 v。

陆氏对韵母的构拟也不无可议之处。给派入三声的入声另拟一套短元音和韵尾，是完全没有必要的，而且证据也不足。对元音的构拟，入声韵不算，也有 ᴜ，ɒ，ɑ，u，i，ï，a，ə，ɔ，ɛ，ɐ，e 等 12 个元音，ɒ 和 ɑ，a 和 ɐ，u 和 U 不区别音位，完全可以精简。

（四）董同龢、杨耐思等的近代音拟测

董同龢 1968 年出版的遗著《汉语音韵学》第四章《早期官话》对《中原音韵》作出拟测。声母系统是：

p（斑辨）	p‘（盘判）	m（慢）	f（反饭）	v（晚）
t（丹但）	t‘（坛叹）	n（难）		l（阑）
ts（赞尖）	ts‘（残餐钱）		s（珊先）	
tʃ（展栈）	tʃ‘（廛）		ʃ（山）	ʒ（然）
k（干坚）	k‘（看牵）	（ŋ）	x（汉现）	
O（安颜弯元）				

其中 tʃ，tʃ‘，ʃ 不与 i 配合时，近于 tʂ’，tʂ‘，ʂ；与 i 配合时近于 tɕ，tɕ‘，ɕöŋ 声母外加了圆括弧，认为 ŋ 与 O 的对立只有萧豪韵是可靠的，可以假定是周德清受传统韵书或方言影响而偶然遗漏未并，则中原音韵并没有 ŋ。

董氏构拟的韵母系统是：

东钟	uŋ，iuŋ	萧豪	ɑu，au，iau，（uau）
江阳	aŋ，iaŋ，uaŋ	歌戈	o，io，uo
支思	ï	家麻	a，（ia），ua
齐微	i，iei，uei	车遮	ie，ye
鱼模	u，iu	庚青	əŋ，iəŋ，uəŋ，yəŋ
皆来	ai，iai，uai	尤侯	ou，iou
真文	ən，iən，uən，yən	侵寻	əm，iəm
寒山	an，ian，uan	监咸	am，iam
桓欢	on	廉纤	iem
先天	ien，yen		

董氏把小韵分配给韵母的办法是从分析《中原音韵》的小韵对立入手，注意跟中古音的历史联系，参证现代方言，特别是北方话的方言。董氏所拟的介音有 i，u，y 三个，这就说明《中原音韵》有四呼。董氏的元音有 u，i，a，ï，e，ə，o，y，ɑ 等 9 个，比陆志韦少了好几个。韵母一共有 47 个，歌戈韵多拟了一个 io，比陆氏要妥当。

八十年代，国内出版了几部研究《中原音韵》的专著，都在前人构

拟的基础上对《中原音韵》的音系进行构拟，下面分别做简要介绍：

杨耐思《中原音韵音系》（中国社会科学出版社，1981 年）所构拟的声母系统是：

p（崩）	pʻ（烹）	m（蒙）	f（风）	v（亡）
t（东）	tʻ	n（农）		l（龙）
ts（宗）	tsʻ（愡）		s（嵩）	
tʃ（支章）	tʃʻ（眵昌）		ʃ（施商）	ʒ（戎）
k（工姜）	kʻ（空腔）	（ŋ）（仰）	x（烘香）	O（邕）

一共订出 21 个声母，比罗常培多出一个仰母，虽然把仰母用圆括弧括起来，但认为《中原音韵》确实保留 ŋ，八思巴对音也有 ŋ，比《中原音韵》保存得还要多。

所构拟的韵母系统是：

东钟	uŋ，iuŋ	萧豪	au，i̭au，iɛu
江阳	aŋ，iaŋ，uaŋ	歌戈	o，io，uo
支思	ï	家麻	a，i̭a，ua
齐微	ei，i，uei	车遮	iɛ，iuɛ
鱼模	u，iu	庚青	əŋ，iəŋ，uəŋ，iuəŋ
皆来	ai，i̭ai，uai	尤侯	əu，iəu
真文	ən，iən，uən，iuən	侵寻	əm，iəm
寒山	an，i̭an，uan	监咸	am，i̭am
桓欢	on	廉纤	iɛm
先天	iɛn，iuɛn		

杨耐思把小韵分配给韵母的办法是，以同期的材料《古今韵会举要》《蒙古字韵》为主要参考，重视《中原音韵》本身的音韵系统，以其他材料为辅。介音有 i，i̭（音值模胡，用来区分一二等韵中重出的二等韵喉牙音字，是滋生的腭介音，可以省写为 i），u，iu 等 4 个；元音有 u，i，i̭，a，ï，e，ə，o，ɛ 等 9 个。韵母有 46 个。

杨耐思赞同陆志韦的观点，认为《中原音韵》音系有入声，但他认为，入声只保留一个独立的调位，不带喉塞韵尾。

李新魁《〈中原音韵〉音系研究》（中州书画社，1983 年）对《中原音韵》音系作了全面构拟。

所构拟的声母系统是（汉字是我们加的）：

p（崩）	pʻ（烹）	m（蒙）	f（风）	v（亡）
t（东）	tʻ（通）	n（脓）		l（龙）
ts（宗）	tsʻ（愡）		s（嵩）	
tʂ（钟）	tʂʻ（充）		ʂ（双）	ʐ（戎）
k（工）	kʻ（空）	（ŋ）（仰）	x（烘）	O（邕）

一共有20个声母，加上仰母是21个。李新魁认为《中原音韵》江阳韵“晃：况”对立，家麻韵“化：话”对立，表明当时去声字中还残存浊音 ɣ。又把知照二组全拟成 tʂ 等，tʂ 等可以跟 i 元音相拼，tʂ 等拼 i 使 i 后来都变成 ʅ。他还认为《中原音韵》ŋ 声母基本消失，但可能有遗存。

李新魁构拟的韵母系统如下：

东钟	uŋ，iuŋ	萧豪	ɑu，au，iau，iɛu
江阳	aŋ，iaŋ，uaŋ	歌戈	o，io，uo
支思	ï（ɿ ʅ）	家麻	a，ia，ua
齐微	i，əi，uei	车遮	iɛ，iuɛ
鱼模	u，iu	庚青	eŋ，iŋ，uəŋ，iuəŋ
皆来	ai，iai，uai	尤侯	əu，iəu
真文	ən，in，un，iun	侵寻	əm，im
寒山	an，ian，uan	监咸	am，iam
桓欢	on	廉纤	iɛm
先天	iɛn，iuɛn		

李新魁把小韵分配给韵母的办法是，依据《中原音韵》，配合《中州音韵》反切上下字的系联，必要时参用《蒙古字韵》。介音有 i，u，iu 等3个；元音共 u，i，a，ï，ə，e，o，ɛ，ɑ 等9个。韵母有47个，萧豪韵比杨耐思多1个韵母。

他认为《中原音韵》音系有阴平、阳平、上声、去声、五种声调。

宁继福《中原音韵表稿》（吉林文史出版社，1985年）。

《中原音韵表稿》的声母系统见后附表。

p（帮白补并）	pʻ（滂袍拍盼）	m（明马麦）	f（非房法奉）	ʋ（微罔袜）
t（端铎董定）	tʻ（通啼铁透）	n（泥暖纳）		l（来朗力）
ts（精疾子暂）	tsʻ（清从切粲）		s（心邪塞送）	
tʂ（庄宅纸站章逐沼众）	tʂʻ（初床策衬昌澄撤臭）		ʂ（生时色瘦书绳设扇）	ɽ（儿耳二如娘日）
k（工局苟见）	kʻ（溪群哭抗）	ŋ（敖仰虐）	x（轰匣晓恨）	Ø（翁于影岳）

宁继福《中原音韵表稿》声母系统

共21个声母。1964年宁继福在《中国语文》第5期发表《〈中原音韵〉二十五声母集说》，把知$_{二}$和庄组拟为tʂ，tʂ，ʂ，把知$_{三}$和章组拟为tʃ，tʃ‘，ʃ，现在根据音位学原理把这两组都合并为tʂ，tʂ‘，ʂ，但承认有变体，在洪音前读tʂ等，在i元音前读tʃ等。日母从王力说拟成ɽ，认为不是全浊声；也有变体，支思韵中读卷舌闪音ɽ，其他韵中读r，后面都有i元音（齐微合口除外）。微母拟成半元音ʋ，音值等于陆志韦的w。

韵母系统是：

东钟	uŋ，iuŋ	萧豪	ɑu，au，iau
江阳	aŋ，iaŋ，uaŋ	歌戈	ɔ，iɔ，uɔ
支思	ï	家麻	a，ia，ua
齐微	i，ei，ui	车遮	iɛ，iuɛ
鱼模	u，iu	庚青	əŋ，iəŋ，uəŋ，iuəŋ
皆来	ai，iai，uai	尤侯	əu，iəu
真文	ən，iən，uən，iuən	侵寻	əm，iəm
寒山	an，ian，uan	监咸	am，iam
桓欢	uɔn	廉纤	iɛm
先天	iɛn，iuɛn		

宁继福把小韵归入韵母时，十分重视周德清的《正语作词起例》里头的正音的说明，以及卓从之的《中州乐府音韵类编》。介音构拟了i，u，iu 3个；元音有ï，i，u，e，ɛ，a，ɑ，ɔ，ə等9个。韵母有46个，各韵部韵母的数目跟杨耐思相同。

宁继福认为《中原音韵》音系没有入声，入声已归并到阳平、上声、去声；平声阴很像半低平调，平声阳可能是个高升调，上声是低降全升调，去声大概是全降调。用五度标调法来标《中原音韵》的四声，平声阴是22，平声阳是45，上声是215，去声是51。

八、王力的古音拟测

王力（1900—1986），字了一，广西博白人，中国现代语言学的奠基人之一。1926年考入清华大学国学研究院，1927年留学法国，1931年获巴黎大学文学博士学位，1932年回国。历任清华大学、燕京大学、广西大学、西南联合大学、中山大学、岭南大学教授，1954年后任北京大学教授。

在汉语音韵学领域，王力投入了大量的精力，写下了许多极具影响的学术论著，把我国音韵学的研究水平提高到一个崭新的高度。从三十年代起王力就已经对古音的拟测发表了独到的见解，以后的几十年中，又不断修正和完善他所建立的古音拟测系统，到晚年写成的《汉语语音史》全面总结了他几十年的研究成果，对从上古到现代的语音分为九个阶段进行拟测，是迄今为止对汉语语音拟测最全面、最系统的著作。为了便于全面了解王力对古音拟测的贡献，特专设一节加以介绍。

（一）王力早期拟测成果简介

1936年，商务印书馆出版了王力的《中国音韵学》（后改名《汉语音韵学》），书中对上古音和中古音的拟测都采用了高本汉的成果，但对高氏拟音也有一些质疑的地方。同年在《清华学报》11卷3期发表《南北朝诗人用韵考》，虽然旨在研究南北朝的韵部系统，但也涉及音值，例如认为脂支主元音相同或相近，支之主元音音值很远，虞模主元音相同或相近，鱼模主元音音值很远，前者补充高本汉之说，后者订正高说。提出互押的韵，韵头有分别，韵腹和韵尾应该完全相同；主元音不同，必有分押的痕迹。1937年，在《清华学报》12卷3期发表《上古韵母系统研究》，研究了上古的韵母系统，其中也反映了他古音拟测的一些主张，例如：不但同一韵部的字同一主元音，具有阴阳对转关系的一系字也应同一主元音，同一韵部的字还有开合洪细的不同，上古的洪细跟中古大致相同，上古的开合有的跟中古相同，但有的并不相同。本文的研究成果为王力后来对上古音的系统拟测提供了基础。

1945年至1947年，王力写出了《汉语诗律学》，1958年由上海新知识出版社出版，其中涉及古代声调的拟测问题。他认为，中古平声是长的，不升不降的，上去入三声都是短的，或升或降的，所以平声叫平，上去入为仄，上应该指的是升，去应该指的是降，入应该指的是特别短促。还率先对近代汉语的调值作了推测：元代的北方口语里，阴平是一个中平调，阳平是一个中升调，上声是一个高平调，去声是一个低降调。

1960 年，王力在《语言学研究与批判》第 2 辑发表《上古汉语入声和阴声的分野及其收音》，主要研究上古汉语韵尾的拟测问题，是《汉语史稿》上古韵尾构拟的理论根据，本文总结了我国传统音韵学对上古入声和阴声的看法，指出一些西方汉学家把阴声韵几乎都拟成闭口音节，跟传统音韵学看法相左。有些人企图利用汉藏诸语言来证明上古阴声韵收闭音尾，王力对此持反对的态度，他从类型学的角度指出："在汉藏语系中，韵尾-g，-d，-b 和-k，-t，-p 是不能同时存在的"，并分析不能同时并存的音理：唯闭音只有成阻、持阻而没有除阻，语言中这两套唯闭音是无法辨别出来的。也不能设想上古唯闭音有除阻，那是虚构。基于以上的论证，王力指出，把上古阴：入设想为浊：清的对立，是虚构的上古汉语，"不是实际上可能存在的语言"。

此外，1963 年由中华书局出版的《汉语音韵》，1980 年由上海古籍出版社出版的《诗经韵读》《楚辞韵读》，1982 年由商务印书馆出版的《同源字典》等著作，都反映了王力先生古代语音拟测的成果。

（二）《汉语史稿》中的古代语音拟测

1957 年至 1958 年由科学出版社出版的《汉语史稿》上中下三册，上册研究语音史，全面论述了汉语语音从上古到现代发展演变的规律。这里只简介其中的中古、上古、近代语音系统的拟测。

中古的语音系统以《广韵》为代表。声母一共 35 个，列表如下：

唇音	帮 p	滂 p‘	並 b‘	明 m		
舌音	端 t	透 t‘	定 d‘	泥 n	来 l	
	知 ȶ	彻 ȶ‘	澄 ȡ‘			
齿音	精 ts	清 ts‘	从 dz‘	心 s	邪 z	
	庄 tʃ	初 tʃ‘	崇 dʒ‘	山 ʃ		
	章 tɕ	昌 tɕ‘	船 dʑ‘	书 ɕ	禅 ʑ	日 nʑ
牙音	见 k	溪 k‘	群 g‘	疑 ŋ		
喉音	影 O	余 j	晓 x	匣 ɣ		

取消了高本汉的 j 化声母。全浊声母拟为送气，则是采用高本汉的说法，后来王力在《汉语语音史》中说："其实全浊声母送气不送气是互换音位，正如现代吴方言一样，全浊声母可以送气，也可以不送气。"并改标成不送气的音标。影母拟作 0，采用的是陆志韦的说法，余母拟作 j，是采用罗常培、陆志韦的说法。庄组的拟音是采用陆志韦的构拟。《汉语音韵》的《切韵》声母构拟与此略有不同：把娘母从泥母中分出，拟为 ȵ；日母拟为 ɽ，是个卷舌闪音，影母拟作 ʔ。

《汉语史稿》给《广韵》构拟了141个韵母；如果举平以赅上去入，则有92个韵母（蒸拯证职有两个韵母），列表如下：

1. 东董送 uŋ，ĭuŋ	入声屋 uk，ĭuk
2. 冬〇宋 uoŋ	入声沃 uok
3. 钟肿用 ĭwoŋ	入声烛 ĭwok
4. 江讲绛 ɔŋ	入声觉 ɔk
5. 支纸寘 ĭe，ĭwe	
6. 脂旨至 i，wi	
7. 之止志 ĭə	
8. 微尾未 ĭəi，ĭwəi	
9. 鱼语御 ĭo	
10. 虞麌遇 ĭu	
11. 模姥暮 u	
12. 齐荠霁 iei，iwei	
13. 〇〇祭 ĭɛi，ĭwɛi	
14. 〇〇泰 ɑi，uɑi	
15. 佳蟹卦 ai，wai	
16. 皆骇怪 ɐi，wɐi	
17. 〇〇夬 æi，wæi	
18. 灰贿队 uɒi	
19. 咍海代 ɒi	
20. 〇〇废 ĭɐi，ĭwɐi	
21. 真轸震 ĭĕn，ĭwĕn	入声质 ĭĕt，ĭwĕt
22. 谆准稕 ĭuĕn	入声术 ĭuĕt

23. 臻〇〇 ĭen　　入声栉 ĭet

24. 文吻问 ĭuən　　入声物 ĭuət

25. 欣隐焮 ĭən　　入声迄 ĭət

26. 元阮愿 ĭɐn，ĭwɐn　　入声月 ĭɐt，ĭwɐt

27. 魂混恩 uən　　入声没 uət

28. 痕很恨 ən　　入声〇

29. 寒旱翰 ɑn　　入声曷 ɑt

30. 桓缓换 uɑn　　入声末 uɑt

31. 删潸谏 an，wan　　入声辖 at，wat

32. 山产裥 æn，wæn　　入声黠 æt，wæt

33. 先铣霰 ien，iwen　　入声屑 iet，iwet

34. 仙猕线 ĭɛn，ĭwɛn　　入声薛 ĭɛt，ĭwɛt

35. 萧篠啸 ieu

36. 宵小笑 ĭɛu

37. 肴巧效 au

38. 豪晧号 ɑu

39. 歌哿箇 ɑ

40. 戈果过 uɑ，ĭɑ，ĭuɑ

41. 麻马祃 a，ĭa，wa

42. 阳养漾 ĭaŋ，ĭwaŋ　　入声药 ĭak，ĭwak

43. 唐荡宕 ɑŋ，uɑŋ　　入声铎 ɑk，uɑk

44. 庚梗映 ɐŋ，ĭɐŋ，wɐŋ，ĭwɐŋ　　入声陌 ɐk，ĭɐk，wɐk，—

45. 耕耿诤 æŋ，wæŋ　　入声麦 æk，wæk

46. 清静劲 ĭɛŋ，ĭwɛŋ　　入声昔 ĭɛk，ĭwɛk

47. 青迥径 ieŋ，iweŋ　　入声锡 iek，iwek

48. 蒸拯证 ĭəŋ，—　　入声职 ĭək，ĭwək

49. 登等嶝 əŋ，uəŋ　　入声德 ək，uək

50. 尤有宥 ĭəu

51. 侯厚候 əu

52. 幽黝幼 iəu

53. 侵寝沁 ĭĕm　　入声缉 ĭĕp

54. 覃感勘 ɒm　　入声合 ɒp

55. 谈敢阚 ɑm　　入声盍 ɑp

56. 盐琰艳 ĭɛm　　入声葉 ĭɛp

57. 添忝栎 iem　　入声帖 iep

58. 咸豏陷 ɐm　　入声洽 ɐp

59. 衔槛鉴 am　　入声狎 ap

60. 严俨酽 ĭɐm　　入声业 ĭɐp

61. 凡范梵 ĭwɐm　　入声乏 ĭwɐp

这个系统跟高本汉一样，没有区别重纽，王力在《中国语言学史》中曾经说，区分重纽是“越分越‘细’，所构拟的音主观成分很重，变成了纸上谈兵”。这种看法是值得商榷的。高本汉共列出91个韵母，戈韵只有2个韵母，王力多列出了一个ĭɑ，是正确的，李荣《切韵音系》已指出高氏少此韵母不当。

《汉语史稿》所构拟的韵母音值以高本汉的系统为基础，又吸收了高氏之后的部分研究成果。主要有以下几个特点：

1. 介音方面，把高氏给支脂之微所拟的j去掉。开口没有u介音或主元音不用u；合口一等介音或主元音是u，二三四等合口都有w介音（只有谆文戈三韵用u）。一等二等没有i介音；三等是ĭ介音，开口是ĭ，合口是ĭw（脂韵有i元音，无ĭ介音，合口是wi）；四等都有i介音，开口是i，合口是iw。

2. 主元音方面，基本取消附加符号，只有真谆尤侵主元音上ˇ（除尤韵外，陆志韦这几韵也有ˇ），大概指弱元音。一二等的区别及重韵的区别用不同元音标写。主元音有u，o，ɔ，e，i，ə，ɛ，ɑ，a，ɐ，æ，ɒ，ĕ等13个，一等有u，o，ɑ，ɒ，ə5个，二等有ɔ，a，ɐ，æ4个，三等有o，e，i，ə，u，ɛ，ɐ，ĕ，e，ɑ，a 11个，四等都是e。

王力认为，《切韵》不代表一时一地的语音，音值的构拟都是相对的，不能了解为同时存在；承认206韵的系统有好处，可以上推古音，下推现代方言。他对音值的构拟处理得也是比较通达的。

在《汉语史稿》中王力对他拟测的上古音系统没有做全面阐述，大多只是写出拟测的结论。全面阐述他的韵母拟测系统的，是上面谈到的《上古汉语入声和阴声的分野及其收音》一文和发表于《北京大学学报》1964年第5期的《先秦古韵拟测问题》一文。晚年的拟测有些小的改动，但拟测的原则几十年来并无变化。

《汉语史稿》的上古声母系统是六类三十二母：

唇　音	帮 p	滂 p‘	並 b‘	明 m		
舌头音	端知 t	透彻 t‘	定澄 d‘	余 d	泥娘 n	来 l
舌上音	章 ȶ	昌 ȶ‘	船 ȡ‘	书 ɕ	禅 ʑ	日 ȵ
齿头音	精 ts	清 ts‘	从 dz‘	心 s	邪 z	
正齿音	庄 tʃ	初 tʃ‘	崇 dʒ‘	山 ʃ		
喉　音	见 k	溪 k‘	群 g	疑 ŋ		
	晓 x	匣 ɣ	影 O			

后来在《汉语音韵》（1963）中，王力把 t 等改称舌音，其实就是舌头音；把章组分别拟成 tɕ，tɕ‘，dʑ‘，ɕ，ʑ，ȵ，改称正齿音；把精组和庄组合称齿头音，精组为甲类，庄组为乙类；把喉音分成牙音和喉音，见组为牙音，晓组为喉音。在《同源字典》（1982）中，又把精组看做齿头音，庄组看做正齿音，合称齿音；把端知组看做舌头音，章组看做舌面音，合称舌音；喉音只有影母，见组和晓匣二母都看做牙音。这样就分成五大类七小类。

对声母的拟音后来也有一些变化：一，从《诗经韵读》（1980）开始，就根据李荣《切韵音系》的意见，增加一个俟母，属庄组，《诗经韵读》拟为 ʒ，《同源字典》《汉语语音史》拟为 ʐ。二，喻四（余）的注音，原拟成 d，在所拟测的声母系统中，只有这个 d 是不送气的全浊音，缺乏系统性。《诗经韵读》暂改拟成 j，代表一个未定的辅音。《同源字典》《汉语语音史》则拟作 ʎ，是与 ȶ，ȶ‘，ȡ 同部位的边音。三，原来从高本汉的拟测，把全浊声母拟成送气音，因为汉语全浊声母没有送气不送气的对立，所以看成互换音位，从《诗经韵读》开始全去掉送气符号。四，章昌船书禅日原来分别作 ȶ，ȶ‘，ȡ‘，ɕ，ʑ，ȵ；《汉语音韵》分别作 tɕ，tɕ‘，dʑ，ɕ，ʑ，ȵ；《诗经韵读》改为 tɕ，tɕ‘，dʐ，ɕ，ʐ，ȵ；《同源字典》拟为 tɕ，tɕ‘，ȡ，ɕ，ʑ，ȵ，喻四属这一发音部位；《汉语语音史》拟为 ȶ，ȶ‘，ȡ，ɕ，ʑ，ȵ，喻四亦归这一发音部位。

《汉语史稿》的上古韵母系统是：

第一类

之部　ə　ĭə　uə　ĭwə

职部　ək　ĭək　uək　ĭwək

蒸部　əŋ　ĭəŋ　uək　ĭwəŋ

第二类

幽部　əu　eəu　ĭəu　iəu

觉部　əuk　eəuk　ĭəuk　iəuk

第三类

宵部　au　eau　ĭau　iau

药部　auk　eauk　ĭauk　iauk

第四类

侯部　○　—　ĭwo

屋部　ok　eok　ĭwok

东部　oŋ　eoŋ　ĭwoŋ

第五类

鱼部　ɑ　eɑ　ĭɑ　iɑ　uɑ　oɑ　ĭwɑ

铎部　ɑk　eɑk　ĭɑk　iɑk　uɑk　oɑk　ĭwɑk

阳部　ɑŋ　eɑŋ　ĭɑŋ　iɑŋ　uɑŋ　oɑŋ　ĭwɑŋ

第六类

支部　e　ĭe　ie　ue　ĭwe　iwe

锡部　ek　ĭek　iek　uek　ĭwek　iwek

耕部　eŋ　ĭeŋ　ieŋ　ueŋ　ĭweŋ　iweŋ

第七类

歌部　a　ea　ĭa　ia　ua　oa　ĭwa　—

月部　at　eat　ĭat　iat　uat　oat　ĭwat　iwat

寒部　an　ean　ĭan　ian　uan　oan　ĭwan　iwan

第八类

微部　əi　eəi　ĭəi　—　uəi　oəi　ĭwəi

物部　ət　—　ĭət　—　uət　—　ĭwən

文部　ən　eən　ĭən　iən　uən　—　ĭwən　iwən

第九类

脂部　ei　ĭei　iei　ĭwei　—

质部　et　ĭet　iet　ĭwet　iwet

真部　en　ĭen　ien　ĭwen　iwen

第十类

缉部　əp　eəp　ĭəp　—　uəp　—　ĭwəp

侵部　əm　eəm　ĭəm　iəm　uəm　oəm　ĭwəm

第十一类

葉部　ap　eap　ĭap　iap　ĭwap

谈部　am　eam　ĭam　iam　ĭwam

《汉语史稿》在上古韵母构拟方面有两个重要特点，一是大大简化了元音系统，二是把阴声韵全部拟成元音结尾。

高本汉为上古拟了14个主元音，董同龢拟了20个主元音，陆志韦拟了13个主元音，都没有有效地解决上古的韵母系统性问题。《汉语史稿》在上古元音系统大大简化，只拟了e，o，ə，a，ɑ 5个主元音，最关键的一点，就是为二等韵设置介音。李方桂和王力在三十年代都提出过同一韵部必须有同一主元音的主张，但是王力那时对上古韵母的拟测还处于酝酿的阶段，李方桂在对上古韵母作拟测时遇到同一韵部的一二等字也只好拟成音值相似的不同的主元音。到王力写《汉语史稿》时用二等韵设置介音的办法大大简化了元音系统，具体的介音构拟是：

开口一等：无韵头　　合口一等：－u－

开口二等：－e－　　合口二等：－o－

开口三等：－ĭ－　　合口三等：－ĭw－

开口四等：－i－　　合口四等：－iw－

－ĭw－相当于－y̌－，－iw－相当于－y－，前者是辅音性的，后者是元音性的。介音－e－是一种很松的元音，可能是很开口的－i－；－ĭ－是辅音性的，－i－是元音性的。介音－o－是一种很松的元音，可能是很开口的－u－。

对于重韵现象《汉语史稿》用以下几种办法来处理：一，看上古同一韵部所辖《广韵》的韵处于几等的位置，把重韵中的某一韵填到缺等的空格中去，常常是把二等的某一韵移到一等，把三等的某一韵移到四等。二，看上古同一韵部所辖《广韵》的韵的声母情况，如果不对立，就把重韵的某一韵填到相应的韵中去。大致说，喉牙是一类，唇音则开口归舌尖一类，合口归喉牙一类发生分化。三，允许有极少数的字出现例外音变。

对阴声韵是否拟成闭音尾问题，高本汉本来就有反复；李方桂、陆志韦虽然把阴声韵拟成-b，-d，-g之类的塞音尾，但他们都对这种构拟表现出信心不足。王力则以利刀斩乱麻的手段，把阴声韵的辅音尾巴全部砍掉，使上古的韵母构拟系统性大大加强，解决了上古阴阳入三分和上古韵母同中古韵母的对应关系。《上古汉语入声和阴声的分野及其收音》对此作了系统的论证。《先秦古韵拟测问题》也涉及到这一问题，例如在解释为什么阴声、阳声、入声韵尾不同可以对转时说：

> 韵尾 -i 是部位最高、最前的舌面元音，与［t］、［n］的发音部位最近，所以能够对应。……入声-k尾的性质可能接近于喉塞音［ʔ］尾，或者是短而不促（连［ʔ］尾也没有），后来逐渐由［ʔ］尾过渡到-k。所以先秦-k尾的字往往与阴声字押韵。阳声-ng尾的韵部可能不是真正-ng尾，而是鼻化元音。普通语言学证明，高元音不容易鼻化。幽宵两部收-u尾，所以没有鼻化元音跟它们相配（虽然它们的入声收-k）；歌微脂三部收-i尾，所以另配-n尾，而不配鼻化元音。

这当然只是一种解释，但是可以说明，把阴声韵拟成开音尾，对于阴阳入之间的交涉并不是不能作出音理上的解释的。

王力的古韵拟测，后来又作了一些调整。《汉语音韵》中，把鱼铎阳的主元音改为 a，歌月元分别拟为 ai，at，an，主元音数目减到4个。《先秦古韵拟测问题》的元音拟测同于《汉语音韵》，韵母数比《汉语史稿》有增减：文部删去 iən，iwən，增 oən；脂部增 iwei，uei，质部增 uet，真部增 uen。少数字的归部也有调整，详细的论证见于1963年发表于《语言学论丛》第五辑的《古韵脂微质物月五部的分野》一文。《诗经韵读》《同源字典》中用拉丁字母标写上古音值，介音的标法跟《汉语史稿》略有不同：开口三等写作 i；四等写作 y，发音部位比 i 略低；合口三等写作 iu，是一个单音素，等于国际音标的 y；四等写作 yu，比 iu（y）的发音部位略。介音都具有半元音性。《诗经韵读》《同源字典》中，主元音的构拟又有一些调整：幽觉是 u，宵药是 ô（闭口的 o，相当于国际音标的 o），侯屋东是 o

（开口的 o，相当于国际音标的 ɔ），主元音 a 全改为 ɑ。《汉语语音史》用的是改拟的方案，只是把拉丁字母改为国际音标。

关于上古声调的构拟，王力认为先秦的声调除了以特定的音高为其特征外，分为舒促两大类，又细分为长短。舒而长的声调是平声，舒而短的声调是上声；促声一律叫做入声，促而长的声调是长入，促而短的声调是短入。关键在于对中古去声的处理，他把一部分去声归到平上，一部分去声归到入声，是长入，阳声韵则全归入平上。王力有条件地接受了段玉裁的古无去声说。在《汉语音韵》中指出：入声以-p，-t，-k 收尾，这是韵母问题；从这个角度看，段氏去入为一类的观点是正确的，因为中古大部分去声韵上古归入声韵母。入声又是一种短促的声调，这是声调问题；从这个角度看，段氏古无去声说是不对的，因为没有能解释入声分化为中古去入两声的条件。《汉语史稿》中，长入字在韵母主元音上加一“ˉ”，短入字在韵母主元音上加一“ˇ”。

《汉语史稿》对《中原音韵》所代表的十四世纪汉语北方话音系的声母作了如下拟测：

唇音	帮 p	滂 p‘	明 m	非 f	微 v
舌音	端 t	透 t‘	泥 n		来 l
齿音	精 ts	清 ts‘		心 s	
	照 tʃ	穿 tʃ‘		审 ʃ	日 ʒ
	纸 tʂ	齿 tʂ‘		史 ʂ	耳 ʐ
喉牙音	见 k	溪 k‘		晓 x	影 O

这个系统跟陆志韦的系统很相近，只是把 ŋ 声母去掉了，另外把陆氏的 ʐ 声母分成 ʒ（拼支思韵以外的韵）、ʐ（只拼支思韵）两个声母。所以陆、王都是 24 声母。拟音上，照穿审陆拟为 tɕ，tɕ‘，ɕ，王拟为 tʃ，tʃ‘，ʃ。

王力对《中原音韵》声母的拟测是有犹豫的。1957 年初版《汉语史稿》采用罗常培的 20 个声母，1958 年修订后又采纳了陆志韦的意见，改为 24 个；《汉语音韵》又拟为 20 个，并指出“疑母在《中原音韵》中可能还有［ŋ］音的痕迹”，日耳并为一母，音值是 ɽ。《汉语语音史》中订为 25 个声母，则是把照纸两组又分开，照组分别拟为tɕ，tɕʻ，ɕ，r，纸组分别拟为tʂ，tʂʻ，ʂ，ɽ；又认为元代疑母已消失，把罗常培的邕母（O）分为喻（j，舌面前音），吴（w，双唇音）两个声母。

《汉语史稿》没有全面反映王力对《中原音韵》韵母的拟测成果，下面把《汉语语音史》中对《中原音韵》韵母的拟测列出来：

东钟	uŋ，i̯uŋ	萧豪	au，i̯au
江阳	aŋ，i̯aŋ，uaŋ	歌戈	ɔ，uɔ
支思	ʅ，ɿ	家麻	a，i̯a，ua
齐微	əi，i，uəi，yi	车遮	i̯æ，yæ
鱼模	u，i̯u	庚青	əŋ，i̯əŋ，yəŋ
皆来	ai，iai，uai	尤侯	əu，i̯əu
真文	ən，i̯ən，uən，yən	侵寻	əm，im
寒山	an，i̯an，uan	监咸	am，i̯am
桓欢	uɔn	廉纤	i̯æm
先天	i̯æn，yæn		

表中所列介音有i̯（皆来齐齿作iai，存疑），u，y三个，元音有u，i̯（也算元音），a，ʅ（ɿ），ə，i，y，ɔ，æ共9个，韵母有44个。韵母分开齐合撮四呼，合口呼是以u为介音或以u起头的韵母；齐齿呼是以i̯为介音或以i起头，后面跟开口元音的韵母（如果有的话）；撮口呼是以i̯u为元音或以y为介音的韵母。《中原音韵》到底有无四呼，值得进一步研究。

（三）《汉语语音史》古音拟测的特色

1985年，中国社会科学出版社出版了王力的《汉语语音史》，最大特色在于把汉语语音分为先秦、汉代、魏晋南北朝、隋—中唐，晚唐—五代、宋代、元代、明清、现代九个时期，在研究方法上有意摆脱《广韵》音系的束缚，以各时期的韵文、反切、音注等为研究对象，从而建立了一个新的研究框架。

先秦音系和元代音系的构拟和王力过去的研究成果没有明显的变化，我们在前面已作了介绍，这里只简要介绍汉代、魏晋南北朝、隋—中唐、晚唐—五代、宋代音系的构拟。

汉代的声母系统因为材料有限，在《汉语语音史》中没有构拟，但王力估计可能和先秦时期一样，或者说变化不大，汉代的韵母系统是：

第一类							
之部	ə	i̯ə	uə	i̯uə			
职部	ək	i̯ək	uək	i̯uək			
蒸部	əŋ	i̯əŋ	uəŋ	i̯uəŋ			
第二类							
支部	e	i̯e	ie	oe	i̯ue	iue	
锡部	ek	i̯ek	iek	oek	i̯uek	iuek	
耕部	eŋ	i̯eŋ	ieŋ	oeŋ	i̯ueŋ	iueŋ	
第三类							
歌部	ɑ	eɑ	i̯ɑ	—	uɑ	oɑ	—
铎部	ɑk	eɑk	i̯ɑk	iɑk	uɑk	oɑk	i̯uɑk
阳部	ɑŋ	—	i̯ɑŋ	—	uɑŋ	—	i̯uɑŋ
第四类							
鱼部	ɔ	—	i̯ɔ	—	uɔ	i̯uɔ	
药部	ɔk	eɔk	i̯ɔk	iɔk	—	—	
第五类							
宵部	o	eo	i̯o	io			
屋部	ok	eok	i̯ok	—			
东部	oŋ	eoŋ	i̯oŋ	—			
第六类							
幽部	u	—	i̯u	iu			
觉部	uk	euk	i̯uk	iuk			
冬部	uŋ	euŋ	i̯uŋ	—			

第七类								
微部	əi	eəi	i̭əi	uəi	oəi	i̭uəi		
物部	ət	—	i̭ət	uət	—	i̭uət		
文部	ən	—	i̭ən	uən	—	i̭uən		
第八类								
脂部	ei	i̭ei	iei	i̭uei	—			
质部	et	i̭et	iet	i̭uet	iuet			
真部	en	i̭en	ien	iuen	iuen			
第九类								
月部	ɑt	eɑt	i̭ɑt	iɑt	uɑt	oɑt	i̭uɑt	iuɑt
元部	ɑn	eɑn	i̭ɑn	iɑn	uɑn	oɑn	i̭uɑn	iuɑn
第十类								
缉部	əp	eəp	i̭əp	—	—			
侵部	əm	eəm	i̭əm	iəm	i̭uəm			
第十一类								
盍部	ɑp	eɑp	i̭ɑp	iɑp	i̭uɑp			
谈部	ɑm	eɑm	i̭ɑm	iɑm	i̭uɑm			

除了不少韵字归属有变化外，一些韵部的音值跟先秦不同：歌部由ɑi变为ɑ，鱼部由ɑ变为ɔ，药部由ok变为ɔk，屋部由ɔk变为ok，东部由ɔŋ变为oŋ。这个系统的不足之处是，祭泰夬废四韵没有列进月部例字中。

关于汉代声调，王力认为汉代基本上没有去声，仍归长入。

汉代的韵部系统是根据张衡及其同时代作家的用韵分析出来的。

魏晋南北朝有33个声母：

帮非 p	滂敷 pʻ	並奉 b	明微 m			
端知 t	透彻 tʻ	定澄 d	泥娘 n	来 l		
精 ts	清 tsʻ	从 dz	心 s	邪 z		
庄 tʃ	初 tʃʻ	床 dʒ	山 ʃ	俟 ʒ		
照 tɕ	穿 tɕʻ	神 dʑ	日 ȵ	喻四 j	审 ɕ	禅 ʑ

见 k　　溪 k‘　　群 g　　晓 x　　匣喻$_{三}$ ɣ

影 ʔ

据当时材料推断：一，照穿神三母音值由 ȶ，ȶ‘，ȡ 变为塞擦音 tɕ，tɕ‘，dʑ；二，喻$_{四}$音值由 ʎ 变为 j。

42 韵部的韵母系统是：

第一类

之部 i̯ə

职部 i̯ək

蒸部 i̯əŋ

第二类

德部 ɐk　uɐk

登部 uɐŋ　uɐŋ

第三类

支部 —　i̯e　—　—　i̯ue　—

锡部 ek　i̯ek　ie　oek　i̯uek　iuek

耕部 eŋ　i̯eŋ　ieŋ　oeŋ　i̯ueŋ　iueŋ

第四类

歌部 ɑ　eɑ　i̯ɑ　uɑ　oɑ　i̯uɑ

铎部 ɑk　—　i̯ɑk　uɑk　—　i̯uɑk

阳部 ɑŋ　—　i̯ɑŋ　uɑŋ　—　i̯uɑŋ

第五类

鱼部 i̯ɔ

第六类

模部 o　i̯o

屋部 ok　i̯ok

东部 oŋ　i̯oŋ

第七类

宵部 ou　eou　i̯ou　iou

第八类

幽部 u — i̯u iu

沃部 uk euk i̯uk —

冬部 uŋ euŋ i̯uŋ —

第九类

微部 i̯əi iuəi

物部 i̯ət i̯uət

文部 i̯ən i̯uən

第十类

脂部 — i̯ei i̯uei

质部 et i̯et i̯uet

真部 en i̯en i̯uen

第十一类

灰部 ɐi eɐi i̯ɐi uɐi oɐi i̯uɐi

没部 ɐt — i̯ɐt uɐt — i̯uɐt

魂部 ɐn — i̯ɐn uɐn — i̯uɐn

第十二类

泰部 ɑi eɑi uɑi oɑi

曷部 ɑt eɑt — oɑt

寒部 ɑn eɑn uɑn oɑn

第十三类

祭部 eæi i̯æi iæi oæi i̯uæi iuæi

薛部 eæt i̯æt iæt oæt i̯uæt iuæt

仙部 eæn i̯æn iæn oæn i̯uæn iuæn

第十四类

缉部 i̯əp

侵部 i̯əm

第十五类

业部 i̯ɐp

严部 i̯uɐp

第十六类

合部 ɑp eɑp

覃部 ɑm eɑm

第十七类

葉部 æp eæp i̯æp iæp

盐部 æm eæm i̯æm iæm

这个韵部系统以谢灵运、谢惠连、谢庄、谢朓的诗赋为主，又参考范晔、刘勰、颜延之、沈约、江淹等人韵文分析出来的，音值对比两汉有较大变化。

魏晋南北朝时期已出现了四声，同于《切韵》音系。

根据陆德明《经典释文》和玄应《一切经音义》反切，隋—中唐时期有33个声母：

帮非 p	滂敷 p‘	並奉 b	明微 m			
端知 t	透彻 t‘	定澄 d	泥娘 n	来 l		
精 ts	清 ts‘	从 dz	心 s	邪 z		
庄 tʃ	初 tʃ‘	床 dʐ	山 ʃ	俟 ʐ		
（知 ȶ）	（彻 ȶ‘）	（澄 ȡ）				
照 tɕ	穿 tɕ‘	神 dʑ	日 ȵ	喻四 j	审 ɕ	禅 ʑ
见 k	溪 k‘	群 g	疑 ŋ	晓 x	匣喻三 ɣ	

其中知彻澄在唐天宝年间已经分化出来了，其他的同于魏晋南北朝。

根据隋—中唐时期的韵文和反切，当时有50个韵部：

第一类（u元音）

模部 u i̯u

沃部 uk i̯uk

冬部 uŋ i̯uŋ

第二类（o元音）

鱼部 — i̯o —

侯部 ou i̯ou iou

屋部 ok i̯ok —

东部 oŋ i̯oŋ —

第三类（ɔ元音）

觉部 ɔk

江部 ɔŋ

第四类（ɑ元音）

歌部 ɑ i̯uɑ uɑ —

豪部 ɑu — — —

咍部 ɑi — uɑi —

铎部 ɑk i̯ɑk uɑk i̯uɑk

曷部 ɑt — uɑt

合部 ɑp — —

阳部 ɑŋ i̯ɑŋ uɑŋ i̯uɑŋ

寒部 ɑn — uɑn —

覃部 ɑm — —

第五类（a元音）

麻部 a i̯a ua

肴部 au — —

皆部 ai — uai

黠部 at — uat

洽部 ap —

删部 an — uan

咸部 am —

第六类（ɐ元音）

废部 — i̯ɐi — i̯uɐi

陌部 ɐk i̯ɐk uɐk i̯uɐk

月部 ɐt i̯ɐt uɐt i̯uɐt

业部 — i̯ɐp — i̯uɐp

庚部 ɐŋ i̯ɐŋ uɐŋ i̯uɐŋ

元部 ɐn i̯ɐn uɐn i̯uɐn

严部	—	i̭ɐm	—	i̭uɐm

第七类（æ 元音）

宵部	i̭æu	iæu	—	—
祭部	i̭æi	iæi	i̭uæi	iuæi
薛部	i̭æt	iæt	i̭uæt	iuæt
葉部	i̭æp	iæp	—	—
仙部	i̭æn	iæn	i̭uæn	iuæn
盐部	i̭æm	iæm	—	—

第八类（ə 元音）

微部	—	i̭əi	—	i̭uəi
职部	ək	i̭ək	uək	i̭uək
物部	—	—	—	i̭uət
蒸部	əŋ	i̭əŋ	uəŋ	—
文部	—	—	—	i̭uən

第九类（i 元音）

脂部	i	i̭ui	—
锡部	ik	—	iuik
质部	it	i̭uit	—
缉部	ip	—	—
青部	iŋ	—	iuiŋ
真部	in	i̭uin	—
侵部	im	—	—

隋唐时代的调类跟魏晋南北朝一样是平上去入四声。

晚唐—五代的声母系统，据朱翱的反切分析，有 36 个：

帮 p	滂 p‘	並 b	明 m	
非敷 f	奉 v	微 ɱ		
端 t	透 t‘	定 d	泥 n	来 l
知 ȶ	彻 ȶ‘	澄 ȡ	娘 ȵ	
精 ts	清 ts‘	从邪 z	心 s	

庄 tʃ	初 tʃʻ	山 ʃ			
照 tɕ	穿 tɕʻ	床神禅 ʑ	喻 j	审 ɕ	日 r
见 k	溪 kʻ	群 g	疑 ŋ		
影 ʔ	晓 h	匣 ɦ			

据朱翱反切分析，晚唐五代有40个韵部：

第一类（u元音）

鱼模部	u	i̯u
屋烛部	uk	i̯uk
东钟部	uŋ	i̯uŋ

第二类（ɔ元音）

觉卓部	ɔk
江窗部	ɔŋ

第三类（ɑ元音）

歌戈部	ɑ	i̯ɑ	uɑ	i̯uɑ
豪袍部	ɑu	—	—	—
哈来部	ɑi	—	—	—
曷末部	ɑt	—	uɑt	—
合盍部	ɑp	—	—	—
寒桓部	ɑn	—	uɑn	—
覃谈部	ɑm			

第四类（a元音）

麻蛇部	—	a	i̯a	—	ua
肴包部	—	au	—	—	—
佳皆部	ai	—	uai	—	
药铎部	ak	i̯ak	uak	i̯uak	
黠辖部	at	—	uat	—	
洽狎部	ap	—	—	—	
阳唐部	aŋ	i̯aŋ	uaŋ	i̯uaŋ	
删山部	an	—	uan	—	
咸衔部	am	—	—	—	

第五类（ɐ 元音）

灰堆部	—	i̯ɐi	uɐi	i̯uɐi
没骨部	ɐt	—	uɐt	—
庚青部	ɐŋ	i̯ɐŋ	uɐŋ	i̯uɐŋ
魂痕部	ɐn	—	uɐn	—

第六类（æ 元音）

萧宵部	i̯æu	—
齐稽部	i̯æi	i̯uæi
月薛部	i̯æt	i̯uæt
业葉部	i̯æp	—
元仙部	i̯æn	i̯uæt
严盐部	i̯æm	—

第七类（ə 元音）

尤侯部	əu	i̯əu	—	—
职陌部	ək	i̯ək	uək	i̯uək
质物部	ət	i̯ət	—	i̯uət
蒸登部	əŋ	i̯əŋ	uəŋ	—
真文部	ən	i̯ən	—	i̯uən

第八类（i 元音）

脂微部	i	i̯ui
缉立部	i̯əp	—
侵林部	i̯əm	—

第九类（ʅ 元音）

资思部	ʅ

晚唐—五代的声调，基本上和隋—中唐时代一样，只是全浊声母的上声字转入去声。

宋代声母据朱熹《诗集传》和《楚辞集注》的反切，共有 21 个：

帮並 p	滂並 p‘	明 m	非敷奉 f	微 ɱ
端定 t	透定 t‘	泥娘 n	来 l	

精从 ts　　清从 ts‘　　心邪 s

知澄照床 tç　　彻澄穿床 tç‘　　审禅 ç　　影喻 j

见群 k　　溪群 k‘　　疑 ŋ　　晓匣 h

这个声母系统跟《中原音韵》十分接近。

宋代韵部据朱熹《诗集传》和《楚辞集注》的反切，共有32个：

第一类（u 元音）

鱼模部　u　i̯u

屋烛部　uk　i̯uk

东钟部　uŋ　i̯uŋ

第二类（ɔ 元音）

歌戈部　ɔ　i̯ɔ　uɔ　i̯uɔ

第三类（a 元音）

麻蛇部　a　—　i̯a　ua　—　—

豪包部　au　—　—　—　—　—

皆来部　ai　—　—　uai　—　—

觉药部　ak　eak　i̯ak　uak　—　i̯uak

曷黠部　at　eat　—　uat　oat　—

合洽部　ap　eap　—　—　—　—

江阳部　aŋ　eaŋ　i̯aŋ　uaŋ　—　i̯uaŋ

寒山部　an　ean　—　uan　oan　—

覃咸部　am　eam　—　—　—　—

第四类（ɐ 元音）

灰堆部　—　uɐi

物没部　ɐt　uɐt

庚生部　ɐŋ　uɐŋ

闻魂部　ɐn　uɐn

第五类（æ 元音）

萧肴部　eæu　i̯æu　—

月薛部　—　i̯æt　iuæt

业葉部　—　i̯æp　—

元仙部 — i̯æn i̯uæn

严凡部 — i̯æm —

第六类（ə元音）

尤侯部 əu i̯əu — —

麦德部 ək — uək —

蒸登部 əŋ i̯əŋ uəŋ —

真群部 ən i̯ən — i̯uən

第七类（i元音）

支齐部 i i̯ui

质职部 it i̯uit

缉习部 ip —

京青部 iŋ i̯uiŋ

侵寻部 im —

第八类

资思部 ɿ

宋代的声调跟晚唐五代一样，仍旧是平上去入四声。平声还没有分阴阳，理由是朱熹反切阳平字和阴平字互切。入声韵尾仍有-p，-t，-k三类的区别，但宋代北方话中已经开始合并为一类。

九、古音拟测的贡献和局限

经过中外学者，特别是中国学者的共同努力，汉语古代语音的拟测取得了很大成绩，主要贡献在以下三个方面：

一是经过古代语音的拟测实践，更加清楚地认识了汉语古代各时期的音位系统。上古音方面，清代学者在音类研究上有很大贡献，但缺点也很明显，最主要的就是不注意语音分化的条件。经过上古音的拟测我们对上古音的音位系统和分化条件逐步有了比较清晰的认识，不少地方已经有了趋于一致的结论；有的问题虽然还没有完全解决，但已经有了共同努力的方向。上古音的拟测，继承了清人音类研究的优秀成果，又通过拟测实践确证、补充、订正了前人的结论，使我们对上古音系有了更全面更深入的了解。

中古音方面，自从高本汉开始用科学方法研究《切韵》音系以后，可以说《切韵》音系的构拟工作基本局面已定，经过几十年中外学者的努力，对《切韵》音系的研究已经为我们提供了很好的基础，对韵书、韵图的音类也作了很好的分析。但是《切韵》音系毕竟离今天有一千多年了，即使是音类研究，前人的研究成果今天看来也还有不少需要解决的问题。

近代音方面，《中原音韵》所代表的音系地域较为固定，时代离今天不太远，许多语音现象跟现代北方话对应规律也比较明显，经过不同学者的努力，对它的音位系统和构拟已有近乎一致的结论。

古代语音拟测的直接目的是为了研究古代的语音系统，要研究好古代语音系统，就必须有语音学理论的指导和准确的标音工具，我国古代的语音研究还不能满足这样的条件。现代语言学家有了比古人优越得多的条件，所以能较为清楚地认识了古代各时期的语音系统。

二是经过古代语音拟测的实践，更加清楚地认识了汉语语音的历史发展规律。清代的学者对古代语音的认识有两个偏差：一是往往只作静态的研究，没有把各时代的语音研究用史的观念串联起来；二是主要把眼光投向古代语音研究上面，对活的音系不够重视。现代学者跟前人的社会背景不同，有了比较正确的历史观，所以能用史的眼光去揭示汉语语音发展的规律。他们在对各时期的音系作全面细致的共时描写的基础上力图揭示不同时期语音变化的特点和条件，并进而得出系统性的见解。

三是经过古代语音拟测的实践，加快了汉语音韵学研究的国际化进程，使汉语音韵学研究具有现代科学意义。高本汉是把汉语音韵学研究引上现代科学道路的先驱，他的《中国音韵学研究》是拟测汉语中古音的第一部科学著作，在我国音韵学界产生了很大影响。赵元任、罗常培、李方桂、王力、陆志韦等著名语言学家都为汉语音韵学的现代化倾注了心血。古代语音拟测是汉语音韵学发展的重要方面，是使汉语音韵学研究国际化、现代化的重要手段。中外现代语言学家对汉语古音拟测的卓有成效的研究给汉语音韵研究向纵深发展提供了可靠基础。

回顾古代语音拟测的历史，我们应该看到几十年的拟测工作也还存在着局限。一是材料的掌握和运用有欠缺，对传统音类研究的成果吸收得还远远不够；汉藏诸语言的比较研究是构拟原始汉语的重要手段，但至今还没有走上科学坦途；在构拟中古音和近代音时，现代不少方音资料还没有得到充分利用。特别是，文献资料也还远远没有得到充分利用，例如，上古的谐声材料基本上得到了全面整理，但是假借、异文等材料的整理和运用还是很零星的；即使是谐声材料，其中所反映出的上古语音信息还远远没有捕捉出来。汉魏六朝韵文材料的整理取得较大成果，但是大量反映六朝语音的《经典释文》的音注还没有引起足够的重视。今后汉语古音拟测的进一步发展，最主要的途径就是全面深入掌握和整理古代文献资料和现代方言资料；汉藏诸语言的比较研究可能对原始汉语的研究有重大意义，但只能寄希望于未来。实验语音学近些年来在我国已有很大发展，提供了一些汉语语音的实验分析材料，正确利用这部分材料，对古音拟测也很有用处。

二是拟音本身的局限性。拟测所得的古代音值，不可能是对古代语音十分精确的再现。我们自然希望所构拟的音值能够接近古代的实际读音，但更重要的是通过构拟揭示古代的音位系统。古音离今天时代越远，越难求出那时的近似音值，就更应把寻求语音系统摆在重要的位置上。从事古音的拟测，主要是运用历史比较法和内部拟测法。这些方法本身也是有局限性的，例如，内部拟测法和历史比较法所重建的音位，很难确定其较为确定的时代，况且用来重建古音的汉语材料十分复杂，只依靠内部拟测和历史比较等方法，不容易把握材料，所得结论有时不免似是而非。近些年来，有人有离开古代文献从事古音拟测的偏向，甚至宣称要复原汉语古音，无疑是不切实际的。一个重要原因就是没有充分认识到拟音本身的局限性。这种偏向是必须纠正的。

三是古音拟测跟汉语词汇、语法的发展的联系工作做得不够。古音拟测应该注意语音、词汇、语法的联系，这在理论上大家都清楚，但是在实际工作中应该如何联系还缺乏经验。例如，通过韵文来研究历史的用韵系统，这是古音拟测的基础工作之一，但很少有人把词义的因素考虑进去。又如，通过汉藏诸语言中其他语言跟汉语有对应关系的同源词来拟测原始汉语语音可能也是很有用的方法，但是前提是要论证这些语言构成了一个语系，然而这一前提还没有证实和证伪，有一些读音相差很远、很难找到严格对应关系的词，硬被人为地看成有对应关系；意义相差很远，硬被勉强牵合为“相近”“相关”。把语音、词汇、语法结合起来，是古音拟测向纵深发展的一个重要途径。例如，上古汉语有没有声调，上古“声调”是属于音质音位还是非音质音位，上古汉语阴声韵是以元音收尾还是以辅音收尾，都是曾经有争论的问题。如果结合上古汉语构词法进行研究，有可能得到比较一致的结论。近些年来有人结合汉语构词法，基本上肯定了上古声调属非音质音位，上古阴声韵以元音收尾或无韵尾。

科学的汉语古音拟测迄今将近有一百年的历史，现在这门学问在中国取得了巨大成功，已经生根开花了。回顾其光辉发展历程，可以看到，它得益于汉语历史文献的考证和语言学特别是历史比较语言学理论的紧密结合。古音拟测的历史证明：汉语历史文献的考证如果不跟语言学特别是历史比较语言学理论结合起来，就不能有效地揭示汉语各代的语音系统和系统的发展规律；语言学理论，特别是历史比较语言学的理论，主要是在印欧语研究的基础上发展起来的，有其自身的缺陷，如果不跟汉语历史文献的考证结合起来，就无法克服其缺陷，也失去了一个利用印欧语以外的有着丰富历史文献的语言检验其科学性、发展其理论的绝好途径，也无法搞好古音拟测。凡是古音拟测取得成功的地方，就一定吸收了既往音类研究的科学成就；凡是拟测不成功的地方，也就必然没有充分吸收既往音类研究的成就。这是近百年来古音拟测的历史给我们带来的深刻的经验和教训。汉语有着无与伦比的悠久的历史文献，这是从事语言学特别是历史语言学研究的宝库。从事古音拟测，汉语历史文献的重要性是怎么强调也不过分的。过去如此，现在如此，将来也会如此。

任何科学都是一种社会现象，它的产生、发展，都必须受到社会的制约。古音拟测作为一种科学活动，在上个世纪早期是以学习西方的语言学理论，主要以西方历史比较语言学的理论作为学术主潮的，这是由当时的社会历史条件决定的。五四运动的巨大成功，显示了学习西方学术精华已经成为国人的共识，从而成为当时学术研究的优良传统。三十年代以后，时移事异，以王力为代表的一代学者根据他们的坚实研究成果，又实现了向全面吸取古今中外学术精华作为新的学术方向的战略转移；那时起，吸收古今中外学术精华已成学界共识，又成为新的优良的学术研究传统，深深影响到汉语的古音拟测。

现在，全球一体化和文化多元化的时代已经到来，中国综合国力全面提升，我们正处在一个前所未有的新时代。科学既然具有社会性，它的发展必然要适应这一时代的要求，作为世界语言学重要组成部分的中国语言学，也必然会跟旧有的学术发生大碰撞，也必然发生国际性的文化、学术大碰撞，这是不以任何人的个人意志为转移的客观规律。在这个前所未有的历史新时期，人们必须回答：要不要继承中国语言学的优良传统、要不要继续吸收西方（主要是美国）语言学？如何继承中国语言学的优良传统、吸收西方的语言学？中国语言学的学术道路应该怎么走？应该有什么样的学风和治学态度？这些问题的不同答案，都将深深地影响着汉语古音拟测的学术道路。科学地回答了这些问题，我们的古音拟测才不会迷失方向，也不会歧路彷徨。

为了回答这样的问题，本世纪初，汉语音韵学领域发生了一场国际性的学术大讨论。2001 年，美国学者梅祖麟教授在香港语言学会年会上发表了《有中国特色的汉语历史音韵学》演讲，集中攻击王力和王念孙，也攻击了乾嘉学派、章黄学派极其“旁支别流”，点名批评了海峡两岸不少学者。演讲稿被贴到了北京大学中文系的网站。2002 年 6 月 27 日，郭锡良教授在纪念《中国语文》创刊五十周年学术研讨会上发表《历史音韵学研究中的几个问题——驳梅祖麟在香港语言学年会上的讲话》，从而引发了在中国海峡两岸联合进行的一场学术大辩论，并迅速扩展到国际语言学界，参与的人数多达数十人。辩论的问题表面是：（1）上古汉语有没有复辅音，（2）王念孙的“一声之转”能否用来研究同源词，（3）研究上古音要不要利用汉藏语材料，（4）怎样做汉藏语比较，王力先生的古音系统能否用来做汉藏语比较。实质上就是要回答上面提到的关涉中国语言学学术道路的那些重大问题。这场讨论仍在持续。其中，争论之激烈，参与讨论的人数之多，国际化的程度之高，涉及的学术问题之广，达到的学术深度之深，影响之巨，都是史无前例的，可以称为国际性的思想文化的大论战。有关这场讨论截至2007年的情况，其中的部分文章，郭锡良、陈新雄、李维琦、鲁国尧、耿振生、孙玉文、邵永海等人组成的《音韵学方法论讨论集》编辑组编纂成《音韵学方法论讨论集》，2009年6月由商务印书馆出版。

这场大论战的发展线索非常清楚：它从汉语的古音拟测开始，然后延伸到中国语言学的诸多领域。在学术史上，它的意义重大，必将深刻地影响着未来的古音拟测，也将影响着未来的中国语言学乃至国际范围内的语言研究，特别是汉语研究。通过这场大讨论，人们逐步达成共识：中国的语言研究应该继承吸取古今中外学术精华这一优良的学术研究传统。人们还认识到：包括古音拟测在内的整个未来的中国语言学，应该有更为开放的胸襟，在吸取古今中外学术精华的基础上自主创新，建设创新型的中国语言学。可以预期，作为一种科学活动，二十一世纪的汉语古音拟测，任重道远，前途光明。它会面临一个又一个的挑战，也会带来一个又一个的机遇。只要大家鼓足学术勇气，不畏艰险，迎接挑战，抓住机遇，自主创新，汉语的古音拟测一定会达到一个崭新的高度，也将为世界的语言事业、文化事业和传承中华文明作出我们的新贡献。

主要参考书目

岑麒祥 1981《历史比较语言学讲话》，湖北人民出版社；1988《语言学史概要》，北京大学出版社。

丁邦新 1975《魏晋音韵研究》，台湾中央研究院历史语言所专刊之六十五，台北南港。

董同龢 1948《广韵重纽试释》，史语所集刊13本；《上古音韵表稿》，史语所集刊18本；1968《汉语音韵学》，台北广文书局。

高本汉（Bernhard Kalgren）1995《中国音韵学研究》，赵元任、罗常培、李方桂合译，商务印书馆影印；
1987《中上古汉语音韵纲要》，聂鸿音译，齐鲁书社；
1937《汉语词类》，张世禄译，商务印书馆。

李方桂 1931《切韵 â 的来源》，史语所集刊3本1分；1932

《东冬屋沃之上古音》，史语所集刊 3 本 3 分；1935《论中国上古音的＊-iwəng，＊iwək，＊-iwəg》，史语所集刊 5 本 1 分；1980《上古音研究》，商务印书馆。

李 荣 1956《切韵音系》，科学出版社。

李新魁 1983《〈中原音韵〉音系研究》，中州书画社。

林语堂 1989《语言学论丛》，上海书店影印。

陆志韦 1939《三四等与所谓喻化》，燕京学报 26 期；1940《试拟切韵声母之音值并论唐代长安语之声母》，燕京学报 28 期；1985《古音说略》，载《陆志韦语言学著作集(一)》，中华书局；1988《陆志韦近代汉语音韵论集》，商务印书馆。

罗常培 1931《切韵鱼虞之音值及其所据方音考》，史语所集刊 2 本 3 分；1931《知彻澄娘音值考》，史语所集刊 3 本 1 分；1939《经典释文和原本玉篇反切中的匣于两纽》，史语所集刊 8 本 1 分；1931《中原音韵声类考》，史语所集刊 2 本 3 分。

宁继福 1985《中原音韵表稿》，吉林文史出版社。

王静如 1941《论开合口》，燕京学报 29 期；1948《论古汉语之颚介音》，燕京学报 35 期。

王 力 1984—1992《王力文集》，山东教育出版社。

徐通锵 1991《历史语言学》，商务印书馆。

严学宭 1984《周秦古音结构体系（稿）》，载《音韵学研究》1 辑，中华书局。

杨耐思 1981《中原音韵音系》，中国社会科学出版社。

《音韵学方法论讨论集》编辑组编 2009《音韵学方法论讨论集》，商务印书馆。

张世禄 1984《中国音韵学史》，上海书店影印。

赵荫棠 1936《中原音韵研究》，商务印书馆。

赵元任 1930《广韵声纽表》，广韵韵目表，史语所集刊 2 本 2 分。

周法高 1968《中国语言学论文集》，香港崇基书店；1984《中国音韵学论文集》，香港中文大学出版社。

第八章　从切音字到《汉语拼音方案》

一、时代文化背景

1. 近百年来的语文改革运动

鸦片战争之后，中国一步步沦为殖民地、半殖民地，中华民族面临着生死存亡的危机。为了救中国，志士仁人展开了不屈不挠的斗争，斗争触及社会生活的方方面面。在斗争中，许多人认为要振兴中华，首先要唤起民众，开通民智；要唤起民众，开通民智，就要发展教育；要发展教育，就要改革语文。就这样，一场声势浩大、持续不断的语文改革运动开始了。

一百多年前，我国民众的语文生活十分落后，使用的是方言加文言。虽然有共同语（官话）但是不普及，标准也不十分明确，社会交际主要靠方言。文言脱离口语，十年寒窗也不一定能写通文章。汉字虽然有几千年的历史，可是只有少数人有学习的机会，文盲占人口的百分之八九十。这种语文生活有利于愚民统治，而不利于民智开发。清末开始的语文改革运动，就是要改变这种落后状况。一百多年来的语文改革运动主要包括四个方面：（1）语言的共同化。普及民族共同语普通话，就是要克服由方言分歧造成的隔阂，促进国家的统一、民族的团结、经济文化的发展。不但要实现书同文，而且还要实现语同音。（2）文体的口语化。文言文不但难学，而且束缚思想。白话文运动实际是思想解放运动。用白话文代替文言文，是五四新文化运动的重要组成部分。三十年代开展的关于大众语的讨论，促进了现代白话文的大众化。五十年代，白话文进入了成熟期。（3）文字的简便化。汉字字数繁多，结构复杂，学习和使用都很不便。自十九世纪末开始的汉字改革运动包含着两个主要方面，就是汉字的简化和拼音化。二十世纪五十年代对汉字进行了大规模的整理和简化，建立了新的正字法，在相当程度上解决了汉字使用中的繁与乱问题。九十年代，着重要解决的是汉字规范化和标准化。（4）表音的字母化。汉字本身没有完备的表音系统，古代的直音和反切不便学习和应用。近百年来开展了汉语拼音的设计与研究。1918 年公布了注音字母，1928 年公布了国语罗马字，1931 年产生了拉丁化新文字，1958 年产生了汉语拼音方案。汉语拼音是重要的辅助汉字的交际工具。

在过去的一百多年间，语文改革运动有高潮也有低潮，但是发展的总趋势是追求语文的现代化。经过这一百多年的努力，我国的语文生活发生了大变化。由方言加文言变成了共同语加白话文；汉字经过简化和整理，初步实现了规范化和标准化，方便了学习和应用。与此同时还有了汉语拼音，用于汉字不便使用或不能使用的地方。

回顾过去，展望未来，我们既要看到成绩，又要看到面临的更为艰巨的任务。随着信息时代的到来，语文改革运动增加了新的内容。人们习惯于把二十世纪八十年代以来的语文改革运动叫做语文现代化。我们要大力推广普通话，加快普及普通话的步伐；要加强现代汉语和现代汉字的研究，加强语言文字的规范化和标准化；要加快语言文字的立法工作，实现语言文字工作的依法管理，此外还要实现中文的信息化。新时期的语言文字工作，不但要适应人际界面的需要，也要满足人机界面的需要。语文工作关系到国家的昌盛和民族的振兴，关系到科学和教育的发展，要引起全社会对语文现代化事业的关注和理解。从学术层面说，要大力加强语文现代化的研究和实验，要进一步推进语文改革的发展。

近百年来的中国语文改革运动，受到西方文化的深刻影响。中国和西方语文生活的比较，使我们开阔了眼界，看到了不足。吸收西方语文的长处为我所用，成为语文改革的重要内容。西方现代科学技术的进步，为中国的语文改革注入了活力。电脑技术的广泛应用，深刻地影响人们的语文观念，加深了对语文现代化的理解。但是，中国社会不同于西方社会，中国语文不同于西方语文。中国的语文学家要了解西方、研究西方，又不能盲目照抄西方，要通过自己的开拓和创造，走自己的路。要用中国语文改革的成绩，丰富世界语文改革的宝库。

2. 汉语拼音运动的兴起和发展

汉语拼音运动是语文改革运动的重要组成部分。汉字是语素文字，自身没有完备的表音系统，增加了学习和使用的困难。古代的直音、反切有许多缺点，并不好用。近百年来的汉语拼音运动有两个相互关联的方面：一个是设计拼音字母，作为辅助汉字的工具；另一个是把作为语素文字的汉字改为拼音文字。前一个方面正在逐步成为现实。后一个方面人们至今有不同的看法，需要继续深入研究和实验。设计合用的比较完备的汉语拼音方案，成为一百年来几代学者不断追求的目标。

为汉语设计一套合用的拼音字母，不是件很容易的事。中国缺少拼音的传统，也没有专用字母。经过一百多年来几代学者的努力，不断摸索，不断改进，才有了今天的汉语拼音。在距今三百多年前，耶稣会士意大利人利玛窦等用拉丁字母（罗马字母）给汉字注音，开始引进了拉丁字母。他们当时这样做，只是为了方便他们学习中文，并无意给中国创造拼音文字，但是这件事却成为世界文字史上的一件大事情：开始把汉字和拉丁字母联在一起。1892 年，厦门卢戆章出版了“中国切音新字”厦腔读本《一目了然初阶》。从这时开始，中国人懂得了要有表音字母。在这之后，“1918 年公布了以古汉字为基础的‘注音字母’，开始‘表音字母化’。1928 年公布‘国语罗马字’，采用国际通用字母。1958 年公布‘汉语拼音方案’继承和更新了‘国语罗马字’。……1982 年‘汉语拼音方案’成为国际标准（ISO7098）。汉语的字母从‘民族形式’到‘国际形式’，从‘国内使用’到‘国际使用’，从‘国家标准’到‘国际标准’。一座使中国语文和中国文化通向国际舞台的桥梁建成了。”“汉语拼音在成为国际标准之后，它的用途逐渐扩大。在当前信息化时代，它是接通国际信息网络、建设‘信息高速公路’的必要手段，这一作用的重要性将逐渐显示出来。在‘中文处理机’上，输入拼音，以语词、词组、成语、语段等作为单位，能够自动变换成为汉字，不用字形编码，这是汉字输入技术的新发展。”①

①周有光《〈当代中国的文字改革〉序言》，《当代中国的文字改革》，第 5 页。

3. 汉语拼音史的研究

研究汉语拼音，就要研究汉语拼音的历史，汉语拼音史是汉语语音史的一部分。1934 年，罗常培发表《国音字母演进史》（商务印书馆出版），二十世纪五十年代文字改革出版社重印时改名为《汉语拼音字母演进史》。全书共三章：（1）汉语拼音字母之发端（西洋人的罗马字拼音）。（2）国语罗马字的演进。（3）注音字母之演进。这本书着重方案的研究，近似方案史。1934 年黎锦熙出版了《国语运动史纲》（商务印书馆）。这本书内容丰富，涉及到国语运动的各个方面，其中包括汉语拼音研究史。全书分为：（1）切音运动时期。（2）简字运动时期（指王照、劳乃宣的拼音简字，不是简化字）。（3）注音字母与新文学联合运动时期。（4）国语罗马字与注音符号推进时期。全书着重讲推行，也可以说是一部语文运动史。1939 年陈望道发表《中国拼音文字的演进》分为：（1）西洋人自己便于学习汉字的时期。（2）随地拼音、专备教会传道之用的时期。（3）用作普及教育工具的时期。陈望道指出：金尼阁的方案，"不但把向来被人认为繁难的反切，开了一条所谓'不期反而反，不期切而切'的简易的途径，并且立刻引起了中国好些音韵学家对于这种简易的拼音文字向往的热忱。"以上三家的著作发表较早，叙述只到二十世纪三十年代。

当代学者对汉语拼音史研究用力最多、贡献最大的是倪海曙。1948 年 9 月，他出版了《中国拼音文字运动史简编》，从明末耶稣会士的罗马字注音讲到抗战胜利后的中国拼音文字运动。在清末切音字运动方面，他编辑出版了《拼音文字史料丛书》、《清末文字改革文集》（文字改革出版社 1958 年 9 月出版）和《清末汉语拼音运动编年史》（上海人民出版社 1959 年 3 月出版）。在拉丁化新文字方面，他编辑出版了《中国语文的新生——拉丁化中国字运动二十年论文集》（时代书报出版社 1949 年 3 月出版）和《拉丁化新文字运动的始末和编年纪事》（知识出版社 1987 年 12 月出版）。在《清末汉语拼音运动编年史》中，倪海曙把汉语拼音史分为四个系统：（1）古代拼音方法"反切"和"改良反切"的系统。（2）外族或外国字母给汉字注音的系统。（3）教会方言罗马字的系统。（4）近代民族汉语拼音运动的系统。末一系统又分为四个阶段：（1）切音字运动。（2）注音字母运动。(3) 国语罗马字运动。(4) 拉丁化新文字运动。

1961 年周有光出版了《汉字改革概论》，这是周有光在北京大学和中国人民大学讲授汉字改革课的讲稿。在这本书内，他把汉字改革运动分为四个阶段：(1) 历史前奏：西洋人的汉语译音和教会罗马字。(2) 第一时期：切音字运动。(3) 第二时期：广义的拉丁化运动（从国语罗马字、拉丁化新文字到汉语拼音方案）。(4) 第三时期：汉语拼音教育的普及和汉语拼音文字的成长时期。1980 年，周有光出版了《拼音字问题》论文集，收论文十九篇，以 1958 年前后各三年间发表的关于汉语拼音方案问题的文章为中心，是研究汉语拼音方案的重要著作。

1983 年文字改革出版社编辑出版了《〈汉语拼音方案〉的制订和应用》论文集，1985 年文字改革出版社又编辑出版了《汉语拼音正词法论文选》。在研究汉语拼音方案时，这两本书都值得参考。

二、西洋人的汉语译音和教会罗马字

1. 利玛窦、金尼阁的汉语译音

随着中西经济、文化的交流，很早就产生了在西方文字中书写汉语译音的需要，《马可·波罗游记》里就有不少用拉丁字母拼写的中国地名。不过这些早期的汉语译音还没有完整的系统，有系统的汉语译音开始于明末。明朝万历天启间，一批耶稣会士相继来到中国。当时国内的知名学者如徐光启、李之藻、杨廷筠等人都跟他们有往来，对于明清之交的学术思想有很大的影响，其中利玛窦的罗马字注音跟金尼阁的《西儒耳目资》在中国语音学史上有十分重要的地位。

利玛窦（Matteo Ricci，1552—1610），意大利人，天主教耶稣会传教士。1581 年来到中国广东香山澳，1583 年入端州（广东肇庆），1600 年到北京。他汉语汉字学习得很快，除了看图识字之外，主要靠拉丁字母注音。1605 年，利玛窦在北京印行了《西字奇迹》一卷，包含有《信而步海，疑而即沉》等四篇用拉丁字母标注的汉字文章①。1927 年辅仁大学据通县王氏鸣晦庐藏本影印行世，题名

①尹斌庸《〈西字奇迹〉考》，《中国语文天地》1986 年第 2 期。

《明季之欧化美术及罗马字注音》。1957 年文字改革出版社重印，改名为《明末罗马字注音文章》。这是在中国印行的第一本用拉丁字母给汉字注音的著作。据分析，书中有三百八十七个不同音的汉字，共有二十六个声母、四十四个韵母和五个声调符号。

就在利玛窦去世的同一年，法国天主教耶稣会士金尼阁（Nicolas Trigault，1577—1628）来到中国，在浙江杭州一带传教。1625 年，金尼阁开始写一部完整的罗马字注音专书，叫做《西儒耳目资》。五个月写成，1626 年 5 月在杭州印行。

《西儒耳目资》这个书名的意思，就是帮助西洋人听中国话和看中国文，它是一部用拉丁字母注音的汉字字汇。书中所用的是利玛窦方案的修正案。共有二十九个字母，分作三类："自鸣"指元音，有五个；"同鸣"指辅音，有二十个；还有四个"不鸣"，就是"他国用，中华不用"的辅音。此外还有五个声调符号。实际用来拼中国字音的不过是"自鸣"和"同鸣"共二十五个字母。"自鸣"的五个 a，e，i，o，u，又叫"一字元母"。由元母互相结合或跟"同鸣"字母结合，生出"自鸣二字子母"二十二个，如 ai，ao，am，an 等；还有"自鸣三字孙母"二十二个，如 eao，eam 等；还有"自鸣四字曾孙母"一个，为 iuen。"这个拼音系统比起中国用汉字所作的'反切'和等韵'门法'自然进步得多了。"

《西儒耳目资》行世后，引起了中国音韵学者的注意，像方以智、杨选杞、刘献廷等都受到了启发。方以智在他所著的《通雅》中说："字之纷也，即缘通与借耳。若事属一字，字各一义，如远西因事乃合音，因音而成字，不重不共，不尤愈乎？"杨选杞在《声韵同然集记事》中说："辛卯糊口旧金吾吴期翁家，其犹子吴芸章一日出《西儒耳目资》以示予，予阅未终卷，顿悟切字有一定之理，因可为一定之法。"

1671 年，耶稣会士何大化（R. P. Antonius de Gouvea）在广州刊布了《昭雪汤若望文件》，包括十二种材料，用了 1692 个汉字。除去重复，还有不同的汉字 666 个。在汉字的旁边都有拉丁字母的对音。何大化的拼音，和利玛窦、金尼阁的拼音大同小异。

1723 年雍正即位后认为耶稣会传教士有与原太子允礽结党的嫌疑，照准闽浙总督满宝的奏请，除在钦天监供职的西洋人外，其他一律驱逐到澳门看管，以致一百多年中闭关为治，这一类的研究也因此减少。

这些西洋传教士用拉丁字母拼注汉字读音，只是为了方便学习中国语文，但因此“引起了汉字可用字母注音或拼音的感想，逐渐演进，形成二百年后制造推行注音字母或拼音字母的潮流”①。罗常培指出：“耶稣会士对于中国音韵学的第一个贡献是用罗马字母分析汉字的音素，使向来被人看成繁难的反切变成简易的东西；第二个贡献是用罗马字母标注明季的字音，使现在对于当时的普通话还可以推知大概；第三个贡献是给中国音韵学研究开辟出一条新路，使同时和后来的国内学者受了很大的影响。”②

2. 方言教会罗马字

基督教传教士中最早来到中国传教的是英国人马礼逊（Robert Morrison，1782—1834）。1807 年他到广州，1814 年出版《中文文法》。在 1815 年至 1823 年间，出版了《中文字典》，全书六大册。在书中，他使用了自己设计的拉丁字母的官话拼音方案。这是最早的接近英文的拼音方案，成为后来威妥玛方案的蓝本。马礼逊认为汉字可以横排，不像阿拉伯文那样改为横排后会发生字形变化。为了便于和英文配合，他的字典里的汉字采用横排。《中文字典》的注音是当时官话区的汉字读书音，分平上去入四声，不是阴阳上去四声，和北京语音稍有不同。

马礼逊的官话拼音方案产生在利玛窦方案（1605）、金尼阁方案（1626）之后，威妥玛方案（1867）之前，承前启后，具有重要意义。马礼逊自己说明：他参考了天主教的《字典稿本》（Manuscript Dictionary），而《字典稿本》所用的方案，是利、金方案的修正案，有些接近英文，但是还保留着明显的利、金方案的特点。把马礼逊方案和威妥玛方案加以对比，可以看出，威妥玛方案继承了马礼逊方案的许多东西。例如，ㄗㄘㄙ有两套写法，马作 ts，ts‘，s 和 tsz，tsz‘，sz，威作 ts，ts‘，s 和 tz，tz‘，sz（ss）。儿的写法，马作 urh，威作 êrh。同时，威妥玛方案也对马礼逊方案作了修正。主要的修正是完全

---

①陈望道《中国拼音文字的演进》，《陈望道语文论集》，第 406 页。

②罗常培《〈耶稣会士在音韵学上的贡献〉补》，北京大学《国学季刊》7 卷 2 号。

拼写北京语音，其次是拼写法简化和一致化，保留接近英文的特点，但是又不过分迁就英文。例如，oo 改为 u，e 改为 i，ㄐㄑㄒ不分尖团。

1842 年的南京条约打开了中国的大门，西风东渐。蜂拥而来的新教传教士们，用拉丁字母拼写土话，到处创制教会方言罗马字。基督教传教士在中国传教以东南沿海各通商口岸为中心，这些地方都是汉语东南各方言的代表城市。南京条约确定的通商五口——上海、宁波、福州、厦门、广州，代表了吴语、闽语、粤语，这样就促使各种方言罗马字的产生。在鸦片战争后的半个世纪中间，差不多所有重要方言的代表城市都有了当地方言的教会罗马字。传播较早较广的是厦门的“话音字”，开始于 1850 年前后。直到新中国成立后，估计住在本地和旅居海外的华侨中还有十万人左右使用。

各地的教会罗马字的设计和推行是各自为政，可是它们有如下的共同点：（1）目的是传教。（2）语言用方言。（3）正字法不完备，缺乏分词连写概念，字母用法各地不一致，语音分析往往不很确切。（4）意图作为文字，不仅作为注音工具。

方言教会罗马字到了二十世纪初就衰歇了。虽然还有教徒在个人通信时使用，但是教会已经不再提倡。衰歇的主要原因有：（1）它的传播以教徒为范围，出版物以宗教宣传品为主。学会了它，作用很有限。（2）汉字在中国有悠久的历史，深入人心。教会罗马字伴随着殖民主义的侵略，招致人民的反感，更得不到一般知识分子的合作。（3）它的传播正值我国国语运动开始发展，方言文字跟国语统一的要求相冲突。（4）注音字母的公布是对方言教会罗马字的有力打击。官话区的教会首先转过来利用注音字母。

3. 威妥玛式和邮政式

鸦片战争后，外国开始在北京设立使馆。外国人到中国需要学习汉语汉字，进行外交活动需要北京话译音。英国人威妥玛（Thomas F. Wade，1818—1895），是跟中国关系很深的外交官。从 1841 年起在英国驻中国公使馆任职，1871 年升为公使。1867 年，他在伦敦出版了京音官话课本《语言自迩集》。这是一本教英国人学习汉语官话的书，书中用了他拟订的拼音方案。由于他的方案接近英文，容易学习，逐渐流传开来。威妥玛的方案起初是作为使馆人员学习汉语的注音工具，后来扩大用途成为音译中国人名、地名和事物名称的通用标准。不但外国人用它，中国的对外出版物上也在使用。八九十年来，它成了英语中近乎公认的汉语拼法，有较大的影响。

威妥玛拼音方案

（一）声母表

威式	p p‘①m f	t t‘ n l		k k‘ ng②h
汉语拼音方案	b p m f	d t n l		g k (ng) h
威式	ch ch‘hs	ch ch‘ sh j	ts(tz) ts‘(tz‘) s(ss, sz)	
汉语拼音方案	j q x	zh ch sh r	z c s	

（二）韵母表

威式		i (y)	u (w)	ü (yü)③	ih, ǔ④	êrh
汉式		i (y)	u (w)	ü (yu)	i	er
威式	a	ia	ua			
汉式	a	ia	ua			
威式	o		uo			
汉式	o		uo			
威式	o					
汉式	e					
威式	ê⑤	ieh		üeh		
汉式	ê	ie		üe		
威式	ai		uai			
汉式	ai		uai			
威式	ei		ui⑥			
汉式	ei		uei (ui)			
威式	ao	iao				
汉式	ao	iao				
威式	ou	iu⑦				
汉式	ou	iou (iu)				
威式	an	ien	uan	üan		
汉式	an	ian	uan	üan		
威式	ên	in	un⑧	ün		
汉式	en	in	uen (un)	ün		
威式	ang	iang	uang			
汉式	ang	iang	uang			
威式	êng	ing				
汉式	eng	ing	ueng			
威式	ung	iung				
汉式	ong	iong				

附注

①［‘］是倒置的逗点，但是在实际书写和打字中，往往写成或打成一个［’］。这个符号往往被人省略或者遗漏。

②凡 o，ai，en，an，ou 等韵母本身成字时，前面加 ng 或不加均可。

③ü 上的［¨］在拼写中往往省略，下同。因此“专”chuan 和“捐”chüan；“穿”ch‘uan 和“圈”ch‘üan，往往不分。

④ŭ 上符号［ˇ］在书写和印刷中往往省略。在汉语拼音方案中“知、吃、诗、日、资、此、思”七个音节的韵母都用 i，作 zhi，chi，shi，ri，zi，ci，si。但是在威式中“知、吃、诗、日”的韵母作用 ih，作 chih，ch‘ih，shih，jih；“资、此、思”的韵母用 ŭ，作 tsŭ，ts‘ŭ，ssŭ。

⑤ê 中的符号［ˆ］在书写或打字中往往省略，或把 ê 写成 eh。

⑥凡 uei 前面加声母的时候，都缩写成 ui，例如，“会”拼作 hui 而不拼作 huei。

⑦凡 iou 在威式方案中都缩为 iu，因此“九”拼作 chiu 而不拼作 chiou。

⑧凡 uen 前面加声母的时候，写成 un，例如“轮”拼作 lun 而不拼作 luen。

（三）声调符号：用阿拉伯数字 1，2，3，4，分别表示阴、阳、上、去，标在音节右上角。一般只在辞书里用。

威妥玛方案附加符号很多，使用不便。例如，送气的塞音、塞擦音和不送气的塞音、塞擦音拼法相同，只在送气音的后面加一送气符号。外国人使用的汉语译音有时不求十分准确，书写和印刷时附加符号常常省略，结果是“张、常”都拼为 chang，“居、区”都拼为 chu，造成了混乱。其次是它所拼的语音与北京语音有一些不一致的地方。

西洋人设计的汉语译音方案中，还有一种叫邮政式。十九世纪八十年代，我国开始办理邮政和电报，实权掌握在英国人手里。他们把英文里面的中国地名译音作为邮政和电报上的书写标准。这些邮电地名，除去方言拼音（如厦门拼为 Amoy）和习惯写法（如广州拼为 Conton）外，基本上以翟里斯（1845—1935）所编《华英字典》里的拼写法为依据，称为邮政式。邮政式跟威妥玛式很相近，不同的地方有：

（1）k，k‘，h（ㄍ，ㄎ，ㄏ）在 i 的前面变读为 j，q，x（ㄐ，ㄑ，ㄒ）。例如：

北京　Peiching（威妥玛式）　Peking（邮政式）

（2）在 ou，ua，uai，uei，uan，uang 等音中，往往用 w 代替 u。例如：

安徽　Anhui（威妥玛式）　AnHwei（邮政式）

汉口　Hankou（威妥玛式）　Hankow（邮政式）

（3）用 eh 代替 e，或用 eh 代替 ei. 例如：

常德　　Changte（威妥玛式）　Changteh（邮政式）

北戴河　Peitaiho（威妥玛式）　Pehtaiho（邮政式）

（4）用 s 代替 hs，这是因为要拼尖音。例如：

西康　Hsikang（威妥玛式）　Sikang（邮政式）

西安　Hsi-an（威妥玛式）　Sian（邮政式）

西洋人的汉语译音和方言教会罗马字在历史上产生的影响是：传播了用拉丁字母拼写汉语语音的认识，在拼写技术上积累了成功的和不成功的经验。

三、切音字

1. 切音字运动概说

1892 年，卢戆章自费出版"中国切音新字"厦腔读本《一目了然初阶》。这是我国人民有意识地提倡汉字改革、制定拼音方案的开始。后来人们就把这一年作为汉字改革运动的开始。从这一年起到注音字母的产生，是汉语拼音运动的第一个时期。"切音"就是"拼音"。人们根据"切音新字"的名称把这一时期的汉语拼音运动称为"切音字运动"。

切音字运动倡导者的汉字改革观，有以下几个要点：

（1）他们认为"富强由文字"。卢戆章说："窃谓国之富强，基于格致；格致之兴，基于男妇老幼皆好学识理；其所以能好学识理，基于切音为字……省费十余载之光阴，将此光阴专攻于算学、格致、化学以及种种之实学，何患国不富强也哉！"（《一目了然初阶》）沈学说："文字者智器也，载古今言语心思者也。文字之易难，智愚强弱之所由分也。"（《〈盛世元音〉自序》）田廷俊说："统计吾华四万万众，识文字者，百人中仅得数人。通文义者，千人中未见百人，无怪乎愚而且贫。试观欧墨诸邦，无论妇孺，皆能识字明理，其故何欤？良由文字简易。书中之语，即口出之言，所以文明富强远远胜于我。"（《〈数目代字诀〉自序》）劳乃宣说："是故今日欲救中国，非教育普及不可；欲教育普及，非有易识之字不可；欲为易识之字，非用拼音之法不可。”（《进呈〈简字谱录〉折》）因此，他们下定决心要改革文字。

（2）他们提出了文字工具论和文字发展论。卢戆章说：“字体代变：古时用云书鸟迹，降而用蝌蚪象形，又降而用篆隶八分，至汉改为八法，宋改为宋体字，皆趋易避难也。”（《一目了然初阶》）汤金铭说：“自古及今，文字屡变。由古文籀篆八分以至隶楷行草，皆有由繁趋简之机。”（《〈传音快字〉书后》）陈虬说：“不知文字如衣冠车船一般呢，原取便民适用合时为主。现今吾们穿的戴的坐的驶的，那一件还是三代秦汉的老样子呢？何况文字？”（《新字瓯文学堂开学演说》）因此，他们认定文字是可以改变的。

（3）他们深感汉字的繁难，向往拼音文字的简易。卢戆章说：“中国字或者是当今普天之下之字之至难者。”“当今普天之下，除中国而外，其余大概皆用二三十个字母为切音字。……故欧美文明之国，虽穷乡僻壤之男女，十岁以上无不读书。”“何为其然也？以其以切音为字，字话一律，字画简易故也。”（《一目了然初阶》）劳乃宣认为：“今之字比之古籀篆隶，固为简矣，而比之东西各国犹繁。何也？彼主声此主形也。主形则字多，字多则识之难；主声则字少，字少则识之易。彼之字易识，故识字之人多；我之字难识，故识字之人少。识字者多则民智，智则强；识字者少则民愚，愚则弱。强弱之攸分，非以文字之难易为之本哉！然则今日而图自强，非简易其文字不为功矣！”（《简字全谱·序》）因此，他们竭力提倡切音字。

（4）他们提倡切音字，但是不主张废除汉字。卢戆章说：“若以切音字与汉字并列，各依其土腔乡谈，通行于十九省各府州县城镇乡村之男女，编甲课实，不但能识切音字，亦可无师自识汉文。”（《一目了然初阶》）王照说：“有力读书有暇读书者，仍以十年读汉文书为佳，勿因有此捷法而轻视汉文。”（《官话合声字母》）劳乃宣说：“或虑此字盛行人人争趋简易，将习汉字者渐少，于中国古学恐有妨损。不知中国六书之旨，广大精微，万古不能磨灭。简字仅足为粗浅之用，其精深之义，仍非用汉文不可。简字之于汉文，但能并行不悖，断不能稍有所妨。”（《进呈〈简字谱录〉折》）因此，他们并不主张废除汉字，而是提倡汉字和切音字并存并用。

切音字运动的倡导者是爱国主义者。为了拯救中华，他们不顾个人的得失安危，全身心地投入汉字改革这一伟大的事业。卢戆章二十八岁开始研究汉语拼音文字，到三十九岁初步完成了他的设计，出版《一目了然初阶》。他自己说，“尽弃外务，朝夕于斯，昼夜于斯，十多年于兹矣”。切音字读本在当时是无法排印的，也很难有书商愿意赔钱为他出版，他只能自己手抄全文，自费刻成木版出版。设计速记式切音字方案的沈学，更是令人感动。他读的是医科大学，精通英文，本可获得体面的职业和优越的生活，但是他却放弃了这一切，甘心献身拼音事业，到茶楼教顾客学拼音，不但不收人家的钱，还要给别人钱。最后沈学“穷饿而死”，死时不满三十岁。他们的汉字改革观，带有朴素的、直观的性质。从现在的认识看，也不能说十分深刻；但在当时确实是振聋发聩，使人耳目一新。

从技术设计说，切音字运动的最大贡献是提出了要有字母。占据运动主流地位的是声韵双拼的汉字笔画式的方案。这是因为汉字的影响根深蒂固，邻国日本的假名被当做效法的榜样，而拉丁字母的作用当时还没有被充分认识。双拼脱胎于反切，音素分析的知识还没有普及。根据倪海曙《清末汉语拼音运动编年史》的记载，从1892年《一目了然初阶》的出版到1910年，全国各地共提出切音字方案二十八种，平均每年一种以上。这些方案，按照字母形式分为三类：（1）汉字笔画式，有十四种；（2）速记符号式，有五种；（3）拉丁字母式，有五种。其余四种是数码符号及其他符号。从音节拼写方式看分为三类：（1）声韵双拼制有十七种，汉字笔画式方案大多数采用双拼制。（2）音素制四种，都是拉丁字母的。（3）三拼制一种。其余六种拼法不详。从拼写的语言看，拼写官话的十种，拼写方言的九种，不详的有九种。

切音字是汉语拼音创始期的产物。在中国这样一个缺乏拼音传统的国家，设计拼音方案确非易事。切音字倡导者的学术水平高下不一，他们设计出来的方案自然参差不齐，但是筚路蓝缕，功不可没。

2. 卢戆章和他的切音字方案

卢戆章（1854—1928），字雪樵，福建同安人。他二十一岁到新加坡半工半读，专攻英语。二十五岁回厦门，应英国教士马约翰的聘请帮助翻译《华英字典》。当时，流行于厦门的教会罗马字给了他启发，他在二十八岁时开始创造拼音文字。经过十多年的努力，终于完成了《一目了然初阶》（中国切音新字厦腔），他的切音新法拼写的是厦门话，在闽南一带颇为风行。

卢戆章的方案，字母是变体拉丁字母，共有五十七个。其中十八个和拉丁字母小写相同，六个和拉丁字母大写相同，三十三个是拉丁字母的变形。他的字母不中不西，怪僻难识。字母的读音任意安排，不顾拉丁字母在国际上的读音习惯。他沿袭反切的传统，采取二合成音之法（声韵双拼），而且一符两用：同一符号，在右为声，在左为韵。例如，C 在右读 s，在左读 ong，CC 拼切为“霜”song（厦门音）。用附加符号表示声调和鼻音。

1898 年，光绪实行变法维新，宣布广开言路，奖励新著作、新发明。卢的同乡、京官林辂存以“字学繁难，请用切音以便学问”为由呈请督察院代奏，推荐卢戆章等的切音字方案。呈文奏上后，奉上谕：“著总理各国事务衙门调取卢戆章等所著之书，详加考验具奏。”不久新政失败，奏请用切音字的事也就没有下文了。

维新运动失败后，卢戆章应侵占台湾的日本总督儿玉的邀请，去台湾主持总督府学务科。他在台湾三年，受日本假名字母的影响，放弃变体拉丁字母方案，改为设计汉字笔画式的方案，写成《中国切音新字》。这是卢戆章设计的第二个拼音方案。字母采用汉字笔画，有的是单笔画，有的是双笔画。共有声母二十五个（卢叫做“声音”），韵母一百零二个（卢叫做“字母”）。可以拼写北京话，也可拼写福州、泉州、漳州、厦门、广东等方言。1905 年，他来到北京，恪遵七年前的上谕，向学部呈缴《中国切音新字》，听候考验。学部把他的书送往译学馆审定，审定的结果，认为他的方案泥今忘古，狃近昧远，主要疏漏是声母不完全、韵母无入声、写法乖谬三点，于 1906 年驳回。卢戆章经此打击，于是改变方向，努力向社会宣传。他在返回厦门途中经过上海时，把《中国切音新字》略加增订，写成《中国字母北京切音教科书》，又把拼写北京、泉州、漳州、厦门、福州等方言的方案汇集在一起，定名为《中国字母北京切音合订》。两书都由上海点石斋石印发行。

1913 年，卢戆章作为福建的代表参加在北京召开的“读音统一会”。他对会议通过的注音字母采用三拼制持有不同意见，回厦门后仍继续推行自己的方案，直到逝世。

3. 王照和他的《官话合声字母》

王照（1859—1933），字小航，号芦中穷士，河北宁河人。1894年中进士，入翰林院供职。他曾参与戊戌变法维新。变法失败后被通缉追捕，逃亡日本。在日本期间，受日本假名的启发，拟订了一个假名式汉语拼音方案。1900年秘密回国，潜居天津。这年冬天，用芦中穷士的笔名出版了他的方案《官话合声字母》。

《官话合声字母》是最早的汉字笔画式的方案。初稿有四十九个字母（声母），十五个喉母（韵母）。后来改为五十个字母（声母），十二个喉母（韵母），四个声调。字母取自汉字偏旁。王照的方案采用声韵双拼，把介音合在声母里面。拼写的是官话。他解释说："用此字母专拼白话，语言必归划一，宜取京话。因北至黑龙江，西逾太行宛洛，南距扬子江，东傅于海，纵横数千里，百余兆人，皆解京语，外此诸省之语则各不相通。是京话推广最便，故曰官话。官者，公也。"

官话合声字母的推行，得到社会知名人士严修、吴汝纶的支持。在天津名流、翰林院编修严修的保护下，1900年《官话合声字母》在天津出版。继而又在东京出版，在中国留日学生及家属中传授。1903年，王照还是"奉旨严拿"的政治犯，他不顾个人安危在北京设立"官话字母义塾"，由他的学生王璞当教员，他躲在屏风后倾听指导。王照为了能以公开身份推广官话字母，1904年自首入狱。三个月后被释放，去保定办"拼音官话书报社"，并在保定出版《对兵说话》官话字母书。袁世凯属下的直隶学务处通令全省启蒙学堂传习官话字母。1905年，王照回到北京，开办"官话字母第一号义塾"。从此，推广官话字母的义塾就在各地发展起来，多达二十四处，识官话字母的有几万人。宣统初年，官话字母被摄政王载沣下令禁止。官话字母从1900年开始推行，经过十年，传习至十三省，编印书籍六万部，建立推行团体数十个，产生了很大的影响。

4. 劳乃宣和他的《增订合声简字谱》

劳乃宣（1843—1921），字季瑄，号玉初，自号矩斋，晚年又号韧叟。浙江桐乡人，生于河北广平外祖家。他中过举人、进士，历任临榆、南皮等县知事。他是音韵学家，著有《等韵一得》。1900 年南归浙江，弃官从事教育，主持南洋公学和浙江大学堂。他赞成王照的官话字母，在南方积极推行。他主张先学方言拼音，再学官话拼音。因为王照的合声简字只拼官话，不拼方言，在南方方言区应用不便，他征得王照的同意后，把“字母”改称为“简字”。就合声简字原谱增加了六个声母、三个韵母、一个入声号，编成《增订合声简字谱》，用来拼写南京音，1906 年出版。在这个基础上又增加七个声母、三个韵母、一个浊音号，编成《重订合声简字谱》，来拼写苏州音，1906 年出版。1907 年出版《京音简字述略》和《简字全谱》。《简字全谱》包括有京音、宁音（南京音）、吴音（苏州音）和闽广音。

劳乃宣主张先学方言拼音，然后统一国语。他认为“中国之用旧字数千年，用方言亦数千年，今欲数千年之方言，一旦变为官音，闻者咸苦其难，望而却步。……故莫若即其本音而迁就之，俾人人知简字之易学，知简字之诚可代语言，然后率而导之于国语之前途，则从之如流水，趋之如大道矣。”劳乃宣推行简字，得到两江总督端方的支持。江宁四十所初等学堂，一律附设“简字科”，推行成绩显著，与王照相呼应，形成了南劳北王的局面。

5. 朱文熊、刘孟扬的拉丁字母式方案

切音字运动中产生的第一个拉丁字母的拼音方案，是朱文熊的《江苏新字母》（1906）。《江苏新字母》用了二十六个拉丁字母，还有五个倒放字母，一个横放字母，不用其他自造的字母。朱文熊说：“与其造世界未有之新字，不如采用世界所通行之字母。”这成了后来拉丁化拼音运动的重要原则。在拼音制度上，采用音素制。在书写方式上，多音节词的各个音节许多已经连写，而且提出“拼音成字，连字成辞”的主张。

1908 年刘孟扬出版《中国音标字书》，这是拼写官话的拉丁字母方案。方案使用了国际通用的二十六个拉丁字母，不做任何改变。他认为“字也者，记号也，取其适用而已，无所谓人己之别”。他根据汉语的特点，改动拉丁字母的某些使用习惯。如用 b，d，g 这三个浊音字母表示官话中不送气清塞音［p，t，k］，对后世影响很大，国语罗马字、拉丁化新文字，以至汉语拼音方案，都采用了这种设计。

附录

清末切音字一览表
（引自周有光《汉字改革概论》）

	1	2	3	4	5
方　案	卢戆章方案（一）	吴敬恒方案	蔡锡勇方案	沈学方案	力捷三方案（一）
年　代	1892	1895	1896	1896	1896
著作名称	1. 一目了然初阶 2. 新字初阶	豆芽字母	传音快字	盛世元音	闽腔快字
字母形体	拉丁字母变体（有拉丁字母对音）	汉字笔画（独体篆文及自创简笔）	速记符号（1905 增拉丁字母对音）	速记符号	速记符号
语音标准	1. 厦门音 2. 漳州音 3. 泉州音	不详	官话音	吴音	福州音
音节拼法	双拼制	不详	双拼制	双拼制	双拼制
词儿写法	复音词有些加短横连写	不详	有“数字连书”	“字音有单杂……以缮连为书”。	无
推行情况	个人推行，主要在厦门一带。曾由林辂存代奏清廷。	不详	个人推行。林辂存奏折中提及。	个人推行。林辂存奏折中提及。	林辂存奏折中提及。
其　他	主张以南京话为全国之正音。	原稿未见；参看乐嗣炳《豆芽字母》，《文字改革》杂志 1962 年 9 月。	汤金铭跋中已提改革电码问题。	已区分词类。	即蔡锡勇方案的闽音谱。

6	7	8	9	10	11	12	13
康有为方案	王炳耀方案	王　照方案	田廷俊方案（一）	力捷三方案（二）	陈　虬方案	李元勋方案	刘孟扬方案（一）
1896（？）	1897	1900	1901	1902	1903	1904	1904
不详	拼音字谱	官话合声字母	数目代字诀	无师自通切音官话字书	1. 新字瓯文七音铎 2. 瓯文音汇	代声术	天籁痕
不详	速记符号（有拉丁字母对音，并附楷书式）	汉字笔画（偏旁）	数码	速记符号	汉字笔画（近似蝌蚪文）	汉字笔画	汉字笔画
不详	粤音为主，兼拼其他各省语音。	官话音	湖北音	官话音	温州音	不详	官话音
不详	双拼制（音素结构）	双拼制	音节制	双拼制	双拼制	不详	不详
不详	无	后期用符号表示连写。	无	无	无	无	不详
不详	个人推行。林辂存奏折中提及。	推行十年，遍及十三省，出版书刊六万册，成立有团体、学堂、义塾、书报社等。	个人推行	无	个人推行，办有学堂	无	无
原稿未见；事见启于梁超《沈氏音书序》	有标点符号；区分词类，有词义和词类符号；有电码、灯号、旗语方案。			就《闽腔快字》加以修改。		目的在改良韵学。	原稿未见

14	15	16	17	18	19	20
劳乃宣方案	杨琼、李文治	卢戆章方案（二）	朱文熊方案	田廷俊方案（二）	沈韶和方案	江亢虎方案
1905—1906	1906	1906	1906	1906	1906	1908
1. 增订合声简字谱 2. 重订合声简字谱 3. 简字全谱 4. 简字丛录	形声通	1. 中国字母北京切音教科书 2. 中国字母北京切音合订	江苏新字母	1. 拼音代字诀 2. 正音新法	新编简字特别课本	通字
汉字笔画	汉字笔画	汉字笔画（有拉丁字母对音）	拉丁字母（补充5个倒字母，1个横字母）	汉字笔画（有拉丁字母对音）	数码	拉丁字母
1. 宁音（南京音） 2. 吴音（苏州音） 3. 闽广音	韵书（?）	1. 官话音 2. 泉州音 3. 漳州音 4. 福州音 5. 广州音	吴音（后另定官话音方案）	湖北音	韵书（?）	北京音
双拼制	双拼制	双拼制	音素制	不完备的三拼制，部分双拼	双拼制	音素制
同王照方案	无	无	有较完整的词儿写法。	无	无	不详
在南方推行五六年，办有学堂。后来与王照方案合称“官话简字”。争取清廷推行，未成。	无	争取清廷推行，未成。在本乡个人推行。	无	个人推行	无	无
即王照方案加方音字母；主张先学方言拼音，再学官话拼音。		有标点符号。	主张“与其造世界未有之新字，不如采用世界所通行之字母。”首创用字母标调。			原稿未见；参看乐嗣炳《通字》，《文字改革》杂志1962年10月。

21	22	23	24	25	26	27	28
刘孟扬方案（二）	马体乾方案	章炳麟方案	宋恕方案	刘世恩方案	黄虚白方案（一）	黄虚白方案（二）	郑东湖方案
1908	1908	1908	1909	1909	1909	1909	1910
中国音标字书	串音字标	驳中国改用万国新语说（纽文、韵文）	宋平子新字	音韵记号	汉文音和简易识字法	拉丁文臆解	切音字说明书
拉丁字母	汉字笔画（近似甲骨文）	汉字笔画（独体古字）	汉字笔画（模仿假名）	自造符号	汉字笔画	拉丁字母	汉字笔画
官话音	官话音	韵书（?）	不详	官话音	官话音	官话音	韵书（?）
音素制	双拼制	双拼制	不详	双拼式的三拼制	双拼制	音素制	双拼制
复音词部分用短横连写。	无	无	不详	加符号表示连写	无	无	无
个人推行	个人推行，有出版物多种。	无	无	无	无	无	无
首创用b，d，g表示ㄅ，ㄉ，ㄍ。		注音字母有15个采自这个方案。	原稿数页，现藏温州文物保管委员会。	父音（声母）母韵（韵母）配合位置不同表示声调			字母有楷草两体

四、注音字母

1. 注音字母的制订

1913年2月15日，北洋政府教育部在北京召开读音统一会。会议选举吴敬恒（稚晖）为议长，王照为副议长。读音统一会的任务有三项：（1）审定一切字音为法定国音。（2）将所有国音均析为至单至纯之音素，核定所有音素总数。（3）采定字母。每一音素均以一字母表之。

会议的第一步是审定国音。以李光地《音韵阐微》所收各韵同音字中较为常用的作为“备审字类”。经过了一个多月的工作，共审定了六千五百多字，又附带审议《音韵阐微》没有的俚俗通行及学术上的新字六百多。会议的第二步是核定音素，采定字母。会上提出了各种各样的方案，可以分为三大类。（1）汉字笔画式，依照日本的片假名，用音近的汉字，取其偏旁笔画为字母，如王照、汪荣宝、汪怡、蔡璋等的方案。（2）自定符号式，如卢戆章、马体乾、李良材、吴敬恒、邢岛等的方案。（3）罗马字母式，主张纯用罗马字母，如杨曾诰、刘继善等的方案。在会上，各种方案的设计者各执己见，争论不休，争持许久，找不到解决的办法。最后采纳了马裕藻、朱希祖、许寿裳、钱稻孙、周树人等的提议，把会上审定字音时暂用的“记音字母”改名为“注音字母”予以通过。这不属于前三派中的任何一派，而创始人是章炳麟。定名为“注音字母”，依据的是民国元年临时教育会议《采用注音字母案》的提法。

1913年3月13日读音统一会通过的38个注音字母①

母二十有四（暂以循读之便利次之于左，仍用旧母及西文对照者，因其暂适于检寻也）

---

①本件转录《1913年读音统一会资料汇编》（文字改革出版社1958重印）。后来公布的注音字母跟这时候略有不同：（1）加一个“儿”，从38个字母增加为39个；（2）“攴”改“夂”；（3）“刂”改“ㄉ”；（4）“丨”改“ㄍ”；（5）“彡”改“ㄙ”；(6)“乜”改“ㄝ”；(7)“厂”改“ㄟ”；(8)“乃”改“ㄞ”；(9)“乚”改“ㄡ”；(10)“乙”改“ㄥ”；(11)浊音符号改为［’］。有的修正楷体写法，有的改换字形，但是原则不变。修改的经过不详。

(帮 P)ㄅ (滂 P')ㄆ (明 M)ㄇ (敷 F)ㄈ (微[V])万

(端 T)刂(刀)(透 T')ㄊ (泥 N)ㄋ (来 L)ㄌ (日 R)ㄖ

([见]K)丨 ([溪]K')ㄎ ([疑]NG)兀[晓]H)ㄏ

(见 HC) ㄐ (溪 HC') ㄑ(娘 GN) 广(晓 HS) ㄒ

(照 CH) ㄓ (穿 CH') ㄔ(审 SH) ㄕ

(精 TS) ㄗ (清 TS') ㄘ (心 S) ㄙ

韵十有四

(Ï) ㄧ (OO) ㄨ (ü) ㄩ (Ä) ㄚ (ô) ㄛ

(EH) ㄝ (Ā) ㄏ (AI) ㄞ (ÄṲ) ㄠ (ôṳ) ㄡ

(AN) ㄢ (AHG) ㄤ (ÊN) ㄥ (ÊNG) ㄙ

浊声不另立音标，以清声字母加两点为之

(並 B) ㄅ̈ ㄆ̈ (奉 V) ㄈ̈ (定 D) 刂̈ ㄊ̈

([群] Ḡ) ㄍ̈ ㄎ̈ ([匣] H) ㄏ̈ (群 G) ㄐ̈ ㄑ̈

(匣 HS) ㄒ̈ (床 DGH) ㄓ̈ ㄔ̈ (禅 ZH) ㄕ̈

(从 DS) ㄗ̈ ㄘ̈ (邪 Z) ㄙ̈ (喻 Y) ㄧ̈ ㄨ̈ ㄩ̈

会议还通过了《国音推行方法七条》，其中包括有“请教育部将公定字母从速核定公布”等内容。5 月 22 日读音统一会闭幕。

2. 注音字母的公布与修正

读音统一会闭会后，注音字母方案并没有立即公布。一方面是因为教育部部长换人，另一方面也因为有人反对，所以教育部持慎重态度，不敢率尔公布。1915 年 1 月，读音统一会会员王璞等呈请教育部要求“即将公制之注音字母推行全国”，教育部以“清理”为借口未予采纳。同年 11 月，王璞等第二次陈请，并报由会员捐资在京兆设立注音字母传习所，部批“应准先行试办”。由于王璞等积极努力，传习所得以成立，来传习所学习的人不少。传习所附设一注音书报社，出了一些《注音百家姓》《注音千字文》之类普及性读物。1917 年，第三次全国教育会联合会开会，呼吁“请教育部速定国语标准，并设法将注音字母推行各省区，以为将来小学国文科改国语科之预备”，但仍无结果。直到 1918 年五四运动前夕，文学革命兴起，汉字改革呼声高涨。在这种形势下，教育部于 1918 年 11 月 23 日正式公布注音字母，从此注音字母成为拼切汉字字音的法定工具。

注音字母表

（1918年11月23日教育部公布）

声母二十四：

ㄍ（见一）古外切，与浍同，今读若格，发音务促，下同。

ㄎ（溪一）苦浩切，气欲舒出有所碍也；读若克。

ㄫ（ 疑 ）五忽切，兀高而上平也；读若愕。

ㄐ（见二）居尤切，延蔓也；读若基。

ㄑ（溪二）本姑泫切，今苦泫切，古甽字，读若欺。

ㄬ（ 娘 ）鱼俭切，因崖为屋也；读若腻。

ㄉ（ 端 ）都劳切，即刀字，读若德。

ㄊ（ 透 ）他骨切，义同突，读若特。

ㄋ（ 泥 ）奴亥切，即乃字，读若讷。

ㄅ（ 帮 ）布交切，义同包，读若薄。

ㄆ（ 滂 ）普本切，小击也；读若泼。

ㄇ（ 明 ）莫狄切，复也；读若墨。

ㄈ（ 敷 ）府良切，受物之器；读若弗。

ㄪ（ 微 ）无贩切，同万，读若物。

ㄗ（ 精 ）子结切，古节字，读若资。

ㄘ（ 清 ）亲吉切，即七字，读若疵。

ㄙ（ 心 ）相姿切，古私字，读私。

ㄓ（ 照 ）真而切，即之字，读之。

ㄔ（ 穿 ）丑亦切，小步也；读若痴。

ㄕ（ 审 ）式之切，读尸。

ㄏ（晓一）呼肝切，山侧之可居者；读若黑。

ㄒ（晓二）胡雅切，古下字，读若希。

ㄌ（ 来 ）林直切，即力字，读若勒。

ㄖ（ 日 ）入质切，读若入。

介母三：

ㄧ 於悉切，数之始也；读若衣。

ㄨ 疑古切，古五字，读若乌。

ㄩ 丘鱼切，饭器也；读若迂。

韵母十二：

ㄚ 於加切，物之歧头；读若阿。

ㄛ 呵本字，读若痾。

ㄝ 羊者切，即也字，读若也。

ㄟ 余之切，流也；读若危。

ㄞ 古亥字，读若哀。

ㄠ 於尧切，小也；读若傲，平声。

ㄡ 于救切，读若讴。

ㄢ 乎感切，嘾也；读若安。

ㄤ 乌光切，跛曲胫也；读若昂。

ㄣ 古隐字，读若恩。

ㄥ 古肱字，读若哼。

ㄦ 而邻切，同人，读若儿。

浊音符号：于字母右上角作［’］。

四声点法：于字母四角作点，如下图：

上　　去

□　　（阴平无符号）

阳平　　入

注音字母公布后，陆续进行了若干项重要的修正。

（1）1919 年 4 月 16 日，教育部公布注音字母音类次序

1918 年公布的次序，声母因袭了守温三十六字母的旧序，与发音原理不够吻合，需要加以修改。改定的次序是：

ㄅㄆㄇㄈㄪ　ㄉㄊㄋㄌ　ㄍㄎㄫㄏ　ㄐㄑㄬㄒ　ㄓㄔㄕㄖ　ㄗㄘㄙ

ㄧㄨㄩ　ㄚㄛㄝ　ㄞㄟㄠㄡ　ㄢㄣㄤㄥ　ㄦ

1931 年，国语统一会重印注音字母单张时，把介母ㄧ，ㄨ，ㄩ移到ㄦ的后面，因为下面要接二十二个结合韵母，是以ㄧ，ㄨ，ㄩ开头，只有这样排列才比较方便。其后，用注音字母编制的各种辞书索引就都取这个顺序。

（2）增加ㄜ母

1919 年 5 月 22 日审音委员会决议：ㄛ母之为［o］，专用以注歌哿箇及觉曷药合诸韵中字；若注质月陌职缉诸韵中开口呼之字，则于ㄛ母上方中间加小圆点［·］作ㄛ̇，其音为［ə］（按：当为［ɤ］）

1922 年教育部公布“注音字母书法体式”，印刷体和楷书都把圆点往下拉、连着中笔作ㄜ，于是这个ㄜ成为法定的公布的注音字母之韵母。

（3）儿兼作声母的决定

1920 年决议：儿母亦得用为声母，其位置在声母之末。凡译日本文“ラ”行，西文“R”母，概用儿。

（4）万、广、兀实际不用

这三母早已不用来拼国音了，但 40 字母中并不取消。1928 年国语统一会印布国音字母单张时注明：

万 v［复窝］（注的汉字不合北京音的加［　］）。1931 年重印改注为（苏音）

广 gn［尼］（苏音）

兀 ng［额］（苏音）

于是这三个声母就算专为“闰音”而设，实际已经不用了。

（5）标调方法的改变

1918 年公布注音字母表所附之“四声点法”，实际上就是历来读书所用的“圈破法”，不过改圈为圆点而已。1920 年临时大会议决：教授国音，不必拘泥四声。1922 年，教育部公布的《注音字母书法体式》，在“草书”后的说明中列了一条：若是遇着拼音相同的词，有分别五声之必要时，可以用下列的符号加在韵母上——结合韵母就加在最后的韵母上：

阴平　无号（重读或延长读时可用—）

阳平　ˊ　（如“由”作ㄧㄡˊ）

上　ˇ　（如“有”作ㄧㄡˇ）

去　ˋ　（如“又”作ㄧㄡˋ）

入　·

1928 年国语统一会印布国音字母单张，直行也用新的调号；1931 年重印，又加了一句说明：直行记在末一音的上面右角。

（6）帀的补充

ㄓ、ㄔ、ㄕ、ㄖ、ㄗ、ㄘ、ㄙ七个独用声母共收一音而未制出韵母，因此添上一个“帀”韵；这个帀，就是倒ㄓ，也就是半个“师”字，读如ㄙ的后半之元音，专表这个虚韵，并不用以注音，这是

1932 年 1 月国语统一筹备委员会编订《国音常用字汇》的特组会议所公决的，已用于《国音常用字汇》。

（7）名称改为“注音符号”

1930 年 4 月 21 日，中国国民党中央执行委员会议决改注音字母名称为“注音符号”。4 月 29 日国民政府训令行政院中云：“教育部前颁注音字母，……其于音理之整齐划一，实胜于假名，惟其功用，亦不过或注字音，或注语音，足当音注而已；与假名相同，仅适注音，不合造字；称为‘字母’，徒滋歧误，所以应改称为‘注音符号’，以副名实。”

3. 注音字母的分析

清末二十年间的切音字运动，到辛亥革命以后才得到初步的收获，那就是注音字母。它一方面继承了切音字运动的成果，另一方面也带着切音字运动的局限。它是中国有史以来第一套法定的专用字母，有以下几个特点：

（1）字母采用笔画简单的汉字。1908 年，章炳麟发表《驳中国用万国新语说》，反对废除汉文汉语、改用万国新语（世界语）的主张。他说：“余谓切音之用，只在笺识字端，令本音画然可晓，非废本字而以切音代之。纽韵既繁，徒以点画波磔粗细为分，其形将匮；况其体势折旋，略同今隶，易于羼入正文，诚亦有不适者。故尝定纽文为三十六，韵文为二十二，皆取古文篆籀径省之形，以代旧谱。既有典则，异于乡壁虚造者所为，庶几足以远行。”章炳麟的这种认识，代表了当时许多知识分子的看法。他提出的确定“纽文”“韵文”的原则，在读音统一会上被接受。读音统一会通过的确定字母的办法是：“母韵符号，取有声、有韵、有意义之偏旁（即最简单之独体汉字）；作母用，取其双声，作韵用，取其叠韵（用古双声叠韵假借法，不必读如本字）。”① 注音字母采用笔画简单的汉字，是受了日本假名的影响，也是继承了切音字运动的传统。那时西方的自然科学、技术科学传入的还不多，拉丁字母的影响还较小。随着科学技术的发展，和国际交往的日益增多，拉丁字母的重要性很快就显

①《1913 年读音统一会资料汇编》，第 68 页。

现了出来。汉字笔画式的注音字母终于敌不过国际通用的拉丁字母。

（2）拼写的语音是人为的杂凑音。读音统一会通过投票决定的"国音"（后来称为"老国音"），就是一般所谓官话音。根据国音编印的《国音字典》，1920年由教育部正式公布。它和北京音大体相同，但是区分尖团，保留部分浊音，约有5%的字和北京的读法不同。声调除了阴、阳、上、去外，还有入声。而且只定调类，未定调值。1920年王璞发音的《中华国音留声机片》，阴阳上去全照北京，入声就是把北京的去声读得短一点，可是短而不促，收而不藏。1921年赵元任发音的《国语留声机片》，阴阳上去照北京，入声照南京。虽短促收藏，而不如江北之"急"。其结果是全国就没有一个能完全照着《国音字典》说话的人，这样的"国音"实际上无法推行。1923年，国语统一筹备会成立"国音字典增修委员会"，1924年决定采用京音的原则，到1926年增修完毕，凡字音一概以北京的普通读法为标准，这种以北京音为标准的"国音"也叫"新国音"。1932年出版了标注"新国音"的《国音常用字汇》。新国音和老国音的差别主要有三点：（1）入声并入阴阳上去四声。（2）不分尖团，只有团音，没有尖音。ㄗㄘㄙ无齐撮。（3）不用ㄪ、ㄫ、ㄬ三个声母："文"（ㄪㄣ）改注为ㄨㄣ，"傲"（ㄫㄠ）改注为ㄠ，"尼"（ㄬㄧ）改注为ㄋㄧ。

（3）把反切的双拼改为声介韵三拼。声介韵三拼法，是由反切到音素制的过渡形式，它突破了传统反切的双拼，但是还没有采用音素制，并没有把国音"析为至单至纯之音素"。例如，"恩"本读en，"因"本读in，而注音字母注"恩"为ㄣ，注"因"为ㄧㄣ。其实，ㄧㄣ不是ien，而是in。"登"本读deng，"丁"本读ding，而注音字母注"登"为ㄉㄥ，注"丁"为ㄉㄧㄥ。其实，ㄉㄧㄥ不是dieng，而是ding。

（4）用途是给汉字注音、代替反切，不能作为独立的文字。注音字母继承切音字的成果，成为代替反切、给汉字注音的工具。但是它的作用也只限于此，不能成为独立的文字，不能发挥更大的作用。正如鲁迅在《门外文谈》中所说："因为它究竟不过简单的方块字，恰如日本的'假名'一样，夹上几个，或者注在汉字的旁边还可以，要它拜帅，能力就不够了。写起来会混杂，看起来要眼花。"

五、国语罗马字

1. 国语罗马字运动的兴起

1918 年，也就是注音字母公布的前夜，继“文学革命”之后，提出了“汉字革命”的口号。在《新青年》第 4 卷第 4 期上，钱玄同发表了《中国今后之文字问题》。文章说：“欲废孔学，不可不先废汉文；欲驱除一般人之幼稚的野蛮的顽固的思想，尤不可不先废汉文。”因为“此种文字，断断不能适用于二十世纪之新时代”。他赞成吴敬恒提出的办法：限制汉字字数，夹用“万国新语”（世界语)，逐渐废除汉字。陈独秀的答复是：赞成废除汉字，不赞成废除汉语，认为“惟有先废汉文，且存汉语，而改用罗马字母书之”。胡适表示极赞成陈独秀的意见，认为“凡事有个进行次序。我以为中国将来应该有拼音的文字，但是文言中单音太多，决不能变成拼音文字。所以必须先用白话文字来代文言的文字；然后把白话的文字变成拼音的文字。”自此之后，汉字改革的讨论就围绕着改用罗马字问题逐步展开了。

在讨论中，不少人表示赞成用罗马字母拼写汉语。吴敬恒在《新青年》第 5 卷第 5 号上发表《补救中国文字之方法若何?》，坚持用世界语代替汉语，反对罗马字拼音。针对吴敬恒的观点，傅斯年在 1919 年出版的《新潮》第 1 卷第 3 期上发表长文《汉语改用拼音文字的初步谈》，主张用罗马字母的拼音文字拼写汉语。他用问答的形式表明自己的意见：“（1）汉字应当用拼音文字替代否？答：绝对的应当。（2）汉语能用拼音文字表达否？答：绝对的可能。（3）汉字能无须改造用别种方法补救否？答：绝对的不可能。”“只有根本推翻，没法补救”。对于制订拼音文字，他认为：字母，以罗马字母为本；字音，用蓝青官话；文字结构，以词为单位；先从编写拼音文字字典开始着手。他的文章对推动国语罗马字运动的发展起了积极的作用。从 1918 年到 1919 年，讨论汉字改革的刊物，除了《新青年》《新潮》外，还有《东方杂志》《学灯》等。总之，这一时期提出并讨论了汉字改革种种问题，带有强烈的反封建的意识，不过有的意见比较偏激，没有把汉字和汉文分清，认为要反对汉文传播的内容就必须废除汉字。

2. 国语罗马字的研究

1919年以后，汉字改革问题一时又沉寂下来。直到《国语月刊》的发行（1922年），才掀起新的高潮。《国语月刊》先后出版了"汉字改革号"（第1卷第7期）和"字母讨论号"（第2卷第1期），其中既有汉字改革理论的研究，又有罗马字母拼音方案设计的讨论。"汉字改革号"的首篇是钱玄同的《汉字革命》，主张废除汉字，改用罗马字母拼音。他批判清末切音字运动不主张废除汉字是"灰色的革命"，认为"惟有响响亮亮的说'汉字应该革命！'对于那'骸骨之迷恋者'拼个你死我活，毫无妥协的余地。如此，则汉字改革的事业才有成功的希望。"他认为不但要谋"汉字之根本改革"，而且要干"汉字之根本改革的根本改革"；"什么是'汉字之根本改革的根本改革？'就是拼音字母应该采用世界的字母——罗马字母式的字母。"黎锦熙发表了《汉字革命军前进的一条大路》，强调"词类连书"（分词连写）对汉语拼音文字的重要性。他认为过去拼音文字的失败是因为不知道词类连书，词类连书是汉字革命军通向拼音文字一条大路。现在认清了这条大路，就应该大胆地倡言汉字革命，兴起汉字革命军。他对词类连书作了详细的研究和分析。这是对正词法的第一次比较系统的研究。

关于罗马字母拼音方案设计的讨论，在"汉字改革号"上发表了钱玄同拟的甲乙两式。他并不主张直接采用二十六个罗马字母。他认为罗马字母有"音太缺乏""音有重复""音无定读"三个缺点，主张采用罗马字母式的国际音标。他的甲式就用国际音标，可是他又说，如果印刷或打字发生困难时，可以用乙式，即罗马字母来代替。后来，他的观点有改变，认为国际音标复杂细密，宜于严式之审音，不宜于宽式之实用，转而赞成纯用罗马字母。

"汉字改革号"还发表了赵元任的《国语罗马字的研究》，提出详细的"国语罗马字的草稿"，主张限用现成的拉丁字母，用字母拼法的变化来表示声调，不造新字母，不用附加符号。赵元任的这个方案比切音字时期的所有方案都完善，这个草稿给后来国语罗马字的制订提供了基础。下面是赵元任方案的要点：

声母：b p m f　d t n l　ㄅㄆㄇㄈ　ㄉㄊㄋㄌ
g k q x　j tc n c　ㄍㄎㄫㄏ　ㄐㄑㄬㄒ
j tc c r　z ts s　ㄓㄔㄕㄖ　ㄗㄘㄙ

韵母：(j, tc, c, r) -r　(z, ts, s) -z　(但单r字不重写)(但单z字不重写)
i u y　y w yv　ㄧㄨㄩ　ㄧㄨㄩ的阳平
a o e e ai ei ao ou　ㄚㄛㄜㄝ　ㄞㄟㄠㄡ
an en aq eq er　ㄢㄣㄤㄥㄦ
ia io ie iai iao iu　ㄧㄚ ㄧㄛ ㄧㄝ ㄧㄞ ㄧㄠ ㄧㄡ
ien in iaq iq　ㄧㄢ ㄧㄣ ㄧㄤ ㄧㄥ
ua uo uai uei, ui　ㄨㄚ ㄨㄛ ㄨㄞ ㄨㄟ
uan uen, un uaq ueq　ㄨㄢ ㄨㄣ ㄨㄤ ㄨㄥ
ve van vn ioq　ㄩㄝ ㄩㄢ ㄩㄣ ㄩㄥ (ㄧㄨㄥ)

声调：阴平声加h（仿德文长音例）；阳平声开口呼的把声母双写，有i，u，v的改作y，w，yv；上声把主要元音双写；去声不用符号（理由另详）；入声也加h，在字典里和教科书里加h'；轻音字永远轻读的也用去声符号（就是不用符号）。偶尔轻读仍照原来声调写。（这类字的音本来是中性的短音，去声的音高也是不高不低，读短些也差不多。例如“先生”的“生”是轻音，所以就和“先胜”念快了差不多）

周辨明发表《中华国语音母和注声的刍议》(《国语月刊》第1卷第10期)，提出了自己的设计。在《国语月刊》第1卷第12期上，他又发表《中华国语音声字制》，自称是“修订的赵制”，“其中最要紧的改变就是阳声字不用双母”。林玉堂发表《赵式罗马字改良刍议》(《国语月刊》第2卷第1期)，认为赵元任方案“最要紧的贡献就是用整个字母、不用符号注声调的一个办法。我们须要承认这个是惟一无二可行的办法，再不容怀疑了，再不容讨论了”。他在指出赵式不足之处后，提出了一个改良国语罗马字的草稿。在同一期的《国语月刊》上，赵元任发表《新文字运动底讨论》，采纳了别人提出的修改意见，形成了“1923.9.1拟的国语罗马字”方案，是前一个方案的修正案。自此国语罗马字之雏形已略完具。

3. 国语罗马字方案的制订和公布

1923年教育部国语统一筹备会召开第五次大会，在会上钱玄同提出“请组织国语罗马字委员会案”，认为“二十六个罗马字母，现在已成为世界通用的字母”，主张在用注音字母的同时兼用罗马字母，“将罗马字母作为国音字母的第二式”。提案由黎锦熙、黎锦晖、汪怡三人连署。大会于8月29日议决组织“国语罗马字拼音研究委员会”，指定会员钱玄同、黎锦熙、黎锦晖、赵元任、周辨明、林玉堂（林语堂）、汪怡、叶谷虚、易作霖、朱文熊、张远荫十一人为委员。可是由于时局动荡，委员会无法进行工作。后来，语言学家刘复发起由在京的音韵学家组成“数人会”，从事国语罗马字拼音方案的研究。数人会本是音韵学者个人的联谊会，兼作讨论学理的聚谈。参加者除刘复外，还有赵元任、林语堂、汪怡、钱玄同、黎锦熙。这五个人都是国语罗马字研究委员会的成员。从1925年9月到1926年9月，用了一年时间，开会二十二次，议定了一份《国语罗马字拼音法式》，向国语统一筹备会提出。国语统一筹备会于9月14日召开国语罗马字拼音研究委员会议决通过，于20日函请教育部公布，但教育部延宕未决。国语统一筹备会不得已于11月9日自行公布。过了两年，在1928年9月，南京政府大学院才正式公布《国语罗马字拼音法式》：

国语罗马字拼音法式

（1928年9月26日大学院布告）

1. 声母

ㄅ	ㄆ	ㄇ	ㄈ	ㄪ*	b	p	m	f	v*
ㄉ	ㄊ	ㄋ		ㄌ	d	t	n		l
ㄍ	ㄎ	ㄫ*	ㄏ		g	k	ng*	h	
ㄐ	ㄑ	ㄬ*	ㄒ		j	ch	gn*	sh	
ㄓ	ㄔ		ㄕ	ㄖ	j	ch		sh	r
ㄗ	ㄘ		ㄙ	ㄙ'*	tz	ts		s	z*
ㄧ	ㄨ	ㄩ			y	w	y(u)		

2. 韵母（基本形式）

开　ㄖㄙ'　ㄚ　ㄛ　ㄜ　ㄝ*　ㄞ　ㄟ　ㄠ　ㄡ　ㄢ　ㄣ　ㄤ　ㄥ

														ㄨㄥ	ㄦ
齐	ㄧ	ㄧㄚ	ㄧㄛ	ㄧㄝ		ㄧㄞ*		ㄧㄠ	ㄧㄡ	ㄧㄢ	ㄧㄣ	ㄧㄤ	ㄧㄥ	ㄩㄥ	
合	ㄨ	ㄨㄚ	ㄨㄛ			ㄨㄞ	ㄨㄟ			ㄨㄢ	ㄨㄣ	ㄨㄤ	ㄨㄥ		
撮	ㄩ			ㄩㄝ						ㄩㄢ	ㄩㄣ				
开	y	a	o	e	è*	ai	ei	au	ou	an	en	ang	eng	ong	el
齐	i	ia	io	ie		iai*		iau	iou	ian	in	iang	ing	iong	
合	u	ua	uo			uai	uei			uan	uen	uang	ueng		
撮	iu			iue						iuan	iun				

（注一）表有＊号者系今音不用或罕用之音。

（注二）声母ㄐ、ㄑ、ㄒ仅有齐撮，ㄓ、ㄔ、ㄕ仅有开合，故可同用 j，ch，sh 三母而不混，以避字形过于繁细。

（注三）ㄧ、ㄨ、ㄩ本兼声韵两用，故国语罗马字亦列 y，w，y（u）。在上去齐撮韵字别无声母时须将第一字母改为 y 或 w，如-iee，-uay 独用时作 yee 也、way 外。但如改后形与他韵混或全无元音时则在第一字母前加 y 或 w，如-eu，-uh 独用时作 yeu 雨、wuh 雾（非 yu，wh）。

（注四）注音字母对于“知、痴、诗、日、兹、此、四”等字未制韵母，今以 y 表之。

（注五）“东、送”与“翁、甕”等不同韵，故ㄨㄥ分为开口 ong 与合口 ueng 两韵。ㄩㄥ韵近齐齿，故亦归第二排。

3. 声调

阴平：（1）用“基本形式”，如 hua 花，shan 山。本式包括轻声，象声字，助词，如 ma 吗，aia 阿呀。

（2）但声母为 m，n，l，r 者加 h，如 mhau 猫，lha 拉。

阳平：（3）开口韵在元音后加 r，如 char 茶，torng 同，parng 旁。

（4）韵母第一字母为 i，u 者，改为 y，w，如 chyn 琴，hwang 黄，yuan 元；但 i，u 两字母为全韵时改为 yi，wu，如 pyi 皮，hwu 胡，wu 吴。

（5）声母为 m，n，l，r 者用“基本形式”，如 ren 人，min 民，lian 连。

上声：（6）单元音双写，如 chii 起，faan 反，eel 耳。

（7）复韵母首末字母为 i，u 者改为 e，o，如 jea 假，goan 管，sheu 许，hae 海，hao 好；但既改头则不再改尾，如 neau 鸟，goai 拐。

（8）ei，ou，ie，uo 四韵准第（6）条，如 meei 美，koou 口，jiee 解，guoo 果。

去声：（9）韵尾为-i，-u，-n，-ng，-l，或-（无）者各改为-y，-w，-nn，-nq，-ll，或-h，如 tzay 在，yaw 要，bann 半，jenq 正，ell 二，chih 器。

附记

1. 在官话区域内仅长江下流有短促之入声。如欲表入声时可用-q 韵尾，如 tieq 铁，loq 洛。
2. 罗马字母之 v，x 二母，不作拼国音用，惟重字可用 x 代之，如 pianpian（偏偏）可作 pianx；隔一字重者可用 v 代，如 kann i kann（看一看）可写作 kann i v；重二字者可作 vx，例如 feyshin feyshin（费心费心）可作 feyshin vx。
3. 南京、杭州、北平新旧都城皆富于卷舌韵。国音也可采用，其拼法原则如下：

（1）韵尾之 i，n 音省去，例如“孩儿”（hair-erl）作 harl，扇儿（shann-erl）作 shall，味儿（wey-er）作 well。

（2）（y），i，iu 三韵加 el；其余加 l，如丝儿（sy-erl）作 sel，今儿（jin-erl）作 jiel，鱼儿（yu-erl）作 yuel；明儿（ming-erl）作 mingl，后儿（how-erl）作 howl。

4. 根据国语罗马字原则可拼各地之方音。如江浙间有 bh，dh，gh，dj，dz 等浊母，如 bhu 蒲，dji 其，dzy 慈。西安有 bf，pf 等声母，如 bfang 庄，pfu 初。广州有 m，p，t，k 韵尾，如 sam 三，lap 立，tzit 节，hork 学。
5. 如用西文次第读字母名称时，须依照国音读之如下：

a	b	c	d	e	f	g	h	i	j	k	l	m
ㄚ	ㄅㄜ	ㄙㄜ	ㄉㄜ	ㄜ	ㄈㄜ	ㄍㄜ	ㄏㄜ	ㄧ	ㄓ	ㄎㄜ	ㄌㄜ	ㄇㄜ

n, o p q, r s t, u v w, x y z.

ㄋㄜ ㄛ ㄆㄜ ㄎㄨ ㄖ ㄙ ㄊㄜ ㄨ ㄪㄜ ㄨㄜ ㄎㄙ ㄧㄜ ㄙ'

(以下有"单字音全表",即音节表,从略)

国语罗马字在公布之后就开始了推行工作。由于当时的政府对推行并不热心,再加上它的拼写规则比较苛细,推行的效果并不理想。尽管做了许多努力,却始终没有走出知识分子的圈子。1934 年以后,推行走向低潮,代之而起的是拉丁化新文字。

4. 国语罗马字的分析

国语罗马字是一个接近成熟的拼音方案,它的产生是汉语拼音史上的一次飞跃。国语罗马字制订中的以下四点经验,应该重视。

(1)采用国际通用的二十六个罗马字母。不用新字母,因为新字母不容易被普遍接受,不受欢迎;不用附加符号,因为附加符号不便书写,不便机械应用。主要用条件变读和字母组合的方法来解决字母数量不足的问题。例如,用 j,ch,sh 的条件变读表示ㄐ,ㄑ,ㄒ和ㄓ,ㄔ,ㄕ。ch,sh,tz,ts 都是双字母。从此,字母形式从汉字笔画式转向罗马字母(拉丁字母)式,拉丁化成为汉字改革运动的主流。

(2)采用音素制的音节结构。汉语拼音中如何使用罗马字母,并没有成熟的经验,许多都要独立摸索,从头做起。字母和音素的配合,既要考虑到罗马字母在国际上的使用习惯,又要考虑到汉语的特点,取得了成功。例如,用 b,d,g 和 p,t,k 表示对应的不送气清塞音和送气清塞音。

(3)汉语是有声调的语言,汉语拼音要表示声调。用附加符号表示,有利也有弊。"避免附加符号改用字母标调之原则,则实中国所特创。盖自朱文熊、黄虚白、刘继善以来已渐有此意识,而尚语焉不详。及赵元任倡之,周辨明等和之,复经'数人会'反复磋商,斟酌损益,始成国语罗马字之拼法条例。"①

(4)注重词儿连写,提高了正词法技术。国语罗马字作为拼音文字来设计,一开始就重视词类连书。

---

①罗常培《汉语拼音字母演进史》,第20页。

5. 国语罗马字的修订

1940 年 10 月，国民政府把国语罗马字改名为“译音符号”，作为注音符号第二式。1984 年 5 月 10 日，台湾“教育部”发表公告，宣布把“译音符号”改名为“国语注音符号第二式”（ㄅ，ㄆ，ㄇ，ㄈ为国语注音符号第一式），同时公布了经过修订的试用方案，开始试用。1986 年 1 月 28 日，台湾“教育部”又发表公告，公布《国语注音符号第二式》正式方案，并宣布自公告之日起正式使用。这个正式方案对 1984 年的试用方案做了一些改动。下面是台湾“教育部”公布的《国语注音符号第二式》正式方案：

一、国语注音符号第二式

国语注音符号第二式				
㈠声　母				
唇　音	b	p	m	f
舌尖音	d	t	n	l
舌根音	g	k	h	
舌面音	j(i)	ch(i)	sh(i)	
翘舌音	j	ch	sh	r
舌齿音	tz	ts	s	
㈡韵　母				
单韵㈠	r, z			
单韵㈡	i, yi	u, wu	iu, yu	
单韵㈢	a	o	e	ê
复　韵	ai	ei	au	ou
声随韵	an	en	ang	eng
卷舌韵	er			
㈢结合韵母（前有声母时用）				
齐齿呼	ia	io	ie	
	iái	iau	iou	
	ian	in	iang	ing
合口呼	ua	uo	uai	uei
	uan	uen	uang	ung
撮口呼	iue	iuan	iun	iung
㈣声　调				
阴平声	-			
阳平声	ˊ			
上　声	ˇ			
去　声	ˋ			
轻　声	（不加）			

二、国语注音符号第二式与第一式对照表

	国语注音符号第一式				国语注音符号第二式			
	㈠声　母							
唇　音	ㄅ	ㄆ	ㄇ	ㄈ	b	p	m	f
舌尖音	ㄉ	ㄊ	ㄋ	ㄌ	d	t	n	l
舌根音	ㄍ	ㄎ	ㄏ		g	k	h	
舌面音	ㄐ	ㄑ	ㄒ		j(i)	ch(i)	sh(i)	
翘舌音	ㄓ	ㄔ	ㄕ	ㄖ	j	ch	sh	r
舌齿音	ㄗ	ㄘ	ㄙ		tz	ts	s	
	㈡韵　母							
单韵㈠	(ㄭ)				r，z			
单韵㈡	ㄧ	ㄨ	ㄩ		i，yi	u，wu	iu，yu	
单韵㈢	ㄚ	ㄛ	ㄜ	ㄝ	a	o	e	ê
复　韵	ㄞ	ㄟ	ㄠ	ㄡ	ai	ei	au	ou
声随韵	ㄢ	ㄣ	ㄤ	ㄥ	an	en	ang	eng
卷舌韵	ㄦ				er			
	㈢结合韵母（前有声母时用）							
齐齿呼	ㄧㄚ	ㄧㄛ	ㄧㄝ		ia	io	ie	
	ㄧㄞ	ㄧㄠ	ㄧㄡ		iai	iau	iou	
	ㄧㄢ	ㄧㄣ	ㄧㄤ	ㄧㄥ	ian	in	iang	ing
合口呼	ㄨㄚ	ㄨㄛ	ㄨㄞ	ㄨㄟ	ua	uo	uai	uei
	ㄨㄢ	ㄨㄣ	ㄨㄤ	ㄨㄥ	uan	uen	uang	ung
撮口呼	ㄩㄝ	ㄩㄢ	ㄩㄣ	ㄩㄥ	iue	iuan	iun	iung
	㈣声　调							
阴平声	（不加）				ˉ			
阳平声	ˊ				ˊ			
上　声	ˇ				ˇ			
去　声	ˋ				ˋ			
轻　声	·				（不加）			

附注：

一、韵母中之单韵㈠系舌尖元音，单韵㈡系可作介音用之高元音，单韵㈢系开口呼之单元音。

二、结合韵母无声母相拼时，拼法见说明第七条。

三、拼法说明

㈠声母符号 b、d、g、j(i)、j、tz 为清音不送气；p、t、k、ch(i)、ch、ts 为清音送气。

㈡舌面声母与翘舌声母，其符号虽同为 j、ch、sh，但舌面声母仅可与细音韵母（即齐齿、撮口二呼）相拼，j、ch、sh 之后必有韵母符号“i”；而翘舌声

母不可与细音韵母相拼，故 j、ch、sh 之后必无“i”音。因此不致相混淆。

㈢韵母符号仅单韵“ㄭ”，卷舌韵“儿”二音，“ㄭ”在翘舌音之后者，写作“r”，如：jr̄（知），chŕ（持），shř（始），r̀（日）；在舌齿音之后者，写作“z”，如：tz̄（资），tsź（慈）、sz̀（四）。

㈣单韵“ㄭ”使用 r 及 z，如与声母ㄖ或ㄗ相拼时，因在声母符号中已有 r 或 z，故可省略一个 r 或 z。如：“日”拼作r̀，而不拼作 rr̀；“子”拼作 tž，而不拼作 tzž。

㈤卷舌韵儿之拼法虽用 er，如“儿”拼作 ér，但在拼写儿化韵时，仅需在各该儿化词韵母符号后，加 r 尾表示之即可，省略 e 字母。如“花儿”拼作 huār，“叶儿”拼作 yèr，“狗儿”拼作 gǒur。

㈥结合韵母符号“ㄨㄥ”与声母相拼时为—ung。

㈦非开口呼韵母，无声母相拼时：①单韵母：“ㄧ”“ㄨ”“ㄩ”单独使用应改作 yi、wu、yu；②结合韵母中之“ㄧ”应改作 y，“ㄩ”应改作 yu，“ㄨ”应改作 w。详见下列附表：

ㄧ	ㄧㄚ	ㄧㄛ	ㄧㄝ	ㄧㄞ	ㄧㄠ	ㄧㄡ	ㄧㄢ	ㄧㄣ	ㄧㄤ	ㄧㄥ
yi	ya	yo	ye	yai	yau	you	yan	yin	yang	ying
ㄨ	ㄨㄚ	ㄨㄛ	ㄨㄞ	ㄨㄟ	ㄨㄢ	ㄨㄣ	ㄨㄤ	ㄨㄥ		
wu	wa	wo	wai	wei	wan	wen	wang	weng		
ㄩ	ㄩㄝ	ㄩㄢ	ㄩㄣ	ㄩㄥ						
yu	yue	yuan	yun	yung						

㈧单韵母“ㄝ”符号单独使用时作“ê”，与“ㄧ”“ㄩ”拼合时则作“e”。

㈨四声调号采用已公布通行之注音符号第一式所用者，阴平为ˉ，阳平为ˊ，上声为ˇ，去声为ˋ，加在韵母之主要元音上端。不加任何调号者，则为轻声。例如：

伟 wěi 大 dà 的 de 中 jūng 华 huá，锦 jǐn 绣 shiòu 的 de 河 hé 山 shān。

㈩采用词类连书时，若遇前后二音节有相混可能者，以隔音短横“-”加在其间，作为音界线。例如：shi-ān（西安），shiān（仙），fā-nàn（发难），fān-àn（翻案）。

⑪我国人名译音，依照我国姓名习惯，姓在前，名在后。凡名字不止一字者，前后二字音节应加音节线。如：Chén Huái-shēng（陈怀生）Yú Yòu-rèn（于右任）

⑫专有名词如人名、地名，第一个字母应采用大写。在日常使用上，人名、地名之拼音可不加四声调号，以资便捷。

修订后的国语罗马字，即“国语注音符号第二式”，和汉语拼音方案非常接近。主要的差别只有：（1）汉语拼音方案的 zh，ch，sh，r， z，c，s，第二式作 j，ch，sh，r，tz，ts，s。汉语拼音方案的 j，q，x 是专用字母，第二式用 j，ch，sh 变读。（2）舌尖韵母，汉语拼音方案用-i，国语罗马字用-y，第二式用-r 和-z。（3）汉语拼音方案的 ao，iao，第二式作 au，iau。汉语拼音方案的 ong，第二式作-ung 和 ueng。（4）汉语拼音方案的 ü，üe，üan，ün，iong，第二式作 iu，iue，iuan，iun，iung。（5）汉语拼音方案隔音用 ' 号，第二式隔音用短横。

六、拉丁化新文字

1. 拉丁化新文字的拟订

十月革命后，苏联总人口的72%是文盲，60%的少数民族和部族没有文字，或者文字很不完备。1920 年，苏联开始扫除文盲，在扫盲工作中，要为没有文字或文字不完备的民族和部族创制或改革文字。列宁指出："拉丁化是东方伟大的革命。" 所以，这些新创制或改革的文字，都采用了拉丁字母。在扫盲运动中，共有两千五百万非俄罗斯人学会了使用拉丁化新文字。就在这一运动中，开始了中国字的拉丁化过程。

二十世纪二十年代，在苏联远东地区做工的华侨有十多万人，大多是文盲。在苏联的扫盲运动中，这些华工成了扫盲的对象。最初是用汉字扫盲，结果是费时多，效率低，学了两三年还不会读写。1927 年中国大革命失败后，有些中国共产党员来到了苏联，进入了莫斯科的中国劳动者共产主义大学。1928 年 2 月，在这所大学的中国问题研究所里工作的中国共产党党员瞿秋白、吴玉章、林伯渠、萧三等，开始研究用拉丁字母的拼音中文扫除华人文盲。苏联汉学家郭质生、莱赫捷、史萍青等人也参加了这项工作。1929 年 2 月瞿秋白草拟了中国拉丁化字母方案，并在同年 10 月写成《中国拉丁化的字母》一书，1930 年在莫斯科出版，引起了苏联学术团体的注意。这本书有三个部分：第一部分谈汉字的难学和中文采用字母拼音的可能性；第二部分谈声调，认为拼音文字不必把声调的分别表示出来；第三部分是方案和字母的拼写法。1930 年 4 月，列宁格勒苏联科学院东方学研究所的苏联学者龙果夫也参加了这项工作，由他和瞿秋白、郭质生组成专门小组，负责修订瞿秋白的方案。不久瞿秋白回国，吴玉章、林伯渠移居海参崴，列宁格勒苏联科学院东方学研究所成立了“中文拉丁化委员会”继续工作。委员会参考了注音字母、国语罗马字、高本汉的拼音等，最后在瞿秋白方案的基础上，拟订了中国北方话拉丁化新文字方案。1931 年 5 月，全苏新字母中央委员会批准了这个方案。同年 9 月 26 日，在海参崴召开了“第一次拉丁化中国字代表大会”，在会上通过了这个方案，并决定在 1932 年内用这个方案扫除苏联远东地区华工中的文盲。大会通过的拉丁化新文字方案叫做《中国汉字拉丁化的原则和规则》。会上还成立了“远东边区新字母委员会”作为执行机构。这次会后，拉丁化新文字运动就在海参崴、伯力等地蓬勃开展起来了。由于拉丁化新文字简单易学，推广工作比较顺利。从 1931 年到 1934 年，用新文字出版的各种读物达十万册，在苏联的华工做到人手一册。华工由学习这种新文字而脱盲的人数很多。

按照海参崴大会通过的原则，中国的拉丁化新文字除了拼写北方话以外，还可以拼写其他方言，不过当时拼写其他方言的方案还没有拟订出来。

2. 拉丁化新文字在国内的传播

拉丁化新文字最早是由世界语者介绍到中国来的。1932 年 6 月，天津《四海》杂志发表了《苏俄成功之中国语拉丁文》，透露了一点消息。1933 年 8 月 12 日，中国世界语者焦风（方善境）在上海中外出版公司出版的《国际每日文选》第十二号上发表了从世界语翻译过来的《中国语书法之拉丁化》，引起国内世界语者的注意。1934 年 7 月，《言语科学》第九、十号合刊发表了应人的《中国语书法拉丁化方案之介绍》，详细地介绍了拉丁化新文字的字母、拼法和写法。此后，国内的文化界对拉丁化新文字才有了比较具体的了解。

1934 年 5 月到 6 月，国民党的《中央日报》和《时代公论》发表了汪懋祖、许梦因的文章，鼓吹“文言复兴运动”，主张中小学恢复读文言文，教《四书》、《五经》。他们诋毁白话文为“粗笨之工具”，“必不可为治学工具”，说用白话文写的文章是“外国假面具社会主义之宣传”。针对这股逆流，上海的进步文化界陈望道、胡愈之等发起了反击，这股文言复兴的逆流很快就销声匿迹。在反对“文言复兴运动”的同时，进步文化界对五四以来的白话文进行了检讨，开展了大众语问题的讨论。在讨论中，不少人认为“普通所谓白话文，在内容上、形式上都是和文言文相通的。白话文，是文言文最有力的友军或后备势力”，主张进一步改革文体，提倡写“大众说得出，听得懂，看得明白，写得顺手”的大众语。张庚在《大众语的记录问题》（1934 年 6 月 24 日《中华日报》）一文中最早提出了拉丁化新文字。他说：方块字“实在记录不了大众语这丰富活跃的语言，否则必会把大众拖回僵死的路上去。……苏俄创行了一种中国话拉丁化，推行也很广，而且出版了很多书报，这我们可以拿来研究的”。叶籁士在《大众语·土语·拉丁化》(1934 年 7 月 10 日《中华日报》）一文中正式介绍了拉丁化新文字。他说：“要创造‘土话文字’和大众语，就应该坚决地打倒象形汉字，采用拼音文字。只有如此，才能做到‘大众听得懂，说得出，看得明白，写得来’的地步。”“‘拉丁化’是非常值得我们研究和参考的”。这样，大众语的讨论和拉丁化新文字运动就自然地合流了。以鲁迅为代表的左翼文化界，对拉丁化新文字给予热烈的支持。鲁迅说：“汉字和大众，是势不两立的。”“要推行大众语文，必须用罗马字拼音”(《答曹聚仁先生信》)。

1934 年 8 月，中文拉丁化研究会在上海成立，这是国内第一个拉丁化新文字的团体。以此为标志，拉丁化新文字进入了推广时期。自 1934 年到 1937 年 8 月上海淞沪抗战的前夜，推行的中心是上海、北平、广州、闽南。1935 年 4 月，中文拉丁化研究会编辑出版了《中国话写法拉丁化——理论·原则 ·方案》，初版一千册，在上海再版六次，北平翻印几千册，广西翻印上万册，是拉丁化新文字运动初期影响最大的一本书。随后还出版了叶籁士的《拉丁化概论》《拉丁化课本》《文盲用拉丁化课本》（后改名为《工人用拉丁化课本》)。许多地方相继成立了新文字团体，出版书刊。有的方言地区的团体还拟订了方言拉丁化新文字方案。

1935 年 12 月，中文拉丁化研究会起草了《我们对于推行新文字的意见》，广泛征求签名。在信上签名的有蔡元培、鲁迅、郭沫若等六百八十八位文化界知名人士。意见书中说：“中国已经到了生死关头，我们必须教育大众组织起来解决困难。但是这教育大众的工作，开始就遇着一个绝大难关。这个难关就是方块汉字。方块汉字难认难写难学。”“中国大众所需要的新文字，是拼音的新文字，是没有四声符号麻烦的新文字，是解脱一地方言独裁的新文字。这种新文字，现在是已经出现了。当初是在海参崴的华侨制造了拉丁化新文字，实验结果很好。他们的经验学理的结晶便是北方话新文字方案。……我们深望大家一齐来研究它，推行它，使它成为推进大众文化和民族解放运动的重要工具。”1935 年 12 月成立了全国性的中国新文字研究会。据统计，从 1934 年 4 月到 1937 年 5 月，出版了新文字书籍六十一种，新文字刊物三十六种。1936 年 1 月，国民党政府开始查禁拉丁化新文字。首先在河南开封，接着在上海、北平。他们逮捕宣传拉丁化新文字的人，抓到后都作为共产党查办。在严重的白色恐怖下，拉丁化新文字运动仍旧不公开或半公开地进行着。

抗战初期，上海是新文字推行和研究的中心。上海新文字研究会也恢复了工作，在社会上举办新文字师资训练班、讲习班、函授班等。1937 年到 1938 年，在难民收容所举办识字班，试验用拉丁化新文字扫盲，取得很好的成绩。著名教育家陈鹤琴亲自编写难民用的新文字课本，到处宣传。在语言学家陈望道指导下，上海拉丁化新文字研究会完善了北方话和江南话两个拉丁化新文字方案。这一时期，拉丁化新文字运动也在汉口、广州、汕头、重庆、西安、长沙，以及马来亚、新加坡、曼谷、旧金山等地展开。

1940 年以后，推行的中心转移到香港和共产党领导的边区及敌后抗日根据地。1939 年香港成立新文字学会，蔡元培为名誉理事长，举办语文讲座和新文字讲习班，出版课本和读物。有的学校还把拉丁化新文字列为正式课程。1941 年 12 月太平洋战争爆发后，学会的活动被迫停止。抗战时期，以延安为中心的陕甘宁边区是革命的中心。新文字得到了边区民主政府的重视和广大人民群众的拥护。1938 年 1 月，成立延安边区新文字促进会，出版新文字刊物《抗战到底》，举办讲习班。1940 年 3 月，陕甘宁边区成立“新文字运动委员会”，决定用新文字扫盲。11 月 7 日，在延安成立陕甘宁边区新文字协会，推举毛泽东、朱德、孙科等为名誉理事，林伯渠、吴玉章、董必武等为理事。12 月 25 日，边区政府颁布了《关于推行新文字的决定》，规定从 1941 年 1 月 1 日起，新文字与汉字有同等法律地位。1940 年在延安市和延安县的农村举办新文字冬学，1941 年扩大到全边区，学员有五千多人。

抗战胜利后，推行的中心是上海。由于上海是国民党统治区，推行工作只能是半公开的进行，不能直接提出新文字，而是结合扫盲，提出语文改革和文字拼音化。1945 年 9 月，上海地下党在用苏商名义出版的《时代日报》上创办《语文》副刊。1947 年 4 月后改名为《新语文》，发表社会知名人士对于文字拼音化的意见，登载新文字读物，指导读者学习。1948 年 6 月，《时代日报》被国民党查封，报社改组为时代出版社。在新文字方面出版了倪海曙编著的《中国拼音文字运动史简编》《中国拼音文字概论》（解放后改名《拉丁化新文字概论》）和倪海曙编的《中国语文的新生——拉丁化中国字运动二十年论文集》《鲁迅论语文改革》等。

随着解放战争的胜利，拉丁化新文字在解放区又开始推行。从 1949 年 5 月到 1950 年 8 月，全国有六十多个县市开展了新文字活动，成立了二十多个新文字团体。有六个大学开设了新文字课程，有好几个电台举办新文字讲座。推行的主要地区是上海、旅大、广州、武汉、杭州、厦门。1949 年 9 月，上海成立了上海新文字工作者协会，主席陈望道，副主席倪海曙。从成立到 1950 年 12 月，办了四十七期新文字讲习班，九期广播讲座。先后出版了《新文字周刊》《新文字半月刊》《语文知识》月刊等。当时上海出版的字典、词典，大都用拉丁化新文字注音。一些大书店，如商务、中华、开明等也出版新文字书籍。

1955 年 10 月，全国文字改革会议以后，拟订汉语拼音方案工作进入了重要阶段。拉丁化新文字的使命宣告完成。这一年的 11 月，全国最后一个新文字团体上海新文字工作者协会宣告解散，国内推行结束。从中文拉丁化研究会成立起到新文字工作者协会解散，共二十一年。在这段时间内，成立的新文字团体三百多个，出版图书一百七十多种，创办刊物八十多种，全国有二十多万人学习了拉丁化新文字。为推行新文字，许多语文工作者克服种种困难，尽心尽力，无私奉献。在国民党白色恐怖下，有的甚至献出了宝贵的生命。

3. 拉丁化新文字的分析

1931 年 9 月在苏联海参崴举行的第一次拉丁化中国文字代表会

议，通过了“中国文字拉丁化的原则和规则”。这个文件分两部分：(1) 中国文字拉丁化的原则，共十三条。(2) 中国拉丁化的字母及用拉丁字母的写字法。这一部分又包括三项内容：中国拉丁化字母，字的写法，整个字的写法。字的写法就是音节的拼写法，整个字的写法就是词语的拼写法，相当于现在我们说的正词法。下面是中国拉丁化字母、字的写法部分：

中国拉丁化字母

代表大会全体一致地通过以下由共产主义学院中国问题研究院及苏联科学学院东方研究院根据瞿秋白同志的草案所修订的，经全苏联新字母中央委员会批准的中国拉丁化字母：a，b，c，ch，d，e，f，g，i，j，k，l，m，n，ng，o，p，r，rh，s，sh，t，u，w，x，y，z，zh。完全不加更改和补充。

上面所通过的字母，是有科学的根据的，可以使中国的劳动者易于学习，且适合中国的语言特点，大多数的中国方言，都可适用这些字母。

从进行中国文字拉丁化的具体的历史的条件来看，代表大会认为以拉丁的字母作根据，不加补充的记号及字母而构成字母系，是完全正确而适当的，而且有与全苏联新字母一致的可能。中国新字母都能适合于这些条件。

因为中国言语中的主要声音，与拉丁字母的数量，多寡不同，所以代表大会认为必须要采用双形字母，作为拉丁字母以外之字母，即 zh，ch，sh，rh，ng 等是。

〔h〕一字母，只起符号字母的作用，即是为着代替苏联新字母中所采用那几个符号字母（例如 ç ş……）而定的。

至于说到那些母音字母 a，o，e，i，u，y 等，这都是拉丁字母中及苏联各民族的新字母所有的。

中国语言中的几个复杂母音，如 ai，ei，ao 等等，以及鼻音母音的 an，ng，en 等等都可由拉丁字母编成。

z，c，s，zh，ch，sh 以及 r，rh（ж）等字，其本身仍是中国的特别音，俄文一般的是用 Ы 来表现，可是，因为这些子音与 Ы 是整个的，不可分离的组合，所以当这些子音的本身是单个成为一字段时，用不着对于上述各子音字母，再加上母音字母。

例如：z（字），c（次），s（四），zh（纸），ch（吃），sh（是），r（二），rh（日）等是。

四声或五声（平上去入等）没有必要在文字上作为一条规则，只概以活泼的言语为主，但有几个极罕见的情形，不在此例，如 mai（卖），maai（买），nar（那儿），naar（那儿?），gigo（几个），giigo（几个?）等是。

字的写法（北方的中国话适用）

（1）g，k，x 在 a，o，e，u 之前读硬音，在 i，y 之前读软音。

例如：gi（gigo 几个）；xi（xixuan 喜欢）；ki（kilai 起来）；ky（去）等是。

（2）字母里的半母音 j，w 用以正确的分出音段的界限来非常重要。它们仅只用于音段的开始，而且只在下列几种情形的时候：

一、当这些字的后面是母音的时候。如 ja，jan，wa，wan 等等。

二、j 在 i，in，ing，y，yan，ye，yn 各音段里写在 i，y 之前，如果这些音段不在某字的开始，而在字的中间或末尾。

例如：yanjin（原因）；而不是 yanin；guanjy（关于）而不是 guany。

三、w 在 u 这个音段中写在 u 的前面，假如这个音段不在字的开始，而在其中间或末尾。

例如：duiwu（队伍）而不是 duiu；iwu（义务）而不是 iu。

四、假如中间或末尾的音段是用 a，o，e 等字开始的，则该音段与前音段用一撇分开之。

例如：ping'an（平安）；pi'ao（皮袄）。

五、字尾的 z 这个音段有两种用途：

甲、做名词的“字尾”（Суффикс）用如：zhoz（桌子）；daoz（刀子）；wenz（蚊子）。

乙、做名词的一个有独立意义的，如 wenz'（文字）在这种情形之下，在z之后应加上一撇。

六、兹列举从母音开始的字段的结尾如下表：

甲、单纯的母音，做音段的结尾：a，e，i，o，u，y。例如：baba（爸爸）；shumu（树木）。

乙、复杂母音做音段的结尾：ai，ao，ei，ia，iai，iao，ie，io，iou，iu，ou，ua，uai，ui，uo，ye。例如：gougia（国家）；shuoxua（说话）；kaishui（开水）；niunai（牛奶）。

丙、鼻音的母音做音段的结尾：an，ang，en，eng，in，ing，un，ung，ian，iang，uan，uang，yn，iung，yan。例如：shan（山）；gungchang（工厂）；rhen（人）。

（注）应该注意鼻音的母音有两种：即，（1）结尾为n；（2）结尾为ng。它们与其他母音的分别，在an－ang；ian－iang；uan－uang这些字里面是完全清清楚楚的。例如：dansh（但是）；dangsh（当时）。这种分别在书法中是应该严格的遵守。但在（en－eng；in－ing）的情形中，这种分别并不都是清楚的，所以在书法上，也是不必遵守一定的写法。

七、兹将纯粹的，复杂的以及鼻音的母音的字，都是独立的母段的，列为下表：

a，ai，an，ang，ao，e，ei，en，eng，i，in，ing，ja，jai，jan，jang，jao，je，jo，jou，ju，jung，o，ou，u，wa，wai，wan，wang，wei，wen，weng，wo，y，yan，ye，yn。

当时通过的中国文字拉丁化的十三条原则有一些观点今天看起来仍是很正确、很有意义：（1）提出要创造一种通俗而接近群众的文字，一种适应于现代科学要求的文字。（2）强调拉丁化中国文字的重要意义，批评了认为拉丁化只是初级教育工具的观点。（3）指出“文言”是和劳动群众的活泼言语是隔离的，学习文言的困难并不少于学习汉字的本身。（4）提出要保持语言的纯洁和健康，清洗言语中的有害的东西。在设计的技术方面，也有许多积极的东西：（1）采用拉丁字母，不增加新字母、变形字母、不用附加符号，采用双字母来解决字母数量的不足。用g，k，x变读来表示ㄐ，ㄑ，ㄒ。（2）注意音节界限的清楚，使用j，w，和高撇号来分隔音节的界限。（3）z，c，s和zh，ch，sh相配，表示舌尖前音和卷舌音。（4）注意分词连写。

同时我们也应看到，这些原则受到当时苏联理论的影响很深，带有浓厚的苏联色彩。

（1）苏联在二十世纪二三十年代的拉丁化运动中，宣称阿拉伯字母是中世纪贵族资产阶级字母，而拉丁字母是近代的社会主义的大众的字母。正是根据这种理论，当时拟定的原则认为中国汉字是中国统治阶级压迫劳苦群众工具之一。其实，文字是记录语言的工具，本身不带有阶级性。一种语言采用哪种文字体系，是由多种因素决定的，情况非常复杂，不能简单地都归于政治。

（2）从文字有阶级性的观点出发，主张废除汉字。“要根本废除象形文字，以纯粹的拼音文字来代替它。”这样就把复杂的汉字问题简单化了。在海参崴的大会上，苏联科学院东方研究所的报告中，就提出用拼音文字完全代替汉字，但在会上并没有得到支持。

（3）在沙皇统治时代，强迫非俄罗斯民族说“国语”。苏联时代，对“国语统一”采取否定的态度。“原则”从这种观点出发，把中国五四以后开展的国语运动说成是属于中国资产阶级的、反动的，是为民族压迫而利用的鞭子，反对“采用中国的一种方言，作为全国的标准语”。受了这种观点的影响，中国的拉丁化运动反对国语运动，反对国语罗马字拼写标准语，产生了消极作用。

4. 拉丁化新文字和国语罗马字的论争

拉丁化新文字和国语罗马字，拼写的都是汉语的语音，但是两者又有许多不同。拉丁化新文字的作者是职业革命家、中共党员，国语罗马字的作者是语言学家，背景不同，遵循的学术思想不同，对许多问题的处理自然也就不同。在二十世纪三十年代，在特定的社会环境下，两者展开了激烈的争论。争论涉及到学术的方面和非学术的方面，而且这两个方面又常常纠缠在一起。

拉丁化新文字者从一开始就对国语罗马字采取批判的态度，认为国语罗马字“仍旧不敢脱离汉字‘语调’（四声）的束缚”，“仍旧创造不出真正适合现代普通话的文字”，是“‘古今合璧’的北京官话的拼音方法”。[①] 他们认为，“国语罗马字在创制当时就并未为文盲大

①瞿秋白《学阀万岁!》,《瞿秋白文集》文学编 3 卷，第 178 页。

众着想过。”“所以，结果恐怕不过是有教养的文人学者案头的摆设而已。在田野劳动的农妇，是不配，而且无法穿一双高跟皮鞋的。”① 还说：“国语罗马字崇奉北平话为国语，名为提倡国语统一，实际上是来它一个北平话独裁。在有闲有钱的人看来，学了一口北平话再用罗马字母读读写写，是不费什么事。但是叫一个上海的、福州的或广州的苦人同时学北平话又学罗马字，那几乎是和学外国话一样的难。”②

这自然引起国语罗马字者的强烈反对。国语罗马字者批评拉丁化新文字是“苏联代我们造的拉丁化”，“舶来的拉丁化汉字”，“是用卢布买来的”。③ 黎锦熙在《国语运动史纲》第四卷第二章说：“谨站在民族的立场说句话：‘难道我们就伫立以待人家的“文字侵略”吗？’再站在历史的旧文化立场问句话：‘文字是传达文化的一种工具呢，还是它的本身就算文化呢？’又站在理想的新文化立场问句话：‘世界语是不是就可以代替我们的国语呢？’末了站在语文学专科的立场问句话：‘国语罗马字，应该是本国人自己作的好呢，还是外国人代我们作的好呢？’”

在学术上，争论的中心是声调问题和国语问题。瞿秋白在《罗马字的中国文还是肉麻字中国文?》中认为：“现在中国白话里的声调不过是一种‘特别的重音’——‘音节内部的声音’，用不着表示在拼音方面的，而且很难表示的。”他在《新中国的文字革命》中还说：“取消声调是一般的原则，即使要保留一部分声调上的分别，也只作为例外的特别拼法。”拉丁化新文字者认为：“四声都是‘出于汉字’的，绝对和方块字有关系的，是方块底附属物。我们既然要废除方块字，当然也要废除它的附属物——四声。”④ 国语罗马字者反驳说：“中国语言靠声调来分别字义，这一个事实，并不是国语罗马字者主张出来的。”“用声调来区别字义这方法是好是坏，国语罗马字者不负责任，自有中国语言负这个责任，等到中国语言不靠声

①应人《读了〈我对于拉丁化的意见〉之后》，《中国语文的新生》，第76页。

②《我们对于推行新文字的意见》，《中国语文的新生》，第120页。

③《拉丁化新文字运动的始末和编年纪事》，第91页、第95页。

④绀弩《四声论》，《中国语文的新生》，第137页。

调来区别字义的时候，也不用拉丁化者来劝，国语罗马字者自然也就不拼声调了。”① 黎锦熙说：“批评的人有一个大误会，以为声调这种把戏完全是出于汉字，废除汉字就没有声调了。殊不知国语罗马字比拉丁化优越之点，就在国语罗马字因有调查民间方言的工作经验，已经实地了解劳苦大众语言的真实情形，他们是离开声调就不能说话听话的，不认识汉字的人们来读新文字，是离开声调就认不清楚，读不下去的。例如‘李’‘黎’两姓，全中国无论何处人，尽管眼睛里并不认得这两个汉字，但嘴里是都有分别的。”②

关于语音标准问题，国语罗马字拼写的是标准语，拉丁化新文字拼写的是方言。瞿秋白说：“赵元任式的国语罗马字是根据注音字母用北京音做标准的，叫做什么‘标准国音’。这种办法的理由，据说是各国都是采用一种方言来做国语，逐渐‘打倒’其他的一切方言，而在中国，仿佛是北京话最有这种资格。这种‘理论’实际上是不通的。各国的国语固然大抵有一种方言做基础，但是，事实上必定搀杂其他许多方言的影响，在读音上，甚至于文法部分的变化上，都有这些影响的痕迹的。在中国，这种情形更加厉害。一种方言要有做全国普通话的基础的资格，必须说这种方言的地方真正是经济的，文化的中心，同时又是政治的中心。中国恰好还没有这样的中心。”③ 拉丁化者认为国语罗马字想以北平话来统一全国，根本就是非大众的。瞿秋白说国语要逐渐打倒一切方言，显然是不妥的。对这个问题，其实早有讨论。《国语月刊》第2卷第1期（1924），发表的一篇文章说：“‘改造新文字是不是要统一国音？’如果声音不能统一，各省按照各地方音去造文字，你造你的字，我造我的字，结果必定弄得乱七八糟。一个词因方音的不同，可以有无数的面孔，那么这种新文字还有什么用处呢？所以改造文字必须根据一种标准音——区域最广、用者最多的标准音，然后这种新文字才能渐渐普及

①王玉川《到携手之路》，《中国语文的新生》，第166页。

②黎锦熙《苏俄的“中国字拉丁化”与国定的“国语罗马字”之比较》，《中国语文的新生》，第129页。

③瞿秋白《罗马字的中国文还是肉麻字的中国文?》，《瞿秋白文集》文学编3卷，第227页。

全国。”“若不根据标准音以统一国语，新文字实在无从造起。”①

拉丁化新文字比国语罗马字容易。国语罗马字者认为“文字不能只图简单容易”，“拉丁化新文字照目前的样子，简单自然是很简单，容易自然也很容易。不过简单而粗陋，容易而不适用，也算不得好工具。”②

1936年8月，《中国语言半月刊》第四期提出“建立语文联合战线”的主张，要求在抗日的旗帜下，实行反对日本帝国主义语文侵略的大联合，“立刻停止互相的排挤，互相的消耗力量，让大家火速的自由发展”。1937年3月，周辨明在上海《语文月刊》第三期发表《携手一同走上拼音文字的大路》：“提出调解国语罗马字和拉丁化的办法。”“倘说两方面都不承认这调解的条件，这也不要紧。他们各自实行他们的制度，就得了。可是要实行，不要空谈，也不要互相攻击，好叫人家从他们实验的结果，彻底明了各制优良的所在。”1937年4月，拉丁化者潘古干（叶籁士）在《关于〈新文字的缺点〉》一文中认为：“纵然国语罗马字和新文字在声调问题上有着绝然不同的态度，然而它们之间相同的地方太多了，即使在声调问题上得不到一致的解决，那个戊戌以来尚未完成的文字革命的伟大理想会使它们携手合作的。”“咱们的携手将把一些语文改造的力量汇合成一股无可抗拒的语文革命的洪流。”1937年7月，《语文月刊》第2卷第1期发表高毓溥的《国语罗马字和拉丁化之合流》：“国语罗马字和拉丁化这两种新文字，就其本身底价值来讲，是各有短长的：双方都有它的优点和缺点。”“就学理上看，国罗在占着绝对优势的。”但是它的“变化太繁难”。“拉丁化底特点是在拼法简单，不分声调，虽学习比较方便，但作为一种独立的文字，不无疑问。”“拉丁化底优点是比罗马字要多些。关于此，我们可以用数语包括之：即‘组织简明，字形短小，易学易记，应用便利’！比之罗马字底变化规律来，实是高明得多多。”“我盼望关心新文字运动的同志们，大家握手，共同讨论。”

通过争论，两个方案的优点和缺点，都看得比较明白了；而且都

①卢自然《对于改用国语罗马字的讨论》，《国语月刊》2卷1期。

②王玉川《拉丁化新文字的缺点》，《中国语文的新生》，第154页。

认识到，应该团结合作，克服成见，共同促进文字改革事业的前进。这时，全民抗战已经开始，在中华民族面对生死危亡的危急关头，这两股力量都在竭尽自己的力量为拯救中华民族而奋斗。拉丁化新文字在抗战烽火中，继续传播。1941 年 12 月，吴玉章在《新文字在切实推行中的经验和教训》中总结了推行中的经验教训，指出："我们要打破以前的宗派主义，不仅要和国语罗马字根本改革中国文字的同志合作，就是一些改革汉字，如简体字各种改革文字运动的人，都应引为同志而共同努力于中国文字的改革，打破一切狭隘的观念。"

新中国建立后，在新的形势下，拉丁化新文字工作者和国语罗马字工作者捐弃前嫌，团结合作，为汉语拼音方案的制订做出了贡献。

七、《汉语拼音方案》

1. 为什么要制订《汉语拼音方案》

新中国建立后，国家开始了大规模的经济建设和文化建设。语文工作在文化建设中占有重要的地位，党和国家为指导语文工作制定了相应的语文政策，既考虑到当前国家的语文现状，也参考了近百年来语文运动的经验。二十世纪五十年代，我国的语文工作主要有以下几个方面：（1）为了解决语言使用中存在的严重混乱状况，提出了汉语规范化的任务。（2）为了克服方言分歧给交际带来的困难，1955 年开始推广普通话。（3）为了扫除文盲，提高全民的文化素质，就要改革汉字，其中包括简化汉字和制订汉语拼音方案这两项任务。1951 年毛泽东就提出来"文字必须改革，要走世界文字共同的拼音方向"。为实现这个目标，就要制订汉语拼音方案。这个方案一方面可用来给汉字注音，代替注音字母；另一方面可以用来试验拼音文字。

1956 年 2 月，中国文字改革委员会发表了《关于拟订汉语拼音方案草案的几点说明》。在《说明》中，对为什么要拟订汉语拼音方案做了如下的解释：拟订汉语拼音方案的目的，是要设计一套拼音字母和写法规则，来拼写以北京语音为标准音的普通话，也就是汉民族共同语。这个汉语拼音方案有哪些好处呢？（1）可以用来给汉字注音，在字典上用，在教科书上用，在通俗读物上用，在需要注音的生僻字上用，在路牌上用，等等。（2）可以用来作为普通话的教学工具。（3）

可以用来作为科学上和技术上的符号。(4) 可以用来试验汉语拼音文字，使拼音字母拼写的普通话逐步发展成为完善的拼音文字。(5) 可以用来作为各少数民族制订拼音文字的字母基础。

为什么不用注音字母或者另外创造一套汉字笔画式的字母呢？正如它的名称所表示，注音字母是给汉字注音的，在字典上或者语文课本上用来给汉字注音是适用的。可是，如果作为将来的汉语拼音文字的字母，那就不合适了。我们希望有一套拼音字母，现在用来作为汉字注音和普通话拼音的工具，同时要能够适应科学和技术上的要求，将来还要能够逐步发展成为汉语的拼音文字。这样的希望，很难靠注音字母来实现。

为什么不使用国语罗马字或拉丁化新文字呢？因为这两个方案，反映的是三十年代的学术水平。虽然各有长处，但也各有不足，不能适应全国解放后出现的新形势，不能满足社会主义时期对拼音方案提出的要求。另外，新中国的优越的社会制度，能够集中广大群众的智慧，集中全国语文学家的力量，吸收历史上制订拼音方案的经验，拟订出一个全新的适合形势要求的拼音方案。

2.《汉语拼音方案》的制订过程

1949 年 10 月 10 日，在北京成立了中国文字改革协会，这是全国性的从事文字改革研究的学术团体。协会成立后的主要工作是研究拉丁化汉语拼音文字方案。1951 年 12 月 26 日，周恩来总理指示，在中央人民政府政务院文化教育委员会下设立中国文字改革研究委员会。1952 年 2 月 5 日，委员会在北京成立。同日，中国文字改革协会宣告结束。马叙伦任中国文字改革研究委员会主任。在委员会内，设立了拼音方案组，负责制订汉语拼音方案。在成立大会上，马叙伦传达了毛泽东主席的指示：文字必须改革，要走世界文字共同的拼音方向；形式应该是民族的，字母和方案要根据现有汉字来制订。根据这一指示，委员会开始以制订汉字笔画式拼音方案为主的研究工作。1952 年 8 月，委员会举行第二次全体会议。马叙伦传达了毛主席关于拼音方案的新意见。马叙伦说：毛主席肯定文字要拼音化，要力求美观，主席倾向双拼；对汉字要进行有规律的简化，要规定草书形式；拼音文字必须横写。同年 10 月，拼音方案组召开会议，通过了拼音字母表，有声母二十四个，韵母三十七个。1953年初，毛主席审阅了这个字母表，认为在拼音的方法上虽然简单了，但笔画还是太繁，有些比注音字母更难写。拼音文字不必搞成复杂的方块形式，那样的体势不便于书写，尤其不便于连写。汉字就因为笔画方向乱，所以产生了草书，草书就是打破方块体势的。拼音文字无论如何要简单，要利用原有汉字的简单笔画和草体；笔势基本上要尽量向着一个方向（“一边倒”），不要复杂。方案要多多征求意见加以改进；必须真正作到简单容易，才能推行。根据毛主席的这个指示，拼音方案组决定分别拟出几套草案供讨论。1954 年 7 月 15 日，委员会召开第四次全体委员会议，拼音方案组提出了五个汉字笔画式的草案，其中四个是双拼的，一个是三拼的。会议决定由各位委员在会后分别研究，再行开会讨论，但会后始终不能得出一个令人满意的方案。这些方案所需的字母都在四十到六十之间，学习和使用都不很方便。新造的汉字笔画式字母，群众也不容易接受。借助草书后，虽然相应地便于横写、连写，可是却难以做到简明易认。人们在实践中逐渐感到，通过采用汉字笔画式拼音字母来显示民族性的作法不很理想，很难符合现代社会发展的需要。

为了把文字改革工作由研究阶段推向实践阶段，采取实际步骤推行国家的文改政策，1954 年 10 月周恩来总理提议设立中国文字改革委员会，作为国务院直属机构；并指示：拼音方案可以采用拉丁化，但是要能标出四声。1954 年 12 月，中国文字改革委员会成立。1955 年 10 月，在全国文字改革会议上，文改会提出了六种汉语拼音文字方案草案，征求代表的意见。这六种草案中，有四种是汉字笔画式（双拼的两个，三拼的两个），一种斯拉夫字母式，一种拉丁字母式。拉丁字母式方案称为《汉语拼音文字（拉丁字母式）草案初稿》。在会上，文改会秘书长叶籁士就拼音方案委员会的工作情况做了汇报。关于字母形式问题，他说：“我们的拼音文字到底用新创的汉字笔画式的字母，还是用国际通用字母，关于这个问题拼音方案委员会还没有作出最后的结论。”这次讨论虽然对字母形式问题未做定论，可是对拼音方案的其他问题取得了一致的意见。如音节问题，同意采用音素化，以四拼为基本形式。关于标调，大多数人认为可以依据不同情况决定是否标调，调号标在主要元音上。《汉语拼音文字（拉丁字母式）草案初稿》全文如下：

一、字母

第一条　汉语拼音文字的字母及其名称如下：

字母	（大写）	A	B	C	D	E	F	G
	（小写）	a	b	c	d	e	f	g
名称		ㄚ	ㄅㄝ	ㄘㄝ	ㄉㄝ	ㄜ	ㄝㄈ	ㄍㄝ
字母	（大写）	H	I	J	K	L	M	N
	（小写）	h	i	j	k	l	m	n
名称		ㄏㄚ	ㄧ	ㄧㄚ	ㄎㄚ	ㄝㄌ	ㄝㄇ	ㄋㄝ
字母	（大写）	O	P	Q	R	S	T	
	（小写）	o	p	q	r	s	t	
名称		ㄛ	ㄆㄝ	ㄎㄨ	ㄚㄦ	ㄝㄙ	ㄊㄝ	
字母	（大写）	U	V	W	X	Y	Z	
	（小写）	u	v	w	x	y	z	
名称		ㄨ	ㄪㄝ	ㄨㄚ	ㄝㄎㄙ	ㄩ	ㄗㄝ	

（q，v，x三个字母只在书写方言、外来语、特定词儿、科学名词和符号以及其他特殊场合应用。）

第二条　拼音文字一般都用小写字母书写。大写字母用于下列场合：

句子、对话或诗歌的每一行，开头的字母要大写。

人名、地名、书刊名称、机关和团体的名称，党派和宗教的名称，月份、星期和季节的名称，会议和运动的名称以及其他用作专有名词的词儿，开头的字母要大写。

题目、标题、标语、招贴等，主要词儿开头的字母可以大写，或者所有字母都大写。

其他特定场合。

二、声母

第三条　声母的写法如下：

声母的写法	b	p	m	f	d	t	n	l
（注音字母对照）	ㄅ	ㄆ	ㄇ	ㄈ	ㄉ	ㄊ	ㄋ	ㄌ
声母的写法	g	k	h	$g\left\{\begin{matrix}i\\y\end{matrix}\right.$	$k\left\{\begin{matrix}i\\y\end{matrix}\right.$	$h\left\{\begin{matrix}i\\y\end{matrix}\right.$		

（注音字母对照）	ㄍ	ㄎ	ㄏ	ㄐ	ㄑ	ㄒ	
声母的写法	zh	ch	sh	r	z	c	s
（注音字母对照）	ㄓ	ㄔ	ㄕ	ㄖ	ㄗ	ㄘ	ㄙ

半声母的写法	j	w	韵尾辅音的写法	-n	-ng
（注音字母对照）	ㄧ	ㄨ	（注音字母对照）	ㄣ	ㄥ

第四条　g，k，h 跟 i，y 或 i，y 开头的复韵母拼合读ㄐ、ㄑ、ㄒ，其他场合一概读ㄍ、ㄎ、ㄏ。

第五条　ng 可以用 ŋ 代替；zh，ch，sh 可以用 ƶ，ȼ，ꞩ 代替。（在词典或索引上，ŋ，zh，ch，sh 可以分别排列在 n，z，c，s 后面。）

三、韵母

第六条　韵母的写法如下：

单韵母的写法	a	o	e	i(ji)	u(wu)	y	er(-r)	
（注音字母对照）	ㄚ	ㄛ	ㄜ	ㄧ	ㄨ	ㄩ	ㄦ	
复韵母的写法	ai	ei	au	ou	an	en	ang	eng
（注音字母对照）	ㄞ	ㄟ	ㄠ	ㄡ	ㄢ	ㄣ	ㄤ	ㄥ

复韵母的写法	ia	io	ie	iau	iu
（独立音节写法）	(ja)	(jo)	(je)	(jau)	(ju)
（注音字母对照）	ㄧㄚ	ㄧㄛ	ㄧㄝ	ㄧㄠ	ㄧㄡ
	ian	in	iang	ing	
	(jan)	(jin)	(jang)	(jing)	
	ㄧㄢ	ㄧㄣ	ㄧㄤ	ㄧㄥ	
复韵母的写法	ua	uo	uai	ui	uan
（独立音节写法）	(wa)	(wo)	(wai)	(wei)	(wan)
（注音字母对照）	ㄨㄚ	ㄨㄛ	ㄨㄞ	ㄨㄟ	ㄨㄢ
	un	uang	ung		
	(wen)	(wang)	(weng)		
	ㄨㄣ	ㄨㄤ	ㄨㄥ		

复韵母的写法	ye	yan	yn	yng	（独立音节写法同）
（注音字母对照）	ㄩㄝ	ㄩㄢ	ㄩㄣ	ㄩㄥ	

第七条　齐齿韵（i 或 i 开头）和合口韵（u 或 u 开头）各韵母作为独立音节时候用 j，w 开头。撮口韵（y 或 y 开头）作为独立音节时候写法不变。

第八条　zhi，chi，shi，ri，zi，ci，si 里面的韵母-i 读帀，不读丨。韵母帀(-i) 可以用 ï（i 上两点）代替。（在词典或索引上，ï 可以排列在 i 后面。）

第九条　er（儿）用作韵尾或轻声时候简写-r。

第十条　e 在复韵母 ie［丨せ］，ye［ㄩせ］和表声词 eh［诶］当中读せ。

第十一条　儿化（卷舌）韵在后面加-r，不变更原韵母的书写形式。例如“今儿”写 ginr，不写 gier。

四、声调

第十二条　声调符号如下：

声　调	阴平	阳平	上声	去声	轻声
声调符号	ˉ	ˊ	ˇ	ˋ	（字下一点）

除掉轻声符号以外，声调符号标在主要元音字母上面，但是打字或印刷有困难时候可以标在音节末尾右上角。

第十三条　正音教学的读物（例如词典、语文教学用的和初学拼音文字的人们用的读物等）上，声调可以全部标出，但是音译外来语，表声词儿和轻音的音节不标；其他书刊上可以不标声调的地方就不标，详细规则另外规定。轻声符号只在必要指明轻声时候应用。

五、音节和词儿

第十四条　汉语拼音文字应当按词连写，连写规则另外规定。

第十五条　以 a，o，e，y 开头的音节连接在其他音节后面时候，如有混淆，用隔音符号（’）隔开。例如 pi’au［皮袄］，ding’e［定额］，yng’yan［永远］。

第十六条　汉字附加注音，如果因为地位狭小，必需缩短音节的写法，可以把 ia，ua，ya 合写成为 a̱，a̮，a̤（读丨·Y，ㄨ·Y，ㄩ·Y），使一个汉字的注音至多只写三个字母（例如 ka̱ŋ 强 za̮ŋ 壮）但是正式拼音文字不用合写字母。

第十七条　同音词词形分化写法和其他特定写法另外规定。

音节表（从略）

说　明

（甲）对于本方案的补充解释和举例

（一）汉语拼音字母的名称，可以分成四句来念（每句又可分为两节），句末押韵，帮助记忆：

a	b	c	d,	e	f	g;
ㄚ	ㄅㄝ	ㄘㄝ	ㄉㄝ	ㄜ	ㄝㄈ	ㄍㄝ
h	i	j	k,	l	m	n;
ㄏㄚ	ㄧ	ㄧㄚ	ㄎㄚ	ㄝㄌ	ㄝㄇ	ㄋㄝ
o	p	q,		r	s	t;
ㄛ	ㄆㄝ	ㄎㄨ		ㄚㄦ	ㄝㄙ	ㄊㄝ
u	v	w,		x	y	z.
ㄨ	ㄪㄝ	ㄨㄚ		ㄝㄎㄙ	ㄩ	ㄗㄝ

此外，也可以分成其他的长短句来念。

（二）字母的名称跟字母的发音是两回事。名称用来指明某一个字母，例如在电话里面说明词儿的拼法，在代数课上指明那一个字母。（下略）

（三）除国际通用的 26 个字母以外，本方案采用 5 个加符字母（ï，ŋ，Ƶ、Ȼ、Ꞩ），基本上做到“一音一母”（一个音素用一个字母代表），但是并非完全“一母一音”（一个字母只读一种音），因为同时应用少数“变读法”（同一字母在一定规律下读两种音），使字母总数减少。

（四）字母 g，k，h 有两种读音：

(1) 在 a，e，o，u 前面读ㄍ、ㄎ、ㄏ，例如

gali［咖喱］　　gez［鸽子］

koudai［口袋］　　kuz［裤子］

haha［哈哈］

(2) 在 i，y 前面读ㄐ、ㄑ、ㄒ，例如

giki［机器］　　gymin［居民］

kiguai［奇怪］　　kybie［区别］

hiwang［希望］　　hyesheng［学生］

（五）字母 r 有两种读音：

（1）作为声母，读ㄖ，例如

rigi［日记］　　　　renmin［人民］

（2）作为韵尾或单独音节，它是 er 的简写，读儿，例如

hair［孩儿］　　　　erz［儿子］

（六）字母 e 有两种读音：

（1）作为单韵母读ㄜ，例如

ge［ㄍㄜ］　　　　gez［鸽子］

（2）在复韵母里面读ㄝ，例如

ie［ㄧㄝ］　　　　jewan［夜晚］

ye［ㄩㄝ］　　　　yeliang［月亮］

注意：表声词“诶”写 eh，读ㄝ，这是一个例外。

（七）字母 i 有两种读音：

（1）一般读“ㄧ”，例如

didi［弟弟］　　　　giki［机器］

（2）声母 zh，ch，sh，r，z，c，s 后面的单韵母-i，读ㄭ（ï），例如

zhishifenz［知识分子］　　　　zisi-zili［自私自利］

注意：zi，ci，si 读ㄗ、ㄘ、ㄙ；zii，cii，sii 读ㄗㄧ、ㄘㄧ、ㄙㄧ，例如 Si'an［泗安］，Siian［西安］。尖音音节 z，c，s 后面复韵母中的 i 仍旧念“ㄧ”，例如 sin［ㄙㄧㄣ］，siang［ㄙㄧㄤ］，sisiang［思想］，siisiang［西厢］。

（八）韵母ㄭ［-i 或 ï］在注音字母里面一般不写出来。它是ㄓ、ㄔ、ㄕ、ㄖ的韵母［ʅ］，和ㄗ、ㄘ、ㄙ的韵母［ɿ］。这个韵母单独发音比较困难，必须给它起个名字以便指明这个字母的时候，可以叫它“日韵母”。“日韵母”在某些轻声字上省掉不写，例如 wenz［蚊子］的“子”写-z，但是 wenzi［文字］的“字”写-zi。音节 ri［日］不可省写。

（九）i、u 有表示半声母的字母 j、w；y 没有表示半声母的字母。遇有必要分隔音节的场合，用隔音符号，例如

guan'y［关于］　　　　jing'yng［英勇］

duiy［对于］，（不加隔音符号）

hiay［下雨］，（不加隔音符号）

韵母y只有前面是n或g的时候才需要用隔音符号。

（十）在简便文件当中，重复的音节，可以用x代表，例如

huangx-zhangx［慌慌张张］

dingdang-xx［叮当叮当］

（十一）电报上可以在音节末尾加上字母代替声调符号（例如阳平、上声、去声用-x，-v，-h代替，阴平如必须标调可以用-f）；分隔音节的符号也可以用字母代替（例如用q）。具体办法由技术部门规定。

（十二）为了对照方言和普通话的发音，另外要规定跟本方案相调和的方音拼写方法。

（十三）拼音文字的标点符号跟汉字白话文相同，但是顿号［、］和逗号［，］都用［,］，句号［。］用［.］，专名和书名已有大写字母表示，不加标点，必要时候可以用斜体字印刷。

（乙）本方案讨论过程中的主要不同意见（略）

“初稿”的主要特点是：（1）完全使用现成的拉丁字母，拼写普通话只用二十三字母。“q，v，x三个字母只在书写方言、外来语、特定词儿、科学名词和符号以及其它特殊场合应用。”（2）采用四组双字母（zh，ch，sh，ng）。为了缩短拼式，给这四组双字母都规定了代用式（Ƶ，Ͼ，Ş，ŋ）。韵母帀写作-i，也有代用式（ï）。代用式不作为正式字母。（3）基本上做到“一音一母”（一个音素用一个字母代表），但是并非完全“一母一音”（一个字母只读一种音），因为同时应用少数“变读法”（同一字母在一定规律下读两种音），使字母总数减少。（4）g，k，h在i，y的前面变读为ㄐ、ㄑ、ㄒ。（5）区分尖团。

1956年1月12日，中共中央召开知识分子问题会议。在会上，中国文字改革委员会主任吴玉章作了关于文字改革工作的发言。毛主席接着发表了讲话，表示同意汉语拼音采用拉丁字母。周恩来总理在会议总结中，代表中共中央表明：“拼音方案采用拉丁字母。”1月27日，中共中央发出《关于文字改革工作问题的指示》，指示说：“中央认为，汉语拼音方案采用拉丁字母比较适宜。”字母形式问题的解决，加快了制订拼音方案的步伐。

1956年2月12日，中国文字改革委员会发表了《汉语拼音方案（草案）》（简称“原草案”），“征求各方面的批评和意见，好作为进一步修改的依据”。这个草案包括七条规定、一个字母表、两种样品、一个说明。七条规定如下：

第一条　汉语拼音方案用下面的字母拼写以北京语音为标准音的普通话。

〔1〕子音（辅音）字母24个：

b	p	m	f	d	t	n	l
ㄅ	ㄆ	ㄇ	ㄈ	ㄉ	ㄊ	ㄋ	ㄌ
玻	坡	摸	佛	德	特	讷	肋
g	k	ŋ	h	ɥ	q	x	
ㄍ	ㄎ	ㄫ	ㄏ	ㄐ	ㄑ	ㄒ	
哥	科	（上海音“额”）	喝	基	欺	希	
ʐ	ꞔ	ş	r	z	c	s	
ㄓ	ㄔ	ㄕ	ㄖ	ㄗ	ㄘ	ㄙ	
知	痴	诗	日	资	雌	思	
j	w						
ㄧ	ㄨ						
移	吴						

（汉字没有单表子音的字。对照的汉字只取它的子音，不取它的母音，而且要照北京语音来读。例如“玻”的发音是bo，这里只取其中的b。）

〔2〕母音（元音）字母6个：

a	o	e	i	u	y
ㄚ	ㄛ	ㄜ	ㄧ	ㄨ	ㄩ
啊	喔	额	衣	乌	迂

子音和母音拼音举例：

爸爸	妈妈	哥哥	弟弟
baba	mama	gege	didi
ㄅㄚㄅㄚ	ㄇㄚㄇㄚ	ㄍㄜㄍㄜ	ㄉㄧㄉㄧ

第二条　母音后面可以接上母音或者子音，拼成下面的各种音。

〔1〕a：　ai　au　an　aŋ

	ㄞ	ㄠ	ㄢ	ㄤ
	哀	熬	安	骯
o：	ou			
	ㄡ			
	欧			
e：	ei	en	eŋ	
	ㄟ	ㄣ	ㄥ	
	欸	恩	鞥	
	（“杯”的韵母）		（“灯”的韵母）	

〔2〕i： ia ie iau iu ian in iaŋ iŋ

ㄧㄚ ㄧㄝ ㄧㄠ ㄧㄡ ㄧㄢ ㄧㄣ ㄧㄤ ㄧㄥ

呀 噎 腰 忧 烟 因 央 英

〔3〕u： ua uo uai ui uan un uaŋ uŋ

ㄨㄚ ㄨㄛ ㄨㄞ ㄨㄟ ㄨㄢ ㄨㄣ ㄨㄤ ㄨㄥ

蛙 窝 歪 威 弯 温 汪 嗡

（“东”的韵母）

〔4〕y： ye yan yn yŋ

ㄩㄝ ㄩㄢ ㄩㄣ ㄩㄥ

约 冤 晕 庸

这些音的前面可以再加子音，拼成音节（一个音节相当于汉字的一个字）。例如：

kai 开 pou 剖 ʂeŋ 生 ɥie 解 hui 会 xye 学

kaihui 开会 ɥiepou 解剖 xye ʂeŋ 学生

这些音的前面也可以不加子音，自成音节。例如：

ai 爱 en 恩 ou 藕 yan 远

airen 爱人 enhui 恩惠 oufen 藕粉 yŋyan 永远

上面〔2〕〔3〕两类音（i 和 u 开头的音），如果前面没有子音而自成音节的时候，应该写做：

ji	ja	je	jau	ju	jan	jin	jaŋ	jiŋ
ㄧ	ㄧㄚ	ㄧㄝ	ㄧㄠ	ㄧㄡ	ㄧㄢ	ㄧㄣ	ㄧㄤ	ㄧㄥ
wu	wa	wo	wai	wei	wan	wen	waŋ	weŋ
ㄨ	ㄨㄚ	ㄨㄛ	ㄨㄞ	ㄨㄟ	ㄨㄢ	ㄨㄣ	ㄨㄤ	ㄨㄥ

例如：

jiwu 义务　　jewan 夜晚　　wenji 文艺

第三条　儿（兒）写作 er，在音节末尾写作 r。例如：

ertuŋ 儿童　　erduo 耳朵　　huar 花儿

第四条　“知、痴、诗、日、资、雌、思”等七个音节写作 ʐɪ，ꞔɪ，ʂɪ，rɪ，zɪ，cɪ，sɪ，（ɪ是小型的大写 i）。例如：

ʐɪʂɪ知识　　zɪ sɪ自私

在轻音的音节里，这个 ɪ 一概省去。例如：

wenzɪ 文字（“字”重音）　wenz 蚊子（“子”轻音）

第五条　印刷、打字、打电报的时候，如果设备上没有 ɥ、ʐ、ꞔ、ʂ、ŋ、ɪ 这几个字母，可以用 g、zh、ch、sh、ng、i 代替。

第六条　需要标明声调的时候，用下面的声调符号来表示：

阴平	阳平	上声	去声	轻声
ˉ	ˊ	ˇ	ˋ	˙
mā	má	mǎ	mà	hǎumȧ
妈	麻	马	骂	好吗

印刷、打字的时候，如果在母音上标调不方便，可以把符号加在音节末尾右上角。在全部标调的书刊上，阴平符号可以省去。

第七条　两个音节之间可能发生混淆的地方，用隔音符号（’）分开。例如：

pi’au 皮袄　　　piau 漂（没有隔音符号）

“原草案”对“初稿”作了修改，主要有：（1）为了严格做到“一音一母”，设计了六个新字母（ʐ，ꞔ，ʂ，ŋ，ɥ，ɪ），代替“初稿”的双字母和变读字母（zh，ch，sh，ng，g，i）。拼写普通话实际使用三十一个字母。（2）ㄐ，ㄑ，ㄒ使用了三个专用字母 ɥ，q，x，不采取 g，k，h 变读的办法。（3）字母 ɪ 不列入字母表，因为这个字母不容易单独发音。在轻音音节里，这个 ɪ 一律省去。（4）轻声符号由“字下一点”改为“字上一点”，使符号位置一致。（5）废除了“初稿”里的合写字母a̯，a̮，a̤。（6）为了便于群众学习，条文大大简化，去掉了各种次要规定，如字母名称、大写字母用法、音节表等。文字尽量做到通俗易懂。

“原草案”公布后，在全国进行了广泛热烈的讨论。参加讨论的各界人士，对拟订方案的基本原则表示同意，但是对字母的运用和安排提出了许多意见，特别集中在六个新字母上。主要有：（1）不赞成表示ㄓ，ㄔ，ㄕ的三个新字母，主张改为zh，ch，sh，或j，ch，sh，或zr，cr，sr，或j，q，x。（2）关于ㄐ，ㄑ，ㄒ的写法，有人认为ɥ这个字母跟拉丁字母不协调，建议改换一个字母。有人主张改用g，k，h，或z，c，s，或z，c，s来变读。（3）ŋ的写法，有人主张改为ng。（4）关于ɪ，有人主张不写出来，有人主张改由i或y兼职。（5）关于j和w，有人主张不用，有人主张改为y和w。

文改会拼音方案委员会研究了各方面的意见后，于1956年8月发表了《关于修正汉语拼音方案（草案）的初步意见》，提出了“第一式”和“第二式”两种不同的修正建议。“修正式”建议原文如下：

（一）原《汉语拼音方案（草案）》中的下列子音和母音，建议维持原案，不加修改。

b	p	m	f
ㄅ	ㄆ	ㄇ	ㄈ
d	t	n	l
ㄉ	ㄊ	ㄋ	ㄌ
g	k	h	r
ㄍ	ㄎ	ㄏ	ㄖ
z	c	s	
ㄗ	ㄘ	ㄙ	
a	o	e	
ㄚ	ㄛ	ㄜ	
u(w)	er(-r)		
ㄨ	ㄦ		

（二）原《汉语拼音方案（草案）》中的下列子音和母音，建议在下面两种修正方式中系统地选择一种：

（1）ʐ［ㄓ］、ɕ［ㄔ］、ʂ［ㄕ］的写法改为：

第一式：zh　ch　sh

第二式：j　ch　sh

（2）ɥ［ㄐ］、ɋ［ㄑ］、x［ㄒ］的写法改为：

第一式：g，k，h在母音ㄧ、ㄩ之前变读ㄐ、ㄑ、ㄒ

第二式：j，ch，sh在母音ㄧ、ㄩ之前变读ㄐ、ㄑ、ㄒ

（3）i［ㄧ］、y［ㄩ］的写法改为：

第一式：i（j），y（维持原案）

第二式：i（y），ü（yü）

（4）ɪ（“知痴诗日资雌私”的母音ㄭ）的写法改为：

第一式：i（ɪ为代用式）

第二式：y

（5）ŋ［ㄫ］的写法改为：

第一式：ng（ŋ为代用式）

第二式：ng

（三）原《汉语拼音方案（草案）》中的iu［ㄧㄡ］、ui［ㄨㄟ］、un［ㄨㄣ］三个复母音，建议作如下修改：

ㄧㄡ：iou是基本式，iu是通用式；

ㄨㄟ：uei是基本式，ui是通用式；

ㄨㄣ：uen是基本式，un是通用式。

（四）建议把q、v、x三个字母列入字母表。

“修正式”放弃了新字母，采用双字母和字母变读来解决字母数量不足的问题。两种“修正式”发表后，从8月底到10月底，文改会收到了一千六百多件群众意见：赞成修正第一式的占62.5%，赞成修正第二式的占7.1%，赞成原草案的占24.7%，主张采用其他方案的占5.7%。

为了把《汉语拼音方案》审核、修订好，国务院设立了汉语拼音方案审定委员会。审定委员会组织各界人士座谈，还在北京和京外进行参考性的投票表决。最后审定委员会决定采纳“修正第一式”，但是把ㄐ，ㄑ，ㄒ的写法改为j，q，x。11月1日，国务院第六十次全体会议通过了这个修正草案，决定作为《汉语拼音方案（草案）》公布，让全国人民事先知道，并提请全国人民代表大会审议批准。1957年12月11日，《人民日报》发表了《汉语拼音方案（草案）》。1958年1月10日，周恩来总理在全国政协举行的报告会上发表了《当前文字改革的任务》的讲话，对制订和推行汉语拼音方案的问题作了深入的分析。1958年1月召开了第一届全国人民代表大会第五次会议，在会上国务院提出了关于汉语拼音方案的议案。文改会主任吴玉章对议案作了说明。他说："这个草案是经过专家长期研究、各方反复讨论和多次修订的，它确实反映了参加讨论的大多数人的意见。""现在这个汉语拼音方案吸取了以往各种拉丁字母式拼音方案的优点，是在它们的基础上发展下来的。可以说它是三百多年来拼音字母运动的结晶，也是六十年来中国人民创造拼音方案的经验总结。"2月11日会议通过了《关于汉语拼音方案的决议》。全文如下：

第一届全国人民代表大会第五次会议讨论了国务院周恩来总理提出的关于汉语拼音方案草案的议案，和中国文字改革委员会吴玉章主任关于当前文字改革和汉语拼音方案的报告，决定：（一）批准汉语拼音方案。（二）原则同意吴玉章主任关于当前文字改革和汉语拼音方案的报告，认为应该继续简化汉字，积极推广普通话；汉语拼音方案作为帮助学习汉字和推广普通话的工具，应该首先在师范、中、小学校进行教学，积累教学经验，同时在出版等方面逐步推行，并且在实践过程中继续求得方案的进一步完善。

至此，《汉语拼音方案》制定工作圆满完成，开始了《汉语拼音方案》的推行时期。下面是《汉语拼音方案》的全文：

一　字母表

字母：	Aa	Bb	Cc	Dd	Ee	Ff	Gg
名称：	ㄚ	ㄅㄝ	ㄘㄝ	ㄉㄝ	ㄜ	ㄝㄈ	ㄍㄝ
	Hh	Ii	Jj	Kk	Ll	Mm	Nn
	ㄏㄚ	ㄧ	ㄐㄧㄝ	ㄎㄝ	ㄝㄌ	ㄝㄇ	ㄋㄝ
	Oo	Pp	Qq	Rr	Ss	Tt	
	ㄛ	ㄆㄝ	ㄑㄧㄡ	ㄚㄦ	ㄝㄙ	ㄊㄝ	
	Uu	Vv	Ww	Xx	Yy	Zz	
	ㄨ	ㄪㄝ	ㄨㄚ	ㄒㄧ	ㄧㄚ	ㄗㄝ	

v只用来拼写外来语、少数民族语言和方言。

字母的手写体依照拉丁字母的一般书写习惯。

二 声母表

b ㄅ玻	p ㄆ坡	m ㄇ摸	f ㄈ佛	d ㄉ得	t ㄊ特	n ㄋ讷	l ㄌ勒
g ㄍ哥	k ㄎ科	h ㄏ喝		j ㄐ基	q ㄑ欺	x ㄒ希	
zh ㄓ知	ch ㄔ蚩	sh ㄕ诗	r ㄖ日	z ㄗ资	c ㄘ雌	s ㄙ思	

在给汉字注音的时候，为了使拼式简短，zh ch sh 可以省作 ẑ ĉ ŝ。

三 韵母表

	i ㄧ 衣	u ㄨ 乌	ü ㄩ 迂
a ㄚ 啊	ia ㄧㄚ 呀	ua ㄨㄚ 蛙	
o ㄛ 喔		uo ㄨㄛ 窝	
e ㄜ 鹅	ie ㄧㄝ 耶		üe ㄩㄝ 约
ai ㄞ 哀		uai ㄨㄞ 歪	
ei ㄟ 欸		uei ㄨㄟ 威	
ao ㄠ 熬	iao ㄧㄠ 腰		
ou ㄡ 欧	iou ㄧㄡ 忧		
an ㄢ 安	ian ㄧㄢ 烟	uan ㄨㄢ 弯	üan ㄩㄢ 冤
en ㄣ 恩	in ㄧㄣ 因	uen ㄨㄣ 温	ün ㄩㄣ 晕
ang ㄤ 昂	iang ㄧㄤ 央	uang ㄨㄤ 汪	
eng ㄥ亨的韵母	ing ㄧㄥ 英	ueng ㄨㄥ 翁	
ong （ㄨㄥ）轰的韵母	iong ㄩㄥ 雍		

（1）“知、蚩、诗、日、资、雌、思”等七个音节的韵母用 i，即：知、蚩、诗、日、资、雌、思等字拼作 zhi，

chi，shi，ri，zi，ci，si。

（2）韵母儿写成 er，用作韵尾的时候写成 r。例如："儿童"拼作 ertong，"花儿" 拼作 huar。

（3）韵母せ单用的时候写成 ê。

（4）i 行的韵母，前面没有声母的时候，写成 yi（衣），ya（呀），ye（耶），yao（腰），you（忧），yan（烟），yin（因），yang（央），ying（英），yong（雍）。

u 行的韵母，前面没有声母的时候，写成 wu（乌），wa（蛙），wo（窝），wai（歪），wei（威），wan（弯），wen（温），wang（汪），weng（翁）。

ü 行的韵母，前面没有声母的时候，写成 yu（迂），yue（约），yuan（冤），yun（晕）。ü 上两点省略。

ü 行的韵母跟声母 j，q，x 拼的时候，写成 ju（居），qu（区），xu（虚），ü 上两点也省略；但是跟声母 n，l 拼的时候，仍然写成 nü（女），lü（吕）。

（5）iou，uei，uen 前面加声母的时候，写成 iu，ui，un，例如 niu（牛），gui（归），lun（论）。

（6）在给汉字注音的时候，为了使拼式简短，ng 可以省作 ŋ。

四、声调符号

阴平	阳平	上声	去声
ˉ	ˊ	ˇ	ˋ

声调符号标在音节的主要母音上。轻声不标。例如：

妈 mā　麻 má　马 mǎ　骂 mà　吗 ma

（阴平）（阳平）（上声）（去声）（轻声）

五、隔音符号

a，o，e 开头的音节连接在其他音节后面的时候，如果音节的界限发生混淆，用隔音符号（'）隔开，例如 pi'ao（皮袄）。

3. 汉语拼音的三原则

周有光说:“汉语拼音方案有三条基本原则:口语化、音素化和拉丁化,合称拼音三化。口语化:拼写规范化的普通话。音素化:按照音素(音位)拼写音节。拉丁化:采用国际通用的拉丁字母。”① 这三条基本原则解决了近百年来一直争论不休的三个问题:

(1)语音标准问题。辛亥革命后,推行国语,国语要有明确的语音标准。最初有北京音、南京音、汉口音的争论。1913 年召开读音统一会,用投票表决的方式决定了标准音,后来称作“老国音”。这种国音不是实际存在的语音,而是人为杂凑起来的音,因而无法推行。1924 年改为完全以北京语音为标准,成为“新国音”。根据新国音,编写了《国音常用字汇》。1955 年举行的全国文字改革会议,把国语改为普通话,明确规定普通话以北京语音为标准音,这是对新国音的重新肯定。

在制订汉语拼音方案时,有人主张区分尖音和团音,以便区分同音词;有人主张保留入声,便于吟诵古典诗词。这种主张没有被采纳。因为汉语拼音既然以北京语音为标准音,就要保持北京语音的系统性,不宜加进尖团或其他方言的语音。同音字多得很,不是区分尖团就能解决的。在普通话方案中,加入入声,同样会破坏语音的系统性。此外,还有人主张,不仅要能够区分字音,还要能够区别字形;在拼音后面加上代表部首或其他字形特征的字母,使方案音形兼顾。例如:清 qings,鲭 qingy,蜻 qingc,(s 水部,y 鱼部,c 虫部)。这种设计,属于拼音形声字,并不是真正的拼音方案。

(2)音节拼写法问题。传统的反切法是双拼,把字音(音节)分为声母和韵母两部分。清末的切音字是从反切脱胎出来的,大都采用双拼。有的汉语音节有介音,所以双拼可以有两种不同的切分法。第一种是:(声母 + 介音)+(韵腹 + 韵尾),例如 ku-an。王照的“官话字母”采用这种办法。第二种是:声母 +(介音 + 韵腹 + 韵尾),例如 k-uan。卢戆章的“中国切音字母”采用这种办法。注音字母采用三拼法,把介音独立出来,既不和声母结合,也不合“韵

①周有光《汉语拼音方案基础知识》,第 16 页。

腹+韵尾”结合，例如：ㄎㄨㄢ（k-u-an）。这是对传统反切的重大改革。可是注音字母还没有做到音素化，它还保留了八个复合韵母（ㄞai，ㄟei，ㄠao，ㄡou，ㄢan，ㄣen，ㄤang，ㄥeng）。音素化的音节结构也就是四拼法。拉丁字母是音素化的字母，国语罗马字和拉丁化新文字采用了拉丁字母，也就采用了音素化的音节结构。汉语拼音方案采用拉丁字母，自然要采用音素化的音节结构。音素化的音节结构不但节省字母，而且拼音准确，使用灵活。

（3）字母形式问题。三百年来，关于字母的形式几经变化。从明末的利玛窦方案到清末的威妥玛方案，主流是拉丁字母。因为这些方案是西方人设计的，主要是为西方人使用的。从切音字运动到注音字母，主流是汉字笔画式字母。因为拉丁字母传入进来的时间还不久，而汉字在中国使用了几千年，在民众中有深远的影响。另外，中国人学习西方是通过日本人，日本的假名字母是汉字笔画式的，具有示范作用。进入二十世纪，特别是五四以来，国语罗马字和拉丁化新文字都采用拉丁字母，形成了字母选择的主流。制订汉语拼音方案时，关于字母形式的选择，主要在汉字笔画式字母和拉丁字母之间进行。从国内外人士提出的众多方案和他们发表的意见看，拉丁字母一直占据优势。经过反复研究，最终选择了拉丁字母。清末朱文熊就曾经指出“与其造世界未有之新字，不如采用世界所通行之字母”，这句话的意义，到二十世纪五十年代才成为相当普遍的共识。

4. 音节拼写法的设计

拉丁字母只有二十六个，北京语音的音素（音位）有四十多个，用一音一母的原则，字母数量不敷应用。解决的办法有：（1）创造新字母，（2）使用附加符号，（3）使用双字母，（4）使用字母条件变读，（5）借用多余字母。这五种办法，每种都有优点和缺点，制订方案时要权衡利弊，斟酌取舍。

1956年2月发表的《汉语拼音方案（草案）》（原草案），为了做到一音一母，设计了六个新字母ʐ，ɕ，ʂ，ŋ，ɥ，ɪ。方案不用双字母，缩短了拼式；也没有变读的-i；j不代表ㄐ，符合国际习惯。可是这六个新字母不受欢迎，缺乏群众基础，最后还是被否定了。《汉语拼音方案》有两个字母使用了附加符号，就是ü和ê。这两个加符字母不列入字母表，附加符号的使用频率很低，在绝大多数的情况下可以省略。因为ü只在j，q，x，n，l这五个声母的后面出现，而j，q，x的后面从来不会出现字母u。因此，方案规定，ü上的两点在j，q，x的后面要省去，“居、趋、需”拼作ju，qu，xu。带附加符号的ü，只在n，l后面出现。e不在i，u的后面出现，iê，uê就可以写作ie，ue。带附加符号的ê只在音节“欸”中才会出现。附加符号对使用增加了不便，但是在设计时尽量降低出现频率，减少了不便。汉语拼音方案使用了五组双字母，就是zh，ch，sh，ng，er。其中的zh，ch，sh，正好和z，c，s相配，便于使用。ng符合国际习惯和国语罗马字、拉丁化新文字的传统。双字母要加长音节的拼式，为了缩短拼式，方案规定了双字母的省写式。实践证明，人们宁可使用双字母，而不愿意使用省写字母。《汉语拼音方案》还使用了字母条件变读。字母i不出现在zh，ch，sh，r，z，c，s的后面，规定在zh，ch，sh，r，z，c，s的后面，i变读为［ʅ］［ɿ］。字母r作声母时，出现在音节的开头，读［ʐ］；作儿化韵尾时，出现在音节的末尾，表示［ɚ］。通过以上几种办法，圆满地解决了字母数量不足的问题。

汉语拼音拼写的是北京语音。拟订方案的时候一方面要考虑北京语音有哪些音素（音位），另一方面要考虑拉丁字母在国际上的习惯读音，然后把二者配合起来，解决配合中可能遇到的问题。按照配合有无问题看，北京语音的音素有三种情况：（1）没有问题，例如辅音m，f，n，l，元音a，i，u。（2）问题较小，例如b，d，g和p，t，k。（3）问题较大，例如j，q，x。制订汉语拼音方案时，只需要解决第二、第三两类问题。

（1）b，d，g和p，t，k。按照拉丁字母的使用习惯，b，d，g表示浊音，p，t，k表示清音。北京语音中，塞音没有浊音只有清音，而清音又有不送气和送气的对立。1908年出版的刘孟扬的《中国音标字书》把b，d，g浊音清化，用来表示不送气清塞音，用p，t，k表示相应的送气清塞音。国语罗马字和拉丁化新文字都采用了这种设计，汉语拼音方案沿用了这种设计。

（2）zh，ch，sh和z，c，s。九十年来，这六个辅音的写法经过了许多变化：

威妥玛方案（1867）ch，ch‘，sh　ts，ts‘，s(ss)或tz，tz‘，sz

国语罗马字（1928）j，ch，sh　tz，ts，s

拉丁化新文字(1931)zh，ch，sh　z，c，s

演变的方向是由加符号到不加符号，由不对称到系统对称。1956年2月的《汉语拼音方案（草案）》用了三个新字母。后来因为新字母不受欢迎，改用双字母，和拉丁化新文字相同。zh，ch，sh的出现率要比z，c，s高。有人主张，用z，c，s表示ㄓ，ㄔ，ㄕ，用zh，ch，sh表示ㄗ，ㄘ，ㄙ，两组互换，以减少双字母出现的次数。这个办法和习惯不合，同时又妨碍国内少数民族用作共同的字母基础，也不利于外来词的音译转写，所以没有采用。

（3）j，q，x。过去的方案多采用条件变读来表示这一组辅音。例如威妥玛式和国语罗马字用j，ch，sh的变读，拉丁化新文字用g，k，x变读。条件变读不十分受欢迎，人们要求用专用的字母。汉语拼音方案最后决定采用j，q，x。这虽然和拉丁字母使用习惯相去较远，但是从方案设计的整体性看，比较稳妥。

（4）u和ü。“原草案”用y表示ㄩ，跟国际音标一致，但是现代各国文字多数不这样用。“修正草案”用y作为i的半元音字母，ㄩ只得另想办法。在比较了许多种设计以后，决定用u上加两点表示［y］。同时规定，ü和j，q，x相拼时，两点要省略，这样就降低了两点的使用率。

（5）i和-i。［ʅ］［ɿ］这两个舌尖元音要不要写出来，要写怎么写，这也是有争论的问题。注音字母只在作为音标说明时写作ㄭ，注音时不写。拉丁化新文字也没有写出来。“原草案”用ɪ表示舌尖韵母，“修正草案”改用i的变读。韵母［i］不和zh，ch，sh，r，z，c，s相拼，所以在这七个声母后面的i变读为［ʅ］或［ɿ］。

声调在汉语里有区别词义的作用，汉语拼音应当标记声调。声调标记有好多种方法，但主要的不外附加符号和字母拼写两种方法，各有优点。附加符号的最大优点是不更动文字的基本形态。字母拼写的优点是形式清晰显著，国语罗马字已经有过精细的设计，但拼写条例太复杂，缺乏伸缩性。汉语拼音方案采取了符号标调法，阴平用ˉ，阳平用ˊ，上声用ˇ，去声用ˋ，轻声不标。

符号标调有许多优点：a. 调号可以表示调值高低升降的变化特征。b. 调号的用或不用，都不改变词的拼写形式。使用调号也不增加拼式的长度。c. 符合注音字母的传统。这种标调方法也有缺点：a. 看起来满纸帽子，写的时候容易出错。b. 连写时要回过头来写，影响速度。c. 通用小键盘不能直接打出调号，在机械处理和信息处理中很不方便。

《汉语拼音方案》规定了音节的拼写法，可是也注意到了音节的分界问题。音节分明是汉语的特点之一。汉语拼音要求连写的多音节词的各个音节有清楚的分界，主要用变字和加符号的方法。变字是把音节的头一个或末一个字母改变形式，使它明显地表示出音节的界限，有变头和变尾两种，汉语拼音中的 y、w 使用规则，就是变头。加符号是用一个符号插在两个可能混淆的音节当中，国语罗马字和拉丁化新文字都运用插入的隔音符号，前者用〔-〕，后者用〔'〕，各有利弊。汉语拼音的隔音符号采用了高撇号，加在 a，o，e 开头的音节的前面。

5. 汉语拼音正词法研究

正词法又称正字法、正写法、拼写法等，指的是拼音中的语词拼写法，内容主要包括分词连写法、大写字母的用法、外来词的拼法、略语和缩写、移行规则、标点符号等，核心是分词连写法。

清末切音字运动的倡导者，一般都比较注意正词法。卢戆章在《一目了然初阶》中用短横来连接音节，初步实行了词儿连写。蔡锡勇在《传音快字》中提出了"连书"的概念，沈学还把"连书"和词类结合起来讨论。王照的《官话合声字母》、朱文熊的《江苏新字母》、刘孟扬的《中国音标字书》，都用不同方式表示了以词为单位的书写方法。国语罗马字十分重视"词类连书"的应用。黎锦熙认为国语罗马字的"词类连书"是汉字革命军前进的一条大路，他制订的"复音词类构成表"，是正词法的初步规则。1928 年黎锦熙的《国语模范读本》，1929 年赵元任的《最后五分钟》，是国语罗马字对分词连写较为系统的尝试。拉丁化新文字从一开始就重视"词儿连写"。1940 年，吴玉章写了《中国拉丁化新文字的写法规则》，系统论述了拉丁化新文字的正词法。1943 年 10 月，林汉达出版了拉丁化新文字的词表《国语拼音词汇》。

新中国成立后，开展了汉语拼音正词法的理论研究和讨论。1954 年，彭楚南发表《两种词儿和三个连写标准》(《中国语文》1954 年第

4 期）提出了形式词和理论词这两个概念，形式词就是正词法的词，理论词就是语法的词。陆志韦等的《汉语的构词法》（1957），首创用构词法的术语说明正词法的规则，提供了丰富的资料，并进行了细致的分析。周有光的《汉字改革概论》（1961），从理论上和方法上对正词法作了全面的研究。另外，汉语拼音方案公布后，出版的《现代汉语词典》《汉英词典》《汉语拼音词汇》等工具书，为正词法研究积累了丰富的经验。

文化大革命后，应国际标准化组织（ISO）召开的语文转换国际标准化会议的要求，周有光草拟了《汉语拼音正词法要点》（发表在《语文现代化》1980 年第 1 辑），以《汉英词典》中的拼写形式作为基础，进行必要的补充和修正。这是汉语拼音正词法的雏形。1982 年 3 月 13 日，文改会成立了汉语拼音正词法委员会，负责制订汉语拼音正词法规则，叶籁士任主任委员，周有光、王均任副主任委员，此后，汉语拼音正词法规则的制订工作进入了实质性的阶段。

要制订正词法规则，首先要解决正词法的重要理论问题。经过充分的研究，大家认识到汉语拼音正词法应该以现代汉语语法中定义的词为基础，同时照顾到阅读和理解的方便。例如，四个音节以上的表示一个概念的名称，不论语法学中是否认定是一个词，正词法都要按照词或语节分写。用汉语拼音写成的一些语段，是分是连还是半连（加短横），情况十分复杂，人们的拼写习惯也不同，需要深入的研究。这些问题的妥善解决，是制订正词法规则的关键。在这个阶段，结合止词法规则的制订，许多学者发表了有价值的论文。周有光的《正词法的内在矛盾》（《文字改革》1983 年第 9 期）指出：汉语拼音正词法充满着内在矛盾，解决矛盾的办法是“约定俗成”。接着他提出并分析了正词法中的十三对矛盾。周有光又在《正词法的性质问题》（《文字改革》1984 年第 1 期）一文中指出：“约定俗成”是正词法的灵魂。正词法的“成熟”就是群众拼写习惯的相对稳定。技术性的完善化只能使“拼音”向“文字”前进一步，不能使它成为“文字”。吕叔湘发表了《一致　易学　醒目——关于汉语拼音正词法的意见》（《文字改革》1984 年第 1 期），认为“一种正词法要取得群众的欢迎，须要满足三个条件：一是一致，二是易学，三是醒目”。

经过认真的研究和实验，1984年10月文改会汉语拼音正词法委员会公布了《汉语拼音正词法基本规则（试用稿）》(《文字改革》1984年第5期)。“试用稿”经过征求意见和试用修改，成为正式的《汉语拼音正词法规则》，于1988年7月1日由国家教育委员会和国家语言文字工作委员会联合发布实施。1996年1月，国家技术监督局把《汉语拼音正词法基本规则》列入中华人民共和国国家标准，正式发布，编号是GB/T16159－1996，自1996年7月1日实施。

下面是《汉语拼音正词法基本规则》中的“总原则”部分：

（1）拼写普通话基本上以词为书写单位。

rén（人） pǎo（跑） hǎo（好） hé（和） hěn（很）

fúróng（芙蓉） qiǎokèlì（巧克力）

péngyou（朋友） yuèdú（阅读）

dìzhèn（地震） niánqīng（年轻）

zhòngshì（重视） wǎnhuì（晚会）

qiānmíng（签名） shìwēi（示威）

niǔzhuǎn（扭转） chuánzhī（船只）

dànshì（但是） fēicháng（非常）

diànshìjī（电视机） túshūguǎn（图书馆）

（2）表示一个整体概念的双音节和三音节结构，连写。

gāngtiě（钢铁） wèndá（问答）

hǎifēng（海风） hóngqí（红旗）

dàhuì（大会） quánguó（全国）

zhòngtián（种田） kāihuì（开会）

dǎpò（打破） zǒulái（走来）

húshuō（胡说） dǎnxiǎo（胆小）

qiūhǎitáng（秋海棠） àiniǎozhōu（爱鸟周）

duìbuqǐ（对不起） chīdexiāo（吃得消）

（3）四音节以上表示一个整体概念的名称，按词（或语节）分开写，不能按词（或语节）划分的，全都连写。

wúfèng gāngguǎn（无缝钢管）

huánjìng bǎohù guīhuà（环境保护规划）

jīngtǐguǎn gōnglǜ fàngdàqì（晶体管功率放大器）

Zhōnghuá Rénmín Gònghéguó（中华人民共和国）
Zhōngguó Shèhuì Kēxuéyuàn（中国社会科学院）

yánjiūshēngyuàn（研究生院）
hóngshízìhuì（红十字会）
yúxīngcǎosù（鱼腥草素）
gǔshēngwùxuéjiā（古生物学家）

（4）单音节词重叠，连写；双音节词重叠，分写。

rénrén（人人）　niánnián（年年）
kànkan（看看）　shuōshuo（说说）
dàdà（大大）　hónghóng de（红红的）
gègè（个个）　tiáotiáo（条条）

yánjiū yánjiū（研究研究）　chángshì chángshì（尝试尝试）
xuěbái xuěbái（雪白雪白）　tōnghóng tōnghóng（通红通红）

重叠并列即AABB式结构，当中加短横。

láilai-wǎngwǎng（来来往往）　shuōshuo-xiàoxiào（说说笑笑）
qīngqīng-chǔchǔ（清清楚楚）　wānwān-qūqū（弯弯曲曲）
jiājiā-hùhù（家家户户）　qiānqiān-wànwàn（千千万万）

（5）为了便于阅读和理解，在某些场合可以用短横。

huán-bǎo（环保——环境保护）
gōng-guān（公关——公共关系）
bā-jiǔ tiān（八九天）　shíqī-bā suì（十七八岁）
rén-jī duìhuà（人机对话）　zhōng-xiǎoxué（中小学）
lù-hǎi-kōngjūn（陆海空军）
biànzhèng-wéiwùzhǔyì（辩证唯物主义）

“总原则”之后，分列名词、动词、形容词等词类和成语、大写、移行、标调的基本规则，限于篇幅，不一一列出。基本规则是正词法规则系列的核心文件，此外还需要有基本规则施行细则，和各种专用规则，例如：人名拼写法规则、地名拼写法规则、科技术语拼写法规则、其他专业用语拼写法规则等等。

6. 汉语拼音的应用

汉语拼音的应用，可以分为两大部分，即语文方面的应用和科技方面的应用。

第一，语文方面的应用。

（1）给汉字注音。中国古代用直音和反切的方法给汉字注音。1913 年产生了注音字母之后，就用注音字母给汉字注音。1958 年产生了《汉语拼音方案》，就改用汉语拼音来注音。首先是《新华字典》，在 1959 年出版了汉语拼音注释本。其后出版的各种语文工具书都采用汉语拼音。1958 年秋季开始的小学一年级，语文课本的第一部分就是拼音字母教材。1958 年拼音字母和扫盲教育相结合，在扫盲运动中发挥了积极作用。对外汉语教学，利用汉语拼音帮助外国人学习汉语，也取得了成功。

利用拼音革新语文教育，是一件有重要意义的事情。1982 年，黑龙江开始了“注音识字，提前读写”小学语文教学改革，引起了社会的广泛注意。1987 年，国家教委发出《关于推广小学语文“注音识字，提前读写”实验的通知》，指出：“实践表明，这项实验不仅符合儿童学习语言的规律，有利于促进学生听说读写能力的协调发展，同时对学生开阔视野，增长知识，开发智力也具有积极作用。因此，各地应在取得初步经验的基础上，积极地、有计划地推广这项教改实验。”教委的这个决定，正在逐步落实。

（2）拼写普通话。教学普通话不能只靠口耳相传，要有注音工具。有了汉语拼音，使得普通话的学习事半功倍。1982 年 12 月全国人大五届五次会议通过的《宪法》第十九条规定：“国家推广全国通用的普通话。”1993 年，国家语委提出新时期推广普通话工作的方针是“大力推行，积极普及，逐步提高”。为推广普通话，国家制定了普通话等级标准（三级六等）和测试标准，测试工作正在逐步展开。

（3）设计特殊语文。特殊语文有聋哑人用的手语和盲人用的盲文两种。1963 年公布了根据汉语拼音方案制订的汉语手语字母，有三十个字母指式，用一只手就可以进行手指语对话。1974 年又设计汉语手指音节，作为手指字母的教学补充。汉语盲文是 1919 年由基督教会设计的，采用五十二个点子符号，称为“心克目明”盲字。

1953 年改为四十二个点子符号，称为“新盲字”，是今天应用的汉语盲文。汉语拼音方案公布后，成立盲文改革研究委员会，准备根据方案修改盲文。后来由于“文化大革命”，被迫中断。“文化大革命”后，因为对如何修订有不同意见，工作没有能够很好展开。

（4）用于少数民族文字的创制和改革。我国是个多民族、多语言、多文字的国家。国内各少数民族文字的字母形式原来比较分歧。有的民族有稳定的传统民族文字，如藏文、蒙文、维吾尔文；有的民族虽然有传统的民族文字，但是不适合现代应用，需要改进；有的民族没有文字，需要制订。1957 年规定，为少数民族创制新文字，要用拉丁字母，字母用法尽可能和汉语拼音方案相同或接近。上世纪五十年代以来，一共改进和创制了十七种拉丁字母的民族新文字。“文化大革命”后，工作遇到了新情况，维吾尔族和哈萨克族又放弃了拉丁字母的新文字，恢复使用阿拉伯字母的传统文字。

第二，科技方面的应用。

（1）序列索引技术。汉字本身没有内在的序列，是一个无序系统。为了便于排检，人们设计了多种外加序列。从汉字字形出发设计的形序法，包括部首法、笔画法、号码法等，都有许多不便。使用汉语拼音设计的音序法，比较方便。《新华字典》《现代汉语词典》《中国大百科全书》都用汉语拼音音序排列所收的条目，编制索引。有的大型汉字字典，收了许多生僻字，使用拼音排列不很方便，要用形序索引，但是拼音索引仍然是重要的辅助性的检索手段，如《汉语大词典》。

（2）图书检索技术。图书馆的卡片目录，以前使用汉字，按照形序排列，使用不便。后来改用汉语拼音编制索引，这是图书检索技术的拼音化。这种方法只查字音，不查字形，没有计算笔画的麻烦，不必考虑繁体和简体的分别。有了电脑以后，把图书目录输入电脑，用拼音检索，实现了检索技术的电脑化。利用电脑，还可以实现图书的连机检索，以至国际图书网络检索。没有拼音，这是很难做到的。

（3）术语和代号的拼音化。发展科技需要翻译大量的科技术语。翻译术语，可以意译，也可以音译。音译可以用汉字，也可以用字母。不同的翻译方式，产生的效率不同。意译最慢，也最难，赶不上科技发展的需要。用汉字音译，写法难于一致，不便使用。字母音译可以直接借用国际通用的写法，翻译最为省事，又跟国际术语一致，有利国际学术交流。

字母代号使冗长的文字获得简明的写法，方便记忆、书写，节约时间和空间。用汉语拼音字母作代号，在许多方面已经得到应用。例如铁路上，P代表棚车，RW代表软卧车，YZ代表硬座车，K代表旅游快车。又如工业部门，N代表农业机械，F代表纺织设备，J代表金属切削机床。

（4）电报拼音化。西方的电报用莫尔斯电码，用长横、短横代表不同的字母。汉字数量太多，无法直接用长短转换。我国在清末创办电报局，采用四码电报，发报要译码，收报要解码，很不方便。1925年，东北的四洮铁路创办注音字母电报，很快推广到东北全部铁路。1949年东北解放后，改为拉丁化新文字电报。1958年，邮电部开办国内汉语拼音电报，但是还有若干问题有待研究解决，主要是如何规定字母标调法和如何使需要定形的汉字能够定形。新闻电报，特别是国际新闻电报，采用汉语拼音电报最为有利。如何使新闻电报拼音化，这是有待研究的一个现实问题。

（5）中文信息处理。用计算机处理拼音文字，得心应手，而要处理中文则有许多困难。中文不表音，而且字数繁多。用大键盘电笔点触，没有出路，实践逼迫采用国际通用小键盘，于是出现了万"码"奔腾的编码时代。用编码输入的不是文字，而是文字代码，多了一道手续。拼音文字不用编码，只有中文才用这种笨拙的办法。理想的中文输入方法是利用汉语拼音，实现拼音输入，机器自动转换。中国失去了一个机械打字机的时代，不能再失去一个电子计算机的时代。汉语拼音有可能使中文信息处理技术赶上世界先进水平。

7.《汉语拼音方案》成为拼写汉语的国际标准

随着中国国际地位的提高和中国与国际联系的加强，《汉语拼音方案》已经被有关国际组织承认为拼写汉语的国际标准。和这种变化相配合，国内有关的职能部门也做出了相应的规定。

（1）1977年9月，联合国地名标准化会议在雅典召开第三届会议，会议通过了我国提出的采用《汉语拼音方案》作为中国地名罗马字母拼写法的国际标准的提案，做出了《关于中国地名拼法的决议》。全文如下：

会议

认识到《汉语拼音方案》是中国法定的罗马字母拼音方案，中国已制定了《中国地名汉语拼音字母拼写法》。

注意到《汉语拼音方案》在语言学上是完善的，用于中国地名的罗马字母拼法是最合适的；中国已出版了汉语拼音版《中华人民共和国分省地图集》，《汉语拼音中国地名手册（汉英对照）》等资料；《汉语拼音方案》已得到广泛应用，考虑到在国际上通过适当的过渡时期，采用汉语拼音拼写中国地名是完全可能的。

建议：采用汉语拼音作为中国地名罗马字母拼法的国际标准。

地名拼写法的标准化带动了人名拼写法的标准化，随着上述决议的通过并执行，汉语拼音方案理所当然地也就成为中国人名罗马字母拼法的标准。为了认真执行这一规范，中国文字改革委员会、外交部、国家测绘总局、中国地名委员会于1978年8月30日，联合向国务院提交《关于改用〈汉语拼音方案〉作为我国人名地名罗马字母拼写法的统一规范的报告》。国务院于1978年9月26日批转了这个报告，批示的全文如下：

各省、市、自治区革命委员会，国务院各部委，各直属机关：

现将中国文字改革委员会、外交部、国家测绘总局、中国地名委员会《关于改用〈汉语拼音方案〉作为我国人名地名罗马字母拼写法统一规范的报告》转发给你们，请参照执行。

改用汉语拼音字母作为我国人名地名罗马字母拼法，是取代威妥玛式等各种旧拼法，消除我国人名地名在罗马字母拼写法方面长期存在混乱现象的重要措施，望各部门认真做好这项工作。

（2）为了便于国际信息交流，国际标准化组织（ISO）给每一个不用拉丁字母作为正式文字的国家，确定一套拉丁字母的拼写法，作为书写该国官方语言的国际标准。这是参加国际信息网络的必要条件。有了这个条件，就可以分享国际信息网络的各种成果。

1979年，中国代表参加了国际标准化组织文献工作技术委员会在华沙召开的第十八届大会。这次会议讨论并同意拟订采用汉语拼音方案的国际标准草案，交付委员会全体会员国通信投票。1981年在南京召开的该组织的第十九届大会上，对这个问题再次进行了审议。投票结果是二十六票赞成，一票反对，四票弃权，获得通过。

1982 年 8 月 1 日，该组织发出文件，确认《汉语拼音方案》成为世界文献工作中拼写中国专有词语的国际标准，这使汉语拼音走上了国际舞台。决议指出："本国际标准说明现代汉语，即中华人民共和国法定语言普通话（见国务院 1956 年 2 月 6 日颁布的《关于推广普通话的指示》）的罗马字母拼写法原则。中华人民共和国全国人民代表大会（1958 年 2 月 11 日）正式通过的《汉语拼音方案》，被用来拼写中文。转写者按中文字普通话读法记录其读音。"

在这之后，1979 年 6 月 15 日，联合国秘书处发出《关于采用"汉语拼音"的通知》，通知规定：

> 从 1979 年 6 月 15 日起，联合国秘书处采用"汉语拼音"的新拼法作为在各种拉丁字母文字中转写中华人民共和国人名和地名的标准。从这一天起，秘书处起草、翻译或发出的各种文件都用"汉语拼音"书写中国名称。

通知并对如何从旧拼法过渡到汉语拼音做出详细的规定。

8. 汉语拼音化的研究

对汉语拼音化，有三种不同的理解。第一，汉语拼音用于汉字不便使用或不能使用的方面，作为辅助汉字的工具。第二，汉字和汉语拼音并存并用，实现"双文制"。第三，用拼音文字代替汉字。

汉语拼音是辅助汉字的工具，用或者不用这个辅助工具，对我国的语文生活是很不一样的。五十年来，汉语拼音得到了广泛的应用，已经成为我国语文生活中的不可缺少的部分，而且应用的范围还在逐渐扩大，特别是中文信息处理技术的发展，更显出汉语拼音的重要性。如果把这种现象叫做拼音化，拼音化在我国已经成为现实。

汉字和汉语拼音的并存并用，是切音字时期就提出来的设想。清末译学馆文典处《对卢戆章书的长批》中说："象形切音二法，虽各有长短得失，然论其难易，二者实有霄壤之别。""特以字形繁重，施诸初等教育，实有劳而少功博而寡要之患，故仿照国书及泰西诸国文字成例，别制切音字一种，以与固有之象形字相辅而行，亦今日不得已之举也。"近些年来，又一次提出这个问题。有人把它叫做"双文制"。1984 年举行的文字改革工作座谈会，还把汉字和汉语拼音并存并用列入了新时期文改工作的方针。不过这种提法有一定的模糊性。什么是并存？如果指的是给汉字注音、帮助推广普通话等等，早已成为现实。如果是指汉字和汉语拼音有同等重要的地位，同等的社会价值，今天还没有实现。能不能做到这一点，首先要看社会有没有这个需要。现在，我们用汉字记录汉语，进行交际，并没有什么困难。在汉字可以应用的场合，汉语拼音不可能取得和汉字同等的地位。学习汉语拼音确实比学习汉字容易得多，可是只识拼音、不识汉字的人，依旧是汉字盲，在社会生活中依旧困难重重。总之，只要没有出现非用汉语拼音不可的大形势，汉语拼音就不可能取得和汉字平起平坐的地位。

用拼音字代替汉字，如果从五四时期算起，这种主张也有了很长的历史。国语罗马字和拉丁化新文字都是文字方案，就设计者的初衷说，都是要用来代替汉字的。国语罗马字在公布时只成为注音符号第二式，并没有取得文字的地位。拉丁化新文字一直作为文字传习，产生过很大的影响，边区政府曾经宣布它和汉字有同等的法律效力，但是这种决定并没有实现。

新中国建立后，1951 年毛泽东主席指示："文字必须改革，要走世界文字共同的拼音方向。"其后开始拟订的拼音方案，都是拼音文字方案。直到 1956 年 2 月公布《汉语拼音方案（草案）》时，才去掉"文字"二字。这可能有两个方面的原因。一方面是汉字要不要拼音化，学术界和社会其他各界还有不同的意见，还需要深入的研究。即使要实现拼音化，还需要相当长的准备时间，也不是当前的任务。另一方面，当时拟订的《汉语拼音方案（草案）》也只是拼音方案，而不是文字方案，有关拼音文字的许多问题如同音词怎么分化等，在方案中并没有解决。去掉"文字"二字正是符合方案的实际，但是这并不意味着放弃了创造拼音文字的努力。在《关于拟订汉语拼音方案草案的几点说明》（1956. 2）中指出：汉语拼音方案"可以用来试验汉语拼音文字，使拼音字母拼写的普通话逐步发展成为完善的拼音文字"。1958 年 2 月 3 日，文改会主任吴玉章在向全国人大提交的报告中指出："语文工作者可以用拼音方案来继续进行有关汉字拼音化的各项研究和实验工作。"

关于汉字的前途，1958 年周恩来总理讲了一段著名的话。他说："汉字在历史上有过不可磨灭的功绩，在这一点上我们大家的意见都是一致的。至于汉字的前途，它是不是千秋万岁永远不变呢？还是要变呢？它是向着汉字自己的形体变化呢？还是被拼音文字代替呢？它是为拉丁字母式的拼音文字所代替，还是为另一种形式的拼音文字所代替呢？这个问题我们现在还不忙作出结论。但是文字总是要变的，拿汉字过去的变化就可以证明。”1986 年召开的全国语言文字工作会议，重申了周恩来的意见，指出：“汉字的前途到底如何，我国能不能实现汉语拼音文字，什么时候实现，怎样实现，那是将来的事情，不属于当前文字改革的任务，现在不同的意见，可以讨论，并且进行更多的科学研究。但是仍然不宜匆忙作出结论。”二十多年过去了，现在看来，对这样一个十分复杂而又没有充分研究的问题，这样处理是比较稳妥的。

附录 几种常见的拼音方案对照表

汉语拼音	注音符号	国语罗马字	注音符号第二式	耶鲁大学式	威妥玛式	邮政制	国际音标
b	ㄅ	b	b	b	p	p	p
p	ㄆ	p	p	p	p’	p’	pʻ
m	ㄇ	m	m	m	m	m	m
f	ㄈ	f	f	f	f	f	f
d	ㄉ	d	ɖ	d	t	t	t
t	ㄊ	t	t	t	t’	t’	tʻ
n	ㄋ	n	n	n	n	n	n
l	ㄌ	l	l	l	l	l	l
g	ㄍ	g	g	g	k	k	k
k	ㄎ	k	k	k	k’	k’	kʻ
h	ㄏ	h	h	h	h	h	x
j	ㄐ	j(i)	j(i)	j(i)	ch(i)	k	tɕ
q	ㄑ	ch(i)	ch(i)	ch(i)	ch’(i)	k’	tɕʻ
x	ㄒ	sh(i)	sh(i)	s(i)	hs	h(s)	ɕ
zh	ㄓ	j	j	j	ch	ch	tʂ
ch	ㄔ	ch	ch	ch	ch’	ch’	tʂʻ
sh	ㄕ	sh	sh	sh	sh	sh	ʂ
r	ㄖ	r	r	r	j	j	ʐ
z	ㄗ	tz	tz	dz	tz, ts	ts	ts
c	ㄘ	ts	ts	ts	tz’, ts’	ts’	tsʻ
s	ㄙ	s	s	s	sz, s	s	s
-i	(ㄭ)	-y	-r, -z	-r, -z	-ih, -ŭ	-ih, -u	ʅ, ɿ
a	ㄚ	a	a	a	a	a	a

o	ㄛ	o	o	o	o	o	o
e	ㄜ	e	e	e	ê	ê(eh)	ɤ
ê	ㄝ	è	ê	ê	eh	eh	e
ai	ㄞ	ai	ai	ai	âi	ai	ai
ei	ㄟ	ei	ei	ei	ei	ei	ei
ao	ㄠ	au	au	au	ao	ao	au
ou	ㄡ	ou	ou	ou	ou	ow	ou
an	ㄢ	an	an	an	an	an	an
en	ㄣ	en	en	en	ên	ên	ən
ang	ㄤ	ang	ang	ang	ang	ang	aŋ
eng	ㄥ	eng	eng	eng	êng	êng	əŋ
er	ㄦ	el	er	er	êrh	êrh	ɚ
i	ㄧ	i	i,yi	yi,-i	i	i,yi	i
u	ㄨ	u	u,wu	wu,-u	wu,-u	wu	u
ü	ㄩ	iu	iu,yu	yu,yw	yü,-ü	yu	y
ia	ㄧㄚ	ia	ia	ya	ya,-ia	ya	a
	ㄧㄛ	io	io	yo			o
ie	ㄧㄝ	ie	ie	ye	yeh,-ieh	yeh	e
	ㄧㄞ	iai	iai	yai	yai,iai		iai
iao	ㄧㄠ	iau	iau	yau	yao,-iao	yao	iau
iou	ㄧㄡ	iou	iou	you	yu,-iu	yu	iou
ian	ㄧㄢ	ian	ian	yan	yen,-ien	yen	ian
in	ㄧㄣ	in	in	yin,-in	yin,-in	yin	in
iang	ㄧㄤ	iang	iang	yang	yang,-iang	yang	iŋ
ing	ㄧㄥ	ing	ing	ying,-ing	ying,-ing	ying	ing
ua	ㄨㄚ	ua	ua	wa	wa,-ua	wa	ua
uo	ㄨㄛ	uo	uo	wo	wo,-uo	wo	uo
uai	ㄨㄞ	uai	uai	wai	wai,-uai	wai	uai
uei	ㄨㄟ	uei	uei	wei	wei,-ui(-uei)	wei	uei
uan	ㄨㄢ	uan	uan	wan	wan,-uan	wan	uan
uen	ㄨㄣ	uen	uen	wen	wên,-un	wên	uen
uang	ㄨㄤ	uang	uang	wang	wang,-uang	wang	uaŋ
ong	ㄨㄥ	ueng,-ong	ueng,-ung	weng,-ung	wêng,-ung	wêng	uəŋ,(-uŋ)
üe	ㄩㄝ	iue	iue	ywe	yüeh,-üeh	yüeh	ye
üan	ㄩㄢ	iuan	iuan	ywan	yüan,-üan	yúan	yan
ün	ㄩㄣ	iun	iun	yun	yün,-ün	yün	yn
iong	ㄩㄥ	iong	iung	yung	yung,-iung	yung	yuŋ

主要参考文献

陈望道　1980《陈望道语文论集》，上海教育出版社。

《汉语拼音正词法论文选》编辑组 1985《汉语拼音正词法论文选》，文字改革出版社。

黎锦熙　1934《国语运动史纲》，商务印书馆。

1957《汉语拼音化的基本工具（从注音字母到拼音字母）》，江苏人民出版社。

卢戆章　1956《一目了然初阶》，文字改革出版社。

鲁　迅　1956《鲁迅全集》，人民文学出版社。

罗常培　1959《汉语拼音字母演进史》，文字改革出版社。

倪海曙　1948《中国拼音文字运动史简编》，时代出版社。

1949《中国语文的新生》，时代书报出版社。

1959《清末汉语拼音运动编年史》，上海人民出版社。

1988《拉丁化新文字运动的始末和编年纪事》，上海知识出版社。

瞿秋白　1989《瞿秋白文集》文学编第3卷，人民文学出版社。

全国语言文字工作会议秘书处编 1987《新时期的语言文字工作》，语文出版社。

王　均　1995《当代中国的文字改革》，当代中国出版社。

王　力　1956《汉语音韵学》，中华书局。

文字改革出版社编　1958《1913年读音统一会资料汇编》，文字改革出版社。

语文出版社　1983《〈汉语拼音方案〉的制订和应用》，文字改革出版社。

中国文字改革委员会第一研究室编　1957《外国文字改革经验介绍》，文字改革出版社。

周有光　1979《汉字改革概论》（第三版），文字改革出版社。

1980《拼音化问题》，文字改革出版社。

1980《语文风云》，文字改革出版社。

1993《汉语拼音方案基础知识》，语文出版社。

第九章 汉语音系学的形成与发展

一、汉语音系学研究的独特道路

1. 西方音系学理论的兴起

生成音系学以前的音系学又称音位学，是研究语音单位的对立关系及其系统性的科学。音系学兴起于十九世纪的欧洲。博杜恩·德·库尔德内（1870）首先注意到了语音的生理物理属性和社会属性的差异，提出要区分音位和音素，主张把语音学分成生理语音学和心理语音学两个部分，后者研究语音和意义的关系。英国学者 H·斯维特在《语音学手册》（1877）中提出了宽式标音法，即现在的音位标音法。库尔德内的学生克鲁舍夫斯基（1880）正式提出了音位的概念。此后，法国学者 P·帕西、俄国学者 Л·谢尔巴对音位的理论分别作了开创性的工作。谢尔巴在《俄语元音的音值与音长》（1912）一文中明确提出音位是语言中能够区别词与词形的音形。索绪尔（1916）深入全面地讨论了符号的价值，认为符号的价值在于它不是什么，而不在于它是什么，从对立的角度进一步奠定了音位分析的理论基础。二十世纪三十年代，布拉格学派特鲁别茨科依等学者深入展开了音位的理论分析。特鲁别茨科依吸收了谢尔巴的辨义思想和索绪尔的对立思想，在《关于形态音位学》（1931）、《俄语的形态音位系统》（1934）、《音位描写指南》（1935）、《音位学原理》（1939）等一系列著作中展开了他的音位学说。在索绪尔区分语言和言语的基础上，特鲁别茨科依认为语音学研究言语的音，音位学研究语言的音，特别强调了音位的辨义功能。特鲁别茨科依还对音位的特征、对立的种类、音位分布位置、组合关系、对立中和、超音位等概念作了比较深入的分析。在对美洲印第安语进行描写的过程中，美国的音位学理论也从上世纪二十年代开始发展起来。美国学派特别重视提取陌生语言中音位的具体操作程序。萨丕尔在《语言论》(1921）中提出了“语音模式”的概念，语音模式是抽象的，在不同的个人之间或不同的环境中，语音模式会产生变化，但这种变化不会超出模式范围。这种模式的概念实际上就是音位的概念，模式的变化就是音位在不同环境下的变体。布龙菲尔德在《语言论》(1933)中明确提出音位学必须考虑意义，并提出了提取音位的具体对比方法。

西方音系学理论的发展带动了中国音系学的研究，中国音系学研究的成果也丰富了音系学理论的内容。

2. 从传统音韵学到汉语音系学

中国传统音韵学在没有音标的情况下，以声调、声母和韵母为基本音系单位，根据开口、合口、等、阴、阳等概念说明音类的组合关系和聚合关系，音系研究已经达到很高的水平。但由于缺少统一的音标或符号，有些概念含混不明确，各家用法也有差异，最大的问题是没有完全提取出音系的最小线性单位。声母基本上可以说是最小的线性语音单位，韵、韵母则大部分都不是。传统音韵学对语音单位的线性切分是不充分的。“五四”以后，西方现代音系学理论传入中国，中国开始了现代音系学的研究。中国的现代音系研究从传统音韵学中继承了声韵调的概念，同时又从西方音系学理论中引进了对立、互补、最小线性单位等概念，形成了汉语音系学研究的独特道路。

1949年以前，中国学者很少正面进行音系理论的讨论，往往是通过拼音文字的制定，古音的构拟，方言和民族语言的调查来展开音位分析的。1913年教育部召开的“读音统一会”议定了第一套法定汉字拼音字母，即“注音字母”，1918年由北洋政府教育部正式公布，这套字母仍旧把韵作为最小单位看待，但把介音独立出来，既体现了传统音韵学声韵两分的精神，也体现了当时从传统音韵学向现代语音学过渡阶段对待汉语语音单位的态度。

注音字母促进了“国音学”的研究。钱玄同《文字学音篇》

(1918) 是从传统音韵学到现代语音学的过渡著作。当时有代表性的论著还有范祥善《国音浅说》(1919)、廖立勋和黎锦熙《实用国音学》(1920)、易作霖《国音学讲义》(1920)、陆衣言《国语发音学大意》(1921)、高元《国音学》(1922)、后觉《国语发音学》(1922)、胡以鲁《国语学草创》(1923)、汪怡《新著国语发音学》(1924)、马国英《新国音学概要》(1924)。其中影响较大的是汪怡《新著国语发音学》(1924)，该书不仅描写了国音，还描写了上声变调、声母和韵母的语流音变。

但当时的音位概念还不是很明确。后来的国语罗马字、拉丁字母等拼音方案，把最小的语音单位分析到了音位，音位的概念逐渐在语音分析的实践中展开。最早用现代音系学的观点系统分析汉语的代表作是赵元任的《国语罗马字的研究》(1922)。二三十年代出版了一些方言调查著作，这一阶段的研究特点是用现代音系学的理论、观点和方法分析汉语，调查汉语方言，除了赵元任《音位标音法的多能性》(1934)，很少有人正面论述音系理论或讨论具体语言中音位问题，音位的观念主要体现在拼音方案和方言描写中。其中最有代表性的音位观念和方法论态度体现在注音字母、国语罗马字、拉丁化新文字等拼音方案中。从某种意义上说，中国的现代音系研究是从设计拼音文字开始的。设计拼音文字并不仅仅是一个文字问题，首先需要找到最小的语音单位。中国学者在设计拼音文字的过程中展开了对最小线性语音单位的分析。五十年代后，中国学者开始明确讨论音位分析的理论问题。这方面的工作主要是结合对普通话的音位分析展开的。

“五四”运动以后，中国描写方言学开始兴起。方言音系的研究也开始展开。1924 年 1 月，北京大学成立了方言调查会，制定了一套以国际音标为基础的记录方言的字母。《歌谣周刊》和《国语周刊》陆续发表了一些描写方言音系的文章。1927 年，清华大学组织了对吴语的调查。稍后，中央研究院历史语言研究所发起和组织了多次较大规模的方言调查。1928 年到 1929 年对两广方言进行了调查，1933 年对陕西方言进行了调查，1935 年秋对湖南方言进行了调查，1934 年对徽州方言进行了调查，1935 年春对江西方言进行了调查，1936 年对湖北进行了调查，1940 年春对云南方言进行了调查，

1940年秋对四川方言进行了调查，这些调查工作有相当深度，形成了汉语方言音系调查的一套方法和程序，为后来的音系研究奠定了坚实的基础。赵元任《现代吴语研究》（1928）、罗常培《厦门音系》（1930）、陶燠民《闽音研究》（1930）、赵元任《钟祥方言记》（1939）、罗常培《临川音系》（1940）、黄锡凌《粤音韵汇》（1941）、赵元任和丁声树等《湖北方言调查报告》（1948）、赵元任《中山方言》（1948）、白涤洲（喻世长整理）《关中方言调查报告》（1954）、董同龢《华阳凉水井客家话记音》（1956）、杨时逢《云南方言调查报告》（1969）、杨时逢《四川方言调查报告》（1984）等是这一时期调查研究成果的反映，另外还有不少单篇论文。

汉语方言音系研究是从赵元任《现代吴语研究》（1928）开始的，赵元任是第一位用国际音标系统记录汉语方言的学者。《现代吴语研究》中所体现出的现代音系学的观点和描写方法对后来的方言描写有很大的影响。由于汉语是语素音节文字，方言之间的同源字容易识别，方言之间的历史关系也比较容易通过同源字体现出来，所以很多方言调查都有一个《切韵》参照系，方言音系的描写和历史音系的比较往往同时展开。罗常培《厦门音系》就是这方面的代表作。该书全面深入地分析了厦门音系，并把厦门音系和《切韵》作系统的比较，得出了一些重要的结论。赵元任、丁声树等《湖北方言调查报告》（1948）更全面集中地反映了二十世纪中国方言音系研究的水平，即详细地描写分析，严格地审音，并和古音的系统进行比较。

建国以后，全国各省区从1956年开始进行汉语方言初步普查，方言音系得到进一步描写，到1958年秋，普查工作基本完成，对各地方言的音系有了一个初步的框架。这次调查的框架模式是沿着二十年代到四十年代的模式展开的，面上的调查多，但每一点的调查不够详细。音系描写的深度不如二十年代到四十年代的调查，现代音系的历史渊源也没有得到充分说明。通过这次普查，对全国各地的方言音系有了一个初步的认识。除西藏外，全国2298个县市的1849个点（1个县市1个点）都得到描写，并形成了1200份调查报告。当时出版的调查报告有《江苏省和上海市方言概况》（江苏省和上海市方言调查指导组编，江苏人民出版社1960）、《四川方言音系》（四川大学方言调查组编，1960）。《福建方言调查报告》尽管没有正式出版，但音系描写也是有分量的。

结合方言普查，出版了一些有分量的音系描写方法的著作、字表和工具书。有代表性的有中国科学院语言研究所《方言调查字表》（1955）和《汉语方言调查简表》（1956）、李荣《汉语方言调查手册》（1957）、丁声树和李荣（等）《昌黎方言志》（1960）、袁家骅（等）《汉语方言概要》（1960）、北京大学中文系语言学教研室编的《汉语方音字汇》（1962）。

五十年代的调查结果没有来得及全部整理，文化大革命就开始了。文革以后，在三四十年代及五十年代调查的基础上，方言音系研究得到进一步深化，出现了一批有代表性的著作。如詹伯慧《现代汉语方言》（1981）、高华年《广州方言研究》（1980）、叶祥苓《苏州方言地图集》（1981）、钱曾怡（等）《烟台方言报告》（1982）、梁德曼《四川方言与普通话》（1982）、张振兴《台湾闽南方言记略》（1983），李荣、熊正辉、张振兴《中国语言地图集（汉语方言分区图）》（1987—1989）、张振兴《漳平方言研究》（1992）、贺巍《洛阳方言研究》（1993）、黄雪贞《江永方言研究》（1993）、汤珍珠、陈忠敏《嘉定方言研究》（1993）、钱曾怡《博山方言研究》（1993）、冯爱珍《福清方言研究》（1993）、方松熹《舟山方言研究》（1993）、颜森《黎川方言研究》（1993）、朱建颂《武汉方言研究》（1992）、侯精一和温端政（等）《山西方言调查研究报告》（1993）。这些著作为汉语音系学的建立奠定了坚实的基础。

3. 音位的相对性

赵元任《音位标音法的多能性》（1934）从汉语方言和古音中的一些现象阐释音位的应用和理论，至今被国际上公认为音位学创始时期的重要理论文献。该文主要贡献在于一方面系统地说明了音位系统的相对性，同时又肯定了严式记音的重要性。也就是说，在提取音位的过程中，一方面要考虑区别性，另一方面还要考虑读音的实质。这已经暗示了对索绪尔（1916）"语言是形式而不是实质"的修正。赵元任认为把一种语言里的音归纳成音位系统，通常不止一种可能的方法，得出的不同的系统或答案并不是简单的对错问题，而可以看成是适用于不同目的的好坏问题。

赵元任提到的音位分析的相对性实际上有两层含义。一是两个互补分布的音素归纳成一个音位还是两个音位是相对的，另一种是线性方向的动态音切分成两个还是一个是相对的。

赵元任有关音位相对性在方法论上的重要价值可以从当时人们对音位认识的水平看出来。音位概念的形成最早是从库尔德内开始的，他于1870年提出要区别音位和音素，认为语音的生理、物理属性和功能属性彼此并不一致。英国学者斯维特于1887年提出宽式音标和严式音标的区别，也有了音位的观念。但是还没有人用音位的概念来标音。直到二十世纪三十年代，标音方法根据的都是1888年由帕西、琼斯等语音学家共同创制的国际音标。后来布拉格学派和美国描写学派都对音位展开了全面研究，但对音位系统的相对性并不是很清楚。这样就在严式音标和音位学之间形成了对立。坚持传统严式音标记音的学者由于受严式记音的影响，认为一种语言的语音系统只可能有一种答案，即严式音标所记录的音。布龙菲尔德（1933）发表的语言论，谈到了音位标音，表现出对传统的严式标音的背离和批评。布龙菲尔德认为，语音学家的记音本领因人而异，带有偶然性，他分辨出的音响特征，只是他所研究的那些语言里有区别性的特征。非区别性特征能听出多少，决定于他个人具有的辨音本领，即使他做了最精密的记录，也还远远不如机器录音那样有价值。布龙菲尔德还认为，语言记录只有两种在科学上是有用的。一种是总音响特征的机器记录，如语音实验室里的录音。另一种是根据音位作出来的记录，这种记录把语言里那些非区别性特征撇开不管。除非语言学家的音响学知识比目前大大进了一步，语言研究如需要考虑所说的话的意义，就只有利用音位记录。

布龙菲尔德认为只有音位才是有价值的语音单位，在当时引起了不少传统语音学家的反对，这些语音学家习惯的是国际音标的训练。当时对布龙菲尔德的抵触心理说明了人们尽管已经开始研究音位、使用音位的概念，但对音位的实质并不是很清楚。高本汉直到上世纪五十年代在他的 Compendium of Phonetics in Ancient and Archaic Chinese（1954）中还否认音位理论，认为音位理论只是少用几个符号，并没有实质性的价值。这也是高本汉坚持《切韵》j 化说的理论基础。后来陆志韦《三四等与所谓“喻化”》（1939）、赵元任《中古汉语的语音区别》（1941）、李荣《切韵音系》（1956）从音位互补的角度证明了 j 化和非 j 化没有对立，否定了 j 化说，其方法论基础都是音位理论。

就坚持音位记音的学者看，不仅音位记音是第一性的，而且每一种语言的音位系统只有一种。产生这样的看法当然是和“对立”这一根本原则有联系的。比如下面的汉语材料：

古 ku^{214}	组 tsu^{214}
枯 khu^{55}	粗 tshu^{55}
呼 xu^{55}	苏 su^{55}

k 组和 ts 组是对立的，它们在相同的语音条件下区别意义或区别语音形式，因此必须分成两组音位，这对任何一个发音人和调查者来说都是没有争议的。所以音位系统只能有一种。萨丕尔（1921）、布龙菲尔德（1933）及其以前的很多音位论者，都有这种绝对音位系统观念。雅格布逊直到 1950 年仍然坚持这种观念（1951）。这种观念是和索绪尔“语言是形式而不是实质”这一思想一致的，其具体操作方法就是对比原则。

对比原则的理论基础是：单位的价值在于它不是什么，不在于它是什么。单位的价值在于它的区别性功能。这一原则比较好地处理了在同一环境中对立的音和在同一环境中的自由变体。对比原则的分析结果表明，区别意义层面或音系层面是由有限的区别性单位构成的。但对比原则不能解决处于互补条件下的音。在汉语普通话中，m 和 ŋ 永远不对立，算不同的音位还是相同的音位？对比原则不能回答这个问题。

对比原则只解决了“差异”问题，解决了同一语音条件下音素的同一性问题，并没有解决不同条件下音素的同一性问题。有些音素并不在相同的条件下出现，不能构成对立。比如下面的 ts 类音和 tʂ、tɕ 类音都不对立，韵母也不对立：

子 tsɿ^{214}	指 tʂʅ^{214}	几 tɕi^{214}
此 tshɿ^{214}	齿 tʂhʅ^{214}	起 tɕhi^{214}
死 sɿ^{214}	使 ʂʅ^{214}	洗 ɕi^{214}

这三组音节中的辅音相互处于互补分布，元音也处于互补分布。布龙菲尔德等人不是没有看到互补问题，但没有从方法论上阐述清楚这些问题，因此引起了严式记音和音位记音的争论。赵元任的《音位标音法的多能性》从方法论上解释了严式记音和音位记音的关系。赵元任认为音位系统是相对的，因为在处理互补现象时会遇到下面一些因素：

1. 语音准确，或者音位范围小。
2. 整个语言的语音模式简单或对称。
3. 节省音位的总数。
4. 照顾本地人的感觉。
5. 照顾词源。
6. 音位之间相互排斥。
7. 符号的可逆性。

赵元任详细地讨论了这 7 个因素，证实了音位标音不止一种可能，也就是证实了一个语言的音位系统不止是一种。而这 7 个因素本质上都是和互补相似原则相联系的。互补相似原则是指，处于互补条件下的音素，如果在音值上相似，就是相同音位的条件变体，否则是不相同的音位。音值的相似根据的是语音的物理或生理性质，这和索绪尔所谓的“实质”、“外部因素”相关，相似还涉及本族人的感觉，这又和“个人言语”相关。所以音位系统的归纳不可能只是一种。赵元任的讨论全面而深入。通过赵元任的解释，还可以看出索绪尔有关语言价值观念所遇到的一些困难。索绪尔认为语言是差异构成的系统，认为语言是形式而不是实质，事实上问题并不是那么简单。

现在我们仍然用互补相似原则，在音位理论的范围内，还没有更好的办法。因此音位系统的归纳是有相对性的，即不同的人归纳出的音位数目不同，音位的条件变体不同。而赵元任谈到的 7 个因素一直是后来归纳音位的学者必须考虑的因素。

赵元任有关归纳音位的相对观念本来应该有更深远的意义，但是当时没有人意识到这一点。这个深远的意义就在于，任何有关语言描写和解释的理论都是相对的。

赵元任认为音位归纳的相对性不等于可以抛弃严式记音手续，并在这方面作了详细的论述：

> 我们不像布龙菲尔德想要暗示的那样，说音质标音大抵是主观的，音位标音大部分是客观的。我们已经见到音位标音怎么会有多种可能，从而相应地带有主观性。另一方面，普通语音学中符号的非音位的使用实际上也是有一定程度一致性。严式音标对于以下各种目的有时非常有用，有时必不可少：（1）当需要引证一些形式时，在这些形式中某个特征在所引证的语言中没有区别的作用，但跟所讨论的问题有关；（2）在比较方言学中提出词或音的形式；（3）指出音变的苗头或残迹；（4）在得出合适的音位系统之前不偏不倚地考虑一种语言的总特征；（5）最后一个目的不太重要，即用于教学的目的。
>
> 根据我自己记录汉语方言的经验，除了把声音相关的词进行匹配和比较以外，很重要的一个步骤是开头就给出严得合理的音质标音，这样，碰到几种方案的抉择时，我们的判断就有了材料的依据。

分析赵元任的整个思路，归纳音位的操作程序就是先进行严式记音，然后根据对立原则确定对立的音，最后在互补相似的基础上，根据不同的目的归纳音位。赵元任的这些观点，尤其是在提取音位的过程中坚持严式记音，都是在研究了汉语语音和调查了大量汉语方言的基础上归纳出来的。赵元任的《国语罗马字的研究》(1922)、《现代吴语研究》(1928) 都体现了这种思路。这种思路正是后来美国结构主义达到成熟期时提取音位所采取的步骤：先根据严式记音记录话语，得到音子构成的线性序列，再先后根据对立和互补将音子归并成音位。

在音位归纳中坚持严式记音越来越显示出重要价值。比如赵元任认为严式记音"可以指出音变的苗头或残迹"，后来的有序异质理论(拉波夫，1968)、词汇扩散（王士元，1969)、叠置式音变（徐通锵、王洪君，1986）等理论都证明了语音的微观变异或音变苗头的重要性。音位归纳中坚持严式记音还有一个重要的意义。对音位聚合关系的研究越来越显得重要，而确定聚合关系就要根据音质。比如北京话声母系统：

p　　ph　　m　　f　　□　○

t	th	n	○	○	l
ts	tsh	○	s	□	○
tʂ	tʂh	□	ʂ	ʐ	□
tɕ	tɕh	□	ɕ	□	○
k	kh	□	x	□	□

我们之所以说 ʐ 和 l 是单向聚合成分，根据的就是语音特征。如果不考虑具体的发音特征，就完全有理由把北京话的声母矩阵排列如下：

p	ph	m	f
t	th	n	○
ts	tsh	○	s
tʂ	tʂh	ʐ	ʂ
tɕ	tɕh	l	ɕ
k	kh	□	x

辅音声母的数量同样多，保持的对立也是一样。但这样排列出来的声母矩阵，很多重要的演变和语音系统的性质就不能得到解释。

赵元任在《音位标音法的多能性》中有关音位的相对性、严式记音的重要性等论述至今在田野考察中都是至关重要的原则。音位理论发展到今天，越来越多的人认识到，语言不仅是形式，也是实质。在音系中，如果只考虑对立而不考虑具体读音，就不可能认识音位的聚合关系和演变机制。

4. 音节中心观念与音节的层次

我国学者尽管引进了西方的音位分析理论，但却一直坚守音节本体的观念，并且按照传统音韵学来处理分析音节，即把音节分成声韵调。国语罗马字、拉丁字母等拼音方案，都按照声韵调的方式来排列音节。在方言调查中，同音字表的整理是音系描写中至关重要的一环。整理同音字就是整理音节表，只要有了同音字表，音系中的所有单位都可以推导或分析出来，但如果只有音位表和音位的组合规则，不一定能推导或分析出音节表。这反映了音节在汉语中是更现实的单位。与此相反，印欧语言中音位比起音节来说是更现实的单位，印欧语的音节往往不容易在线性方向上切分开，而音位则比较容易提取出来。印欧语研究中通常不一定要列出音节表，而音位表和音位的组合规则却显得很重要。

这并不是说在印欧语中音节就不重要。从汉语音系分析中形成的音节中心观念还有更重要的理论意义。试观察前面已经列举过的材料：

子 tsɿ^{214}　　指 tʂʅ^{214}　　几 tɕi^{214}

此 tshɿ^{214}　　齿 tʂhʅ^{214}　　起 tɕhi^{214}

死 sɿ^{214}　　使 ʂʅ^{214}　　洗 ɕi^{214}

在 ɿ、ʅ、i 归并成/i/音位的情况下，tɕ 类音不能归并到 ts 或 tʂ 类音位中，否则就会出现对立的音节被归并在一起的现象。这里就引出了一个问题：直接成分不对立的音，整个音节可以有对立。上面“指”类字和“几”类字属于这种情况，“子”类字和“几”类字也属于这种情况。这也是结构主义没有能解决好的问题。从这里我们可以设想，不对立的语音特征，组成音素后也可能对立。这说明音位理论、区别性特征理论和生成音系学理论一味地把语音单位往小里切分，在理论上不具有完备性，作为语音结构单位的音节，在音系学中也可以是一种初始单位。

再来看音节的线性切分。西方音系学切分音节是同时把音节直接切分成音素，尽管这种切分在线性方向上已经切分到了最小的单位，但却是没有层次的线性切分。在中国传统音韵学中，音节的切分是论层次的，把音节先分出声调，再分出声母和韵母，分别用反切上字和反切下字来代表，韵母再分等呼。

当然，从线性方向上看，传统音韵学的线性切分是不充分的。这主要表现在对韵母的切分上。等韵学把韵母分成四等，这明显是聚合上的划分而不是线性上的切分。等韵学又把韵母分成开口呼和合口呼，但开口呼和合口呼到底是线性上的切分还是聚合上的划分，并不明确。比如，我们还没有充分的理由断定开口呼和合口呼的对立到底属于下面两种情况中的哪一种：

圆展的对立	介音的对立
a/ɔ	a/ua

就汉语方言和少数民族语言的汉借词来看，上面两种情况都有可能。可见传统音韵学一方面反映出线性切分有层次性的优势，另一

方面也反映出线性切分不充分的局限。

1918 年的注音字母已经把汉语音节中的介音独立出来了。这是音节线性切分的一个进展。注音字母除了给每一个声调和每一个声母一个字母外，还给出了 3 个介音字母。我们可以把注音字母的韵母和介音字母作以下排列：

ㄚ	ㄧ	ㄨ	ㄩ
ㄛ		ㄨㄛ	
ㄝ	ㄧㄝ		ㄩㄝ
ㄟ		ㄨㄟ	
ㄞ		ㄨㄞ	
ㄠ	ㄧㄠ		
ㄡ	ㄧㄡ		
ㄢ	ㄧㄢ	ㄨㄢ	ㄩㄢ
ㄤ	ㄧㄤ	ㄨㄤ	
ㄣ	ㄧㄣ	ㄨㄣ	ㄩㄣ
ㄥ	ㄧㄥ	ㄨㄥ	ㄩㄥ
ㄦ			

可以看出，第一列都是一个字母一个韵，这些字母也可以单独作韵母，而第一行的ㄧ、ㄨ、ㄩ是介音字母，也兼表韵母。给每一个韵一个字母，看上去是不充分切分，比威妥玛的拼音方案似乎倒退了，但却反映了音节内部要素组合的层次性，即介音和韵是直接成分的关系，而在威妥玛的拼音方案中，可以把介音、韵腹、韵尾同时看成是一个层面的单位。

在赵元任的《国语罗马字的研究》（1922）中，不仅切分出了介音，而且完成了充分切分。赵元任首先根据传统音韵学的方式把声母和韵母分开，然后按照开、齐、合、撮的方式排列韵母，以 an 韵为例：

开口呼	阴平	an 安
	阳平	□
	上声	aan 俺
	去声	ann 岸
齐齿呼	阴平	ian 烟

阳平　　yan 言
上声　　yean 眼
去声　　yann 砚
合口呼　阴平　　uan 弯
阳平　　wan 完
上声　　woan 碗
去声　　wann 万
撮口呼　阴平　　iuan 冤
阳平　　yuan 元
上声　　yeuan 远
去声　　yuann 院

作为音位文字，赵元任的音位切分是充分的。更重要的是，把韵母按照四呼排列，不仅仅切分出了音位，而且切分出了韵头或介音，因为按照四呼排列韵母就是按照韵头的聚合关系排列韵母，而聚合关系本质上就是一种组合关系。所以这样的排列就是对介音的提取。把韵母按照四呼排列也等于承认了介音和韵之间是直接成分关系。后来瞿秋白在苏联汉学家郭质生协助下写成的《中国拉丁化字母》(1929)，复韵母也采取四呼排列，说明对介音的区分也是明确的。赵元任对声母卷舌音和舌面音的处理尤其能反映出介音的突出地位。现在的汉语拼音方案中卷舌音是 zh、ch、sh，舌面音是 j、q、x，但在赵元任的系统中都是 j、ch、sh，结果形成了这样的局面(以 an 韵字为例)：

实例	间	粘	千	搀	先	山
赵元任国语罗马字	j	j	ch	ch	sh	sh
汉语拼音方案	j	zh	q	ch	x	sh

赵元任的 j（间、粘）、ch（千、搀）、sh（先、山）各自读音上的差别完全是靠介音 i 来确定的，因此介音的独立性很强。

1954 年 12 月国务院成立“中国文字改革委员会”，组成“拼音方案委员会”，开始了制订拉丁字母文字的研讨工作。所制订的《汉语拼音方案》于 1958 年 2 月 11 日由全国人民代表大会批准公布，1982 年国际标准化组织承认为拼写汉语的国际标准。《汉语拼音方案》是在威妥玛式拼音、注音字母、国语罗马字和拉丁化新文字的基础上形成的，吸收了各种拼音方案的优点。汉语拼音方案不仅对汉语音节作了充分的音位切分，而且是有层次的切分，首先是提取声韵调，然后把韵母分成韵头和韵，韵母按照四呼排列。汉语拼音方案在汉语音系学上的意义之一在于以一种权威的方式显示音位的组合是有层次的。

中国学者在切分音节时由于兼顾了传统方法，动用了传统的声韵调单位，把音节先分出声调，再分出声母和韵母，韵母又分成介音和韵，韵再分成韵腹和韵尾。这种切分的最终结果是既切分出了音位，又反映了音位组合的层次性，这种方法和当代的 CV 音系学有共同之处，体现了分析方法的领先性。一个音节在切分出声调后，下一步最充分的切分是：

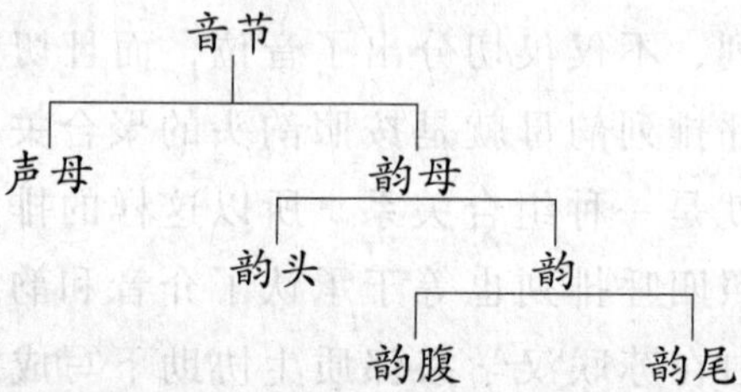

对音节的层次分析是中国传统音韵学声韵调三分法和现代语言学对音段充分切分相结合的结果。有人认为声、韵、调的切分和对音节的充分切分是不同的方法，两种方法都有合理性，主张根据声、韵、调来归纳普通话的最小音系单位。这暗示两者对音节的切分都是完备的。（游汝杰等《论普通话的音位系统》，1980.5）其实就汉语来说，只采用一种方法，必然会导致对音节结构认识的不完备。如果只作音节的充分切分，即把音节切分到音位，就不可能认识到音节内部的构造层次。反过来，如果只把音节切分到声、韵（韵母）、调，只承认声、韵、调是汉语音节结构的基本单位，就不可能认识到语音最小线性单位的性质。所谓基本单位是相对的，在什么层面上建立基本单位取决于要解决什么问题。如果要认识声、韵、调的聚合关系和组合关系，就有必要把音段继续切分到音位甚至区别特征。没有对音位的认识，就不可能准确地分出四呼，也不可能准确地分析韵尾和韵腹，韵母的聚合关系就排列不出来。汉语拼音方案之所以能有效地排列韵母的聚合关系，跟对音节的充分切分是

有关系的。而传统音韵学对韵头韵尾的切分之所以不明确，就是没有对音段作充分切分。尽管今天仍然有人主张根据声、韵、调来归纳普通话的最小音系单位，但和传统音韵学比较起来是有区别的，即准确地切分出了介音，而介音的切分是需要以音段的充分切分为前提的，介音的本质就是以元音或半元音音位充当韵头。如果要准确地反映韵母的聚合关系，韵尾和韵腹最终也都需要切分出来。

音位分析是有目的的，其中最重要的一个目的就是给一种语言制订拼音字母，或者说用有限的字母来记录音系。汉语的音位分析就是在制订拼音方案的过程中发展起来的，美国结构主义音位理论的迅速发展，在很大程度上也和给土著语言制订拼音文字有联系。如果汉语音位分析只限制在声韵调的分析上，汉语拼音就需要使用较多的字母，超过传统的二十几个字母。制订任何拼音文字的人都希望不超出26个罗马字母的范围，这个愿望的力量非常强大，以致不得不付出放弃其他方面考虑的代价来迁就它。

传统音韵学之所以没有走向音位分析的道路，缺乏用有限字母书写音系的工具可能也是一个原因。

把韵母作为一个韵位，不作进一步分析，这是不充分分析法(under-analysis)，其方法论基础可以追溯到赵元任（1934）。前面谈到，赵元任提到的音位分析的相对性实际上有两层含义，第二层含义就是指线性方向的动态音切分成两个还是一个是相对的。赵元任认为：

> 二合元音类型的动态音需要特殊的考虑。塞擦音、送气音和带有典型的过渡音的音，必要时通常都可以分析成两个或者三个可识别的要素，动态元音和准元音则是音质变化更加渐进的音。通常表示这些音的方法只是指出整个发音运动的起迄点，比方[ei]；或者指出开的位置和最后关闭的位置，尽管实际上舌头从不达到这后一位置。比方［ai］所表示的音，他的动程从来不大于［æ］。
>
> 按照我们的音位定义，没有什么东西会妨碍我们把一种语言的特有的开口动态音看成独立的音位。汉语注音符号的设计者事实上就是这么做的，他们用ㄞ、ㄟ、ㄠ、ㄡ表示［ai］、［ei］、［ɑu］、［ou］，甚至用ㄢ、ㄣ、ㄤ、ㄥ表示［an］、［ən］、［ɑŋ］、

[əŋ]，把汉语注音符号看成正经八百的音位标音，好像不合正统，可是遇到动程小的动态音，确实令人拿不准怎么办才好。

这种相对性反映了中国学者认识语音单位的思路，在具体描写中，自二十世纪八十年代以来中国学者除了用音位的概念，都还使用声、韵、调的概念。总体看来，二十世纪七十年代末以后的语音学论著，基本上是从最小音段入手来分析音系的。

对音段进行最小切分还有一些更重要的理由，这些理由至今还没有被完全明确化，而是体现在具体的研究工作中。其中最重要的一点就是对语音系统的把握。音系分析不仅仅是提取单位的问题，还要说明单位和单位的关系，即要说明音系的系统性。这种系统性又是解释音变规律和音变原因的基础。对音系分析的这种要求在赵元任和布龙菲尔德时代都还不明确。现代的研究表明，高层次音系单位的聚合关系和组合关系是以低层次音系单位的充分切分为基础的。比如汉语韵母的四呼是一种很重要的聚合关系，同时又能说明韵母和声母的组合规则，而四呼划分就是以把韵母切分成韵头和韵为基础的。

对韵作充分切分，即切分出韵腹和韵尾，也是必要的。比如汉语的语气词“啊”，在带韵尾的韵母后面，读音都和前面音节的韵尾有关系，反映出韵尾在组合上的特点：

	-n	-ŋ	-i	-u
啊	na	ŋa	ia	ua
例	看啊！	唱啊！	来啊！	跑啊！
读音	khan^{51} na	tʂhaŋ^{51} ŋa	lai^{35} ia	phao^{214} ua

如果不切分出音节的韵尾，就不能有效说明语气词“啊”在连续音变上的规则。

不仅音节有必要切分到音位，音位也有必要切分到区别特征。目前，音位按照聚合关系进行排列已经在音系的共时和历时研究中越来越重要。前面我们看到，我们可以把汉语声母系统排列成矩阵以认识汉语声母的性质，而排列的前提就是已经把音位切分到区别特征。

王洪君在《什么是音系的基本单位》（1994）中，进一步联系区别特征，对充分切分问题有过比较中肯的讨论。王洪君认为，从汉语音节的直接成分看，声、韵、调是基本单位，但韵母无论从结构上还是从语音上考虑，都还可以进一步切分。从线性音段的最小单位着眼，音位是最小的单位，而从非线性的角度看，音位不过是联系若干共时发出的区别特征的一个时间格。韵母、音位、区别特征是音系中层次不同的单位。同级单位间彼此相关，形成聚合系统。不同级的单位则按一定规则彼此连接。因而，韵母、音位、区别特征是描写普通话音系不可缺少的。王洪君在这里提到了区别特征这个层面，这是同一个音段在聚合关系上的再分析，是横向切分，犹如语法层面的语义特征分析。汉语音节的切分在这方面怎么进行目前还做得不够。抛开区别特征不论，就音节的线性切分来说，声韵调跟音位相结合的切分，跟在语法层面切分直接成分的道理是一致的，如果我们只分析出一个句子的第一个直接成分，这种层次分析是不完备的，如果我们只分析出一个句子的词或语素，没有给出层次，这种分析也是不完备的。汉语拼音方案既考虑声、韵、调，又考虑音位，既考虑音节切分的层次性，又考虑最小切分，体现了方法上的合理性。这种有层次的音节切分和近年来形成的以音节为基础的音系学理论（syllable-based phonology）是一致的，这种理论认为，划分音节层次是必要的（Bell，A. & J. Hooper，1978）。由此可见，中国语言学对汉语音节有层次的切分不仅对汉语是合理的，而且对普通音系学理论也有方法论的意义。

5. 调位的确立

由于汉语是一种声调语言，调位的概念必然要在汉语中产生。一般认为最早提出调位（toneme）概念的是美国学者比奇（Beach，D. M. 1923），实际上中国传统音韵学早已经把声调提取出来了，即平上去入，并且按照声调给韵书分卷。注音字母（1918）也是把声调作为独立的单位对待的。

印欧语言由于是非声调语言，因此印欧语学者常常把声调看成是附带的特征，由于声调必须附着在音质音位上，因此认为声调没有自主地位，至少声调的自主地位没有音质音位强。形成这种观点还有一个背景。美国结构主义的主要研究对象语言是英语，而英语的重音实际上音位负担很低，英语中以重音位置不同而区别意义的词比例相当低，这可能是布龙菲尔德把重音这样一些韵律特征或超音段特征构成的音位称之为“次音位”的原因。而汉语声调又被划在韵律特征或超音段特征中，自然容易形成声调是辅助音位的概念。

对声调做开创性研究的是刘复。刘复《四声实验录》（1924）最早用实验仪器对汉语声调进行研究，论证了声调的本质特征是声音的基频音高。刘复《国语声调的研究》(1926）区分了音调（基本调)、词调（变调和轻声)、语调。

上世纪二十年代末三十年代初，赵元任改变了早期把声调附属于元音的看法，确认了声调的自主地位，比较明确地阐释了调位的概念，并对汉语声调和语调的性质作了系统深入的研究。1930 年，赵元任在《一套标调字母》一文中，设计了五度制标调方法，用这套方法记录了62 首藏族情歌的声调。后来五度制标调法广泛用于汉语方言和少数民族语言调查，被中国学者和国际语言学界公认为比较理想的标调方法，一直沿用至今。1933 年，赵元任在《汉语的字调跟语调》一文中主张用“平、上、去、入、阴、阳”等术语给调类命名，而给声调的实际读音另外安排一套名称，这正是调位观念的实质，因为这已经明确把音高的读音和音高区别意义这两个概念对立起来了。

建国以后，在赵元任的研究基础上，一些学者正面讨论了声调的音系学性质。傅懋勣《音位的基本理论和实际问题》（1956)、张静《谈北京话的音位》（1957. 2)、周耀文《怎样处理声调在音位系统中的地位问题》(1958. 2）等认为声调是附着在元音上的一个特征，因此不把声调独立出来，这样每个元音都有4 到5个形式，整个元音音位多了4 到5倍。傅懋勣的元音音位有50 多个，相应的韵母就有200多个。张静的元音音位有30 多个。徐世荣《试论北京语音的“声调音位”》(1957. 6)、史存直《从音位学看汉语的字调（声调)》(1957. 9)、高名凯《普通语言学》(1954)、《语言论》(1963）主张把声调独立出来，自成音位。这样的处理办法减少了元音音位的数量，一般都只需要5 到10 个元音音位，调位只需要4 到5个。这一处理方式比较简单经济，已经被广泛接受。这一思路和赵元任上世纪二十年代末三十年代初的观点一致。

其实把声调看成是次音位或音质音位的附带特征是没有根据的。

王士元《声调的音系特征》(1967) 认为：

在同一语音序列中发生的共时声调变化和音段特征之间是相互独立的。从语音学角度讲，声调的范围是覆盖音节中全部声带部分的。考虑到这些情况，最好是把声调特征和音段特征区别开来，并且作为整个音节的特征来对待。

游汝杰等《论普通话的音位系统》(1980) 进一步指出：

西方一些语言学家把音段音位以外具有某些辨义功能的语音要素，如重音、语调、音长等归结为“次音位”。就印欧语的绝大多数语言来说，这种归纳是有道理的，因为在这些语言中，超音段的语音要素虽然有某种辨义功能，但这种功能在一定条件下才能实施；而且，它们本身的形式也不很稳定，其重要性远远不能跟音素音位相提并论。英语的语调在一定条件下有辨义作用，但这种作用不能类推，因此很难作为音位归纳的基础。可是汉语的声调则显然大不一样。声调的辨义功能带有普遍性，声调音高变化的形式也相当稳定，即使有变化，也有规律可循，它具有音位的全部性质和特征，不宜称为“次音位”。因此，我们建议把声调音位称为调位，它是超音段音位，但是它是与声位、韵位同等重要的音位。

王理嘉《音系学基础》(1991) 从声调音位负担讨论了声调的独立性：

就汉语来说，把声调看作地位低于元音和辅音音位的次音位，那是不妥当的。音位声调以调值的不同而区分意义，其功能与元音和辅音是相等的。例如，“笔”［pi^{214}］和“米”［mi^{214}］是通过辅音的不同区别意义的。“米”［mi^{214}］和“马”［ma^{214}］则是通过元音的不同区别意义的，而“麻”［ma^{35}］和“马”［ma^{214}］则是通过声调的不同区别意义的。而且从音位负担来说，声调的负担远比元音和辅音重要。一方面，声调的数目比音段音位要少得多；另一方面，汉语是单音节语，基本音节只有400多个，每个音节（语素）都必须依靠不同的音高来区别意义，所以声调的音位负担是非常重的。我们不仅应该把声调看作音位系统的组成部分，而且完全有理由把声调看作与元音音位、辅音音位同等重要的音位。

正是因为声调的这些性质，我们可以说声调和元音音位、辅音音位一样是语音系统的初始单位。从赵元任的“国语罗马字”（1928）到赵元任的《汉语的字调和语调》（1933），体现了声调非自主性到声调自主性的观念变化，反映了汉语研究者摆脱了西方音位理论对声调的观念，这实际上也是方法论的转变。不仅汉语，所有语言的声调，都有必要看成是自主音位，否则音位的理论就是矛盾的。而最新的研究表明，声调是自成一个平面的。实际上从二十世纪三十年代以来，在具体的声调分析中，除了少数学者把声调看成是元音的组成部分以外，绝大多数学者基本上都是把声调作为独立的音位对待的。

二、普通话音位研究

1. 普通话辅音音位研究

五十年代以前，中国学者的音位学观点都隐藏在拼音文字的制订中，有些原则不是很明确。五十年代以后，中国学者开始有意识地讨论音位问题。傅懋勣《北京话究竟需要多少拼音字母》（1953.11）、《北京话的音位和拼音字母》（1956.5）首先从音位学的观点讨论了拼音文字和北京音系的关系，认为以北京话为基础制订拼音文字，应该符合音位的原则，即按照北京音系的音位来安排字母。田恭（罗常培、王均）《音位和音位学》（1955.4）系统地讨论了音位学的基本理论和方法。傅懋勣、罗常培、王均对音位概念的介绍和分析推动了北京话音位的研究工作，此后学者们陆续发表了一批讨论北京话音位的文章，这一时期的音位观念基本上接受了结构主义的音位定义，即音位是区别意义的最小的音段。

北京话的音位分析基本上可以分成两派。一派注重审音，即把不对立而又不相似的音素尽量分成不同的音位。注音字母所体现出的音位观念代表了这一派。另一派注重对立，即尽量以是否对立来确定音位，只要是不对立的音素，不管是否相似，尽量归并成相同的音位。受结构语言学理论影响较深的学者基本上属于对立派。这种分歧不仅体现在辅音的分析中，也体现在元音的分析中。

北京话处于声母位置的有以下22个辅音：

1　p　ph　m　f

2	t	th	n		l	
3	ts	tsh		s		
4	tʂ	tʂh		ʂ		ʐ
5	tɕ	tɕh		ɕ		
6	k	kh	ŋ	x		

辅音音位的分歧主要在于怎样处理后4行辅音的关系。不同的普通话拼音文字体系或辅音音位系统的差异主要是表现在对这4行辅音的处理上。

北京话中的第5组辅音［tɕ、tɕh、ɕ］和3、4、6三组辅音在分布上是都是互补的。［tɕ、tɕh、ɕ］只出现在齐齿呼和撮口呼前，而上面3、4、6组音只出现在开口呼和合口呼前，因此［tɕ、tɕh、ɕ］可以归并到3、4、6组辅音中的任何一组中，成为条件变体，也可以单独列为一组。注音字母（1918）采取的是后一种办法，单独给［tɕ、tɕh、ɕ］一组字母，实际上是承认［tɕ、tɕh、ɕ］是一组独立的音位：

1	2	3	4
ㄓ［ts］	ㄗ［tʂ］	ㄍ［k］	ㄐ［tɕ］
ㄔ［tsh］	ㄘ［tʂh］	ㄎ［kh］	ㄑ［tɕh］
ㄕ［s］	ㄙ［ʂ］	ㄏ［x］	ㄒ［ɕ］

从审音的角度看，注音字母认为［tɕ、tɕh、ɕ］和其他三组辅音都不相似。国语罗马字（1928）把［tɕ、tɕh、ɕ］和第2组［tʂ、tʂh、ʂ］归并，用j、ch、sh表示，［tɕ、tɕh、ɕ］和［tʂ、tʂh、ʂ］互为条件变体，［tɕ、tɕh、ɕ］出现在齐齿呼和撮口呼前，［tʂ、tʂh、ʂ］出现在开口呼和合口呼前，于是j、ch、sh可以和四呼相拼：

	开	齐	合	撮
j、ch、sh	+	+	+	+

拉丁化新文字（1931）则把［tɕ、tɕh、ɕ］和第3组［k、kh、x］归并，用g、k、x表示，［tɕ、tɕh、ɕ］和［k、kh、x］互为条件变体，［tɕ、tɕh、ɕ］出现在齐齿呼和撮口呼前，［k、kh、x］出现在开口呼和合口呼前，于是g、k、x也可以和四呼相拼：

	开	齐	合	撮
g、k、x	+	+	+	+

这和十七世纪利玛窦（1605）的汉语拼音方案是相同的。

无论是国语罗马字所体现出的音位系统，还是拉丁新文字所体现出的音位系统，其辅音音位都是19个，除了ŋ音位，有18个是可以作声母的音位。

《汉语拼音方案修正第一式》（1956）采取了拉丁化新文字的方法，把［tɕ、tɕh、ɕ］和［k、kh、x］归并为一组，用g、k、h表示。汉语拼音方案修正第二式（1956）采用了国语罗马字母的方法，把［tɕ、tɕh、ɕ］和［tʂ、tʂh、ʂ］归并成一组，用j、ch、sh表示。这些处理方法都是严格地遵循对立的原则，不承认［tɕ、tɕh、ɕ］的独立地位。傅懋勣《北京话的音位和拼音字母》(1956.5)、徐世荣《北京语音音位简述》（1957.8）等在50年代也持这种观点。1957年的汉语拼音方案最终回到了注音字母的方法上，把［tɕ、tɕh、ɕ］独立为一组。用j、q、x代表，承认［tɕ、tɕh、ɕ］和其他三组都不相似。早在1953年，傅懋勣专门从听觉的差异上陈述了注音字母把［tɕ、tɕh、ɕ］独立出来的好处。这样汉语拼音方案就是几种汉语普通话音位系统中辅音音位数量最多的系统，有22个辅音音位，除了ŋ，有21个是可以作声母的辅音音位。

上述4种处理［tɕ、tɕh、ɕ］的方法穷尽了4种可能性。由于［tɕ、tɕh、ɕ］和其他3组音存在分布上的互补关系，上述各种归并的方法都是可取的。在［tɕ、tɕh、ɕ］不独立作为一组音位的条件下，赵元任《语言问题》（1959）认为把［tɕ、tɕh、ɕ］归并到［ts、tsh、s］或［k、kh、x］比归并到［tʂ、tʂh、ʂ］更好，这是在相似标准的前提下考虑历史标准，因为［tɕ、tɕh、ɕ］的字是从［ts、tsh、s］或［k、kh、x］变来的，比如“基、欺、希”是从［k、kh、x］来的，“济、妻、西”是从［ts、tsh、s］变来的。

以上分析都没有考虑零声母问题。在《汉语拼音方案》中，以元音起头的音节都称为零声母音节。董少文（李荣）《语音常识》(1955) 对零声母问题作了比较细致的解释，认为普通话开、齐、合、撮前的零声母都分别有轻微的塞或擦的成分。这种现象确实存在。例如：

四呼	开	齐	合	撮
零声母音值	ʔ	j	w	ɥ

例　　ʔan　jian　wuan　ɥyan
　　　安　烟　湾　渊

在音位分析中怎样处理零声母的这些不同环境下的音值，主要有两种意见。游汝杰、钱乃荣、高钲夏等《论普通话的音位系统》(1980.5)主张给零声母设立一个零音位，该音位在开、齐、合、撮的条件下有ʔ、j、w、ɥ四个条件变体。这样普通话声母系统中就多出一个音位。徐世荣《普通话语音知识》(1980)主张把零声母的语音成分看成是韵母中元音的变体，比如i在零声母音节中有一个ji变体。

2. 普通话元音音位研究

北京话的元音音位至少可以提取出5个，因为至少有5个元音两两之间是相互对立的：

li51 立　lu51 路　ly51 律　lɤ51 勒　la51 蜡

这种对立关系我们可以通过一个五边形来表示：

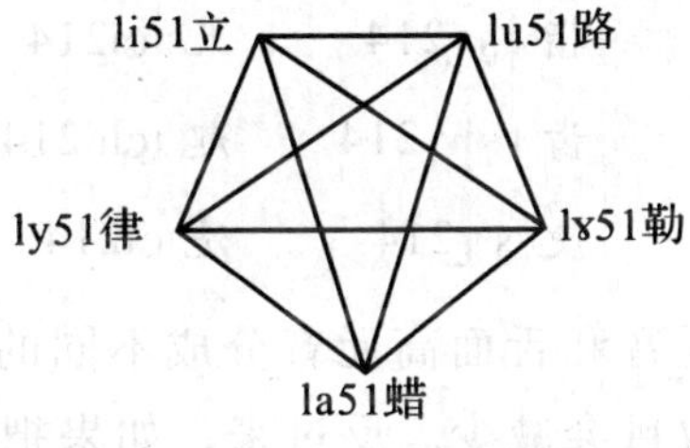

如果用能否引线条来表示对立，由i、u、y、a、ɤ五个元音前面加l组成的音节中，每一个音节都可以引出一条连接其他音节的对立线，也就说这5个元音中，每一元音都可以和其他4个元音形成对立。因此，北京话至少有5个元音音位，即3个高元音音位、1个中元音音位、一个低元音音位。

北京话中的其他元音，尽管相互之间有的有对立，并且有的和上述元音也可能有对立，但在两两相互对立的条件下并不能增加新的对立项。因此对立项不可能增加到6个。换个角度看，我们不可能在普通话中找到6个两两对立的元音，因此，普通话的对立元音不应该大于5个。

怎样处理非两两对立的元音，是归纳元音音位时产生分歧的关键。其中最重要的是高元音音位和中元音音位的问题。低元音音位通常都只设立一个，分歧不大。低元音的分布如下：

元音	分布条件	例	说明
A	出现在零韵尾之前	家[tɕiA55]，爬[phA35]	
ɑ	出现在/-u/或/-ŋ/之前	包[pɑu55]，唐[thɑŋ35]	
ɛ	出现在/i-/和/-n/之间	天[thiɛn55]	
æ	出现在/y-/和/-n/之间	全[tɕhyæn35]	也有人把 æ 记成 ɛ
a	出现在其他环境下	盖[kai51]，干[kan55]，罐[kuan51]，怪[kuai51]	也有人把 ɛ、æ 记成相同的音素 a

把低元音归并成一个音位，理由比较充分。［ɛ］、［æ］、［a］如果带上韵尾，相互押韵，归并在一个音位中没有问题。［A、ɑ］和［ɛ］、［æ］、［a］一般都认为很相似，所以通常都归并成一个音位。

(1) 普通话高元音音位研究

［u］、［y］和［i］是 3 个两两对立的舌面高元音。和［i］相似的高元音还有［ɿ］和［ʅ］两个舌尖元音，和［i］互补分布：

子 tsɿ214　　指 tʂʅ214　　几 tɕi214

此 tshɿ214　　齿 tʂhʅ214　　起 tɕhi214

死 sɿ214　　使 ʂʅ214　　洗 ɕi214

如果把舌尖高元音和舌面高元音分成不同的音位，音位数目会增加，但音位变体数目会减少。反过来，如果把舌尖元音和舌面元音归并成一个音位，音位数目会减少，但音位变体会增加，所以是归并还是合并从简单性原则上看是一样的，这样一来是分是合就需要寻求其他根据。注音字母（1918）分别用丨代表［i］，用ㄨ代表［u］，用ㄩ代表［y］，［ɿ］、［ʅ］不用任何符号表示，“子、此、死”和“指、齿、使、日”分别写成“ㄗ、ㄘ、ㄙ”和“ㄓ、ㄔ、ㄕ、ㄖ”，只列声母，不列韵母。1932 年专门为［ɿ］、［ʅ］设了个字母ㄭ，但并没有通行。这样，注音字母实际上是有 4 个高元音音位的格局。

国语罗马字（1928）也把［ɿ］、［ʅ］独立出来，用字母 y 表示，并且把［ɿ］、［ʅ］看成是［i］的开口呼，从系统上看有一定的道理，既照顾到了四呼的关系，也符合民间“十三辙”的押韵习惯。国语罗马字母 u 表示［u］，但没有为［y］立一个音位，而是用 i、u 两个字母相加的 iu 来表示［y］，即把［y］理解成复合音位。这样就形成了两个高元音音位的格局。

拉丁化新文字和注音字母一样，取消了［ɿ］和［ʅ］两个音的标音，“子”拼写成 z，“指”拼写成 zh，带［i］的“底”拼写成“di”，这样就把［ɿ］和［ʅ］看成了零音位，不和其他辅音组合，也不独立成为音节。零音位也是一种音位，因此拉丁化新文字是把［i］看成一个音位，把［ɿ］和［ʅ］看成另一个音位，又分别用字母 u 表示［u］，用字母 y 表示［y］，这样拉丁化新文字共有四个高元音音位。

《汉语拼音方案》用字母 i 来代表［ɿ、ʅ、i］3 个高元音，这样就把［ɿ、ʅ、i］看成是/i/的 3 个条件变体。这种思路充分考虑了历史因素，因为从历史上看，［ɿ、ʅ、i］基本上是从一个韵母 i 中分合出来的，明清以来的“十三辙”也都在“一七”辙中。汉语拼音方案分别用 u、y 表示［u］、［y］，形成了 3 个高元音音位的格局。

黎锦熙《字母与注音论丛》（1958）则认为，舌尖元音［ɿ、ʅ］和舌面元音［i］押韵只限于近代，只是历史上的相似，现代北京音系中并不押韵，因而不能算相似，舌尖元音［ɿ、ʅ］和舌面元音［i］应该分成两个不同的音位。加上/u/、/y/两个高元音音位，共有 4 个高元音音位。目前越来越多的人承认这种划分。比如李兆同、徐思益《语言学导论》(1981)、王理嘉《北京话的高元音音位》(1983. 1) 中也持这种观点。王理嘉在《音系学基础》（1991）提出了另外两个把舌尖元音［ɿ、ʅ］和舌面元音［i］分开的理由：

1. ［ɿ、ʅ］属于开口呼，［ɿ、ʅ］儿化的方式是［ɿ、ʅ］被 ər 取代，儿化后仍然属于开口呼：［i］是齐齿呼，［i］儿化的方式是在［i］后加 ər，构成 ir，仍然是齐齿呼，如果把这 3 个元音归并成一个音位，那么/i/音位内部变为卷舌音的方式就不一致了。

2. 从区别性特征看，北京话的辅音，除了几个唇音以外，都是以“舌尖/舌面”分为两大类的，元音也是以“舌尖/舌面”分成两大类为好。

甚至还有学者提出 5 个高元音音位的系统。有代表性的有黄伯荣、廖序东《现代汉语》（1981）、周同春《北京语音的音位系统》(1982)，即不仅把舌尖元音［ɿ、ʅ］和舌面元音［i］分开，而且把［ɿ］和［ʅ］分开。把［ɿ］和［ʅ］分成两个音位证据还不是很强，因为这两个音是押韵的，能相互押韵是断定是否相似的重要标准。另外这两个音的儿化方式也相同。

（2）普通话中元音音位研究

从前面两两对立的角度看，北京话中元音音位至少要设立一个中元音 ɤ。另外有几个和 ɤ 相似的音，它们和 ɤ 互补分布：

元音	分布条件	例	说明
ɤ	单独作韵母	勒［lɤ51］	
e	-i	北［pei214］	也有人记录成 ə
ɛ	i-，y-	街［tɕiɛ55］，觉［tɕyɛ35］	也有人记录成 E
ə	-n	本［pən214］	
	-ŋ	灯［təŋ55］	也有人记录成 ʌ
	轻音	的［tə］	
	卷舌韵	耳［ər214］	
o	唇辅音后	波［po55］	
	u-	国［kuo35］	
	-u	斗［tou51］	也有人纪录成 ə

怎样处理这些音，是中元音音位产生分歧的焦点。

注音字母由于对韵母没有进行充分切分，韵腹和韵尾并没有被提取出来，所以元音音位的观念还不是很明确。但注音字母分别用ㄛ表示［o］，用ㄧㄝ表示［iɛ］，用ㄜ表示［ɤ］，因此实际上已经设立了 3 个中元音音位，即 o、ɤ、ɛ 3 个中元音音位。可见注音字母在审音上是比较严格的。后来李兆同、徐思益《语言学导论》（1981）明确提出了分 3 个中元音的办法。［o］单独成为一个音位/o/，［e、ɛ］归并成音位/e/，［ə、ɤ］归并成音位/ə/。黄伯荣、廖序东《现代汉语》（1981）进一步把中元音分成 4 个音位，即再加上一个卷舌元音音位/ɚ/。其他 3 个平舌中元音音位的归并和李兆同、徐思益（1981）基本相同，只是［e、ɛ］写成音位/ɛ/，［ə、ɤ］写成音位/ɤ/。王理嘉《北京话的中元音音位》（1985. 1）提出了另一种 3 分中元音音位的办法。［ə、ʌ］归并成 ə，［ɤ、o］归并成/ɤ/，［e、ɛ］归并成/e/。王理嘉认为这种方案除了能解释音位内部变体之间语音相似这个优点以外，还能为儿化韵的音位分析打下基础。由注音字母开始的 3 分中元音音位的思路，从方法论上看都重视审音。

国语罗马字的中元音体现为两个，分别用字母 e、o 表示。e 包括 [ɛ、ɤ、ə、e]，o 代表 [o]。后来的拉丁化新文字、汉语拼音方案都采用了这种两个中元音的系统。

徐世荣《北京语音音位简述》(《语文学习》1957 年第 8 期)、王辅世《北京话韵母的几个问题》(《中国语文》1963 年第 2 期) 提出了另一种处理中元音的方案，把 [e、ə、ʌ] 归并成/ə/音位，把 [ɛ、ɤ、o] 归并成/ɤ/音位。周同春《北京语音的音位系统》(1982) 基本上也是这种观点。王辅世 (1963.2) 充分讨论了这种归并的理由。根据这种方式，/ɤ/音位构成的韵母正好有四呼的格局：

	开	齐	合	撮
	/ɤ/	/ɪɤ/	/uɤ/	/yɤ/
例	[ɤ55] 婀	[ɪɛ55] 耶	[uo55] 窝	[yɛ55] 约

王辅世认为这种分析方法还能充分解释儿化现象。/ə/ [e、ə、ʌ] 所构成的韵母儿化时去掉韵尾，/ɤ/ [ɛ、ɤ、o] 所构成的韵母儿化时在后面加-r。王辅世的方案还有一个优点，即能解释儿化韵中中元音的对立。儿化韵的对立都体现为 [ə] 和 [ɛ、ɤ、o] 的对立，可以概括为王辅世所设立的两个音位/ə/和/ɤ/对立。

3. 普通话儿化韵分析

明清以来民间流传的“十三辙”已经注意到儿化韵现象，称为“小辙儿”。三十年代初，钱玄同把这些“小辙儿”归纳为九部，附列在黎锦熙、白涤洲合编的《佩文新韵》之后，四十年代，张洵如编成《北平音系小辙编》(1949)，把“小辙儿”分为八辙，是第一部收集北京儿化词语的专著。但他们和各种拼音方案一样，没有对儿化进行充分的描写，因此对音系的描写还不够充分。

二十世纪五十年代，傅懋勣《北京话的音位和拼音字母》(1956.5) 列出了卷舌元音的数目 24 个 (不计声调)，其中单卷舌元音 4 个，复合卷舌元音 13 个，鼻化卷舌元音 7 个。这 24 个卷舌元音实际上就是 24 个儿化韵母。王辅世《北京话韵母的几个问题》(1963.2) 的儿化韵母也是 24 个。当时学者们对儿化韵是否应当独立出来意见尚不一致，史存直《北京话音位问题商榷》（1957）就认为儿化韵不应该独立，只能看成平舌韵的变体。但把儿化韵看成平舌韵的变体还不足以说明儿化韵的对立特性。在平舌韵中，中元音是不对立的，都是互补的，但在儿化韵中，中元音产生了对立。赵元任在《汉语口语语法》（1968. 1. 3）中指出，北京话的中元音在一般情况下不对立，但在有些情况下对立，并举出了4种情况，其中最典型的就是出现在儿化韵中的情况。中元音音节儿化以后产生对立的有下面几种：

儿化类型		实例	
ən、əi + r	ɤ + r	根儿［kər］	歌儿［kɤr］
ən、əi + r	o + r	魂儿［xuər］	活儿［xuor］
i + r	iɛ + r	姨儿［iər］	爷儿［iɛr］
y + r	yɛ + r	须儿［ɕyər］	靴儿［ɕyɛr］

这些对立的儿化词都体现为［ə］和［ɛ、ɤ、o］的对立。凡是给普通话设立一个中元音音位的学者，在这个问题上都会遇到麻烦。史存直《北京话音位问题商榷》（1957. 2）提出在原韵母后加r的办法来标写儿化韵，由于在字面上语音环境没有变化，所以中元音的分布仍然是互补的，不会产生读音不同而音位形式相同的矛盾。于是上面儿化韵的对立可以通过下面的写法显示出来：

根儿/kenr/	歌儿/ker/
魂儿/xuenr/	活儿/xuer/
姨儿/ir/	爷儿/er/
须儿/ɕyr/	靴儿/ɕyer/

王理嘉（1991）认为，这种办法固然使读音不同的儿化韵在音位形式上有了区别，但是另一方面却使读音相同的儿化韵在音位形式上变得不相同了：

把儿/par/	瓣儿/panr/
价儿/tɕiar/	件儿/tɕianr/
褂儿/kuar/	罐儿/kuanr/
拐儿/kuair/	管儿/kuanr/

左右两组的儿化词读音是相同的。按照音位标音的原则，相同的音位形式应该有相同的读音，不同的音位形式应该有不同的读音，

史存直的办法还不能满足这一点。另外，这种办法不能说明儿化音节的读音规则，即不能说明各种不同的儿化韵的具体读音。

黄伯荣、廖序东《现代汉语》（1981）把单卷舌元音归在相应的平舌音的音位变体中。这种办法会带来很多元音变体，而且不反映儿化韵的对立。徐世荣《普通话语音知识》（1980）、王维贤《北京话儿化韵中的音位问题》（1982）把［ɚ］分析成两个音段音位，即把儿化韵的卷舌音［r］分离出来，作为音节开头辅音音位［r］的变体，徐世荣还在元音音位中增加分布在［-r］前的变体。把［-r］作为一个音段看待，并和音节开头的辅音［r］归并，是一种音位处理方案，但这种方法还没有解决儿化韵的对立问题。

其实徐世荣《北京语音音位简述》（1957.8）、王辅世《北京话韵母的几个问题》（1963.2）、周同春《北京语音的音位系统》（1982）提出的处理中元音的方案，即把［ɐ、ɔ、ʌ］归并成/ə/音位，把［ɛ、ɤ、o］归并成/ɤ/音位，不仅能反映儿化的读音规则，也能反映儿化韵里音位的对立。比如：

根儿/kər/　　歌儿/kɤr/

魂儿/xuər/　　活儿/xuɤr/

姨儿/iər/　　爷儿/iɤr/

须儿/ɕyər/　　靴儿/ɕyɤr/

王理嘉（1991）就主张通过这种二分中元音的方式来描写儿化对立，不过把［e、ə、ʌ］写成音位/e/。在这种二分高中元音的基础上，再把卷舌成分［-r］提取出来作为/r/音位的变体，把鼻化成分提取出来作为［-ŋ］音位的变体，儿化韵和平舌韵中所有的中元音都可以得到统一的描写。北京话整个元音系统可以归结成［i、u、y、e、ɤ、a］6 个。林焘《北京话儿化韵个人读音差异问题》（1982）从北京话儿化韵读音的差异现象说明对立原则的局限性和分析音位存在分合两难的情况，并提出零音位变体的概念，北京话/-n/和/-i/在儿化后不发音，可以解释为音位变体是零。

4. 普通话区别性特征分析

汉语区别性特征的研究起步较晚。王力（1981）翻译了雅格布逊等合著的区别特征理论的代表作《言语分析初探》（Preliminaries to

Speech Analysis, 1952)，该文提出了12对偶分区别特征来描写人类语言的语音性质。吴宗济《什么叫“区别特征”》（1980.1）、陆致极《关于“非线性”音位学》（1985.3）介绍了区别性特征理论。吴宗济《试论普通话语音的“区别特征”及其相互关系》（1980.5）根据二元对立建立了普通话元音、辅音、声调的区别性特征矩阵表。建立了一套普通话区别性特征的相互关系模型。雅格布逊最早建立区别性特征的目的之一是要用一套区别性特征来统一元音和辅音的描写，吴宗济则认为元音区别特征是属于“程度的区别”（gradual），辅音区别特征是属于“有无的区别”（privative），而声调区别特征则是属于“同异的区别”（equipollant）。

吴宗济（1980）的区别特征并没有全部揭示出普通话的对立关系，比如元音 ʅ 和 ʅ，t 和 ts，f 和 ʂ，p 和 tʂ，每一对音的区别特征集是一样的，也就是说不具有充分性。另一方面，在元音区别特征中，“集/散”和“高/低”两对特征的取值正好相反，也就说，其中一对区别特征正好蕴涵着另一对区别特征的负值，因此两者可以相互推导出来，不具有必要性。吴宗济在《实验语音学概要》（1989）一书中针对这些问题对区别特征作了修正，满足了充分性和必要性两个条件：

[吴宗济普通话元音区别特征矩阵（1989）]

	元/非	辅/非	暂/久	集/散	钝/锐	降/平	鼻/口
a	+	−	−	+	+/−	−	−
o	+	−	−	+/−	+	+	−
ə	+	−	−	+/−	+/−	−	−
e	+	−	−	+/−	−/+	−	−
I	+	−	−	−	−	−	−
u	+	−	−	−	+	+	−
y	+	−	−	−	−	+	−
ʅ	+	−	−	−/+	+/−	−	−
ʅ	+	−	−	−/+	−/+	+	−
ɚ	+	−	−	+/−	+/−	+	−

[吴宗济普通话辅音区别特征矩阵（1989）]

	元/非	辅/非	暂/久	糙/柔	集/散	钝/锐	降/平	戛/透	鼻/口
p	−	+	+	−	−	+	−	+	

ph	−	+	+	−	−	+	−	−	
m	+	+	−	−	−	+	+		+
f	−	+	−	−	−	+	−		
t	−	+	+	−	−	−	−	+	
th	−	+	+	−	−	−	−	−	
n	+	+	−	−	−	+	−		+
l	+	+	−	−	−	−	+		
k	−	+	+	−	+			+	
kh	−	+	+	−	+			−	
ŋ	+	+	−	−	+	+			+
x	−	+	−	−	+	+	−		
ts	−	+	+	+	−	−	−	+	
tsh	−	+	+	+	−	−	−	−	
s	−	+	−	+	−	−	−		
tʂ	−	+	+	+			+	+	
tʂh	−	+	+	+			+	−	
ʂ	−	+	−	+			+		
ʐ	+	+	−	−	−	+	+		
tɕ	−	+	+	+	+	−	−	+	
tɕh	−	+	+	+	+	−	−	−	
ɕ	−	+	−	+	+	−	−		
j	+	+	−	−	−	−	−		
w	+	+	−	−	−	+	+		

吴宗济尽管把元音和辅音的区别特征分开，但实际上是可以统一起来的，因为元音区别特征和辅音区别特征都有"集/散、降/平、升/平"等对立项。叶蜚声、徐通锵《语言学纲要》(1981) 从发音生理的角度，把元音和辅音统一起来描写，拟定了普通话区别特征，所分出的区别特征由于是从生理角度入手的，比较直观。其最显著的特点是注音到区别特征的层次性。

[叶蜚声、徐通锵普通话发音区别特征]

	有阻/无阻	鼻音/口音	唇音/舌音	舌尖/舌面	塞/擦	送气/不送气	前/后	高/低	圆/展
p	+	−	+		+	−			
ph	+	−	+		+	+			
m	+/−	+	+						
f	+	−	+		−				

t	+	−	−	+	+	−	+		
th	+	−	−	+	+	+	+		
n	+	+	−	+			+		
l	+	−	−	+			+		
ts	+	−	−	+	+/−	−	+		
tsh	+	−	−	+	+/−	+	+		
s	+	−	−	+	−		+		
tʂ	+	−	−	+	+/−	−	−		
tʂh	+	−	−	+	+/−	+	−		
ʂ	+	−	−	+	−		−		
tɕ	+	−	−	−	+/−	−	+		
tɕh	+	−	−	−	+/−	+	+		
ɕ	+	−	−	−	−		+		
k	+	−	−	−	+	−	−		
kh	+	−	−	−	+	+	−		
ŋ	+	+	−	−			−		
x	+	−	−	−	−		−		
i	−	−	−	−			+	+	−
y	−	−	−	−			+	+	+
u	−	−	−	−			−	+	+
a	−	−	−	−				−	
ə	−	−	−	−					
o	−	−	−	−			−		+

叶蜚声、徐通锵的区别特征矩阵中没有 ʐ 这个音，因此还不够完备，另外舌尖和舌面的对立是唇音和舌音的再分类，区别性特征之间通常没有这种关系。

陆致极《试论普通话音位的区别特征》（1987.4）、《关于区别特征的层级性》（1988.1）进一步讨论了区别特征，提出了12对区别特征来描写普通话：

［陆致极普通话区别特征矩阵］

	音节性	辅音性	高	后	低	圆钝	舌面前	发散	延续	鼻音	浊音	送气
p	−	+	−	−			+	+	−	−	−	−
ph	−	+	−	−			+	+	−	−	−	+
m	−	+	−	−			+	+	−	+	+	
f	−	+	−	−			+	−	+	−	−	
ts	−	+	−	−			+	+	−	−	−	−

tsh	−	+	−	−			+	+	−	−	−	+
s	−	+	−	−			+	+	+	−	−	
t	−	+	−	−			+	−	−	−	−	
th	−	+	−	−			+	−	−	−	−	
n	−	+	−	−			+	−	−	+	+	
l	−	+	−	−			+	−	−	−	+	
tʂ	−	+	+	−			+	−	−	−	−	−
tʂh	−	+	+	−			+	−	−	−	−	+
ʂ	−	+	+	−			+	−	+	−	−	
ʐ	−	+	+	−			+	−	+	−	+	
tɕ	−	+	+	−			+	+	−	−	−	−
tɕh	−	+	+	−			+	+	−	−	−	+
ɕ	−	+	+	−			+	+	+	−	−	
k	−	+	+	+			−		−	−	−	−
kh	−	+	+	+			−		−	−	−	+
x	−	+	+	+			−		+	−	−	
ŋ	−	+	+	+			−		−	+	+	
i	+	−	+	−	−	−						
y	+	+	+	−	−	+						
u	+	−	+	+	−	+						
e#	+	−	−	+	−	−						
A	+	−	−	+	+	−						

陆致极的区别特征在逻辑分类上更为完善，其矩阵中的特征都采取有此项特征和无此项特征的对立，即 + 号和 - 号只选其一，没有两可的情况。作者还特别设立了［音节性］和［辅音性］两个区别特征，起到了区分元音、辅音和滑音的作用：

	音节性	辅音性	例
元音	+	−	i
辅音	−	+	tɕ
滑音	−	−	j

5. 普通话语音变异研究

北京话音系中有两种显著的变异，一是合口呼零声母的变异，一是儿化读音的变异。围绕这两种变异的讨论促进了对北京话语音和音系性质的认识。

二十世纪初期，钱玄同、赵元任已经注意到有人在读北京话合口呼零声母时带有摩擦的特征。但没有对这个问题展开系统的研究。胡明扬《北京话声母 W 的音值》（1987）经过系统调查后得出的结论是，北京化的声母 W 有元音［u］和唇音［v］两个不同的语音变体，［u］出现在低元音前（如“瓦”［ua]），［v］出现在高元音前（如“文”［vən

八十年代，在林焘的率领下，北京大学中文系师生对北京市郊的北京话进行了比较系统的调查，收集到了大量合口呼零声母变异和儿化变异的材料。沈炯系统地整理了合口呼零声母变异材料，发表了《北京话合口呼零声母的语音分歧》（1987.5）一文。沈炯发现合口呼零声母有［u w β ʋ v］等变异，大体可以分成［v］和［u］两派，这些变异的分布是和性别、年龄、文化等社会条件有关系。沈炯根据统计原则分析了北京城区 6 个点、郊县 19 个点共 499 人的调查材料，认为［w］的比例比［v］的比例高。在地域上的分布是，邻近河北的北京郊区［v］比例高，北京近郊［v］比例降低，北京市区［v］比例又增高。

沈炯还发现，如果韵母是 u 或 o，这时的合口呼零声母就不存在变异，全部是［w］。合口呼零声母变异在结构上的分布可以概括如下：

w：在 u/o 前，如：无、五、吴、物、乌、武、屋、握、我……

v/w：在非 u 前，如：挖、问、晚、望、为……

陈保亚《语言演变的结构基础》（1988）在北大中文系合口呼变异调查的基础上，选择了录音质量较好的北京市区 166 人，将年龄分成了八个层次（~20、20~30、31~40、41~50、51~60、61~70、71~80、81~），根据统计规则再次考察了合口呼零声母变异，给出了合口呼零声母变异的年龄层次分布图，并用最小平方法求出变异分布的回归直线。结果发现随着年龄的递减，［v］变异在增加，［w］变异在降低。陈保亚认为由于年龄总在时间中变化，变异在年龄中的分布近似地反映出了变异在时间中的去向，因而断定［w］很快要被［v］取代（不包括 u 韵母和 o 韵母）。

陈保亚（1988）、徐通锵（1989；1990）还从音位的聚合关系入手，根据北京话声母矩阵的分布，讨论了合口呼零声母变异发生发展的结构原因，认为合口呼零声母变异的产生以及变异发展的去向与声母的聚合关系有联系：

［北京话声母矩阵］

p	ph	m	○	○	f	○	□
○	○	○	ts	tsh	s	○	□
t	th	n	○	○	○	l	○
□	□	□	tʂ	tʂh	ʂ	○	ʐ
□	□	□	tɕ	tɕh	ɕ	○	□
k	kh	□	○	○	x	□	□

○是不可能出现的辅音，□是可能出现但实际没有出现的辅音，由于“日”［ʐ］是单向聚合的辅音音位，所以容易激发［v］的产生。陈保亚还考察了北方主要次方音的情况，发现这种结构制约音系变异现象普遍存在。

北京话语音的另一个显著变异是儿化的读音。赵元任《语言问题》（1959）和《北京口语语法》（1968）认为北京话儿化韵正在合流。像下面一些对立：

歌儿：根儿
活儿：魂儿
叶儿：印儿
燕儿：样儿

赵元任认为老年人能区分，但青年人混同的趋势在增加，因此儿化韵有一个由繁到简的趋势。林焘《北京话儿化韵个人读音差异问题》（1982）、王理嘉、贺宁基《北京话儿化韵的听辨实验和声学分析》（1983）对儿化韵的分合进行了初步研究，总体结论是儿化韵有合并的迹象。对于儿组通常认为有明显对立的儿化韵，王理嘉、贺宁基所做的听辨实验结果如下：

儿化韵对比	词例	分辨率	混淆率
or : anr	婆儿：盆儿	95.5%	
uor : uənr	果儿：魂儿	96.8%	
ɤr : ʅr	车儿：吃儿	86.3%	
ɤr : ər	歌儿：根儿	79%	
ɤr : eir	乐儿：泪儿	74%	

iɛr:ianr	（平）街儿：尖儿	82.2%	
yɛr:yanr	月儿：院儿	88%	
ir:iɛr	鸡儿：街儿	（平）72.3%	
	意儿：叶儿		（仄）87%
iɛr:inr	街儿：今儿	（平）71%	
	叶儿：印儿		（仄）87%
yr:yɛr	须儿：靴儿	（平）84%	
	玉儿：月儿		（仄）92%
yɛr:ynr	月儿：韵儿		（仄）88%

李思敬《汉语“儿”［er］音史研究》（1986）认为赵元任的观察基于海外华人的普通话，颠倒了新派儿化韵和老派儿化韵的关系。李思敬认为，儿化韵的发展趋势是由简到繁，理由是北京话儿化韵在明清以来戏曲用韵的十三辙中，只有“小人辰儿”和“小前言儿”两辙，说明当时只有［ər］和［ar］两个儿化韵，本世纪初张洵如的《北平音系小辙编》中变成八道小辙，所以儿化韵的发展趋势总的来说是由简到繁。李思敬根据的是押韵材料。押韵不一定能够反映儿化韵的对立情况。

陈保亚（1988）整理了北京大学中文系所调查的儿化韵材料，对城区录音质量较好的168人的儿化韵变异在年龄中的分布进行了统计分析。具体做法仍然是将年龄分成了八个层次（~20、20~30、31~40、41~50、51~60、61~70、71~80、81~），结果发现随着年龄的减小，有些有明显对立的儿化韵呈现出合并的趋势。具体发展趋势是：

aŋ + r	：	ãr > ar
əŋ + r	：	ə̃r > ər
ɤ + r	：	ɤr > ər
ɛ + r	：	ɛr > ər
o + r	：	ər > or

陈保亚还认为儿化韵合并的原因和r的分布有关系，由于r是跨语素和音位层次的单位，其分布范围比另外两个辅音韵尾n、ŋ的分布要宽得多，从音系层面看处于一种很不协合的状态。儿化韵合并的主要趋势是使r韵尾的分布向n、ŋ韵尾的分布靠拢。

林焘、沈炯《北京话儿化韵的语音分歧》（1995.3）在北大中文系儿化韵变异材料的基础上，对儿化韵的分合作了社会调查合并率和听辨测试合并率的分析。具体结果如下：

儿化韵对比	词例	社会调查合并率	听辨测试合并率
ar：air/anr	把儿：瓣儿	83.45%	97.23%
or：ər	果儿：滚儿	26.14%	3.6%
ɤr：ər	歌儿：根儿	20.59%	28%
iɛr：iər	（平）爷儿：姨儿	27.70%	24.6%
	（仄）叶儿：印儿	48.16%	88.5%
ãr：ar	黄儿：环儿	10.78%	缺
ə̃r：ər	绳儿：神儿	6.44%	缺

这些数据统一说明儿化韵有不同程度的合并趋势，有的儿化韵合并的趋势还受到声调的影响。

三、汉语连读变调与语调研究

连读变调是汉语音系的一个重要特点。变调可以分出两个层面，一个是语音层面的变调，一个语法层面的变调。赵元任《北平语调的研究》（1929）比较早地讨论了轻声、上声变调、重叠形容词或副词的变调以及“一”、“不”的特殊变调。陶燠民《闽音研究》（1930）首次讨论了福州话的连读音变和连读变调。赵元任《汉语的字调跟语调》（1933）提出了一个汉语变调的一般规则：变调通常是第二个声调影响前一个声调，但当时没有对北京话的变调作具体的描写。吕叔湘《丹阳话里的联词变调》（1947）对丹阳话的连读变调作了分析。王辅世《怎样分析和记录汉藏语系语言的声调》（1956）指出，在江苏武进话和河北滦县的连读变调中，有些古代调类单独念时已经没有分别，但在连读变调中有分别。王辅世的讨论说明变调规则和古调类有关系，从另一个角度看，说明声调在单字中和在连读中的历史发展是不平衡的，有些调类在单字调中已经归并，但在连读中的对立仍然保存着。这一现象的发现对进一步认识古代调类很有价值。王福堂（1959）观察到了绍兴话后字变调现象，对后来研究调域和变调的关系有重要意义。对北京话变调归类的具体描写是从六十年代开始的。徐世荣《北京话里的两类特殊变调》

(1960.2)、林焘《北京话的连读变调》(1963)深入具体地讨论了北京话的变调问题，基本上找出了北京话两字组变调的规则。钱曾怡《济南话的变调和轻声》(1963.1)、徐世荣《谈谈普通话变调中的两个小问题》(1978.3)中对变调作了进一步的分析。

袁家骅(等)《汉语方言概要》(1960)在赵元任《现代吴语研究》(1928)和罗常培《厦门音系》(1930)的基础上，对各大方言区的变调作了初步的描写，区分了一般变调、小称变调和量词变调，指出两字组前后字都可以变调，同时指出小称变调跟语义语法有密切联系。

随着方言调查的深入展开，连读变调的各种复杂现象得到了广泛深入的描写。创刊于1978年的《方言》杂志，在头两年中重点刊登了变调的文章，以后又陆续刊登了一系列变调的文章。《方言》编辑部就变调的重要性和变调的音系学性质作了解释，认为变调研究调类的组合变化，是一种构造音位学(morpho-phonemics，morpho-phonology)，是音韵系统的组成部分。并且认为，在汉语方言里，北京话和广州话的连读变调比较简单。广州话因为有连读变调又有变音，所以问题比北京话复杂一些。闽南话的连读变调比广州话和北京话复杂。福州话同时要变声韵母，比闽南话还要复杂一点。连读变调最复杂的是吴语。连读变调不研究清楚，单字调就弄不清楚。

李荣《温岭方言的连读变调》(1979.1)首先区分了变调和变音，然后深入地描写了温岭话的变调规律，进一步说明了变调和古调类的关系。作者认为在温岭话的声调研究中，阳平和阳上的区分是关键问题。阳平和阳上单字调相同。但是在两字组里，除了在去声后面外，阳平和阳上都有分别。阳平和阳上的变音也有升级之别。把阳平和阳上分开，才能看出两字组连调的规律。把阳平和阳上分开，才能发现阴调舒声和阳调舒声作为两字组的第一字，有令人惊讶的平行之处，即阴平和阴去在仄声和变音前头同调，阳平和阳去也是在仄声和变音前头同调。叶祥苓《苏州方言的连读变调》(1979.1)讨论了苏州方言的双音节词、三音节词和四音节词的连读变调。认为连调会造成音类的合并。如：

挑水＝跳水

同班＝铜板＝同辈

颜色＝眼色

电池=电视

国音=国营

英勇=英雄

有益=右翼

该文还指出，苏州话中两字组不仅有前字变调的现象，也有后字变调的现象。该文还指出动宾式的变调有的和一般双音词不同，有的相同。比如“热菜”，作动宾式时，“菜”字不变调，作偏正式时，菜字变调。该文同时指出，不符合一般变调规律的三音词语，在语音上语法上有其特点。

张盛裕《潮阳方言的连读变调》（1979.2；1980.2）也发现，不仅前字可以有变调，后字也可以有变调。张盛裕把变调分成三种类型，前字变调、后字变调和前后字变调。并发现前字变调和后字变调往往能区别意义。比如“日头”一词，前字变调是太阳的意思，后字变调是白天的意思。张裕盛还发现，前字变调的连读组里，前字和本调字的用字都没有限制，而在后字变调的连调字里头，本调字用字没有限制，而后字是有限制的。

贺巍《获嘉方言的连读变调》（1979.2）在对获嘉方言连调变调进行描写和分类的基础上，讨论了三字组连调和两字组连调的关系。如果三字组的前两字和后两字作为两字组都不变调，那么整个三字组也不变调。例如“黄豆”和“豆芽儿”都不变调，所以“黄豆芽儿”也不变调。只有三字组的前两字和后两字作两字组时至少有一组变调，整个三字组才可能变调。如“旱烟”不变调，“烟袋”的“烟”字变31调，所以“旱烟袋”的“烟”字变31调。变调的两字组，凡是前字变调的都变31调，凡是后字变调的都变13调，变调的3字组，有的一个字变调，有的两个字变调。凡是第一字变调的都变31调（和两字组前字相同）；凡是第三字变调的都变13调（和两字组后字相同）；第二字变调的有的变31调，有的变13调。两字组里，阴平（33调）在去声13调前变31调。三字组的第二字或第三字如果变13调，紧挨着13调的前一字逢阴平也跟着变31调。该文同时还指出，成分相同的两字组或多字组，连调格式的不同往往能区别意义。

张惠英《崇明方言的连读变调》（1979.4）比较深入地描写了两

字组变调和语法条件的关系。数量式、谓补式、趋动式、动代式、重叠式是一种变调方式，其他语法格式是另一种变调方式。比较明确地区分了广用式和窄用式变调格式。张惠英《三字组广用式的连读变调》（1980.1）又进一步讨论三字组在这两种不同的语法格式中的变调方式。

侯精一《平遥方言的连读变调》（1980.1）通过对平遥方言的描写，比较全面地分析了变调和语法的关系，认为述宾式、主谓式的变调是一种方式，偏正式、并列式、谓补式、名词重叠、儿化名词的变调是一种方式，动词重叠的变调是一种方式。

吕叔湘《丹阳方言的声调系统》（1980.2）从语音和语法条件两方面讨论了变调。从语音上看，变调和古代四声以及声母的清浊有关系。从语法上看，偏正关系、并列关系的两字组绝大多数要变调；动补关系的字组有的变，有的不变；动宾关系、主谓关系的字组原则上不变。同时认为，两字连调是多字连调的基础，三字连调和四字连调是从两字连调变化出来的。

由于《方言》杂志所刊登的一系列变调文章目的明确，问题集中，对汉语音系中变调现象的描写和解释都相当深入。加上其他刊物对变调的研究，可以概况为以下几点：

1. 变调和变音有区别。

2. 变调不仅和语音条件有联系，和语法条件也有联系。

3. 汉语方言音系的变调有差异。客家方言、赣方言、湘方言很少变调，粤方言有变调，但比较简单。吴方言变调最丰富。

八十年代以来，有不少学者在继续讨论连读变调问题。吴宗济《普通话语句中的声调变化》（1980.6）比较系统地讨论了北京话两字调的变化规律。林焘《北京话去声连读变调新探》(1985.2）讨论了去声的变调。胡炳忠《“三声”变调及其教学》（1977）、卢甲文《关于三个上声连读变调问题的商榷》（1979.2）、子月《也谈三个上声连读变调的问题》（1984.4）、吴宗济《普通话三字组变调规律》（1985）、胡炳忠《三声三字组的变调规律》（1985.1）、沈炯《北京话上声连读的调型组合和节奏形式》（1994.4）进一步展开了三字组的变调研究。曹剑芬《连读变调与轻重对立》（1995.4）认为轻声字前的上声变调受深层语义语法条件影响比较大，并且认为这种影响通过轻重音起作用。

由于汉语有声调，变调现象又异常复杂，所以汉语的语调也很复杂。刘复《国语声调的研究》（1926）区分了音调（基本调）、词调（变调和轻声）、语调。1929 年，赵元任在《北平语调的研究》一文中，区分了单字的声调、中性语调和口气语调三种概念，分别和刘复的音调、词调、语调相当，但赵元任的讨论更深入。赵元任在讨论中性语调时描写了轻声、变调的现象，认为中性语调是说话者共同遵守的规则，在这一点上和口气语调有所不同。赵元任还认为语调是升调、轻重音、说话的口气相互综合形成的，由此提出了著名的“代数和”的观点，即认为字调和语调是代数和的关系。比如句末的字调跟语调的升降不一致时，就会相互消长，在“你姓叶，我姓王”中，“叶”字的字调是降调，但处在上升的语调中，结果读成不是很降的去声。“王”字的字调是升调，但处在下降的语调中，结果读成不很升的阳平。1933 年，赵元任在《汉语的字调跟语调》一文中，全面展开了字调跟语调关系的研究，赵元任还讨论了字调和语调叠加的两种方式：同时叠加和连续叠加。同时叠加可以分成四种：

a. 音高水平整个提高。

b. 音高水平整个降低。

c. 音高范围扩大。

d. 音高范围缩小。

连续叠加可以分为两种：

a. 上升语调与字调连续叠加：

上升语调 + 55 = 56

上升语调 + 35 = 36

上升语调 + 214 = 216

上升语调 + 51 = 513

b. 下降语调与字调的连续叠加

下降语调 + 55 = 551

下降语调 + 35 = 351

下降语调 + 214 = 2141

下降语调 + 51 = 5121

赵元任的叠加理论为语调研究奠定了基础。赵元任当时的研究是相当深入的，直到二十世纪七十年代末，很少有人再谈论语调。1980年后，随着声调实验研究手段的发展以及变调研究的深入展开，语调研究有了新的进展。吴宗济《普通话“语调”规则初探》(1981.1)、《普通话语句中的声调变化》(1982)、《汉语普通话语调的基本类型》(1990)通过声学实验论证了普通话的声调变化都是以单字调和双字调连读变调为基础的，单字调和双字调构成基本单元，语法对基本单元产生影响，形成一个语法变调层次，语态对这个变调层次再施加影响，形成一种变调层次，最后说话速度再对该变调层次施加影响。句调和字调的关系如下：

句调 = {(基本单元←语法制约)←语态影响}←说话速度

沈炯《北京话声调的音域和语调》(1985)、《汉语语调构造和语调类型》(1994)、《汉语音高系统的有声性和区别性》(1995)在赵元任叠加理论的基础上，提出了声调音域、语调构造、音高多阶条件等概念。胡明扬《北京话的语调问题》(1987)在肯定了赵元任字调和语调叠加原则的基础上，认为赵元任有关代数和的叠加说法不够清楚，主张句末语调和音高、音长、音量都有关系。瞿霭堂、劲松《北京话的字调和语调》(1992)也发现北京话语调的载体是句末节奏单元的重读音节，同时还通过试验证明北京话的语调纯属音高韵律特征，分高语调、较低语调和低语调三种。张家騄《汉语文语转换系统的语音规则处理和声学参数》(1990)，郭锦桴《汉语声调语调阐要与探索》(1993)、鲁允中《普通话的轻声和儿化》(1995)也讨论过语调问题。

近几年，汉语的节律问题也引起人们的注意。吴洁敏《汉语节奏的周期及层次》(1993)研究了汉语的节律，认为汉语的节奏周期可以分成音节周期、音步周期、基本节奏周期和节奏群周期，这些周期构成三大节奏层次。有的学者还认识到节奏不仅仅是语音层面的问题，和语法也有关系。陆丙甫《结果、节奏、松紧、轻重在汉语中的相互作用》、刘丹青《汉语形态的节律制约——汉语语法的“语音平面”的丛论之一》(1993)、文炼《汉语语句的节律类型》(1994)、王洪君《汉语语音词的韵律类型》(1996)、端木三《从汉语的重音谈语言的共性与特性》(1997)从不同的角度讨论了节奏和语法的关系。

四、汉语本音与变音分析

西方结构主义认为音系和语法是两个独立的层面，音系层面的最小单位是音位，音位是区别意义或语形的单位，语法层面的最小单位是语素，语素是表达意义的单位，这两种单位的性质是不一样的，完全可以独立的加以研究。美国结构主义的做法是先研究音系层面，然后再研究语素层面。中国学者在研究汉语时发现这两个层面是有联系的。林焘《现代汉语补语的轻音现象反映的语法和语义问题》(1957. 2)、《现代汉语轻音和句法结构的关系》(1962. 7) 率先展开了语音和语法相互关系的研究，通过具体材料的分析，论证了轻音和语法结构之间的相关性。林焘（1957. 2）认为：

> 动词和非轻音补语在意义上的不同决定于语法作用的不同。非轻音补语和轻音补语在意义上的不同决定于声音的不同。这种现象最足以说明语音和语法以及语义之间的密切的关系，也正可以提醒我们绝对不能把语言的这三方面割裂开来孤立地进行研究。

胡明扬《海盐通园方言中变调群的语法意义》(1959. 8) 也观察到了变调和语法的相关性，即有些变调条件是由语法意义决定的。林焘、胡明扬所发现的事实都是西方结构主义经典理论没有涉及到的。结构主义经典理论把音长、音强（轻音和重音）、音高（声调）等区别意义的单位称为非音质音位，通常只是在音系中讨论它们的性质，其中一个原因可能是因为印欧语言中这些单位主要是区别意义，而不是表达意义。汉语中轻音和变调所表现出来的行为说明非音质音位不仅有区别意义的性质，也有表达意义的性质。

汉语的儿化为分析音系和语法的关系提供了更好的材料。怎样分析汉语儿化韵，是对各种分析方法的考验。儿化韵是汉语中有代表性的语音语法现象，很多学者比较早地认识到了儿化韵在汉语中是一种相当复杂的现象。有些学者不主张在音位层面描写儿化韵，史存直《北京话音位问题商榷》(1957)，游汝杰等《论普通话的音位系统》(1980)，钱乃荣《论普通话语音的音位和区别性特征》(1988) 就持这种观点。比如游汝杰等（1980. 5）认为：

> 儿化韵在某些情况下也有区别词汇意义（有时牵连到词类）的作用，如信儿（消息）——信（信件）；盖（动词）——盖儿（名

词）；尖（形容词）——尖儿（名词）。但是不能因此就把儿化韵看成是音位。因为辨义功能仅是音位的一个特征而已，况且并非所有儿化韵都有上述作用，更多的儿化韵"小巷儿"、"树根儿"、"金鱼儿"等儿化与否没有意义差别。儿化韵内部的构造也是灵活多变的。并且有些词是否儿化，即使在北京人口中也并不是完全一致的。因此要把儿化韵像其他韵位一样类型化是极为困难的。

游汝杰等观察到了儿化韵和其他韵的一些区别，在音类认识上是前进了一步，但以此避开对儿化韵的音系分析，理由还不充分。王洪君《什么是音系的基本单位——谈本音与变音》（1994a）针对游汝杰等（1980.5）的理由，陈述了在音系层面描写儿化韵的必要性：

> 儿化词与词根词相比尽管意义大变的不多，但只要有一例对立，就应该算音位性的区别。再有，后期自立音位学已经明确指出，音位的功能严格说来是区分词形，而不是直接区别词义。比如，"日头"跟"太阳"虽然意义相同，但说话人认为不同音，它们的音位形式就不能相同。反之，"之"跟"知"虽然意义不同，但说话人认为同音，其音位形式就应该相同。因而，音位的功能是区别词形的同与不同，而不是直接区分词义的同与不同。"刀"、"刀儿"、"刀子"，且不说意义区别不大，即使意义完全相同，只要北京人认为它们各不同音，它们的音位形式就要有所区别。儿化韵具有区分词形的功能，这是不容否定的。

王洪君在这里提到的自立音位学，指的是美国描写学派的音位学理论。自立音位学在音系描写中有3条基本原则：

1. 音系是独立于语法层面的自立系统；
2. 音系的基本单位是具有区分词形功能的最小音段；
3. 确定音位的依据是音素（或音子）的语音分布。

结构主义把语言的基本单位分成两个层面，区别意义的单位和表达意义的单位。最小的区别意义的单位（或区别词形的单位）称为音位，最小的表达意义的单位称为语素。按照这样一种区分，音位的提取只能根据区别意义而不能根据表达意义，或者说只能根据意义的差异性而不能根据意义的同一性。这就决定了提取音位的操作程序：根据词形的对立把不同的音子作为不同的音位，再根据互补原则把不同的分布条件下的音子按照语音相似原则归并到其他的音位中。正是因为提取音位时没有考虑表达意义或意义的同一性问题，也即没有依赖语素层面或语法层面的概念帮助，因此美国结构主义的音位学可以称为自立音位学。

根据自立音位学的原则，美国学者哈忒门（Hartman，L. M，1944）、霍凯特（Hockett，C. F，1947）最早对北京话音系进行了全面描写。儿化韵在两人的系统中都得到了描写，并包含在韵母表中。比如哈忒门认为北京话有 93 个韵母，7 个儿化韵；霍凯特认为普通话有 67 个韵母，包括 8 个儿化韵，4 个 m 尾韵。这种路子的特点是描写的完备性，即对北京话中出现的所有对立的音都尽可能地加以描写。在方法论上的特点是纯共时性、纯分布性，不考虑任何可能的历时变化和共时变化，也就是说不区分本音和变音，因而描写出来的韵母系统比较复杂。

儿化过程本质上就是从本音到变音的过程。李荣《温岭方言的变音》（1978）从温岭话的变音入手，深入讨论了本音和变音的区别。温岭话中有些变调和语法意义无关，另有些变调和语法意义有关，跟普通话的儿化很相似。李荣认为：

> 变音和本音的调类（包括本调和变调）有重要的差别。本音的调类能区别意义，但是本身并无意义。变音不单能区别意义，本身也有意义。比方阴上的“吐”［thu^{31}］字，和阴去的“吐”［thu^{55}］字意思不同，阴上的“倒”［$tɔ^{42}$］字和阴去的“倒”［$tɔ^{55}$］字意思也不同。这就是本音的调类能区别意义。可是无论阴上（42）、阴去（55），都无意义可言，这就是调类本身并无意义。又比方“乌”［$ʔu^{33}$］字，“黄”［$ɦuɔ̃^{31}$］字，“白”［$baʔ^{11}$］字，这三个字本音都是指颜色的形容词，读变音都成了名词：“乌”［$ʔu^{15}$］指黑色染料，“黄”［$ɦuɔ̃^{15}$］指鸡蛋黄等，“白”［$bã^{51}$］指鸡蛋白等。这三个字读变音和读本音意思不同，可见变音能区别意义。这三个字读变音都成了名词，“名词化”就是温岭话变音的语法意义。这就是说，本音的调类是语音单位；变音不但是语音单位，也是语义单位（morpheme）。因此，本音和变调之间是语音变化的关系；本音和变音之间是语法变化的关系。

变音的语法意义有可能磨损掉，但两者的分布仍然会有差异。侯精一《平遥方言的连读变调》(1980.1）论证了山西平遥方言变调（包括李荣所说的变音）的分布不仅和语音条件有关系，而且和语法条件有关系。熊正辉《怎样求出两字组的连读变调规律》（1984.2）认为变调条件有今音的语音环境、古音来历、语法结构三个方面。贺巍《获嘉方言的一种变韵》（1983）、侯精一《晋东南地区的子变韵母》（1985.2）分别论证了河南获嘉方言和山西晋东南地区方言变韵和语法条件的关系。沈慧云《晋城方言的“子尾”变调》（1983.4）发现普通话子尾的语法语义在晋城方言中可以用变调方式表示。徐通锵《宁波方言的“鸭”［ʔa］类词和“儿化”的残迹》（1985.3）通过本音和变音的分析证明了宁波话曾经有过儿化现象，并进一步认为：

> 本音和变音在使用范围上有一个重要的区别，就是本音在使用上没有什么限制，单用或在复合词中作前字、后字都可以，而变音一般只能单用或作复合词的后字。

这意思是说本音的分布在语法层面上不受限制，而变音的分布在语法层面上要受限制。

七十年代末八十年代初中国学者对本音和变音问题的研究已经相当深入。在这一基础上，薛凤生《北京音系解析》（1986）从理论上指出了儿化韵分布的复杂性，因此主张对本韵和儿化韵进行分别描写：

> 虽然儿化与否完全是字汇的问题，但是新的儿化词儿是会不断出现的，而任何一种读音的字也都有儿化的可能，儿化了以后，音读上又都起了变化。大家都觉得这些变化似乎是遵循着一定的规律，但是这些规律是什么呢？认真研究音韵的人是有义务回答这个问题的。有许多西方学者，大概由于不了解儿化韵的历史渊源，在处理上把/r/这个特殊的韵尾与其他韵尾一视同仁，因此也就把儿化音节与其他音节视为无殊。我认为这是不妥的。这样处理，一则甚不经济，把汉语的基本音节几乎增加了一倍，再则也因此忽略了汉语音韵在这方面的特性。儿化韵既是连音变化的结果，那么在理论分析上，我们就得把这些连音变化的孳生音节（derived syllables），与一般的基本音节（basic syllables）分开，并进而把这种连音变化的规律发掘出来。

陈保亚《语言演变的结构基础》（1988）将北京话的辅音韵尾韵的聚合关系排列出来，认为普通话的辅音韵尾韵在分布上很不整齐：

an ən □ □ □ □ □ □ □ □ □

aŋ əŋ □ □ □ □ □ □ □ □ □

ar ər or ur ɛr ɤr our aur ãr ə̃r õr

北京话的-ŋ 还可以分布在 o 后，形成 oŋ 韵母，不过 oŋ 和 uəŋ 韵母是互补的，因此可以看成是 uəŋ 的变体，而 uəŋ 又是 əŋ 韵的合口呼。这样一来，-n 和-ŋ 的分布是高度对称协合的。-r 分布却不对称协合。

陈保亚认为儿化韵分布的复杂性就在于-r 不是纯音位，它的分布规则和纯音位-n、ŋ 不一样。如果不考虑介音，-n 只出现在 ə、a、o 后，-ŋ 只出现在 ə、a、o 后，换句话说，-n、ŋ 最多只能在 ə、a 后分布。如果-r 也受这一音位结构规则的限制，儿化韵就简单多了。但是，作为语素的-r 在分布上不受这一音位规则限制，而是受语素层面的规则限制。-r 在语素层面和“子、头”构成体词性词尾聚合群，除了个别例外，-r 和它的聚合要素“子、头”一样，可以分布在所有音节形式的语素后构成名词，这就使儿化后的语音形式不仅有 ar、ər、or 韵，还有 aur、ur、our、ə̃、ɑr、õr、ɛr、ɤr 等韵。结果在语音层面，只有 ər、ar 有与之聚合的 ən、əŋ、an、aŋ，其他儿化韵没有与之聚合的单位。

说儿化韵的分布很复杂是从自立音位学的角度观察问题，没有考虑-r 和-n、-ŋ 在性质上的区别，因而没有区分本音-n、-ŋ 和变音-r，把两种性质不同的单位放在同一个层面上。实际上本音和变音的性质差别很大，根据前面谈到的李荣（1978，1983）、徐通锵（1985. 3）、薛风生（1986）的研究，以及后来王理嘉（1988. 3）、陈保亚（1988）、王洪君（1994）等的研究，可以概括地说，本音是只能区别意义（或区别语素的语音形式）的单位，其分布是以语音为条件，是纯语音层面的单位，变音的分布以语素为条件，变音既区别意义，又表达意义，因此变音本质上是语素层面的单位。本音的分布在语音层面通常是对称的、规则的，而变音的分布在语音层面通常是不规则的。本音是按照音变规律变化的，而变音则涉及到音变规律以外的条件，即语法条件。

这些讨论说明了本音和变音的区分在方法上有重要意义，同时也反映了中国学者对本音和变音的认识有了一定的深度，对语言单位两层性的关系也有了更深的认识。现在看来，结构主义对于语言符号两层性的论述并不充分。前面谈到，结构主义认为语言符号具有两层性，一个是由区别意义的单位（即音位）构成的层面，一个是由表达意义的单位（即语素）构成的层面。其实任何表达意义的单位也能区别意义，比如“鸡”和“支”两个语素不仅都有意义，都表达意义，并且两者的不同是靠它们的语音形式区别开的。在这一点上结构主义没有解释，于是引出了很多问题。严格地说，音位只能区别意义，而语素不仅表达意义，而且也能区别意义。由于语素的语音形式通常不小于音节，语素像音位一样也能区别意义的性质没有凸现出来，语言单位跨层次的现象也没有凸现出来。当一个语素的语音形式在长度上正好是一个音位，比如汉语的-r，英语的复数形式-s，单位跨层次的性质必然要凸现出来。从语素层面看，-r、-s都是有意义的单位，即语素。从音位层面看，它们也是区别意义的最小单位，即音位。正是因为它们是跨层次的单位，它们的分布规则和纯语音层面的音位不同，它们本质上是按照语素分布的规则来分布的。

也许正是儿化韵和其他韵的这些潜在的区别，在汉语研究中有的学者比较早地对本音和变音作了分别的处理。钱玄同（1934）和张洵如（1949）在归纳北京话的“小辙儿”时都是把非儿化韵看成本音，把“小辙儿”看成是由本音变来的。王辅世《北京话韵母的几个问题》（1963.2）首次明确地把儿化韵称为“卷舌韵的变音”，在描写本音之后再描写儿化韵的变音规则：

韵尾 \ 类别 \ 四呼		开口呼	齐齿呼	合口呼	撮口呼	变卷舌韵的规则
开尾	乙	日 ï	衣 i	乌 u	迂 y	ï变 ər，i、y后加 ər，u后加 r。
	甲	啊 a	呀 ia	蛙 ua		后加 r。
	乙	鹅 ɤ	耶 iɤ	窝 uɤ	约 yɤ	
u尾	甲	熬 au	腰 iau			
	乙	欧 ɤu	忧 iɤu			

续表

韵尾＼四呼类别		开口呼	齐齿呼	合口呼	撮口呼	变卷舌韵的规则
i尾	甲	哀 ai		歪 uai		去i、n尾后加r。
	乙	欸 əi		威 uəi		
n尾	甲	安 an	烟 ian	弯 uan	冤 yan	
	乙	恩 ən	因 iən	温 uən	晕 yən	
ŋ尾	甲	昂 aŋ	央 iaŋ	汪 uaŋ		去ŋ尾，主要元音鼻音化，后加r。
	乙	僧 əŋ	英 iəŋ	翁 uəŋ	雍 yəŋ	

我国学者在方言调查中，本音和变音基本上也是分开描写的。在《现代汉语词典》中，儿化韵也是作为变音来处理。《现代汉语词典》凡例第14条给出了儿化韵母表，列出了儿化韵母的变音情形：

ar	a 马	ai 盖	an 盘	*er*	e 歌	*or*	o 婆	*ər*	i 字	ei 辈	en 根		
iar	ia 匣		ian 点	*ier*	ie 碟			*iər*	i 皮		in 心		
uar	ua 花	uai 块	uan 玩			*uor*	uo 窝	*uər*		uei 味	uen 纹	*ur*	u 肚
üar			üan 远	*üer*	üe 月			*üər*	ü 鱼		ün 裙		
aor			ao 包	*our*	ou 头	*ãr*	ang 缸	*ə̃r*			eng 灯	*õr*	ong 工
iaor			iao 条	*iour*	iou 球	*iãr*	iang 秧	*iə̃r*			ing 影	*iõr*	iong 熊
						uãr	uang 黄	*uə̃r*			ueng 瓮		

列出儿化韵和本韵的对应表后，不仅本韵的聚合排列很整齐，儿化韵也可以得到有规则的控制。如果不区分本音和变音，不仅在语音层面会使描写复杂化，在语素层面也会使问题复杂化。《现代汉语

词典》反映了中国语言学家群体的认识水平，由此正可以看出中国学者对音系认识的深度。

我国学者对本音和变音的区分在音系方法上也是相当领先的。王洪君《什么是音系的基本单位——谈本音与变音》（1994）对本音和变音的性质作了进一步的理论分析后认为：

> 汉语方言研究中采用的本音·变音(派生音)模式在语音层面区分了基本的、派生的两类单位，从而分离出相互制约的音系单位。又把基本韵母与派生韵母的对应规则集中放在语音部分说明，并且要指明其语法条件，从而确认了这些规则的性质。在这两点上，该模式的理论明显高于自立音位学及形态音位学，而与美国目前的主流派——生成音系学的基本理论相符。

汉语学者之所以能在这个问题上取得方法上的进展，跟儿化韵这种独特的现象是有关系的。郑锦全《A Synchronic Phonology of Mandarin Chinese》（1973）根据生成音系学的理论对汉语的音系作了全面描写，在处理儿化韵时所用的方法和我们在前面提到的《现代汉语词典》所用的方法有很多一致之处，不同在于《现代汉语词典》是在本音和变音的方法下进行的，以列举的方式说明本音和变音的关系，而郑锦全是在生成语法的框架下进行的，动用了7条规则，以生成的方式反映了儿化韵的生成过程。生成音系学的标准理论是1968年才形成的，而这时中国学者对儿化韵的本音·变音描写方式已经相当系统，在这方面可以说中国学者的领先是比较明显的。

五、汉语音系研究的新发展

中国20世纪90年代以前的音系研究在方法和观念上跟西方结构语言学比较一致，概括起来说就是坚持音位学理论，音位和音位变体的分析一直是音系调查和分析的主要内容，音位的线性分析也是主要的分析思路，即音位和音位的组合具体体现为音位变体和音位变体的线性排列。1968年，随着Chomsky和Halle的The Sound Pattern of English问世，生成音系学在美国开始兴起，生成音系学的核心思路认为语音序列是基本语音单位有规则的组合和变化形成的。无论是结构语言学还是生成音系学，都认为语音序列是音位或音段的排列或组合，结构语言学的单位是音位，生成音系学的单位是音段。

不过生成音系学已经不能用线性分析来概括，因为生成音系学并不认为语音表现是单位的线性排列，只认为底层音段是单位的线性排列，表层语音序列是底层单位经过规则处理后形成的。生成音系学的这些语音规则实际上具有转换的性质。生成音系学中的单位也不只是线性的，还有区别特征。从上个世纪七十年代开始，又出现很多新的音系描写模型，如自主音段音系学（Autosegmental Phonology）、节律音系学（Metrical Phonology）、短语音系学和句子音系学（Phrase Phonology and Sentence Phonology）、词汇音系学（Lexical Phonology）、特征几何论（Feature Geometry）、优选论（Optimality Theory）等。西方学者逐渐意识到语音序列是多层面的，包括重音、声调等层面，这些不同的层面都有自己的独立性，相互之间又有联系。单位也不是简单的线性排列，而是有层阶的组合，除了音段和音段组合，莫拉（mora）、音节、音步（foot）等概念在音链组合中也有重要地位。通常把上世纪七十年代以后建立在这种认识基础上的音系研究称为非线性音系学。其实“非线性”不是一个很好的概括术语，上面提到生成音系学就有非线性的观念，即不认为表层语音形式是单位的线性排列，而是底层形式经过语音规则派生出来的。“多线性（multilinear）”这个术语也不能准确概括上世纪七十年代以后音系理论的本质，因为这些理论证明每个层面的音链不总是线性的。总之，我们认为上世纪七十年代以后所谓的“非线性音系学”对语音的性质的认识包括了两个方面：即音链的多层面性以及每个层面上单位及单位组合的非线性特征。下面所谈到的非线性音系学都应该包括这两个方面。上世纪七十年代以后所谓的“非线性音系学”可以称为多层面非线性音系学。

前面第三、第四节已经提到，在变调的研究以及本音和变音关系的研究中，中国学者比较早地有了生成音系学的某些观念。卢甲文（1979.2）谈到普通话三个上声变调和层次有关系，就有转换循环的思路。从二十世纪九十年代末到二十一世纪开始，随着美国生成音系学、后生成音系学以及其他非线性音系学模型的发展，中国的一些学者也不同程度地接受了非线性分析的一些思路，出现了一些新的音系研究方法和方案，但并没有放弃音位学的基本理论，根据对立原则和互补原则确定音位仍然是音系分析的核心内容。新的认识和分析方法主要体现在下面几个方面：

讨论基本形式和派生形式区别

多字组连读变调的讨论

节律以及节律和语法相关分析。

1. 对非线性的认识：基本形式和派生形式

前面第二节提到的语音区别特征分析实际上已经是非线性分析，即构成一个音位或音段的若干区别特征并不是按照线性方式组合的。但是这种非线性分析并不对语音的线性观点构成威胁，因为语音的线性观点本质上是说音链是音位或音段按照线性方式排列构成。尽管音位或音段都是由区别特征构成，但也都是最短的线性单位。

郑锦全（1973）已经用生成音系学模式描写过汉语音系，只是没有从线性和非线性的角度论证结构语言学线性分析汉语所存在的根本问题，但接受生成音系模式必然要承认表层音链是非线性的，因为表层音链并不是音段的线性排列，而是底层音段经过有规则的变化处理得到的。汉语的变韵现象最容易看出音链中非线性现象的存在。王理嘉、王海丹（1991.2）、林焘、沈炯（1995.3）已经观察到儿化韵中儿化贯穿于整个韵母，而不是作为一个线性音段处在末尾。陈保亚（1992，5.1）分析了汉语儿化词的线性切分所遇到的困难，讨论了纯共时的线性切分单位所存在的弊病，初步论证了用基本形式和规则而不是用变体描写儿化的必要性。王洪君（1994）关于本音和变音的讨论，也证明用线性观点分析儿化的困难。鲁允中（1995）提到“儿”后缀有三种状态：成音节的儿尾、不成音节的韵尾和儿化特征，第三种状态是一种非线性状态。这些研究从两个方面证实了非线性的两个特点：1. 表层音链并不是语素的语音形式的线性排列；2. 语音特征并不只是在音段格中起作用。第一个特点在汉语的变音和变调中广泛存在，第 2 个特点除了儿化特征有体现，很多过去被当作音段看待的，都有特征跨越音段的情况，比如 ang 韵，实际上韵尾的鼻音特征从 a 元音就开始了。

王洪君（1999）《汉语非线性音系学》全面介绍和展开了非线性分析，是汉语非线性分析的代表作。该书梳理了西方非线性音系学的理论背景和发展脉络，将非线性音系的一些理论模型应用到汉语音系分析中，并结合结构语言学音位理论的合理部分，以汉语“一音节一义”的关联作为主线，对汉语音系中的一些繁复现象作了描写及解释。作者从一音节一义的关联中抽象出了句法韵律的最小自由单位，即字音。作者认为多音节语和单音节语这一语言类型区别是根本性的，由此就决定了语音、语法、构词、造句等多层面的诸多不同特点。在多音节轻重音语言中，音系词或韵律词是一级枢纽性的单位，而单音节声调型的汉语，韵律层级中的枢纽单位则是音系字。作者还强调基本音和派生音的区别，基本音有自己内在的格局，这一思路和生成音系学的基本思路大体是一致的，而和结构语言学的线性分析有所不同。比如，王洪君（1999，8.4）用几何特征理论分析儿化的过程，认为儿化的舌前特征会迁移到韵尾和韵腹，这时候与之矛盾的特征就会删除，比如-ŋ 尾韵儿化后，ŋ 之所以会被删除的一个主要理由，就是因为 ŋ 的舌根特征和儿化的舌尖特征矛盾。这里提到前移、删除等，都是典型的非线性分析，必须先假定有基本形式，然后才是对基本形式的转换操作形成派生形式。陈保亚（2007.2）《语素音形：提取核心语音单位的起点》进一步论证了区分核心语音单位和非核心语音单位的必要性，认为非核心音段是通过派生规则形成的，不是线性排列的结果，并认为核心语音单位是只能区别语素音形并且不能通过规则推导出来的语音单位，是音系分析的基础，语素音形在汉语乃至汉藏语言的音系研究中具有极其重要的地位，从比语素更长的词或言语片段直接提取核心语音单位会遇到困难，要提取核心语音单位必须先提取语素音形；汉语中一般情况下语素音形体现为单字音。

2. 对声调的再认识

结构语言学和早期的生成音系学都是把声调作为元音音段的一个特征。早在上个世纪中叶 Pike（1948）就区分了两种声调语言，一种是音域声调语言（register tone language 或 level-pitch language），一种是曲拱声调语言（contour tone language）。在音域声调语言中，语言声调的特征是有区别作用的相对音高，音高特征一般有 2 到 3 个，即高、低或高、中、低，不会多于 4 个，音高不是绝对的，而是在相邻音节的高低中体现出来的。比如高音是对比相邻音节的低音或中音体现出来的。曲拱声调语言中，音高特征是音高的曲拱变化。Pike当时已经注意到了音域声调语言的一些基本现象，但有一个根本问题还不是很明确。这个根本问题就是：音域声调语言的音节内部没有高低变化，高低变化是在音节之间形成的，而曲拱声调语言的音高变化是在音节内。日语应该属于Pike所说的音域声调语言，汉语应该属于Pike所说的曲拱声调语言。但是在此后的很长一段时间里，人们对汉语声调的认识一直没有什么进展。二十世纪六十年代，王士元（1967）《声调的音系特征》开始注意到声调变化和音段特征是相互独立的。王士元还注意到一个更关键的问题，印第安语言、非洲语言的声调实际上和汉藏语言的声调是不一样的，汉藏语的声调是词汇性的，不是语法或形态性的。王士元观察到汉藏语的声调在单音节内部就有多种，这实际上已经认识到汉语声调的本质特征，即音高变化在音节内部发生。王士元开始用特征描写声调，他给出的特征有曲、高、央、中、升、降、凸7个，并尝试用这些特征对13种声调进行区分。尤其值得注意的是，王士元不是把“曲、升、降、凸”作为“高、央、中”的组合，而是作为独立特征，这和后来的自主音段音系理论处理声调特征的方法不同：

	1	2	3	4	5	6	7	8	9	10	11	12	13
	˥	˩	˦	˨	˧	˧˥	˩˧	˥˧	˧˩	˥˧˥	˧˩˧	˧˥˧	˩˧˩
CONTOUR	−	−	−	−	−	+	+	+	+	+	+	+	+
HGH	−	−	+	−	−	+	−	+	−	+	−	+	−
CENTRAL	−	−	+	+	+	−	−	−	−	−	−	−	−
MID	−	−	−	−	+	−	−	−	−	−	−	−	−
RISNG	−	−	−	−	−	+	+	−	−	+	+	+	+
FALLING	−	−	−	−	−	−	−	+	+	+	+	+	+
CONVEX	−	−	−	−	−	−	−	−	−	−	−	+	+

王士元的研究在声调认识论上引发了一场争议，焦点之一：是汉语这样一种曲拱声调语言和非洲这样的音域声调语言是否需要用两种模式来独立分析？McCIawley（1968）在研究日语音高变化的基础上，把音高变化类型作了以下归类（σ 表示音节，σ 两端的括号表示

域）：

a. 声调（tone）语言　（σ）（σ）（σ）（σ）　（比如汉语）
b. 高音（accent）语言　（σσσσ）　（比如日语）
c. 重音（stress）语言　（σσ）（σσ）　（比如英语）

即声调语言的音高变化模式是在音节中展开的，高音语言的音高变化模式是在大于音节的一个域中展开的，每个域有一个高音，重音语言的重音变化模式是在双音节或音步中展开的。

Woo（1972）在王士元（1967）的基础上，从汉语的角度出发提出了一个不同的特征方案，把音高特征分成5个静态的平调，这样王士元所说的7个特征中的"曲、升、降、凸"都是由静态特征通过动态组合得到的。Woo的做法是要用音域声调语言的描写方法来统一曲拱声调语言。这一静态平调特征表示方法为后来的学者广泛采用。其实这种方法和赵元任（1930）五度标调法的做法是一致的，赵元任当时给出5个相对音高，其他调型都由这5个音高来描写。区别在于赵元任只是把5度表达作为标调的方法，没有独立作为音高特征。Goldsmith（1976）研究了非洲语言的声调和音质音段的关系，提出了自主音段音系学（Autoseg mental Phonology）理论。该理论认为声调的音高变化有独立于音质音段序列的线性结构，声调是由更小的线性单位音高通过组合形成的调型。音高等级的划分比Woo（1972）少，最多可以分成高、中、低三级，这三个特征按照线性组合可以有高中、高低，中低等调型，调型中的音高和音段序列中的元音或莫拉（mora）有一定的连接规律。在音链中，从左到右一个声调特征对应于一个元音或莫拉。如果声调特征匹配莫拉时有剩余，调型中还可以有浮游调（foating tone），在组合中常常被删除或移动到另一个元音或莫拉上。由于非洲语言、日语的音高变化是在音节之间发生的，有时候为了区分的方便，非洲语言、日语的声调可以称之为跨音节声调，汉语的声调是在音节内部发生的，和非洲语言、日语的音高变化不完全相同，可以称之为单音节声调。认识汉语声调或单音节声调的性质及其活动规律是汉语音系研究的重要问题，对整个普通音系理论也有很高的价值。Yip（1980）把自主音段音系学的理论应用于汉语的声调和连读变调分析，讨论了声调的自主性、浮游调等重要问题，认为自主音段理论也适用于汉语，同时提出了自己的声调特征系统，包括调域特征和调高特征两个方面。调域特征把音高范围分成两个部分，调高特征进一步把两个调域部分各分为二。瞿霭堂（1985）提出了调素的概念，和自主音段音系中的 toneme 相当，比如汉语 53 调被看成是由两个调素组成的。语言描写需要多少调素，调素在声调行为中的作用是什么，瞿霭堂当时没有展开。端木三（1994）论证说汉语声调都可以用平调来描写，曲拱调不过是平调的组合，并论证说汉语所有语言中曲拱调总是落在长音节上，因此，每个韵的音段只能承负一个声调特征，或者是 H，或者是 L。陈保亚（1994）在研究汉语和傣语接触时开始用音高特征（区别性超音段特征）来描述西南官话和傣语的声调，西南官话的声调被描述为只有高低两个音高特征，升调和降调是这两个高低特征的线性组合：

汉语声调的特征矩阵

	升	降	平
高		53	55
低	213	31	

傣语声调的特征矩阵

	升	降	平
高	35	53	55
中		43	
低	213	31	

通过这种描述，陈保亚讨论了傣语声调和汉语声调在接触中的互协机制。

汉语的一个音节到底连接几个音高特征？汉语中有没有浮游调？汉语声调是否是一个自主平面？这几个问题是相互联系在一起的。早在上个世纪六十年代，林焘（1962）已经提到声调可以超出一个音节而把后面的音节包括进去，这暗示音质音链和音高音链是可以分离的。陆致极（1986）讨论过汉语普通话的两种变调规则，比如“小姐”的变调规则和顺序是：

上声＋上声→阳平＋上声→阳平＋∅→阳平＋轻声

而“姐姐”的变调规则是：

上声 + ∅→半上 + 轻声

陆致极认为轻声在词库中无调，是在组合中获得声调的，并认为声调不仅和音节不在同一个层面，而且是可以分离的。陆致极还认为广州话中存在浮游调。比如：

亚陈　$a^{33}ts'an^{21} \longrightarrow a^{33}ts'an^{35}$

陆致极认为存在一个浮游调 5，进入第 2 个音节后，1 被删除，过程是：

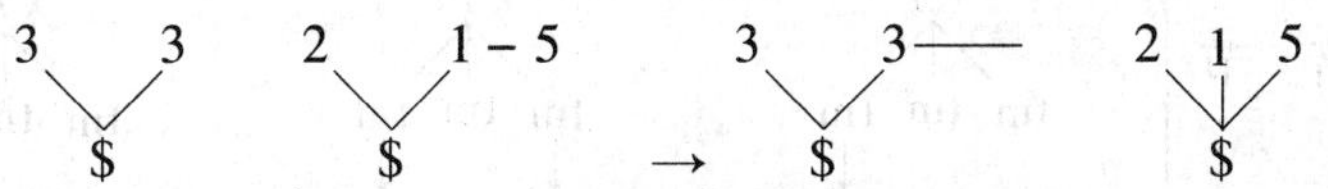

汉语的音高特征和调素是在自主音段理论的影响下提出的，而自主音段理论又主要是在研究非洲语言声调的基础上提出的。这就必然要追问汉语声调承载单位或载调单位（TBU，tone bearing unit）的问题。自主音段理论的基本思想是，声调是和莫拉组合相配的，莫拉是载调单位。每个莫拉所载的是声调特征或音高，几个不同音高的莫拉在一起就形成了高低起伏的声调。Yip（1989）提出，和汉语声调相配的是音节而不是莫拉，声调的曲折是在音节内部发生的。与 Yip 不同，石基琳（Shih，Chi-lin，1991）、端木三（Duanmu，San，1994）论证了汉语的载调单位是莫拉音段，一个音节连接两个音高特征，汉语声调的最小单位也可以是音高特征，其作用类似音质层面音段的作用，音高的线性组合是调型，端木三认为除了轻声，汉语的每个音节都是两个莫拉，cv 也是两个莫拉，即类似 pa 这样的 cv 音节其实是一个长音节，应该理解成 paa，声调特征和莫拉在线性方向上是一一对应，符合普遍连接规约（UniversaI Association Convention)，两者通常和音节又是二对一的关系：

声调特征 1	声调特征 2	声调特征 3	声调特征 4	……
莫拉 1	莫拉 2	莫拉 3	莫拉 4	……
音节 1		音节 2		……

林华（1998. 1)，认为调素是既表示音高又表示音长的单位，并提出高（H)、中（M)、低（L）三个调素，每个音节由三个调素按照线性排列构成：

阴平 = HHH　　阳平 = MHH　　上声 = LLM　　去声 = HML

林华还提出“调素脱落论”，用“边缘调素”脱落来解释普通话的连读变调。

	第一音节	第二音节	第三音节
双音节音步：	(T tm tm tm ↓ ø	T)$_{ft}$ tm tm tm	
三音节音步：	(T tm tm tm ↓ ø	T tm tm tm ↓ ↓ ø ø	T)$_{ft}$ tm tm tm

tm = 任意一调素　　ø 意为“无有”；“消失”

这个模型的结果是双音节音步中前一个音节的声调会弱化，三音节音步中中间的音节声调弱化最明显。这是一种很有启发性的分析方法，至于为什么一个音节必须是三个调素，可展开进一步分析论证。调素脱落论这种解释还遇到很多反例。比如汉语双音节的轻重至少有两种模型，每一种再组成三音节后又有两种模型，以汉语双音节重轻型为例：

X + 重轻→中重轻：黑芝麻、古汉语

重轻 + X→中轻重：芝麻糊、文字史

如何解释“中重轻”模型，能涉及我们怎样确定音步以及如何理解重音。

与石基琳、端木三的观点一致，王洪君（2008）主张汉语的一个音节有两个莫拉，和非洲语言、日语不同的是，汉语的调型是在一个音节内部实现的，而不是在音节之间实现的，这是汉语和其他语言的一个重要区别。调型的几个声调特征（即音高）按照线性顺序一对一的连接到语素音形或词音形的音质音段序列的莫拉上，如果有剩余，就成为浮游调。浮游调在单念或多音词的末位音节通常会实现出来，在前字音节时通常被删除，在后面有空位时漂流到后面的空位上。上声 214 中的 4 是浮游调，单念时得到实现，在其他调前 4 被删除，在轻声前由于轻声没有自己的声调，是空位，所以 4 漂流到轻声空位上：

上声＋阴平	我说	214＋55→21－55
上声＋阳平	我来	214＋35→21－35
上声＋上声	我走	214＋214→35－214
上声＋去声	我去	214＋51→21－51
上声＋轻声	我的	214＋0→21－4

许毅（Xu，Yi，2001）从另一个角度讨论过轻声的音值，即上声后面的轻声调值是该上声的末段的音值4，这跟浮游调的分析结论是一致的。

当然，有些连读变调用音高—莫拉连接原则或普遍连接规约还无法解释。变调不仅受语音普遍规则制约，还受语音系统规则制约，比较北京话和成都话：

	本调	变调	实例
北京：上声＋上声	214＋214	35－214	买马
成都：去声＋去声	214＋214	214－214	卖肉

两种调型相当的连调，并没有相同的变化，显然说明变调还受语音系统规则制约。如果能够弄清楚普遍规则和系统规则的权重，弄清在什么条件下系统规则起作用，可以进一步认识语音普遍规则的性质。

王洪君（2008）的声调部分在介绍西方自主音段音系学理论的基础上，还论证了赵元任的五度标调和自主音段音系三级标调的异同。自主音段音系学的三级标调是H（高）、M（中）、L（低），这种方法并不严格追问一个语音声调的实际高低，而主要是看有多少相对音高级别，然后通过这些相对音高级别来描写调型。王洪君认为三级标调法是一种功能标调法或宽式标调法，有利于说明音高的系统价值，也就是音系的价值，而五度标调法是一种严式标调法，有利于认识音高的值，但不直接表现系统的功能和价值。认识到这一点在当前的音系研究中很有意义。随着实验语音学的发展，对语音细节的观察越来越充分，有人开始否定或轻视音系的价值。实际上语音的功能具有极其重要的地位，比如德宏傣语有三个降调，但根据我们汇集的调查数据，这三个降调的实际音质根据五度标调是有差别的：

	田	姨母	脸
调查者 1	la51	la41	la31
调查者 2	la53	la42	la32
调查者 3	la54	la43	la31

其实还有更复杂的记音，而且上面的几种记音也还有不同的组合。造成这里的区别其实有两方面的原因，一是不同的发音者存在变异，甚至同一个人的发音也有弥散域，二是记录者可能在记录上也有差异。但是这些不同的细节在功能上并不是重要的，重要的是三个高低不同的降调。

以上研究还涉及到一个根本性的问题：三级功能标调是否是充足的？自主音段音系学认为没有发现有大于三级以上的平调存在。但有些关于汉藏语的调查报告提到多于三个平调的语言或汉语方言，比如广州话，袁家骅等《汉语方言概要》标调为：

阴平	阳平	阴上	阳上	阴去	阳去	上阴入	下阴入	阳入
55,53	21	35	13	33	22	5	33	2,22
诗	时	使	市	试	事	识	泄	食

有些人把阳平记录为 11，这样就出现了 4 个平调，三级功能标调就不充足。当然也可以考虑这样一种方案，把 11 看成 ML（中低）调，并不会产生声调对立的混同，但这样一来功能标调就和调值脱节，成了一种类似 X、Y、Z 的抽象区别符号，其音系表达价值在哪里，需要进一步研究。

美国学者 Yip（1980）在研究汉语声调过程中提出了调域（register）的概念，认为调域是不同于音高（pitch）的概念，并区分出了阴阳域。调域的生理物理属性现在还没有完全弄清楚，但对解释声调活动规则是有意义的。端木三（1990）、包智明（1990）认为调域分清浊，声调分高低。朱晓农（1996）讨论了两者的关系，把调域分成阴、中、阳三域，认为调域和音高分别相当于平面几何上的横坐标和纵坐标，阴域的音高总是比阳域的音高要高。朱晓农（2008）又进一步认为调域与声带的发生状态有关系。王洪君（2008，第十章）通过调域和调高来解释绍兴方言的变调规则，证明调域在声调研究中确实有价值。我们认为调域和古代声母的阴阳或清浊相关，而阴阳或清浊又有嗓音发声的机制，因此认识到调域在声调中的作用可能对进一步认识声调有重要意义。

汉语中不是每个音节都读得一样重，也有轻重的区别。当一个音节轻读时，声调的性质是什么，是需要深究的问题。林茂灿等（1980）、林焘（1985）已经发现轻声的声学性质音长缩短，音强减弱，音色含混，没有固定的音高。端木三（1990）、王洪君（1999、2008）认为轻声的根本特点在音段序列上是单莫拉（single mora），在调型上是无调。这样就能够比较好的解释为什么上声214 后面的轻声的音高为4，因为单莫拉的轻声由于没有调，留下一个声调载体空格，214 后面浮游调正好可以漂移到空格上，所以上声加轻声仍然是214。

3. 连读变调研究的深化

三个或三个以上的上声字连读变调有什么规律，一直没有得到最终解决。卢甲文（1979.2）已经提到三个上声字连读变调和语法层次有关系，他提到了三种类型，其中的两种是很重要的（数字表示调类）：

3 + 3 + 3→(2 − 1) − 3　　　　　　（展览）馆

3 + 3 + 3→3 − (2 − 3)　　　　　　纸（雨伞）

卢甲文提到的第3种是“甲、乙、丙”，事实上属于第1种类型，所以本质上只有两种，这两种的区别就是因为层次不同。这是对多字组变调的一个重要认识。这种分析方法相当于生成音系学（Chomsky and Halle，1968）中转换的内部循环。子月（1984.4）进一步考虑了结构关系的因素。胡炳忠（1985.1）展开了实验调查，认为三字组变调和结构关系、层次是有联系的，但这些句法因素还不能完全控制变调，还需要考虑变调和逻辑重音的联系。比如：

跑百米：3 + (3 + 3)→3 − 2 − 3

你写稿：3+(3+3)→3-2-3/2-2-3

我也有：3+(3+3)→2-2-3

"跑百米"是述宾关系，只有一种变调方式。"你写稿"是主谓关系，有两种变调方式。"我也有"也是主谓关系，但逻辑重音决定了只能有一种变调方式。沈炯（1994）也提到了层次，同时提出"顺向变调"的概念，即"纸雨伞"可以有下面两种变调结果：

3+3+3→3-2-3　　内部循环变调

3+3+3→2-2-3　　顺向变调

内部循环变调就是按照内部层次来变调，顺向变调则是左线性的变调，变调从最左边一个接一个进行，只要后面有变调条件，左边的音节就变调。鉴于顺向变调的存在，沈炯认为变调还要考虑节奏或音节的松紧关系。这是对多字组变调的另一个认识。

音节松紧的一个重要参数就是音步（foot），音步和结构的层次不是完全一致的：

他也只懂现代英语

句法层次：[他 [也 [只 [懂 [现代] [英语]]]]]

音步：他也/只懂/现代/英语/

陈渊泉（2000）提出几个基本条件来解释变调规则，这些条件按其权重先后有：音步不要跨越句法成分，音步是两个音节，节律单位在形态或句法上关系密切，音步从左到右切分。尽管这些条件还不能完全控制变调规则，但可以看出这些条件在变调规则中起了相当大的作用。到此为止，有一点已经认识清楚，多字组变调规则不仅和句法有关系，而且和节律有关系。在这样一种认识基础上，汉语变调规则原理的研究有了进一步深化。梁源、黄良喜（2006.2）在 Selkirk（1995）"右排齐"（Align Right）理论和陈渊泉的音步不跨越句法成分理论的基础上，提出多上声字组变调的判定条件：

a. 尽可能按双音节组合音步

b. 音步的右边界必须是句法实词直接成分的右边界

c. 音步不要跨越句法成分

目前各种多上声字组的解释模型都能解释很多实例，但也还存在很多例外。多上声字组的制约条件规约起来有两个，一个是语法层次（包括构词层次和句法层次），一个是节律层次，当这两个条件不对应的时候，比如上面的例子“他也只懂现代英语”，哪个条件的权重大，这是目前要解决的难题。另外，还有没有其他条件在制约变调规则，也需要进一步研究。

李小凡（2004.1）对汉语方言的连读变调进行了分层和分类。分层着眼于语言系统，根据连调在语音和语义层面上的不同表现，将其区分为单层面和跨层面两个不同的层级。只在语音层面发生声调变异的为语音变调，在语音层面和语义层面都发生变异的为音义变调。分类是在分层的基础上，对两类不同层级的连调按音变方式进一步区分其类型，语音变调分为简化型、异化型、中和型，音义变调包括声调包络、叠合型连调、小称变调、重叠变调，等等。

多数学者对变调规则的条件的认识多集中在节律、层次、结构关系三个方面。变调背后的规律有时候是相当隐蔽的，至今还有很多规则没有被发现。如何找出这些规则的背后条件，而不仅仅是对已经发现的规则作不同的表述，是一个相当重要的工作。钟荣富（1989）开始从 c-command 条件来观察客家话阳平连读变调规则，即客家话阳平变调规则需要在 c-command 条件中发生。张洪明（1992）认为空语类和非空语类的区分对变调有影响，同时还认为 c-command 条件决定了丹阳话变调中的声调延伸范围。比如：

大 [眼睛]

[霸王] 弓

由于“大” c-command “眼、睛”两个字，所以变调延伸到这两个字，但“霸”只 c-command “王”，不 c-command “弓”，所以变调不延伸到“弓”。宋作艳（2005.2）用 c-command 条件比较好的解释了汉语“一”的变调规则。汉语“一”的变调很早已经被注意到，开始大家以为只是“一”后面的字调在起作用。上个世纪 70 年代末，许德楠（1979.1）从语法上详细描写了数词“一”各种声调的分布环境，并从意义上区分出了系列性的“一”和指称性的“一”，前者不变调，后者变调。比如：

一比零　“一”不变

一碗油　“一”可变去声

发现变调的这类语义条件是对变调条件的一个新的认识。金有景（1979.5）进一步指出“一”的变调是“结构变调”，受语言结构的制约，并找出了跟变调与否相关的六个因素：音节、词义、位置、结构、层次、声调组合。宋作艳在此基础上结合对大量语料的考察发现了隐藏在背后的真正条件从根本上看实际上只有两个，一个是语义的，一个是结构的：

a.“一”是否表序数

b.“一”是否统制（c-command）后字 x

就第一个条件看，如果表示序数，不变调，否则可以变调。下面的 A 组表示序数，不变调，B 组不受这个条件限制，可以变调。

A 组：一^{1}班、一^{1}声（阴平调）、一^{1}层、一^{1}所

一^{1}段（围棋）、一^{1}把手、一^{1}手货（偏正字组）

B 组：一^{4}班（人马/飞机）、一^{4}声、一^{4}层、一^{4}所

一^{2}段（路）、一^{4}把锁、有一^{4}手（数量字组）

“一”右上方的数字表示变调后的调类。宋作艳发现，在不表序数的情况下，“一”和后面的音节必须有 c-command 的关系。为了更好地说明这个条件，我们考虑下面满足非序数的实例，其中都是“一”和“桌”连接：

一桌好菜　［一桌］［好菜］

同一桌子　［同一］［桌子］

一桌子酒　〈（［一］［桌子］）酒〉

按照一般的理解，“一”和后面的音节有直接成分的关系，上面的三个实例证明这种理解不充分。“一张桌子”中的“一”和“张”是直接成分关系，所以“一”变调。“同一桌子”中的“一”和“桌”不是直接成分关系，“一”不变调。但“一桌子酒”中的“一”和“桌”不是直接成分的关系，“一”仍然会变调。用宋作艳提到的 c-command 方法，就能解决这个问题。c-command 是生成语法中提出的一个重要概念。一般地说，如果有下面的层次关系：

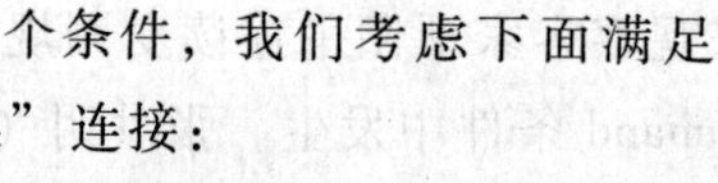

c-command 的关系就有：

B c-command C、F、G

C c-command B、D、E

D c-command E

E c-command D

F c-command G

G c-command F

c-command 既可以是从左到右的，如 B c-command C、F、G，也可以是从右到左的，如 C c-command B、D、E，显然，“一”变调是从左到右的，所以宋作艳的方法可以再限制为非序数的“一”在顺向 c-command 的音节前可以变调。更简单的表述还可以是，非序数“一”在后续姊妹成分的第一个音节前变调。

4. 字调与词调

对汉语变调规律的另一个重要认识是音高特征向后面音节延展的情况。早在二十世纪五十年代，王福堂（1959）已经发现绍兴话的后字变调现象。张惠英（1979.4）在研究崇明方言时观察到这样一种现象：

前字变调阴阳不混，后字阳调都变阴调，或变轻声。

吕叔湘（1980）发现，丹阳话三字、四字组连调各有六种调式，是两字组调式的延长，应用的选择主要取决于首字的字类。许宝华等（1983.3）进一步发现，汉语中有一种变调方式是第一个字决定后面几个字的调型，跟后字的声调没有关系：

清水大闸蟹　tɕʻin˥˧˥ sɿ˩˧˧ du˩˧˧ zaʔ˩˧˧ ha˩˧˩　推板一眼眼　tʻE˥˧˥ pE˩˧˧ iɪʔ˥˧ ŋE˩˧˧ ŋB˩˧˩

省个一百省　sã˩˧˧ gəʔ˩˧˥ iɪʔ˥˧ pɑʔ˥˧ sã˩˧˩　酱油西瓜子　tɕiã˩˧˧ iɤ˩˧˥ ɕi˥˧˧ ko˥˧˧ tsɿ˩˧˩

老实勿客气　ɦlɔ˩˧˧　zəʔ˩˧˥　vəʔ˩˧˧　kʻɑʔ˥˧　tɕʻi˩˧˩像煞有介事　ʑiã˩˧˧　sɑʔ˥˥　iv˩˧˧　kɑ˩˧˧　zɿ˩˧˩

一对搭落苏　ʔiɪʔ˥˧　tƃ˩˧˥　tɑʔ˥˧　loʔ˩˧˧　su˥˧˩拆空老寿星　tsʻɑʔ˥˧　kʻoŋ˥˧˥　lɔ˩˧˧　zɤ˩˧˧　ɕin˥˧˩

陆致极（1986）用自主音段来描写这种变调规律，以首字阴平为例子：

两字组：[55　31]　　例如：伤风

三字组：[55　33　31]　　乖心肝

四字组：[55　33　33　31]　　痴头怪脑

五字组：[55　33　33　33　31]　　　　“推板一眼眼”

按照高（H）、低（L）声调特征可以描写为：

单　字：H（M）L

两字组：H—ML

三字组：H—M—ML

四字组：H—M—M—ML

五字组：H—M—M—M—ML

生成规则为：

两字组　H　M　L　ø　H　M　L—H　M　L

　　　　　　　　→|　　　|→|　\　|

　　　　$\$_1$　$\$_2$　$\$_1$　$\$_2$　$\$_1$　$\$_2$

三字组　H　M　L　ø　ø　H　M　L　H　M　L

　　　　　　　　→|　|　|　→|　|　\　|

　　　　$\$_1$　$\$_2$　$\$_2$　$\$_1$　$\$_2$　$\$_3$　$\$_1$　$\$_2$　$\$_3$

其中 $ 为音节。多字组依次类推。石基琳（1986）从类型学的角度在汉语方言中分出以词为单位的词调（M-tone）和以字或音节为单位的字调（Z-tone），前者以上海话为代表，后者以北京话为代表，认为字调语言有向词调语言发展的趋势。

张正生（Zhang Zhengsheng，1988）提出一种观点，丹阳话的声调表达单位是音步，上海话的声调表达单位是语音词。Yip（1989）在她所区分的阴阳域的基础上，进一步分析了无锡方言声调特征向后延伸的变调现象。经过这些学者的研究，汉语部分方言声调特征向后延伸的现象是否可以和非洲语言的声调机制或词调机制统一起来？陆致极（1986）认为两者是有区别的，汉语声调延伸的特点在于和首字字调有关系。王洪君（2008）则进一步分析了绍兴话、丹阳话音高特征向后延伸的变调现象，王洪君认为尽管特征延伸式变调现象看起来像多音节词中的“词调”或非洲语言的声调，但和词调或非洲语言的声调有本质区别。延伸式变调仍然可以通过第一个音节的声调推导出来，而真正的词调不能做到这一点。王洪君在此基础上还讨论了汉语声调和非洲语言声调的异同。王洪君认为相同点在于：

1. 两者都有声调特征和调型两种单位；

2. 声调特征与莫拉相连接，有区别调型的作用；调型与某级语法单位（语素或词干或词）相连，有区别词形的作用；

3. 调型连续时可能发生声调的删除、延展、关联、浮游特征的漂移等传递变化。

关于不同的方面，王洪君认为汉语声调有以下特点：

1. 调型一般与语素相连，语素一般是单音节的，因此调型一般与单音节的字相连。

2. 调型连读时既可以有以声调特征为单位的传递变化，也可以有以调型为单位的交替变化（比如上声变阳平），因此调型形成声调层级中的一级重要单位。

3. 调型节点既管辖音高的声调特征，也管辖阴阳调域特征。在以调型为单位的交替变化中，调域也常常有交替变化。

4. 汉语的单字调是汉语声调中至关重要的中枢单位，是不可预测的最小组合单位。单字调音高特征和调域属性必须在词典中注明。单字调以上的变调是可以推导的。

对这些认识还可以再展开讨论，但单字调的核心地位以及汉语变调的可推导性，是不可否认的。

经过以上不同学者的研究，汉语存在不同的变调类型已经得到认识，从音系行为的角度看，其中王洪君所归纳的三种类型，即传递变化、邻调交替、自身交替，应该是一个比较有效的区分。包智明（2005）更进一步发现传递变化和邻调交替这两个特征不受接触影响，而其他类型特征会受接触影响。他考察了9种有代表性的方言变调：

九方言变调语法之比较

	官话			吴话			闽方言		
	北京	敦煌	镇江	上海	绍兴	永康	厦门	永福	福州
邻调引发	是	是	是	否	否	否	否	否	否
变调延伸	否	否	否	是	是	是	否	否	否
结构作用	有	阙	无	无	无	无	无	无	无
主导音节	右	右	右	左	左	右	右	右	右
外围规则	无	无	无	无	有	有	无	有	有

这里的邻调引发相当于邻调交替。

5. 节律研究

英语中 Prosodic Phonology 和 Metrical Phonology 是有区别的。Prosodic Phonology 主要涉及语调、超音段现象、元音和谐等方面。Metrical Phonology 主要涉及节奏、停延、轻重音交替等问题，内容比 Prosodic Phonology 要窄。汉语中 Prosodic Phonology 通常被翻译成韵律音系学，Metrical Phonology 有时候翻译成韵律音系学，有时候翻译成节律音系学，因此节律也有人称为韵律。下面要讨论的节律主要指 Metrical Phonology 的内容，是狭义的韵律学，指节奏、停延、轻重音交替等内容。有时候为了陈述某些研究成果，也按照原作者的习惯使用韵律这个名称，但实际上都是指节律（Metrical Phonology）。

节律有哪些层级单位，如何判定，这些单位是如何组合的，这些问题构成了节律研究的主要内容，是音系理论的主要内容之一，也是理论和应用中的难点问题。Wright（1983）研究了汉语方言福州话、上海话、潮州话和厦门话的变调现象，这几种方言是汉语变调现象最复杂的几种方言。Wright 认为汉语方言有双音节重音音步和三音节重音音步，每个重音音步都有一个强音节。Wright 还提出了汉语中的莫拉（mora）概念，强音节为两个莫拉。Wright 的变调分析就是在这样一个认识基础上展开的。Selkirk（1984）提出节律层阶的各级单位是：音节、音步、韵律词、小韵律短语、大韵律短语、语调短语和话语。研究汉语音系学的学者从上个世纪 80 年代末开始也不同程度的接受和参考了莫拉、音节、音步、韵律词、韵律短语、语调短语和话语这样一个韵律层阶体系，比如张洪明（1992）认为汉语的节律层阶模式是：

以响度为基础的层级			以语素、句法为基础的层阶			以焦点为基础的层级	
莫拉	音节	音步	语音词	附着组	音系短语	语调短语	话语

当然各家关于节律层阶单位的严格的定义并不一致。比较公认的层阶结构有音节、音步、韵律词、韵律短语、语调短语和句子。通常又把这些层级结构叫节律单位，这是一种不准确的说法，因为这些所谓的单位都是可派生的，并不是词库意义上的单位。有时候为了陈述各家理论，节律单位这一术语也会使用到，不过应该注意这些节律单位不过是根据停延大小确定下来的节律段。怎样确定这些节律段层级是节律研究中的主

要问题之一。

(1) 莫拉、音节和音步

莫拉尽管是比音节短的节律段，但关于莫拉的研究起步要晚得多，是在研究声调特征和音段的关系时才提出的，前面讨论声调时已经涉及到了莫拉问题。端木三（1990；1999.4）提出了汉语音节的一种分析方法。音节分声、韵、调，介音属于声母，每个音节都有一个强制声母，包括零声母，并且都是辅音内容的。每个音节有三个时间空位或时间格，声母一个时间格，韵腹一个时间格，韵尾一个时间格。每个普通音节都是双莫拉，轻音节是单莫拉。莫拉是载调单位（tone bearing unit，简称TBU），承载H、M、L这样的声调特征，两个不同的声调特征不能和同一个莫拉连接，只有末尾的载调单位可以延长成两个载调单位。端木三（1999.4）认为莫拉也可以从轻重节奏来认识，普通音节是双莫拉，是两拍，因此也有重音。轻音节是一个莫拉，是一拍，没有重音。和音节音步类比，端木三提出了莫拉音步。

莫拉是音节内部和时长有关系的节律段，音步则是以音节为节律成分的节律段。音步在节律中是一个重要的层级，前面谈到的变调条件，和音步有很大的关系。在汉语中人们对音步的音系学认识起步也比较晚。季国清（1983）讨论过韵律和音步问题，这是国内比较早的关于音步和韵律方面的研究，此后一段时间没有什么研究。陈渊泉（1979）认为汉语中也存在音步，一般是双音节一音步，三音节为超音步，其中两个音节组成音步，另一个音节附在音步上。陈渊泉的学生石基琳（Shih，Chi-lin，1986）提出了音步生成规则（Foot Formation Rule），她的这种思路实际上并不把音步看成单位，而是派生的结果。其音步生成规则为：

a. 在一列字组中，有直接成分关系的两字组或两音节组首先连接成双音节成分音步；

b. 然后从左到右把其他两两相邻音节连接成双音节的双拍音步，但相邻音节不能是句法分支相反或直接成分相反的成分；

c. 剩下的音节按照句法分支方向和成分音步或双拍音步连接成超音步。

为了更好地了解音步生成规则的实质，我们分析一个普通话的变调例子，方括号表示直接成分构成的音步，即成分音步，圆括号表示没有成分关系的双拍音步，尖括号表示超音步：

〈买[米酒]〉

〈214＋[214＋214]〉

→214－[35－214]→21－35－214

(也买)[米酒]

(214＋214)＋[214＋214]

→(35－214)＋[35－214]→35－21－35－214

(我也)〈买[米酒]〉

(214＋214)＋〈214＋[214＋214]〉

→(35－214)＋〈214＋[35－214]〉→(35－35－21－35－214)

〈[小沈]也〉〈买[米酒]〉

→〈[214＋214]＋214〉〈214＋[214＋214]〉

→〈[35－214]＋214〉〈214＋[35－214]〉

→〈35－35＋214〉〈21－35－214〉

→35－35－35－21－35－214

音步生成规则从一个侧面证明了仅仅依靠层次条件无法说明变调规律。比如“也买雨衣”，按照纯层次条件，变调过程应该是：

也[买[雨衣]]

214＋[214＋[214＋55]]

→214＋[214＋[21－55]]

→214＋[35－21－55]

→21－35－21－55

但更多的变调情况应该是在音步生成规则的条件上进行的：

(也买)[雨衣]

(214＋214)＋[214＋]

→(35－214)＋[21－55]

→35－35－21－55

音步生成规则也遇到很多反例，比如上面的“小沈也买米酒”可能变调方式就不只是上面那一种。不过说音步是通过成分关系和音节条件生成出来的，而不是初始单位，是对音步的重要认识。石基琳的从左到右的连接原则，后来也证明是确定音步的一个重要条件。

自从音步的概念进入音系理论以来，学者们都认为音步一般是两音节，三音节是超音步，一个普通音节和一个轻音节是残音步，一个音节的音步是蜕化音步。这一直是一个假设，没有人提供足够的语言学经验证据，主要理论依据是西方语言理论关于非汉语的音步研究成果。冯胜利《论汉语的“自然音步”》(1998.1）提出了一个自然音步及其判定标准，并给出了一些经验依据。该文把讨论对象限制在汉语中不受句法、语义影响的纯韵律的“自然音步”，比如“布尔什/维克”这样的音节组合。“纸张/粉碎/机”这样的音节组合，由于受到语法结构的影响，属于“非自然音步”。冯胜利认为汉语中的“自然音步”具有自己不同于非自然音步的本质属性，同时由自然音步组成的形式跟由非自然音步组成的形式表现出不同的语法性质，作者论证了下面的几个命题：

一个音步两个音节

单音节不构成音步

奇数字串不可能出现大于三个音节的音步

奇数字串不可能出现两个或两个以上的三音节音步

音步从左向右计算（右向音步）

“右向音步”观点和石基琳（1986）从左到右把单音节连接成双音节而形成双拍音步的思路是一致的。石基琳是在同时考虑语法条件和音节条件的情况下提出从左到右的连接两个音节的双音步生成规则，冯胜利则是在理想的纯语音条件下考虑自然音步，也不否认语法语义条件的作用。如果从纯韵律的角度出发，石基琳的方法和冯胜利的方法有同样的结果。两人的工作为判定字串中音步的生成提供了一个比较有操作性的程序。从两人的判定程序可以看出，识别音步需要音节和句法语义条件，音步和句法层次不一定是吻合的，比如“我也有酒”

句法层次：[我][也有酒]

音步界限：我也/有酒

石基琳、冯胜利的认识实际上和西方关于音步的认识已经有了区别。比如在英语中，音步是指一种轻重交替的节奏，所以也叫双拍步（binary foot)，音步是和重音有关系的。英语的音步重音是在步首。

汉语中到底有没有重音，一直是一个有争议的问题。上面石基琳、冯胜利等分析方式促使我们考虑这样一个问题：汉语在只考虑音节数和语法语义而不考虑重音的情况下，是否也可以生成音步？端木三（1990，1999.4，2004.4）、陆丙甫和端木三（1991）提出汉语也有重音，汉语音步都是左重的，因此确定音步还需要考虑重音。端木三（1999.4）特别指出，重音和音步是共存的，有重音就有音步，有音步就有重音。比如（端木三，2004.4）：

/^皮鞋/　（符合左重步）

/养^鱼/　（不符合左重步）

养/^鱼 X/　（符合左重步）

符号^表示重音。端木三认为“皮鞋”是左重，所以是一个音步，“养鱼”由于是右重，因此不符合音步左重的条件，不是一个音步，必须在“鱼”后面加一个空位 X，组成音步。根据端木三的这种观点，同样是两个音节，“皮鞋”是一个音步，“养鱼”就不得不看成超音步，或则“养”为自由音节，不入音步。端木三（1999.4）提出音步也可以是单音节的，比如：

x　x　x　x

（人之）（初），（性本）（善）。

单音节“初”、“善”后面的停顿可以看成是一个空拍，单拍步加上空拍构成双拍，因此上面一共有四个音步：

x　x　x　x

（人之）（初 0），（性本）（善 0）。

端木三的这种分析是以重音判定为前提的，其可行性涉及汉语是否有重音以及如何判定重音。这方面一直是有分歧的，比如赵元任（Chao，1968）认为汉语是后重。林茂灿等（1984）曾通过对汉语两字组的声学实验和听辨实验研究认为两字组没有轻重的差异（不包括含轻声的两字组和逻辑重音）。王晶、王理嘉（1993.2）的研究发现句子中两字组的组合是重音在前。端木三（1999.4）认为单独的两字组实验之所以后字略重，是后面有停顿的原因。这就涉及到判定重音要考虑停顿因素。端木三（1995）提出过一个声调—重音原则：重读的音节伴随有深层的调型，非重读的音节不伴随深层的调型。根据这一原则，只有有声调的音节才可以重读。这个原则可以在一定程度上支持端木三的汉语有重音的理论。刘现强（2003）通过实验发现汉语音步中前一音节的时长和音高比后音节的时长和音高稍微要大一些，因此认为汉语音步前音节稍微要比后音节重一些。当然，端木三、刘现强所说的重音，已经不是音系学意义上的具有区别语法或意义的功能重音。

通常所说的音步都是以音节来计算节拍的，音步是最小的音节轻重交替片段。端木三（1999.4）从重音出发区分了两种音步，即以音节计算节拍的音节音步和以莫拉计算节拍的莫拉音步，比如：

a.“重重”结构		b.“重轻”结构		
x		x		
(x	x)	(x	x)	音节拍和音节步
taa	maa	maa	ma	
(xx)	(xx)	(xx)	x	莫拉拍和莫拉步
x		x		
大	妈	妈	妈	

端木三认为莫拉拍能够解释为什么普通音节比轻音节重，因为普通音节是两个莫拉，莫拉步也是一重一轻，而轻音节只有一个莫拉，不入莫拉步，没有重音。

从以上研究基本上可以看出，汉语的音步大多数是两音节的（标准音步），一部分是三音节的（超音步），少数是单音节的（需延长韵母）。王洪君（2001）把这种构成成分的音节数目限制概括为“二常规、三可容、一四受限”。这里的“四”的情况主要指“峨嵋山路”等2+1+1类型，节律上似可以与2+2有所不同，但快读时也可以与2+2式混同。这种思路承认有“音步外”的成分。

西方语言学的音步主要是围绕音节组合的轻重交替确定下来的，很多学者研究汉语音步也不同程度的考虑了重音交替。刘现强（2003）提出判定音步的另一种方案，音步被定义为自然话语中两个相邻的可能停延之间的音段。更准确地说，刘现强把音步理解成两端可以有停延但内部没有停延的音段组合。音段由两个或三个音节组成，有时由一个音节组成。刘现强还做出了一个更一般的概括，认为汉语节奏的支点和英语不同，不是重音，而是停延，即某个片段最后一个音节的停顿或延时。根据停延的长短，刘现强认为汉语的节奏层阶可以分为音步、停延段和语调短语。比如：

%[(中国)(人民)][(决心)(继承)][(邓小平)(同志的)(遗志)]%

整个片段是一个语调短语，有比较大的停延，而且有完整的语调。圆括号中的片段是音步，音步之间有可能停延。方括号中是停延段，有明显的停延。停延在汉语节奏中的重要作用，已经得到了大量实验研究的支持。刘现强的节奏层阶不包括音素、音节，他认为音素、音节只是语音基本单位，音节和音步是实现关系，并不是单位和组合的关系，这是很有意义的认识。刘现强也不设立韵律词和韵律短语，这样可以避免名词术语的争论，把研究重点放在节律段大小上。

目前在汉语音步的处理上有一个难点，主要涉及轻声音节的问题。比如“丢在展览馆里了”，可以有两种不同的分析方法：

两音步：　　　　　　　　[丢在][展览馆里了]

两音步加音步外成分：　[丢在][展览馆]〈里了〉

如果从时间上看，“里了”仍然是占有时间的，相当于两个莫拉，时长相当于一个长音节。说“展览馆里了”是一个音步，就等于承认了四个音节一个音步。端木三（1999.4，2000.4）、王洪君（2001.10）主张的是第二种处理方法，“里了”是音步外成分。但音步外音节仍然是有时长的，在节律中处于什么地位，还需要进一步研究。

（2）韵律词和韵律短语

韵律词（prosodic word）这个概念也是从西方引进来的。在McCarthy的理论中，韵律词是音步的上一层韵律单位，因此韵律词最少要有一个音步。节律研究是近十几年来音系研究中最活跃的一个部分，韵律词又是节律研究中比较引人关注的部分，但由于韵律词并没有严格的定义，因此在引入汉语中也遇到了很多问题。冯胜利（1996.1）提出了汉语“韵律词”的概念，韵律词指至少由一个音步构成的最小自由单位。冯胜利提出汉语韵律词一般情况下是一个音步，但没有说为什么不可以是多个音步。冯胜利主要是用音步来定义韵律词，韵律词和音步是对应的，一个音步是一个韵律词，一个超音步是一个超韵律词。

王洪君（1996，2000，2008）认为韵律词是只能顺向连调的稳定单音步或凝固复二步，而韵律短语则可能逆向连调，是多音步或可选多音步。王洪君还把韵律短语分为类词短语和自由短语，类词短语“左重”，内部停延总是小于外部停延，自由短语则“等重”或“右重”，内部停延可大于外部停延。王洪君提出了区分韵律词、类词韵律词（韵律类词或类词短语）、自由韵律短语（韵律短语）的几个标准，其中最主要的依据就是变调的线性方向和停延。变调线性方向的本质是考虑了语法的层次。王洪君首先用典型的单纯词的变调方式确定了韵律词的标准，然后根据内部停延的大小区分韵律类词（类词短语或类韵律词）和韵律短语。比如：

	层次	变调方向		停延	性质
雨伞厂	[[雨伞]厂](2+1)	顺向	35-35-214	没有	韵律词
小雨伞	[小[雨伞]](1+2)	逆向	21/35-35-214	内部小于外部	韵律类词
买雨伞	[买[雨伞]](1+2)	逆向	21-35-214	内部可大于外部	韵律短语

“雨伞厂”的变调方式和典型的单纯词“索马里”变调方式一致，即从左边第一个字开始先变，也即左线性变调。

前面冯胜利关于韵律词的定义必然引出韵律词和音步对应的结论，如果这是对应的，设立韵律词是否是多余的？西方韵律研究中一直没有解释这个问题。王洪君（2001）给出了一个解释。汉语的“音步”和“韵律词”的所指是不同的。韵律词指任何上下文中都是一个单音步的语言成分，其单音步的属性可以在词典中标注，它们在语法上也通常是凝固的，如“雨伞、雨伞厂”。那些在某些上下文中是一个音步、在另一些上下文中不是一个音步的语言成分，单音步并不是它们的固定属性，王洪君处理为“韵律短语”，包括韵律类词。如“小雨伞”、“不高兴”、“买雨伞”。它们在语法上也是不太凝固或完全自由的。总之，“韵律词”是音系语法接面的单位，是从语法单位推导节律的中介；而“音步”则是不考虑语法属性的纯节律单位。

（3）节律层阶的表现形式

英语中的节律层阶主要是根据重音建立起来的，其中也涉及停延的时间，但主要是重音，因此英语的节律也可以称为以重音主导标准的节律。概括地说，重音主导思想的实质是：没有轻重交替就没有节奏，没有节奏就没有节律。根据重音主导标准建立起来的节律层阶有音节、音步、韵律词、韵律短语等。判定一个句子有多少音节、音步比较容易，判定韵律词、韵律短语就比较困难。这需要对节律的表现形式作调查研究。

曹剑芬（1998）对汉语语音节奏表现形式展开了研究，分出了基本节奏单元、节奏群和句子。其基本节奏单元一般都是双音节或三音节的，这为汉语中也存在音步提供了基础。此外李爱军、林茂灿、冯勇强、王蓓、熊子瑜等对各级节奏单位的表现形式做了实验分析，具体内容请参考本书的实验语音学部分。

节律层阶的表现形式从根本上说就是节律手段，或声学表现，如果某一级节律单元没有特定的声学表现，设立这一级节律单元就有问题。节律手段或节律声学表现从根本上说都是音强、音高、音长、停顿的变化，或者说是振幅、频率、时间的变化。音强就是重音问题。汉语中重音到底有没有音系学的价值，现在还不清楚，当然这还涉及到如何定义音系学的范围。赵元任（1922）已经注意到汉语的句重音是和音高区域有关系的，读重音的时候，音高的上下两极会伸长，特别轻的时候会缩小，就像橡皮筋上画上音高曲线，横拉橡皮筋音高曲线的上下范围会扩大，竖拉会缩小。比如去声通常情况下只在几个音阶程度上下滑，重读时就会在十几个音节程度上下滑。前面提到的沈炯（1985）的研究，是在赵元任（1922）的基础上通过实验进一步肯定橡皮筋假说，同时也注意到句子重音的高音线会大幅度上升但低音线上升幅度不大。吴宗济（1993）在赵元任（1926）、沈炯（1985）的基础上，通过实验研究进一步肯定了汉语的句子重音和强调重音体现为连调域中音高的上移，重读程度越强，音高上升幅度越大。当然吴宗济和沈炯的模型并不一样，下面会谈到。

沈炯（1985）已经注意到句子的节奏不是由重音表达的，而是由音高表达的，即音域下限在节奏停顿处比较低，音域下限的下倾（declination）和节奏有关系，这已经涉及到 Pijper and Sanderman（1994）讨论的下倾曲线的重置问题。重置概念简单地说是把节律段开始的音高重新置于一个高度，以免多个节律段音高不断下倾使音高太低，重置也起到节律分界的功能。许毅（1999）认为沈炯所提到的这种下倾是以前面有低音成分为条件的，属于降阶（downstep），他认为汉语只有降阶而没有下倾。王安红（2003）认为没有低音条件也可以下倾，可以分成两种不同的情况，跟重音位置有关系。许毅和王安红的研究是在声学上进一步找下倾条件，其研究仍然说明下倾和节奏有关系。

王蓓等（2001）通过心理实验对一中等规模语料库进行韵律层级（即节律层阶）标注，较全面地分析了汉语韵律层级边界结构的声学相关物，包括低音点、时长和无声段长度。研究主要得到以下结果：1. 低音线较好地反映了韵律层级结构。不出现韵律边界的情况下，低音线渐降；2. 韵律词边界的声学线索是低音线的不连续性和边界前音节的延长，没有无声段；3. 韵律短语和语调短语的边界处，低音线出现重置，语调短语边界处的低音线重置程度显著地大于韵律短语边界处的低音线重置程度，语调短语边界处的无声段也显著长于韵律短语边界处的无声段，两种边界前音节的时长没有显著差异。4. 无声段随韵律等级的增加呈对数增长，边界等级越高无声段的增长越快。王蓓等的研究显示韵律声学表现的存在：

与韵律边界有关的声学特征有无的组合

声学特征	1	2	3	4	5	6
边界前音节延长	-	+	+	+	+	+
音高不连续	-	-	+	+	+	+
音高重置	-	-	-	+	-	+
无声段	-	-	-	-	+	+

目前关于韵律层阶单元的定义和标准各家并不一致，王蓓等的研究说明这些声学特征的有无可以为节律段的区分提供依据。

刘现强（2003）把停延提高到一个节律支点的高度，认为英语节律的主要手段或支点是重音，而汉语节律的支点是停延。刘现强的这一看法不仅仅有汉语音系学的认识意义，还有普通音系学的认识意义，因为Streeter（1978）也发现时长作用对判定短语边界起主要作用，而不是重音。

（4）节律和句法研究

是否可能完全独立于语法语义找出节律层阶规律呢？这也是一种思路。冯胜利提到的自然音步属于这种思路。王洪君（2001）主张把韵律和节律两个术语分开，“韵律单位”一律指兼顾音系语法两层面的接面单位，“节律单位”则指不考虑语法条件的纯音系层面的单位。不过很多人在研究中并没有严格区分这两个概念，原因可能在于并不存在纯语音的节律。除了莫拉和音节，没有任何句子的节律单位可以通过纯语音条件获得。然而在表示节律规律时，最好把节律看作纯音系层面的参数，然后再来观察句法对节律的制约。下面仍然考虑狭义的节律和句法的关系，其中提到的韵律也都是指节律。

节律和句法密切相关，人们可以从节律的角度研究句法，也可以从句法的角度研究节律，后者是音系学研究的内容，下面我们重点讨论这个方面。前面讨论音步、韵律词和韵律短语时已经涉及到节奏和句法层次，比如石基琳的研究。沈小喜（1998）、华武（1998）通过实验分析认为节奏和词、结构关系、音节数量都有相关性。沈小喜的材料和数据比较丰富，她进行了标记实验、听取实验和声学实验。标记实验是指由发音人在读例句后标出自己认为有停顿的地方，听取实验是另外再请人根据听的结果标出自己认为有停顿的地方。曹剑芬（2001）注意到停顿是韵律切分线索，把停顿分成四级，分析了停顿和各种句法结构、层次、词性的关系，并用实验的方法研究了韵律词和韵律短语的切分标准。

以上研究基本认为节律层次和句法层次是相关的，其实这只是一般趋势，这种相关性到底有多大现在还不清楚，因为不同的学者得出的相关分析不完全相同。音步界限和层次界限不一致的情况不少，比如：

音步界限：(小魏)(也很)(高兴)

层次界限：[小魏][也[很高兴]]

因此，节律层阶和句法层阶的关系并不是简单的相关关系，更不是两个层阶单元的一一对应关系，可能会有更复杂的机制。从现有的很多实验结果看，节律是相对独立的一个层面，节律界限是通过一定的句法规则、语音规则生成的。

有的学者已经认识到音步和音节数、重音、语法语义都有关系。这里的语法语义一般是指层次。端木三（1990；1999.4）提出辅重理论，认为在大于词的结构中，辅助成分比核心成分重，并在此基础上力图阐明音步和结构关系联系方式。比如偏正关系的两字组“炒菜”中“炒”是辅助成分或修饰成分，“炒”比“菜”重，这也正好符合他所说的音步左重原则，因此“炒菜”是一个音步。而述宾关系的“炒菜”，由于辅助成分“菜”在后，又由于“菜”比“炒”重，这样一来就和左重原则不一致，这时“菜”必须加一个空拍成为双拍，构成音步，这时“炒”就不入音步。同样是有直接成分关系的双音节，由于结构关系不同，轻重关系也不同，音步分析是不一样的。端木三的分析是否成立，涉及到两个问题：一个是词和结构或词组的区分，这是一个没有解决的问题；另一个问题是，两字组定中结构和述宾结构到底有没有重音的差别。英语中重音之所以具有音系学上的价值，因为重音位置能够造成对立，比如：

'record（名词：记录） re'cord（动词：作记录）

'blackboard（名词：黑板） black'board（词组：黑的板子）

这里的符号'表示重音位置，由于重音位置不同，形成语法和语义的区别。一般认为汉语并没有这样的语法语义层面的重音对立，只有逻辑重音对立。不过端木三的重音主张值得深思。上面的“炒菜”和下面的汉语双字组有定中和述宾的区别：

炖肉、烤肉、烧肉、煮肉、蒸肉、炒肉……

这些双字组到底有没有重音对立，是论证汉语有没有重音的关键。四川话中是有对立的。其他方言有没有这样的对立，今后应该进一步展开实验研究。

端木三（1999.4）还讨论了音步和重音、词长的关系，提出了辅重必双的理论，认为重音需要落在双音节成分上，在多个词组成的结构里，辅助词（指修饰成分、宾语、补语等）比中心词重，所以辅助词往往需要双音节，而中心词不必用双音节。根据端木三的理论，“煤商店”是不好的韵律结构，因为辅助成分“煤”是单音节，不吸引重音。“种植蒜”也是不好的韵律结构，因为辅助成分（即宾语）“蒜”是单音节，不吸引重音。

王洪君（2001.4）对端木三（Duanmu 1997，2000）的“辅重必双”说提出不同看法：（1）“辅单”（辅助成分为单音节）的“大房间”在语法上有正常定中结构，并不是不好的格式，在连调和停延方面与三音单纯词完全不同。（2）形—名定中与名—名定中的单双音节搭配常规不同，而与述宾接近。（3）音节搭配常规是汉语史上双音化历程中名词、动词与形容词的发展差异和单双音节的语法功能分化造成的，与重音无关。（4）VON（“碎纸机”）与OOVVN（“纸张粉碎机”）的次序调整与重音制约、单双音节的不同语法功能等多种因素有关，重音的体现是声调音域的展敛而不是音节的单双。

大多数学者在讨论节律和语法语义关系时，都比较注重句法层次和节律的关系，所面临的根本问题是如何处理节律界限和语法界限（语法层次）的跨界问题。王洪君（2001.10，2005）在区分韵律词和韵律短语（王洪君2000）的基础上，提出了从句法模块来认识节律的思路，谓语动词是句法模块，和谓语成分发生直接成分关系的体词性成分也是句法模块。王洪君将语法结构分为黏合、组合、等立三大类，它们在节律上的表现分别为紧（无内边界、节律界与语法结构界一致）、松（可有内边界、某些条件下左边的成分可跨界）、特松（总有内边界，节律界与语法成分界一致）。也就是说，跨界现象其实只限于组合类。另外，在

黏合类和组合类间还有一个过渡的小的次类。王洪君认为跨界在节律上有音步、停延段两个层次，如下所示（圆括号表音步界，‖和 | 分别表强弱不同的停延段界。# + = 三个符号分别表示句块界、块内属支配关系的成分界、块内属修饰关系的成分界）：

①跨音步界。主要涉及 2 音节、3 音节字组，特别是 1 + 2 字组的前字。如：

语法边界：想# 买 + 雨伞　　　　买#点 = 水果

节律边界：（想买）（雨伞）　　　（买点）（水果）

②跨停延段界。主要涉及 4、5、6 音节或更多音节的字组（以下统称多音节）。如：

语法边界：我#养了#一只 = 卷毛 = 狮狗

节律边界：（我养了）（一只）‖（卷毛）（狮狗）

可跨界成分是否实现为节律跨界，句块或句块内成分是否归并为一个节律单元，则主要取决于节律模式。在去除衬字、衬头、赘尾等节律外成分后，普通话的节律模式在音步和停延段两个层级上都体现为音节数量“二常规、三可容、一四受限”。以音步为例，两个音节的音步是常规，三个音节的音步可以接受，四个音节的音步受到限制。此外，语用方面的强调和话题化也对节律产生影响。董秀芳（2003）在王洪君的基础上进一步对音步和句法的关系作了概括，认为如果 A 是 B 的直接成分，当短语 A 和短语 B 的句法范畴不同时，短语 A 中的成分在韵律上就不能被分开，比如：

结构层次：[买[小雨伞]]

音步划分：买/小雨伞

当 A 和短语 B 的句法范畴相同，短语 A 中的成分在韵律上就可以分开，比如：

结构层次：[想[买雨伞]]

音步划分：想买/雨伞

初敏、王韫佳、包明真（2003）通过分析比较 1000 个句子的多遍发音的节律结构，发现语句的节律组织在没有特殊语义表达需要的情况下仍然存在一定自由度，这种自由度随着节律单元的增大而增大。进一步的研究发现，节律组织中比较稳定的音步和基本节律单元的组织主要受局部语法关系和长度关系的约束，与语句的全局结构关系不大。基于这个观察，初敏等提出一种局部语法关系的线性描述方法，将局部的套合语法关系简化成描述相邻两个成分之间的四类局部语法关系。初敏等还提出节律单元的组织过程可以转化成为比较相邻局部语法关系的松紧度的过程，松紧度处于局部最大值的两个成分将优先组合在同一个节律单元之中。某类语法关系的松紧度还受两个相关成分长度的影响，并且这种长度约束在音步组织和基本节律单元组织中有所不同。音步的组织基本遵循王洪君提出的“二常规、三可容、一四受限”的规则，但基本节律单元的组织则遵循“一二常规、三可容、四受限”的规则。

汉语节律的规律还在讨论中，现在比较清楚的是，节律和构词、句法有着复杂的关系，节律是一个独立的层面，和语法结构似乎并不完全对应，其中音节、音步、词、短语、层次、重音位置等概念是弄清节律规则的重要参数。但汉语节律研究还有很多问题需要解决，尤其是在理论上需要加强严密性。我们认为汉语节律研究的根本问题是要弄清楚在给定音节和句法语义信息的条件下，如何生成或标注停延的层次，不同停延层次的音高、音强及其走向是什么。现有的节律研究过多地去纠缠节律层阶的单位及其定义和判定标准，这样的思路是否有价值需要认真考虑？目前节律层阶单元越分越细，是否有意义？在语法研究中，一个句子的层次是多层嵌套的，当句子非常长的时候，嵌套更复杂，我们并不需要给每一层的直接成分一个名称，或者说列出若干层次单位，因为这些直接成分和层次是可以通过词、语法语义推导出来的。同样的，所谓的音步、韵律词、韵律短语、语调短语等也是可以通过音节和语法语义信息推导山来的。拿音步来说，前面提到的实例：

他也/只懂/现代/英语

这里有4个音步，“他也”和“只懂”是按照双音节音步原则的临时组合，不属于词库信息。“现代”和“英语”是词库信息没有问题，但“现代”和“英语”作为两个音步不是词库信息，可以由规则推导出来，即非轻音双音节词都是一个音步。于是四个非轻音节是两个音步。由于音步不是词库信息，由音步定义的韵律词也不是词库信息。节律研究的目标更应该是怎样在音节、语义语法信息的基础上确定一个语言片段的停延段及其语音表现和功能。

节律研究中亟待解决的另一个问题是如何找出实证标准，比如“大房间”，不同的学者划分出来的音步界限存在几种情况（括号表示音步）：

（大）（房间）

（大房）（间）

（大房间）

音步作为节律中比较基本的节律段在观察事实上尚且有分歧，更高层面的韵律词、韵律短语、语调短语等情况更突出。

6. 语调研究

前面提到沈炯（1985）在赵元任（1926、1933）的代数和理论以及叠加理论的基础上，提出了声调音域的概念，用音域上限和音域下限把语调描写成高音线和低音线的双线模型，音域下限或低音线的走向反映的是节奏，节奏单元越大，音域下限越低。音域上线或高音线反映的是语义焦点。吴宗济（1997）在赵元任的基础上提出了另一种修正，认为赵元任所谈的声调和语调的代数和不应该是声调调型和语调调型的代数和，而是声调平均音高和语调平均音高的代数和。曹剑芬（2002.3）通过实验分析发展了吴宗济（1997）的思路，认为语调是语句音高运动的模式，主要体现为音阶的总体走势及其波动形式，声调是音节或词（组）的音高运动模式，包括调形和相对的音阶特征。在语流中，二者的关系是音阶叠加的“代数和”，而不是调形叠加的“代数和”。

沈炯（1985）还借鉴 Palmer（1922）的语调结构模型提出了汉语语调结构模型，把语调结构分成调冠、调头、调核和调尾，其中提到调核是承载焦点信息，调尾承载语气信息。石锋（1999）认为语调格局包括三个因素：语调曲线的起伏格式，句中各调群调域本身的宽窄，各调群调域相互之间的位置关系。文中还分析了语速对于时长以及元音音质的影响。王安红（2003）的研究和王韫佳（2007）的研究对沈炯的语调结构模式作了进一步论证。吴宗济（1997）和沈炯在声调和语调如何叠加的问题上有分歧，但两家都认为语调是在句末若干个音节链上发生的，可以统一为语调结构模型。前面提到，胡明扬（1987）提出了句末语调模型，与语调结构模型不同，句末语调模型认为普通话的最后一个非轻音节是承载语气的，也只有最后一个非轻声音节有音域变化。前面还提到，瞿霭堂、劲松（1992）也认为语调的承载体是句末节奏单位中的重读音节，和句末语调模型的观点比较一致，当然在一些细节上有区别。

林茂灿（2004，2005）所做的实验显示句末语气引起的音域变化只涉及最后一个非轻声音节。语调结构模型和句末语调模型在实验上的差异说明实验条件、方法和样本有待改善。

7. 优选论与汉语音系学

自从生成音系学问世以后，音系规则及其使用顺序在音系研究中有重要地位。汉语变调能够观察到规则及其使用顺序的存在。比如普通话动词上声重叠“等等、写写”等的变调：

214 + 214
→35 + 214　　　　（连上变调规则）
→35 - 3　　　　　（轻声变调规则）

先用连上规则，再用轻声变调规则。而普通话亲属称谓重叠式“姐姐、奶奶”以及名词重叠式“狗狗”又采取了不同的变调程序，没有经过连上规则，直接用轻声变调规则：

214 + 214
→21 - 4　　　　　（轻声变调规则）

当变调类型增多，音链中的字组增加，规则和顺序更加复杂。

二十世纪九十年代初，Alan Prince 和 Paul Smolensky（1991）鉴于音系研究中规则及其使用顺序太复杂，提出了优选论，该理论之后得到迅速发展。优选论在音系认识论上比以前的模型有比较大的转变。优选论的基本思路是，深层结构通过生成装置（Generater）生成一系列可供选择的候选结构，然后通过评估装置（Evaluator）中的制约条件的筛选将候选结构中的某一种结构实现为表层结构。基本框架可以概括为：

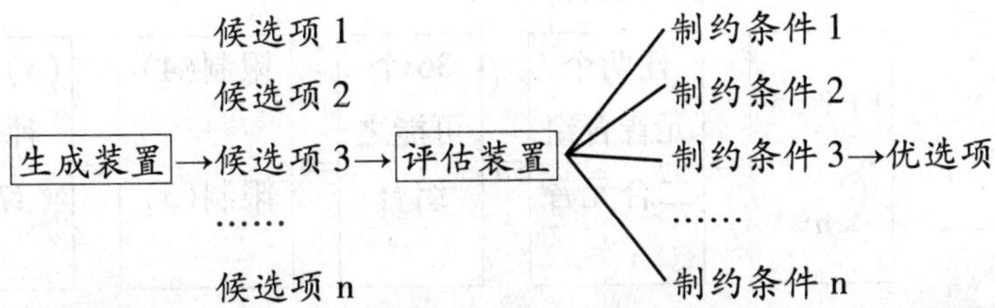

早在优选论引入中国以前，国外学者 Yip（1993a；1993b）就开始用优选论研究汉语广东话。王嘉龄（1995.1）首先介绍了优选论的基本方法。钟荣富（1995.3）在介绍了优选论的分析思路后，首先用优选论分析了普通话二合元音和闽南话中的一些音系现象。此后有一批学者展

开了汉语音系的优选论分析，或涉及优选论分析，如蒋平（1999）分析了汉语声调分布，周晋英（1999）分析了北京话儿化韵，陈渊泉（Chen，2000）分析了汉语方言连读变调模式，李兵（2002.2）分析了鄂伦春语的元音和谐现象，王嘉龄（2002.4）分析了天津话的变调，马秋武（2001；2003；2003.2；2004.1）分析了汉语舌尖元音、儿化、二合元音等现象，王茂林（2007.1）分析了广州话与北京话鼻音分布，王茂林、宫奇（2007.3）分析了汉语浊音清化现象。这些研究都找出了一些制约条件。下面以普通话二合元音为例来分析优选论思路。考虑普通话单元音和双元音的情况：

普通话的元音				普通话的二合元音			
	前	央	后	ie	叶	pei	背
高	i ü		u	uo	窝	ou	欧
中	e		o	iɑ	鸭	ɑi	哀
低		ɑ		uɑ	蛙	ɑu	凹
				üe	约		

这里是以6个普通话单元音为前提，根据优选论，原则上不需要对底层表达进行限制，于是在没有任何制约条件或规则的限制下，二合元音应该是6个元音的任意组合，即6的平方36。这36个可能的二合元音就是候选项，评估装置中的制约条件必须要筛选出其中的合法部分或优选项。钟荣富提出以下两个制约条件：

韵母内的音段不能同时为高元音

韵母内的音段不能一个为后元音，另一个为非后元音

于是最终的二合元音就只能有9个：

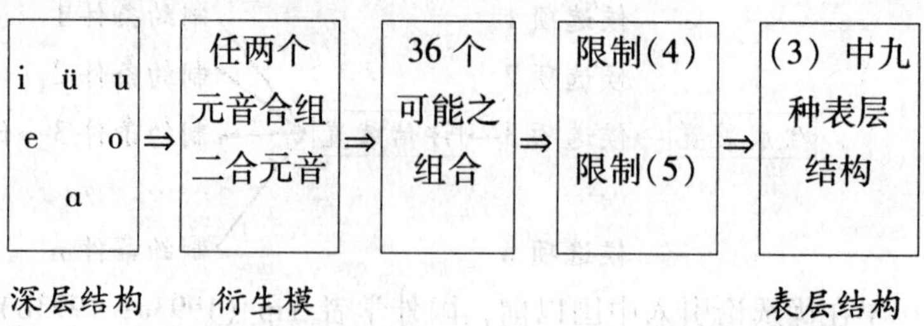

以上用优选论分析普通话二合元音的思路确实可以让我们看到形成二合元音的限制条件。

优选论把目标放在寻找制约条件及其关系上，这是音系认识的一个

进展。按照过去生成音系的生成规则，a 在二合元音中的生成模式是：

a→ɑ/__u，u __

a→a/__i

a→A/i __

显然这里的描写只是把结构语言学的变体描写变成公式描写，把原来的音位变成底层或深层音段，把原来的变体变成表层形式。至于为什么普通话有这样的二元音组合，为什么没有 ae 这样的二合元音，生成音系学及其相关理论并不过问。优选论实际上是在追问这样一些更普遍的原则或条件。

当然，优选论现在还面临很多需要解决的问题。比如，钟荣富上面的解决方案是以深层结构或底层形式中只有 e、o 两个中元音为前提的。马秋武（2004.1）认为，在底层形式中钟荣富的两个中元音已经假设了某些前提，如果中元音像郑锦全（1974）所描写的那样是四个，即 e、o、ɤ、ə，那么钟荣富的上述两条规则就不能排除 uɤ、ɤu 这样的组合。优选论的基本思想是不对底层形式或深层结构作限制，尽可能通过评估装置（即一系列限制条件）来得出最优化的表层结构。面对钟荣富分析中存在的问题，马秋武提出了圆唇性制约条件，即二合元音的两个音段不能一个圆唇，一个不圆唇。这样就排除了 uɤ、ɤu 这样的组合。但问题又来了，普通话的 ye 正好是一个圆唇，一个不圆唇，却是合法的。马秋武认为圆唇性条件在优选顺序上是靠后的，只要不违反前面钟荣富所提到的两个制约条件，就是合法，尽管违背了圆唇性限制条件。这里体现了优选的等级或顺序，优选论允许违背等级靠后的限制条件。以上二合元音的分析，体现了优选论中有很多新的音系认识观念。

当然，以上分析限制条件在重庆话中不适用，重庆话中有二合元音 iu、io，既违背了韵母内的音段不能一个为后元音、另一个为非后元音的条件，也违背了二合元音的两个音段不能一个圆唇、一个不圆唇的条件。那么重庆话的制约条件有哪些？优选论认为，制约条件是有多种的，最后出现的表层结构是违背制约条件最少的那些选项，即和谐度最高的选项。我们现在面临的问题是：到底有哪些制约条件？有没有普遍的制约条件？最优化判定或和谐度怎么计算？这些都需要进行深入的探索。如果考虑更多的汉语方言，情况更复杂。优选论在汉语研究中的前景如何，还需要展开更多的研究。我们认为目前最为关键的问题是，优选论到底在哪些方面超越了基于生成规则的模型，目前关于这方面的论证实际上是相当不充分的。比如汉语的“儿”后缀基本上可以分成儿尾和儿化两种类型，从优选论分析看，儿尾的类型中，输出音节和输入音节相同这一忠实性制约条件占据主导地位，儿化类型中，忠实性条件不占主导地位。如果优选论只停留在这样的认识上，并没有提供更多的音系认识论价值，而只是给已经存在的儿化类型差异提供一种不同的说法。汉语音系的优选论分析应该更多地找出一些结构语言学、生成音系学无法解释的制约原则及其关系。

还有些学者对变调原因作过研究。王嘉龄（2000.4）分析了几种汉语方言的轻声，认为轻声调型是由协同发音和音系制约条件（或规则）共同决定的，还认为轻声和连读变调具有内在联系，可由其调系特点作出原则性的统一解释。王嘉龄（2002.4）认为天津话是两个基本范畴相互作用的结果，一个是语音范畴的协同发音，另一个是音系范畴，即天津话调系特点。王嘉龄的工作是对已经发生变调的现象作机制上的解释。从以上这些研究可以看出，变调乃至一般的语音行为实际上是由两个层面的因素决定的，一个是普遍的语音学原理，一个是具体语言中的语音系统参数。音系学和语音学应该相互结合起来研究，而不是对立起来。

从方法论上看，优选论和结构音系学、生成音系学以及非线性音系学并没有根本的矛盾，优选论更关心的是一个系统为什么会有如此这般的语音形式，更关心的是对人类语言音系背后原因机制的追问，而结构音系学、生成音系学以及非线性音系学更关心的是对音系单位、音系规则的描写。

主要参考文献

（一）

白涤洲　1933《关中方音调查报告》，喻世长整理，中国科学院出版社1954年。

北京大学中文系汉语教研室　1958《现代汉语》，高等教育出版社。

北京大学中文系语言学教研室　1962《汉语方音字汇》，文字改革出版社1989年。

曹剑芬　1995.4《连读变调与轻重对立》，《中国语文》。

陈保亚 1988《语言演变的结构基础》，北京大学中文系硕士学位论文，部分内容载《缀玉集》第一集，北京大学出版社1990。
陈昌仪 1991《赣方言概要》，江西教育出版社。
陈其光 1984. 3《汉藏语的几种变调》，《贵州民族研究》。
陈章太、李如龙 1991《闽语研究》，语文出版社。
程祥徽 1957. 6《关于普通话音位》，《中国语文》。
丁声树、李 荣 1956《汉语方言调查简表》，中国科学院语言研究所。
丁声树、李 荣（等） 1960《昌黎方言志》，科学出版社。
端木三 1997《从汉语的重音谈语言的共性与特性》，《中国语言学论丛》第1辑。
傅懋勣 1953. 11《北京话究竟需要多少拼音字母》，《中国语文》。
1955. 9《拼音汉字中的声调问题》，《中国语文》。
1956《音位的基本理论和实际问题》，《语音调查常识》，中华书局。
1956. 5《北京话的音位和拼音字母》，《中国语文》。
高华年 1980《广州方言研究》，香港商务印书馆。
1954《普通语言学》（上），东方书店，上海。
高名凯 1963《语言论》，商务印书馆1995。
高葆泰 1980. 3《兰州音系略说》，《方言》。
贺 巍 1965. 4《获嘉方言韵母变化的功用举例》，《中国语文》。
1979. 2《获嘉方言的连续变调》，《方言》。
1983《获嘉方言的一种变韵》，《中国语言学报》第1期。
侯精一 1980. 1《平遥方言的连读变调》，《方言》。
1982. 1《平遥方言三字组的连续变调》，《方言》。
1982. 2《平遥方言广用式三字组的连续变调》，《方言》。
1985. 2《晋东南地区的子变韵母》，《中国语文》。
胡炳忠 1977《“三声”变调及其教学》，《语言教学与研究》。
1985. 1《三声三字组的变调规律》，《语言教学与研究》。
1959. 8《海盐通园方言中变调群的语法意义》，《中国语文》。

胡明扬 1982《关于北京话语音、词汇的五项调查》，《中国语言学报》第1期。

1987，《北京话声母W的音值》，《北京话初探》，商务印书馆。

黄伯荣、廖序东 1981，《现代汉语》（第二版），甘肃人民出版社。

黄家教 1958.1《潮州方音概说》，《兰州大学学报》。

1990《论现代汉语的e和er》，《语言文字论集》，广东人民出版社。

霍凯特 1950《北京话形态音素学》，《国外语言学》1980年第5—6期。

黎锦熙 1924《京音入声字谱》，《东方杂志》第21卷第2期。

1958《字母与注音论丛》，文字改革出版社。

李 荣 1957《汉语方言调查手册》，科学出版社。

1978.2《温岭方言的变音》，《中国语文》。又载《语文论衡》。

1979.1《温岭方言的连读变调》，《方言》。

李思敬 1986《汉语儿［er］音史研究》，商务印书馆。

李熙泰 1993.2《厦门方言阴平和阳平的变调》，《方言》。

李小凡 1990a，《苏州话的字调转移及其成因》，《缀玉集》，北京大学出版社。

李新魁 1983《论普通话的音节结构》，《语言研究论丛》第2辑，南开大学中文系编，天津人民出版社。

李行健 1985.1《天津方言的连读变调》，《中国语文》。

李延瑞 1984.4《普通话音位研究述评》，《中国语文》。

1996.2《儿化性质及普通话儿化韵的发展趋势》，《语文建设》。

李兆同、徐思益 1981《语言学导论》，新疆人民出版社。

厉为民 1981，1《试论轻声和重音》，《中国语文》。

梁玉璋 1983.3《福州方言连读音变与语义分别》，《方言》。

林 焘 1957.2《现代汉语补语轻音现象所反映的语法和语义问题》，《北京大学学报》。

1962.7《现代汉语轻音和句法结构的关系》，《中国语文》。

1963.6《北京话的连读音变》,《北京大学学报》。
1985.2《北京话去声连读变调新探》,《中国语文》。
林　焘、王理嘉　1992《语音学教程》,北京大学出版社。
林　焘、沈　炯　1995.3《北京话儿化韵的语音分歧》,《中国语文》。
刘泽先　1957.2《北京话里究竟有多少音节》,《中国语文》。
鲁允中　1995《普通话的轻声和儿化》,商务印书馆。
卢甲文　1979.2《关于三个上声连读变调问题的商榷》,《语言教学与研究》。
陆志韦　1956《关于北京话语音系统的一些问题》,《现代汉语规范问题学术会议文件汇编》,科学出版社。
陆致极　1987.4《试论普通话音位的区别特征》,《语文研究》。
1988.1《关于区别特征的层级性》,《国外语言学》。
吕叔湘　1947《丹阳话里的联词变调》,成都《中国文化研究汇刊》。
1980.2《丹阳方言的声调系统》,《方言》。
罗常培　1930《厦门音系》,中央研究院历史语言研究所出版。
1940《临川音系》,《中央研究院历史语言研究所单刊甲种之十七》,上海商务印书馆。
罗常培、王　均　1957《普通语音学纲要》,商务印书馆,1981。
钱乃荣　1988.1《论普通话语音的音位和区别性特征》,《汉语学习》。
钱乃荣、石汝杰　1983.4《关于苏州方言连调变调的意见》,《方言》。
钱曾怡　1963.1《济南话的变调和轻声》,《山东大学学报》。
1995《论儿化》,《中国语言学报》第5期。
山东大学中文系社会实践方言调查小组 1963.3《烟台方言报告》,《山东大学学报》。
沈　炯　1987.5《北京话合口呼零声母的语音分歧》,《中国语文》。
1994.4《北京话上声连读的调型组合和节奏形式》,《中国语文》。
沈　同　1981,2《老派上海方言的连读变调》,《方言》。

石　锋　1986.1《天津方言双字组声调分析》，《语言研究》。
石毓智　1995.3《论汉语的大音节结构》，《中国语文》。
史存直　1957.2《北京话音位问题商榷》，《中国语文》。
1957.9《从音位学看汉语的字调（声调）》，《中国语文》。
史德贵　1984.1《昌黎方言声调分析》，《唐山师专学报》。
陶燠民　1930《闽音研究》，中央研究院历史语言研究所集刊第1本第4分。
田　恭（罗常培、王均）1955.4《音位和音位学》，《中国语文》。
汪　平　1995《汉语方言四呼比较》，《中国语言学报》第5期。
王福堂　《绍兴话记音》，《语言学论丛》第3辑，上海教育出版社。
王辅世　1963.2《北京话韵母的几个问题》，《中国语文》。
王洪君　1994《什么是音系的基本单位——谈本音与变音》，《现代语言学》，语文出版社。
1996.3《汉语语音词的韵律类型》，《中国语文》。
王理嘉　1983.1《北京话的高元音音位》，《语文研究》。
1985.1《北京话的中元音音位》，《语文研究》。
1985.4《北京话的低元音音位》，《语文研究》。
1988.3《普通话音位研究中的几个问题》，《语文研究》。
1991《音系学基础》，语文出版社
1995《儿化韵语素音位的讨论》，《中国语言学报》第5期。
1998《二十世纪的中国语音学和语音研究》，《二十世纪的中国语言学》，北京大学出版社。
王　力　1979.4《现代汉语语音分析中的几个问题》，《中国语文》。
王维贤　1982《北京话儿化韵中的音位问题》，《语言学年刊》，浙江语言学会。
魏建功　1937《张洵如北平音系十三辙序》，《世界日报·国语周刊》第282、283、284、285期。
吴宗济　1980.5《试论普通话语音的区别特征及其相互关系》，《中国语文》。
1981.1《普通话语调规则初探》，1981年1月在声学学会语言通讯学术交流会上宣读。

1982.6《普通话语句中的声调变化》,《中国语文》。
1985《普通话三字组变调规律》,《中国语言学报》第2期,商务印书馆。
1989《实验语音学概要》,高等教育出版社
1990《汉语普通话语调的基本类型》,《王力先生纪念文集》,商务印书馆。
厦门大学　1962《福建省汉语方言概况》,铅印稿。
熊正辉　1984.2《怎样求出两字组的连读变调规律》,《方言》。
徐世荣　1957.6《试论北京语音的声调音位》,《中国语文》。
1957.8《北京语音音位简述》,《语文学习》。
1960.1《儿化韵的基本变化规律》,《语文学习》。
1960.2《北京话里的两类特殊变调》,《中国语文》。
1961.5《意群重音和语法结构的关系》,《中国语文》。
1978.3《谈谈普通话变调中的两个小问题》,《语言教学与研究》。
徐通锵　1989.2《变异中的时间和语言研究》,《中国语文》。
1990.1《结构的不平衡性和语言演变的原因》,《中国语文》。
徐云扬　1988.5《自主音段音韵学理论与上海声调变读》,《中国语文》。
许宝华　1957.12《上海话的读书音和说话音》,《语文知识》。
许宝华、汤珍珠　1962.1《上海方言的内部差异》,《复旦大学学报》。
薛凤生　1982.2《论音变与音位结构的关系》,《语言研究》。
1986《北京音系解析》,北京语言学院出版社。
杨时逢　1969《云南方言调查报告》,台湾中央研究院历史语言研究所。
1974《湖南方言调查报告》,台湾中央研究院历史语言研究所。
1984《四川方言调查报告》,台北历史语言研究所。
叶祥苓　1958《吴方言研究》,《方言与普通话集刊》第5本。
1958《吴江方言的声调》,《方言与普通话集刊》第5本。

1979.1《苏州方言的连读变调》,《方言》。
1979.4《再论苏州方言上声和阴去的连调变调》,《方言》。
1980.2《关于吴江方言声调的两点说明》,《南京师院学报》。
尹仲贤 1957.6《汉语的声调在音位系统中的地位》,《中国语文》。
游汝杰、钱乃荣、高钲夏 1980.5《论普通话的音位系统》,《中国语文》。
袁家骅等 1960《汉语方言概要》,文字改革出版社。
詹伯慧 1959《潮州方言》,《方言和普通话丛刊》,中国语文杂志社。
张成材 1980.4《西宁方言记略》,《方言》。
张惠英 1979.4《崇明方言的连读变调》,《方言》。
1980.1《三字组广用式的连读变调》,《方言》。
张家茂 1979.4《苏州方言上声和阴去的连调变调》,《方言》。
张 静 1957.2《谈北京话的音位》,《中国语文》。
张盛裕 1979.2《潮阳方言的连读变调》,《方言》。
1981.1《潮阳方言的语音系统》,《方言》。
张为纲 1947.1《北平音入声的演变和连音的变化》,《文学》。
张洵如 1937《北平音系十三辙》,中国大辞典编纂处。
1949《北平音系小辙编》,开明书局。
赵元任 1922《国语罗马字的研究》,《国语周刊》(原《国语旬刊》)1卷7期。
1923《国语新诗韵》,上海:商务印书馆。
1928《现代吴语的研究》,清华学校研究院丛书第4种。
1930《一套标调的字母》,《中国现代语言学的开拓和发展》,清华大学出版社。
1933《汉语的字调跟语调》,《中国现代语言学的开拓和发展》,清华大学出版社1992。
1934《音位标音法的多能性》,《中国现代语言学的开拓和发展》,清华大学出版社1992。
1937《北平音系的性质》,《国语周刊》第289期。
Chao,1939《钟祥方言记》,《中央研究院历史语言研究所单刊》，甲种之十五。

1959《语言问题》，商务印书馆1980年。

1968《汉语口语语法》，吕叔湘译，商务印书馆1979年。

赵元任、丁声树等　1948《湖北方言调查报告》，《中央研究院历史语言研究所专刊》之十八。

郑张尚芳　1980.4《温州方言儿尾词的语音变化》（一），《方言》。

1981.1《温州方言儿尾词的语音变化》（二），《方言》。

周同春　1982《北京语音的音位系统》，《语言文学论文集》（下），北京师范大学出版社。

周耀文　1958.2《怎样处理声调在音位系统中的地位问题》，《中国语文》。

子　月　1984.4《也谈三个上声连读变调的问题》，《语言教学与研究》。

Hartman, L. M. 1944, The segmental phonemes of the Peking Dialect, Language 20.

Hockett, C. F. 1947, Peking phonology, Journal of American Oriental Society, 67.

Jakobson R., C. Fant, and M. Halle, 1952, Preliminaries to Speech Analysis, The MIT Press, Boston.

Goldsmith, J. 1976, Autosegmental Phonology, PhD dissertation, MIT.

McCawley, J. 1968, The phonological component of a grammar of Japanese, The Hague: Mouton.

Pike, K. L 1948, Tone Languages, Ann Arbor: University of Michigan Press.

Pijper, J. R. and A. A. Sanderman 1994, On the perceptual strenth of prosodic boundaries and its relation to suprasegmental cues, Journal Accoustic of Society of Amerca, 96 (4).

Selkirk, E. 1984, Phonology and Syntax, MIT Press.

Streeter, L. A. 1978, Acoustic determinate of phrase boundary perception, Journal Accoustic of Society of America.

Woo, Nancy 1972, Prosody and Phonology, PhD Dissertation, MIT.

Wright, M. S. 1983, A Metrical Approach to Tone Sandhi in Chinese Dialects, PhD Dissertation, MIT.

Yip, Moira 1980, The Tonal Phonology of Chinese, PhD. Dissertation, Garland Press, New York, 1990.

1993a, Cantonese loanword phonology and Optimality Theory, Journal of East Asian Linugistics 2.

1993b, Phonological constraints, optimality, and phonetic realization in Cantonese, Ms., Rutgers Optimality Archives (ROA).

1989, Contour Tones, Phonology 6.

(二)

包智明 2005,《方言接触对变调语法的影响》,《语言学论丛》第31辑,上海教育出版社。

包智明(Bao, Zhiming) 1990 On the Nature of Tone, PhD Dissertation, MIT

包智明、侍建国、许德宝 1997《生成音系学理论及其应用》,中国社会科学出版社。

曹剑芬 2001《汉语韵律切分的语音学和语言学线索》,《新世纪的现代语音学》——第五届全国现代语音学学术会议论文集,清华大学出版社2001年。

1998《汉语普通话语音节奏的初步研究》,《语言所语音研究报告》,中国社会科学院语言研究所语音实验室

2002.3《汉语声调与语调的关系》,《中国语文》。

陈保亚 1992《语言文化论》,云南大学出版社。

1994《论语言接触与语言联盟》,北京大学博士学位论文,语文出版社1996年。

2007.2《语素音形:提取核心语音单位的起点》,《语言研究》。

陈丽萍、姜晖 1994.1—2,《近年来美国大学汉语音系学博士论文简介》,《国外语言学》。

陈渊泉(Chen, M.Y.) 1979, Metrical structure: Evidence from

Chinese poetry, Linguistic Inquiry 10.

2000, Tone Sandhi: Patterns Across Chinese Dialects, 外语教学与研究出版社 2001 年。

初　敏、王韫佳、包明真　2003《普通话节律组织中的局部语法约束和长度约束》,《第六届全国现代语音学学术会议论文集》(上).

董秀芳　2003《音步模式与句法结构的关系》,《语言学论丛》第 27 辑,商务印书馆。

端木三 (Duanmu, San)　1995, Metrical and phonology of compounds in two Chinese dialects, Language 71.

1990, A Formal Study of Syllable, Tone, Stress, and Domain in Chinese Language, PhD Dissertation, MIT

1994, Against contour tone units, Language Inquiry 25.

2000.4,《汉语的节奏》,《当代语言学》。

1999.4,《重音理论和汉语的词长选择》,《中国语文》。

冯胜利　1998.1,《论汉语的自然音步》,《中国语文》。

1996.1,《论汉语的韵律词》,《中国社会科学》。

1995, Prosodic Structure and Prosodically Constrained Syntax in Chinese, Doctoral Dissertation, University of Pennsylvania.

胡明扬　1987《北京话的语调问题》,《北京话初探》,商务印书馆。

华　武　1998《朗读语句停顿分布感知实验》,《语言所语音研究报告》。

蒋　平　1999《汉语诸方言声调分布的优选分析》,陈恩泉主编:《汉语双方言》(五),汉学出版社。

金有景　1979.5《普通话一字声调的读法》,《中国语文》。

李　兵　2002.2《舌根后缩元音和谐系统中性元音的可透性》,《民族语文》。

李小凡　2004.1 汉语方言连读变调的层级和类型,《方言》。

梁　源、黄良喜　2006.2《北京话的连上变调》,《中国语文》。

林　华　1998.1《调素论及普通话连读变调》,《中国语文》。

林茂灿、颜景助 1980.3《北京话轻声的声学性质》,《方言》。
林茂灿、颜景助、孙国华 1984.1《北京话两字组正常重音的初步试验》,《方言》。
林 焘 1985《探讨北京话轻音性质的初步实验》,《北京语音实验录》,林焘、王理嘉等著,北京大学出版社。
刘现强 2003《现代汉语节奏研究》,北京语言语言文化大学出版社2007年。
陆丙甫 1989.3《结构、节奏、松紧、轻重在汉语中的相互作用》,《汉语学习》。
陆丙辅、端木三(Lu, Bingfu and Duanmu San) 1991, A case study of the relation between rhythm and syntax in Chinese, Paper presented at the Third North Americaan Conference on Chinese Linguistics, May, 3—5, Ithaca.
陆致极 1986.4《关于声调理论的探索》,《汉语学习》。
马秋武 2003.2《北京话儿化的优选论分析》,《现代外语》。
2001《普通话舌尖元音的优选论分析》,《新世纪的现代语音学》,清华大学出版社。
2004.1《普通话二合元音韵母的组构与优选论分析》,《当代语言学》。
2003《优选论与汉语普通话的音节组构》,南开大学出版社。
2009.1《南京方言两字组连读变调的优选论分析》,《语言研究》。
毛洪波 2003《汉语连读变调解释性研究述评》,《第六届全国现代语音学学术会议论文集》(下)。
瞿霭堂、劲 松 1992.5《北京话的字调和语调》,《中国人民大学学报》。
沈 炯 1994《汉语语调构造和语调类型》,《方言》。
1995.2《汉语音高系统的有声性和区别性》,《语言文字应用》。
1985《北京话声调的音域与语调》,《北京语音实验录》,北京大学出版社。

沈小喜　1998《汉语的节奏单位和语法结构》，北京大学博士论文。

石　锋　1999《汉语语调格局在不同语素中的表现》，《中国语言学的新拓展》，香港城市大学出版社。

石基琳（Shih，Chi－lin）　1986，The Prosodic Domain of Tone Sandi in Chinese，MIT Dissertation，University of California at San Diego.

1991，Pitch variation across word boundary，Paper presented at the Third North American Conference on Chinese Linguistics，Cornell.

宋作艳　2005.1《控制一变调的相关因素分析》，《汉语学习》。

王安红　2003《普通话语调音高降势现象研究》，北京大学博士论文。

王福堂　1959《绍兴话记音》，《语言学论丛》第3辑，上海教育出版社。

王洪君　1999《汉语非线性音系学》，北京大学出版社。

2001.10《节律单位边界与语法语用的关联》，2001年10月在IBM公司所做的报告。载《语言学论丛》第26辑，商务印书馆。

2000.6《汉语的韵律词与韵律短语》，《中国语文》。

2001.4《音节单双、音域展敛（重音）与语法结构类型和成分次序》，《当代语言学》。

2005《普通话节律与句法语用关联之再探》，《第八届全国人机语音通讯学术会议论文集》。

2008《汉语非线性音系学》（增订本），北京大学出版社。

王嘉龄　1995.1《优选论》，《国外语言学》。

2002.4《优选论和天津话的连读变调及轻声》，《中国语文》。

2000.4《实验语音学、生成音系学与汉语轻声音高的研究》，《当代语言学》。

王　晶、王理嘉　1993.2《普通话多音节词音节时长分布模式》,《中国语文》。
王理嘉、王海丹　1991.2《儿化韵研究中的几个问题——与李思敬先生商榷》,《中国语文》。
王理嘉主编　2003《二十世纪现代汉语语音论著索引和指要》,《商务印书馆》。
王茂林　2007.1《广州话与北京话鼻音分布的优选论分析》,《当代语言学》。
王茂林、宫　齐　2007.3《汉语浊塞音声母清化的优选论分析》,《兰州大学学报》。
王士元（Wang, William S-Y.）　1967, Phonological features of tone, International Journal of American Linguistics（译文载石锋《语音学探微》）。
王韫佳　2007《试论普通话疑问语气的声学关联物》,《语言学论丛》第37辑，商务印书馆。
王　蓓、杨玉芳、吕士楠　2001《汉语韵律层级边界结构的声学相关物》,《新世纪的现代语音学》——第五届全国现代语音学学术会议论文集，清华大学出版社，2001年9月。
吴宗济　1997b《从声调与乐律的关系提出普通话语调处理的新方法》,《庆祝中国社会科学院语言研究所建所45周年学术论文集》，商务印书馆。
1993《普通话调分析的一种新方法》，曹文译，载《吴宗济语言学论文集》，商务印书馆2004年。
许宝华、汤珍珠、钱乃荣　1981.2《新派上海方言的连续变调》,《方言》。
1982.2《新派上海方言的连续变调》(二),《方言》。
1983.3《新派上海方言的连续变调》(三),《方言》。
许德楠　1979.1《一的变调规律同语法作用的关系》,《语言教学与研究》。
许　毅（Xu, Yi）　1999 Effects of Tone and Focus on the Formation and Alignment of Fo Contours, Journal of Phonetics 27.
（Xu, Yi）　2001 Pitch Targets and Their Realization: Evi-

dence from Mandarin, Speech Communication 33.

闫小斌、马秋武　2007.2《中国优选论研究十年》,《外国语言文学》。

张洪明（Zhang, Hongming）　1992 Topics in Chinese Phrasal Tonology, PhD Dissertation. UC, San Diego.

张　旭　2000.1 汉语语流变调的理论释说问题刍议，天津师大学报。

张正生（Zhang, Zhengsheng）　1988 Tone and Tone Sandhi in Chinese

赵元任　1922《中国言语字调底实验研究法》，吴宗济、赵新那编《赵元任语言学论文集》，商务印书馆 2002 年。

钟荣富　1995.3《优选论与汉语的音系》,《国外语言学》。

钟荣富（Zhong, Rongfu）　1989 Aspects of Kejia Phonology, PHD Dissertation, University of Illinois at Urbana – Cham Paign.

周晋英　1999《北京话儿化韵的优选论分析》,《首都师范大学学报（社会科学版)》。

朱晓农　1996.2《上海音系》,《国外语言学》。

2008《中国语言中具有语言学功能的发生态》,《第 8 届中国语音学学术会议论文》。

第十章　现代语音学在中国的兴起

一、现代语音学在中国的起步

1. 实验语音学的产生

语音学（phonetics）和音系学（phonology）是两个不同的概念。语音学是研究言语中声音的发生、传递和感知特征，并对语音特征进行描写和分类的科学。音系学研究的是语言的语音系统，其目标是要论证语音的区别性模式。语音学关心的是语音的客观特征，音系学关心的是语音的功能。传统的音韵学属于音系学的范畴。语音学从语言学中逐步独立出来，在欧洲始于十九世纪中期。这时人们对语音的研究主要在发音的分析方面。到了十九世纪末、二十世纪初，人们觉得单凭脑、耳和自己的发音器官的感性认识很难将语音研究深入下去。此时欧美正处于现代科学技术的萌芽时期，一些自然科学家开始运用生理和物理的仪器对语音进行较为细致的分析，揭示出了很多传统的口耳之学不可能发现的现象，这样，一门新兴的学科——实验语音学诞生了。实验语音学也被称为仪器的语音学，在这门学科中，人们借助各种仪器，如医学、声学仪器等，对语音进行定量的、客观的分析。实验语音学除了使语音学的研究朝着细致、客观和科学的方向深入发展以外，更重要的是其研究成果为通讯工程、医学、心理学、计算机的语言合成及语言识别等学科所利用，是一门既有理论意义、又有实践意义的学科。在实验语音学的萌芽时期，现代科学技术也才刚刚起步，因此那时的主要实验设备只是用于分析语音物理性质的浪纹计和用于分析舌位的假腭等一些比较简单的仪器。

2. 实验语音学传入中国

实验语音学在欧洲产生的时候，中国正处于由封建社会向半封建、半殖民地社会的转化时期，科学和民主的思想开始为进步青年所倡导，一些青年知识分子有机会留学欧美，并把在西方学到的现代文化带回中国。实验语音学在诞生不久后就传入了中国。最早接触实验语音学并进行了实际的研究工作的是赵元任、刘复和王力。

赵元任是最早接触西方现代语音学的中国语言学家。他于1910年去美国留学，先在康奈尔大学学习物理和数学，后来又到哈佛研究院专修哲学，同时选修了很多语言学的课程。那时无线电技术刚刚兴起，赵元任对与无线电相关的声学很感兴趣。在美期间他虽然没有专门从事实验语音学方面的工作，但他所受的自然科学和语言学的双重教育无疑是他回国后从事实验语音学的重要原因。1922年赵元任发表了《中国言语字调的研究方法》，这是中国发表的第一篇实验语音学方面的论文。

刘复于1920年春去欧洲留学，先在英国伦敦大学，次年转入法国巴黎大学，并在法兰西学院听讲，专攻语音学，1925年以《汉语字声实验录》和《国语运动史》获文学博士学位，同年回国，致力于实验语音学的教学和研究。《汉语字声实验录》的主要内容1924年由上海群益书社出版，名为《四声实验录》。

王力于1927年入法国巴黎大学，专攻实验语音学，以《博白方音实验录》获文学博士学位，次年回国。王力回国后虽然没有像刘复那样专门从事实验语音学的研究，但他在汉语音韵学研究中的突出贡献与他在西方所受的现代语音学教育是分不开的。

后来成为语言学大师的赵元任、刘复和王力等人把西方新兴起的实验语音学带回中国，不仅使中国的语言学增添了一门新的分支学科，同时也使传统的音韵学在研究方法上有了重大突破。

3. 初期成就

(1)《中国言语字调的实验研究》

赵元任早年在美国时就注意到用实验的方法对汉语声调进行研

究。当时研究语音音高的实验方法主要有两种。一种是用浪纹计，这是一种普遍使用的方法，结果比较可靠，但需进行颇费时间的测量和换算；另一种是英国著名语音学家 Daniel Jones 听唱片记录音高变化的方法，这种方法虽然无须测量和换算，但对一般人来说难度极大，而且往往会产生错误。赵元任用弦乐器和类似管乐器的渐变音高管模拟声调来测量其音高，1922 年他在上海的《科学》杂志上发表了《中国言语字调的实验研究》（赵元任，1922a），对用渐变音高管进行声调实验的方法作了通俗的介绍。这种方法的工作原理是：用类似于笛子的一个音高管模拟声调的音高，音高管的一端有一个可以活动的活塞，活塞随音高的不同而运动，从而带动活塞头上的笔运动。在一张有足够长度的纸上预先画上表示绝对音高的乐律谱线，将其绕在机器带动旋转的圆筒上。实验时用音高管吹出与被测量的字调音高相同的音，同时开动机器让纸卷转动，以使纸逐步展开，活塞的笔头由于音高的变化而运动，在纸上画出字调的曲线，这个曲线的绝对音高有乐律谱线作参照（参见图 1.1）。赵元任本人没有用这种方法进行过正式实验，但依照同样的原理，他曾在七弦琴上做过实验，测量了北京、天津、开封、武昌、重庆、长沙、南京、苏州和福州九地的声调。他对北京话四声的实验结果与我们用今天的声学仪器测到的结果基本是一致的。

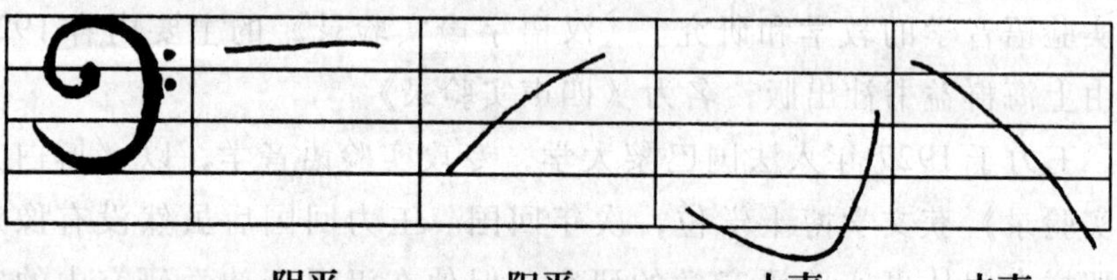

图 1.1　赵元任用七弦琴实验所得的四声音高曲线（引自赵元任，1922a）

赵元任的方法比浪纹计简单，而且可以节省很多时间，但也有一些缺点，例如，乐器所模拟的音高可能与声调的实际音高有一定差别，活塞滑动灵活性的好坏会影响实验结果的精确度。赵元任本人也认为用这种方法得到的结果不过是半定量、半定性的结果。

《中国言语字调的实验研究》的意义并不仅在于创造了研究汉语声调的一种实验方法，更重要的是提出了关于汉语声调的几点看法。

首先，作者站在科学的立场指出，声调是音高和时间的函数，这对中国的音韵学家来说无疑是新鲜无比的概念。第二，作者认为，字调是一种相对的音高曲线，并没有一定的绝对的高音，这就指出了声调与一般音高的本质区别。第三，作者进一步指出，在同一种方言里，不同调类之间的音高关系是相对而非绝对的，因此，考察它们的关系时一定要把它们放在相同的环境之中，而不能以此环境中的某一调类与彼环境中的某一调类进行对比，这个观点对于方言调查中的声调记音有着重要的指导意义。第四，作者提出，求字调的音高曲线时只能取平均的形状，因为特别说重的字，音高的上下范围会加宽；而说得特别轻的字，音高范围会缩小。这就好比音高曲线被画在一个半松半紧的橡皮带上，橡皮带子被上下拉开时，曲线随之向上下加宽；橡皮带被放松后，曲线就随之缩扁了。作者虽然还没有明确给声调音高的上下极正名，但已指出这个上下极会随时变动，声调的音高曲线也会随之作"拉大"或"压扁"的改变。到了三十年代，赵元任将声调音高变化的上下极命名为声调音域，并阐述了它与语调的关系。总之，上述这些观点虽然绝大多数是作为声调实验的注意事项提出的，但都在以后被赵元任本人加以进一步的阐述，可以说是他的声调和语调理论的雏形。

（2）《四声实验录》

1922年刘复在《国语月刊》上发表了《实验ㄗㄘㄓㄔ四母之结果》，这是国内第一篇关于辅音的实验报告。在这篇文章里作者报告了对他的母语方言江阴话的三个塞擦音［ts］、［tsʰ］、［dz］及北京话里四个塞擦音声母［tɕ］、［tɕʰ］、［tʂ］、［tʂʰ］时长的测量结果。他发现，无论是在江阴话还是在北京话中，所有送气音的擦音段都长于相对应的不送气音。实际上，送气的塞擦音在擦音后还有一个送气段，而不送气音则没有。送气段本身就是一个擦音成分，在当时的实验条件下，从测量上是无法将这个送气的擦音成分与前面的擦音分开的，因此，刘复认为送气塞擦音的擦音长于不送气音在一定程度上是正确的。在二十年代初期就注意到辅音送气与不送气的区别并加以实验的研究是很难能可贵的，因为实验语音学源于西方，而西方语言中很少存在送气与不送气的对立，当时西方的语言学家对二者的区别并不重视。

刘复在这篇文章里还注意到了江阴话浊辅音的性质，他认为，浊塞擦音声母在词的起始位置实际上是清的，在词中位置才是浊的。他的这个观点在当时很有新意。一直到二十世纪八十年代，吴语塞音、塞擦音和擦音的清浊问题也还是语音学家所关注的问题之一。

由于条件所限，这篇报告的一些结果也存在问题，例如，报告认为，在北京话中，送气塞擦音的总时长（塞音时长+擦音时长）短于不送气塞擦音，这显然是错误的。

《四声实验录》的发表比《中国言语字调的实验研究》晚两年。当时国内的语言学工作者对西方的语音学缺乏一般的了解，因此作者在文中首先介绍了语音学的一些基础知识，如语音的四要素及其物理表现，语音与“乐音”（音乐之音）之间的关系等。作者明确地指出，四声是由声音的高低造成的，与音强、音质没有关系，在一定条件下与音长有关。四声的高低是复合的（有升降变化），而不是简单的。四声的升降变化方式是由此音滑入彼音，而不像“乐音”那样由此音跳入彼音。作者详细地介绍了当时国际语音学界普遍使用的浪纹计（kymograph）的构造及其工作原理，还介绍了对测量结果的处理方法，即，从浪纹计记录的声浪曲线中求得声波的频率，以频率数求10的对数，以对数结果为横坐标、以时间为纵坐标做音高曲线图，也可以十二平均律中的半音为纵坐标作图，这样得到的音高曲线与人耳感知的音高变化是一致的。作者用浪纹计对北京、南昌、长沙、成都、福州等十个地方的声调进行了实验。对所调查的每种方言都给出了各调类的音高曲线图、表现同一方言各调类音高关系的音高曲线总图、用五线谱描写的声调音高变化和作者设计的标调符号。

由于实验条件所限，《四声实验录》中所记录的声调的音高和实际情况还有一定差距，如北京话中高平调的阴平和低降升调的上声分别被描写为高升调和低升调。在中国，用严格的自然科学的方法对语音进行分析研究，《四声实验录》无疑是开山之作，它给只习惯于对语言现象作含糊的感性描写的中国传统语言学家展现了一片全新的天地。

作者的科学态度还表现在忠实地报告了所观察到的一切语音现象。例如，他观察到在声调的起始和结尾处有一些“引音”和“余

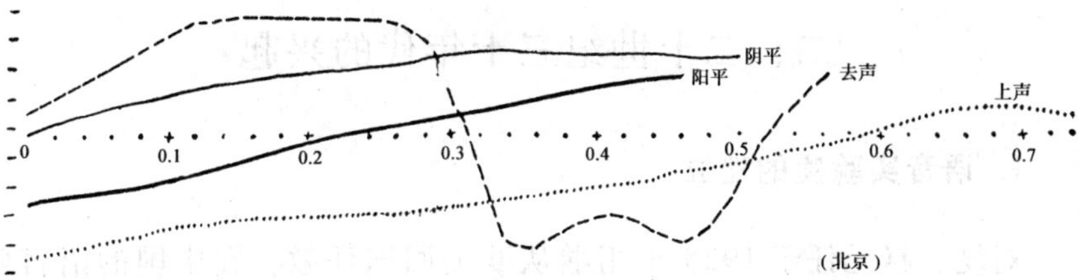

图 1.2　《四声实验录》中北京话的四声音高曲线（引自刘复，1924）

音”，即我们今天所说的“调头”和“调尾”。他说：“语音是滑的，不是跳的：他或起或落，都是渐渐的，不是突然的。因此，一音之开始或收束，都不是突然而来，突然而止：开始之前，不免有一些引音；收束之后，不免有一些余音”（第 51 页）。他还指出，“引音”和“余音”所占的地位是很小的，平均不过总长的十分之一左右，即便在特殊情况下，余音拉得跟主音一样长，也不能认为是“正则”的声音。作者对“引音”、“余音”和“主音”关系的认识是正确的，而在实验语音学的初期就能对仪器的记录作如此解释是很不容易的。如果实验者的态度不够严谨，则有可能将“引音”和“余音”放过；若过于迷信机器，则可能将它们与“主音”同等对待，误认作声调的本质特征。

与《中国言语字调的实验方法》相似，《四声实验录》的贡献不仅在于介绍了一种全新的研究方法和成果，还在于对一些声调现象做了正确的分析。刘复认为，四声的绝对高低、高低间的距离、四声的长短随个人的不同而不同，随发音人状态的不同而不同，研究四声的主要目的是研究所有人的共性。在对声调与音高之间关系的分析中，刘复与赵元任的观点是不谋而合的，即声调是相对的音高。刘复还指出，他所实验的字调都是逐字逐声、咬文嚼字地在仪器上念出来的，而实际说话时，声音却是很自然的，也就是说，实验室里的这种记录与自然语音有一定距离；对自然语音的研究要困难得多，而他最终的研究目标是自然语音。这些看法无疑是正确而且极富远见的。刘复还提出准备把声调在自然语流中的各种变化放到语调中去研究，这说明他认为自然语流中声调的变化是与语调相关的，这个想法也是相当有意义的，在这个问题上与他的观点不谋而合的还是赵元任。可惜的是刘复尚未来得及进行他的语调研究就英年早逝了。

二、二十世纪三十年代的兴起

1. 语音实验室的建立

刘复、赵元任于1925年相继从欧美回国任教，在中国的语言学界掀起了一个研究实验语音学的小高潮。刘复在北京大学任教，他从欧洲带回了一些实验仪器，自己也热心于制造一些小仪器。1929年，他在北大建立了“语音乐律实验室”并任主任。1933年，白涤洲从北大毕业后在该室任助教。这个实验室曾记录过全国七十多处的方言。

赵元任回国后在清华大学工作，中央研究院在南京成立后，赵任历史语言研究所语言组主任。他在史语所建立了一个设施完备、达到当时国际先进水平的语音实验室，当时在语言组工作并且致力于语音研究的还有李方桂和罗常培。罗常培虽以研究中国音韵学见长，但他对现代语音学非常重视，他在《汉语音韵学导论》① （罗常培，1956）中曾指出：“辨章声韵，审音为先。前人操术弗精，工具不备。或蔽于成见，或囿于方音；每致考古功多，审音功浅！自近代语音学兴，而后分析音素，可用音标以济汉字之穷；解决积疑，可资实验以补听官之缺。举凡声韵现象，皆可据生理物理讲明。从兹致力，庶几实事求是，信而有征矣。”这个论述很准确地揭示了传统的音韵学在研究方法上的缺陷、现代语音学在方法上的进步和现代语音学对汉语音韵学的贡献。罗常培不仅推崇实验语音学，而且亲自参与实践。他在方言调查中使用仪器分析声调，其成果反映在《临川音系》②（罗常培，1947）等著作中。

当时分别设在北京和南京的两个语音实验室的研究重点都在汉语方言的调查，方言声调是实验的主要对象。两个实验室之间常有学术交流，在北大任教的白涤洲曾应史语所之聘去陕西关中地区调查方言，并写成了《关中声调实验录》（白涤洲，1934）等论文，刘复、白涤洲的一些重要语音学论文和方言调查报告大都刊登在《中

①参见罗常培《汉语音韵学导论》中华书局1956年第23页。

②参见罗常培《临川音系》，商务印书馆（上海）1947年版。

央研究院历史语言研究所集刊》上。

正当两地的语音学家都以饱满的热情投身于建设中国的现代语音学时，北大的语音乐律实验室遭受重创，刘复和他的学生白涤洲在1934年不幸相继因病去世，北方从此没有人用实验方法研究语音①。三年后，抗日战争全面爆发，史语所西迁，中国的实验语音学工作基本中断，这一中断就是二十年。

2. 三十年代的主要成就

(1)《乙二声调推断尺》

刘复致力于实验语音学的研究，对制作实验仪器也很感兴趣。浪纹计是当时研究音高的主要仪器，但从浪纹计所记录的声浪到体现人耳主观感受的声调曲线，中间要经过烦琐的测量和换算，不仅耗费很多时间，而且误差也大。为了化繁为简，刘复在经过了数年艰苦的钻研之后，设计制造出了声调推断尺。这种仪器最初在其博士论文《汉语字声实验录》的附录中作过介绍，名为“liugraph”。1930年他发表了《声调之推断及声调推断尺之制造与用法》，详细介绍了这种小巧轻便的仪器，正式命名为“声调推断尺”。后来他又对声调推断尺作了改进，1934年写成《乙二声调推断尺》一文。

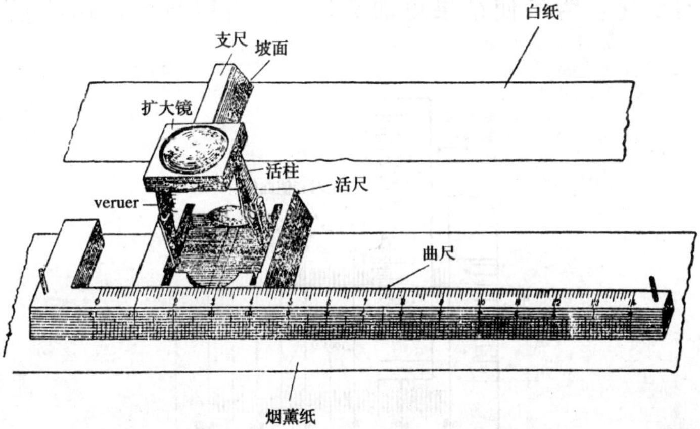

图2.1 乙二声调推断尺（引自罗常培、王均，1957：221）

①参见吴宗济、林茂灿（主编）《实验语音学概要》，高等教育出版社1989年版第10页。

声调推断尺的设计原理是把不同刻度的几种尺子结合为有机的一体，用以代替琐碎的换算。乙二声调推断尺的构造如图2.1，包括一把固定的曲尺和一个可以活动的活尺。活尺下镶着一块透明角片，片上刻着两条相距2.5cm的红线。活尺左上角伸出一条坡面支尺，坡面上刻有对数线。活尺上面装着一个放大镜，由两个活柱支撑，用时支起，正对着下面的明角片；不用时可以叠入底座中。工作时将活尺和小曲尺贴紧，在活尺下放一张白纸，将记录了声浪的烟熏纸置于明角片下。先把明角片上的右红线对准声浪线的第一浪，依支尺坡面在白纸上画一条直线作为起点。然后把活尺往右推，使左红线对准第一浪，这时通过放大镜数两条红线间的声浪数，有几浪就在对数线相应的刻度位置于白纸上作一点。再把活尺向右推，使左红线到原来右红线的位置，再数两线之间的声浪数，在白纸上通过支尺的对数刻度作相应的一点。如此一直作下去，到左红线对准末一个声浪的末端，依支尺坡面再在白纸上作一直线作为终点。平滑连接起点线和终点线间的各点，便得到与频率曲线为对数关系的音高曲线。但这条曲线还表现不出绝对的音高。刘复又为之设计了"绝对音值曲线片"（如图2.2），以乐律中的半音阶作为声调音高的单位。这样，音高曲线就有了一个坐标，从这个坐标中可以看到音高的绝对变化。为了使结果更加简洁，还可以将音高曲线描到五线谱上。

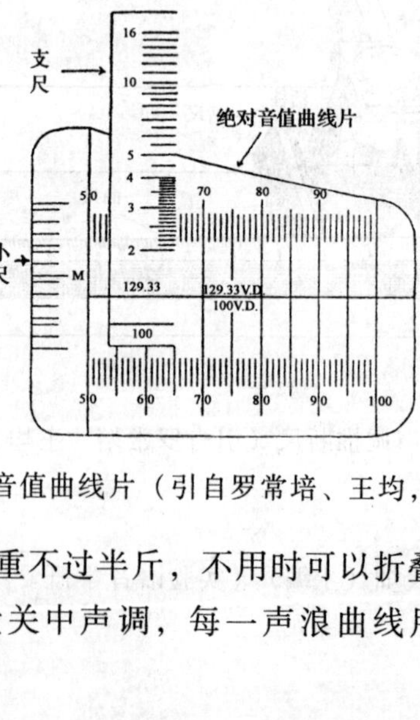

图2.2　绝对音值曲线片（引自罗常培、王均，1957：223）

乙二声调推断尺重不过半斤，不用时可以折叠起来，携带非常方便。白涤洲用它测量关中声调，每一声浪曲线用时只有十几分钟。

对于声调推断尺的优点，刘复（1930）本人有一个很好的说明：“用推断尺不但可以节省时间与劳力，而且所得结果，比任何推断法更精密，因为普通推断法所得结果，是经过了许多次的间接得来的……，每经过一次间接，就有增加一份错谬的可能……，用推断尺，却完全是直接的工作”，“最重要的，就是……各颤动的长度问题”，以前“是无论如何不能正确解决的”，“用推断尺，却可以使各颤动的长度，自然而然的在纸上正确表出，不必要我们重费一番劳苦而无谓的工夫”。五十年代中国科学院语言研究所的专家曾经用它作过不少的工作，得出的结果都很正确。

1933 年春，白涤洲受中央研究院历史语言研究所之聘，去陕西调查关中方言，回来后写了若干关于关中方言的报告，《关中声调实验录》为其中一篇。白涤洲带了浪纹计去陕西收音，回到北京后用乙二声调推断尺对收音的结果进行处理，因此，《关中声调实验录》可以说是《乙二声调推断尺》的实践篇。这时赵元任也已提出了五度标调法，因此，白涤洲还根据实验结果用五度制描写了关中地区的声调。由于条件所限，《关中声调实验录》也存在一些不足。在调查方法上，一地只有一个发音人，据此而得到的实验结果可能会有偏差。在最后的结果处理上将三十九个调查点的四声音高分别进行了平均，得到一个实际上并不存在的所谓“县际声调”，这种处理似有蛇足之嫌。

（2）赵元任的奠基性贡献

a. 汉语方言调查

赵元任回国后先在清华工作，这一时期他的主要研究是进行方言调查。1928 年他出版了中国第一部以现代语言学的方法全面记录方言的专著《现代吴语的研究》。在这部书中，作者使用国际音标对所调查的各方言点的方音进行了严式记音，对音标不能完全体现的音值也进行了说明。声调调查的方法是用渐变音高管模拟声调，并用五线谱记录下声调的绝对音高。这时赵元任已认识到用相对的音高来描写声调的重要性，因为字调的绝对音高往往随着人的嗓音和精神状态的不同而变化。所以，在这部著作中，声调的音高虽以音乐简谱的形式描写，实际上却是与发音人当时平均的音高进行对比而得到的相对音高。赵元任还提到，“非但绝对音高，连音程（interval）的绝对大小，也看发音者的精神跟脾气变的”（第73页）。他所说的音程，即声调的音域。他说，“高兴的时候或不怕难为情的人容易用大一点的音程。不起劲或是怕难为情的时候就会把音程减小（曲线上下挤扁）。关于这层暂时没有想到好法子……”（第73—74页）。

《现代吴语的研究》中一直为后来的语音学家所引用的观点还有吴语浊音声母的音值问题。在这个问题上，赵元任的看法与刘复是一致的。赵认为，在他所调查的吴语方言中，浊塞音本身并不带音，但在除阻后产生一个浊擦音［ɦ］；浊擦音在发音的后半段开始带音或加上带音气流；浊塞擦音也是到擦音段的后半段才开始带音或带上带音气流。1935年赵元任在《中国方言当中爆发音的种类》中把汉语方言中的塞音按音质特点分为10类，并详细描写了包括吴语浊塞音在内的各类塞音的发音特点。

三十年代初期，在赵元任的领导下，中央研究院历史语言研究所曾多次组织方言调查，用实验的方法研究汉语方言的声调几乎成为一种时尚，不仅赵元任、刘复等接受过西方现代语言学教育的学者热心于这方面的工作，一些从事传统语言学的学者，如罗常培，也积极地学习、实践这种新的方法，罗常培在他的《临川音系》中就用实验的方法研究了临川方言的声调。但当时所使用的实验方法还存在一些问题。首先，即便有乙二声调推断尺的帮助，从用浪纹计收音到最后得到音高曲线，中间还是要费一番周折。其次，实验的方法往往会把声调中不太重要的音高变化（如调头、调尾等）与重要的音高变化一并记录下来，如果实验者对所调查的声调系统缺乏足够的感性认识且实验经验不够丰富的话，很容易将仪器所记录的所有音高变化同等对待，因而得到错误的音高曲线。

b. 五度制标调法

1930年，赵元任在法国的《语音学大师》（Le Maitre Phonetique）上发表了《一套标调的字母》，提出用一套符号来表示声调和语调的音高变化。这套标调的符号就是今天所说的五度标调符号。这套标调的符号除了可以用简化了的音高曲线表示外，还可以用1—5五个阿拉伯数字来描写。为了避免将音高变化描写得过于细致，赵元任提出，相邻的两度一般不结合在一起描写一个调类，因此，在这套标调系统中，没有“21”、“34”、“54”这样的调值。赵元任还把声调分为三种类型：其一为直调，如平调、升调和降调；其二为曲折调，如降升调和升降调；其三为短调，汉语大部分方言中的入声为短调。用五度标调法可以充分地描写这三种调型。

五度制所描写的完全是一种相对的音高。不论一个人的音域有多宽或多窄，五度制一律将其看作从1到5的变化，男女两位发音人说同一种方言，尽管他们的音高可能相差一个倍频程，但用五度制描写声调时，他们的调值应是相同的。五度制的创建为声调描写找到了一套合适的符号，正如作者所希望的那样，这套符号确实在精确、美观和方便等几方面找到了一个平衡点，因此一经创建，就得到了广泛的认可和使用，今天已被国际上公认为描写声调最方便、最重要的工具。将声调的音高分为五度是一种非常天才的构思，在今天为语言学家所知道的声调语言中，音高的对立最多只有五个等级。需要指出的是，五度制并非意味着从实验方法倒退到口耳之学。五度制的理论基础是现代语音学，而且正是因为认识到声调的音高与绝对音高之间的关系，才有可能创建出一套表示相对音高的符号来描写声调。当然，五度制的建立也不意味着实验的方法在声调研究中从此毫无用处。在研究声调的一些细微变化时，实验的方法仍然是不可或缺的；在把握不准某种声调的调值时，实验语音学也可提供较为可靠的参考数据。

c. 汉语语调研究

1932年，赵元任发表了《美国英语语调及其汉语对等形式初探》(A Preliminary Study of English Intonation (with American Variants) and Its Chinese Equivalent)。这是中国的语言学家第一篇研究汉语语调的著作。这篇文章以英语语调为样本，对比性地提出了几十种汉语语调。它的重要意义不仅在于提出具体的汉语语调的模型，更重要的是提出了关于汉语声调和语调关系的基本理论。赵元任充分注意到了非声调语言和声调语言语调模式的不同。他认为，汉语语流中的音高变化实际上是词源声调（etymological tone，即字调）与语流语调(speech intonation）的代数和（algebraic sum），因此有必要将叠加在一起的字调和语调分解开，这样才能看到真正的语流语调。赵元任还指出了连读变调与单字调和语调之间的关系。他认为连读变调是介于词源声调和语调之间的一种自然现象，称之为“中性语调”(neutral speech intonation)。

文章以北京话为例列举了连读变调的种种现象，如上声在另一上声前变同阳平、在非上声前变为半上，去声在另一去声前降尾抬高。文章还提到了非重音音节，即我们今天所说的轻声音节的音高问题，指出非重音音节在阴平和阳平后为半低、在上声后为半高、在去声后为低。阴平、阳平和去声后的非重音听上去像弱的去声，上声后的非重音听起来像弱的阴平。

在谈到语调对声调的影响时，赵元任认为，必须特别注意四声音高范围，即音域的扩大效果。他指出，当音域扩大后，阴平的音高和阳平终点的音高会提高；上声的低音点会降低，但终点并不升高；去声的起点会升高，终点会降低。

在赵元任写这篇文章的时候，英语语调已得到较为广泛的研究，而汉语语调的研究还是一片空白，因此，赵元任在文中首先分析了英语语调的模式，然后指出汉语中与之对应的形式。在这种比较研究中，赵元任认识到两种语言之间语调的功能和形式并非是一一对应，而是“多多对应”。赵元任还指出了两种语调在形式上的差异，例如英语语调常用的形式是调头、调核和调尾音高的上升或下降，而汉语中常见的则是音域的扩大或压缩，语气助词、感叹词是汉语中常见、英语中所没有的表达语气的形式。

在这篇文章发表后的第二年，也就是1933年，赵元任又发表了完全以汉语为研究对象的《中国字调跟语调》。在这篇文章里，作者全面、系统地论述了他对汉语字调、语调和二者间相互关系的看法。他指出，一种声调语言的音高变化是三种因素作用的结果：其一为词源声调，即单字调；其二为中性语调，即连读变调；其三为表达语调（expressive intonation)。后两种结合在一起形成语调。在对字调的论述中，他再次强调，“我们并不关心声调的绝对音高，而只考虑音高与说话者音域之间的关系”（第125页)。在论述声调音域时，他提出了后来被研究者屡屡引用的“橡皮带效应”，他说，“不同声调之间的音高范围或一个有音高变化的声调的上下限之间的范围，是一个与发音力量和嗓音力量的大小有关的变量，不过现在尚不能证明音高的变化与音域的变化是否成比例，就像橡皮带上的图在橡皮带被撑开时会放大一样”（第125页）。

这篇文章发表的年代正是汉语语言学界开始大规模调查汉语方言的年代，在文章的“字调”部分中作者从语音学的角度论述了调查单字调时应该注意的问题，其中有些问题在《现代吴语的研究》中已经提到。他认为，应让发音人处于自然的状态以避免调型被夸张或压缩，字表的设计应能排除字调与字调间的相互影响，应让发音人一次念完一个字表，以使所有的单字调是在同一种基调（key）下发出的。在“中性语调”部分中，赵元任论述了连读变调的问题，指出连读变调有两种基本类型：1. 变调变同本调系统中的某一调型；2. 连读中产生新的调型。在这一部分赵元任再次论述了北京话中重音与非重音之间的音高关系。还提到了北京话中一些特殊的变调现象，如“一”和“不”的变调、形容词重叠且末尾音节儿化后产生的变调等。

在“表达语调”部分中，赵元任批判了将汉语字调形成的音高变化当作语调的看法。他指出，尽管其他语言中的许多语调功能在汉语中可以用虚词等手段来实现，但汉语中仍然存在附加于单字调之上的丰富的音高变化，用以表达说话者的情绪和态度，这就是表达语调。在这部分论述中，赵元任分析了语调附加在字调上的两种方式：共时叠加和后续附加。共时叠加即语调的音高变化与字调重叠，这时的音高变化实际上是字调和语调两种音高的代数和。后续附加即语调的音高在语流最后一个字调结束后才出现，这种作用的结果是最后一个字调的调型后出现了一个附加的音高。（赵元任在1968年《中国话的文法》中修正了这种看法，把后续附加处理为助词。）赵元任还分析了共时叠加对字调可能产生的四种影响：（a）整个字调的上升，（b）整个字调的下降，（c）字调音域的加宽，（d）字调音域的收缩。他指出，这些影响可能存在于一句话的局部，也可能存在于整句话中，并且不同的影响常常是同时产生的，如（a）就可能伴随着（d）。他认为，一种功能可用多种语调形式或非语调手段表达，一种语调形式也可能用来表达多种意义，例如，句尾降调可以用来表示列举、抗议性声明、满意和造作的感叹，用拉长最后一个音节、添加语气助词等形式也可以表达列举。

《美国英语语调及其汉语对等形式初探》和《中国字调跟语调》

是汉语语调研究的开山之作。语调研究始于西方的非声调语言，而赵元任从一开始就注意到了非声调语言与声调语言语调模式的不同，提出了研究汉语语调首先要把叠加在一起的字调与语调分解开，还语调以本来面目。这个观点为后来的研究者奠定了正确的理论基础。赵元任对于语调与字调关系的看法也被后来的语调研究者视为经典理论一再引用。赵元任还以英语语调为蓝本分析了几十种汉语语调，这其中有单句，也有复句；有较为中性的表达，也有感情色彩强烈的感叹；有平铺直叙，也有重点突出的强调。即便从今天的眼光看来，赵的研究也是细致而且深入的。这两篇文章中的一些其他观点今天也为学术界普遍接受并一直为大学教科书所使用，如北京话中轻声音高的变化规律、北京话的变调规则等，个别不完善的地方也由赵元任本人后来作了修正。

1937 年抗日战争全面爆发，历史语言研究所西迁，该所的语音研究工作特别是语音实验受到很大影响，几乎处于停滞状态。北大的语音乐律实验室自刘复和白涤洲相继去世以后，更是后继无人。中国的实验语音学研究自三十年代中后期到新中国成立前夕的十几年间可以说几乎是空白，因此不可避免地与世界水平拉开了距离。

三、二十世纪五六十年代的恢复

1. 语音实验室的恢复

在上世纪二三十年代，了解现代语音学并对之感兴趣的人并不多。新中国建立以后，由于政府对科学研究和文化教育的重视，语言学作为一门独立的学科得到了蓬勃的发展。五十年代初期，中国科学院语言研究所成立了语音研究组，并建立了语音实验室，该室的前身是前中央研究院历史语言研究所的语音实验室，当时该室拥有的仪器为各式浪纹计、声调推断尺、各式海尔姆荷兹共鸣器等。后来又陆续从国外购买或自行研制了各种声学和生理分析仪器，上世纪六十年代，该室购买了美国 KAY 公司的 662B 型语图仪，语音实验研究开始进入一个新的阶段。遗憾的是不久就开始了文化大革命，一切研究被迫中断。语言研究所的语音研究组是五六十年代全国唯一专门从事语音学研究的集体。

中国科学院声学研究所在五十年代也开展了言语声学的研究。各大学中文系虽然还没有建立语音实验室的，但现代语音学的基本理论已成为许多大学现代汉语课和语言学理论课的内容，而五、六十年代大学中的现代汉语语音研究也主要是理论性的。

2. 五六十年代的主要成就

五十年代出现了两本有较大影响的语音学著作。其一为罗常培、王均编著的《普通语音学纲要》。它先是在《中国语文》上连载，1957 年由科学出版社正式出版。这本著作深入浅出地介绍了现代语音学的研究对象，语音的生理、物理和社会性质，现代语音学的研究方法和代表本世纪四十年代水平的研究成果。这本书的最大特点在于介绍理论时不仅结合印欧语系的诸种语言，而且结合了汉语和中国境内的少数民族语言，这就使中国读者对有关概念和理论更容易理解。这本书的附录还收入周殿福所写《介绍几种简单的语音学仪器》一文，起到了普及实验语音学知识的作用。由于时代的局限，《普通语音学纲要》过多地引用了苏联学者的观点，对西方语音学采取全部批判的态度。这本书在 1981 年由商务印书馆再次出版，足见它在学术界和一般读者中的影响。这一时期以介绍普通语音学常识为主并结合普通话实际的还有董少文（李荣）的《语音常识》。这两部著作对普及语音学的基础知识起到了很大的作用。

五六十年代对现代汉语语音的研究主要集中在理论方面，研究的问题除了音系学方面的以外，在狭义的语音学方面，主要是从发音生理的角度讨论普通话声韵母的具体音值，儿化和轻声的问题也是经常被讨论的话题。实验语音学方面的工作则很少在语言学刊物上见诸报道。

林焘在五六十年代发表了两篇值得注意的文章。其一为发表于 1957 年的《现代汉语补语轻音现象反映的语法和语义问题》。这篇文章研究了趋向、可能、程度和结果四种补语中的轻音现象，指出不同的补语中有着不同的轻音现象。文章认为，在音节序列不变的情况下，某些音节的轻读与否与语法结构和语义有着密切的关系；文章强调指出，在语音研究中不应把语音、语法和语义三方面割裂开来。1962 年，林焘发表了第二篇有关轻音的文章《现代汉语轻音和句法结构的关系》，在更广的角度上分析了轻音与句法的关系。作者认为，语流中的轻音可以分为语调轻音和结构轻音，前者有语调重音与其对立，与语言的结构层次没有直接的关系，后者与语言的结构层次有密切的关系，它的出现大都由语法结构或词法结构决定。文章指出，语音结构的层次和语法结构的层次是两码事，但也不是全无关系。

讨论现代汉语轻音的文章一般都是从纯语音学的角度或从构词的角度进行研究，林焘的这两篇有关轻音的文章却是从句法的角度来讨论的，不仅揭示了更高言语层次上轻音的一些规律，同时也提出了在句法层次上研究语音的必要性。他对句法层面两种轻音，即结构轻音和语调轻音的区分对后来的研究者也是很有启发的。

吴宗济于1957年至1958年被国家派遣到捷克、东德、瑞典和丹麦考察、进修实验语音学，因此有机会将西方实验语音学的一些研究动态介绍到国内来。到了六十年代前期，语言研究所语音研究组的一些研究工作开始正式发表。齐鲁（吴宗济）于1961年在《中国语文》上发表了《谈谈现代语音实验方法》。1963年商务印书馆出版了吴宗济和周殿福合著的《普通话发音图谱》。1964年吴宗济发表了《普通话元音和辅音频谱分析及其共振峰的测算》，共振峰是决定元音音色的主要声学参量，它在响辅音和阻塞辅音的感知中也起着重要作用。在这篇文章中，作者提出了两种计算共振峰的方法，一种是在频率——振幅的二维频谱上通过组成共振峰的三个谐波的参数计算，另一种是在三维语图上两个共振峰横条重叠时的计算方法。语音研究组集体完成的《普通话语音实验录》五卷虽未公开发表，但也为以后的研究奠定了很好的基础。语音研究组的研究人员还发表了一些介绍实验仪器的文章。一些从事心理学和言语声学的研究者也发表了若干有关音段和声调的知觉及声学分析的论文。

由于政治上的原因，中国的语言学研究在五六十年代基本上是倒向前苏联的，与西方的交流很少。正当中国的语音学在比较艰苦的条件下开始走向全面发展的时候，文化大革命开始了，全国的学术研究遭到了空前的干扰和破坏，语音研究也不能幸免。西方的语音学却在四十年代到七十年代有了飞速的发展，语音实验的手段一再更新，计算机已被广泛应用于语音研究中，与语音学密切相关的言语工程学也开始形成。中国的语音学与世界水平的距离就这样被进一步拉开了。

四、二十世纪八十年代的发展

1. 实验语音学研究的恢复

现代语音学，特别是实验语音学在中国的真正繁荣和发展是从二十世纪七十年代末开始的。文化大革命的结束给中国的学术界带来了全新的气象，语音学也不例外。改革开放使得研究者能够真正地接触到国际上最新的研究成果，中国的语音学工作者意识到了自己的落后，决心奋起直追，因此形成了语音学在八十年代全面发展的局面。

1978 年，中国社会科学院语言研究所正式成立了语音研究室，同年，该室的吴宗济、林茂灿和中国科学院声学研究所的张家騄一起到瑞典参加了第九届国际语音科学大会，这是新中国的语音学家第一次出席国际性学术会议。1979 年，北京大学中文系恢复建立了语音实验室，恢复招收了研究生。此后，许多大学的中文系，如南开大学、华东师范大学、北京师范大学等都相继成立了语音实验室。中国社会科学院民族研究所也成立了语音实验室，以少数民族语言的语音作为研究对象，使少数民族语言的研究更加深入。由于国内物质条件的好转，语音实验仪器也在不断更新，各实验室都拥有了语图仪、频谱仪、音高显示器等设备，这使实验过程大大简化，实验结果的精确度却大大提高了。

为使国内的语音学研究者对实验语音学的基础知识有所了解，1979 年，语言研究所语音实验室在《中国语文》上开辟了“实验语音学讲座”，对实验语音学的发展概况、语音的生理和声学分析方法作了普及性的介绍。1980 年，《方言》季刊连载了美国著名语音学家 Ladefoged 所著《声学语音学纲要》汉译版，从声学分析的角度介绍了实验语音学的基本知识。此后，美籍华裔学者王士元在北大中文系的有关实验语音学的演讲内容在《语言学论丛》第十一辑上发表，王士元的演讲介绍了实验语音学的基本概念和方法，内容通俗易懂，成为当时入门者的重要参考文献，对普及实验语音学的基本知识起到了重要作用。

语音实验室的建立、语音研究队伍的壮大、实验仪器的不断更新、对外交流的日趋频繁，使得中国的实验语音学出现了空前繁荣的局面。八十年代是中国的实验语音学开始腾飞的时期。音段、音节、声调、轻重音等方面的研究都取得了丰硕的成果，研究的角度也涵盖了实验语音学中的生理、声学和感知等几个重要方面。在普通话语音的研究中，得到了元、辅音的主要声学参数和生理参数，对音节（包括儿化韵）的构造特点、声调的声学和知觉特点、词重音的模式和轻音的声学性质等方面的研究也都获得了重要成果；在语调研究上，新的尝试和新的思路也已经出现。实验研究的方法也被应用于方言和少数民族语言的研究中。在语音学开始全面发展的时候，汉语的语音合成工作也开始展开。

2. 元音研究

在五六十年代，中国的语音学界对元音的分析主要停留在生理的描写上，即从舌位的高低、开口度的大小、唇形的圆展几方面来分析元音，而这些分析又都是建立在语音学家的主观感觉上。对于一般的语音教学来说，这样的分析已经够用，但从严格的语音学的角度来看，却是远远不够的。国外的语音学家曾提出过多种对元音进行生理分析、特别是对舌头的形状进行分析的模型。八十年代前期，中国的语音学家也借助X光静态照相和腭位照相技术，对普通话元音的生理特征作了客观的描述和定量分析（鲍怀翘，1984）。他们在研究中采用的是舌位和舌高点模型，舌高点即发元音时上腭与舌头隆起构成的最狭窄点，利用测量的数据得到的普通话元音舌位图与理论上的舌位图是相近的，但元音的横向分布较宽，纵向分布较窄，这是因为人的口腔前后轴长、上下轴短。因此，鲍怀翘认为舌高点的横向移动对元音音色的变化相对不太敏感，而纵轴上的少量位移往往会引起元音的变化。这项研究还发现，唇形开度在区别普通话高元音的圆唇和展唇中起作用，但在区别后半高元音的圆唇和展唇中不起显著作用。对于较为特殊的舌尖元音［ɿ］和［ʅ］，在观测中发现有两个舌高点，一个在前部，与齿龈相对，一个在后面，与硬、软腭的接合处相对。［ɿ］的前一个舌高点比［ʅ］前一点，但后一个舌高点比［ʅ］靠后。就舌尖位置来说，把［ɿ］定为舌尖前元音、把［ʅ］定为舌尖后元音是正确的。

鲍怀翘等还用 X 光静态照相和腭位照相对普通话的卷舌元音进行了分析（鲍怀翘、杨力立，1986）。他们发现，随着儿化程度的加深，舌尖上翘得越高，舌根压得越低，因而舌尖和舌根分别与上腭和后咽壁构成两个收紧点。一般所说的儿化的拼合型（舌尖上翘在元音后形成）和化合型（发元音时舌尖就开始上翘）是并存的，这两种类型并不因音而异，而是因人而异。从舌尖上翘最高位置的声腔形状看普通话的卷舌元音大致只有/-ir/、/-ur/和/-ar/三种类型。

对普通话的单元音进行生理实验分析的重要意义不仅在于验证了过去对普通话元音音素的分析和描写，而且为理论的丰富和发展提供了可靠的生理依据，更重要的是，这项研究为声学分析的结果提供了发音生理上的解释。

八十年代以前，对普通话元音的声学研究虽然已经开始，但公开发表的研究报告很少。八十年代以后，这方面的研究成果陆续发表，重点是对元音共振峰的测量和计算。

共振峰本是指声腔的共鸣频率，由于元音的音色主要是由声腔形状决定的，因此，共振峰成为描写元音音色的主要声学参量，其中头三个共振峰 F_1、F_2 和 F_3 对元音音色有质的规定性，而 F_1 和 F_2 对舌位和唇形的改变特别敏感。大致说来，F_1 与下颌开度，即通常所说的元音开口度相关，下颌开度越大，F_1 越高；F_2 与舌位前后有密切关系，舌位越前，F_2 越高；圆唇因素也会对 F_2 产生较大的影响，圆唇元音的 F_2 比相应的不圆唇元音低。

吴宗济、林茂灿（1989）对二十个人所发的普通话单元音的共振峰进行了测量，并根据归整后的数据，以 F_1 为纵轴、F_2 为横轴绘制了普通话声学元音图，这张图中各元音音素间的相互关系与元音舌位图是一致的。该项研究还指出了在语图上辨认普通话元音共振峰时应掌握的要点：1.［u］、［o］和［a］的 F_1 和 F_2 很接近，往往发生合并现象；2.［i］和［y］在语图上很近似，所不同的是［y］的 F_2 低于［i］；3.［ɿ］和［ʅ］的 F_1 基本相同，但［ʅ］的 F_2 比［ɿ］高，这是因为［ʅ］的第二舌高点比［ɿ］靠前。

对普通话复合元音的分析主要体现在对复合元音共振峰变化的研

究中（曹剑芬、杨顺安，1984）。普通话的复合元音通常被分为介音、韵腹和韵尾三部分。实验表明，这三部分在声学参量上也各有其特点。在声学元音图上，介音 i-和 ü-的声学位置很接近于它们相应的单元音位置，说明它们读得比较到家，但介音 u-却比相应的单元音读得前一些、低一些。韵尾普遍读得比较松，-i 尾比相应的单元音低而后得多，-u 尾比相应的单元音低而前得多。韵尾的具体位置因人而异，同时也与音节的长短和轻重有关。传统的观点认为普通话的韵腹较长而且较稳定，实验结果表明，对于三合元音来说，开口度最大的那一点也是短而不稳定的。实验研究还说明韵腹的音色主要受韵尾影响，与介音关系不大。这项研究还特别观察了韵母 iou 的情况。传统的观点认为这个韵母的韵腹容易受声调的影响，有人认为它们的韵腹在读平声时不如读仄声时响亮，也有人认为读上声时韵腹听起来特别响亮，读去声时则不太响亮。实验结果表明，韵腹 -o-的音色并不因声调的不同而发生显著变化，上声音节中的-o-听起来特别响亮可能是由于上声在普通话四个声调中最长的缘故。

王理嘉、贺宁基（1985）对北京话的儿化韵进行了实验研究，分析的方法仍是对共振峰频率进行测量。卷舌元音最重要的声谱特点是 F_3 的大幅度下降，实验发现，北京话儿化韵的 F_3 在韵母的开端便呈现下降趋势，因此，北京话儿化韵的卷舌成分并非一个在时间序列上单独存在的音素成分，而是贯穿于整个韵母的卷舌色彩。他们认为，儿化韵的韵尾收拢区在声学元音图上可以分为 ar 类、ur 类、ər 类和 ɛr 共四类。这项研究的结果与对卷舌元音生理分析的结果略有差异，因为后者从儿化结束处舌尖上翘的最高位置者将儿尾分为 ar、ur 和 ir 类（即 ər 类）（见上文）。不过有人认为这种差异与研究对象的不同有关（吴宗济、林茂灿，1989：106），生理研究的对象是舌尖上翘到最高位置时瞬间的状况，声学研究的对象则是儿尾结束前 80 毫秒范围内的情况。

贺宁基（1985）对普通话二合元音的感知进行了研究。对于单元音来说，感知的主要因素是共振峰频率；对于复合元音来说，共振峰变化的端点和变化速率都与感知有关，但二者中谁主谁次，研究者有不同的看法。另外，时长对复合元音的听辨也起作用，“最小时间辨别阈值（Tmin）”一直是研究者关注的问题。贺宁基的主要实验手段是对自然发音的切音进行听辨。实验结果表明，普通话二合元音的共振峰变化速率与Tmin之间存在补偿关系，共振峰变化率越大，Tmin越低。也就是说对开口度变化比较大的二合元音，如［ia］、［ua］等来说，Tmin较小；而对开口度变化较小的二合元音，如［ei］、［ou］等来说，Tmin较大。此外，听音人的语言背景影响他们辨认二合元音的能力，例如，吴语区的人对二合元音的分辨率总的来说低于北京地区的人，这是因为吴语的一些方音中复合元音不发达。实验结果还表明，在二合元音的感知中，起点的共振峰频率决定了对第一个音素的感知，而共振峰变化率携带了第二个音素音色的信息，终点的共振峰在感知中并不重要，也就是说，第二个元音音素发音的到位与否在感知中并不重要。这项结论与传统的描写和声学分析的结果有不一致的地方。传统的理论认为，普通话的后响二合元音的第二个音素（即韵腹）的发音比较接近于相应的单元音，也就是说比较到位；声学分析的结果也说明［ia］和［ua］的韵腹比较接近于［a］。这项研究的结果在前响二合元音的问题上与传统的描写和声学分析的结果一致，即韵尾的到位与否并不重要。

3. 辅音研究

对辅音的生理研究手段主要也是用X光照相和腭位照相对发音部位进行观察（吴宗济、林茂灿，1989：127—152），结论与传统的描写基本一致，但对一些辅音的变体有了更加细致的分析。在实验研究中发现，舌根音/k/、/k^h/和/x/的发音部位受后接元音的影响较大，因此舌位的可塑性较大，特别是擦音/x/的发音部位与后接元音（或介音）在很大程度上是协调一致的。通过X光照相还发现，鼻音与同部位的塞音在发音部位上并非完全相同。/m/与/p/均为双唇音，但/m/的舌面前伸而/p/的舌面后拱；/n/与/t/同是舌尖中音，但/n/的舌尖更前一些；/ŋ/与/k/都被描写为舌根音或软腭音，但/ŋ/的舌面平坦，闭塞由软腭主动，而/k/的舌面上拱，与软腭中部接触，闭塞的位置比/ŋ/靠前得多。X光照相和腭位图还表明，普通话边音/l/的发音部位多变而不稳定，具体的部位随后接元音而定。

普通话辅音送气与不送气的区别和声母r的音值问题在过去的几十年中得到过语音学家的注意，但由于条件所限，没有得到客观可靠的结论，这两个问题在八十年代再次引起研究者的兴趣。

早在二十年代初期，刘复就利用浪纹计对普通话塞擦音送气与不送气的区别进行了实验研究（刘复，1922）。他认为送气塞擦音的擦音部分比同部位的不送气塞擦音的擦音部分长。在此后的半个多世纪，国内很少有人对汉语辅音送气与不送气的区别进行专门的研究，对送气特征的描写或者停留在“气流较强”的主观感觉上，或者直接引用西方学者的有关看法。八十年代中后期，吴宗济（1988）对普通话的不送气与送气区别进行了生理和声学的实验研究。

在生理研究方面，吴宗济使用气流计和气压计测量声门上气流的强弱。在声学研究方面，使用语图仪分析音色。研究结果表明，普通话不送气音和送气音在除阻前都有一定的压力峰值，而不送气音的压力较大。不送气音在元音起始前没有流量，而送气音在除阻时就有了流量，并形成高峰。送气的塞音和塞擦音在流量的变化上也有区别，塞音是在流量达到高峰之后马上减弱，接上元音，塞擦音则是在流量峰之后还有较长的微弱气流才接上元音。这些结果与西方学者对送气音和不送气音声门开闭状态的研究结果是相吻合的。从语图上可以看到，送气音比不送气音长，具体说来，送气的塞音远远长于不送气的塞音，而送气的塞擦音比不送气的塞擦音长得有限。在强弱上，送气音与不送气音无显著的规律性区别。在音色上，西方一些学者认为送气成分就是一个喉擦音，吴宗济的研究表明，普通话塞音的送气段可以看作是喉擦音，但塞擦音的情况就复杂一些。除阻后如果后接开元音，其送气的摩擦声源就由喉擦来承担；如果后接闭元音，送气声源则来自塞擦音擦音段的摩擦，而非喉擦。

关于普通话中声母 r 的音值问题，学术界一直存在不同的看法。瑞典学者高本汉第一个将它描写成与［ʂ］相对的浊擦音［ʐ］，这种标写法影响很大，直到今天很多大学教科书仍采用这种写法。赵元任（1979：）认为这个音相当于英语中的 r，并把它与边音一起归为浊通音一类，标为［ɻ］。王力（1983）赞同赵元任的这种分析，认为普通话的 r 是一个无擦通音。

吴宗济、林茂灿（1989：134—138）对 r 母进行了生理和声学分析。X 光照相和腭位照相的结果表明，r 母与［ʂ］的舌位和腭位图是完全一样的，作为擦音特征的中缝在腭位图上表现得很明显。在语图上，单念时其特征与擦音相同而与零声母音节中的起始元音有显著差别。因此，他们认为r母是一个与［ʂ̬］配套的浊擦音。

对于不同语境中的日母和不同发音人所发的r母的研究（廖荣蓉、石锋，1987）表明，r母在语流中有多种变体，可归纳为浊擦音与无擦通音两类，这种差别既与发音人有关，也与语境有关。在语流开始的位置上，在高元音和舌尖元音前，r母被发成浊擦音的频率较高，在其余语境中则是被发成无擦通音的频率更高。

对于r母音值的两种不同看法反映了音韵学家和语音学家对同一研究对象观察点的差异。音韵学家侧重于对音段在共时音系中的地位和它的历史来源的分析，因此倾向于将r母和边音［l］归为通音一类。语音学家则着眼于对音段客观表现的描写，因此比较重视r母与［ʂ̬］在生理和声学方面的相似性。到了九十年代，林焘（1995）认为，r母音长比一般擦音短得多，而和鼻音、边音的音长非常相近，摩擦性也并不是r母必须具备的特征，因此不应该归入浊擦音，而是一种无擦通音。

吴语的全浊声母的性质也是中国语言学家一直感兴趣的问题。

早在二三十年代赵元任和刘复就注意到吴语中全浊音不浊的现象，但在当时的实验条件下，还无法对吴语的浊音问题进行深入的研究。八十年代，吴语的浊音问题再次引起研究者的关注。

北部吴语的苏州话和常阴沙话成为实验研究的对象。曹剑芬（1982）的实验研究发现，常阴沙话全浊声母的发音特点是，在单念的音节或处于连读上字中时跟相对应的清声母一样，是真正的清辅音，即除阻前声带不振动，除阻后语图上未发现代表浊送气的浊音杠兼乱纹，因此，常阴沙话的全浊声母不是半清半浊、先清后浊或清音后随浊气流。听感上的清浊对立是由于声调的阴阳之分引起的。当全浊声母处于连读下字中时，出现了典型的浊辅音谱型，即除阻前有表示声带振动的浊音杠，VOT为负值，声调一律变成了阴调或轻读。曹剑芬还认为，常阴沙话的全浊声母中并不存在赵元任等人所说的浊流［ɦ］。但她的另一项研究（1987）说明，全浊塞音声母后元音的气流变化与清塞音后的不同，前者是低起而渐升的，后者是高起而陡升的，这种差别与发声方式的不同有关，前者在声带振动的同时带有声门摩擦，因而在听感上给人一种低沉粗糙的感觉。

曹剑芬认为后接元音起始段特殊的发声才是真正的浊流。

对苏州话的实验研究表明（石锋，1990a；1990b），浊塞音在单念的音节或在连读上字中时，声带不振动，VOT不能区别不送气清塞音和浊塞音。当浊塞音处于连读下字中时，除阻前声带是振动的，VOT为负值，小于相应的清塞音，浊塞擦音和浊擦音的情况相同。这项研究还表明，在起始位置上辨认声母清浊的声学特征主要是后接元音起点的音高，浊音后元音起点的音高较低。在中间位置上，区别塞音声母清浊的声学特征为闭塞期内声带振动与否和闭塞时间的长短。这些特点与常阴沙话是完全一致的。对于刘复和赵元任提到的浊音后的浊擦音［ɦ］的问题，通过观察瞬时功率谱，石锋发现苏州话浊塞音和浊擦音的后接元音都存在气化现象，他认为可以在音位分析中把后接元音的气化归结为声母辅音的浊送气，这是苏州话浊音声母的一种附加特征。

对两种吴语方音的实验研究都证明了吴语中全浊声母不浊的特点，同时也表明老一辈学者提出的“清音浊流”中的“浊流”不存在于全浊辅音中，而是存在于全浊辅音后接的元音起始阶段中。基频的降低与浊辅音的产生和听辨相关是世界上许多语言中存在的现象，对于吴语全浊声母的研究结果给这种现象的普遍性提供了又一例证。

4. 声调和连读变调的研究

二十年代初期刘复（1924）用浪纹计分析汉语声调时发现了声调的“引音”和“余音”，林茂灿在六十年代（1965）用音高显示器分析声调时，提出声调由“弯头”、“降尾”和“调型段”组成。两代研究者都认为调型段才是汉语声调音高信息的载体。

八十年代，林茂灿（1988）又对普通话四个单字调的时长和强度进行了声学分析。他的实验结果表明，在调长方面，四个声调之间没有固定的关系，只是绝大多数的上声比其他三个声调长。在音强方面，振幅曲线可以粗略地分为平台型（前后强度基本相同）、前强型（强度最大点在前部）、中强型（强度最大点在中部）、后强型（强度最大点在后部）和双峰型（强度最小点在中部）。国外有学者认为，四声的音高曲线与振幅曲线有一定的相似性，而这项研究的结果却表明四个单字调并无各自固定的振幅曲线，林茂灿认为这是由不同的元音具有不同的固有强度等原因所致，不过上声以双峰型的振幅曲线为最多，而其他三个声调未出现双峰型的。这项研究还对四声的最大强度进行了比较，结果发现多数上声为最弱，多数去声为最强或次强。

语音中的基频（F_0）由什么样的生理因素控制，这是学术界长期以来的研究课题之一。对英语的研究结果表明，F_0 的变化与声门下压力（Ps）和声带紧张度（VCT）都有关系，有的国外学者认为，F_0 的上升和下降具有不同的控制方式，它与语言学的内容有关。林茂灿等（1988）对北京话两字组 F_0 的产生与 VCT 和 Ps 的关系进行了研究，结果表明：上声和后字阳平 F_0 的变化主要由 VCT 引起；对轻声和大部分后字去声来说，Ps 与 VCT 对 F_0 的变化几乎起同等重要的作用；其他字音 F_0 的变化，既可只由 VCT 引起，也可由 VCT 与 Ps 共同引起，个别字音可能只与 Ps 有关。

林焘和王士元（1984）用合成语音和自然语音对双音节组合中的声调感知进行了研究。他们选择了北京话中的阴平作为考察对象，将阴平音节置于组合中的前字位置，通过改变后一音节的 F_0 和前字时长，进行感知前字声调的听辨实验。结果表明，前字声调的感知和它与后字 F_0 的高低对比有关，例如，当“bai”的 F_0 为 115 赫兹（计算机合成的阴平调型）、音长为 210 毫秒，“de”的 F_0 为 110—70 赫兹、音长为 140 毫秒时，“baide”就被所有受测者听成“掰的”；当其他条件不变、“de”的 F_0 提高到 140—100 赫兹时，“baide”就被所有的人听成“白的”。音节所载声调的感知也与该音节本身的音长有关，例如，当“xian”的 F_0 为 116—108 赫兹（用较低的声音念出的阴平）、音长为 333 毫秒，“ji”的 F_0 为 152—148 赫兹（用较高的声音念出的阴平）、音长为 316 毫秒时，“xianji”被绝大部分人听成“险机”；当其他条件不变、只是“xian”的音长缩短为 166 毫秒、“ji”的音长增至 400 毫秒时，“xianji”被绝大多数人听成“咸鸡”。

这项研究的结果再一次说明了声调是一种相对的音高，感知声调时总是将它与邻近的声调进行对比，以测算其在调域中的位置，从而确定这是声调系统中的哪一类。另外，在一个音节时长较短的情况下，后面音节的 F_0 可能会扰乱对这个较短音节 F_0 的感知，从而将一种调型听成另一种。林焘和王士元认为，声调感知中的听错觉可能是产生变调和声调历史音变的原因之一。

林茂灿（1988）通过合成语音对普通话单字调的感知进行了研究。研究结果表明，仅仅依靠不同形状的振幅曲线，不会给听音人以不同声调的感觉，时长和振幅对四声正确率的影响分别只有3%和1.2%，基频对四声正确辨认率的影响约为94%，因此，基频是辨认普通话声调充分而又必要的征兆。研究结果还表明，时长主要影响上声和阳平的正确辨认率，而且还影响合成语音中上声和去声的自然度，这个结论与他在分析实验中所得到的有关上声调长的结果是相吻合的。

普通话的几种连读变调规则最初是由赵元任提出的，基本上得到了学术界的公认。但对于连上变调仍有不同看法，有人认为上声在另一上声前的调值为［24］而不是［35］。六十年代王士元（Wang，1967）在美国进行的听辨实验表明，“上声+上声”和“阳平+上声”的声调组合在北京人的听感中没有区别。

林茂灿、林联合等（1980）对普通话二字组的连调形式进行了声学分析。他们的实验结果也证明了“上声+上声”和“阳平+上声”的基频曲线是一致的。此外，实验结果还证明了“去声+去声”的组合中，前去的降幅较小；“一”、“七”、“八”、“不”的变调规则也在实验中得到证实。这项研究还发现了一些人耳难以觉察的声调组合中的现象，例如，他们发现在“阴平+阴平”的组合中，第二个阴平比第一个稍低；阳平也有类似于上声的降升调形，不过由于降度较小、而且降段（调头）音长较短，因此人耳一般听不出这种下降。

吴宗济（1985，1988）对普通话三字组和四字组的变调规律进行了研究。在对三字组的研究中，他的实验材料中有相当一部分录自广播材料和电影对话，与口语比较接近。通过实验分析得到以下有关三字组变调的结论：1. 三字组的变调主要是语音方面的关系，而不是音位变调，与词义变化的关系也不大。2. 三字组变调与语法结构有一定关系，表现为按单双或双单格的不同而决定首字和次字的变调。在日常口语中，单双格的变调也常变成与双单格的相同，这时是节拍而不是语法对变调起制约作用。3. 单说的三字组的首字按二字组的变调规律变调，末字不变调。4. 三字组中字的音高变化最丰富，它的调形的头尾分别与首字的调尾和末字的调头相衔接，成为首字调尾与末字调头的过渡，这个过渡调在快读时成为轻读。5. 在加速语句中，整个三字组的调域会被压缩，调形被“拉平”到一定程度，以至失去本调或变调的调形。在研究报告中作者还用形式化的公式概括了他的研究结果。

四字组的连调形式从理论上来讲有256种之多，但吴宗济认为大部分四字组的连调是由两个二字组的连调构成的，因此四字组的调形曲拱基本上可以看作是两个二字组调形曲拱的序列，少数为二字组和单字调的序列，但如果其中有上声和阳平的话，就会发生一些变化。他提出了14种四字组的变调规则。这些规则都是建立在二字组和三字组的变调基础上的，并且涵盖了四字组中可能出现的各种语法结构。这项研究从形式上来看更接近于音系学，因为作者没有详细描写他在实验中观察到的各种现象，而是以高度形式化的语言概括了这些现象。

到了七八十年代，普通话“上上相连，前上变同阳平”可以说是已达成了共识，这时引起大家兴趣的是三个及三个以上上声的连调形式。由于三个及三个以上上声的连读变调已不纯粹是声调的问题，其中还有语法结构和语音节奏在起作用，因此研究者对这个问题的看法也各有不同。

卢甲文（1979）认为三个上声连读依其语法结构的不同有三种变调形式：1. 双单格的变为“阳平＋阴平＋上声”。2. 单双格如果重音落在第一个音节上，变为“半上＋阳平＋上声”，否则就与双单格的变调形式相同。3. 单一格的变为“半上＋半上＋上声”。子月（1984）认为第三种变调形式不存在，单双格确实存在两种变调形式，但变成何种形式仍是语法因素起作用而不是重音或停顿的转移。胡炳忠（1985）在分析了大量录音材料后认为，单一格全部变同双单格，单双格的变调大部分与其语法结构对应，但主谓结构和专有名词有向双单格依归的倾向。

吴宗济（1982）通过实验分析证明单双格确有两种变调形式，他认为产生这种分歧的原因在于潜在的语义不同。他在1985年的研究中又指出，单说一个词或字组时声调的变化不如在语句中那样符合语法结构，因此单双格在单说时可能变同双单格，但在语句中还是保留了自己的变调形式。此外，北京人口语中常把单双格的变调读成双单格也许还有节拍方面的因素。

关于三个上声连读变调问题的讨论，使研究者对语音结构和语法结构的关系予以了关注，同时也使研究者注意到变调与节奏的关系问题。这方面的讨论为九十年代对上声连调的进一步探索打下了基础。

5. 轻重音研究

这一时期对于汉语轻重音的研究主要集中在词的层面上，对普通话重音等级的划分、语音词的重音类型和轻重音的声学特性进行了讨论。

赵元任（1979:23）在《汉语口语语法》中将北京话的重音音位分为三种：1. 正常重音，2. 对比重音，3. 弱重音。他认为，在正常重音的短语和复合词中，各音节的轻重程度实际上是不一样的，其中最末一个音节最重，其次是第一个音节，中间的音节最轻。赵元任还认为，既然短语和复合词中音节的轻重程度可以根据其位置预测，那么他们都是同一重音的音位变体。引起学术界争论的是复合词的重音模式，即赵元任所说的可以预测的重音变体形式。

徐世荣（1982）将普通话的重音等级划分为四等：重、中、次轻和轻。他认为双音词有重轻和中重两种格式，“中音”是一般的音节，“轻”又有“次轻”和“轻”两类，例如“妻子”中的“子”为“次轻”，“旗子”中的“子”为轻。这样，双音节的“重轻”式实际上有“重 + 次轻”和“重 + 轻”两种。他认为，“次轻音”也影响声调，却不像最轻音那么严重，短、弱的程度也不及最轻音。徐世荣的这种划分兼有音位学分析和语音学分析的成分，其中的“重音”和“中音”是正常重音音位的变体，“次轻音”和“轻音”是轻音音位的变体。

殷作炎（1982）认为普通话音节可分为重、中、轻三等。他特别强调建立一个“中”等音的必要性，指出“中音”是次重音，调值不变，只是音域较小，音量较弱，持续的时间较短。他认为不带轻声的双音节词有中重和重中两种重音类型，而这两种形式有区别意义的功能，例如“散步”和“攻击”为中重型，而“散布”和“公鸡”则为重中型。但他又指出，有许多词在口语中是重中型，在书面语、特别是在慢语速时为重重或中重型。

林茂灿、颜景助等（1984）和颜景助、林茂灿（1988）对北京话正常重音的两字组和三字组的重音形式进行了实验研究，对录音材料分别做了听辨实验和仪器分析。在对两字组的研究中，他们发现，被听音人认为后一个音节较重的占大多数，而没有一个两字组被所有听音人一致认为是前字较重。他们还将殷作炎（1982）提到的“散布：散步”和“公鸡：攻击”等有重音区别的词放在语句中进行听辨实验，结果发现除了多数人认为“散步”为后重、“散布”为前重外，其余所有的词都被听为后重。仪器分析的结果表明，无论从字音全长还是从带音长度来看，大部分的两字组为后字长于前字，字组内语法结构的不同未对字音长度的相对关系产生影响。大多数前字强度比后字强度大，但林、颜等人认为这是由字音中主要元音开口度的不同造成的，因为实验选用的两字组中的大部分是前字主要元音开口度比后字大。在音高方面，后字音高曲线更接近于单说时的模式。综合听辨实验和仪器分析的结果，认为林、颜等人，北京话两字组正常重音在声学上的表现是，字音有较长的长度和较完整的音高模式。至于重音位置，他们认为，在正常重音条件下，北京话目前并无一定要读前重的两字组，后字比前字读得重一些，听起来比前字突出清晰，这是北京话正常重音的主要现象。

在对三字组进行的听辨实验中，颜、林发现，两位发音人的情况有所不同。在152个字组中，一位发音人有116个字组被判断为“中轻重”，另一位发音人只有73个被判断为“中轻重”。在“中轻重”的重音格式中，字音的基频音域从首字到末字逐渐下降，音域下限比上限下降得更多；末字音域最宽、下限最低。在这种重音格式中，字音时长对重音的作用比字音强度大。研究者还发现，在“中轻重”格式中，中字的时长有时比首字还略长，听起来比首字轻的原因可能是前后字音对中字产生的掩蔽效应所致，因为中字基频与前后字基频之间的过渡段是听不出来的。研究者认为“中轻重”是北京话正常重音三字组的重音格式。不带轻声的三字组还有另外的重音格式，当发音人把意念放在首字或中字之上时，首字或中字加重，它表现为首字或中字基频音域加宽，其上限抬高，强度可能加强，但时长不一定加长。这种重音被颜、林称为“加强重音”。对二字组和三字组重音模式实验研究的结果与赵元任（1968）的看法是基本一致的。

赵元任（1932）在论述“非重音音节”（unstressed syllable），即今天所说的轻声音节时说，“当一个音节为非重音音节时，它就会失去原有的声调。这个音节通常是（尽管不总是）短的”（第112页）。在这里，赵元任是从声调的角度来定义轻声的，他指出了轻声音节短的特点，没有谈到音强减弱的问题。但也有人认为音强较弱是普通话轻声的特点之一，这种观点在一些大学教科书和普及性的语文读物中比较流行。

实验语音学家用分析和合成的手段对轻声音节的本质特点进行了研究。林茂灿、颜景助（1980）选用29对仅靠后字的轻重区别意义的两字组进行进行研究，对所有两字组的前字和后字的时长、振幅、基频和共振峰进行了测量，不带轻声的记作A类，带轻声的记作B类。他们发现：1. 在时长方面，A类词的后字时长约是B类词的两倍，两类词的前字时长未表现出规律性的区别；2. 在音强方面，两词的前后字之间均无规律性的区别，但由于A类词后字时长与B类词有较大差距，因此在能量方面（字音振幅曲线A（t）与时间坐标轴所包括的面积S，与产生这个字音所需的能量W成正比），B类词的后字比A类词有较大程度的减弱；3. 在基频方面，轻声音节虽然短，但音高还是有一定的变化，在阴平后为41，阳平后为51，上声后为44、33或42，去声后为21；4. 在音色方面，单元音韵母在轻读时舌位都或多或少地向央元音［ə］移动。这项研究的结果肯定了北京话轻声在时长上较短的看法，否定了轻声为“强度减弱”的说法。在音高方面，实验结果与传统的描写似乎有出入，但实际上是大同小异。因为轻声音节太短，所以在听感上不容易觉察到它的音高变化，事实上轻声在上声和去声后的音高变化也很小。至于阴平和阳平后的轻声音高，赵元任描写为半低和半高，位置正好分别在4—1和5—1的中间。

林焘（1983）进行了探讨北京话轻声性质的合成和听辨实验，

这项研究的方法是合成出“鸭头：丫·头”、“一亿：姨·姨”、“马头：码·头”“大爷：大·爷”等几对以第二音节的轻重区别意义的两字词，有计划地改变这些合成词第二音节的音强、音长和音高参数，使得每个合成词的第二音节都有不同的音强、音长和音高，请一定数量的听音人对具有不同声学参数的合成样品进行听辨。实验结果表明：1. 在北京话里，音强对分辨轻重音起的作用很小，减弱“重重”型或增强“重轻”型第二音节的音强，都未使听辨结果发生显著变化。2. 音长在听辨北京话轻重音时起了非常重要的作用，在“重重”型中，第二音节的音长越短，听成轻音的比率就越高；在“重轻”型中，第二音节越长，听成重音的比率就越高，但听成重音比率的高低还要受轻声起点音高的制约。3. 音高在听辨北京话轻音音节时所起的作用远没有音长重要，它的主要作用表现在音节的起点音高对听辨结果有影响；调型的升降也不是轻声的本质特点，音长越短，调型升降对听辨起的作用就越小。

也有研究者认为（曹剑芬，1986），音长和音高是构成轻声特点的两个比较重要的因素，二者中音高的作用或许更大些，因为在自然语言中轻声的音高具有相对稳定的模式，而音长的缩短却没有稳定的比例。曹剑芬还认为，在听辨上，起主要作用的可能不是起点音高，调形在听辨中有重要作用。

总的说来，今天语音学家比较一致的认识是：音长的缩短，而不是音强的减弱，是轻声音节的重要声学表现和知觉征兆。至于音高和音长中谁是构成轻声特点的最重要的因素，还有待进一步的研究。

6. 时长研究

从对轻重音的研究中可以看出，语音单元的时长在语言中起着重要作用。对于普通话辅音的时长，吴宗济和曹剑芬（1979）以及齐士钤和张家騄（1982）曾作过专门研究。齐士钤和张家騄研究了普通话二字词中辅音声母的长度。他们认为，辅音的音长与声调、音节时长和在词中的位置无关，而与发音方法密切相关。他们得到的普通话辅音的长度等级为：不送气清塞音 < 不送气塞擦音 < 浊音 < 送气清塞音 < 清擦音 < 送气清塞擦音。

冯隆（1985）对北京话语流中的声母、韵母和声调的时长进行了研究。他的研究对象是放在特定负载句句中或句末的音节。他发现：1. 对于任何一个声母来说，处于二字组的前音节位置都比处于后音节位置长。同一位置上声母的时长主要与发音方法有关，但在发音方法决定的范围内，也与发音部位有关。2. 单韵母的时长对声母有一定程度的补偿关系，即声母短则韵母长。单韵母的时长还与舌位的高低有直接关系，舌位越低越长，舌位越高越短。3. 在句中，阳平最长，阴平、上声和去声的长度基本相同；在句末，上声最长，阳平次之，阴平较短，去声最短。上声在句中和句末长度有显著差别是由于句中的上声为半上，而句末的上声往往是全上。这项研究的结果还表明，说话速度对声调时长的影响主要反映在各声调时长的绝对值上，而对各调时长之间的相互关系则影响不大。

这项研究的意义不仅在于它系统地研究了北京话音节内和音节之间声、韵、调的时长关系，而且在于它注意到将考察对象放在语流中进行研究，从而发现了句中和句末有关参数的差异，而在八十年代，对普通话超音段特征的研究主要是在孤立词的层面上进行的，对孤立词研究的结果往往与对句中词的研究结果有差异，例如齐士钤和张家騄的结果为辅音声母的时长与它在词中的位置无关，而冯隆则认为辅音声母在前音节中比在后音节中长。不过，冯隆的研究对象严格说来还不是真正的自然语流，因为他是把实验对象（无意义的词）放在所设计的固定的负载句中去的。

7. 音联研究

音联是指语流中各语音单元之间的连接和分界。例如，“发难”和“翻案”两个词的音位序列完全相同，但音节的分界点不同，这种不同就是音联位置的不同。

许毅（1986）提出，汉语普通话的语流中至少存在四个不同等级的音联：1. 闭音联，即音节内部各音位之间的音联。2. 音节音联“-”，即音节之间的音联。3. 节奏音联“+”，即节奏单元（二字组、三字组，有时候是单字）之间的音联。4. 停顿音联“#”，即语流中的正常停顿。以“发难［fa nan］”和“翻案［fan an］”中的第三个音素［n］为例，两个词中的［n］都处于音节的交界处，只不过一个在第二音节的开始，一个在第一音节的末尾。在“发难”中，由于［n］是声母，在声学上表现出纯鼻音的性质；在“翻案”中，［n］为韵尾，表现为一个半鼻音，半鼻音自己不能单独存在，只能通过对原有元音共振峰的影响表现自己的存在。这两个［n］的区别反映了音节音联和闭音联的区别。再以音节音联和节奏音联的对比为例，“西欧［ɕi ou］”中两个音节的交界处是两个元音，这两个元音之间共振峰的过渡是平滑的，交界处的能量没有减弱；而在“息+欧［ɕi ou］”里，两个音节的交界处有70毫秒的喉化，此时能量急剧减弱。如果把二字组“AB”中的“B”记作后字，把两个节奏单元的连接“A+B”中“B”记作前字（后一节奏单元的前字），那么前后字之间的差别就是音节音联和节奏音联之间的差别。这种差别主要体现在：1. 塞音、塞擦音在前字里时长较长，音强较强，极少浊化；在后字里时长较短，音强较弱，容易浊化。［m、n、l］也是在前字里时长较长，在后字里较短，但当前接字有鼻韵尾时，这种差别消失。2. 开口呼零声母音节的第一个元音在前字里一般以喉塞或喉化起始，或音色一开始就迅速接近目标值，受前接字同化较少；在后字里大多与前接字的韵母平滑衔接，受前字同化较多。3. 非开口呼零声母音节的第一个元音的音色在前字里更接近目标值，音强较弱；在后字里时长较短，音色上倾向于央化，音强减弱较小。4. 阴平调时，前字平均音高高于后字；阳平和去声时，前字调域较宽，后字调域较窄。

“#”音联在听感上为停顿，它在声学上表现为：1. 在非闭塞音之前出现较长时间的无声段；2. 在闭塞音之前出现长于音位本身固有的“间隙”的无声段；3. 停顿前最后一个字的韵母拖长；4. 停顿前最后一个字的韵尾没有向停顿后第一个起首音过渡的音渡。

音联的研究对于言语工程有着重要的意义。在语音合成中，处理好不同层次的语音单元之间的连接，必然会大大提高合成言语的可懂度和自然度；而对连续语音中语音单元的正确切分也依赖于对不同性质的音联的正确认识，因此，音联研究对于语音识别工作也是不可或缺的。

8. 语调研究

赵元任在三十年代（1933）就提出，汉语的字调和语调的音高是叠加在一起的，要弄清语调，就必须将两种不同性质的音高分解开。但在此后半个世纪左右的时间内，除了赵元任本人，国内很少有人对汉语语调进行专门的研究。在各种普及性的语文读物和大部分大学现代汉语教材中，谈到语调，大多是简单地将语调分为降调（陈述句）和升调（疑问句）等简单几类，而对“降”和“升”的具体含义又缺乏具体阐述。只有少数人注意到了字调与语调的关系，例如，齐声乔（1956）指出，在直陈句的句尾，四个声调都比较低；如果直陈句里含有一个未完句，那么这个未完句的句尾就比较高。

八十年代以后，语调研究开始得到应有的重视。对于语调的具体内容，研究者虽然各有不同的理解，但都把音高作为最重要的研究对象。

石佩雯（1980，1981）从音高和语调构造两方面来分析不同的语调类型。她认为，句调指整句话在音高上的变化。她将句调分为高、中、低三种类型，疑问句多用高句调，陈述句多用中、低句调。她特别指出句尾在句调中的重要性，并将句尾分为升调句尾和降调句尾，疑问句多用升调句尾，陈述句多用降调句尾。文章虽然没有明确地讨论语调与声调音域的关系，但从文中的语调模式图解看，她的所谓升调句尾是指句末非轻音音节调域的抬高，降调句尾是指句末非轻音音节调域的降低。

吴宗济（1982）以连读变调为基础研究普通话的语调。他认为，“声调语言与语调语言不同，它并不具备一套语调模式”，单字调和二字连调是句调的基本单元，语法结构有时会改变这些基本单元的变调规律，语气则会改变基本单元的局部调型，或使其整句的调阈（指说话时声调频率值的最高或最低的限阈。）或调域有所改变。他提出了语气对基本单元的三种影响：1. 平叙，句尾的拱度趋降。2. 疑问，在无疑问助词时，句尾调阈可以趋升；有疑问助词时，句尾常常与1相同。3. 加强调阈抬高，或调阈扩展。吴宗济还指出，语速加快会使句中非关键性的字或字的调域变小乃至平坦。他将普通话句调与字调的关系概括为“句调 = {（基本单元←语法制约）←语态影响} ←说话速度（“←”意为被下列条件影响）”。

沈炯（1985）对北京话声调的音域和语调之间的关系进行了实验研究。他发现，音域向上下两个方向加宽的作用不同。较大的节奏单元末音域有较低的下限，也就是说下限向下加宽是正常重音情况下节奏单元结束的标志；包含在较大单元中的较小单元也借助音域下限来展现层次关系。音域上限与语义有关，在陈述句中，表义中心的音域上限往往很高，在表义中心的最后一个正常重音后，音域上限就会突然下落。这些发现与林茂灿等人对三字组重音模型研究的相关结论是一致的。沈炯指出，对于全句的音域上限曲线而言，表义中心上限的提升和随后的落差使全句的上限构成一条有鼓峰的曲线；如果没有鼓峰，这些上限有逐渐变低的自然趋势。

沈炯对陈述句和无疑问词疑问句（在这种疑问句中，语调是唯一的疑问手段）的音域上、下限进行了对比。他发现，无疑问词疑问句的基本特征是句末的音域下限较高，而一般陈述句句末的音域下限则有明显的下降。音域上限并不因疑问语气而升高（除非疑问中心出现在句末，由于语义的加强而使上限抬高）。疑问语气使调域上限向上抬高、句末音域变窄的发现无疑比“疑问句是升调或升调尾”的观点深入了一步。

胡明扬（1987：146—163）同意赵元任关于语调对调域调节方式的分析，但他认为，赵元任的语调和声调叠加的观点以及“代数和”的提法是含糊不清的。他对北京话语调的研究侧重于对句尾的分析。他对句终音高的分类与石佩雯对句调音高的分类相似，分为高、中、低三种类型。不过他强调指出，“高”指整个字调定得高，“低”指整个字调定得低。此外，他认为音长和音量（指音强）也是北京话语调的重要因素，前者分为“长”和“一般”，后者分为“次重”和“最重”两类。利用音高、音长和音量的七个特征，他给北京话定出了“陈述”、“疑问”、“命令”、“祈使”等八种语调类型。他认为陈述句、命令句是低调的，疑问句、呼唤句是高调的，祈使句、待续句是平（中）调的。

从总的研究情况看，研究者们都已注意到声调音域的高低宽窄与语调之间的关系，吴宗济和沈炯的一些观点显然是以赵元任关于字调和语调关系的基本理论为基础的。过去常说的两种基本语调类型，即陈述句的“降调”和疑问句的“升调”，现在被赋予了具体内容，尽管各家的看法还不尽相同；赵元任提出的语调形式与表达功能之间的非一一对应关系也开始得到重视。

五、二十世纪九十年代的深入

1. 研究重点的转移

在八十年代短短的十年间，语音学在音段和超音段方面的研究都获得了令人鼓舞的成果。不过，总观全局，音段研究的重点主要是在孤立音段的层面上，声调和轻重音的研究主要在孤立字、词的层面上，而必须建立在语流层面上进行的语调研究也可以说才刚刚起步。

到了九十年代，语音实验的内容开始转移。音段分析的重点转移到体现音段之间相互关系的协同发音的研究中，连读变调问题开始从节奏的角度被重新探讨，时长研究转向对语流中音节的长度的分析，语调研究开始探讨语调理论和语调模型的建立，语音结构与句法结构之间的关系受到重视。在研究人员比较集中的单位，例如中国社会科学院语言研究所语音实验室和中国科学院声学研究所的相关科室，相继建立了大型的语音语料库，基于语料库的研究开始成为一种新的研究方法。

实验语音学研究重点的转移是学科自身发展的必然结果，也是与国际主流研究方向相衔接所致，此外也是言语工程领域的要求使然。从孤立字、词的合成发展到具有高清晰度和自然度的语句乃至篇章的合成，其间需要大量有关较大节奏单元以及语句的语音特征的研究成果，韵律特征方面的成果尤为重要。因此，对较大节奏单元和语句中各种韵律特征的研究自然而然地成为九十年代实验语音学的中心内容。

2. 音段协同发音研究

协同发音（coarticulation）原指发音时牵涉到声道里一个以上发音部位的同时或重叠发音，后来也泛指语音片断在连读中产生的相互影响。有些协同发音作用的结果比较容易被觉察出来，如普通话 an 和 ang 中的/a/由于后接鼻音的发音部位前后相差较远，因此这两个/a/分别被读成前［a］和后［ɑ］。这种由于协同发音而产生的现象传统上也被称做同化作用。但有些协同发音不易被人耳所感知，例如，同为语言学所描写的［a］，［pai］和［kai］中的两个［a］的起始段就有差别，这是元音和辅音的协同发音所致的。

普通话音段间的协同发音现象在八十年代开始为研究者所注意，九十年代，社科院语言所语音实验室对普通话的协同发音现象作了大规模的系统而深入的研究，研究对象涉及音节内和音节间各种音段间的相互影响，取得了不少有意义的成果，兹略举一例。

陈肖霞（1997）报告了她对音节间音段协同发音的研究结果，实验材料为两音节字组 $C_1V_1C_2V_2$（C_1 和 V_1 分别代表第一音节的声母和韵母，C_2 和 V_2 分别代表第二音节的声母和韵母）。实验结果发现，除了后音节的声母 C_2 对前音节元音韵尾有明显的逆向协同发音作用外，当 C_2 为唇音声母时，后音节的韵母 V_2 通过其唇音声母对前音节的元音尾产生协同发音作用。实验结果还发现，C_2 对 V_1 的影响只与 C_2 的发音部位有关，同一发音部位、不同发音方法的 C_2 对 V_1 尾部的影响没有显著差别。这项研究报告还给出了定量表示 C_2 对 V_1 影响的共振峰回归方程。

V_2 通过 C_2 对 V_1 产生影响的发现很值得注意，它说明普通话音段的协同发音在不相邻的音段之间也能发生。

3. 声调研究的新发展

与音段一样，声调之间也有协同发音的相互作用。沈晓楠（Shen，1990）报告了她对普通话无意义的三音节字组声调协同发音的研究结果。她认为，协同发音影响整个声调，并且其作用是双向对称的，即逆向协同发音和顺向协同发音相似，普通话的声调协同发音仅限于两个相邻的声调之间。她还认为普通话声调协同发音作用跟音段协同发音一样，是同化作用。但这个结论却无法解释她所观察到的一些现象，例如阴平和阳平在两个中起点的声调阳平和上声前高于在高起点的阴平和去声前，这种现象看起来更像异化作用。

林茂灿、颜景助（Lin and Yan，1993）对普通话有意义的四音节字组中声调的协同发音现象进行了研究。他们发现，顺向协同发音只会影响被作用声调的起点，其终点不受影响；逆向协同发音只会影响被作用声调的终点，其起点不受影响。也就是说，协同发音的作用并不贯穿整个声调。他们还发现声调间协同发音作用的大小与字组的重音分布有关。

王韫佳（1993，1997）对有意义的两字组和三字组中声调的协同发音现象进行了考察。她的实验结果表明，普通话声调之间顺向的协同发音作用是同化作用；但对阳平来说，逆向协同发音对它的影响是异化而非同化，因为无论是在二字组还是在三字组中，阳平的终点都是在低起点上声前最高，在中起点的阳平前其次，在高起点的阴平和去声前最低，这是一种显著的异化作用。她的实验结果还表明，后接声调对阳平起点的影响是不显著的，这与林茂灿等的结果是一致的。

声调过渡段的作用也引起学者的重视。林茂灿（1965）曾指出，普通话的声调曲线常有“弯头”和“降尾”，但声调的主要信息在“调型段”上。在音节的连读中，如果非起始位置音节的声母为浊音声母或零声母，那么它的基频（F_0）曲线就会和前面音节的 F_0 曲线相连，两个音节的 F_0 曲线在连接处有一过渡段。林茂灿（1995，1996）对普通话单音节声调的分布和普通话清声母两字组 F_0 的过渡进行了声学分析和知觉实验，发现单音节和两字组的声调信息均由主要元音及其过渡携带，发生于两字组中前音节的元音韵尾和鼻音韵尾以及后音节浊声母和零声母的 F_0 过渡与声调信息无关。他还研究了福州话中“降调+升降调”中 F_0 的上升部分，发现这个上升部分能够被听见，他认为其原因是这个过渡段扩展到了后音节的主要元音上。林茂灿还指出，尽管 F_0 过渡段对普通话的声调信息来说是冗余的，但在语音合成中必须对之加以考虑，以增加合成语音的自然度；而在语音识别中就应对之进行恰当的处理。

连上变调是普通话连读变调中最引人注目的话题。八十年代学术界对三个上声的连读变调问题展开过讨论，有些学者已经提出节奏和语法结构对最终的变调形式有决定作用。沈炯（1994a）将上声连读变调的问题放在节奏的层面上进行讨论。他认为，上声连读中跟调型变化有关的节奏为松和紧两种，只有在节奏关系为紧时上声连读才会有变调（指变为具有高音特征的35调或55调），从结构的树型图关系可以看到音节间节奏的松紧关系，因而可以推导出上声的连读类型。他还指出，连读变调包含的结构信息对歧义的解析有重要作用，例如，“保守党里的秘密”中“守”的变调与否和这个短语的结构有关，如果一定要变，则是“保守党‖里的丨秘密”；如果可变可不变，则是“保守丨党里的‖秘密”。

曹剑芬（1995）对普通话两个上声相连的变调规则进行了补充。她指出，两个上声相连，当后上变为轻声时，前上的变调与否与语法和语义有关。她认为，上上相连，第一个上声变为阳平的充足条件是第二个声调或为正常重音、保持基调，或虽然变为轻声，但词义不虚化，如“好米”、“想·想”等；上上相连，第一个上声不变阳平的充足条件是第二个上声音节变读为轻声，原有词义虚化，整个语素成为词尾或后缀，如“椅·子”、“姐·姐”等。

4. 语句重音和时长分布的研究

语句重音一般都指“语法重音”、“逻辑重音”或“加强重音”、“对比重音”，沈炯和 Hoele（1994）提出了“语势重音”的概念。他们认为，语势重音虽然很像逻辑重音或对比重音，但有不同的涵义。语势重音只是普通的着重，“以相邻音节为衬托显示出着重程度”。他们的实验所给出的例句为：

（a）——'谁姓呼？（“'”为重音所在）

——'他姓呼。

（b）——他姓'什么？

——他姓'呼。

两组对话中的重音为语势重音。实验有计划地改变口语样品“他姓 hu”中“他”和“hu”的音高和时长，得到一系列刺激句，请听测人判断所听到的句子是对“谁姓 hu”的回答还是对“他姓什么”的回答，也就是说，句子的语势重音是在“他”上还是在“hu”上，其中“hu”有“呼”、“胡”、“虎”和“户”四种声调。对听测结果作了相关分析和因素分析，结果表明，时长对上声的语势可能只有微弱的作用，对其他三个声调则几乎不起作用。音高的改变对语势的轻重起重要作用，其中声调高音点的变化使听为重音的比率大幅度改变，低音点的变化只使百分数小幅改变。因此，他们认为，声调高音线上移决定的声调音域扩张是语势重音的声学形式，至于以低音特征为核心的上声，其语势重音是通过上声调尾高音点的上移来实现的。听测结果与对口语样品句的分析结果十分吻合。

这一研究的结论与沈炯（1985）有关声调音域的研究结果是一致的。此外，颜景助和林茂灿（1988）在对正常重音三字组的重音模式进行研究时也发现，三字组中加强重音的主要声学表现为音域向上加宽。

杨玉芳（1996）研究了语句重音的知觉问题，她认为，从语句重音分布的知觉模式看，语句中词的重音模式与孤立词的重音模式并不一致，一些本来是中重式的词在语句中变成了重中式。造成这种现象的部分原因是音节进入语句后的压缩和全句重音分布模式的要求。她还认为，语句中的一个成分被强调时，它所在的在整个结构单元的重音强度都会得到提高，形成一个重音集中的区域。

在时长研究方面，王晶、王理嘉（1993）报告了对多音节语音词时长研究的结果。实验研究的对象有二音节词、三音节词和四音节词，所有的词都放在固定的负载句中。他们发现：1. 多音节词中各音节的时长都比它们作单音节词时短，音节的组合数越大，音节就缩短得越多，例如，双音节词中的首字就比三音节词中的首字短一些。2. 无论是双音节词、三音节词，还是四音节词，首字均长于末字。三音节词的中字最短，四音节词的时长分布为：首字最长，末字次之，第三音节再次，第二音节最短。3. 词的语法结构对音节时长有影响，例如，（1+2）型三音节词的首字比（2+1）型的首字长，这是因为在词的最低层结构中，前者是单音节的组合，后者是双音节的组合。

以上第二项结论与八十年代对两音节和三音节词的重音研究的结果密切相关。林茂灿、颜景助等（1984）和颜景助、林茂灿（1988）的研究结果表明，北京话正常重音的二字组和三字组大部分情况都是末字最重，三字组为中字最轻，轻重的判断又与音节的时长表现相关，长的一般被判断为重的。而这项时长研究的结果却表明所有的词都是末字比首字短。两项研究结果的差异与实验对象的不同有关。时长研究中的词均在负载句中，词后没有长时间的停顿；重音研究的对象为孤立词，每个词在发音结束后都有较长时间的停顿。这种差异再一次说明，对一种语音特征进行研究时，必须在不同层次的语音结构中进行考察，这样才能得到较为全面的结论。

曹剑芬（1994）利用实验室语句对普通话语句时长的分布进行

了研究。她认为，语句中的时长变化存在不同的层次，它既受语句重音位置的影响，又受词重音的制约。首先，在句子的层面上，语义重心使得它所在的短语或小句在整句中所占时长的比例整体性扩大；第二，在小句或短语层面上，语义重心所在的词或词组在时长比例上整体性伸长，其余的词或词组补偿性地缩短，但非重心所在的短语或小句内部的时长分布关系基本不变；第三，在词和词组层面上，重心所在的音节显著伸长，其余音节缩短。

曹剑芬对两音节词时长分布的看法与王晶等有所不同，她认为，正常重音的两音节词是前略短而后略长。她还认为，以两音节词的重音类型为基础的时长分布模式，是普通话语句时长结构的基本间架，这是因为两音节词的时长分布只有前略长而后略短的重重型和前长后短的重轻型，而且还因为语句的时长分布“以音节的时长变化为基本调节因子，通过内部补偿性伸缩，在不同层次上形成类似于两音节时长分布的格局”。

5. 语调研究的深入

八十年代开始进行语调研究的一些学者如吴宗济、沈炯等，到了九十年代明确地提出了各自的语调理论以及语调模式，语调研究的队伍也有所扩大。

沈炯（1985）曾提出声调音域的上限和下限的变化是彼此独立的，上限变化与语义的加强有关，而下限的变化体现出节奏的信息。几年后，他又提出（1992，1994b）：“语调研究中，最好把声调音域分成两个音区，即高音区和低音区。用这两个音区来说明的声调特征就是高音特征和低音特征。”高音特征具体表现为高音点，即阴平、阳平的终点和去声的起点；低音特征具体表现为低音点，即全上声的转折点、半上声的终点和去声的终点。在一个句子里，将所有的高音点和低音点分别连起来，就得到全句的高音线和低音线，“这两条音高极限线构成了全句的橡皮带，汉语语调就是借助它们表现出来的音高形式”。

沈炯的这一观点与赵元任对音域变化的描写有所不同，赵元任认为音域的变化有上移、下移、变宽和变窄四种形式，从这四种形式看，音域的上限和下限是一起变化的。沈炯则认为音域的变化由高音线和低音线两个独立变量的作用来决定。沈炯进一步阐述了高音线和语义焦点、低音线和节奏之间的关系。他指出，高音线的突然上提或下落会使两侧的高音区之间出现音高差，这种音高差与声调无关，而与语势重音有关。节奏单元末尾最后一个低音点一般都很低，这是整个单元的标志。

参照赵元任及西方的一些语调理论，沈炯认为汉语的语调群也可分为调冠、调头、调核和调尾几部分。调冠是句首的轻音节；调核是最后一个强语势重音，它前边的强语势重音组成了调头；调核后没有强语势重音的部分是调尾。一般说来，调头和调核里语势较强的高音点虽有一些高低差别，但总的趋势是持平或渐降。调核的高音点不一定是全句最高的，但它比调尾高得多。调核之后高音点突然下降。紧挨在调核后的一个音节一般都会轻化；如果调核是上声，调核后一个音节又被大幅度抬高，高音线从它开始下滑。

沈炯还提出了他的语调分类法，他把语调分为功能语调和口气语调两种类型。功能语调分为陈述、疑问、祈使和感叹四类，陈述语调是高音线骤落形式和低音线下延形式的组合，疑问句是高音线渐落和低音线上敛两种特征的组合，高音线骤落和低音线上敛是普通的祈使语调，全句高音线的渐落和低音线下延是一种重要的感叹语调。口气语调是指由不满、亲昵、惊慌、欢快等各种口气形成的语调，它们可按音域的高低宽窄进行进一步的分类。

劲松（1992）提出，北京话有语气的语法范畴，它由句子最末节奏单位中的韵律特征变化或再加上其他手段表示，她认为最末节奏单元中重读音节的音高变化是语调，也就是说，语调不是贯穿全句的，这个观点与胡明扬（1987）的语调观点相近。她将北京话的语调分为高语调、较低语调和低语调三种，高语调与字调调阈的高低大体相当，较低语调和低语调都低于字调调阈。劲松提出，表达语气的韵律特征除了语调以外，还有重音。她认为，重读音节的区别特征首先是音长，其次是音高，最后才是音量。她把北京话的语气分为陈述、疑问、祈使和表情四类，这四类语气又可细分为11小类，并对11种语气的语调、重音和语气助词的使用进行了分析。

关于字调和语调的关系，瞿霭堂和劲松（1992）认为，“当句子末一节奏单位中的重读音节加上语调时，语调和字调发生融合的变化，但融合结果的声调是语调，只是保留了被融合字调一定的痕迹。北京话语调中所保留的字调痕迹是曲拱"，并且"曲拱也与原来的曲拱不完全相同。"他们还认为，这个融合结果是具有独立调阈和曲拱的语调，它与原来的字调只有影响的关系而没有性质的关系。

吴宗济在八十年代提出，连读变调是语调的基本单元，他着重研究了普通话三字组和四字组的连读变调形式。到了九十年代，从言语工程所需要的角度出发，吴宗济开始研究从最底层的单字调生成表层语调的规则，提出了以声调和乐律的关系为基础处理普通话语调的方法（1996，1997）。他认为，由于短语的连读变调模式已经基本弄清，因此，现在的主要任务是找到语调对短语音高的调节模式。

通过对大量语料的实验研究，吴宗济发现，在语句中，各短语之间的频率的差别和频率范围的差别千变万化，难以用规则描写。但是如果把频率转换为音乐的半音音程，问题就简化了很多。在以半音为音高单位时，一个句子中各短语之间的基调绝对值虽有所不同，但调域的音程数却基本一致，甚至不同人表达同一语气的调域的差别也减小了，这就说明，调阈高度由语气强弱决定，而调域宽度是由一种语言或方言的音系规则决定的。吴宗济认为，这种处理方法的另一个好处是，假如调域上限的数据被设定了，下限则由不自觉的本语系的音系规则来安排；反之，以调域下限为基调时，上限的高度也可从音系规则中推出。

吴宗济把他的这种分析语调的方法称为"移调"，也就是说，在一个句子中，不同的短语采用不同的基调，但调域的音程基本相同，而基调的抬高或落低并不影响短语的变调模式。这样，在已知短语变调模式的情况下，只要计算出发音人的平叙句的平均基调，然后以此为基础，根据表达的需要对某些短语的基调以半音为单位进行高低调节（移调），就可大致得到一种具体的语调。

吴宗济认为，在语调研究中，特别是在为合成语音而进行的语调规则的研究中，还必须注意其他两个方面的问题，一是音节和音节之间以及短语和短语之间声调的衔接，即所谓的"调联"，二是语句首尾的变调以及句子中的轻声和轻读。他还认为，音长和音强也在语调中起重要作用，合成和分析实验都表明，在加强重音中，可以是单独移高基调，也可以是在移高基调的同时加长时长。

关于语调和字调以及短语的连读变调之间的关系，吴宗济概括为，“从声调（相当于英文的intonation，指具有辨义作用的音高，包括单字调、连调形式和语调，本书作者注）的实质来说：字调的变化在调型（曲线）；语调的变化在调阶（基调）。从声调的功能来说：字调的作用在辨义；语调的作用在表情。从声调的处理来说：短语的变调在调型，语调的变调在调域”（吴宗济，1997）。

6. 韵律特征与句法结构关系的研究

津熊良政和孟子敏（1997）研究了语法歧义句与韵律特征之间的关系。他们选择了以下两对句子为实验对象：

1. A 我和哥哥的老师去了。（意思是，我和哥哥的老师两个人去了）

   B 我和哥哥的老师去了。（意思是，我和哥哥两个人的老师去了）

2. A 老王拿了封信出来给我。（意思是，老王拿了一封信走出来交给我）

   B 老王拿了封信出来给我。（意思是，老王拿出来一封信交给我）

先请母语为北京话的人念出以上句子，对句中音节的音长、基频和音节之间的停顿进行了测量；然后改变句中相关音节的音长、基频和停顿，请一定数量的听辨人对合成后的句子进行理解判断。通过对所得数据的分析，他们认为，在汉语普通话中，要想准确地表达A项意义，就要在相关的句法界限前增加停顿或延长相关音节的音长，具体说来，就是在第1组的“我”和“和”之间，在第2组的“信”和“出”之间增加停顿，或者延长“我”和“出来”的音长。在分析实验中，他们还发现“我”的基频和“出来”基频在A句和B句中的差别有统计意义，但合成和听辨实验的结果则表明，单独改变“我”和“出来”的基频不会改变听辨人对歧义句的理解。因此，他们认为，句法边界前后基频的变化只是停顿和音节时长的附加特征而非基本特征。

杨玉芳（1997）研究了朗读语句中不同等级的句法边界与附近音节的韵律特征之间的关系，所考察的边界类型从低到高依次为音节边界、词界、词组边界、短语边界、分句边界和句子边界，对边界附近三个音节的韵律特征进行了研究，发现音节时长和停顿发生系统变化的只有边界前音节。通过对数据的统计分析，得到以下结论：1. 音节和其后停顿的总时长随边界等级单向增长，在词以上的边界等级几乎是线性增长的。2. 音节时长随句法边界等级的变化是双向的，在短语边界处达到最大值，在分句和句子末尾，音节延时反而减小。3. 停顿在表现句法边界的等级中是一种强有力的手段，它随边界等级增长很快。总的说来，在表现词和词组边界时，以延时的手段为主；在表现短语边界时，停顿和延时作用相当；在表现分句和句子边界时主要靠停顿。津熊等人对个别语句的研究结果与杨的这项研究的相关结论是一致的。

林焘（1962）曾指出，语音结构和句法结构关系密切，但二者也有不一致的地方。杨玉芳（1998）以语句中音节间知觉距离的心理物理学实验结果为基础，研究了语句韵律结构知觉与句法结构的关系，发现当句子结构比较简单、或复杂句子中主语和谓语短语的长度比较对称时，语音结构主要边界的知觉与句法结构的主要边界是一致的。但当句子比较复杂、并且主语和谓语短语的长度严重不平衡时，语音知觉的最大边界却出现在句子中部一些等级不高的句法边界上。杨认为二者之间的不一致性反映了语句韵律结构本身的平衡要求，这也是语音结构独立于句法结构的一面。

六、语音学与其他学科的结合

1. 与自然科学的结合

语音是语言中唯一物质性的层面，因此，语音学发展为一门与自然科学相结合的边缘学科是十分必然的。对语音的产生、传递和感知过程的深入研究无疑需要生理学、物理学和心理学等学科的相关知识，实验语音学也正是在语音学的发展过程中应运而生的。而其他学科，如言语工程技术，也非常需要语音学的研究成果。在中国大陆，一些自然科学家在五六十年代就开始对汉语语音的一些声学特性和感知特点进行研究，到了八九十年代，作为语言学家的语音学工作者与自然科学家的合作和交流成为一种潮流。

在语声技术工作者采用语音学的研究成果所做的研究工作中，最引人注目的当属计算机的语音合成。中国社会科学院语言研究所、中国科学院声学研究所、中国科技大学和清华大学等单位相继开展了语音合成方面的工作，有些单位做出了自然度较高的汉语文语转换系统，语音学家也参加了其中的一些工作。语音合成中采用了很多语音学的成果来提高合成语音的自然度，例如，声学所的文语转换系统在处理语调模式时采用了沈炯的“双线”语调理论；吴宗济有关多音节字组连读变调的观点也被声学所和中国科技大学的系统所采用。由于语音合成和识别技术在中国的发展，一些语音学家也有意从语声技术的需要的角度出发开展研究，例如，由于与中国科大计算机系等单位的合作，吴宗济在汉语韵律特征方面的研究主要是面向语音合成的需要进行的，他对合成所需的音段协同发音的规则处理问题也进行了研究（1998）。可以说，语音学家的研究成果为语声技术的一些工作打开了思路，提供了原则，而技术工作者则把语音学家的观点进行量化，使其能够服务于实际需要，而实际的需要又促使语音学家对语音现象进行更加深入的研究。

此外，人们还可以看到，在语音的声学和知觉研究方面，一些工作是由声学专家和心理学家完成的，他们的研究成果对于语音学的发展无疑是不可或缺的。语音学在其他一些领域，如先天发音器官残疾患者的发音矫治、舞台语言的声学特征研究等方面，也开始发挥作用。

2. 与语言学其他分支学科的结合

语音学作为语言学的一个重要分支学科，其研究手段和对象与语言学的其他分支学科也有所交叉。在汉语语音研究中，表现得较为突出的是与社会语言学和汉语作为第二语言的教学的交叉。

语音的社会变体是社会语言学的研究对象之一。尽管北京话的一些读音差异很早就为语学家发现，但真正加以系统的研究还是在二十世纪八十年代以后。

林焘（1985）在调查北京话时注意到，有些地道的北京人把两个去声连读中的前一个去声念成阳平调。他对这种现象进行了抽样分析，发现把去声念成升调的比率与发音人的居住地区、年龄、文化程度和性别都有关系。从地区看，城区和东郊念成升调的比率最高，西郊和北郊的比率最低。从年龄看，年龄越大，念成升调的比率越高。从文化程度看，文化水平越低，念成升调的比率越高。从性别看，女性念成升调的比率明显高于男性。在以上四种因素中，年龄和性别与文化程度有关。林焘认为，地区分布是确定北京话去声变调的最重要因素，而把去声念成升调是一种旧的语音形式，念成降调是新的形式，目前几种读法的并存是历史音变尚未完成的一种表现。

尖音和团音的合流在北京话中早就完成，但在二十世纪的北京话中，又出现了把［tɕ］、［tɕʰ］、［ɕ］分别念成［ts］、［tsʰ］、［s］的现象，被念成［ts］组的字与该字读音的历史来源无关。曹耘（1987）对这种现象进行了考察，发现［ɕ］比［tɕ］、［tɕʰ］两母容易前化，齐齿呼韵母字容易前化，撮口呼韵母字不容易前化。他认为，影响前化的主要因素是性别和年龄，女性的前化度远远大于男性，幼、少儿的前化度远远大于中老年。南方方言、尤其是苏沪方言、京剧以及国语注音字母三方面的因素可能是造成前化现象的原因。

用严格的社会统计学的方法对北京话的语音变体进行研究的有沈炯（1987）和林焘、沈炯（1995）的两篇报告。汉语拼音方案用 w 来拼写零声母合口呼音节的第一个音素［u］，但实际上也有人把［u］发成唇齿通音［ʋ］，沈炯将［u］记为 W 型，将［ʋ］记为 V 型。这种现象钱玄同在三十年代前后就已发现，但没有详细阐述。沈炯根据北大中文系 1982 年的调查结果对这种现象进行了分析，发现 W 型和 V 型的比例数与发音人的居住地区、年龄、文化程度和性别都有关系。从地区分布来看，城区是 V 型比例数较高的一片，近郊是 V 型比例数相当低的一个环形片；从发音人的社会阶层看，青年人 V 型的比例数最高，老年人最低；文化程度高的人 V 型比例数高于文化低的人；女性的 V 型比例数高于男性。沈炯指出，近郊的环形片与河北中部的 W 型发音区连接，城区 V 型的高峰片被包围在 W 型发音区的中间。他认为 V 型发音是一种内部新起的语音现象，不同年龄层的 W/V 选择是这一推测的重要佐证。

北京话儿化韵的读音差异是一个老话题，北京话中到底有多少种儿化韵，各家的说法不尽相同。林焘、沈炯（1995）运用统计学的手段、根据社会调查的结果对北京话儿化韵的语音分歧进行了研究。他们首先对所有发音人的数据进行了平均，发现 ar 和 anr、air 的合并率在 80% 以上，远远高于其他几类。单韵母 e 儿化后与 ir、eir 和 enr 的合并受到声调的影响，去声的合并率最高，但也只有 40%，ier 与 ir 的合并情况与此相似。uor 和 ueir 的合并率不到 30%。-ng 尾韵儿化后鼻化完全消失的情况没有超过 10%。从发音人的居住地区看，城区的合并率最高，其次是东北郊和西南郊，东南地区和西北地区则大幅下降。从民族看，满族合并率最高，回族次之，汉族最低。从年龄看，除了-ng 尾韵儿化后鼻化是否消失的分歧外，老年人的合并率显著高于中青年，-ng 韵尾鼻化消失的则是青年人的合并率高于中老年。林、沈还指出，儿化韵的合并率在地区上的分布与合口呼零声母音节 V 型出现率的地区分布有相似性，这种分布与北京话的历史发展有关。外来人口的急剧增加可能是造成汉族合并率低于满、回族的原因之一，因为外地人学习儿化韵一般是从分不从合的。青年人与老年人的读音差异反映了儿化韵母里元音的央化和鼻化程度在老年人群强于在青年人群中。

以上几项研究覆盖了北京话中几种主要的语音变体。这些研究不仅反映了地区、年龄、性别、文化程度和民族等因素与北京话内部语音差异的关系，具有社会语言学的意义，而且也为北京音系的研究提供了很好的现实依据，同时还在一定程度上预示了北京话未来的一些音变趋势。

汉语语音教学是对母语为非汉语者、特别是外国人的汉语教学中的一个重要环节。怎样最大程度地帮助学生克服说话中的“洋腔洋调”是令教师相当棘手的问题，要找到克服的方法，首先要弄清“洋腔洋调”的特点和它的来源，这就涉及到中介语的语音特点和汉语与外语的语音对比问题。一些从事过对外汉语教学的语音学工作者从语音学的角度出发，在探索中介语的语音特点及其成因方面做了一些工作。

石锋和廖荣蓉（1986）对美国学生所发的汉语普通话塞音的一些特征进行了观察，他们发现，在读处于非词首位置的塞音声母时，中国人送气塞音的闭塞段比不送气塞音的闭塞段短，而美国学生则相反。他们认为，造成这种现象的原因之一是美国学生以英语的清浊对立代替了普通话的送气与不送气的对立，而清浊对立的声学特征是清塞音的闭塞时长长于浊塞音的闭塞时长。

王韫佳（1995，1997）在考察美国学生和日本学生学习汉语声调的情况时发现，两国学生都有将“阳平＋阴平”和“阳平＋去声”的前字阳平念成低调的错误倾向，她认为这种错误可能与英语和日语双音节词的音高表现均为“高＋低”或“低＋高”而无“高＋高”式有关，学生以母语重音模式中的音高变化代替了汉语中声调的高低变化，因此将阳平的高音特征丢失。

对中介语的语音特点进行较为全面研究的有朱川主编的《汉语语音学习对策》。这项研究对母语为英语、日语、韩语和新加坡华语的四种学生的语音特点进行了分析，研究对象涵盖了元音、辅音、音节、声调、轻声和语调等多层面的特征，指出了不同母语背景的学生的不同特点及其成因和教学对策。这项研究同时也融进了该书作者自八十年代以来对中介语语音特点进行研究的成果。

3. 少数民族语言的语音学研究

少数民族语言的调查和研究在五十年代就已蓬勃展开，在五十年代到七十年代，少数民族语言的语音研究主要使用传统语音学的描写方法。进入八十年代以后，语音实验也被应用于少数民族语言的语音研究中。在这方面，中国社会科学院民族研究所语音实验室的研究人员做了大量的工作，取得不少重要成果。

我国境内的少数民族语言有许多汉语中没有的或不发达的语音特点，如元音的松紧对立，在蒙、彝、景颇、哈尼等民族的语言中都存在，不同语言的松音和紧音的性质是否相同，就是具有普遍意义的研究课题。在这方面国外的语音学家曾经作过一些工作。鲍怀翘、吕士楠（1992）研究了蒙古语察哈尔话松紧元音的发音和声学特点，发现紧元音的 $LF_1—LF_2$（第一共振峰幅值减第二共振峰幅值）小于松元音。$LF_1—LF_2$ 的数值小，说明第二共振峰的振幅高、能量大；由于高频段能量大，因此紧元音的音色比较亮、脆。从共振峰的频率分布看，紧元音一律低于松元音，孔江平（1996）研究了阿细彝语松元音和紧元音的特点，发现在这种语言中，松紧元音的区别主要在以下三方面：1. 紧元音第二谐波的能量大于第一谐波，松元音则是第一谐波的能量大于第二谐波①。2. 紧元音的第一共振峰 F_1 和第二共振峰 F_2 分别大于松元音的 F_1 和 F_2，这说明紧元音的舌位比松元音低、前。3. 紧元音的基频 F_0 高于松元音的 F_0。

民研所语音实验室还建立了藏语、哈萨克语等语言的语音声学数据库，这对于深入研究这些语言的语音特点有十分重要的意义。

七、新世纪的中国语音学

进入新世纪以来，中国语音学的研究重心出现了转移，语句和篇章层面的韵律研究成为学界的主流方向。下面对其中的几个问题分别加以简要介绍②。

1. 韵律结构研究

当人们试图对语句以及语篇层面的韵律特征进行研究时，一个最先面临的问题就是韵律单位的划分问题。这个问题不仅是语音学家所关心的，同时也是音系学界长期以来一直感兴趣的问题。韵律单位的划分其实也是韵律层级的划分问题，在西方，具有较大影响的韵律层级划分法为从语调短语到音节（参见 Selkirk，1984，Chp. 1）的 5 级观点，这 5 个级别分别是：语调短语（intonational phrase，简称 IP），音系短语（phonological phrase，简称 PhP），韵律词（prosodic word，简称 Wd），音步（foot，简称 Ft）和音节（syllable，简称 Syl）。国内的语音学家和音系学家对于汉语韵律层级的划分也受到了西方观点的影响，例如，王洪君（2000）提出了汉语的韵律词和韵律短语的概念。语音学家除了关心韵律层级的划分之外，更多关注的是不同韵律层级的声学特征。实际上，早在二十世纪九十年代，

①根据 Maddieson 和 Ladefoged（1985）的研究，哈尼语、景颇语和瓦语中，紧元音的第一谐波振幅与第二谐波振幅之比小于松元音，与阿细彝语松紧元音前两个谐波能量对比关系的差别是一致的。参见吴宗济、林茂灿主编《实验语音学概要》，高等教育出版社 1989 年，第 102 页。

②本节写成于本书出版前夕，因为时间关系，仅对二十一世纪最初 10 年汉语语音学的发展进行了简略介绍，引证的文献绝大多数出自学术期刊和正式出版的学术专著。李爱军教授为本小节的写作提供了资料帮助，谨致谢忱。

就有学者观察到了不同层次的节奏单元在边界处具有不同的声学表现，例如，杨玉芳（1997）注意到了停顿和延长与节奏单元之间的关系（见本章第五部分“二十世纪九十年代的深入”）。进入新世纪之后，人们在这个问题上进行了更加深入的研究，除了关注边界处的停延现象，研究者们还把目光更多地投向了基频的表现。例如，王蓓、杨玉芳等人（2001）通过心理实验分析了不同层级韵律边界的声学相关物，他们发现音高的低音线较好地反映了韵律层级结构；林茂灿（2002）提出，韵律词是普通话的基频变化组，其声学特征为不同韵律词之间的基频重置。由于对汉语的韵律词、韵律短语等单位的界定标准不同，因此不同的研究者使用的术语内涵可能并不完全一致。

除了研究韵律层级的划分以及不同层级的声学征兆，研究者们还开始思考普通话的韵律单元是如何生成的，韵律结构与句法结构之间有着什么样的关系。实际上，早在二十世纪五六十年代，林焘（1957，1962）已经开始关注北京话中韵律与句法之间的关系，因此新时期的研究既是尝试用西方的理论来解决汉语的实际问题，也是中国语音学对既往研究方向的继承和发展。首先开始对韵律结构与句法结构之间的不一致性进行研究的是王洪君（2002）。她的研究在三个方面值得注意。首先，她提出了一个新的概念“停延段”，这是音步之上的一个韵律单位，其标志是边界处出现停顿，末尾音节出现延长。第二，她认为音步的生成和停延段生成具有相似的长度规则：二常规、三可容、一四受限，即，两音节的音步是常规音步，三音节的音步也可以存在，但是单音节和四个音节的音步数量很少，口语中这两种音步的形成受到严格限制，同理，由两个音步组成的停延段是常规停延段，由三个音步组成的停延段可以接受，只有一个音步和包含四个音步的停延段则很少见。第三，同时也是最引人注目的，她研究了一个音步或一个停延段跨越了句法边界的现象，即，一个音步或者一个停延段所包含的句法成分不是句法树上一个节点下的两个姐妹成分，例如，“买个烧饼”由两个音步“买个”和“烧饼”组成，其中“买个”就跨越了动词“买”和名词词组“（一）个烧饼”的句法边界，在特定条件下，“买个”之后甚至可以产生停延。王洪君将此种现象称为“跨界”，她还发现，跨界与句法关系的类型有关，“组合”型的句法关系在韵律单元的生成过程中容易被组织到不同的韵律单位中去，例如数量结构“一个”和它所修饰的名词“烧饼”之间就是组合关系，而具有“黏合”型句法关系的成分之间不容易出现停顿，也就是说这两个成分不会被组织到不同的停延段中去，例如“芝麻烧饼”的两个音步“芝麻”和“烧饼”之间一般就不会出现停延。初敏、王韫佳等（2004）运用大规模语音语料库对王洪君的假设进行了检验，她们发现，音步中音节数的分布符合王洪君提出的长度规则，但是音步组合成更高的节奏单元时，只含有一个音步的节律单元的比例并不少于含有两个音步的节律单元的比例，因此她们认为音步组成更大节奏单元的长度规则是“一、二常规，三可容，四受限”。初敏、王韫佳等还在王洪君提出的“停延段”的基础上提出了“基本节律单元”的概念，基本节律单元是自然语言中内部不允许停顿、前后可以出现停顿的节律单元，它的下级节律单位是音步，它的上级单位就是小句（以逗号分开的语音单位，不一定是句法上的分句或单句），基本节律单元的生成受到长度（单元内音节数目）和句子内部局部句法关系的制约。

2. 语调研究

进入新世纪以来，国内的学者开始关注西方语调研究的最新进展，一些比较前沿的理论被借鉴到汉语语调研究中来，陈述句和疑问句这两种基本句型语调的实验研究得到了进一步的深化，句子音高曲线的一些重要变化方式，例如下倾问题，也得到了比较深入的研究。

在借鉴西方语调理论方面，比较突出的是 AM 理论在汉语研究中的运用。AM 理论的全称是自主音段-节律学理论（autosegmental-metrical theory，见 Ladd，1996：79；Pierrehumbert，2000），这种理论把语调看成一个线性结构，它把一句话的语调分成若干语调短语（一句话也可以只有一个语调短语），每个语调短语都有一个调核（nuclear），语调描写仅仅需要描写节律上凸显的音节的音高（音高重音，pitch accent）和一个语调短语边界处的音高（边界调，boundary tone）。这些观点显然受到了英国结构派语调理论的影响。但是，在 AM 理论中，所有的音高都只有高（H）和低（L）两种（音高重音和边界调的类型当然远远不止高、低两种，可以是高和低的各种形式的组合），高低特征是在语调短语内部定义的，因此，在一个句子中，不同位置上的高调和低调没有可比性。句子中的低调导致音高的降阶（downstep）。这些描写都是音系性质的描写，AM 理论的一个不同寻常之处在于它的最终目标是将音系描写中的音调转换为依赖于语境的 F_0 目标值。

林茂灿借鉴 AM 理论对汉语语调进行了一系列研究（2004，2005，2006），他主要关注的是边界调对汉语语调感知的作用。他着重比较了陈述句和不带疑问词的疑问句之间的边界调的差别，发现这两种句型边界调的差别有三种：（1）疑问语调边界调的斜率和音阶分别大于和高于陈述语调的边界调，这种情况占多数。（2）疑问语调边界调的斜率大于陈述语调边界调，二者的音阶相同。（3）疑问语调边界调的音阶高于陈述语调边界调，二者的斜率相同。（2）和（3）的出现频率较低。如果边界调为上声，疑问语调的边界调都会出现升尾，陈述语调的边界调则都是降调，在多数情况下，疑问语调边界调的音阶也高于陈述语调。林茂灿对陈述语调和疑问语调的差别进行了合成听辨实验，他的实验结果表明，仅仅改变边界调的斜率就可以使听音人改变对句子的疑问或者陈述语气的判断，但如果仅仅改变边界调的高音点而不改变斜率，听音人则听不出句子语气的变化。据此，他认为边界调的斜率是分辨汉语普通话陈述语气和疑问语气最重要的声学参数。

关于普通话陈述句和疑问句语调的区别，也有学者存在不同看法。例如，曹剑芬（2002）认为，疑问句总的调阶走势是上升的，疑问句的整体音高高于陈述句；王韫佳（2008）的感知实验结果表明，仅仅改变句末最后一个重读音节的音高斜率或者高音点并不能引起句子语气在感知中的根本性改变，无标记疑问句调头的基调（key）高于相应的陈述句，也就是说，疑问句整体的基调都高于陈述句。除了陈述句和疑问句的语调的差别，也有学者开始对其他句型的语调模式进行研究，例如陈虎（2007）对自然语料中的感叹句的语调进行了观察分析，他发现感叹句的特点是存在一个或多个强重音，句子调域较宽，句末调阶较低。

近十年来汉语语调研究领域中的一个热点问题是陈述句中音高的

下倾问题。引起句子音高下倾的因素既有生理方面的，也有语言学层面的。语言学层面的因素主要是低调和焦点的出现导致的降阶。对于汉语来说，音高的下倾问题可能更加复杂一些，因为汉语是曲拱型声调语言，因此研究下倾就必须同时观察声调的低音点和高音点。王安红、陈明等（2004）、王蓓、杨玉芳等（2005）的研究发现，多数语调短语内部都出现了低音线的下倾，语调短语之间出现低音线的重置，王蓓等发现高音线没有出现规律性的下倾现象。这些结果恰好支持了沈炯（1994）提出的句子的高音线和低音线语言学意义不同的假设。AM 理论对降阶非常重视，Pierrehumbert 认为，如若找到合适的音高标度，句子中每一个降阶的幅度应该是相同的，如此，假如再加上句末下降的效应，一个句子整体的音高下降幅度就可以从理论上进行预测（参见 Ladd，1996：Chp. 2）。黄贤军、杨玉芳等（2007）尝试在汉语普通话中寻找这个“固定的降阶率”，但是在这个实验研究中他们未发现固定降阶率在汉语中的存在。

除了音高以外，研究者们还开始注意到与表达句子语气相关的其他问题，例如，林茂灿（2006）发现疑问句的边界调时长（在他的实验中就是句末最后一个重读音节）比陈述句的长，王韫佳（2008）得到了与林相同的结论，同时她还发现疑问句的非句末音节的长度有小于陈述句的趋势。此外，王韫佳还发现，无标记疑问句的句末音节往往会附上一个在音质和音高上都有所表现的类语气词的成分，这个成分对疑问语气的感知起着重要作用，同时也可能是导致无标记疑问句的句末音节长于陈述句的原因之一。赵元任（1933）最早观察到了附着在句末最后一个音节上声调末尾的某种音高特征，例如陈述句末尾音节声调结束之后的下降和疑问句末尾音节声调结束之后的上升，他认为这是一种“类语气词”，它没有音质成分，只有音高表现。但王韫佳的这个研究表明“类语气词”在无标记疑问句中表现得比较突出，而且它也有音质方面的表现，例如，句末音节如果是高元音的话，音节末尾会出现较为明显的央化现象，但陈述句中这种现象并不显著。

3. 语词和语句层面的轻重音研究

语词层面的轻重音，在轻音和词重音的问题上都取得了一些进展。劲松（2002）从社会语言学的角度探讨了北京口语中轻音词的发展。她对北京话轻音词的动态变化作了比较系统的考察。她认为，北京话中的轻音词存在两个方向的变化，一方面，口语中的轻音词呈现出衰减的趋势，另一方面，一些新词由于使用频率增加，其重音格式逐渐由"中重"型向"重轻"型转化；增长和衰减的趋势相比，衰减的趋势更加明显一些（劲松，2002：150—152）。

在轻音的声学关联物的问题上，林焘（1983）在二十世纪八十年代的研究证明了北京话轻音最重要的声学关联物是音节的长度和音高而不是音节的强度，至于是音长还是音高对轻音感知的作用更大，林焘认为可能是音长。王韫佳（2004）增加了感知实验中音高的变化类型，她得到的结论是，音高和音长对于普通话轻音的感知都有显著作用，但是音高的作用比音长更大，而且音长的作用受到音高作用制约，这说明普通话轻音的感知与一些非声调语言，例如英语的词重音的感知方式有着很好的一致性。此外，许洁萍、初敏等（2000）研究了自然语流中轻读音节和长度之间的关系，发现二者呈较弱的正相关（$r=0.38$），即，轻读音节存在高音点越低长度越短的趋势。

长期以来，"轻声"和"轻音"这两个术语的使用在学界并不严格。赵元任是研究汉语轻音现象的第一人，他最早使用的汉语术语是"轻音"（赵元任，1922b，1929），但他使用的英语术语是"unstressed tone"（赵元任，1932，1933）。据王理嘉（1998）的说法，从二十世纪三十年代中期之后，赵元任基本上用"轻声"取代了"轻音"。罗常培和王均（2002：148）区分了轻声和轻音两个概念，他们认为"轻声"属于词语层面，"轻音"属于语调层面。林焘、王理嘉（1992：179）只使用了轻音的术语。王嘉龄和路继伦（2005）专门研究了"轻声"的界定问题。他们认为，"轻声"是声调层面的语音现象，它主要与音高相关；而"轻音"则属于轻重音层面，与音长、音高和音质都有关系。路和王认为，有些音节在词库里是无调的，这种在词库中无调的现象就是"轻声"，例如"桌·子"、"马·虎"、"姐·姐"等词中的第二个音节，这些音节与其他音节组成双音节的时候，在重音层面上就是轻音；有些音节在词库里虽然有调，例如"东·西"、"小·姐"、"走·走"等词中的第二个音节，但在与其他音节组成具有重轻型重音模式的词时，它们被表征为轻音，在声调层面就投射为轻声。

普通话是否存在语词层面的重音（词汇重音），这个问题在学界一直没有取得一致性的看法。明确提出汉语不存在词重音的是高名凯、石安石（1987：68）。赵元任在这个问题上没有给出明确的论断，但从他的有关论述中可以看出，他也认为汉语不存在词汇层面的重音（轻声词除外），例如，他曾经谈到，“所有音节，既没有弱重音，又没有对比重音，那就只有正常重音。实际上，在没有中间停顿的一连串的带正常重音的音节中，不论是一个短语还是复合词，其轻重程度不是完全相同的，其中最末一个音节最重，其次是第一个音节，中间的音节最轻……既然这些重音的程度可根据其位置而预言，那么它们都是同一音位重音的变体（赵元任，1979：23）”，真正的词汇重音的变化应该是音位的交替变化而不是一个音位之内的变化。在汉语语音学界，多数学者关心的是词重音格式的语音表现，即左重还是右重，他们并不关心这些重音格式是否就是词汇重音的表现形式。例如林茂灿、颜景助等（1984）和颜景助、林茂灿（1988）分别用实证研究的方法考察了北京话二音节和三音节语音词的重音格式，两项研究的结果都表明多数词都是最后的音节最重（参见本章第四部分“二十世纪八十年代的发展”）。

如果先不谈普通话是否具有词汇重音的问题，仅就多音节的重音格式而言，在二十世纪末已经有学者提出了不同看法。端木三（1999）认为，用孤立词来论证词重音的格式并不合适，因为孤立词最后的音节处于停顿之前，听感中的“重”很可能是最末音节的停延效应造成的，王志洁和冯胜利（2006）也提出了相似的看法。端木甚至认为，由于重音的听辨主要依据的是音高，而汉语的音调首先要区别词义，不能随意改变，因此汉语就失去了在听感中辨别重音的主要依据。端木主张汉语普通话当中存在词汇重音，词重音不是表现为重音音节的高度、长度和强度，而是表现为音步的“左重”，“左重”的最重要证据是轻声音节不能出现在多音节词的起始位置。

王韫佳、初敏等（2003a）观察了连续话语中双音节语音词的重音格式。他们发现，双音节语音词的重音格式受到语音词所在的韵律边界的影响，在没有停顿的韵律边界前，双音节语音词左重的比率远远高于右重的比率，而在停顿前，左重的比率略低于右重的比率。就韵律环境而言，处于停顿边界前的语音词与孤立的语音词是相近的，但即便是停顿边界前的结果也并不完全支持“最后的最重”的假设。王志洁和冯胜利（2006）提出了验证词汇重音的新方法。他们认为，使用朗读的孤立词难以验证北京口语中的词是否具有词汇重音，因为朗读风格会掩盖自然语言中实际存在的重音格式。他们把被测词放在句子的焦点位置上，如果真有所谓词汇重音存在的话，带重音的音节应该得到更高程度的加强。王和冯主张，北京话中的确存在左重格式的词，这一大类又分为两小类，一类是右音节为轻声的重轻式，一类是右音节为带调音节的重中式。左重式的词携带词汇重音。北京话当中还有一些词是右重式，也分为两小类，一类是两个音节重度差异不明显的重重式，一类是末尾音节重的中重式，右重式的词不携带词汇重音。仲晓波、吕士楠（2003）研究了句子重音对同音异义词的解歧作用，这个实验的结果也在一定程度上说明，当多音节词处于句子的焦点位置时，其重音格式会突显出来。王韫佳、初敏（2008）提出，孤立词和停延边界前的词仍有一些是明显的左重型，这个现象说明普通话中的词重音确存在左重和右重的区别。

学界对普通话词重音感知的声学关联物也进行了实验研究。仲晓波、王蓓等（2001）的研究结果表明，与词重音感知相关的声学参数至少包括音节的长度、音高、频谱倾斜和平均能量，这四种参数对词重音感知的贡献是依次递减的。王韫佳、初敏等（2003a）的结果表明，在自然语流中，双音节语音词中音节重度的感知与音长和音高都存在显著的正相关，但是与音高的相关程度高于与音长的相关程度，这个结果与王韫佳（2004）关于轻音的声学关联物的研究结果是一致的，与一些非声调语言词重音感知的结果也是一致的（Lehiste，1970：125—132）。仲晓波等人与王韫佳等人的结果在音长还是音高对词重音贡献最大的问题上没有取得一致，这或许与他们使用了不同的实验方法相关。

近10年来，语句重音与词重音的关系问题得到了一些研究者的关注。仲晓波、吕士楠（2003）的实验结果表明，当一个词在句中处于被强调的位置时，语句重音在词内最终会落到某个具体的音节上，而句重音在词内的分派与词的内部构造有关，辅助成分（本章作者注：即偏正结构中的修饰性成分和述宾结构中的宾语成分）最终获得句重音。王韫佳、初敏等（2004）发现，语义重音在韵律词内部的分派受到多种因素的制约，构词因素只是其中之一。例如，尽管句子的语义重音倾向于落在偏正结构的修饰性成分上，但述宾结构的韵律词当中宾语成分获得语义重音的机会并不比动词成分多；韵律词内音节的声调与句重音在词内的分派相关；韵律词本身的重音模式对于语句重音的分派具有重要作用，在词汇层面“重”的音节会在句重音的作用下进一步被突显出来。王志洁、冯胜利（2006）也认为，当词处于句子的焦点位置时，原本携带词汇重音的音节会更重。

关于语句重音的分类和分布问题，比较传统的看法是：首先区分语法重音和逻辑（对比）重音；逻辑重音的分布完全由表达决定，而语法重音总是倾向于分布在几种特定的语法成分上，例如黄伯荣、廖序东（1997：126—127）认为，常常被重读的语法成分有谓语中的主要动词、表性状和程度的状语、表状态和程度的补语以及表疑问和指示的代词。王韫佳、初敏等（2003b）认为，语句层面的重音有节奏的和语义的两种，节奏重音一般都出现在较大的节奏单元的末尾，在听感上语义重音的突显程度高于节奏重音。她们后来又使用自然语料研究了短语和句子中重音的分布倾向（王韫佳、初敏等，2006）。在一些印欧语系的语言中，句子的重音会落在句子内部内嵌最深的句法成分上的倾向（Cinque，1993），王和初等人的这项研究的结果表明，汉语普通话的宽焦重音也具有类似的分布特点，但是，如果内嵌最深的成分具有高度的语义可预测性，那么，焦点重音则会落在这个成分在句法树上的姐妹节点上。这项研究的结果还表明，获得焦点重音的句子成分中，语义重音的分布通常比较密集，这说明焦点的语音表现形式很可能是使焦点成分的整体都比较突显，语义重音在短语层面的分布与在句子层面的分布存在一些平行现象，尽管重音在两个层面的分布并不完全一致。

除了短语和句子层面的韵律现象，也有一些学者已经开始关注篇章中的韵律问题（例如王蓓、杨玉芳等，2005）和情感表达的韵律问题（李爱军，2005）。在这段时期里，由于语音合成技术由过去的参数合成转变为基于大规模语音语料库的波形拼接，因此，言语工程界的学者也非常关注合成语音系统中韵律的自然度问题，他们从各自的专业角度出发对汉语的韵律问题进行了很多实证性的研究。

以上仅仅对新世纪以来汉语语音研究热点问题的研究成果进行了简单的介绍。实际上，近十年来汉语语音学的研究所取得的成果并不止于以上几个方面。例如，语音的生理研究在新世纪以来也取得了一定成就。由于客观条件的限制，国内从事生理语言学研究的学者较少。孔江平一直致力于语言发声的研究，他在二十一世纪出版了两部关于嗓音研究的专著，分别是《论言语发声》(2001) 和《动态声门与生理模型》（2007）。《动态声门与生理模型》基于高速数字成像技术，从生理和声学两个角度对人类语言的常用发声类型和汉语普通话声调的发声类型进行了较为深入的研究。又如，随着来华留学生人数的持续增长，汉语语音习得研究已经逐渐从过去的语音教学研究中脱离出来，成为语音研究的一个新的方向，在 2008 年召开的第 8 届中国语音学学术会议上，语音习得成为会议论文的议题之一。

八、结语

在现代语音学，特别是实验语音学传入中国的最初十几年，虽然国内专门的语音研究人员并不多，但由于有几位大师级的人物领导，有与世界水平接近的语音实验室，因此语音研究在中国有一个良好的开端，研究方向也很有中国特色。遗憾的是，外来的侵略、国内的战乱使得多数学者难以找到一张平静的书桌，新中国建立后，极左思想的干扰也使学术研究举步维艰。科学的春天终于在二十世纪七十年代后期真正来到，在此后至今的三十年左右的时间里，尽管与世界水平还存在一定差距，但中国的语音学家在汉语和少数民族语言的语音研究中取得的成就无疑是巨大的。港台和海外华人学者在汉语语音的研究中也有许多令人瞩目的工作，限于篇幅，这里就不详细介绍了。

我们现在所关心的是：中国的语音学今后应该向什么方向发展？研究重点应该放在哪里？对此，一些语音学家早在二十世纪九十年代就提出了自己的看法。鲍怀翘（1994）① 提出，当前实验语音学的研究重点“首先是建立汉语普通话及各主要方言和少数民族语言的语音系统声学参数数据库，其次是动态地研究口语材料，建立起音段和超音段的协同发音规则”。他还指出，在汉语韵律特征的研究方面，大有统一研究方法——例如如何设置实验语句——的必要，否则得到的实验结果无法以同一标准加以评判。吴宗济（1997）② 提出，连续语音中的协同发音的研究为当务之急，他所说的协同发音包括了音素间、音节间、短语间、字调间和语调间的一切同化和过渡作用。林茂灿（1998）③ 认为，“应大力研究（朗读的和自然说的）语句乃至篇章中的语音现象，包括韵律结构，从而掌握汉语语句乃至篇章是如何由词及短语所组成，以及在这种‘组合’过程中，音段及超音段是如何变化的”，他还认为，近期内汉语语调的研究应该有大的突破。

从新世纪以来语音学的研究趋势看，几位学者在上一个世纪末的展望一定程度上都处于实现的过程当中。现代语音学是一门离不开实验和仪器的科学，从物质条件上说，中国的语音学目前所处的环境超过了任何一个历史时期，中国语音学界与国际语音学界的对话也越来越频繁。汉语是世界上使用人口最多的语言，汉语有着丰富的方言资源，而方言之间语音的差别往往是巨大的，如果能够在学习和借鉴国外新的理论和新的方法的同时，对汉语普通话以及汉语方言独特的语音现象进行深入的挖掘，相信中国的语音学研究者会为现代语音学的发展做出应有的贡献。

主要参考文献

Cinque, G. 1993 A null theory of phrase and compound stress. *Linguistic Inquiry* 24（2），239—297.

---

①见石锋、廖荣蓉《语音丛稿·鲍序》，北京语言学院出版社 1994 年。

②见吴宗济《试论‘人——机对话’中的语音学》，《世界汉语教学》1997 年第 4 期。

③见林茂灿《汉语语音实验研究在中国》，中国社会科学院语言研究所语音实验室《语音研究报告》，1998 年。

Ladd. D. R. 1996 *Intonational Phonology*. Cambridge University Press.

Lehiste, I. 1970*Suprasegmentals*. M. I. T. Press.

Lin M. and Yan J. 1993 Tonal coarticulation patterns in quadrisyllabic words and phrases with normal stress of Standard Chinese. *Chinese Journal of Acoustics* 12 (3), 245—257.

Pierrehumbert, J. 2000 Tonal elements and their alignment. In Horne M. (eds) *Prosody: Theory and Experiment*. Kluwer Academic Publishers, Dordrecht. 11—36.

Selkirk, E. 1984 *Phonology and Syntax: The Relation between Sound and Structure*. The MIT Press.

Shen S. X. 1990 Tonal coarticulation in Mandarin. *Journal of Phonetics*, Vol. 18, 281—295.

Wang W. . S－Y. 1967 Tone 3 in Penkinese. *Journal of Speech and Hearing Research*, Vol. 10, 629—636.

白涤洲　1934 关中声调实验录,《国立中央研究院历史语言研究所集刊》4 本 4 分。

鲍怀翘　1984《普通话单元音的生理解释》,《中国语文》第 2 期。

鲍怀翘、吕士楠　1992《蒙古语察哈尔话元音松紧的声学分析》,《民族语文》第 1 期。

曹剑芬　1982 常阴沙话古全浊声母的发音特点,《中国语文》第 4 期。

1986 普通话轻声音节特性分析,《应用声学》第 5 卷第 4 期。

1987 论清浊与带音不带音的关系,《中国语文》第 2 期。

1994 普通话语句时长结构的基本格局,《中国语言学报》第 7 期。

1995 连读变调与轻重对立,《中国语文》第 4 期。

2002 汉语声调与语调的关系,《中国语文》第 3 期。

曹剑芬、杨顺安　1984北京话复合元音的实验研究,《中国语文》第 6 期。

曹　耘　1987 北京话 tɕ 组声母的前化现象,《语言教学与研究》

第3期。
陈　虎　2007基于语料库的汉语感叹句与感叹语调研究，《汉语学习》第5期。
陈肖霞　1997普通话音段协同发音研究，《中国语文》第5期。
初　敏、王韫佳、包明真　2004普通话节律组织中的局部句法约束和长度约束，《语言学论丛》第30辑，商务印书馆（北京）。
董少文　1959《语音常识》（修订版），文字改革出版社。
端木三　1999重音理论和汉语的词长选择，《中国语文》第4期。
冯　隆　1985北京话语流中声韵调的时长，载于林焘、王理嘉等《北京语音实验录》，北京大学出版社（北京）。
高名凯、石安石　1987《语言学概论》（重排版），中华书局（北京）。
贺宁基　1985北京话二合元音感知中的时间因素，载于林焘、王理嘉等《北京语音实验录》，北京大学出版社（北京）。
胡炳忠　1985三声三字组的变调规律，《语言教学与研究》第1期。
胡明扬　1987《北京话初探》，商务印书馆（北京）。
黄伯荣、廖序东（主编）　1997《现代汉语》（增订二版）。高等教育出版社（北京）。
黄贤军、杨玉芳、吕士楠　2007汉语语调降阶的实验研究，《声学学报》32卷1期。
津熊良政、孟子敏　1997汉语语法歧义句消除歧义现象的韵律特征，载于赵金铭（主编）《语音研究与对外汉语教学》，北京语言文化大学出版社（北京）。
劲　松　1992北京话的语气和语调，《中国语文》第2期。
劲　松　2002《现代汉语轻音动态研究》，民族出版社（北京）。
瞿霭堂、劲　松　1992北京话的字调和语调——兼论汉藏语言声调的性质和特点，《中国人民大学学报》第5期。
孔江平　1996阿细彝语嗓音声学研究，《第三届全国语音学研讨会论文集》(北京)。

2001《论言语发声》,中央民族大学出版社(北京)。

2007《动态声门与生理模型》,北京大学出版社(北京)。

李爱军　2005友好语音的声学分析,《中国语文》2005年第5期。

廖荣蓉、石　锋　1987汉语普通话r母的实验研究,《语言研究》第2期。

林　焘　1957现代汉语补语轻音现象反映的语法和语文问题,《北京大学学报》第2期。

1962现代汉语轻音和句法结构的关系,《中国语文》第7期。

1983探讨北京话轻音性质的初步实验,《语言学论丛》第10辑,商务印书馆(北京)。

1985北京话去声连读变调新探,《中国语文》第2期。

1995《日母音值考》、《燕京学报》新1期。

林　焘、沈　炯　1995北京话儿化韵的语音分歧,《中国语文》第3期。

林　焘、王理嘉　1992《语音学教程》,北京大学出版社(北京)。

林　焘、王士元　1984声调感知问题,《中国语言学报》第2期。

林茂灿　1965音高显示器与普通话声调音高特性,《声学学报》2卷第1期。

1988普通话声调的声学特性和知觉征兆,《中国语文》第3期。

1995普通话声调分布区,《声学学报》第14卷14期。

1996普通话两音节间F_0过渡及其感知,《中国社会科学》第4期。

2002普通话语句的韵律结构和基频(F_0)高低线构建,《当代语言学》第4期。

2004汉语语调与声调,《语言文字应用》第3期。

2005 语调理论与汉语语调——兼谈汉英语调对比，《声学技术》24 卷 3 期。

2006 疑问和陈述语气与边界调，《中国语文》第 4 期。

林茂灿、林联合、夏光荣、曹雨生　1980 普通话二字词变调的实验研究，《中国语文》第 1 期。

林茂灿、颜景助　1980 北京话轻声的声学性质，《方言》第 3 期。

林茂灿、颜景助、孙国华　1984 北京话两字组正常重音的初步实验，《方言》第 1 期。

林茂灿、颜景助、孙国华　1988 声带紧张度（VCT）和声门下压力（Ps）在北京话两字组语音基频（F_0）产生中的作用，《中国语言学报》第 3 期。

刘　复　1922 实验ㄗㄘㄓㄔ四母之结果，《国语月刊》第 1 卷第 2 期。

1924《四声实验录》，群益书社（上海）。

1930 声调之推断及“声调推断尺”之制造与用法，《国立中央研究院历史语言研究所集刊》1 本 2 分。

1934 乙二声调推断尺，《国立中央研究院历史语言研究所集刊》4 本 4 分。

卢甲文　1979 关于三个上声连读变调问题的商榷，《语言教学与研究》第 2 期。

罗常培、王　均　1957《普通语音学纲要》，科学出版社（北京）。又《普通语音学纲要（修订本）》，商务印书馆（北京）2002 年。

齐　鲁　1961 谈谈现代语音实验方法（上），《中国语文》第 10、11 期合刊；谈谈现代语音实验方法（下），《中国语文》第 12 期。

齐声乔　1956 汉语的字调、停顿与语调的交互关系，《中国语文》第 10 期。

齐士钤、张家騄　1982 汉语普通话音节音长分析，《声学学报》第 7 卷第 1 期。

沈　炯　1985 北京话声调的音域和语调，载于林焘、王理嘉等

《北京语音实验录》，北京大学出版社（北京）。

1987 北京话合口呼零声母的语音分歧，《中国语文》第5期。

1992 汉语语调模型刍议，《语文研究》第4期。

1994a 北京话上声连读的调型组合和节奏形式，《中国语文》第4期。

1994b 汉语语调构造和语调类型，《方言》第4期。

沈　炯、J. H. v. d. Hoek　1994，汉语语势重音的音理（简要报告），《语文研究》第3期。

石　锋　1990a 苏州话浊塞音的声学特征，载于石锋《语音学探微》，北京大学出版社（北京）。

1990b 苏州话浊音声母的再分析，载于石锋《语音学探微》，北京大学出版社（北京）。

石　锋、廖荣蓉　1986，中美学生汉语时值对比分析，《语言教学与研究》第4期。

石佩雯　1980 四种句子的语调变化，《语言教学与研究》第2期。

1981 语调和语义，《语言教学与研究》第3期。

王安红、陈　明、吕士楠　2004 基于言语数据库的汉语音高下倾现象研究，《声学学报》29卷4期。

王　蓓、杨玉芳、吕士楠　2001 汉语韵律层级边声学相关物，载于《新世纪的现代语音学——第五届全国语音学学术会议文集》（北京）。

王　蓓、杨玉芳、吕士楠　2005 语篇中大尺度信息单元边界的声学线索，《声学学报》30卷2期。

王洪君　2000 汉语的韵律词与韵律短语，《中国语文》第6期。

2002 普通话中节律边界与节律模式、语法、语用的关联，《语言学论丛》第26辑，商务印书馆（北京）。

王嘉龄、路继伦　2005 关于轻音的界定，《当代语言学》7卷2期。

王　晶、王理嘉　1993《普通话多音节词音节时长分布模式》，《中国语文》第2期。

王理嘉　1998 二十世纪的中国语音学和语音研究，载于刘坚（主编）《二十世纪的中国语言学》，北京大学出版社（北京），295—378 页。

王理嘉、贺宁基　1985 北京话儿化韵的听辨实验和声学分析，载于林焘、王理嘉等《北京语音实验录》，北京大学出版社（北京）。

王　力　1983再论日母的音值，兼论普通话声母表，《中国语文》第1期。

王韫佳　1993北京话声调微观变化的实验研究，北京大学博士论文。

1995 也谈美国人学习汉语声调，《语言教学与研究》第3期。

1997 阳平的协同发音与外国人学习阳平，《语言教学与研究》第4期。

2004 音高和时长在普通话轻声知觉中的作用，《声学学报》29卷5期。

2008 试论普通话疑问语气的声学关联物，《语言学论丛》第37辑，商务印书馆（北京）。

王韫佳、初　敏　2008 关于普通话词重音的若干问题，《中国语音学报》第1辑，商务印书馆（北京）。

王韫佳、初　敏、贺　琳　2003b 汉语语句重音的分类和分布，《心理学报》35卷6期。

王韫佳、初　敏、贺　琳　2004 普通话语句重音在双音节韵律词中的分布，《语言科学》3卷5期。

王韫佳、初　敏、贺　琳　2006 汉语焦点重音和语义重音分布的初步实验研究，《世界汉语教学》第2期。

王韫佳、初　敏、贺　琳、冯勇强　2003a 连续话语中双音节韵律词的重音感知，《声学学报》28卷6期。

王志洁、冯胜利　2006 声调对比法与北京话双音组的重音类型，《语言科学》5卷1期。

吴宗济　1964 普通话元音和辅音频谱分析及其共振峰的测算，《声学学报》第1卷第1期。

1982 普通话语句中的声调变化,《中国语文》第6期。
1985 普通话三字组变调规律,《中国语言学报》第2期。
1988 Tone sandhi Patterns of Quadro-syllabic Combinations in Standard Chinese, 语言研究所语音实验室《语音研究报告》。
1988 普通话不送气/送气区别的实验研究,《中国语言学报》第3期。
1996 为改进合成普通话口语自然度所需韵律特征规则的设计,载于罗振声、袁毓林(主编)《计算机时代的汉语和汉字研究》,清华大学出版社(北京)。
1997 从声调与乐律的关系提出普通话语调处理的新方法,载于《庆祝中国社会科学院语言研究年所建所45周年学术论文集》,商务印书馆(北京)。

吴宗济、曹剑芬 1979 普通话声学特征的几个问题,《第二届全国声学学术会议论文摘要》。

吴宗济、林茂灿(主编) 1989《实验语音学概要》,高等教育出版社(北京)。

徐世荣 1982 双音词的音量研究,《语言教学与研究》第2期。

许洁萍、初 敏、贺 琳、吕士楠 2000 汉语语句重音对音高和时长的影响,《声学学报》25卷4期。

许 毅 1986普通话音联的声学语音学特性,《中国语文》第5期。

颜景助、林茂灿 1988 北京话三字组重音的声学表现,《方言》第3期。

杨玉芳 1996 语句重音分布模式知觉,《心理学报》第28卷第3期。
1997 句法边界的韵律表现,《声学学报》第22卷第5期。
1998 语句韵律结构知觉,《声学学报》第23卷第2期。

殷作炎 1982 关于普通话双音常用词轻重音的初步考察,《中国语文》第3期。

赵元任 1922a 中国言语字调底实验研究方法，《科学》7卷9期。

1922b 国语罗马字研究，《国语月刊》1卷7期。收入《赵元任语言学论文集》，商务印书馆（北京）2002年版。

1928《现代吴语的研究》，《清华学校研究院丛书》第四种，又：科学出版社（北京），1968年版。

1929 北平语调的研究，《最后五分钟》附录，中华书局（北京）。收入《赵元任语言学论文集》，商务印书馆（北京）2002年版。

1930 A System of Tone Letters. *Le Maitre Phonetique*, serie 3.30. 又：一套标调的字母（英文），《方言》1980年第2期，略有修订。

1932 A Preliminary Study of English Intonation (with American Variants) and its Chinese Equivalent，《国立中央研究院历史语言研究所集刊外编，蔡元培先生六十五岁庆祝论文集》。

1933 Tone and Intonation in Chinese（中国字调跟语调），《国立中央研究院历史语言研究所集刊》4本3分。

1935 中国方言当中爆发音的种类，《国立中央研究院历史语言研究所集刊》5本2分。

1979《汉语口语语法》(A Grammar of Spoken Chinese)，吕叔湘译，商务印书馆（北京）。

仲晓波、吕士楠 2003 句子重音对汉语同音异义词的解歧作用，心理学报35卷3期。

仲晓波、王蓓、杨玉芳 2001 普通话韵律词重音知觉，《心理学报》33卷6期。

周殷福、吴宗济 1963《普通话发音图谱》，商务印书馆（北京）。

朱 川（主编） 1997《汉语语音学习对策》，语文出版社（北京）。

子 月 1984 也谈三个上声连读变调的问题，《语言教学与研究》第4期。

后　记

在语文出版社新老领导的积极支持和努力促成下，林焘先生生前主编的《中国语音学史》终于即将问世了，多年来令我十分牵挂的一桩心事也得以了结。

记得十二年前即1997年的一天，我与何九盈兄正在五院112室"王力文库"审读《王力古汉语字典》文稿，林焘先生找到我们，见告语文出版社高文元社长兼总编和顾士熙副总编约请他编写一部《中国语音学史》。他说自己年事已高，本想推荐我们去承担，或者和我们合作完成，但看到我们每天上班赶任务，也就不再勉强，转而同意我们的建议，即由他自己担任主编，提出设想，拟订纲目，约请语言专业几位教师、主要是青年教师或博士生参加编写，最后由他总其成。于是他亲自找了现代汉语教研室和语言理论教研室的几位中青年同志，我们又推荐古代汉语教研室的三位。他们很快碰头研究，分工合作。大约一年之后，绝大部分同志完成了初稿交给了林先生。有的经林先生审阅后，提了意见，又做了修订，很快定稿。孰料兹事蹉跎，难尽如人意。终因个别人迟迟未能交稿，直到2006年10月22日林先生病逝，整个书稿都未能交出版社。林先生弥留之际仍非常惦记此事，在病榻前和来看望他的同志谈起来，充满了遗憾。我感到非常痛心，深感愧对林先生的托付。

2007年3月1日，语文出版社副总编李守业同志和编辑室主任南保顺同志约了我一同去看望林师母杜荣先生，林先生的公子林明和儿媳王晓路也在座。他们将林先生生前打好包的全部文稿，包括他自己写的"序言"、第一章"概论"和他审阅过的诸章稿件交给了责编南保顺同志。所缺部分由我负责另找人赶快补写。我后悔没有早下此决心。于是我们商定落实续写的人选。终于在2009年春全部定稿发排。现将各章的作者列出：除第一章“概述”是林先生执笔外，第二章“从反切到切韵”，赵彤；第三章“等韵学的产生与发展”，耿振生；第四章“《中原音韵》和近代北音学”，耿振生；第五章“明清时代的等韵学和今音学”，耿振生；第六章“清代古音研究”，孙玉文；第七章“古代语音的拟测”，孙玉文；第八章“从切音字到汉语拼音方案”，苏培成；第九章“汉语音系学的兴起与发展”，陈保亚；第十章“现代语音学在中国的兴起”，王韫佳。大部分书稿已完成多年，为了保证书稿的学术质量，反映新的研究成果，又请各位作者冒着酷暑校改各自所写的部分。只是后来完成的两章以及其他章节补写的部分，都无法再经林先生审阅订正了。鄙人受出版社委托，通读了林先生执笔部分清样，主要是校对一些引文。我谨在此向诸位作者和语文出版社的新老领导与责编表示衷心的感谢，祝林师母杜先生健康长寿。

林先生离开我们又有两年零八个月了，我现在校读林先生的文稿时，百感交织！怀念、景仰、悔愧……都涌向心头！但愿这部凝聚林先生晚年心血的《中国语音学史》的出版能告慰先生的在天之灵！

唐作藩

2009年6月22日